U0139212

入出國及移民法逐條釋義

李震山、許義寶、李寧修
陳正根、李錫棟、蔡庭榕
蔡政杰

著

增訂第二版

五南圖書出版公司 印行

作者	撰寫範圍
李震山	緒論
許義寶	1~3、47~57（因40~46已刪；其餘同）、75、79、82、83
李寧修	4、29、30、37、62、81、84、91
陳正根	5~17、77
李錫棟	18~28、31~35、73~74-1、89、90
蔡庭榕	36、38~39、63~72
蔡政杰	58~61、72-1、76、78、80、85~88、92~97

　　本書此次的改版，主要係配合2023年5月30日立法院三讀通過「入出國及移民法」（下稱本法）的大幅修正，包括63個條文修正、新增5個條文，以及刪除第40條至第46條、第84條條文及第七章章名。就增修部分，側重於放寬外籍配偶因撫育未成年子女在臺居留之規制，以保障婚姻移民的家庭團聚權，並於兼顧人權保障及社會安全下，增訂處罰不法態樣及提高罰則等規定。

　　近年來有關新住民權益、移工及外國專業人才之引進等重要議題，皆與本法有關。除移工之居留、收容與遣返等程序外，新住民因國際婚姻移民所指涉的面談訪查、居留、家庭團聚權保障等，皆係本法核心規範。至於大陸籍新住民之入境居留與定居固以「臺灣地區與大陸地區人民關係條例」及其授權法規為依據，但其規範之法理，仍與本法規定息息相關。又，為爭取外國專業人才能優先考量到我國工作，並完備相關法制配套措施，立法院制定「外國專業人才延攬及僱用法」，給予特定專業人才及其家庭成員居留、參加健保、稅金優惠、取得國籍等優惠。惟有關其入境居留、永久居留等，仍須依本法之規定辦理。

　　廣義之入出國及移民法規，涉及層面甚廣，包括國籍、外國護照簽證、外國人工作、兩岸人民往來規範、涉外民事法律、國際人權等議題。而狹義之入出國及移民法規，則應指立法體例與相關子法規已漸體系化的本法。本次藉修法改版，作者們再檢視並調整初版論述，且增補相關理論、學說、行政執法及司法裁判，期使本書更加精實，而讓讀者能快速且井然有序瞭解本法之體例與相關重點所在。最後，本書能順利改版，作者們對於五南圖書之協助深表謝忱。

作者一同

113.8.8

　　入出國及移民法（以下簡稱本法），爲一國家對於國民、外國人之入出國、停留、居留、永久居留及驅逐出國等之規範法律。移民，包括外國人之移入本國，及本國國民之移往國外。入出國行政爲國家之國境人流管理行政事務。

　　本法於1999年5月21日制定公布全文70條，並於1999年5月21日施行。至2022年1月12日止，計修正11次，全文共97條。本法總計有十二章，第一章總則、第二章國民入出國、第三章臺灣地區無戶籍國民停留、居留及定居、第四章外國人入出國、第五章外國人停留、居留及永久居留、第六章驅逐出國及收容、第七章跨國（境）人口販運防制及被害人保護、第八章機、船長及運輸業者之責任、第九章移民輔導及移民業務管理、第十章面談及查察、第十一章罰則、第十二章附則。

　　外國人經申請許可進入我國，有基於觀光、商務、工作、留學、婚姻依親等各種原因，依據入國申請事由不同，我國有相應之法規。開放移民申請之依據，主要爲外國護照簽證條例。外國人欲到我國，首先須申請居停留簽證，於入國時依本法接受查驗，之後須在法定期間申請居留證。外國人如在我國一年以上之合法居留，於生活上廣泛融入我國社會，可以視之爲廣義移民。

　　移民行政爲國家行政之一環，爲確保國家安全與國家利益，除在本法中對外國人之義務與應遵行事項有相關之規範外；另亦有保障移民人權之規定，例如本法第62條規定，任何人對移民不得因先天上之膚色、語言、種族、國籍等原因而有歧視他人之行爲。一個國家對於移民人權保護，可能從立法方面著手，或要求行政執法之品質，或由法院對個案判決，或大法官解釋與憲法法庭裁判等，亦會產生一定之影響。我國對於移民事務管理，早期著重在防範其從事不法行爲、強調管理與監視；近來則兼顧保護移民人權，使其可以安心在我國居住，不受歧視及保有其基本自由權利。

　　本書之撰寫係由作者之一的李震山教授所倡議，經五南出版公司的慨允出版，許義寶教授的居中協調，以及作者同心協力，方得以順利完成。作者們除定期共同研討外，並將部分研究成果發表於學術研討會及學術期刊。特別值得一提者是，作者們藉2020年12月24日由國立高雄大學法學院主辦的「國際移民法制學術研討會」公開發表的機會，蒐集不少專家學者們的寶貴意見，裨益本書甚大。

　　本書之編寫體例，採逐條釋義方式，全面性的分析、探討各條文要件之理論與實務問題，前後歷時約三年。本書作者們對於本法相關條文與議題，固經常討論並交換意見，盡可能使體例一致。惟因作者寫作風格及本法所涉及範圍內容廣泛，相信本書之立論，亦有不盡完備嚴謹之處，仍請方家不吝指正。

本書作者一同
2022年8月15日

我國「入出國及移民法制」的回顧與展望
——兼論司法院大法官相關解釋及憲法法庭裁判

　　狹義的「入出國及移民法制」範圍，當可限於立法院通過總統公布的入出國及移民法與相從屬的法令。但若從廣義觀點則需由實定的入出國及移民法為中心，向外幅射至國家安全、兩岸與港澳人民關係、國籍、護照簽證、警政、戶政、勞動就業、人口販運、引渡、涉外民事、無國籍者權益保障等法域，其已直接間接指涉憲法、行政法、刑事法、民事法、國際法（含條約締結法、引渡法、國際人權規範及其內國法化的施行法）等基礎法學領域。故要進入「入出國及移民法制」的深水區前，需備有法制整合的多元思維與能力，方足以當之。

　　從組織法管轄與權限的形式觀點切入，入出國及移民事務固屬內政部移民署的專業管轄領域，但依其事件的關聯性言，並不止於此。就以入出國及移民法所規定的防制跨國人口販運勤業務為例，依人口販運防制法第5條規定，中央目的事業主管機關包括法務、衛生、勞動、海岸巡防、大陸事務、外交等主管機關，何況縣市政府亦是地方層級的主管機關，此正足以顯現「入出國及移民法制」所涉法域之多樣與多元化。

　　再就民國88年5月21日公布施行的入出國及移民法，亦非一蹴可幾的單純移殖或繼受他國法制的成果，而是隨時代與歲月的淘洗，從軍事戒嚴時期的入出境管制行政命令，隨政治、經濟、社會、文化逐步開放而調整，且加上處理世界上少有的所謂「兩岸三地關係」的本土經驗，點滴累積而成的在地化法制。但不可諱言，基於國家安全的敏感性，其接受憲政主義法治洗禮而回歸法治常軌的時間較其他法域為遲，故本書應能在法域「典範轉移」上，扮演急起直追的更積極角色。

壹、回顧的焦點

　　本緒論所回顧的「入出國及移民法制」，係指民國38年底迄今，我國政府規範人民（含本國人與非本國人）入出國境（含臺、澎、金、馬）及移民事務的法制演進狀況。各該規範內容主要涉及：1.本國人相關證照的許可、核發、查驗；至於人民入出國境所攜帶或寄運物品的安全檢查法制，大都由「組織意義的警察」[1]，以及海洋委員會海岸巡防署（國家安全法第4條第1項參照）、財政部關務署等機關分別執行，非屬內政部移民署管轄事項，因而不在論述範圍之內；2.非本國人的入境、停留、居留、永久居留、驅逐出國；3.防杜非法移民與輔導新移民等。應特別說明者是，入出境之人若屬不具我國國籍的中國及港澳人士，並非入出國及移民法的規範對象，而其法律關係是依據憲法增修條文第11條規定：「自由地區與大陸地區間人民權利義務關係及其他事務之處理，得以法律為特別之規定。」所授權制定的臺灣地區與大陸地區人民關係條例（下稱兩岸條例）、香港澳門關係條例（下稱港澳條例），而該兩條例之主管機關並非內政部，而是行政院大陸委員會（下稱陸委會），合先敘明。

　　臺灣在動員戡亂（36年7月至80年5月1日）與軍事戒嚴（38年5月20日至76年7月15日）交疊的長期非常態憲政體制下，入出國及移民法制的核心與周邊規範，正如同其他國安、情報與治安等法令，皆因與國家主權的象徵、統治者意志與意識型態，以及抽象國家安全詮釋的話語權等事項關係密切，從而受到戒嚴法及其相應的法令牢牢的支配。戒嚴法第11條第9款就規定：「寄居於戒嚴地域內者，必要時得命其退出，並得對其遷入限制或禁止之。」該規定中雖有「必要時」與「得」而可作為公權力判斷、裁量或審理的依據，惟在「國權凌駕人權」、「緊急則無誡命」（Not hat kein Gebot）的軍事管制思維與時代氛圍下，其

---

[1]　例如航空警察局保安警察第三總隊、各港務警察總隊、沿海縣市警察局等。另有關廣義警察意義，請參李震山，警察行政法論——自由與秩序之折衝，5版，元照，2020年，頁7-9。

轉圜空間相當有限，行政執行或司法審判勢難允執厥中，入出境管制的相關法令大都難通過現代立憲民主法治國家理念與原則的檢驗，包括權力分立相互制衡、法律保留、法律明確性、正當法律程序、比例原則等憲法原則[2]。簡言之，憲法第10條「人民有居住及遷徙自由」中之入出境自由遭到禁錮，成為威權統治時期（34年8月15日至81年11月6日，促進轉型正義條例第3條第1款參照）的生活日常[3]。

　　政府宣告解除戒嚴後，隨即以動員戡亂時期國家安全法第3條第1項規定：「人民入出境，應向內政部警政署入出境管理局申請許可。未經許可者，不得入出境。」及同條第2項第2款規定：「經申請入出境，而有事實足認為有妨害國家安全或社會安定之重大嫌疑者，不予許可。」等概括規範（該條已於100年11月23日刪除）及其施行細則第二章（於89年4月19日刪除）等裝舊酒的新瓶，作為「回歸憲法」與「民主轉型」的主要橋接規範與象徵。針對外國人的入出境事宜，則採二元並立的規範方式，一方面以兩岸及港澳條例（分別於81年9月18日及86年7月1日起施行）針對既不具中華民國國籍而又要有別於其他外國人（含無國籍者、難民等）之入出境事宜為特別規範。另就其他外國人的入出境管制，則依國際慣例及互惠原則，而以外交部有關護照、簽證法令及內政部所謂的境管法令為依據。該時期的入出境事務政策主管機關不再集中由情報治安部門掌理，而分由內政（警政署）、外交、陸委會、勞動、教育、經濟等目的事業主管部會分管。一直到20世紀末的民國88年5月21日，才制定並施行「入出國及移民法」，方有走出漫長隧道而迎向光明的感覺。入出國及移民法施行後迄今二十五年間共修改

2　例如民國38年訂定的「戡亂時期臺灣地區入境出境管理辦法」、51年國防部公布「國軍人員及其親屬入境出境管理辦法」、59年內政部公布「役男出境處理辦法」、67年國防部與內政部會同公布「國民申請出國觀光規則」、76年7月20日發布「臺灣地區人民入出境管理作業規定」等。

3　憲法第10條所保障之遷徙自由，指人民可自由選擇居住處所，不受非法干預之謂，其包括擇居自由、旅行自由（包括國內外）、移民自由。遷徙自由若無故被限制，則人身自由、行動自由、居住自由、婚姻、工作、教育、集會自由皆將直接或間接受影響。遷徙自由之限制，包括限制住居與出入境，各該限制宜因限制之理由、相對人之差別，依正當法律程序為合理之規範（釋字第265號、第497號、第558號解釋參照）。

11次（最近一次，112年6月28日修正公布，113年3月1日施行），藉每次增修的機會主動或被動的回應時代需求，並以漸進的方式與自由民主憲政秩序及國際相關人權規範接軌。

　　爲扼要回顧七十餘年來的「入出國及移民法制」演進，本緒論擬從「管轄機關更迭」與「規範重心位移」兩個互有關聯的面向切入闡明，並分別佐以司法院大法官相關解釋或憲法法庭裁判（按：司法院釋字第813號解釋後已易名爲憲法法庭裁判），其中不乏回顧人權保障的幽暗史，兼具前事不忘後事之師及莫重蹈覆轍的意涵，並期望本書能進一步的將「入出國及移民法」體系化、學術化與學群化，朝向發展爲獨樹一幟的新型法學領域而貢獻心力。

貳、從管轄機關的更迭回顧

　　管轄機關的定位雖屬行政組織法中機關隸屬與權限分配的形式問題，但實質上，一個機關在縱向（垂直）面上究屬中央或地方，在橫向面上究屬國防、外交、內政或文化、教育等領域，皆會影響其法制的定性與走向，即當組織法的板塊移動時，法制的形式與實質就隨之更迭。入出國移民事務迄今的管轄流變可分：軍警分管（民國38年2月至41年4月）、軍政專管（41年4月至61年8月）、警政主管（61年9月至96年1月）及移民署主管（96年1月迄今）四個時期，清楚顯示管轄機關從脫軍事化到脫警察化並朝向一般行政機關化演進，是隨我國從軍事統治、警察國家[4]到民主法治行政福祉國家的軌跡運轉相符。

4　所謂警察國家係指警察任務範圍寬泛到幾乎與國家目的同步的「防止一切危害、促進人民福利」（警察法第2條參照），而執法的手段則大多採取命令、禁止、取締、干涉、處罰、強制執行等干預人民自由權利事項。在「人民爲國家而存在」、「國家是人民的主人」、「治安重於人權」、「人治重於法治」、「惡法猶愈於無法」的時代精神下，警察職權的長臂透過各種途徑伸入當今大部分干預行政的領域，而與威權統治共生。因此，行政脫警察化即屬行政民主化的重要一環。

一、法令政治化的軍管時期（38年2月至61年8月）

　　臺灣掌理入出國境事務機關開始短暫的由軍警分管，是依民國38年2月頒布的「臺灣省准許入境軍公人員及旅客暫行辦法」，一方面由臺灣省警備總司令部掌理「軍人及軍眷」，另一方面由臺灣省政府警務處負責「公務人員及一般人民」，執法的主要目的則在防止共諜潛入及對岸來臺人口過分增加。經過三年二個月後的41年4月依據「臺灣省旅客入境出境辦法」，臺灣入出境業務改由臺灣省保安司令部督察處與臺灣省警務處旅行室合併成立的臺灣省保安司令部軍民出入境聯合審查處統一處理，仍由軍事機關主導。次揭辦法再由46年3月行政院頒布「動員戡亂時期臺灣地區入境出境管理辦法」所取代，主管機關易名為臺灣省保安司令部入出境管理處，47年7月臺灣警備總司令部成立，再更名為臺灣警備總司令部入出境管理處。二十餘年的軍事管制重心，仍大多以防止匪諜滲透、杜絕罪犯偷渡，並擴及防範有損統治者顏面的「以腳投票」的人口外移現象。

　　上軌道的法治國家，大都會將政治問題法律化，即以人民共同意志形成的法律去馴服政治，反之，軍事管制國家所稱依法治國的「法」，大多屬少數統治者的「想法」而不具民主正當性，政治始終凌駕法理而使法令成為政治的俘虜與工具，只要政令一出，法律就產生風行草偃的大變動。至於政策走在法律之前的事例不勝枚舉，例如開放國民出國觀光（民國68年）[5]、宣布解除戒嚴（76年7月）、開放國人赴中國探親（76年底）、中止動員戡亂時期（80年5月）等。而該時期的規範大多屬職權或法規命令層次，規範形式的合法性（Legalität）及實質的正當性（Legitimität）飽受質疑，執法品質與如今的狀況落差甚巨。

二、法制跌宕起伏的警政主管時期（61年9月至96年1月）

　　尚處於戒嚴而風聲鶴唳的民國61年9月，政府出乎意料之外的將具

5　例如民國68年政府開放國民出國觀光，廢除出國需有就學、探親、商務等事由之限制，但仍以「國民申請出國觀光規則」為依據而採許可制，該規則於解嚴後民國78年9月才廢止。

敏感性的軍管入出境業務移由警政機關掌理。但該文武分治之權力讓渡的開明決定原因仍有跡可尋，主要係民國60年12月25日我國被迫退出聯合國，國際地位處於風雨飄搖之際，國內要求民主改革救亡圖存呼聲四起，在內外巨大壓力的時空環境下所採取的變革，依合理的推論顯非自發性的德政，而是以改變形象爭取國際民主國家認同與支持為首要目的。

（一）「以警代軍」的法制混沌期（61年9月至76年7月）

形式上「以警代軍」，實質上「借殼上市」，從法治觀點言象徵意義大於實質意義。因為當時尚處戒嚴期間，掌理入出國境事務的警政署長，皆由暫時「停役」的軍事將領轉任（見下述司法院釋字第250號解釋評析），以黨領軍及以軍領政的政治體制下，警察事務仍非其所隸屬的內政部文官部長可完全節制。換言之，改制後的「內政部警政署入出境管理局」，實質上國家安全系統的軍事管制對之並未完全鬆手，故在解嚴前的十五年期間內，該局仍在國安體系支配下扮演猶如「穿著警察制服的軍人」的「橡皮圖章」角色，性質上屬「特別的警察機關」。至於其他相關的一般警察機關則扮演如臂使指的執行角色，例如航空警察局、保安警察第三總隊、各港務警察所（現改制為總隊）、沿海縣市警察機關，及各警察機關的外事警察，甚至戶警分立前的戶政警察，皆是執行入出境相關業務的主要助力，譬喻為「軍人是腦，警察是手腳」並不為過。

具體而言，「借警政機關的殼上市」方式，只形式上將入出國及移民行政從軍事專政的威權行政轉變為警察國家威權行政，實質上仍延續軍管時期的思維與做法。該等手腦並用、換湯不換藥的新瓶裝舊酒做法與現象，當然仍逃不過民主改革者的「法眼」與質疑。

（二）解嚴後由內政部警政署掌理的法制盤整期（76年7月至96年1月）

民國76年7月15日解嚴之後，臺灣警備總司令部裁撤，依動員戡亂時期國家安全法第3條及第4條規定，將入出境及安全檢查的勤業務一

併由軍政轉隸警政，確是丟掉警察國家「奶嘴」的良機，但入出境仍一律採許可制。同年11月政府開放國人赴大陸探親，並許可對岸人民申請來臺，但也衍生大陸偷渡犯的收容與遣返問題，依前揭國安法第6條規定：「未經許可入出境者，處三年以下有期徒刑、拘役或科或併科三萬元以下罰金。」並在處罰後遣返大陸，乃由警政署入出境管理局接收該原由國防部掌理的事務，包括新竹、宜蘭及馬祖收容中心，運作的依據並非入出國管理法制，而是依兩岸紅十字會於民國79年9月簽署「金門協議」，商定由馬祖馬尾和金門廈門海上遣返罪犯或非法入境者的作業模式[6]。以當時的憲政與法治狀況，應未慮及該協議是否屬兩岸條例第5條之3的第2項「具憲政或重大政治影響性之協議」（民國108年9月1日施行），從而需踐履一定民主程序並受民意機關的事前監督（見下述司法院釋字第329號解釋評析）。

　　民國88年5月21日公布施行之入出國及移民法雖明定「內政部設入出國及移民署」，但其組織法一直到94年11月30日才通過並延至96年1月才正式掛牌成立。在這將近八年的過渡與混沌期間，內政部警政署入出境管理局皆以「組織暫行條例」爲依據而運作，被批評爲「黑機關」。該種臨時或暫時的法制，是動員戡亂時期臨時條款的「大巫」下（存在四十餘年），存在的諸多「小巫」之一，故相關組織法與作用法的搖擺不定，乃見怪而不怪。

　　在法制盤整期間，搖擺不定的尚有法令名稱用語，例如由「入出境」轉變爲「入出國」，「入出國」加上「移民」，入出國及移民署（96年1月2日），之後更名爲移民署（104年1月）。憲法只於第4條規定：「中華民國領土，依其固有之疆域，非經國民大會之決議，不得變更之。」（見下述司法院釋字第328號解釋評析）並未有入出境或入出國的用語，而民國42年6月15日公布的警察法第5條第3款則規定：「警

6　在此之前，有關所謂「大陸災胞」、「反共義士」或「大陸難民」的入境，則大多委諸政策而另闢蹊徑處理，並不在一般入出境法制規範下運作。曾建元，臺灣因應大陸難民問題之回顧與現況，法治國家的原理與實踐——陳新民教授六秩晉五壽辰文集（下冊），新學林，2020年，頁201-243。

政署掌理關於管理入出國境及警備邊疆之國境警察業務。」[7]設若「入出境」與「入出國」皆同屬「入出國境」之簡稱，何以一開始使用「入出境」且由國家安全法沿用，其後又變更為「入出國」，以及內政部入出國移民署又易名為內政部移民署而刪除「入出國」一詞的理由，皆值得由法制史學者對之續為客觀探索[8]。

就入出國法制中添加移民事務一節，以當時尚嚴格管制人口移入，且無輔導人民體系性移出準備的時空環境言，顯得突兀且格格不入，此或與當時由內政部戶政司受命草擬法律案有關，因而主動將其所掌移民業務併進入出國事務，應可理解。該無心插柳的超前布署，卻在我國政經社文環境快速轉變並搭上全球化列車，竟以「移民署（104年1月2日）」後來居上的取代「入出國及移民署」之名，恐是始料所未及。

三、由入出國及移民行政機關主管的法制再整備期（96年1月迄今）

入出國境事務由警政轉為移民行政的脫警察化部分，是專指入出境管理部分，至於入出境時之安全檢查仍由內政部警政署之航空警察局、保安第三總隊及港務警察總隊等掌理之。如前所述，入出國及移民行政逐漸的「脫警察化」而蛻變為現代法治國家的一般行政，意即將國家防止危害任務集中於警察的「警察國家」模式，轉化為權限分散而較易由人民控制的民主國家模式。故「警察除權化」是憲政主義理念下的產物，而戶警分立、警消分立、警察與海巡分立等，皆在同一趨勢的軸線上，可作為有力的佐證（見下述司法院釋字第575號解釋評析）。在這段期間，入出國境及移民相關的組織法、作用法及自主執法依據皆逐漸完備，且在一般行政法體例下，有行政法各論的雛形，並逐漸向領域專

---

7 解嚴之後，中央警察大學於民國79年3月成立的國境警察學系名稱即本於此。

8 用語的更迭中，究竟是誰真正掌握話語權，或該用語背後有何種特定的意識型態，或人民對該等用語的認同及語感如何，皆饒富學術探究的興味。依筆者當時以警察大學國境警察學系系教授主任身分應邀擔任參與由「內政部研訂移民法及籌設移民署專案小組」（88年4月初因完成任務裁撤）委員而參與由戶政司草擬法案「入出國及移民法」、「入出國及移民署組織條例」等草案及「入出國及移民署組織計畫書」的會議，其間就入出國境、入出境、入出國用語選擇時，印象中是以仿效日本國法律名稱為由，而定調為「入出國及移民法」。

精化，且面臨多元化與國際化的巨大挑戰[9]。

　　現代入出國及移民的法律體現出多種樣貌，包括：1.核心、周邊、外圍法令；2.內政、外交、兩岸、勞動等法令；3.國內、涉外事件、跨國事務（跨國人口販運或婚姻媒合）及國際人權規範。若以考試院公務人員特種考試移民行政人員考試三等考試應試科目中的入出國及移民法規為例，包括入出國及移民法、人口販運防制法、國籍法、就業服務法、臺灣地區與大陸地區人民關係條例、香港澳門關係條例、護照條例、外國護照簽證條例、涉外民事法律適用法、民法親屬編。若依業務區隔之專業領域可分：1.國境管理與非正常移民防制：(1)國境人流管理；(2)非法移民管理法制；(3)非法移民與人口販運問題與實務；2.移民政策發展趨勢：(1)國際移民的範疇、成因、影響；(2)婚姻移民、技術移民、投資移民、人道援助移民；(3)居留與定居制度；(4)移民資訊提供、移出輔導、移民業務管理；3.移民人權與移民輔導：(1)移民人權保障與多元文化社會；(2)移入輔導規劃；(3)現行移民輔導重要措施。就該內容寬廣、互為表裡且層層相依、既古典又新興，法規用語又常游移於語境與實境之間，其落差亟需仰賴學術客觀性研究，並結合實務見解，而共同撰寫本逐條釋義書正是可能有所貢獻的途徑之一。

　　民國88年5月21日公布施行的入出國移民法迄今已修正11次，最近一次是112年6月28日公布共修正63條，幅度不小。依內政部移民署發布的新聞稿，可歸納出如下修正重點：1.為維護婚姻移民的家庭團聚權及兒少最佳利益，增訂外籍配偶喪偶，或曾為合法居留的外籍配偶，對我國未成年子女有撫育事實或會面交往的情形，持停留簽證入國後可申請居留的規定。另為保障受家暴的外籍配偶居留權益，修正放寬規定，

9　入出國法制涉及國際人權規範不少，若以移民為例，包括以無國籍者、難民、移工權益保障的規定甚多，若循著「國際人權規範內國法化」的路徑外，至少應關注公民政治、經濟社會文化、婦女、兒童、身心障礙等已內國法化的國際公約。例如公民與政治權利國際公約第12條則規定：「一、合法處在一國領土內的每一個人在該領土內有權享受遷徙自由和選擇住所的自由。二、人人有自由離開任何國家，包括其本國在內。三、上述權利，除法律所規定並為保護國家安全、公共秩序、公共衛生或道德、或他人的權利和自由所必需且與本公約所承認的其他權利不牴觸的限制外，應不受任何其他限制。四、任何人進入其本國的權利，不得任意加以剝奪。」

即因家暴離婚者，無論有無未成年子女，且無須經法院核發保護令，均不廢止居留許可。判決離婚且取得未成年親生子女監護權，才能繼續居留；2.為吸納優質人才來臺，鬆綁停居留規定，包括外籍優秀人才來臺及留臺取得永久居留，對我國有特殊貢獻、高級專業人才、於各專業領域得首獎者及投資移民申請人的配偶、未滿18歲子女及身障子女，得隨同申請永久居留。對於學術研究機構顧問、大學講座或外國專業人才延攬及僱用法所定的白領專業人才，持免簽或停留簽證入國後，修正放寬得免向外交部改辦居留簽證，直接向移民署申請外僑居留證，其配偶與子女亦同。此外，為延攬海外僑民返國，鬆綁無戶籍國民持我國護照入國得免申請入國許可、合法連續停留從現行七年以上放寬為五年以上，且每年居住183日以上者，得申請居留。另對於國人海外出生的子女持我國護照入國，取消申請定居的年齡限制；3.強化人流安全管理，增訂處罰態樣並加重處罰以嚇阻不法外，另修正收容規定，即為確保執行強制驅逐出國，修正違反收容替代處分者，得再暫予收容，且重行起算再次收容期間；另增訂再延長收容，以因應不可抗力因素無法遣送之情事。增訂律師事務所得經營移民業務，以及於受強制驅逐出國程序或面談時得委任律師在場。

四、相關司法院大法官解釋（釋字第250號、第328號、第329號、第575號解釋）

與前述內容有關的司法院大法官解釋，本緒論選擇：以軍領政有關的釋字第250號解釋、界定國境有關的釋字第328號解釋、有關入出境協議性質的釋字第329號解釋，以及結束動員戡亂時期組織變革有關的釋字第575號解釋。就憲法法庭判決部分，則舉本國籍配偶得否以自己名義為外籍配偶提起課予義務訴訟的111年判字第20號判決為例，均扼要述之於次：

（一）釋字第250號解釋（79年1月5日）

該號解釋稱：「憲法第一百四十條規定：『現役軍人，不得兼任文

官』，係指正在服役之現役軍人不得同時兼任文官職務，以防止軍人干政，而維民主憲政之正常運作。現役軍人因故停役者，轉服預備役，列入後備管理，為後備軍人，如具有文官法定資格之現役軍人，因文職機關之需要，在未屆退役年齡前辦理外職停役，轉任與其專長相當之文官，既與現役軍人兼任文官之情形有別，尚難謂與憲法牴觸。惟軍人於如何必要情形下始得外職停役轉任文官，及其回役之程序，均涉及文武官員之人事制度，現行措施宜予通盤檢討，由法律直接規定，併此指明。」

該解釋中「外職停役」者，固已不具文官身分，但該停役有可能是暫時性，因為該轉任文官的軍人（例如警政署長），若表現良好還有「回役」而擔任更高或更重要軍職的可能。故該停役軍人於擔任文官時，軍中長官的間接指令優先於文官長官直接指令的情形，就不令人意外，從而達到實質以軍領政的效果。其與軍人除役參加考試院舉辦的特種考試，及格後分發為文官之情況顯有不同。

系爭規定使軍人既可擔任文官，又可隨時回役復職，顯已模糊了憲法「文武分治」的界限，劉鐵錚大法官於該號解釋所提不同意見書中即指出：「憲法第一百四十條規定：『現役軍人不得兼任文官。』按本條立法意旨，固在建立文人政府，防止掌握軍隊指揮權之軍人，以武裝力量，干預國政，左右政局，妨礙民主憲政之正常運作。惟現役軍人之技術軍官或下級軍官，依本條規定，自亦不得兼任文官，可見防止軍人干政，固為本條主要之立法理由，但避免文武官員身分混淆、職權衝突，以及一人不得兼任性質不相容之二職，毋寧亦為本條立法精神之所繫。姑不論外職停役係違法而無效，即就其本身規定言，實也牴觸憲法第一百四十條。」

（二）釋字第328號解釋（82年11月26日）

憲法第4條固然明文：「中華民國領土，依其固有之疆域，非經國民大會之決議，不得變更之。」但因我國有特殊的政治處境，司法院釋字第328號解釋稱：「中華民國領土，憲法第四條不採列舉方式，而為

『依其固有之疆域』之概括規定，並設領土變更之程序，以爲限制，有其政治上及歷史上之理由。其所稱固有疆域範圍之界定，爲重大之政治問題，不應由行使司法權之釋憲機關予以解釋。」該解釋將界定「固有疆域」的話語權交給政治部門，後者乃透過法令開啟如下的表述空間。

　　首先，憲法增修條文第11條規定：「自由地區與大陸地區間人民權利義務關係及其他事務之處理，得以法律爲特別之規定。」其次，兩岸條例第2條規定：「本條例用詞，定義如下：一、臺灣地區：指臺灣、澎湖、金門、馬祖及政府統治權所及之其他地區。二、大陸地區：指臺灣地區以外之中華民國領土。三、臺灣地區人民：指在臺灣地區設有戶籍之人民。四、大陸地區人民：指在大陸地區設有戶籍之人民。」再其次，國家安全法施行細則第2條規定：「本法所稱入出境，係指入出臺灣地區而言。」及同細則第2條之1規定：「本法所稱臺灣地區及大陸地區，係指臺灣地區與大陸地區人民關係條例第二條所定之臺灣地區及大陸地區。」（當時金門馬祖地區尚未解嚴）至於入出國及移民法第3條第3款規定：「臺灣地區：指臺灣、澎湖、金門、馬祖及政府統治權所及之其他地區。」（與兩岸條例第2條第1款相同）。

　　主權獨立的國家必有領土，依領土範圍確定國界，並在其中行使統治權。至於人貨入出的國境未必僅限於邊界的國境線，尚包括空港與海港等定點，皆屬國境所指涉的對象，故不論何種政治或國家認同的想像或主張，目前「國境」一詞在實務上，就停格於我國統治權所及的海港、國際機場及海岸線上。

（三）釋字第329號解釋（82年12月24日）

　　該號解釋稱：「憲法所稱之條約，係指我國（包括主管機關授權之機構或團體）與其他國家（包括其授權之機關或團體）或國際組織所締結之國際書面協定，名稱用條約或公約者，或用協定等其他名稱而其內容直接涉及國防、外交、財政、經濟等之國家重要事項或直接涉及人民之權利義務且具有法律上效力者而言。其中名稱爲條約或公約或用協定等名稱而附有批准條款者，當然應送立法院審議，其餘國際書面協定，

除經法律授權或事先經立法院同意簽訂，或其內容與國內法律相同（例如協定內容係重複法律之規定，或已將協定內容訂定於法律）者外，亦應送立法院審議。其無須送立法院審議之國際書面協定，以及其他由主管機關或其授權之機構或團體簽訂而不屬於條約案之協定，應視其性質，由主管機關依訂定法規之程序，或一般行政程序處理。外交部所訂之『條約及協定處理準則』，應依本解釋意旨修正之，乃屬當然。」

　　引發前揭解釋係因民國82年行政院陸委會授權之海基會董事長辜振甫與中國海協會會長汪道涵在新加坡進行會談，簽署「辜汪會談共同協議」、「兩會聯繫與會談制度協議」、「兩岸公證書使用查證協議」及「兩岸掛號函件查詢、補償事宜協議」等4項協議。而該等協議之性質如何、送立法院應如何審議，以及外交部訂定發布之「條約及協定處理準則」第7條及第9條第1項合憲性等爭議，由於該解釋並未正面表明首揭協定等是否屬國際書面協定，致使該等協議之性質仍晦而不明。

　　為求明確，立法院於92年修正兩岸條例第5條第2項規定：「協議之內容涉及法律之修正或應以法律定之者，協議辦理機關應於協議簽署後三十日內報請行政院核轉立法院審議；其內容未涉及法律之修正或無須另以法律定之者，協議辦理機關應於協議簽署後三十日內報請行政院核定，並送立法院備查，其程序，必要時以機密方式處理。」明定兩岸協議應於簽署後送立法院審議或備查。惟之後兩岸所簽署之協議已從以往單純「事務性協議」性質，提升到「具條約或協定性質的協定」，甚至夾藏著政治議題，例如「兩岸經濟合作架構協議」（ECFA）、「海峽兩岸共同打擊犯罪及司法互助協議」等，其送立法院審議究應逐條或包裹審查的爭論，累積而引發著名且影響深遠的318太陽花學運（103年3月18日至4月10日）。立法院乃針對政治議題協商之監督機制，於108年6月1日公布增訂第5條之3，依其第1項規定：「涉及政治議題之協議，行政院應於協商開始九十日前，向立法院提出協議締結計畫及憲政或重大政治衝擊影響評估報告。締結計畫經全體立法委員四分之三之出席，及出席委員四分之三之同意，始得開啟簽署協議之協商。」並於同條第7項定有公民投票規定：「立法院院會審查協議草案經全體立法

委員四分之三之出席，及出席委員四分之三之同意，再由行政院將協議草案，連同公民投票主文、理由書交由中央選舉委員會辦理全國性公民投票，其獲有效同意票超過投票權人總額之半數者，即為協議草案通過，經負責協議之機關簽署及換文後，呈請總統公布生效。」儘可能完備相關程序。

　　憲法第141條規定：「中華民國之外交，應本獨立自主之精神，平等互惠之原則，敦睦邦交，尊重條約及聯合國憲章，以保護僑民權益，促進國際合作，提倡國際正義，確保世界和平。」一般認為從「尊重」一詞應可將條約在我國詮釋為特別法而優先適用。但亦有認為憲法第141條規定於憲法基本國策章中，僅係施政方針的宣示，除可能影響立法形成外，對國家公權力不會直接產生拘束力，故「尊重條約」應解為我國國內法與條約衝突時，應儘可能解釋二者不衝突即可。為化解或減少該等爭議，應依據條約締結法第6條規定：「主辦機關於條約草案內容獲致協議前，得就談判之方針、原則及可能爭議事項，適時向立法院說明並向立法院相關委員會報告。」及同法第10條規定：「立法院審議多邊條約案，除該約文明定禁止保留外，得經院會決議提出保留條款（第1項）。雙邊條約經立法院決議修正者，應退回主辦機關與締約對方重新談判（第2項）。條約案未獲立法院審議通過者，主辦機關應即通知締約對方（第3項）。」係以正當程序制約，事前化解可能衍生的紛爭[10]。

（四）釋字第575號解釋（93年4月2日）

　　該解釋稱：「中華民國六十二年七月十七日修正公布之戶籍法第七條第二項規定：『動員戡亂時期，戶政事務所得經行政院核准，隸屬直轄市、縣警察機關；其辦法由行政院定之。』為因應動員戡亂時期之終

10　維也納條約法公約第74條規定：「兩個以上國家之間斷絕外交或領事關係或無此種關係，不妨礙此等國家間締結條約。條約之締結本身不影響外交或領事關係方面之情勢。」故台灣與中國間雖存有特殊的關係，並不影響條約的簽訂，或至少可以「準條約」視之。再依同公約第26條及第27條規定，該協議對台灣與中國皆有拘束力，兩國需要善意地履行之，同時，兩國不得援引國內法規定為理由而不履行條約。

止，八十一年六月二十九日修正公布之戶籍法第七條將上開規定刪除，並修正同條第一項及該法施行細則第三條，回復戶警分立制度，乃配合國家憲政秩序回歸正常體制所爲機關組織之調整。」該解釋是審理有關戶政業務由警政機關改隸民政機關，即由「戶警合一」改爲「戶警分立」所引起服公職權保障的爭議，至少突顯兩個與入出國事務管轄及法制流變有密切關係的重點：其一，組織改隸大多以行政院制定辦法爲準據，欠缺明確的立法授權目的、範圍與內容的依據。其二，強調「回復戶警分立制度之重要性與必要性」，且提出「配合國家憲政秩序回歸正常體制所爲機關組織之調整」之論理，作爲支持入出境管理業務由警察機關轉由一般行政機關掌理的合憲性理由，頗具畫龍點睛的詮釋意義。

　　該號解釋的另一重點，係因機關組織變革相關人員權益保障規範的合憲性問題，該解釋採較溫和、妥協與漸進的立論，就「戶警分立實施方案」從寬解釋「法律保留原則」而稱：「當事人就職缺之期待，縱不能盡如其意，相對於回復戶警分立制度之重要性與必要性，其所受之不利影響，或屬輕微，或爲尊重當事人個人意願之結果，並未逾越期待可能性之範圍，與法治國家比例原則之要求，尚屬相符。」又稱：「前開實施方案相關規定，涉及人民權利而未以法律定之，固有未洽，然因其內容非限制人民之自由權利，尚難謂與憲法第二十三條規定之法律保留原則有違。惟過渡條款若有排除或限制法律適用之效力者，仍應以法律定之，方符法治國家權力分立原則，併此指明。」[11]

參、從規範重心之位移回顧

　　就入出國及移民法制的演進，若以入出國及移民法施行的民國88

---

[11] 相關案例可參照司法院釋字第764號解釋（107年5月25日），該解釋稱：「公營事業移轉民營條例第八條第三項前段規定：『移轉爲民營後繼續留用人員，得於移轉當日由原事業主就其原有年資辦理結算，其結算標準依前項規定辦理。』就適用於原具公務人員身分之留用人員部分，未牴觸憲法第二十三條比例原則，與憲法第十八條服公職權之保障意旨尚無違背，亦不違反憲法第七條平等權之保障。」

年爲分水嶺，之前受規範者是「每個人」，受規範事項則以「入出國境」爲主，甚至還有剝奪本國人返鄉權之情形（見下述釋字第558號解釋評析）。之後則將規範重心移至「在臺灣無戶籍國民」、「外國人」及「移民事務」。再以入出國及移民法公布迄今共修訂11次中較具里程碑意義的3次爲例，首先是民國96年修正公布全文共97條（原僅70條），主要是仿警察職權行使法而增列有關外國人的行政調查（第63條至第72條）及跨國（境）人口販運防制與被害人保護規定（第40條至第46條）。其次，是民國104年爲因應司法院大法官釋字第708號及第710兩號解釋，納入有關外國人驅逐出境前收容規定（第38條之1至第38條之9），更清楚顯現規範重心位移的狀況。最後則是前曾述及的112年6月28日公布修正案，茲不再贅述（詳見貳之三的末段）。

一、受規制者的重心從「每個人」挪移或聚焦於「外國人」

在威權統治時期，爲達滴水不漏之管制目的，不分本國人或外國人的入出國境均受嚴格集中控管（見下述釋字第265號解釋評析），且所依據的相關規範未必合乎法律保留原則（見下述釋字第454號解釋評析）。在解除戒嚴及中止動員戡亂時期後至入出國移民法公布的十年左右期間，雖然相關措施由嚴轉寬，但仍未放棄以許可制將「每個人」列爲管制對象，一直到民國100年11月才刪除許可制概括規定的國安法第3條，大幅鬆綁本國人入出國管制之規範強度與密度，僅留第4條有關人員、物品、運輸工具入出境之檢查規定（現改爲第5條），此與民主轉型及全球化而國家門戶大開，自由民主國家限制本國人入出境的正當性基礎鬆動有密切關係。

受入出國及移民法規範的權利主體，若暫不論法人（例如運輸業者、經營移民業務者），自然人可分爲：1.具我國國籍者：包括在台灣設有戶籍及未設戶籍者（例如僑民）；2.不具我國國籍者，包括一般外國人、無國籍者及大陸與港澳地區人民。但入出國及移民法共97條規定中，涉及國人入出境僅有在臺灣設有戶籍之第5條至第7條，以及在臺灣無戶籍國民的第8條至第17條規定，其餘大多屬有關外國人入出

境、停留、居留、永久居留、驅逐出國及收容（詳見下述釋字第708號及第710號兩號解釋評析）、人口販運、移民輔導等，規範比重顯然高於本國人，使該法漸趨近「外國人法」的本質。

　　該演變與德國1965至1990年代逐漸鬆綁本國人的管制，而改以外國人入境及居留法（Gesetz über Einreise und den Aufenthalt von Ausländer im Bundesgebiet），簡稱「外國人法」（Ausländerrecht）為重心之情況類似，惟德國基本法第11條第1項明定：「所有德國人民在聯邦內有遷徙之自由。」是將居住遷徙自由或入出國權列屬德國人權利（國民權Deutschenrecht），換言之，該自由並非外國人得共享之每個人的人權（Jedermannsrecht）。但基於遵守國際人權規範及互惠與人道原則，德國聯邦憲法法院認為，若法律無特別限制外國人在德境內之遷徙自由者，得於個案中引用基本法第2條第1項規定：「在不侵害他人權利且不違反合憲秩序或道德規範下，每個人均有自由發展其人格之權利（freie Entfaltung der Persönlichkeit）。」以保障外國人的行動自由去彌補前述「國民權」的缺漏而拉近其與「每個人權利」的距離[12]。

　　若要綜合理解前述各階段法制典範轉移的意涵，尚需深入探究外國人基本權利及國際相關人權觀的演進[13]，特別是不受歧視權、勞動權、婚姻家庭權（尤其是家庭團聚）、個人資料自主權及文化權等，並衡平各項權益與價值後，將之鑲入高齡化、少子化，缺乏勞動人口窘境的社

---

[12] Vgl. BVerfGE 6,32; 35,382(399). Vgl. Ingo von Münch, Grundgesetz－Kommentar, Band I, 3. Aufl., 1985, Art. 11 Rdnr. 9.另美國的移民與國籍法（Immigration and Nationality Act）規範對象亦以外國人為主。美國前總統川普（Donald Trump）任內曾以防恐怖分子為名禁止特定國家人民進入美國先後簽署3次「旅遊禁令」，美國聯邦最高法院針對第3次旅遊禁令作成判決（2018年6月25日），認其未違反美國移民與國籍法。參李怡俐，評析川普旅遊禁令（Travel Ban）與相關司法判決，東吳公法論叢，12卷，2019年，頁294-295。

[13] 以外國人基本權為例，請參李震山，論外國人之憲法權利，人性尊嚴與人權保障，增訂5版，元照，2020年，頁411-459。范秀羽，從「我們的憲法」、「我們」到「我們的釋憲者」：形塑非國民之憲法上權利主體，林建志主編，憲法解釋理論與實務第11輯，中研院法律學研究所，2021年，頁555-612。李錫棟，外國人之入出國自由，高大法學論叢，17卷2期，2022年3月，頁1-44。許義寶，移民行政與個人資料保護，移民法規論，新學林，2021年，頁93-130。

會，才不致失衡或失焦。

二、規範事項從「入出國事務」擴及「移民事務」領域

　　我國入出國境法制的規範重心，如前所述已從「每個人入出境」挪移至「外國人入出境」，並漸次轉至「移民規劃與管理」，涉及外國人移入、長期居留甚至歸化規範範圍，而前述德國「外國人法」亦於2005年改頭換面為「移民調控與限制以及歐盟人民與外國人居留與融合法」（Gesetz zur Steuerung und Begrenzung der Zuwanderung und zur Regelung des Aufenthalts und der Integration von Unionsbürgern und Ausländern，簡稱為「移民法」），就是要走出純以安全秩序或監管預防的角度去檢視外來人口，並儘可能綜合考量勞動法、社會法、人口政策等而使入境居留外國人能儘快適應或融入德國社會，至於如何在維持主權國家理念而又對新移民展現包容接納的心態，則是目前面臨的挑戰，應可給我國移民法制發展預留想像空間。

　　與移民（含移入與移出）事務直接有關的規定，如包括外國人永久居留及歸化的申請、一般性的移民輔導及移民業務管理（第51條至第62條）、為因應國際趨勢與人權保障要求納入之跨國（境）人口販運防制及被害人保護規範（第40條至第46條，現已刪除）、為防杜以虛假結婚入境等現象而增加之面談規定（第63條至第65條）等，以及參考警察職權行使法制定相應的查察措施依據（第66條至第72條）。以下僅就面談及人口販運部分以及與移民事務亦有關係的機、船長及運輸業者之責任（第47條至第50條）扼要介述，具體規定的詳細詮釋，尚請讀者參考本書相關條文的釋義。

（一）移民面談

　　移民面談事件大多涉及國際婚姻與媒合，屬移民行政調查之一環，其除與外國人居住遷徙自由有關外，主要亦涉及本國人的婚姻與家庭權。由於我國已制定公民與政治權利國際公約及經濟社會文化權利國際公約施行法，依公民與政治權利國際公約第23條第1項規定：「家庭為

社會之自然基本團體單位，應受社會及國家之保護。」經濟社會文化權利國際公約第10條第1款前段規定：「家庭爲社會之自然基本團體單位，應盡力廣予保護與協助，其成立及當其負責養護教育受扶養之兒童時，尤應予以保護與協助。」但爲防止以虛偽婚姻達眞移民之目的，我國訂定有包括「大陸地區人民申請進入臺灣地區面談管理辦法」及「外交部及駐外館處辦理外國人與我國國民結婚申請來臺面談作業要點」作爲主管機關（移民署或我國駐外辦事處）面談依據。入出國及移民法第65條規定：「移民署受理下列申請案件時，得於受理申請當時或擇期與申請人面談。必要時，得委由有關機關（構）辦理：一、外國人在臺灣地區申請停留、居留或永久居留。二、臺灣地區無戶籍國民、大陸地區人民、香港或澳門居民申請在臺灣地區停留、居留或定居（第1項）。前項接受面談之申請人未滿十四歲者，應與其法定代理人同時面談（第2項）。第一項面談於經查驗許可入國（境）後進行者，申請人得委任律師在場。但其在場有危害國家安全之虞，或其行爲不當足以影響現場秩序或程序進行者，移民署得限制或禁止之（第3項）。第一項及前項所定面談之實施方式、作業程序、應備文件、許可律師在場及其限制或禁止及其他應遵行事項之辦法，由主管機關定之（第4項）。」主管機關若認申請人婚姻眞實性顯有疑慮，來臺動機及目的可疑，基於維護國家利益得拒絕其入境，已入境者得限令離境。至於入出國及移民法中其他相關調查規定，例如詢問（第66條）、查證身分（第67條至第69條）、查察（第70條至第71條）等，皆與警察職權行使法規定類似，相關論述或實例應可參考其他專書與著作[14]。

　　此外，跨國（境）婚姻媒合亦與後述的人口販運有關，若婚姻媒合的管制不良，會造成爲販運女童和婦女進入臺灣性行業以及強制性勞動的結果，此外，易將跨國婚姻商品化，立法院乃將跨國婚媒相關管理事

---

[14] 蔡庭榕等合著，警察職權行使法逐條釋論，3版，五南，2020年，頁138-229、296-325。許義寶，移民法規論，新學林，2021年，頁185-220。蔡庭榕，移民執法查證身分與暫時留置職權之探討；李寧修，入出國查驗程序之初探：以生物特徵辨識科技之運用爲中心，2020年國際移民法制學術研討會會議論文集，高雄大學法學院，2020年12月24日，頁53-75、77-90。

項納入移民法。至於司法院大法官曾就入出國及移民法第58條第2項規定：「跨國（境）婚姻媒合不得要求或期約報酬。」認與憲法第15條保障人民工作權、第22條契約自由及第7條平等權之意旨尚無違背（見下述釋字第802號解釋評析）。

（二）人口販運防制及被害人保護

　　入出國及移民法制定之初，並無有關跨國（境）人口販運防制及被害人保護的規定，而是全球化發展後為因應聯合國於89年通過「防止、防制及懲罰人口販運，尤其係婦女及兒童議定書」以及國際刑警組織將人口販運罪列為嚴重犯罪等國際壓力，為維護我國人權保障形象，於97年1月修訂後才增修納進入出國及移民法（第40條至第46條），後因配合人口販運防制法之規定而刪除並自113年3月1日停止適用[15]。

　　所謂人口販運，依112年6月14日修正公布（113年1月1日施行）的人口販運防制法第2條第1項規定：「一、人口販運：指基於剝削意圖或故意，符合下列要件者：（一）不法手段：以強暴、脅迫、恐嚇、拘禁、監控、藥劑、催眠術、詐術、故意隱瞞重要資訊、不當債務約束、扣留重要文件、利用他人不能、不知或難以求助之處境，或其他相類之方法。但對未滿十八歲之人從事人口販運，不以符合不法手段為必要（第1款）。（二）不法作為：1. 從事招募、買賣、質押、運送、交付、收受、藏匿、隱避、媒介、容留國內外人口。2. 使他人從事有對價之性交或猥褻行為。3. 使人為奴隸或類似奴隸、強迫勞動、從事勞動與報酬顯不相當之工作或實行依我國法律有刑罰規定之行為。4. 摘取他人器官（第2款）。」而其與入出國及移民法交集者，主要是涉及「跨國（境）」有關之停留、居留或永久居留事務部分，若涉「被害者協助」與保護，則有賴移民署與其他許多「中央目的事業主管機關」的

15　我國「人口販運防制法」的繼受、內國法化及司法實踐等演進狀況，請參考王曉丹，法律繼受與法律多重製圖──人口販運法制的案例，中研院法學期刊，15期，2014年，頁77-137。王曉丹，法律的壓制性與創造性──人權與人口販運法制的被害者主體，政大法學評論，137期，2014年，頁33-98。蔡庭榕，防制跨國人口販運之研究，警察法學，6期，2007年，頁159-205。

法務、衛生、勞工、海巡、大陸事務、外交及內政中之警察與戶政機關，以及相關地方機關的合作配合，方能順利推動。

　　美國國務院公布2022年度人口販運報告，臺灣連續第十三年被評為最優的第一級，與全球受評國家與地區中的美、法、英、加拿大、澳洲、立陶宛、新加坡在內共30國併列。該報告除肯定我國的努力外也提出建議，包括應簡化受害者請求法律救濟與保障之程序、加強對遠洋漁船的檢查、偵察起訴涉嫌強迫勞動的高階船員與船東（含臺資、懸掛臺灣旗幟的漁船與臺資外籍漁船）、擴大港口人員職權並加強培訓、持續調查弱勢群體人口販運的情況等，凡此，皆需由相關機關彼此密切合作。惟令人錯愕的是，111年8月卻爆發柬埔寨詐騙集團事件，致不少國人成為人口販運受害者，顯見境內外的合作需待加強。立法院乃於112年6月14日乃修正人口販運防制法（113年元旦施行），一方面加重特定犯罪態樣刑期，例如摘除器官致人於死，最高可處無期徒刑，又例如雇主以「扣留重要身分證明文件」等手段，促使勞動者在惡劣環境下繼續工作，可處三年以下有期徒刑。另一方面則加強被害人權益保障，就對其安置、協助、補助及專案永久居留許可等，皆依法律授權訂定相關法規命令，儘可能填補社會安全網的漏洞。

（三）相關企業責任

　　入出國及移民法第八章第47條至第50條有關機、船長及運輸業者責任規定，屬公私合作行政領域中「以法律課予私人完成行政任務」的類型，該等私人應踐行之行政任務係依法被課予之「義務」，未履行義務者尚有罰則（第82條至第83條）或不利法律效果（第50條）相隨。該法第49條就具體規定：「前條第一項機、船長或運輸業者，對無護照、航員證或船員服務手冊及因故被他國遣返、拒絕入國或偷渡等不法事項之機、船員、乘客，亦應通報移民署（第1項）。航空器、船舶或其他運輸工具離開我國時，其機、船長或運輸業者應向移民署通報臨時入國停留之機、船員、乘客之名冊（第2項）。」類似通訊保障及監察法第14條第2項規定：「電信事業及郵政事業有協助執行通訊監察之義

務，其協助內容為執行機關得使用該事業之通訊監察相關設施與其人員之協助。」（同條第4項參照），由於各該企業於營利之目的外，尚負有協助國家預防危害之義務與責任，因而與其職業自由、契約自由間的緊張關係，甚至會衍生合憲性爭議[16]。

此外，基本權利功能範圍由人民對抗政府的「雙方效力」，放射並擴充至要求國家介入私人與私人間（私法自治或契約自由）關係的「第三方效力」，企業不能因本身對人權所造成或可能形成的負面影響，卸除所有的責任，反之，應有協助國家排除人權侵害的義務。聯合國就此「一方面通過商業與人權指導原則，並強烈鼓勵所有國家訂定商業與人權國家行動計畫，以作為實踐商業與人權指導原則的部分國家責任。另一方面，人權理事會設立草擬有法律拘束力文件之商業與人權工作小組，提出條約草案。因而商業與人權之發展進程是從商業與人權指導原則邁向商業與人權條約……義務主體由企業轉為國家，義務內容特質由企業自主尊重人權，轉至國家要求企業善盡人權之義務。」[17]

2024年4月歐洲議會通過「供應鏈法」，明定公司平均有1,000名員工以上，及財務年度全球淨營業額超過4.5億歐元者，應與其子公司及企業夥伴於供應鏈營運中，對人權與環境之實際與潛在負面影響，負有排除的責任與義務。暫不論新興且眾所矚目的環境永續經濟問題，僅就指涉外籍移工人權保障部分，至少包括禁止童工、禁止強迫勞務、禁止一切形式之奴隸，以及應使享有良好工作條件與待遇之權利等。質

---

[16] 依德國「改善社群網站上執行法律法」（Gesetz zur Verbessung der Rechtsdurchsetzung in sozialen Netzwerken, NetzDG，2017年9月制定）規定，針對以營利為目的而具一定規模的社群網站，於供使用平台上有特定犯罪行為時，課其有報告及申訴處置之義務，並附隨未履行的制裁。該課予私人協助執行國家任務的規定，使公權力間接介入私人平台，而產生營業自由、言論自由等基本權利限制，從而衍生規範合憲性爭議。詳見蘇慧婕，正當平台程序作為網路中介者的免責條件：德國網路執行法的合憲性評析，臺大法學論叢，49期4卷，2020年12月，頁1914以下。另參李震山，以法律課予私人完成行政任務之法理思考，月旦法學雜誌，63期，2000年8月，頁20-21。

[17] 參廖福特，企業人權責任，李建良主編，研之得法——中央研究院法律學研究所成立十週年文集，2021年，第440頁。有關英國「當代奴隸法」、法國「企業警戒法」及我國「企業與人權國家行動計畫」等跨國企業境外行為管制規範，請參考黃怡禎，從全球治理觀點論跨國企業境外人權侵害管制模式，中原財經法學，48期，2022年6月，頁273-276、285-287。

言之，企業應遵守國際最低標準的國際人權憲章（International Bill of Human Rights）及國際勞工組織（International Labour Organization）關於工作之基本原則及權利宣言（Declaration on Fundamental Principles and Rights at Work）中揭示之基本權利。而我國既承諾執行兩公約，故除政府本身之外[18]，亦應負有監督企業履行保障人權之義務。具體的以外籍漁工人權保障爲例，我國船東經營之權宜船於境外僱用之漁工，因契約簽訂、履行地與自身居住地等因素，難以近用我國法律及司法管轄，助長我國人海外投資所生勞動剝削卻能遁入國際私法與私法自治而免責的不合理現象。這對我國人權保障國際形象、國際漁業互動及國際組織的參與等皆有負面影響，故除追究前述人口販運者刑責外，也需關注企業責任及民事有效救濟。

　　在堅持國家主權與保護本國勞工的刻板想像下，國家往往自認對於外國人入出境應擁有絕對高權的內政事務不受他國干涉，慣以入出國境作爲其勞動條件的前提，或以強制出國作爲其不遵守勞動條件預設的後果，間接成爲企業主或雇主對其掌控的有利籌碼，使同時被貼上「外國人」及「低階勞動力」兩個負面標籤的跨國藍領勞工，在人權保障上成爲弱勢中的更弱勢群體，致其勞動權益的差別對待是否合理的審酌上，始終處於不利的地位。學者楊雅雯從四個面向闡述該問題的脈絡，包括強制定期契約、健康檢查、禁止轉職，及居住與行方控制[19]等，其係促成雇主間接代行國家高權而掌握受雇者入出境權利的宰制關係（domination）的重要原因，使形同永久臨時工的藍領移工更易遭剝削、被迫長時間工作、雇主控制移徙工人的居留身分，或將之綁定一個特定的雇主，接受不公平工資以及危險和有害健康的工作環境。而我國入出國

---

[18] 苗栗電子廠於2021年爆發移工宿舍群聚染疫事件，因苗栗縣政府於缺乏明確的法律授權，就逕自公布移工除上班時間外不可外出的禁足令，而被國際特赦組織（AI）及美國國務院的年度人權報告列爲侵害移工人權，重創我國人權保障形象。監察院於2022年7月底經調查後，提案通過糾正苗栗縣政府以及監督不周且未採取有效措施（例如資訊近用權的確保）的勞動部。

[19] 楊雅雯，跨越國境的勞動平權？——論勞動權利之平等保護面對「暫時性跨國移工制度」之侷限，中研院法學期刊，28期，2021年3月，頁256-273。

及移民法制如何避免成為剝削或壓抑在臺外國藍領移工（約70萬人左右）的「協力者」或「始作俑者」，亦是本法制應關切的議題之一。

三、入出國移民法制中尚待整合的規範內容

入出國移民法制應否將現行就中國人民的入出國及移民事項規範方式改弦易轍，或是仍應維持現況，屬國內因應特殊政治環境衍生的憲政課題，亟需集思廣益[20]。至於從全球化的眼光觀察，入出國移民法制待整合的規範內容尚有多端，以下僅以較受矚目的「難民收容與保護」，以及「新移民的適應與融合」兩個面向為例說明之[21]。

（一）難民收容與保護規範

國際上難民的收容與保護制度，是立基於人權、人道、博愛等同理心的普世人性關懷而建置，循國際規範內國法化的途徑，而逐漸分枝散葉至現代文明國家[22]。世界人權宣言第14條第1項規定：「人人為避免迫害，有權在他國尋求並享受庇身之所。」而「難民地位公約」

---

[20] 依我國目前官方見解及多數的民意皆認為：臺灣是主權獨立的國家而與中國互不隸屬，且臺灣人民不能接受集權統治意義下的一國兩制，而有維持自由、民主、法治、人權的生活方式，及回歸正常國家法治狀況的強烈意願。因此，現以憲法增修條文「為因應國家統一之需要」、「以法律特別規定兩岸關係」設大陸委員會，並以海峽兩岸基金會為白手套等另闢蹊徑的曲折迂迴等非常態法治國家措施，是否有改弦更張的必要，具體而言，是否應直接依據多數民意及正當程序，將政治問題法律化，化繁為簡的將兩岸有關入出國及移民部分，於入出國及移民法中設專章並視之為特殊外國人規範之，藉單純化與外交化，以緩解入出國移民法制太多的原則與例外，而例外又從嚴所衍生一般正常法治國家不易產生的諸多問題。

[21] Klaus Dienelt博士為德國外國人法（Ausländerrecht）法典彙編（Textausgabe，含居留法、歐盟自由遷徙法、家庭團聚法，以及難民法等）所撰寫的導讀中指出，該法域除專為不具德國國籍者入境、停留居留、出境等傳統領域而制定的特別法外，其架構並已跳脫主權、安全與秩序的思維，而將外國人如何進入德勞動市場、家庭團聚（接眷）語言文化等各項融合措施、取得國籍、政治庇護與難民收容、社福給付等人權保障的普世價值列為重點，頗值得我國學術與實務參考。詳見Klaus Dienelt, Einführung-Ausländerrecht (Textausgabe), C.H. Beck, 33.Auflage, 2018.8, S.SXI-LII.

[22] 難民都為追求更好的生活而離鄉背景，物質之外的精神自由亦是他們的夢想，所以很少難民會選擇如中國、俄國、伊朗、北韓等極權專制國家為其安身立命之處。當然自由民主國家中不願與異族人分享資源與自由者，而對收容難民持保守、務實主義者，亦不在少數，且常強調依「難民地位公約」之精神，各國應尊重其他國針對難民庇護之決定。例如由歐盟成員國共同組成而架構日益龐大的歐洲邊境與海岸防衛局（Frontex, European border and coast guard agency），就以打擊犯罪與非法經濟移民為名，提供相關國家在邊境與海上驅趕難民的後勤及技術協助，而該等舉措往往與歐盟保障所有難民有申請庇護權的核心價值產生緊張關係。

（Convention Relating to the Status of Refugees）第1條第1項第2款規定稱難民爲：「有正當理由畏懼由於種族、宗教、國籍、屬於某一社會團體或具有某種政治見解的原因留在其本國之外，並且由於此項畏懼而不能或不願受該國保護的人；或者不具有國籍並由於上述事情留在他以前經常居住國家以外而現在不能或者由於上述畏懼不願返回該國的人。」於該定義下，除尋求政治庇護的政治難民外，亦應包括因戰爭、天災、疫癘、飢餓、貧窮而形成的難民[23]。該公約針對難民之不受歧視（第3條）、婚姻（第12條）、財產（第13條、第14條）、結社（第15條）、工作（第17條至第19條）、社會福利（第20條至第24條）、居住遷徙（第26條）以及禁止驅逐出境或送回（第33條）等憲法保障之權利有明文規定。

　　我國爲落實國際人權規範內國法化的人權立國政策，民國92年7月總統府人權諮詢小組曾草擬「人權基本法」草案共54條，其中第23條明文規定庇護權，要求國家對非本國國民爲避免政治迫害而給予政治庇護時，其庇護之行使應符合難民保護公約與難民地位議定書之相關規定。行政院接續提請立法院審議中之難民法草案共17條，在總說明中稱：「我國雖非聯合國之會員國，惟於1975年我國曾接納越南、高棉、寮國等國難民約3,000人，1976年仁德專案接納越南難民約6,000人，海漂專案接納中南半島難民約2,000人，實質曾進行難民庇護措施，並提供其保護及協助。爲積極提升人權水準，期與世界人權接軌，落實人權治國理念，並就難民庇護法制化，爰參酌上開國際公約、宣言，以及美國、英國、加拿大等國家庇護制度及法規，擬具『難民法』草案。」但以上努力皆因「朝小野大」或政黨輪替之故，只聞樓梯響未見人下來，而仍停留在草案階段[24]。至於我國過去較重視大陸災胞、

---

[23]　另請參閱江世雄，難民定義與認定問題：以「迫害」要素爲中心，執法新知論衡，18卷1期，中央警察大學，2022年6月，頁80-81。據聯合國難民署（United Nations High Commissioner for Refugees, UNHCR，亦稱UN Refugee Agency）統計，截至2021年底，全球約有8,900萬人被迫流離失所成爲難民，即平均每88人之中，就有1人被迫逃亡，約有100萬名孩童一出生就是難民，截至2020年，約有3,500萬難民未滿18歲。

[24]　105年7月14日立法院完成難民法一讀會，但至今未完成三讀。就該初審通過法案之評析，見

反共義士意義下的難民，也有累積一定的成果[25]，最近則將焦點集中在「香港政治難民議題」[26]，皆是因應臺灣特殊政治歷史處境，但較少在國際上善盡文明民主國家分擔保護難民的責任，且相關法制並不完備，故介述德國法制爲例介，作爲可供錯的他山之石。

德國將難民大分爲申請政治庇護的政治難民及其他難民。依據德國基本法第16a條第1項規定：「受政治迫害者，享有庇護權」（Politisch Verfolgte geniessen Asylrecht）。大大提升政治性難民受法律保障的層次（憲法保留），惟各式難民的處理，皆應合乎庇護程序法（Asylverfahrensgesetz）及居留、移民相關法令，並由聯邦難民認證局（Bundesamt für die Anerkennung ausländischer Flüchtlinge）掌理之。申請爲政治難民，並不以具體迫害措施存在爲前提，只要在申請時已有遭迫害之恐懼爲已足[27]。另依國際人權條約規範首推1984年「反酷刑與其他殘忍、非人道或侮辱處遇公約」（Convention against Torture and Other Cruel, Inhuman or Degrading Treatment or Punishment）第3條第1項規定：「若有充分理由相信任何人在另一國家將有遭受酷刑的危險，任何締約國不得將之驅逐、遣返或引渡至該國。」該不遣返原則滿足國際習慣法要件，因而亦適用於抵達國境之尋求庇護之難民，換言之，非難民公約及其議定書之締約國，仍須遵循不遣返原則。然而我國既努力推動將前揭「反酷刑公約」內國法化工作，對保護難民法制上，

周珈宇，從國際難民法觀點分析我國難民法草案有關難民地位之規定（以英文發表），警學叢刊，48卷5期，2018年3月，頁39-71。

[25] 曾建元，臺灣因應大陸難民問題之回顧與現況，法治國家的原理與實踐——陳新民教授六秩晉五壽辰文集（下冊），新學林，2020年，頁201-243。

[26] 相關論述請參考，許義寶，香港居民來台居留與難民法草案，台灣法學雜誌，376期，2019年9月，頁1-6。張志偉，非自由地區的非典型難民——大陸及港澳地區人民適用爭議，台灣法學雜誌，376期，2019年9月，頁7-12。王智盛，從香港「反送中」看台灣的難民與庇護法制，台灣法學雜誌，376期，2019年9月，頁13-17。

[27] Ingo von Münch, Grundgesetz－Kommentar, Band I, 3. Aufl., 1985, Art. 16 Rdnr. 24 a.但若已在德國居留而申請政治庇護者，依德國聯邦憲法法院之見解，必須是由於政治信念而引起返國將遭迫害恐懼者爲限。至於兼具政治犯與刑事犯身分者申請政治庇護，應就其政治犯罪性質、動機、手段分別決定庇護之准否。Vgl. BVerwGE 55, 82; BVerfGE 9, 174. Vgl. Kanein/Renner, Ausländerrecht, 5. Aufl., 1992 § 1 AsylVfG Rdnr. 42.

亦有連鎖的效用[28]。

　　有許多實質上係因逃避貧困或欲改善生活環境之「經濟難民」，引起「人蛇集團」或組織犯罪者「以政治理由之虛取代經濟動機之實」，惡意利用「基本法之善意」，唆使、操縱大量移民而從中牟利，而此亦是反移民、排外、強調民族主義的右翼政黨興起的主因之一。基本法第16a條第2項與第3項有折衷規定：「來自歐洲共同體所屬國家之人民，以及來自適用難民法律地位公約以保障人權及基本自由協約之第三國（稱安全第三國（sichere Drittstaaten））之人民，不得主張前項之權。歐洲共同體以外合於要件之國，得在聯邦參議院同意下以法律加以指定，於有第1句之情形者，不因其採取法律之救濟而停止執行（第2項）。經聯邦參議院之同意，得以法律認定某些國家，因其法律狀況、法律適用及一般政治關係而可保障於該國（稱安全源出國（sicherer Herkunftsstaat））不會發生政治迫害、非人性或屈辱性處罰或處遇。來自該等國家之人，應可假設不會遭到迫害，除其舉出確受政治迫害之事實外，推定為未遭政治迫害（第3項）。」經認定為政治難民者，接收國原則上應有概括保護的國際法義務，並給難民最低程度以上保障，例如得享有接受初等教育、接受公共扶助、依勞動法制與社會保障法的權利等。

　　除前述政治難民外，尚有為逃避戰爭、各種天然災害，以免生命、身體、財產等受威脅、迫害、剝奪之難民。德國大都採整批先行接納再依庇護程序法之規定進行審核程序，其法律規定可歸納出幾項特點：1.基於人道及國際協定之理由接受戰爭及內戰之難民，並善盡國際義務；2.本於聯邦國理念由各邦平均承擔接受之難民。聯邦定額分配後，各邦仍得視實際處理情形再彼此會商解決；3.戰爭及內戰難民接受原因消滅後，難民應定期返回原居國；4.對廢止特別居留權之異議與訴訟，原則上並無停止執行效力。學者程明修教授針對德國申請難民庇護程序

---

[28] 翁燕菁，國門前的難民——不遣返原則與難民法，月旦法學雜誌，250期，2016年3月，頁158-169。李震山，國際人權規範國內法化的意義——以「禁止酷刑公約」為例，人性尊嚴與人權保障，增訂5版，元照，2020年，頁467、480。

有完整介紹，從抵達登記、安置審理程序以至最後由「聯邦移民暨難民署」所屬機關的決定，以及不予許可後的處置程序與措施，值得參考[29]。難民之收容涉及人道關懷與國際責任，當然亦需考慮一國國力與發展情形，除參考國際協定外，亦應在國內法制上未雨綢繆，而我國對於申請政治庇護及收容難民之規範向來躊躇不定，確是入出國及移民相關法制中亟待補上的一塊重要拼圖。

（二）新移民的適應與融合規範

我國憲法第108條第1項第16款規定，「移民」事務屬中央立法並執行或交由省縣執行之事項，而臺灣自古以來就是一個移民社會，就該等有全國一致性的新移民適應與融合問題的處理，有自己一脈相承的本土經驗。新移民形成的原因甚多，有因原生地產生戰爭、飢荒、政治迫害與暴力，或因貧窮與落後為改善生計、追求夢想，而以求學、婚姻、工作，甚至以請求庇護之難民身分進入他國，希望能以他鄉為故鄉之政治、經濟、社會、文化弱勢者。依我國目前法制，外國人自進入國境迄歸化的過程包括入境、停留、居留、定居（設戶籍）、永久居留及歸化。學者從而認為廣義的移民是指外來人口在我國取得一年以上之居留核准者。狹義的移民，應指歸化、永久居留、定居之人屬之[30]。而移民署通稱的新住民，係指外籍與大陸配偶。至於入出國移民法所稱的移民，則不限於移入，還包括移出者（規定於第九章之移民輔導及移民業務管理）。惟一般人大都傾向依內國法規定將移民區分為合法或非法（不法、違法等）兩類，並作為分別對待的標準。

依移民署公布113年的年報指出，外來人口在臺居留已突破百萬人，其中外籍（含中國）配偶人數將近60萬人。如何在婚姻家庭、教育、工作、社會福利等面向著手，從尊重多元文化、平等對待少數族裔

---

[29] 程明修，德國難民法制之研究——兼論統一前西德對東德難民之收容，教育、掄才與法治，董保城教授七秩誕誕祝壽論文集，元照，2022年，頁458-466。另參程明修，韓國難民法制研究，法治國家的原理與實踐，陳新民教授六秩晉五壽辰文集（下冊），新學林，2020年，頁247-286。

[30] 許義寶，移民法制與人權保障，中央警察大學，2017年，頁6。

或相對弱勢的新移民，使之儘速適應新生活且願融入我國公民社會，應屬入出國移民法制應增補的規範要素與內容。民國103年10月內政部曾向行政院陳報「現階段移民政策綱領（草案）」，核心內容中宣示以下11項措施：「1.鼓勵經濟性移民。2.建立非經濟性移民時點管制及預警數量機制。3.建立移入者及其配偶完整之終身學習體系，並積極提供移入人口生活照顧輔導、語言教育，以提升其教育文化程度及協助其教養子女。4.重視移入人口子女教育發展問題，適時調整教育資源區域分布、師資及教材內涵。5.保障移入人口及其子女權益，並以包容、接納、平等對待態度，正面肯定不同文化族群，並結合民間資源建構多元文化社區發展環境，消弭社會歧見。6.開發新移入人力資源，提供相關就業與創業技能訓練，協助新移入人力提升就業、創意及創業能力。7.整合移入人口相關統計資訊系統。8.落實入出國管理，並與戶口查察結合，強化入境後面談、追蹤及通報作業。9.加強違法停居留之收容遣送作業。10.加強規範管理婚姻媒合業及移民業務機構。11.提供國人移出國外之協助輔導措施。」[31]而前述移民署112年年報列有新住民照顧輔導、友善移民暨移民人權，並設定「培力新住民及其子女發揮文化優勢」、「辦理新住民生活適應輔導」、「跨國（境）婚姻媒合管理」、「強化移民業務機構管理」及「營造友善移民環境」等目標，應已跨越「坐而言」而到「起而行」的階段，但如何將這些政策轉化為入出國及移民法內容，成為可執行的實體與程序依據，是入出國及移民法應強化的重點。

　　新移民兼具「他者」與「弱者」兩項特質，處在主權與人權、本國人與外國人緊張關係的夾縫中，筆者曾提出如何認真善待新移民的理念與構想：「一、文明國家的主權不當然凌駕於普世人權之上。二、從本國人與外國人消極二元對立，漸近至對新移民採積極多元併立的人權觀。三、憲法基本權利應以保障弱者為核心。四、人權是質而非量的問

---

[31]　謝立功、邱丞爆，我國移民政策之檢討，國境警察學報，4期，2005年12月，頁26-38。

題，弱勢者人權因而不能完全取決於多數。」[32]期盼能以四海之內皆兄弟的胸懷，認真善待那些常被置於異族地位的弱勢新移民，讓在這塊本就是移民之鄉土地上先來後到的多元族群，寬容彼此文化而平等共榮的和諧相處與生活。立法院終於在民國113年7月16日三讀通過「新住民基本法」，明定內政部應設置新住民事務專責中央三級行政機關，統籌並協調有關新住民婚姻家庭、就業、通譯、媒體近用權，以及學習語言資源等事宜，地方政府也應設置新住民家庭服務中心，以有效確保新住民權益。

　　國際人口的流動，固對促進多元文化、知識技術交流、人力的互補增益，有正面積極的貢獻。但也可能因人道主義、資源分配與文化差異等，衍生人口結構失衡、移民生活適應、歧視對待、社會融合、人才流失、仇外心理、人口販運、難民庇護安置等人權保護與國家安全問題（見下述釋字第618號解釋評析）。據此，外來移民者之停居、居留、歸化（可參照國籍法第3條至第9條規定）、照顧輔導等所衍生之相關問題，以及其他相關之入出國管理、難民認定、安置、庇護、非法入國之收容及遣返、移民犯罪及偵查等問題，皆需法律、社會、警政等學術與專業人士長期共同參與及投入，滾動式的研議建置友善移民國家相關制度與規範。換言之，如何跨越以防堵管制及預防犯罪的傳統移民政策思維，而以新移民適應、培力、融合的視野，確具重要性與迫切性。固然當今的焦點大多集中於，視規範事項輕重緩急而與時俱進的補強入出國及移民法內容，其實，亦可認真思考制定新移（住）民基本法的可行性，儘可能將之提升至憲法執行法與國際人權規範的層次，以之作為相關主管機關制定、修正相關法令的授權及指導原則與依據。

---

32 李震山，從保障人權觀點論「認真善待新移民」，民主法治的經驗與見證——江義雄教授七秩晉五華誕祝壽論文集，新學林，2019年，頁3-21。

四、相關司法院大法官解釋（釋字第265號、第454號、第558號、第618號、第708號、第710號、第802號解釋）及憲法法庭判決（111年判字第20號判決）

與前述內容有關之司法院大法官解釋約有，釋字第265號（限制入境的概括規定）、第345號（限制欠稅人出境）、第443號（限制役男出境）、第454號及第497號（居住遷徙自由限制應符合法律保留及法律授權明確性原則）、第558號（本國人返國自由）、第560號（外國人投保勞工保險之喪葬給付）、第618號（原設籍中國之人民擔任臺灣公務人員的限制）、第708號及第710號（遣送外國人出境之收容）、第712號（臺灣人民收養其配偶之中國子女）、第768號（兼具我國及外國國籍之醫師不得擔任公立醫療機構醫師）、第802號（跨國、境婚姻媒合不得要求或期約報酬）等解釋，以及憲法法庭111年判字第20號判決（本國籍配偶得否以自己名義為外國籍配偶提起課予義務訴訟），茲擇要評述之。

（一）釋字第265號解釋（79年10月5日）

該號解釋稱：「人民有居住及遷徙之自由，固為憲法第十條所規定，但為防止妨礙他人自由、避免緊急危難、維持社會秩序或增進公共利益所必要者，仍得以法律限制之，此觀憲法第二十三條規定甚明。動員戡亂時期國家安全法第一條明示該法係動員戡亂時期為確保國家安全、維護社會安定而制定。其中第三條第二項第二款關於有事實足認為有妨害國家安全或社會安定之重大嫌疑者，得不予許可入出境之規定，即係對於人民遷徙自由所為之限制。就入境之限制而言，當國家遭遇重大變故，社會秩序之維持與人民遷徙之自由發生衝突時，採取此種入境限制，既為維持社會秩序所必要，與憲法並無牴觸。」

該解釋雖然公布於解嚴三年之後，但仍受制於「緊急則無誡命」的戒嚴餘緒，換言之，該解釋所提及民國77年11月18日行政院修正發布前國家安全法施行細則第12條第6款前段規定，關於「離開淪陷區後，未在自由地區連續住滿五年（已修正為四年）者，得不予許可入境之

規定，係對主管機關執行上述法律規定時，提供認定事實之一種準則，以為行使行政裁量權之參考，並非凡有此情形，一律不予許可入境。故其條文定為『得』不予許可，而非『應』不予許可，與該法確保國家安全、維護社會安定之立法意旨尚屬相符。惟上述細則應斟酌該法第3條第2項第2款規定之意旨，隨情勢發展之需要，檢討修正」。這就是充分反映戒嚴法第11條第9款就人民遷徙自由的限制規範與執法模式，換言之，行政機關固享有個別事件裁量權，但尊重政策的執法結果，就形成「裁量萎縮至零」的狀況，大法官既支持之，但卻又提出應「隨情勢發展需要檢討修正」欲蓋彌彰的緩頰理由，共同反映所謂「時代精神」。

（二）釋字第454號解釋（87年5月22日）

該號解釋指出：「憲法第十條規定人民有居住及遷徙之自由，旨在保障人民有自由設定住居所、遷徙、旅行，包括出境或入境之權利。對人民上述自由或權利加以限制，必須符合憲法第二十三條所定必要之程度，並以法律定之。八十三年四月二十日行政院台內字第一三五五七號函修正核定之『國人入境短期停留長期居留及戶籍登記作業要點』第七點規定（即原八十二年六月十八日行政院台內字第二〇〇七七號函修正核定之同作業要點第六點），關於在台灣地區無戶籍人民申請在台灣地區長期居留得不予許可、撤銷其許可、撤銷或註銷其戶籍，並限期離境之規定，係對人民居住及遷徙自由之重大限制，應有法律或法律明確授權之依據。」

所謂「在臺灣地區無戶籍人民」，大多指涉具中華民國國籍，同時擁有外國國籍，但未在臺灣設籍的國人，概稱為海外僑胞[33]。本號解釋指其居住遷徙自由限制應以法律定之，相關命令規定則需合乎法律授權明確性等憲法原則。解釋後所公布之入出國及移民法第7條規定：「臺灣地區無戶籍國民有下列情形之一者，移民署應不予許可或禁止入國：

---

[33] 憲法第151條規定：「國家對於僑居國外之國民，應扶助並保護其經濟事業之發展。」憲法增修條文第10條第13項規定：「國家對於僑居國外國民之政治參與，應予保障。」

一、參加暴力或恐怖組織或其活動。二、涉及內亂罪、外患罪重大嫌疑。三、涉嫌重大犯罪或有犯罪習慣。四、護照或入國許可證件係不法取得、偽造、變造或冒用（第1項）。臺灣地區無戶籍國民兼具有外國國籍，有前項各款或第十八條第一項各款規定情形之一者，移民署得不予許可或禁止入國（第2項）。第一項第三款所定重大犯罪或有犯罪習慣及前條第一項第六款所定重大經濟犯罪或重大刑事案件之認定標準，由主管機關會同法務部定之（第3項）。」此外，再以「臺灣地區無戶籍國民停留、居留及定居」專章規定（第三章第8條至第17條），足見規範的分量不輕，且具實務上重要性[34]。

（三）釋字第558號解釋（92年4月18日）

該解釋稱：「憲法第十條規定人民有居住、遷徙之自由，旨在保障人民有自由設定住居所、遷徙、旅行，包括入出國境之權利。人民為構成國家要素之一，從而國家不得將國民排斥於國家疆域之外。於臺灣地區設有住所而有戶籍之國民得隨時返回本國，無待許可。」宣告系爭國家安全法第3條第1項（已刪除）針對國人入出境一律採許可制的規定，違反比例原則而違憲。該解釋公布於解除戒嚴約十五年之後，正式宣示「國民有隨時返回本國之自由」，卻也間接承認本國人中有所謂「黑名單人士」被剝奪入境自由之事實，並戳破當時政府對國外宣稱「我國並無政治犯」的謊言。該解釋雖是遲來的正義，但仍具里程碑意義。

不讓本國人入境，猶如剝奪國民身分（撤銷國籍），若其未兼有他國國籍而被迫成為無國籍者，將使進退失據而有家歸不得[35]。此種將國

---

[34] 相關論述參許義寶，入出國法制與人權保障，4版，五南，2023年，頁41-63。許義寶，移民法規論，新學林，2021年，頁79-83。

[35] 現代主權國家大多以民族為正當性來源，而民族國家的法律往往只為單一民族服務。在全球化的人口移動下，就會產生一些得不到國家保護的無國籍者，而成為國家間互踢皮球的對象。陳芳明教授滯留美國時，曾以陳嘉農筆名所撰「攜我還鄉」詩作的首尾可作為嘗盡「生不能相聚，死不能相送，憂不能共擔，喜不能共享」之遺憾與苦楚的寫照：「縱然僅剩下一把骨灰，請你勿忘為我攜歸，這顆不碎的心也願同你回航……不要留我在寒冷的異鄉，為我尋回一塊土地可以依偎，也可以歌，可以泣，可以埋葬。」詳見向陽，寫字年代，九歌，2013年，頁69-70。

人列爲黑名單而不可返國的舉措，是極權國家壓迫反政府勢力常使用的一種工具，早爲國際人權規範或現代文明國家懸爲忌憚屬禁[36]。從入出國移民法制演進過程言，本號解釋有典範轉移的重要意義，即依情事變更理論將釋字第265號解釋（79年10月5日）的見解爲變更爲：「動員戡亂時期國家安全法制定於解除戒嚴之際，其第三條第二項第二款係爲因應當時國家情勢所爲之規定，適用於動員戡亂時期，雖與憲法尚無牴觸（參照本院釋字第二六五號解釋），惟中華民國八十一年修正後之國家安全法第三條第一項仍泛指人民入出境均應經主管機關之許可，未區分國民是否於臺灣地區設有住所而有戶籍，一律非經許可不得入境，並對未經許可入境者，予以刑罰制裁（參照該法第六條），違反憲法第二十三條規定之比例原則，侵害國民得隨時返回本國之自由。」該解釋既促成國家安全法第3條走入歷史，又使過度限制國人入出境高牆倒塌，大大鬆綁本國人居住遷徙自由的管制，入出國移民法制的理論與實務，就順勢的位移至外國人及新移民的區塊。

　　該解釋固有相當貢獻，但仍爲德不卒的認爲得將國人依其是否在臺設有戶籍而爲入出境限制之差別待遇，並稱：「惟爲維護國家安全及社會秩序，人民入出境之權利，並非不得限制，但須符合憲法第二十三條之比例原則，並以法律定之。」而原因案件關係人正是因故流亡海外於臺灣地區未設有住所而無戶籍者，他批評到：「針對國民回國權利，入出國及移民法已經設有戶籍這個在人權原則上頗有問題的要件，大法官竟然還加上一個『設有住所』，而且其規範方式非常奇怪，只以主詞『國民』的修飾詞方式出現（『於台灣地區設有住所而有戶籍之國民』），此外通篇未對『住所』有任何界定或說明，硬是在原有惡法所

---

[36] 早在1215年英國「大憲章」（Magna Carta）第39條及第42條，輒已明定英國臣民不論經由水陸路，均可自由出入國境，政府不得追放驅逐臣民到國外。1628年英國之「權利請願書」（The Petition of Rights）第3條，亦再明定禁止流放。戰後，聯合國於1948年制頒「世界人權宣言」，其中第9條規定：「任何人不受任意逮捕、拘禁及流放。」第13條更明定：「任何人均有歸返本國之之權利。」到1966年聯合國又制頒「國際人權公約」A公約與B公約；A公約即「有關公民及政治權利國際公約」，其中第12條第4款明確規定：「任何人有歸返本國之權利，不容恣意剝奪。」自此撤廢流放，保障遷徙自由便蔚然成風，不少國家在憲法上即著有明文。

訂下的戶籍之外，如此增訂一個要件。」[37]林詩梅律師同樣質疑：「第558號解釋的結果，一方面好像認爲國民入境返國權是基本人權，但一方面卻又加上了『住所』、『戶籍』等要件。……遵照第558號解釋的結果，台灣高等法院當然也必須以黃文雄既沒戶籍也沒住所，而仍判定黃文雄還是違反了國安法第3條第1項規定。結果，在我國法律的認定上，國民黃文雄仍然是和其他沒有拿到入境許可進入台灣的外國人一樣，是個非法『偷渡客』，國家必須加以處罰。」[38]雖贏了憲法官司，卻輸掉一般法院的復審官司，而仍需受國家制裁，顯有違人民素樸正義感。推一下動一下的改革，反映出習慣管制思維者於釋出權力後不安的普遍現象。

（四）釋字第618號解釋（95年11月3日）

該解釋稱「八十九年十二月二十日修正公布之兩岸關係條例第二十一條第一項前段規定，大陸地區人民經許可進入臺灣地區者，非在臺灣地區設有戶籍滿十年，不得擔任公務人員部分，乃係基於公務人員經國家任用後，即與國家發生公法上職務關係及忠誠義務，其職務之行使，涉及國家之公權力，不僅應遵守法令，更應積極考量國家整體利益，採取一切有利於國家之行爲與決策；並鑑於兩岸目前仍處於分治與對立之狀態，且政治、經濟與社會等體制具有重大之本質差異，爲確保臺灣地區安全、民眾福祉暨維護自由民主之憲政秩序，所爲之特別規

---

[37] 黃文雄，人民回國的人權——進一步，退兩步，大法官，給個說法(2)！，新學林，2009年，頁45。陳長文與林超駿兩位教授亦指出：「釋字第五五八號解釋從形式上看，雖然稱『國家不得將國民排斥於國家疆域之外』，但卻又同時謂國民返國入境權利與其他種類遷徙自由相同，是可以受到限制者，而此受限與否之關鍵，則在於中華民國國民是否於台灣地區設有戶籍。從人權保障觀點，大法官如此處理國民返國入境權利之問題，不僅是未竟全功，更有治絲欲棼之可能。」又該「解釋未從國際法角度檢討是項問題，忽略了主要國際人權公約中對於遷徙自由種類之區分，以及對於國民返國入境權利絕對性之強調，因而非常遺憾地，大法官以爲禁止國民入境規定係屬合法合憲之看法，顯然係與主要國際人權公約中之相關規定，有所齟齬。」詳見陳長文、林超駿，論人民返國入境權利之應然及其與平等權、國籍等問題之關係——以釋字第五五八號解釋爲中心，政大法學評論，92期，2006年8月，頁211。

[38] 林詩梅，法律評析——釋字第五五八號，大法官，給個說法(2)！新學林，2009年，頁56、60-61。有關排斥無戶籍國民入境權之可能理由及其是否會因而形成「次等公民」之歧視，見廖元豪，「海納百川」或「非我族類」的國家圖像？——檢討民國九十二年的「次等國民」憲法實務，法治與現代行政法學——法治斌教授紀念論文集，元照，2004年，頁298-301。

定，其目的洵屬合理正當。基於原設籍大陸地區人民設籍臺灣地區未滿十年者，對自由民主憲政體制認識與其他臺灣地區人民容有差異，故對其擔任公務人員之資格與其他臺灣地區人民予以區別對待，亦屬合理，與憲法第七條之平等原則及憲法增修條文第十一條之意旨尚無違背。又系爭規定限制原設籍大陸地區人民，須在臺灣地區設有戶籍滿十年，作爲擔任公務人員之要件，實乃考量原設籍大陸地區人民對自由民主憲政體制認識之差異，及融入臺灣社會需經過適應期間，且爲使原設籍大陸地區人民於擔任公務人員時普遍獲得人民對其所行使公權力之信賴，尤需有長時間之培養，系爭規定以十年爲期，其手段仍在必要及合理之範圍內，立法者就此所爲之斟酌判斷，尚無明顯而重大之瑕疵，難謂違反憲法第二十三條規定之比例原則。」

該解釋以憲法平等原則與比例原則爲審查依據續稱：「中華民國人民，無分男女、宗教、種族、階級、黨派，在法律上一律平等，爲憲法第七條所明定。其依同法第十八條應考試服公職之權，在法律上自亦應一律平等。惟此所謂平等，係指實質上之平等而言，立法機關基於憲法之價值體系，自得斟酌規範事物性質之差異而爲合理之區別對待，本院釋字第二〇五號解釋理由書足資參照。且其基於合理之區別對待而以法律對人民基本權利所爲之限制，亦應符合憲法第二十三條規定比例原則之要求。」

釋憲聲請人原爲中國人民，因與我國國民結婚後獲准定居，並設籍取得身分證，嗣參加考試院舉辦之公務人員初等考試及格，於取得任用資格後分發至某國小任行政職，卻因與兩岸條例中「大陸人民來臺入籍未滿十年不得擔任軍公教人員」之規定不符，依法必須離職。惟聲請人既已歸化爲國民，從接納新移民及協助其適應與融入我國公民社會的觀點，就應不分種族（族群）而應享有實質平等公民權，關鍵在於「等則等之，不等則不等之」原則下的差別待遇是否合理。若不計聲請人從結婚到入籍的時間，且不論擔任公務員需經國家考試需研讀我國憲法等相關考科，尚需依系爭規定「以設有戶籍滿十年」，才能認識「民主憲政體制」，是否會因限制過苛違反比例原則而突顯差別待遇的不合理，引

起不少質疑[39]。防範對岸敵對立場的統戰與分化，我國法律固應有適當的回應，宜將焦點集中於具黨、政、軍、特背景人士意識型態固定者為對象，再從移民人權保障言，特別是已許其因婚姻歸化之一般人民，即應寬容待之，自無須「殺雞用牛刀」，而有礙良善移民的法治建構。

（五）釋字第708號（102年2月6日）及第710號（102年7月5日）解釋

　　該兩號有關外國人民驅逐出境收容之解釋，前後相距僅五個月，前者指涉一般外國人，後者則為大陸人士。釋字第708號解釋認為系爭規定（入出國及移民法第38條第1項）：「其因遣送所需合理作業期間之暫時收容部分，未賦予受暫時收容人即時之司法救濟；又逾越上開暫時收容期間之收容部分，非由法院審查決定，均有違憲法第八條第一項保障人民身體自由之意旨。」釋字第710號解釋則稱系爭規定（兩岸條例第18條第1項與第2項）：「除因危害國家安全或社會秩序而須為急速處分之情形外，對於經許可合法入境之大陸地區人民，未予申辯之機會，即得逕行強制出境部分，有違憲法正當法律程序原則，不符憲法第十條保障遷徙自由之意旨。」[40]另又指出系爭規定：「未能顯示應限於非暫予收容顯難強制出境者，始得暫予收容之意旨，亦未明定暫予收容之事由，有違法律明確性原則；於因執行遣送所需合理作業期間內之暫時收容部分，未予受暫時收容人即時之司法救濟；於逾越前開暫時收容期間之收容部分，未由法院審查決定，均有違憲法正當法律程序原則，不符憲法第八條保障人身自由之意旨。又同條例關於暫予收容未設期間限制，有導致受收容人身體自由遭受過度剝奪之虞，有違憲法第二十三條比例原則，亦不符憲法第八條保障人身自由之意旨。」該兩號解釋先從最重要之人身自由鬆綁開始，此對外國人人權保障有如寒冬中吹來的一陣春風，具有融冰解凍的意義。

---

[39] 廖元豪，試用期的臺灣人？──承認次等公民的釋字第618號解釋，全國律師，2007年5月，頁33。黃昭元，從釋字第618號解釋探討原國籍分類的司法審查標準，現代憲法的理論與觀點，李鴻禧教授七秩華誕祝壽論文集，元照，2007年，頁487。

[40] 李震山，「正當法律程序」被當真嗎？，月旦法學教室，34期，2005年8月，頁26-27。

　　以該兩號解釋為槓桿所挪動人身自由保障的理念與制度，包括：
1.人身自由係基本人權，為人類一切自由、權利之根本，任何人不分國
籍均應受保障，此為現代法治國家共同之準則。故我國憲法第8條關於
人身自由之保障亦應及於外國人，使與本國人同受保障，特別是如何善
待居於弱勢地位的新移民[41]；2.人身自由的剝奪不會因身分不同而生本
質差異，從而對之為差別待遇的合理空間其實相當有限，不應將「非
刑事案件關係人」人身自由保障排除在憲法第8條規定適用範圍之外；
3.該解釋對外國人訴訟權保障亦具重要意義，行政訴訟法於民國104年2
月4日增訂第二編第四章收容聲請事件程序（第237條之10至第237條之
17）[42]；4.該兩號解釋影響提審法之修正（民國103年7月8日施行），
規定人民被法院以外的任何機關逮捕、拘禁，不論是否基於犯罪嫌疑，
本人或他人都隨時可向法院聲請提案，是落實憲法第8條精神的一大成
就。

（六）司法院釋字第802號（110年2月26日）解釋

　　該有關跨國（境）婚姻媒合事件之解釋稱：「入出國及移民法第
五十八條第二項規定：『跨國（境）婚姻媒合不得要求或期約報酬。』
與憲法第十五條保障人民工作權、第二十二條契約自由及第七條平等權
之意旨尚無違背。入出國及移民法第七十六條第二款規定：『有下列情
形之一者，處新臺幣二十萬元以上一百萬元以下罰鍰，並得按次連續處

---

[41] 作者曾於司法院釋字第708號解釋公布時提出部分協同部分不同意見書中指稱：「本件解釋
　　並未以互惠原則之國際法觀點，或以國情、政治現實、文化價值差異等內國主權觀點，作為
　　對外國人人身自由保障推辭或差別待遇的理由與前提，而稱：『我國憲法第八條關於人身自
　　由之保障亦應及於外國人，使與本國人同受保障。』似已意識到人身自由是具跨國普世性人
　　權性質，有意對外國人人身自由保障一律採國民待遇（national treatment），能有東晉陶淵
　　明『此亦人子也，可善遇之』的寬容態度，符合憲政文明國家維護基本權利的價值理念，亦
　　合於全球化下每個人皆有可能成為外國人的平權預設，應值得讚許。惟追求人權保障普世價
　　值，應不是脫口而出的儀式性語言，而是一種需要以實踐去證明的原則！」

[42] 詳見李震山，收容聲請事件程序，翁岳生主編，行政訴訟法逐條釋義，五南，2020年，頁
　　657-678。針對相關救濟的比較法制研究，詳參蕭明欽，外國人收容與驅逐出國之人權保
　　障——我國與美國法制之比較，國立中正大學法學集刊，77期，2022年，頁207-211、232-
　　283。至於強制驅逐已取得居留或永久居留的外國人，於驅逐前應召開審查會，相關程序規
　　定可參考「外國人強制驅逐出國處理辦法」（113年2月27日修正）。

罰：……二、從事跨國（境）婚姻媒合而要求或期約報酬。』與憲法第十五條保障人民財產權之意旨尚無違背。」該解釋指涉媒合業者的工作權、契約自由、財產權與平等權。

　　婚姻家庭權本屬當事人基本權利，在不違背社會常理與法制規範下，婚姻關係之締結與解除，政府本不宜以公權力介入。惟因跨國（境）婚姻在臺灣社會中常淪為不良仲介業者操作謀利之手段，且常隱瞞受媒合者雙方之重要資訊，造成雙方當事人結婚後容易產生感情失合情形。本件解釋於理由書中指出：「查立法者考量跨國（境）婚姻雙方當事人間之可能差異、其等與媒合者間之資訊不對稱、甚至人口販運等問題，相較於非跨國（境）婚姻媒合，往往更為明顯，也更可能發生；又跨國（境）婚姻更涉及跨國（境）人口移動與移民，致為結婚而離開本國之一方常會因身處異國而遭受更大之壓力，甚至是不當壓迫，此則為非跨國（境）婚姻媒合所無之情形，乃制定系爭規定一，針對跨國（境）婚姻媒合之要求或期約報酬予以相對不利之差別待遇，以防免媒合者為營利而忽略上述問題或致該等問題更為嚴重。」但持不同意見的大法官如黃瑞明、詹森林，則另認為跨國媒介婚姻亦能解決一部分在國內無法找到配偶者之婚姻困境，故亦應慎重的將人民婚姻家庭權納入考量。

　　此外，從人性尊嚴保障觀點，該解釋稱系爭規定：「核其目的係為健全跨國（境）婚姻媒合環境，以保障結婚當事人權益、防杜人口販運及避免物化女性、商品化婚姻等（上開內政部函參照）。上開目的所追求之公共利益，洵屬正當；其所採取之分類及差別待遇亦有助於上開目的之達成，而有合理關聯。是系爭規定一與憲法保障人民平等權之意旨尚無違背。」有關「避免物化女性、商品化婚姻」之立論，與人性尊嚴的意涵具高度關聯性，只是大法官或許認為以平等原則及比例原則審查已足，就「人性尊嚴」保障就只點到為止。

（七）憲法法庭111年判字第20號判決（111年12月30日）

　　就有關本國籍配偶得否以自己名義為外國籍配偶提起課予義務訴訟

爭議，憲法法庭判決主文稱：「最高行政法院103年8月份第1次庭長法官聯席會議決議：『外籍配偶申請居留簽證經主管機關駁回，本國配偶……提起課予義務訴訟，行政法院應駁回其訴』，僅係就是否符合提起課予義務訴訟之要件所爲決議，其固未承認本國（籍）配偶得以自己名義提起課予義務訴訟，惟並未排除本國（籍）配偶以其與外籍配偶共同經營婚姻生活之婚姻自由受限制爲由，例外依行政訴訟法第4條規定提起撤銷訴訟之可能。於此範圍內，上開決議尚未牴觸憲法第22條保障本國（籍）配偶之婚姻自由與第16條保障訴訟權之意旨。」

　　一般論及跨國婚姻往往會從國家主權的邊境管制，以及國家安全有關之虛偽婚姻、人口販運、以結婚名義從事不法活動等消極防禦觀點切入，而將應積極保障婚姻家庭權列爲次要思考。但從國際人權規範對因婚姻自由而組成家庭的團聚權及共同營生活權等價值的日益重視，已相當程度的限縮國權的裁量空間。就本件判決蔡明誠大法官認爲：「本號判決 卻有過度運用行政訴訟法規定之『法釋義學（Dogmatik）』方法之嫌，得出不利於聲請人之合憲結論，因而失去對於本國（籍）與外籍配偶婚姻權之憲法保障制度具體化實踐之機會，不無可惜！況且，聲請人於我國產下子女，如未給予外 籍配偶來台依親探視子女之機會，恐不符憲法保障其親子共 同生活關係之家庭權與子女教育權之目的，亦且有與憲法保 障人民婚姻權與訴訟權意旨牴觸之疑慮，是本號判決仍有商榷之處！」詹森林大法官認爲：「系爭判決雖提供本國配偶於本件聲請案之情況下，享有例外向法院提起撤銷訴訟之權利，卻怯於提供課予義務訴訟 或其他眞正能使本國配偶獲得『及時、有效』之救濟管道，本席礙難贊同。」而謝銘洋及呂太郎大法官亦批評本件判決有以法律解釋憲法，而非以憲法解釋法律，以及目的與手段錯置的訴訟篩除機制等情形。至於提起訴訟種類的選擇，有學者認爲該判決「不論從理論依據，或者結果的合理性來看，這個結論都很值得斟酌」[43]，讀者可參

---

[43] 林三欽，訴請發給外籍配偶居留簽證案之正確訴訟類型——以憲法法庭111年憲判字第20號判決爲中心，公法研究，5期，2023年6月，頁227。

酌後評斷之。

肆、入出國移民法制體系化與學術化的展望

　　拜「國家至上」、「人民是爲國家而存在」意識型態鬆綁之賜，入出國移民法制典範才有朝向「保障人權」、「國家是爲人民而存在」移轉可能，再經由許多人共同努力，以摸著石子過河的方式將之引入實質法治的堂奧，跌宕起伏的狀況已如前述，如今進入該法制的深水區，展望未來更需有前瞻策略及步步爲營的共同戮力。

一、體系化：行政法個（各）論化

　　解嚴之初的入出境管理法制，仍在國家安全法、兩岸與港澳條例及傳統警察法與安全秩序法制的交互影響與支配下，渡過摸索的期間。在政治更民主化並隨著主管機關脫警察化而一般行政機關化後，乃開始認眞接軌憲政主義意義下的憲法、行政法、民事法、刑事法等法域。此外，同時受全球化及人權保障普世化的影響，觸角更延伸至條約締結、引渡、涉外事件、國際人權規範等跨國家法律。好不容易聚焦於入出國及移民法，並以之爲中心向外幅射至兩岸與港澳關係、國籍、護照、簽證、人口販運、就業服務、涉外民事、移工、難民、無國籍者權益保障等法域，共同形成的廣義入出國移民法制階段。

　　入出國移民法作爲一門法律學術領域，在理論上涉及主權與人權、國權與民權、安全與自由、國際現實與人道捍衛等議題。在人權保障上，是以居住遷徙自由爲核心，傍及平等、工作、生存、人身自由、婚姻家庭、人性尊嚴及人格權等。就相關法令的執法管轄機關，則涵蓋外交、大陸、警政、戶政、海巡、勞政、衛生福利、法務及司法行政等行政機關，也同時觸及中央與地方政府職掌及法規。

　　因上述所執行的核心法域大多屬「行政之法」，管轄機關多屬「行政機關」，故可將該法域定位爲公法中行政法的各論。換言之，其可在憲法支配下，分別從行政法總論的組織、人員、作用、救濟法面向，去

形塑、整合並體系化爲「入出國及移民行政法」，進而妥適安排其在國家行政權中的橫向與縱向關係，經此定位後，期能在行政法各論領域占一席之地。質言之，以「入出國及移民法」爲恆星，構築環繞的行星而成一個星系，再依彼此主從、遠近親疏、輕重緩急、繼受或在地的關係，架構出合邏輯的行政法個別體系，是值得展望的未來走向。

二、學術化：厚植學術公共財

中央警察大學國境警察學系於民國79年3月成立，該校警察法學者開始以案例、個別議題、實證研究或譯介外國法令等方式，粹取我國入出國及移民法認事用法的原則與準據[44]。且爲兼顧理論與實務，當時的研究者還特別重視實地訪問研究[45]，從而累積不少基礎研究素材。如今，本書的作者們在上述基礎下，聯手以法詮釋學方法，逐條闡釋入出

---

[44] 該系成立之初僅有蔡庭榕、刁仁國及筆者三成員，筆者服務於該系期間（迄民國86年7月，民國82年7月至83年7月獲科會資助赴德國研修一年），基於職責與法學專業，投注相當心力於入出國境、安全檢查、憲法遷徙自由、行政干預權、及外國人人權保障等法律議題之研究，並譯介德國國境保護及外國人法等。學術研究成果大多發表於警學叢刊、警專學報、新知譯粹等警察學術刊物，並粹取其要於國境警察學系每年定期舉辦的學術研討會中宣讀，共計12篇。所譯任務與職權範圍涵蓋境管、海巡及保安的德國「聯邦國境保護法」（西德），則收於H. Scholler教授與筆者合著，警察法案例評釋（中德對照），登文書局，1988年，頁219-245。離開國境系後賡續發表與該時期研究心得相關的論文尚有：外國人出境義務之履行與執行，警學叢刊，29卷4期，1999年1月。論德國關於難民之入出境管理法制──以處理請求政治庇護者及戰爭難民爲例，警學叢刊，30卷1期，1999年7月。論外國人之憲法權利，憲政時代，25卷1期，1999年7月。論移民制度與外國人基本權利，本土法學雜誌，48期，2003年7月。稍後並接受行政院陸委會委託提出研究報告：針對大陸地區人民執行強制出境及收容相關法律問題之研究──以兩岸關係條例第十八條爲中心（2005年7月，許義寶及蔡宜眞爲協同研究員）。撫今追昔，能與數位創系同仁共同在學術邊陲的非法學主流荊棘路上，懷抱篳路藍縷以啓山林的情懷，交雜著艱辛寂寞與從無到有的成就感，頗值得追憶。所幸後繼者一棒接一棒的努力，大家的汗水並未白流，一切付出都是值得的。

[45] 警大國境警察學系創系同仁與隨後加入的王寬弘、簡建章及系友許文義、陳國勝等，充分利用寒暑或春假授課空檔期間，共同赴國內外相關實務機關實地考察、座談、訪談研究，就國內部分，包括79年暑假前往內政部警政署保安警察第一、四、五總隊、臺北市、高雄市、臺中市、臺北縣等警察機關；80年暑假又前往入出境管理局、航空警察局、基隆、花蓮港務警察所、內政部警政署保安警察第三總隊、基隆市警察局；81年暑假復前往高雄港務警察所、高雄機場、澎湖縣警察局等實務機關；82年寒假前往臺中、三峽外國人收容所、新竹、宜蘭靖廬等機關。就國外部分，則由筆者、許文義、刁仁國教授三人，於81年3月28日至4月12日赴德國、英國實地考察國境警察業務，包括德國巴伐利亞邦國境警察機關（總隊、慕尼黑機場安檢隊）、柯柏倫茲（Koblenz）聯邦國境警察總部、漢堡（Hamburg）水上警察、呂北克（Lübeck）聯邦國境警察學校；英國倫敦希斯洛（Heathrow）機場、多佛（Dover）港之安檢單位（當時在英國留學的江慶興校友助力甚大，非常值得感念）。不論國內外行程，事前皆有縝密的規劃，事後皆提出完整報告，堪稱利己又利人。

國及移民法，將長年累積沉澱的成果體系化與學術化為專書，該奠基式的學術深入研究除成功不必在我的向歷史交卷外，尚有助於一棒接一棒的傳承，希望作學術公共財的本書能有朝一日成為本法域的「鎮店之寶」。

　　不論國家機關組織如何變革或改隸，入出國及移民法制作為開放的學術領域，於學術化的進程中，除應結合警察領域內之中央警察大學國境警察學系、水上警察學系、法律學系、外事警察學系等，以及臺灣警察專科學校相關的研究人力外，更應擴及與國立金門大學海洋與邊境管理學系，以及其他大專院校有相關專家學者攜手合作，分別就不同議題組成學術研究團隊，或各選研究取徑分頭併進，除殊途同歸的培養回應理論與實務問題能力外，應特別留意調和移民署及相關NGO團體倡議與需求，並獲得其等之重視與支持，彼此保持良性互動，假以時日可由學術社群進而組成社團法人的學會，更鞏固入出國移民法制的體系化與學術化，以面對未來艱鉅的挑戰。最後，本文能作為蔡庭榕、陳正根、許義寶、李錫棟、李寧修及蔡政杰等學者專家共同合著《入出國及移民法逐條釋義》一書的緒論，並共同見證凡走過必留下的痕跡，與有榮焉。

|第一章|
總　　則

第1條（立法目的）

為統籌入出國管理，確保國家安全、保障人權；規範移民事務，落實移民輔導，特制定本法。

壹、導言

入出國及移民法（以下簡稱本法）於民國88年立法通過並開始實施。在本法立法前之規範，為依行政命令的「外國人入出境管理規則」規範有關外國人的入出國事務[1]，該規範屬於職權命令的性質，不符合法治國家及國際法對於涉及外國人入出國規範的要求；本法訂定後，已提升其法位階。

我國多年來的移民政策，採「移入從嚴，移出從寬」原則，在移出方面，基於憲法保障遷徙自由，對於有意移居國外並能取得移居國家許可者，均准許移民。在移入方面，外國人必須依外國護照簽證條例、入出國及移民法、國籍法等相關規定辦理。且移入人口政策係屬整體移民政策之一環，其政策規劃與執行之主管機關為內政部，其法令依據主要為「入出國及移民法」[2]。

---

[1] 另請參考李震山，論入出境管理之概念與範疇，警專學報，1卷8期，1995年6月，頁207-226。刁仁國，從憲法遷徙自由觀點評「入出國及移民法草案」，中央警察大學學報，35期，1999年9月，頁105-132。

[2] 監察院公報，第2588期，我國移民政策與制度總體檢案調查報告（五），頁8-9。

　　國際間人員往來之入出國管理，涉及國家主權；因國家對於人流之掌握，關係到國家之利益與安全，甚為重要。特別是外國人或其他外來人口之進出我國，皆須經我國同意。此與國家之利益有關。如外國人申請來我國之目的為何？其本身是否具備法令所規定之資格條件等，皆須經過主管機關之審核，而予決定是否允許其入國。

　　確保國家安全，在消極面之考量，首先外國人不得有危害我國家安全之顧慮。行為包括發展危害國家安全組織、從事破壞活動或與此有密切關聯者，均須要加以調查、制止及排除。

　　在保障移民人權方面，因我國是崇尚民主法治與尊重人權的國家，並以此為最高之立法指導原則，因此對於國民與外國人等的人權，均非常重視。外國人的家庭團聚、入身自由、工作權等，均須加以重視。

　　本法第1條規定，入出國及移民法之立法目的有五，分別為：入出國管理、確保國家安全、保障人權、規範移民事務、落實移民輔導。因入出國之管理事務，涉及國家主權及利益，對於不同人民入出我國，包括其入出國目的、停居留期間，所需具備之資格等，為了維護入出國秩序與國家安全、國家利益等，得予以為必要之規定[3]。

貳、內容解析

　　國際人流的入出國管理行政，對國家安全與利益而言，甚為重要。現今為國際化時代，外來人口有為了就學、觀光、工作、各類考察等目的的入出國，非常多元。為了國家的利益，大量吸引外國人到我國來，亦屬於我國家之政策。另一方面，在國境線上須確認人別及審核外國人來我國之目的與其身分資格相符，以維護移民秩序及落實國境管理。

---

[3]　相關文獻，請參考李震山，論移民制度與外國人基本權利，警察法學，2期，2003年12月，頁159-187。范秀羽，從「我們的憲法」、「我們」到「我們的釋憲者」：形塑非國民之憲法上權利主體，臺大法學論叢，48卷1期，2019年3月，頁1-54。許義寶，論人民之入出國及其規範，警學叢刊，40卷4期，2010年1-2月，頁59-88。

外國人的入出國，具有國際交通的地位。依其性質及國際潮流，應維持這樣的自由。從今日國際社會的實際情形來看，對於有危害國家安全與福祉顧慮的外國人，對其之入國之申請應得拒絕，此屬該當於國家主權作用的權力。[4]另外依庇護權之保護，事實上是否已經達到國家應以法律規定的程度，也成為重要的討論議題[5]。此認為憲法默示外國人的入國，依照憲法明確的宣示，因國家並非完全處於鎖國與政策的接受移民。[6]國家對於外國人入國，雖得自由規定，但此自由並非恣意。從尊重「國際禮讓」或者「國際友誼」而言，事實上，國家可考量權宜性的及認為屬善意的外國人，有廣泛的決定空間。但是如「對於與我國沒有條約關係國家之國民，以未訂定條約之理由而拒絕其入國，即使沒有違反國際法，亦有違反國際禮讓的原則」[7]。

有關外國人入國，學說上亦有主張可予以有限度承認者，如「依照今日尊重國際人權的傾向與自由交流的原則觀點，原則上應認為外國人有出入國的自由；但是，如果因為國家的獨立與安全上有被侵害或有違反公序良俗的具體、明確事由之虞時，得以拒絕該外國人入國」。此亦有反對的見解[8,9]。一般禁止外國人入國之原因，[10]有因為其不具備合法之入國證件者；有因為外國人身患傳染病，為避免影響國內之衛生者；有因為外國人攜帶非法物品，觸犯國家法令者；有因基於國家安全，禁止特定之外國人入國者；有因為外國人有曾經違反法令之行為，而被驅逐出國者。

有關確保國家安全，因在國境線上之人流管理，有其特性。目前非

---

4 荻野芳夫，外国人の出入国の自由，法律時報，41卷4號，1969年4月，頁15-16。
5 烏干達籍人民來台尋求難民庇護，因我國迄未通過難民法，僅以不遣返原則處理，該民來台七年仍無法取得身分，仰賴NGO接濟維生、無法自立，監察院促請行政院檢討改進。監察院新聞稿，2022年8月8日。
6 斎藤靖夫，外国人の政治活動の自由，憲法判例百選Ⅰ，2版，1987年12月，頁14-15。
7 荻野芳夫，外国人の出入国の自由，頁16。
8 以上轉引自許義寶，國際法與國內法對移民之相關規範，移民法制與人權保障，中央警察大學，2017年7月，頁30-38。
9 中村睦男，外国人の基本的人権，憲法30講，青林書院，1992年2月，頁28。
10 請參考入出國及移民法第18條規定。

傳統安全之維護，強調防制國際上恐怖分子或有危害我國安全之外國人，利用其他目的作為掩護，而到我國從事不法活動。因此，國境線上包括申請移民的安全性審核，都具有其重要性。

因移民不具有投票權，因此，在人權保護上，常有所不足。又外國人與國民的待遇，常會有所差別，因此，法令或個案之政策與處理上，常會忽略移民之權益。對此，本法對於外國人入出國重要之事項，以法律明文加以規定，可以達到保障人權之效果。

一般外國人不能主張以入國自由作為基本的人權，而受憲法保障的[11]。但事實上今日的國際社會，由多數的主權國家所組成，有關入出國基本上各國均實施嚴格的管理。對此，或多或少對於外國人的自由與國民相比，會課予較為嚴格的限制。[12]另如從國際交通及有關難民條約的訂定，對人權的國際性保護已有一定的進展情況來看，有關外國人的入國及居留，亦有見解認為各國家應被要求遵守國際間一定的禮讓原則。[13]

有關居住、遷徙的自由，有學者主張應宣示不問國內外的移動行為，皆受保障。而此自由，最優先為保障國民，應無疑義。但，此自由在性質上，外國人應該亦可準用，亦是當然的。詳細分析此自由之作為國民的權利，含有身為人即有的權利性質。再者，此自由在性質上，如只有一個國家的保障是無法達成的。[14]

在規範移民事務上，即移民從入國前之計畫準備，到入國時之查驗確認，於停居留中之申請各項照件與對其行為活動之訪查，或有違反移民法規之調查處理等，均與本法有關。為防範外國人假藉依親名義來

---

[11] 尾吹善人，解說　憲法基本判例，有斐閣，1986年12月，頁53。

[12] 日比野勤，外国人の人権(1)，法學教室，210期，1998年3月，頁35。

[13] 佐藤幸治編著，憲法II基本的人權，成文堂，1992年3月，頁53-54。

[14] 解釋上，除本國憲法的保障，另應有其他國家的保障，且及其他國家的國民。也就是說憲法第22條，雖保障國民出國的自由，但此自由，必須以其目的地之國家要許可入國為起點，才有實現的可能。且，國民為了實現此自由，期待其他國家，許可本國國民的入國。對此，我國也要考慮他國國民的入國。依照這樣解釋，憲法第22條規定，為包括國民與外國人，且不問國內外的移動行為事項，是所謂國際交通自由的規定。荻野芳夫，基本的人權の研究—日本国憲法と外国人，法律文化社，1980年6月，頁90-91。

臺，「外交部及駐外館處受理簽證申請時，應衡酌國家利益、申請人個別情形及其國家與我國關係決定准駁；其有下列各款情形之一者，外交部或駐外館處得拒發簽證：……四、對申請來我國之目的作虛偽之陳述或隱瞞者……」[15,16]。

　　在落實移民輔導上，因移民在語言、文化、風俗、民情，與生活上之經濟來源、家庭適應與子女教養等，皆有可能發生問題。內政部設有新住民發展基金，各地方政府社會局對於有需要協助之新住民，亦分別積極予以照顧與協助。新住民人數將近有60萬人，為全面提升對新住民的照顧及權益保障，立法院113年7月16日三讀制定通過「新住民基本法」，立法宗旨為落實憲法保障多元文化精神，保障新住民權益，協助其融入我國社會，建立共存共榮的族群關係，明定內政部為主管機關[17]。

參、綜論

　　本法第1條，其立法意旨強調該法乃是「為統籌入出國管理，確保國家安全；規範移民事務，落實移民輔導，特制定本法」。由此可明顯看出管理、規範與國家安全為該立法之重心，也就是說政府的重心在一開始是放在移民管制。移民輔導為該法的其中一個目的，但明顯的並未

---

[15] 「申請文件證明者，應檢具身分證明文件，並提出申請書載明下列各款事項：……三、申請之意旨及用途……。」「文書驗證之申請，有下列各款情形之一者，主管機關或駐外館處應不予受理。但其情形得補正者，應先定期令其補正：……三、申請目的或文書內容明顯違反我國法令、國家利益，或有背於公共秩序、善良風俗或有其他不當情形……。」亦為文件證明條例第5條第1項、第11條第1項第3款所明定。又面談作業要點第11點第2款規定：「外交部或駐外館處經面談雙方當事人後，有下列情形之一者，應予通過：……(二)雙方對於結婚重要事實陳述不一或作虛偽不實陳述……。」經核上開面談作業要點係外交部為建立所屬人員及駐外館處辦理外國人與我國國民結婚申請來臺面談處理準據所訂頒之行政規則，以防範外國人假藉依親名義來臺從事與原申請簽證目的不符之活動，維護國家利益，與外國護照簽證條例之立法目的無違。參見最高行政法院103年度判字第7號判決。

[16] 以上轉引自許義寶，國際法與國內法對移民之相關規範，移民法制與人權保障，中央警察大學，2017年7月，頁30-38。

[17] 新住民基本法三讀，內政部應設專責機關保障新住民權益，中央廣播電台新聞，2024年7月17日。

提及移民權利保障的部分。除此之外，爲維護國家安全，增加了「面談及查察」專章，給予移民署查察非法出入國、逾期停留、居留、從事與許可原因不符之活動及強制驅逐出國案件，並得行使暫時留置、面談、詢問、查察身分、查察登記及使用戒具或武器等職權，由此更可看出政府在移民的「管理」上著墨甚深[18]。近年來我國面臨人才外流與國際間人才競逐之挑戰，爲加強延攬及吸引外籍優秀人才來臺工作與生活，藉由簡化行政作業申請流程、鬆綁外籍專業人才及其配偶、子女居留規定，建構友善且便利之生活環境，以達完善我國留才環境，提升整體競爭力之目標[19]。

　　本條文爲本法之立法目的，對於我國在移民法制、國民及外國人入出國程序上等事項，屬於重要之議題上均予以明定，以作爲主管機關執行之依據。爲確保國家安全，對我國會造成危害或有可能造成危害之外國人，須加以管制及禁止其入國。國家安全之概念，雖然屬於抽象性之不確定法律概念，但經由立法者加以規定授權，且其一般字義不難理解，及受規範者亦知悉其實質內涵之下，得考量立法技術之侷限，而加以運用規定。在保障移民人權方面，移民因無投票權，且屬少數之一群，其人權容易遭到忽略或侵犯。現代保障國際人權與國內人權之時代，我國對於移民基本人權，亦應加以保障及明定在本法之中。

第2條（主管機關）
本法之主管機關為內政部。

---

[18] 在911之後，反恐議題與國境管制結合，讓許多國家在國境管制上下足了功夫，我國也不例外。爲了反恐，政府得蒐集利用入出國者之入出國紀錄或其他必要資料，同時，各運輸業者在起飛或通航前須通報預定入出國時間、船員、乘客之名冊。黃秀端、林政楠，移民權利、移民管制與整合——入出國及移民法在立法院修法過程的分析，臺灣民主季刊，11卷3期，2014年9月，頁96。

[19] 入出國及移民法部分條文修正草案總説明，https://www.moi.gov.tw/files/Act_file.pdf（瀏覽日期：2020.5.26）。

壹、導言

外來移民之入國，涉及國家之主權與人口政策，對於人流之查核與登記亦與國家之施政有關。從人流的管理與運用而言，為政府的基本工作。

內政部負責戶政與警政；另移民署之業務，大都由原來警政署的入出境管理局業務所移出，因此，其上級機關亦為內政部。移民入國與管理，與外交部之簽證、勞動部之外國人工作、教育部之外國人就學、陸委會之對大陸地區政策，甚有相關。因此，從政策協調考量，亦規定內政部為主管機關，層次上較為合宜。

貳、內容解析

一、本法主管機關為內政部

原本法第2條：「本法之主管機關為內政部。內政部為辦理本法規範之入出國及移民業務，設入出國及移民署。」

有關主管機關之「許可」；因移民涉及移民者生活重心與財產規劃的移動，過程涉及與法令、教育、稅務、經濟制度等各面向均與我國迥異之他國社經法制，更需與語言不同之移民國政府機構進行長時間之交涉，往往曠日廢時、勞心勞力，故代辦業者本身之專業核心能力與經營狀態在在影響移民業務代辦之整體服務品質。依移民法第55條第1項規定，辦理移民業務者應以公司組織為限且為應經主管機關許可之行業，此等國家對於特定活動或計畫，認為其對公益危害的可能性較高，為預防在個案中發生違法情形而難以排除其違法行為之結果，故由法律特別規定，須經主管機關「許可」，始得為之，本質上是一種事前的預防性管制措施。而該等預防性管制措施如屬對於涉及人民生命、身體自由以外之其他自由權利之行政干預，依前開說明可知，其法律保留之規範密度即與涉及生命、人身自由之限制有別而容許合理之差異，非不得由行

政機關於母法之授權下訂定合目的之管制措施等限制規範[20]。

移民法第57條規定，乃立法者為確保並提升辦理移民業務整體服務品質，促使移民業務機構專業化，並保障移民申請人權益之重要公共利益，就涉及影響人民工作權事項，以法律為明文規定，授權中央主管機關訂定管制及執行措施，並不違反法治國家法律保留與授權明確性原則，亦與憲法第23條及第15條規定，均無違背[21]。

二、內政部對難民申請庇護之處理

對難民法議題，內政部表示，現行已有相關法律機制且運作良好，若有尋求庇護的個案，政府會以個案方式處理，參酌國際慣例[22]、人權兩公約及國內相關法律規範等層面，整體考量後，給予當事人適度的協助，政府不曾將當事人送返至可能遭到酷刑，或不人道待遇的國家或地區。內政部指出，接受難民是嚴肅的議題，需要考量人權、經濟、社會、文化及國家安全等層面，如同世界上其他接受難民的國家一樣，有待凝聚全民共識[23]。

有關難民入國與一般外國人的入國有所不同。庇護權的問題，依世界人權宣言第14條第1項規定：「人人為避免迫害，有權在他國尋求並享受庇身之所。」所謂政治庇護，即因政治迫害所引起，因此，有些國家之憲法就明文規定保護受政治迫害者[24]。依照1951年「關於難民身分地位公約」（Convention Relating to the Status of Refugees），又簡稱為「日內瓦難民公約」第1條A第2款之規定：難民者，應係指「因為其種族、宗教、國籍、隸屬特定社會團體、或由於政治信念，因而

20　最高行政法院111年度上字第488號判決。
21　最高行政法院111年度上字第488號判決。
22　另請參考陳正根，德國行政法院入境難民申請庇護問題判例，中央警察大學國境警察學報，3期，2004年12月，頁173-177。
23　內政部，難民依法個案處理　現有機制運作良好，2019年9月5日，https://eycc.ey.gov.tw/Page/9FAC64F67005E355/faf661e9-e643-42aa-bb03-924ef21b3a6d（瀏覽日期：2021.3.4）。
24　李震山，論憲改與基本權利保障，新世紀臺灣憲政研討會論文集，行政院研考會與臺大法律學院共同舉辦，2004年10月31日，頁26。本文並刊載於中正法學集刊，18期，2005年5月，頁183-252。

引起遭迫害之恐懼，以致居住在其所屬國籍以外之國之人，並且其無法要求他以前經常居住國家給予保護，或因其恐懼而不願要求該國之保護，……」，此一難民之概念[25]，又稱「公約難民」（Convention refugee），或稱「尋求庇護者」（asylum-seekers）、「受庇護者」（asylees）。[26]

保障庇護權，此權利的主體，爲「全世界的國民」，也包含外國人。另外國人的「免於恐怖與匱乏的生存權利」中，特別的包括外國人的庇護權。依憲法前言的性質，並不具有裁判的規範性，如只以這樣的認定，並不妥當。免於政治性迫害的維持生存與安全，應屬於具體性的緊急權利，像這樣的權利，不得以抽象的、沒有裁判規範性的事件視之。在第二次世界大戰後，各國的憲法，如德國與義大利的憲法，有如上述明文規定。鑑於該精神，如依日本憲法前文規定，在解釋方向上，亦應採取符合國際的趨勢。[27]即使依據向來憲法的學說，有憲法前言、第98條第2項等的根據，有主張承認庇護權的見解。另多數說，則持不同的看法。而處在各國一致提倡「國際貢獻」論的趨勢下，各外國的憲法均肯認庇護權，如果在憲法上有不予認可的狀況，將是非常奇怪的。因此，有必要及早在理論及立法上，加以整備。[28]對於屬難民及其他因婚姻、永久居留資格者之入國，國家應予積極保障。[29]

三、內政部移民署

本法第4條第1項規定：「入出國者，應經內政部移民署[30]（以下簡稱移民署）查驗；未經查驗者，不得入出國。」雖然本法之主管機關爲內政部，但在具體執行上，相關條文則直接規定由移民署執行。其所爲

---

[25] 相關文獻，請參考陳正根譯，德國行政法院入境難民申請庇護問題判例，國境警察學報，3期，2004年12月，頁173-177。

[26] 刁仁國，外國人入出境管理法論，中央警察大學，2001年3月，頁87-88。

[27] 山内敏弘，外国人の人権と国籍の再檢討，國際人權法學會編，1997年，頁3。

[28] 同前註。

[29] 轉引自許義寶，外國人作爲基本權利主體相關問題之研究，國土安全與國境管理學報，19期，2013年5月，頁22-45。

[30] 另請參考鄧宇哲，內政部入出國及移民署之成立沿革、組織與功能之探討，中央警察大學國境警察學報，7期，2007年6月，頁95-146。

執行之名義與法律效果，應歸於移民署。

　　內政部依法公告委任移民署執行；行政機關得將其權限一部分委任所屬下級機關執行之，惟須遵守「依法規」、「將委任之事項及法規依據公告」及「刊登政府公報或新聞紙」等三程序要件。即內政部可依法公告委任移民署執行，辦理本法有關外國人出國、停留、居留、永久居留、收容管理及驅逐出國等相關事項[31]。

　　行政程序法要求行政機關之管轄權，須依其組織法規或其他行政法規定之，非依法規不得設定或變更。如「行政機關得依法規將其權限之一部分，委任所屬下級機關執行之。」「前二項情形，應將委任或委託事項及法規依據公告之，並刊登政府公報或新聞紙。」行政程序法第15條第1項及第3項定有明文。由此一規定綜合上開同法第11條之規定可知，行政程序法要求行政機關之管轄權非依法規不得擅自設定或變更，然行政機關亦非不得將其權限一部分委任所屬下級機關執行之，惟須遵守「依法規」、「將委任之事項及法規依據公告」及「刊登政府公報或新聞紙」等三程序要件[32]。

　　內政部與內政部移民署之權限關係為何？如移民署將有違反本法第18條疑慮之案件，提交內政部設置之入出國及移民案件審查會進行審查，其無從介入該審查過程，該審查會作成決議之程序。移民署所提出之入出國及移民案件審查會開會地點於移民署內，秘書單位為移民署，移民署先做初審工作，如遇特殊案件仍請移民署先行提出討論，可知系爭審查會決議僅係確認移民署之提案，憑供該審查會決議之資料、證據皆由移民署提供蒐集，幾無裁量權。

　　依入出國及移民案件審查會設置要點第12點，系爭審查會對外行文係以內政部名義為之，其並無對外表示之權限，且依系爭設置要點第14點之規定，該審查會所需經費係由移民署有關預算下支應，系爭審查會並無獨立之預算，則系爭審查會顯非獨立機關，自無進行協議並決定是否賠償之權限，難謂係國家賠償法第9條第1項所稱之賠償義務機

---

[31]　臺北市政府法規委員會93.11.25會簽意見。
[32]　臺北高等行政法院91年度訴字第1686號判決意旨參照。

關。內政部訴願決定書亦確定移民署為系爭處分之原處分機關[33]。

四、國境管理及移民業務[34]

在落實國境安全管理方面，主要在加強入出國證照查驗執行，防範非法移民及入出國案件，並加強國際移民管理單位交流合作，擴大查緝人蛇偷渡集團[35]。

新住民輔導業務，為協助新移民早日適應臺灣的生活環境，內政部於92年訂頒「外籍與大陸配偶照顧輔導措施」，目前改為新住民發展基金；其重點有生活適應輔導、醫療優生保健、保障就業權益、提升教育文化、協助子女教養、人身安全保護、健全法令制度及落實觀念宣導等八大重點工作。

基於照顧弱勢之人本精神，內政部新住民發展基金，提供設籍前新住民獲得社會救助與相關福利扶助，有關設籍前新住民業務規劃、協調及督導之中央機關，應屬內政部權責，衛福部將配合內政部進行相關計畫審核或執行評核。對於地方政府權責分工，基於地方自治，由各地方政府決定[36]。

113年7月立法院通過「新住民基本法」並明定相關組織，職掌及保障新住民事項，未來對於新住民之權益保護推動上，將更明確及有其成效。

參、綜論

內政部在落實國境安全管理方面，有加強入出國證照查驗執行，防範非法移民及入出國案件，並加強國際移民管理單位交流合作，擴大查緝人蛇偷渡集團，及推動防制人口販運。

---

[33] 臺灣臺北地方法院104年度國簡上字第1號民事判決。
[34] 內政部中程施政計畫（102至105年度），頁20-20。
[35] 同前註。
[36] 行政院新住民事務協調會報第7次會議紀錄，107年6月26日，頁9。

在新住民適境照護上，爲協助新移民早日適應臺灣的生活環境，有生活適應輔導、醫療優生保健、保障就業權益、提升教育文化、協助子女教養、人身安全保護、健全法令制度及落實觀念宣導等八大重點工作。

內政部爲本法之主管機關，其與移民署之關係，非常密切。在具體個案之執行職權，大多依法規定由移民署執行。由此，亦可見本法及移民行政之特殊性。

第3條（名詞定義）

本法用詞定義如下[37]：

一、國民：指具有中華民國（以下簡稱我國）國籍之居住臺灣地區設有戶籍國民或臺灣地區無戶籍國民。

二、機場、港口：指經行政院核定之入出國機場、港口。

三、臺灣地區：指臺灣、澎湖、金門、馬祖及政府統治權所及之其他地區。

四、居住臺灣地區設有戶籍國民：指在臺灣地區設有戶籍，現在或原在臺灣地區居住之國民，且未依臺灣地區與大陸地區人民關係條例喪失臺灣地區人民身分。

五、臺灣地區無戶籍國民：指未曾在臺灣地區設有戶籍之僑居國外國民及取得、回復我國國籍尚未在臺灣地區設有戶籍國民。

六、過境：指經由我國機場、港口進入其他國家、地區，所作之短暫停留。

七、停留：指在臺灣地區居住期間未逾六個月。

八、居留：指在臺灣地區居住期間超過六個月。

九、永久居留：指外國人在臺灣地區無限期居住。

十、定居：指在臺灣地區居住並設立戶籍。

十一、移民業務機構：指依本法許可代辦移民業務之公司。

十二、跨國（境）婚姻媒合：指就居住臺灣地區設有戶籍國民與外國人、臺灣地區無戶籍國民、大陸地區人民、香港或澳門居民間之居間報告結婚機會或介紹婚姻對象之行爲。

---

[37] 相關文獻，請參考蔡震榮，外籍配偶歸化申請在臺定居要件之爭議——評1070530015內政部訴願決定，月旦法學教室，194期，2018年12月，頁9-11。許義寶，論無戶籍國民入出國之管理法制——以入出國及移民法第八條爲例，法學叢刊，48卷3期，頁93-106。楊翹楚，臺灣地區無戶籍國民問題之探討，警學叢刊，43卷5期，2013年3-4月，頁93-108。

壹、導言

　　本條文為立法之名詞定義，共有12款。法律之適用，須有其基本概念與範圍，以求明確。在入出國及移民事務管理，有許多基本名詞須加以界定，此由法律規定之方式，較具效力及能見度。

　　本法為規範入出國及移民之特別法律。在適用上為明確其要件範圍，須予以明定。依中央法規標準法第16條規定：「法規對於其他法規所規定之同一事項而為特別之規定者，應優先適用之，其他法規修正後，仍應優先適用。」此即「特別法優於普通法」適用原則。而法律之所以有普通法與特別法之分，乃有二種以上之法律同時存在，對於同一事件，均有所規定，而其規定不相同者屬之。因此普通法與特別法僅為對立之稱謂，屬於相對性，而非絕對性，同一法律對某種法律原為特別法，而因變更其地位時，對某種法律則為普通法[38]。

貳、內容解析

一、國民：指具有中華民國（以下簡稱我國）國籍之居住臺灣地區設有戶籍國民或臺灣地區無戶籍國民

　　國民為具有中華民國國籍者，一般以身分證作為證明；在國外則以護照作為我國國民之證明。

　　有關「國民」身分之認定與證明，依中華民國國籍證明核發要點第4點第1項至第4項：「內政部受理國民申請核發國籍證明，應審核下列文件：（一）國籍證明申請書。（二）具有我國國籍之證明文件正本。（三）本人最近二年內所攝正面半身彩色相片一張（第1項）。前項第二款所定具有我國國籍之證明文件，為下列各款文件之一：（一）國民身分證。（二）戶籍資料。（三）護照。（四）國籍證明書。（五）

---

[38] 法務部法律字第10503505020號函。

華僑身分證明書。（六）父母一方具有我國國籍證明文件及本人出生證明。（七）臺灣地區居留證。（八）歸化國籍許可證書。（九）其他經內政部認定之證明文件（第2項）。前項第五款所定華僑身分證明書，不包括檢附華裔證明文件向僑務委員會申請核發者（第3項）。內政部受理持護照、華僑身分證明書或臺灣地區居留證申請核發國籍證明者，應向外交部、僑務委員會或內政部移民署查證文件是否合法有效（第4項）。」

二、機場、港口：指經行政院核定之入出國機場、港口

外國人或外來人口進出我國須經由指定之國際機場、港口進出。在國際機場、港口之旅客進出，須配合海關、移民、檢疫、警察之安全檢查，始得進出。

所謂機場、港口，依國際機場港口聯合檢查協調中心設置辦法（已廢止）第1條：「交通部為便於國際機場、港口海關檢查，證照查驗，檢疫、緝私、安全防護、警衛及商品檢驗等業務之執行與管理，特設立機場、港口聯合檢查協調中心（第1項）。前項機場、港口聯合檢查協調中心應冠當地名稱（第2項）。」

三、臺灣地區：指臺灣、澎湖、金門、馬祖及政府統治權所及之其他地區

我國目前所實際管轄之領域，為臺灣、澎湖、金門、馬祖及其他地區。對外來人口實際進出我國之領域，應加以界定。

有關臺灣地區之意涵，依司法院釋字第328號立法院聲請書：「中國大陸（Mainland China）不屬於中華民國之領土：憲法第四條規定『中華民國之領土，依其固有之疆域非經國民大會之決議，不得變更之』。……。『雙重承認』之意涵指承認海峽兩岸現分別由兩個政治實體所統治，在一個中國的原則下，對此二治實體同時分別給予承認，然事實上國際法上關於『承認』（Recognition）之規範，並無所謂的『雙重承認』，國際上亦不可能認同此一說法，而雙重承認事實上所造

成積極的法律效果則是海峽兩岸分別為兩個國家。因『政治實體』在國際法上並不具有國際法主體的地位，同時也不得為『被承認』的客體，而只是概括性字眼，衡諸現今海峽兩岸之局勢與國際間之看法，此政治實體之意涵當為『國家』（State）。在國統綱領中亦明白揭示，海峽兩岸互為對等的『政治實體』，其意涵即為海峽兩岸分別存在著兩對等的『國家』，因海峽東岸為主權獨立國的中華民國，依照對等原則，海峽之西岸自然亦為主體獨立之國家，即中華人民共和國，亦即追求兩個國家的兩岸定位模式即為中華民國政府現階段的目標。此係所謂雙重承認之真意。『一個中國』僅具有『血統上』或『文化上』之意涵。

根據憲法第二條，『中華民國之主權，屬於國民全體』，此主權包括『領土主權』，第三條則規定『具有中華民國國籍者，為中華民國國民』，依照目前之實際情形，即可歸納出，中華民國之領土主權屬於具有中華民國國籍者，而事實上依照目前的大陸政策，中華民國政府亦從未將中華人民共和國之國民視為其『國民』，同時因國際法將『人民』列為國家成立要件之一，且他國國民居住生活之領域原則上不可能為本國之領土，固將此二條文歸納後依反面解釋的原則即成為『中華民國之領土主權存在於中華民國國民生活居住之領域』，即臺灣、澎湖、金門、馬祖、綠島、蘭嶼及附屬島嶼。」[39]

四、居住臺灣地區設有戶籍國民：指在臺灣地區設有戶籍，現在或原在臺灣地區居住之國民，且未依臺灣地區與大陸地區人民關係條例喪失臺灣地區人民身分

有戶籍國民，可稱為核心的國民。在早期戒嚴時期，對國境加以管理一般國人不得隨意出國；其他外國人等，亦不得任意入國。所稱居住臺灣地區設有戶籍國民，指在臺灣地區出生、或歸化我國而設有戶籍之人民。其他外國人、大陸地區人民、香港居民、澳門居民、海外臺灣地區無戶籍國民（華僑）、無國籍人不屬之。

在移民行政中，對於不同身分別之人民，須加以定義。在我國設有

---

[39]　司法院釋字第328號立法院聲請書，82年4月12日臺院議字第1084號。

戶籍國民，爲最核心國民，對其居住遷徙與返國之權利，須加以保障。

國民，依國籍法第2條：「有下列各款情形之一者，屬中華民國國籍：一、出生時父或母爲中華民國國民。二、出生於父或母死亡後，其父或母死亡時爲中華民國國民。三、出生於中華民國領域內，父母均無可考，或均無國籍者。四、歸化者（第1項）。前項第一款及第二款之規定，於本法中華民國八十九年二月九日修正施行時未滿二十歲之人，亦適用之（第2項）。」

設立戶籍，依戶籍法第4條：「戶籍登記，指下列登記：一、身分登記：（一）出生登記。（二）認領登記。（三）收養、終止收養登記。（四）結婚、離婚登記。（五）監護登記。（六）輔助登記。（七）未成年子女權利義務行使負擔登記。（八）死亡、死亡宣告登記。（九）原住民身分及民族別登記。二、初設戶籍登記。三、遷徙登記：（一）遷出登記。（二）遷入登記。（三）住址變更登記。四、分（合）戶登記。五、出生地登記。六、依其他法律所爲登記。」

除在我國設有戶籍國民之外，其他人民；或稱爲外來人口，包括外國人、大陸地區人民、香港與澳門居民、無戶籍國民，其入國（境）均須經過申請或屬免簽證或落地簽證之對象，始得進入我國。

設有戶籍國民其戶籍登記具有公示及公信力，對登記人之身分、財產影響重大，故戶籍登記如有登記錯誤而須更正，自應嚴格要求其證明文件，以維戶籍登記之正確性。戶籍法施行細則第13條、第15條及第16條之相關規定，符合戶籍法規範意旨，並未逾越戶籍法之授權範圍及目的，戶政機關辦理相關案件，自得適用。因此，戶籍登記得爲更正者，應限於戶籍登記事項有錯誤或脫漏時，始得爲之。當事人主張戶籍登記事項有錯誤或脫漏之情事，如非因戶政事務所作業錯誤所致，即非屬戶政事務所應主動查明更正之範疇，應由當事人提出證明文件申請更正[40]。

---

[40] 最高行政法院111年度上字第728號判決。

五、臺灣地區無戶籍國民：指未曾在臺灣地區設有戶籍之僑居國外國民及取得、回復我國國籍尚未在臺灣地區設有戶籍國民

　　臺灣地區無戶籍國民，又稱為海外華僑。對於無戶籍國民之入出國與居停留、定居等，在本法第7條至第17條中，有相關之規定。

　　依持有華僑身分證明者之權益規範：1.僑居國外國民，為返國行使投資、置產、工商登記、遺產繼承、居留定居、僑生就學、納稅、兵役等權利義務之需要，依各該法令規定須檢具華僑身分證明者，得依華僑身分證明條例規定向僑務委員會申請華僑身分證明書；或向僑務委員會或駐外館處申辦護照僑居身分加簽，以作為在國內行使各項權利義務之依據。

　　2.依據華僑身分證明條例第5條及第6條規定，申請華僑身分證明書，應檢附具有我國國籍證明文件或華裔證明文件。檢具華裔證明文件申請之華僑身分證明書，並應載明申請人檢附華裔證明文件申請之事實；該證明書之實質效力，由各目的事業主管機關依職權認定之。另依國籍法施行細則第12條第3項第6款規定，華僑身分證明書為國籍證明文件之一，但不包括檢附華裔證明文件申請核發者[41]。

六、過境：指經由我國機場、港口進入其他國家、地區，所作之短暫停留

　　過境簽證，指公民取得前往國家（地區）的入境簽證後，搭乘交通工具時，途經第三國家（地區）的簽證。有些國家規定當旅客搭乘交通工具通過其國境時，停留不超過24小時或一定期限的，均免辦過境簽證（一般都不允許出國際機場，或只允許在指定的旅館過夜），如新加坡、泰國等[42]。

---

[41] 中華民國僑務委員會網頁，https://www.ocac.gov.tw/OCAC/FAQ/List.aspx?nodeid=386#（瀏覽日期：2020.6.24）。

[42] 過境簽證，維基百科，https://zh.wikipedia.org/zh-tw/%E8%BF%87%E5%A2%83%E7%AD%BE%E8%AF%81（瀏覽日期：2020.6.24）。

七、停留：指在臺灣地區居住期間未逾六個月

依外國人停留居留及永久居留辦法第2條：「外國人持停留簽證或以免簽證許可入國者，停留期間自入國翌日起算，並應於停留期限屆滿以前出國。」

外國人停留居留及永久居留辦法第18條：「外國人持停留簽證入國，而有本法第二十三條第一項各款情形之一，經核准居留後，因居留原因變更，應自事實發生日起三十日內逕向入出國及移民署申請變更，並重新核定居留期間。但變更之居留原因非屬本法第二十三條第一項各款情形之一者，應自事實發生後十五日內向外交部領事事務局或其所屬分支機構重新申請居留簽證後，向入出國及移民署申請居留。」

八、居留：指在臺灣地區居住期間超過六個月

依外國人停留居留及永久居留辦法第12條：「下列外國人之外僑居留證，其有效期間最長不得逾一年：一、在大專校院附設之華語文中心學習語文或在短期補習班研習華語之人員。二、經教育或其他有關主管機關核准，在我國研習、受訓之人員。三、外籍傳教及弘法人士。四、與現在在臺灣地區居住且設有戶籍國民結婚，初次申請依親居留者。五、其他有居留需要之人員。第九條第二項外國人申請延期居留經許可核發之外僑居留證，其有效期間自原居留期限屆滿之翌日起延期三年，必要時，得再申請延期居留一次，期間不得逾三年。」

外國人停留居留及永久居留辦法第13條：「外國人以依親為居留原因取得之外僑居留證，以其所依親屬之居留期限為居留期限，其所依親屬為我國國民者，外僑居留證有效期間最長不得逾三年。」

外國人停留居留及永久居留辦法第19條：「居住臺灣地區設有戶籍國民持外國護照入國，申請延期停留、居留或延期居留者，應先至戶政事務所辦理戶籍遷出登記，移民署始得受理其申請。尚未履行兵役義務之接近役齡男子或役齡男子，有下列情形之一者，移民署不受理其前項申請：一、未持有役政用華僑身分證明書或僑居身分加簽之我國護照。二、僑民役男居住臺灣地區屆滿一年。三、依法應接受徵兵處理，

並經限制出境。」

　　另「大陸地區人民申請在臺灣地區依親居留長期居留或定居案件經不予許可撤銷或廢止許可不許可再申請期間處理原則」；本處理原則係被上訴人基於居留許可辦法之主管機關職權，為執行該辦法有關大陸地區人民申請依親居留、長期居留或定居案件，經不予許可或撤銷、廢止許可後，不許可其再申請期間等規定之必要，依不同裁量因素規制不同程度之限制申請居留、長期居留、定居期間標準，所頒訂之裁量性行政規則[43]。

九、永久居留[44]：指外國人在臺灣地區無限期居住

　　永久居留之申請要件：有意申請永久居留之外國籍配偶，須達本法所明定之「合法連續居住五年」時，始得提出申請。在為防止本項授益權之請求權永久存在，足以影響行政安定之弊端，於本法施行細則規定，所稱合法連續居住，包括合法停留及居留之時間，合併計算。其申請永久居留，應於居留及居住期間屆滿後二年內申請之（即請求權時效係採「債權消滅主義」）之明文規定。其舉證之「合法連續居住五年」應自申請日期前一日回溯計算之，尚無得任令申請人主張上述期間不論有無中斷之情，自行「累積合併計算」前已在臺實際停留、居留之各段期間，而故置「合法連續居住」之「連續」兩字明文於不顧。外國籍配偶舉證之「合法連續居住五年」，應自婚姻關係確立及存續中始具效力，不然與同條文第1項序文後段明示未以「連續」為首要前提之「該配偶在我國合法居住十五年以上」之條件，有何區別[45]。

　　依外國人停留居留及永久居留辦法第15條第1項：「外國人申請永久居留，應檢具下列文件及照片一張，向移民署申請，經許可者，核發

---

[43] 最高行政法院111年度上字第115號裁定。

[44] 相關文獻，請參考蔡庭榕、李立宏，我國外國人永久居留制度之研究——與美、日比較，中央警察大學國境警察學報，4期，2005年12月，頁215-263。刁仁國，英國永久居留制度初探，中央警察大學國境警察學報，12期，2009年12月，頁273-301。許義寶，日本永久居留權之取得及其衍生問題之研究，警大法學論集，17期，2009年10月，頁89-135。

[45] 高雄高等行政法院91年度訴字第964號判決。

外僑永久居留證：一、申請書。二、護照。三、外僑居留證。四、健康檢查合格證明。五、足以自立之財產或特殊技能證明。六、最近五年內之本國及我國警察刑事紀錄證明。七、其他相關證明文件。」

十、定居：指在臺灣地區居住並設立戶籍

臺灣地區無戶籍國民（以下簡稱無戶籍國民），為具中華民國國籍國民，僅尚未在臺設有戶籍，基於親疏有別，其在臺居留定居之資格或權益，亦不應劣於外國人。

無戶籍國民，如為曾在臺灣地區居留之本法第9條第1項第12款僑生畢業後返回僑居地服務滿二年者，得向移民署申請在臺灣地區居留，經許可居留者，在臺灣地區連續居住一年或居留滿二年且每年居住270日以上或居留滿五年且每年居住滿183日以上後，仍具備原居留條件者，得向移民署申請在臺灣地區定居。至畢業後未返回僑居地服務滿二年之僑生，畢業後經許可在臺從事白領工作，向移民署申請並經許可在臺灣地區居留者，則須在臺灣地區連續居住三年或居留滿五年且每年居住270日以上或居留滿七年且每年居住183日以上後，仍具備原居留條件者，始得向移民署申請在臺灣地區定居。為吸引曾在臺灣地區居留之第1項第12款僑生畢業後留臺或來臺服務，將具僑生身分之無戶籍國民申請定居標準一致化，俾提升我國競爭力，並保障渠等在臺居留權益[46]。

十一、移民業務機構：指依本法許可代辦移民業務之公司

移民業務機構及其從業人員輔導管理辦法第3條：「移民業務機構申請設立許可，依本法第五十七條第一項第一款規定，應具備一定金額以上之實收資本額，其數額如下：一、經營本法第五十六條第一項第一款、第二款或第四款規定業務者，為新臺幣五百萬元。二、經營本法第五十六條第一項第三款業務者，為新臺幣八百萬元。三、同時經營前二

---

[46] 立法院第9屆第2會期第1次會議議案關係文書，委86頁。

款業務者，為新臺幣八百萬元。」

移民業務機構及其從業人員輔導管理辦法第7條：「移民業務機構申請設立許可，依本法第五十七條第一項第二款規定，應置之移民專業人員，指經移民專業人員訓練並測驗合格，取得入出國及移民署核發之移民專業人員資格證明書者（第1項）。前項移民專業人員訓練及測驗，由入出國及移民署自行或委託有關機關（構）、團體、學校辦理之（第2項）。」

十二、跨國（境）婚姻媒合[47]：指就居住臺灣地區設有戶籍國民與外國人、臺灣地區無戶籍國民、大陸地區人民、香港或澳門居民間之居間報告結婚機會或介紹婚姻對象之行為

釋字第802號有關跨國（境）婚姻媒合不得要求或期約報酬案解釋文指出：入出國及移民法第58條第2項規定：「跨國（境）婚姻媒合不得要求或期約報酬。」與憲法第15條保障人民工作權、第22條契約自由及第7條平等權之意旨尚無違背。入出國及移民法第76條第2款規定：「有下列情形之一者，處新臺幣二十萬元以上一百萬元以下罰鍰，並得按次連續處罰：……二、從事跨國（境）婚姻媒合而要求或期約報酬。」與憲法第15條保障人民財產權之意旨尚無違背。

依財團法人及非營利社團法人從事跨國境婚姻媒合許可及管理辦法第2條：「財團法人及非營利社團法人申請從事跨國（境）婚姻媒合，其捐助章程或章程所載之宗旨或工作項目應具備辦理跨國（境）婚姻媒合服務規定。」

財團法人及非營利社團法人從事跨國境婚姻媒合許可及管理辦法第17條：「財團法人及非營利社團法人受託辦理跨國（境）婚姻媒合服務時，應與受媒合當事人簽訂書面契約（第1項）。前項書面契約應載明下列事項，並以受媒合當事人居住國之官方語言及中文雙語作成：一、服務項目。二、收費項目及金額。三、收費及退費方式。四、違約

---

[47] 相關文獻，請參考張瑋心，論移民法禁止期約報酬之跨國婚姻，軍法專刊，62卷4期，2016年8月，頁140-161。

之損害賠償事宜。五、其他經移民署規定之事項（第2項）。書面契約未載明之費用，無請求權，並不得於契約訂定後，另立名目，增加額外費用（第3項）。」

外交部指出有國內婚紗業者，以旅遊簽證或免簽證方式赴馬來西亞檳城參加亞太婚紗展，因從事與簽證目的不符之婚紗攝影銷售商業服務行為而遭馬國警方以違反移民法拘禁，可能遭受起訴或驅逐出境。此已發生相同案例，業者於遭受拘留並處罰款後驅逐出境，外交部提醒，切勿以免簽證或觀光簽證等入境馬來西亞，從事與簽證目的不符之活動，以免觸犯該國移民法致遭受拘禁、罰款等處分，日後並可能被列入限制入境名單[48]。

參、綜論

本法規範外來人口到我國停居留，有關其身分與活動之真實性，須加以規範及查核。外國人在來我國之前，原則須先申請，由外交部加以審核。本條為名詞定義，對有關執行對象、範圍、名詞等，均須先行定義，以利於認定與執行。

內政部移民署掌理事項，依內政部移民署組織法第2條：「本署掌理下列事項：一、入出國、移民及人口販運防制政策、法規之擬（訂）定、協調及執行。二、大陸地區人民、香港或澳門居民及臺灣地區無戶籍國民入國（境）之審理。三、入出國（境）證照查驗、鑑識、許可及調查之處理。四、停留、居留及定居之審理、許可。五、違反入出國及移民相關規定之查察、收容、強制出國（境）及驅逐出國（境）。六、促進與各國入出國及移民業務之合作聯繫。七、移民輔導之協調、執行及移民人權之保障。八、外籍及大陸配偶家庭服務之規劃、協調及督

---

48 外交部提醒國人注意，切勿以免簽證或觀光簽證赴馬來西亞從事與簽證目的不符活動，以免觸犯該國移民法而受罰，外交部領事事務局網頁，https://www.boca.gov.tw/cp-56-2898-5e58d-1.html（瀏覽日期：2020.8.19）。

導。九、難民之認定、庇護及安置管理。十、入出國（境）安全與移民資料之蒐集及事證之調查。十一、入出國（境）及移民業務資訊之整合規劃、管理。十二、其他有關入出國（境）及移民事項（第1項）。前項第十款規定事項涉及國家安全情報事項者，應受國家安全局之指導、協調及支援（第2項）。」有關本法第3條所涉及之業務與執行事項，多與移民署職掌相關。因此，明確定義其範圍與內涵，具有重要性。

　　在入出國事務上，外交部與內政部移民署，權限有相關。依外國護照簽證條例第12條第1項規定：「外交部及駐外館處受理簽證申請時，應衡酌國家利益、申請人個別情形及其國家與我國關係決定准駁；其有下列各款情形之一，外交部或駐外館處得拒發簽證：一、在我國境內或境外有犯罪紀錄或曾遭拒絕入境、限令出境或驅逐出境者。二、曾非法入境我國者。……十二、其他有危害我國利益、公共安全、公共秩序或善良風俗之虞者。」外國人民申請進入我國，其申請入境之事由是否屬實，主管機關外交部及駐外館處應為實質審查，以判斷其真實與否[49]，以維護國境安全。

> **第4條**（入出國之查驗及辦法訂定）
> 入出國者，應經內政部移民署（以下簡稱移民署）查驗；未經查驗者，不得入出國。
> 移民署於查驗時，得以電腦或其他科技設備，蒐集及利用入出國者之入出國紀錄。
> 前二項查驗時，受查驗者應備文件、查驗程序、資料蒐集與利用應遵行事項之辦法，由主管機關定之。

---

[49]　臺灣嘉義地方法院100年度易字第140號刑事判決。

壹、導言

　　本法於1999年5月21日公布施行，對於入出國之管理，於第4條第1項明定：「入出國者，應經查驗，未經查驗者，不得入出國。」並於同條第2項中授權由主管機關針對本國人、外國人、機、船員之查驗作業方式及其應持證件或查驗程序，訂定法規命令[50]。直至2007年底本法第四次修法（2008年8月1日施行）後，始呈現現行本法第4條之完整樣貌：第1項規定「入出國者，應經內政部入出國及移民署查驗；未經查驗者，不得入出國」；並於第2項中增加「入出國及移民署於查驗時，得以電腦或其他科技設備，蒐集及利用入出國者之入出國紀錄」[51]之規定；第3項則授權主管機關針對受查驗者應備文件、查驗程序、資料蒐集與利用應遵行事項，另行訂定法規命令，內政部據此訂定入出國查驗及資料蒐集利用辦法。但移民署就此一職權之行使，仍應呼應本法第1條所揭示之立法目的「統籌入出國管理，確保國家安全、保障人權；規範移民事務，落實移民輔導」，故於入出國查驗程序中，亦不應忽略人權之保障。

　　時至2015年1月2日，配合行政組織改造，依據2014年12月26日行政院院臺規字第1030158355號公告，本法第4條第1項及第2項所列屬「內政部入出國及移民署」之權責事項，改由「內政部移民署」管轄，並於2021年12月21日修法時，將條文中「內政部入出國及移民署」之用語，一併改為「內政部移民署」，並簡稱移民署。

50　1999年5月21日入出國及移民法第4條立法理由參照。

51　除此之外，本法第十章中之第63條第1項亦規定：「移民署執行職務人員為辦理入出國查驗，調查受理之申請案件，並查察非法入出國、逾期停留、居留，從事與許可原因不符之活動或工作及強制驅逐出國案件，得行使本章所定之職權。」但針對其中就「從事與許可原因不符之活動或工作」所採行之查察措施，隨著2023年本法第29條修正，已將「工作」部分刪除，使其回歸適用就業服務法之規定。

貳、內容解析

一、入出國查驗程序可能涉及之基本權利

(一)入出國(境)之權利

　　憲法第10條明文保障人民有居住及遷徙之自由,其「旨在保障人民有自由設定住居所、遷徙、旅行,包括入出國境之權利」[52],此一保障內涵亦為國際公約廣泛承認,例如世界人權宣言第13條[53]及公民與政治權利國際公約第12條[54]。其中之遷徙自由,一般認為屬動態之權利,其保障人民移居或旅行之權利,由於遷徙路線可能跨越國境,因此,亦包括入出國(境)之權利,遷徙自由應與居住自由有緊密連結,並以個人選擇新的住居所而為移動或移居為其保障內涵[55];而針對未連結住居之單純移動,即隨時任意前往他方或停留一定處所之行動自由,則係以憲法第22條為其依據[56]。

　　人民入出國(境)之權利所保障之主體應涵蓋本國人及外國人,司法院釋字第558號解釋明確指出:「人民為構成國家要素之一,從而國家不得將國民排斥於國家疆域之外。於臺灣地區設有住所而有戶籍之國民得隨時返回本國,無待許可……。」肯定國民享有返國之權利。但考量對於不同身分之人,其入出國(境)管理所考量之面向亦有所差異,故對於不同身分者之入出國(境)之權利,並非不許以法律加諸一定之限制,例如「依現行憲法增修條文第十一條規定,自由地區與大陸地區間人民權利義務關係及其他事務之處理,得以法律為特別之規定,是法

---

[52] 司法院釋字第454號解釋參照。

[53] 世界人權宣言第13條:「一、人人在各國境內有權自由遷徙和居住。二、人人有權離開任何國家,包括其本國在內,並有權返回他的國家。」

[54] 公民與政治權利國際公約第12條:「一、在一國領土內合法居留之人,在該國領土內有遷徙往來之自由及擇居之自由。二、人人應有自由離去任何國家,連其本國在內。三、上列權利不得限制,但法律所規定、保護國家安全、公共秩序、公共衛生或風化、或他人權利與自由所必要,且與本公約所確認之其他權利不牴觸之限制,不在此限。四、人人進入其本國之權,不得無理褫奪。」

[55] 吳信華,憲法釋論,2版,2015年,頁314-315。

[56] 司法院釋字第535號、第689號、第699號解釋參照。但亦得見將單純移動納入遷徙自由保護領域之主張,請參考司法院釋字第699號解釋羅大法官昌發所提協同意見書,頁7-8。

律就大陸地區人民進入臺灣地區設有限制，符合憲法上開意旨（參照本院釋字第四九七號解釋）。其僑居國外具有中華民國國籍之國民若非於臺灣地區設有住所而有戶籍，仍應適用相關法律之規定（參照入出國及移民法第三條第一款、第五條第一項、第七條規定），此為我國國情之特殊性所使然」[57]；又或「妨害兵役治罪條例第十一條第一項第三款規定後備軍人居住處所遷移，無故不依規定申報者，即處以刑事罰，係為確保國防兵員召集之有效實現、維護後備軍人召集制度所必要。其僅課予後備軍人申報義務，並未限制其居住遷徙之自由，與憲法第十條之規定尚無違背。」[58]，但對於入出國（境）權利之限制仍應具備維護國家安全及社會秩序之公益性目的[59]，並須符合憲法第23條之比例原則及法律保留原則[60]。

（二）個人資料自主控制之資訊隱私權

入出國之查驗程序中，常見要求人民提供相關文件及資料進行身分確認，以作為是否准予入出境之憑據，而其中所載資料，若得識別特定自然人，即屬個人資料[61]，而作為個人資料主體之當事人，應即享有個人資料自主控制之資訊隱私權。其係維護人性尊嚴與個人主體性之維護及人格發展之完整所不可或缺，因此，此一受憲法第22條保障之基本權利，應屬任何人皆得主張之人權，其「保障人民決定是否揭露其個人

---

[57] 司法院釋字第558號解釋理由書第二段參照。許義寶，外國人之驅逐出國與移民人權，移民法制與人權保障，中央警察大學，2017年7月，頁216-219。

[58] 司法院釋字第517號解釋參照。

[59] 例如依據傳染病防治法第58條第1項，主管機關得對入、出國（境）之人員，得施行一定之檢疫或措施，其中包括：對未治癒且顯有傳染他人之虞之傳染病病人，通知入出國管理機關，限制其出國（境）（第5款）；商請相關機關停止發給特定國家或地區人員之入國（境）許可或提供其他協助（第6款），即係以杜絕傳染病之發生、傳染及蔓延為目的，限制入出國（境）之權利。

[60] 針對外國人入出國（境）權利之限制，應特別留意該限制與其所受保障之其他權利間之衡平，請參考李震山，論外國人之憲法權利，人性尊嚴與人權保障，增訂5版，元照，2020年，頁424-429。李錫棟，外國人之入出國自由，高大法學論叢，17卷2期，2022年，頁25-30。

[61] 關於個人資料之定義，可參考個人資料保護法第2條第1款：「一、個人資料：指自然人之姓名、出生年月日、國民身分證統一編號、護照號碼、特徵、指紋、婚姻、家庭、教育、職業、病歷、醫療、基因、性生活、健康檢查、犯罪前科、聯絡方式、財務情況、社會活動及其他得以直接或間接方式識別該個人之資料。」

資料、及在何種範圍內、於何時、以何種方式、向何人揭露之決定權，並保障人民對其個人資料之使用有知悉與控制權及資料記載錯誤之更正權」[62]，且「進一步而言，資訊隱私權保障當事人原則上就其個資，於受利用之前，有同意利用與否之事前控制權，以及受利用中、後之事後控制權。除當事人就獲其同意或符合特定要件而允許未獲當事人同意而經蒐集、處理及利用之個資，仍具事後控制權外，事後控制權之內涵並應包括請求刪除、停止利用或限制利用個資之權利」[63]。因此，移民署於入出國查驗程序中蒐集個人資料，並進一步處理及利用之行為，實須同時關注個人資料當事人對於其個人資料所得主張自主控制權利之維護，並採行相關之措施與建置妥適之程序，使其「自主決定權」、「知悉與控制權」及「更正權」得以主張並實現。

惟憲法對個人資訊隱私權之保護亦非絕對，國家仍得基於公益之必要，以法律明確規範其目的、範圍、要件、程序，依循憲法第23條比例原則之要求，強制取得所必要之個人資訊。「至該法律是否符合憲法第23條之規定，則應就國家蒐集、利用、揭露個人資訊所能獲得之公益與對資訊隱私之主體所構成之侵害，通盤衡酌考量。並就所蒐集個人資訊之性質是否涉及私密敏感事項、或雖非私密敏感但易與其他資料結合為詳細之個人檔案，於具體個案中，採取不同密度之審查。而為確保個人主體性及人格發展之完整，保障人民之資訊隱私權，國家就其正當取得之個人資料，亦應確保其合於目的之正當使用及維護資訊安全，故國家蒐集資訊之目的，尤須明確以法律制定之」[64]，如此方得謂符合憲法期待。2023年5月16日立法院業已通過個人資料保護法修正，其中增訂第1條之1，新設個人資料保護委員會為個人資料保護獨立監督機關，目的在於確保個人資料蒐集、處理及利用，均符合個人資料保護法規定，以完足對人民資訊隱私權之保障。待未來正式施行後，個人資料

---

[62] 司法院釋字第603號解釋文第1段參照。

[63] 憲法法庭111年憲判字第13號判決理由第32段參照。

[64] 請參見司法院釋字第603號解釋理由書第9段。憲法法庭111年憲判字第1號判決理由第17段亦闡明相同之意旨。

保護委員會將作為個人資料保護法之主管機關，而其後續於個人資料保護之監管作為，值得持續關注。

另外，考量大型資料庫之建置似乎已成為大數據時代下所不可避免之趨勢，司法院釋字第603號解釋中亦明確揭示其應遵守之重要原則：首先在資料之蒐集、處理及利用，「應以法律明定其蒐集之目的，其蒐集應與重大公益目的之達成，具有密切之必要性與關聯性，並應明文禁止法定目的外之使用」，在目的拘束原則之下，立法者不可卸責，應以法律明確訂定其目的，並將後續之利用限於達成蒐集特定目的之必要範圍內，禁止目的外使用，避免「將零散的資料，結合其他資料庫的處理及分析，整合為足資識別個人之資料」，導致資料目的外利用風險之提升[65]。除了目的拘束原則與法律保留原則外，主管機關尤應配合當代科技發展，採取組織上與程序上必要之防護措施，確保資訊之正確及安全[66]，而「前述組織上與程序上必要之防護措施中，個資保護之獨立監督機制為重要之關鍵制度」[67]。

二、查驗之相關規範及其程序

（一）查驗對象及文件

本法第4條第1項明定，入出國者，應經移民署查驗；未經查驗者，不得入出國[68]。由此可知，入出國應經查驗之要求，及於所有欲進出我國國境之人，但經本法第4條第3項授權訂定之入出國查驗及資料蒐集利用辦法中，進一步將查驗對象區分為：居住臺灣地區有戶籍國民（入出國查驗及資料蒐集利用辦法第2條、第3條、第15條、第16

---

65 關於資料庫結合利用禁止之說明，請參考李惠宗，個人資料保護法上的帝王條款：目的拘束原則，法令月刊，64卷1期，2013年，頁54。

66 黃昭元，無指紋則無身分證？：換發國民身分證與強制全民捺指紋的憲法爭議分析，國際刑法學會臺灣分會（編），民主、人權、正義：蘇俊雄教授七秩華誕祝壽論文集，元照，2005年，頁469。

67 憲法法庭111年憲判字第13號判決理由第61段參照。

68 針對違反本法第4條第1項規定之行為，原於同法第84條定有：「違反第四條第一項規定，入出國未經查驗者，處新臺幣一萬元以上五萬元以下罰鍰。」之罰則。但2023年5月底本法第11次修正（2024年3月1日施行）後，移至同法第77條第1款予以規範，並加重其罰鍰至新臺幣10萬元以上50萬元以下。

條）、臺灣地區無戶籍國民（入出國查驗及資料蒐集利用辦法第4條及第5條）、香港或澳門居民（入出國查驗及資料蒐集利用辦法第6條及第7條）、大陸地區人民（入出國查驗及資料蒐集利用辦法第8條及第9條）以及外國人（入出國查驗及資料蒐集利用辦法第10條及第11條）等五類，並分別規定其入出國查驗程序中應準備之文件，例如護照、旅行證件、入出國許可證件或通行證等；以及審驗事項，例如是否具有禁止出國或限制再入國之事由，並經加蓋入出國查驗章戳後許其出入國境，但經自動查驗通關系統入出國或其他經入出國及移民署認定公告者，得免蓋入出國查驗章戳（入出國查驗及資料蒐集利用辦法第13條）。

（二）入出國資料之蒐集與利用

依據本法第4條第2項，移民署於查驗時，得以電腦或其他科技設備，蒐集及利用入出國者之入出國紀錄，此係實務上常有防疫、反恐等原因，而有提供入出國紀錄及相關資料之需求[69]；而針對資料蒐集與利用應遵行事項，移民署進而依據本法第4條第3項之授權，訂定入出國查驗及資料蒐集利用辦法，以資遵循。

1. 蒐集之特定目的

移民署所蒐集之入出國紀錄，因屬得直接或間接識別該入出國者之資料，故蒐集、處理及利用該等個人資料，除本法之規定外，亦應關注個人資料保護法之相關要求。個人資料保護法第5條所揭示之「目的拘束原則」[70]，應是檢視國家蒐集、處理及利用個人資料行為合法性之首要依據，其一方面要求蒐集者應向當事人明確告知蒐集之目的[71]；另一方面，則藉此將個人資料之蒐集與處理限於達成該目的之必要範圍內，並據以劃定後續利用之範圍，爾後若欲例外為目的外之利用，亦應以

---

69 楊翹楚，移民法規，元照，3版，2024年，頁12。
70 個人資料保護法第5條：「個人資料之蒐集、處理或利用，應尊重當事人之權益，依誠實及信用方法為之，不得逾越特定目的之必要範圍，並應與蒐集之目的具有正當合理之關聯。」
71 個人資料保護法第8條第1項第2款及第9條第1項參照。

具有個人資料保護法所明定之情形者為限[72]。然而，觀察本法第4條之內容，恐無法直觀認定「蒐集及利用入出國者之入出國紀錄」之目的，但若結合本法第1條所揭示之立法目的「統籌入出國管理，確保國家安全、保障人權；規範移民事務，落實移民輔導」，以及入出國查驗及資料蒐集利用辦法第20條第1項：「移民署基於入出國管理之目的，得蒐集、處理及利用個人入出國資料，並永久保存。」之規定，應可得出其係基於入出國管理之目的為蒐集。因此，移民署依據本法第4條第2項所蒐集之「入出國紀錄」，應限於入出國查驗及資料蒐集利用辦法中所明定入出國（境）時，應備查驗之文件，但「於必要時，移民署得檢視乘客搭乘證明或與許可入國目的相符之證明文件」（入出國查驗及資料蒐集利用辦法第14條），但針對額外檢視之證明文件，可擴及於何範圍，仍應與「入出國管理」之特定目的，具備實質正當之關聯性，並於達成該目的必要之範圍內為之。

　　惟進一步觀諸入出國查驗及資料蒐集利用辦法之規定，其並未禁止特定目的外利用之可能性，包括若其他公務機關或非公務機關有使用該等入出國紀錄之需求，即得向移民署請求提供；或公務機關因公務需要，經常利用入出國之個人資料檔案時，得經移民署核准後，以資訊系統轉接介面線上取得個人資料檔案（入出國查驗及資料蒐集利用辦法第22條第1項），而此種目的外之利用，應同時關注個人資料保護法及其他法令規定（入出國查驗及資料蒐集利用辦法第24條）。另外，入出國查驗及資料蒐集利用辦法第25條亦允許移民署就入出國乘客之個人電子資料檔案，依據與其他國家或地區所簽訂之協定進行交換[73]，而有關交換資料檔案之類別、範圍、保存期限及利用事項，則依據各該協定辦理。

---

[72] 李寧修，警察存取預防性資料之職權與個人資料保護：以監視器之運作模式為例，臺大法學論叢，48卷2期，2019年，頁420。
[73] 其應即為個人資料保護法第2條第6款所稱「國際傳輸」，即「指將個人資料作跨國（境）之處理或利用」。

2. 安全維護措施

　　針對個人資料之蒐集、處理及利用之要件，個人資料保護法中常將「適當安全維護措施」納入考量[74]，據此要求公務機關或非公務機關採取技術上及組織上之措施，以防止個人資料被竊取、竄改、毀損、滅失或洩漏[75]；而依據個人資料保護法施行細則第12條第2項，所謂技術上及組織上之措施，得包括：配置管理之人員及相當資源（第1款）；界定個人資料之範圍（第2款）；個人資料之風險評估及管理機制（第3款）；事故之預防、通報及應變機制（第4款）；個人資料蒐集、處理及利用之內部管理程序（第5款）；資料安全管理及人員管理（第6款）；認知宣導及教育訓練（第7款）；設備安全管理（第8款）；資料安全稽核機制（第9款）；使用紀錄、軌跡資料及證據保存（第10款）及個人資料安全維護之整體持續改善（第11款），且該等措施之採行，應與所欲達成之個人資料保護目的間，具有適當比例為原則。

　　針對資通安全部分[76]，2022年8月27日行政院下設立數位發展部，負責「國家資通安全政策、法規、重大計畫與資源分配等相關事項之擬訂、指導及監督」（數位發展部組織法第2條第5款），並設資通安全署，辦理國家資通安全政策規劃、計畫核議及督導考核，執行國家資通安全防護、演練與稽核業務及通訊傳播基礎設施防護（數位發展部組織法第5條第2款）。由於資通資訊中往往亦含有個人資料，故在個人資料保護及資通安全之維護，應一併予以關注，以防止個人資料遭受未經授權之竊取、洩漏、竄改或其他侵害。

　　入出國查驗及資料蒐集利用辦法中，針對所蒐集之個人入出國資料之處理及利用，以及依據入出國查驗及資料蒐集利用辦法第22條第1項向移民署請求提供入出國之個人資料檔案之公務機關及非公務機關，就

---

[74] 個人資料保護法第6條第1項但書第2款及第5款所稱適當安全維護措施、第18條所稱安全維護事項、第19條第1項第2款及第27條第1項所稱適當之安全措施，均爲適例。

[75] 個人資料保護法施行細則第12條第1項參照。

[76] 所謂「資通安全」，依據資通安全管理法第3條第3款：「指防止資通系統或資訊遭受未經授權之存取、使用、控制、洩漏、破壞、竄改、銷毀或其他侵害，以確保其機密性、完整性及可用性。」

「管理人員及相當資源之配置」及「資料安全管理及人員管理」二類措施，有明文要求：前者依據入出國查驗及資料蒐集利用辦法第20條，應指定專人辦理個人入出國資料安全管理及維護事項；而就入出國紀錄為目的外利用之公務機關或非公務機關，均應授權特定人員利用及管理個人資料檔案（入出國查驗及資料蒐集利用辦法第22條第2項），且其管理，應同時關注個人資料保護法及其他法令規定（入出國查驗及資料蒐集利用辦法第24條）。

3. 當事人權利

　　憲法保障每個人對於自身之個人資料享有自主控制之權利，此權利於個人資料保護法第3條中進一步具體化為五種權利類型，即：查詢或請求閱覽（第1款）；請求製給複製本（第2款）；請求補充或更正（第3款）；請求停止蒐集、處理或利用（第4款）與請求刪除（第5款），當事人就其個人資料得行使之前述權利，不得預先拋棄或以特約限制之。透過該等權利之行使，應亦得作為當事人監督國家蒐集、處理及利用其個人資料行為之途徑之一，例如透過事後查詢、請求閱覽，確認國家所蒐集之資料類型、範圍及其利用狀況。入出國查驗及資料蒐集利用辦法第23條：「當事人、利害關係人或其法定代理人得向移民署請求提供個人入出國證明文件或查詢個人入出國紀錄。」之規定，應即為個人資料保護法第3條查詢權之落實。為使當事人於查詢時得完整掌握其個人資料之使用歷程，移民署宜相應建立保存使用紀錄及軌跡資料之機制[77]，其同時亦可作為強化適當安全維護措施之一環。

　　因入出國查驗及資料蒐集利用辦法第24條規定，依同辦法第23條請求個人資料檔案者，應符合個人資料保護法及其他法令規定。因此，就程序部分，移民署於受理當事人查詢之請求，應於15日內，為准駁之決定；必要時，得予延長，延長之期間不得逾15日，並應將其原因以書面通知請求人[78]。若准予查詢，得依據個人資料保護法第14條酌收

---

[77] 個人資料保護施行細則第12條第2項第10款參照。
[78] 個人資料保護法第13條第1項參照。

必要成本費用。而就實體決定部分，移民署於為准駁決定時，若有下列情形之一時，就其所蒐集之入出境紀錄，依據個人資料保護法第10條，得不答覆當事人之查詢：

(1) 妨害國家安全、外交及軍事機密、整體經濟利益或其他國家重大利益。

(2) 妨害公務機關執行法定職務。

(3) 妨害該蒐集機關或第三人之重大利益。

資訊隱私權之保障範圍，原則上亦應及於事後控制權，當事人就獲其同意或符合特定要件而允許未獲當事人同意而經蒐集、處理及利用之個人資料，仍得主張事後之控制權，並不因其曾表示同意或因符合強制蒐集、處理或利用要件，當事人即當然喪失請求刪除、停止利用或限制利用個人資料之權利[79]，因此，對於移民署所蒐集、處理或利用之個人資料，除入出國查驗及資料蒐集利用辦法第23條之請求提供文件與查詢紀錄外，當事人自應得主張事後控制權，包括請求刪除、停止利用或限制利用個人資料之權利。

（三）運用生物特徵辨識技術之查驗程序：入出國自動查驗通關系統

依據本法第4條及其授權訂定之入出國查驗及資料蒐集利用辦法所為查驗程序，其原則上並未特別運用生物特徵辨識科技擷取、儲存或比對入出國者之生物特徵資料。然而，透過不斷創新的技術與發明，國家針對危害防止任務之踐履，得以採行之手段亦趨向多元[80]，其中，於入

---

[79] 憲法法庭111年憲判字第13號判決理由第69段參照。

[80] 警察「善用」科技技術之便，在蒐證或是偵查的階段，藉由預防性之資訊蒐集來釐清不法事實與調查證據，大幅擴張並升級警察獲取資訊之權限與效能之趨勢，包括針對集會遊行運用全覽式攝像技術預先蒐證；運用監視器、GPS定位及行車紀錄等資訊之整合以掌握車輛行進路徑以及向電信事業調取過去之通聯紀錄以追訴犯罪等。相關討論請參考李寧修，國家蒐集集會遊行資料的憲法界限：德國聯邦憲法法院「巴伐利亞邦集遊法部分暫停適用」裁定之反思，東吳法律學報，27卷3期，2016年，頁151-186。李寧修，預防性通信資料存取之憲法界限——以歐盟儲備性資料存取指令（2006/24/EG）之發展為借鏡，興大法學，17期，2015年，頁90-91。Götz, Volkmar (2013), Allgemeines Polizei- und Ordnungsrecht, 15. Auflage, C.H. Beck, S.192. Schmidt, Rolf (2014), Polizei- und Ordnungsrecht, 15. Auflage, Dr. Rolf Schmidt Verlag, S.112-113.

出國查驗程序中，藉由擷取具有個人專屬性之指紋及臉部特徵等生物特徵資料，建立檔案加以錄存，後續並運用生物特徵辨識科技進行比對，以達到身分辨識之目的，甚至進而建置大型資料庫以備未來不時之需，科技看似大幅提升執法之效率與正確性，但運用生物辨識科技以為身分辨識與查驗，以及後續對於所蒐集資料之利用，亦悄悄帶來新型態的風險及危害。

　　移民署於2012年正式啓用「入出國自動查驗通關系統」（以下簡稱自動查驗通關系統）辦理國際機場及港口旅客入出國之自動查驗通關，其係採用電腦自動化的方式，透過預先錄存[81]之具個人專屬性且足以辨識個別身分之指紋及臉部特徵資料等個人生物特徵識別資料，結合生物特徵辨識[82]科技，讓使用者透過自主選擇，以自助之方式完成身分驗證之程序，達到節省查驗時間之目的[83]。我國現行入出國查驗程序中，使用生物特徵識別資料作為身分查驗之依據者，除「自願性」之自動查驗通關系統外，尚有依據本法第91條「強制性」蒐集、錄存生物特徵識別資料者（請參考第91條之說明）。

　　由於涉及個人生物特徵之蒐集、處理及利用，法務部針對移民署擬就個人生物特徵識別資料之蒐集、管理及運用為系統建置之初，即對於其「合法性」有相關討論，並建議就生物辨識應用對象之不同，分別敘明蒐集個人資料之特定目的及法律依據，以釐清民眾疑慮[84]。故移民署定有申請及使用入出國自動查驗通關系統作業要點（以下簡稱自動查驗通關系統作業要點），並據其執行查驗及資料蒐集。自動查驗通關系統

81　個人生物特徵識別資料蒐集管理及運用辦法第2條第2款：「二、錄存：指以電腦或其他科技設備，擷取個人生物特徵識別資料，並予儲存。」
82　個人生物特徵識別資料蒐集管理及運用辦法第2條第3款：「三、辨識：指運用生物特徵辨識科技，與資料庫中已錄存之個人生物特徵識別資料進行比對。」
83　溫哲彥，應用2D與3D影像辨識技術輔助犯罪偵察與鑑識之研究，前瞻科技與管理，4卷1期，2014年，頁67。
84　法務部法律字第1000015826號書函中具體指出：「此參本草案『壹、計劃緣起』『三、未來環境預測』之『（四）我國實施生物特徵概況，表1-3我國實施生物特徵辨識法規依據及執行情形』中，在應用對象為國民部分，國際機場旅客自動查驗快速通關系統，並未說明法規依據；就國民之晶片護照部分，亦未敘明護照條例修正草案方向及大致內容，宜增加相關說明，以期明確。」

作業要點第9點並要求移民署對於蒐集錄存之臉部影像或指紋等個人資料，應遵守個人資料保護法及個人生物特徵識別資料蒐集管理及運用辦法等相關法規規定。

1. 申請資格

自動查驗通關系統作業要點第2點明定，得申請及使用自動查驗通關系統者，為年齡12歲以上，且身高140公分以上並具有下列身分之一者：

(1) 居住臺灣地區設有戶籍國民。

(2) 具入國許可證件或居留身分之臺灣地區無戶籍國民。

(3) 具居留或永久居留身分之外國人。

(4) 具外交官員或國際機構官員身分之外國人。

(5) 具居留身分之香港或澳門居民。

(6) 具依親居留或長期居留身分之大陸地區人民。

(7) 取得外籍商務人士使用快速查驗通關證明，且經移民署公告許可申請之外來旅客。

(8) 依據我國與他國締結之有效條約、協定或基於互惠原則、符合我國利益之考量而開放申請之外國人。

但有下列情形之一者，依據自動查驗通關系統作業要點第5點不得使用自動查驗通關系統：

(1) 依法受有禁止入、出國（境）處分。

(2) 有戶籍國民出國超過二年致戶籍遭遷出。

(3) 行動不便而無法自行操作。

(4) 役男、涉及國家安全或機密人員出國未經核准或核准資料未傳輸至移民署查驗系統。

(5) 入國（境）前應填寫入國登記表而未於網際網路填寫，或未完成資料傳輸。

(6) 依條約、協定或基於互惠原則，符合我國利益之考量而開放申請之外國人，於入國時持有居留簽證。

2. 蒐集資料類型

　　申請人應於註冊自動查驗通關時，由移民署錄存臉部影像及雙手食指指紋；顏面損傷無法錄存臉部影像者，得僅錄存雙手食指指紋；食指有傷口或指紋模糊致無法錄存者，依序以拇指、中指、環指、小指替代，有戶籍國民註冊時，得僅錄存臉部影像（自動查驗通關系統作業要點第6點）。

　　個人資料保護法將個人資料區分為一般個人資料，如姓名、身分證字號、社會活動等；以及性質較為特殊或具敏感性之特種個人資料，例如醫療、基因、性生活、健康檢查及犯罪前科等資料，並分別訂定其蒐集、處理與利用之要件。針對自動通關系統所錄存之指紋，其「係個人身體之生物特徵，其因具有人各不同、終身不變之特質，故一旦與個人身分連結，即屬具備高度人別辨識功能之一種個人資訊。由於指紋觸碰留痕之特質，故經由建檔指紋之比對，將使指紋居於開啟完整個人檔案鎖鑰之地位。因指紋具上述諸種特性，故國家藉由身分確認而蒐集個人指紋並建檔管理者，足使指紋形成得以監控個人之敏感性資訊」[85]，故國家蒐集、處理及利用此類「雖非私密敏感但易與其他資料結合為詳細之個人檔案」之敏感性資訊，自應採取較高密度之審查標準審查其合憲性[86]，以求其合於憲法所揭示之界限。

　　而針對自動查驗通關系統所錄存之臉部影像，其與指紋同屬個人生物特徵識別資料之一種[87]，但臉部識別資料與指紋於管制之強度上，是

---

[85] 司法院釋字第603號解釋理由書第11段參照。

[86] 司法院釋字第603號解釋理由書第9段提及：「……並就所蒐集個人資訊之性質是否涉及私密敏感事項、或雖非私密敏感但易與其他資料結合為詳細之個人檔案，於具體個案中，採取不同密度之審查。」於司法院釋字第603號解釋林子儀大法官所提協同意見書中進一步指出：「然而在確認指紋受資訊隱私權保障之餘，多數意見似主張指紋之性質非如醫療紀錄、性傾向、宗教信仰或政治立場般敏感，致個人有強烈的意願保持隱密不欲人知；且指紋亦不如DNA遺傳訊息般帶有個人豐富之遺傳資訊在內；故就系爭法律規定是否合憲之審查，即未採嚴格之審查標準，而以中度審查標準審查其合憲性。」但其續就審查基準之擇定，提出不同之見解：「惟本席基於現代資訊科技的應用、前述指紋之特性、人別辨識功能、與作為開啟個人檔案之鑰的可能用途，而認為個人指紋資訊為相當敏感之個人資訊，是以法律對之強制蒐集，就該法律之是否合憲之審查即主張應採取嚴格之審查標準予以審查。」

[87] 個人生物特徵識別資料蒐集管理及運用辦法第2條第1款中，就「個人生物特徵識別資料」係指「具個人專屬性而足以辨識個別身分之指紋及臉部特徵資料」。

否有所不同？人臉特徵究竟應屬於一般或是特種個人資料，或許仍有論證的空間[88]，但若考量人臉特徵，相較於其他生物特徵，取得容易，當事人有時甚至不易察覺；且其方便比對，例如透過證件或檔案中的照片即可進行辨識，即便在資料敏感性上，不一定可等同於基因、病歷或犯罪資料，但卻往往是開啓資料串連的一把重要鑰匙，因此，針對人臉特徵資料之蒐集、處理及利用，仍應設定較爲嚴格之利用要件，以避免濫用[89]。

3. 申請程序

　　自動通關系統之使用，可透過人工註冊或閘道自助註冊之方式進行申請：前者須由申請人自主提出申請，並透過申請程序中之告知，確保申請人知悉後，以書面方式表示同意，移民署即以此申請人親自簽名之申請書，作爲當事人同意其蒐集、處理及利用其臉部影像及／或左右兩手拇指指紋之依據。後者則係由申請者直接至自動通關閘道前，使用護照進行掃瞄讀取，於閘道螢幕點選同意錄存臉部影像或再擷取雙手指紋，閘門開啓後，即可進行人貌比對並同時完成註冊程序。

　　基於對當事人之個人資料自主控制權之尊重，於個人資料保護法中將「當事人同意」作爲蒐集、處理及利用個人資料合法要件者，並不

---

[88] 司法院釋字第603號解釋，由許大法官玉秀所提出之協同意見書中指出：「再拿人的相貌來比較，人的相貌雖然是肖像權所保護的對象，但是不被認爲屬於敏感資訊，因爲它原則上可以從外觀察覺（雖然有時候也需要科學技術方能鑑別），而指紋則需要透過科學技術才比較能夠精確分辨，而且正如同多數意見所主張，指紋碰觸留痕並且是因人各異。但比較兩種資訊，指紋固然碰觸留痕，如果沒有碰觸就不會留痕，也就不會暴露行蹤；反之，如果人出現在某一個地方，縱使沒有碰觸任何物品，只要被監視器照到，被別人看到，同樣會暴露行蹤。面相可能暴露行蹤，影響人身自由，指紋可能沒有留痕，而不會暴露行蹤，如果面相不夠敏感，指紋紀錄也就只有相對的敏感度。」李明學，自動查驗通關系統合憲性之研究，東吳大學法學院法律學系碩士在職專班科技法律組碩士論文，2014年，頁182。

[89] 司法院釋字第603號解釋，由林大法官子儀所提出之協同意見書中指出：「又如人之外貌，一般而言均在他人的觀看之下，故有將四處遺留之指紋與人之肖像相提並論之見解，而認爲指紋如同人之外貌無時不刻呈現在他人的觀看之下，因此一般人對其外貌與指紋均難合理期待應屬隱私權保障之範圍。然而外貌以肉眼即可辨識，指紋則需特殊技術方能解讀，故人對自己的外貌與指紋，是否會被不特定的他人認知與辨識的預期完全不同，不應僅因兩者均屬在公開場合可能獲得之個人生物資訊，即認爲兩者的性質相同。更何況即使外貌屬於公開可見的個人生物特徵資訊，亦非不屬於隱私權保障範圍，只是保護程度強弱有別而已。國家仍不得不具任何理由與目的即強制蒐集人民的肖像並予以建檔。」

罕見[90]。但個人資料保護法上所稱「當事人同意」，均強調蒐集者於取得當事人同意前，應先踐履告知義務，確保當事人充分知悉「是否揭露其個人資料、及在何種範圍內、於何時、以何種方式、向何人揭露」後取得之同意，方屬有效[91]，例如個人資料保護法第8條第1項所定直接向當事人蒐集個人資料時，應明確告知當事人之事項，即包括：公務機關或非公務機關名稱（第1款）；蒐集之目的（第2款）；個人資料之類別（第3款）；個人資料利用之期間、地區、對象及方式（第4款）；當事人依個人資料保護法第3條規定得行使之權利及方式（第5款）；當事人得自由選擇提供個人資料時，不提供將對其權益之影響（第6款）[92]，藉由告知之程序，確保當事人係於「知情」之情況下給予「同意」，而就經當事人同意之事實，蒐集者應負舉證責任（個人資料保護法第7條第4項）。但若於告知後，當事人未表示拒絕，並已提供其個人資料者，則得推定當事人已表示同意（個人資料保護法第7條第3項）。

告知義務之履行，可確保個人資料之當事人對於其個人資料之蒐集、處理及利用之知情並進一步選擇的權利，有助於個人資料自主控制權利之實現，一旦缺乏告知義務之規制，人民對於其個人資料何時會被利用、如何利用、基於何種目的之利用等情形，當事人將無法充分掌握，亦等同被剝奪其作為個人資料主體所得主張之任何權利[93]。

針對以閘道自助註冊方式申請使用自動查驗通關系統者，移民署似以個人資料保護法第7條第3項之當事人「推定同意」作為其合法蒐集

---

90 當事人（書面）同意之要件，得見於個人資料保護法第6條第1項但書第6款、第15條第2款、第16條第7款、第19條第1項第5款及第20條第1項第6款。

91 李寧修，個人資料合理利用模式之探析：以健康資料之學術研究為例，臺大法學論叢，49卷1期，2020年，頁39-40。

92 但依據個人資料保護法第8條第2項之規定，若有下列情形之一者，得例外免為告知：「一、依法律規定得免告知。二、個人資料之蒐集係公務機關執行法定職務或非公務機關履行法定義務所必要。三、告知將妨害公務機關執行法定職務。四、告知將妨害公共利益。五、當事人明知應告知之內容。六、個人資料之蒐集非基於營利之目的，且對當事人顯無不利之影響。」

93 李寧修，警察存取預防性資料之職權與個人資料保護：以監視器之運作模式為例，臺大法學論叢，48卷2期，2019年，頁424。

之基礎，然而，該推定同意亦須基於「明確告知當事人第8條第1項各款應告知事項後」之前提，方得成立，而現行之註冊流程，「註冊及通關時間大約30秒」[94]，其是否已提供充分之資訊為告知，恐不無疑義。而以人工註冊方式申請使用自動查驗通關系統者，因須簽署「內政部移民署旅客使用入出國證照查驗自動通關系統申請書」，於此申請書中，申請人必須提供包括姓名、國籍、性別、護照號碼、統一證號、護照發照日期、護照效期截止日期、出生地等申請人基本資料，並於申請書上簽名或按捺指紋。其中並於「申請人同意事項」中載明：

「為申請使用入出國證照查驗自動通關系統，本人願意接受移民署蒐集錄存下列個人資料，以供入出國證照查驗自動通關之利用（請勾選）

□ 臉部影像及左右兩手拇指指紋。

□ 臉部影像。」

　　而在「注意事項」欄中，則由移民署為下列事項之告知：

「一、申請人得向移民署申請取消原錄存於入出國證照查驗自動關系統臉部影像或指紋。

二、移民署對所蒐集錄存之臉部影像或指紋等個人資料，應遵守個人資料保護及個人生物特徵識別資料蒐集管理及運用辦法等相關法規規定

三、申請人可選擇自動查驗通關系統或人工查驗櫃檯通關；惟本署得因業務需要，請申請人改使用人工查驗櫃檯。」

　　若與個人資料保護法第8條第1項所定應明確告知事項相比，前揭申請書中所載內容，應仍有改善之空間，包括：蒐集臉部影像或指紋之目的；個人資料利用之期間、地區、對象及方式；當事人除「取消」（或謂「刪除」）原錄存於入出國證照查驗自動關系統臉部影像或指紋外，尚得行使何種權利及其行使方式等，應皆有告知之必要。

94　內政部移民署，本國國民申辦自動查驗通關及使用說明，https://www.immigration.gov.tw/5385/7445/7889/7892/50760/（瀏覽日期：2024.7.20）。

三、違反之法律效果

　　針對違反本法第4條第1項，未經查驗而入國者，首先，本法第63條第1項就移民署執行職務人員為辦理入出國查驗，得行使第十章所定之職權，包括暫時留置（第64條）、詢問（第66條）等處置；其次，依據本法第77條第1款：「有下列情形之一者，處新臺幣十萬元以上五十萬元以下罰鍰：一、違反第四條第一項規定，入出國未經查驗。」最後，若違反者為外國人，依據本法第36條第1項第1款，針對違反同法第4條第1項規定，應由移民署強制驅逐出國。

參、綜論

　　本法係以「統籌入出國管理，確保國家安全，保障人權」為其目的，入出國查驗程序作為國境把關之重要環節，如何提升其管理之有效性及正確性，以維護國家安全，透過科技加以輔助，例如2012年移民署依據自動查驗通關系統作業要點所建置之自動通關系統，似已為大勢之所趨，但仍不應忽略其可能對於人民入出國（境）之權利以及個人資料自主控制之資訊隱私權可能帶來之侵害，並遵循憲法所揭示之界限，在國家安全與人權保障之間，尋得妥適之均衡。

　　隨著2022年8月12日憲法法庭111年憲判字第13號判決問世，針對移民署蒐集、處理或利用入出國紀錄之資料，應有三個面向值得進一步思考：其一，乃「尊重當事人之事後控制權」，即便係基於當事人同意或符合特定要件而允許未獲當事人同意而蒐集、處理或利用之個人資料，仍應建立適當之機制，提供當事人就其個人資料主張刪除、停止利用或限制利用個人資料等權利之可能性。由於現行法制中，包括本法以及本法授權訂定之入出國查驗及資料蒐集利用辦法，或是自動查驗通關系統作業要點中，對於請求停止利用及例外不許停止利用之主體、事由、程序、效果等事項之明確規範，均付之闕如，如何積極應對，彌補法規不足，應屬當務之急。

　　其二，乃作為組織上與程序上必要之防護措施中，關鍵之個人資料保護之獨立監督機制，於入出國查驗及資料蒐集利用辦法中，雖有要求應指定專人辦理個人入出國資料安全管理及維護事項，並同時要求目的外利用入出國紀錄之機關，亦應授權特定人員利用及管理個人資料檔案，但並未明定其監督權責與保障其獨立性，憲法法庭111年憲判字第13號判決主文所指明：「由個人資料保護法或其他相關法律規定整體觀察，欠缺個人資料保護之獨立監督機制，對個人資訊隱私權之保障不足，而有違憲之虞」之警告，言猶在耳，不得輕忽。

　　其三，則為告知義務之落實，憲法保障每個人對於自身之個人資料享有自主控制之權利，因此在個人資料保護之法制中往往得見當事人書面同意與蒐集機關告知義務之相關規定，藉此確保個人資料之當事人對於其個人資料之蒐集、處理及利用之知情並進一步選擇的權利。然而，隨著自動查驗通關系統之升級及擴大使用，似乎在追求更為便捷之註冊程序時，忽略了蒐集時應向當事人為告知，以取得「知情同意」作為蒐集合法要件之重要性，此一程序之瑕疵，恐導致蒐集、處理及利用之實體合法性遭受質疑，實應審慎以待。

第二章
國民入出國

第5條（入出國之許可）

居住臺灣地區設有戶籍國民入出國，不須申請許可。但涉及國家安全之人員，應先經其服務機關核准，始得出國。

臺灣地區無戶籍國民入國，應向移民署申請許可。但持有我國有效護照者，得免申請入國許可或於入國時申請入國許可。

第一項但書所定人員之範圍、核准條件、程序及其他應遵行事項之辦法，分別由國家安全局、內政部、國防部、法務部、海洋委員會定之。

第二項但書免申請入國許可或於入國時申請入國許可之適用對象、條件及其他應遵行事項之辦法，由主管機關會商相關機關定之。

壹、導言

　　本條規定國民入出國之基本法治原則，首先明文規定設有戶籍之國民入出國，不須申請許可。在此彰顯憲法保障基本人權之精神，故在內容解析中，深入論述關係入出國基本人權，其所涉基本權之範圍相當廣泛，除了居住、遷徙自由與人身自由等自由基本權，若延伸相關人權亦涉及人性尊嚴、人格權、資訊自決權與家庭權等，而在憲法基本權議題，亦關係非刑事被告人身自由之限制，在此一併簡述介紹。然而基於公共利益，基本權受到限制，故本條有關國家安全之人員出國以及無戶籍人民入國，均須向主管機關申請許可，故就其概念與程序等，在內容解析上，仍須深入探討。

貳、內容解析

一、基本人權之保障

（一）所涉憲法基本權之範疇

　　本條第1項本文所定：居住臺灣地區設有戶籍國民入出國，不須申請許可。在此彰顯憲法保障人民遷徙自由之基本人權，倘若人民出國須經許可，則應有一定要件，故即在本條第1項但書規定：但涉及國家安全之人員，應先經其服務機關核准，始得出國。而本條第2項即規定臺灣地區無戶籍國民入國，應向入出國及移民署申請許可。然而從基本人權保障觀察，人民出國受限制，尤其受限制出境，則關係多項基本人權之保障問題[1]。在此所涉憲法基本權範圍，人民出國無需申請許可，首先關係即為人民擁有憲法保障入出國境之自由，依據憲法第10條規定：「人民有居住及遷徙之自由。」在此憲法所保障居住及遷徙自由之意義，應是極為廣泛的。第一，居住及遷徙自由具有作為經濟自由之意義。第二，作為人身自由之一種，人身自由不僅是消極不受拘束，亦包含隨心所欲之移動自由，其亦係人身自由的本質部分，故出境自由應是人身自由之延伸。第三，移動自由亦與表現自由有密切關聯，只要限制人之移動，即能壓制人的面對面之意思傳達。第四，居住、遷徙自由具有藉由擴大人之活動領域，賦予人自由往來之機會，有助於個人人格形成之意義。由此，出入境與遷徙自由對人具有多種基本人權之意義，而海外旅行自由更是被認為是一種憲法所保障之基本權利，在交通發達之地球村時代，更屬必要[2]。

　　經限制出境後，債務人即不得遷徙和出國旅行，乃對憲法遷徙自由之限制，所謂遷徙自由，即人民得在國內或國外自由旅行，和自由選擇住居之意。司法院大法官解釋，更進一步闡釋憲法第10條居住、遷徙

1　許義寶，論人民之入出國及其規範，警學叢刊，188期，2010年，頁59-62。
2　蔡庭榕，限制出境之研究——以租稅欠稅限制出境為例，中央警察大學國境警察學報，1期，2002年，頁40。

自由之範圍謂：「憲法第十條規定人民有居住、遷徙之自由，旨在保障人民有自由設居所、遷徙、旅行，包括入出國境之權利。」[3]時至今日，資本主義發達，遷徙自由已被列入經濟自由之一，而與營業自由與職業自由相持並論，人民爲了廣泛獲得知的接觸機會，遷徙自由已被認爲兼有精神自由的要素。故人民一旦遭國家限制出境，可以說是多種基本權遭到限制，因而在法律規範之密度與明確性之要求，不得不審愼因應[4]。

　　基於前述，可了解相關所涉基本權之範圍相當廣泛，故除了居住、遷徙自由與人身自由等自由基本權，若延伸相關人權亦涉及人性尊嚴、人格權、資訊自決權與家庭權等[5]，在此簡要論述之。人性尊嚴（Menschenwürde）被稱爲憲法秩序之基礎，又被稱爲基本權利之核心範圍，而人性尊嚴針對面談而言，最重要者應爲落實於具體個案之面談內容中，由於人性尊嚴之不可定義性，但作爲法的妥當性根據之憲法，在實踐上針對具體個案，仍可自我限定予以具體化、類型化。人性尊嚴保護的防禦性格，主要強調當事人若不是國家行爲之目的，而成爲手段、客體與工具時，人性尊嚴即受到侵害，例如使之爲奴、酷刑、剝奪最低生活水準等[6]。人格權乃與人之人格有不可分離關係，而受法律保護之社會利益。例如生命、身體、自由、貞操、肖像、姓名、名譽、信用等權利，爲構成人格之要素，具有排他性，得對任何人主張，並有專屬性質，不得由他人代爲行使。人格與人的尊嚴有關，互爲表裡。而人格權的內容，有分殊化爲個別指涉之權利，但在避免個別化所產生之漏洞，

3　參閱司法院大法官釋字第443號、第454號、第558號。

4　姚其聖，行政執行法拘提管收與限制出境之研究，翰盧，2007年，頁137。進一步言，限制出境係屬對人民憲法第10條所保障之遷徙自由之限制，其限制必須符合憲法第23條所定之必要程度，並以法律定之或經立法機關明確授權由行政機關以命令定之。而限制住居是否包含限制出境，在法律之解釋方法，應以文義解釋爲先，除文義解釋無法進行時，才用論理解釋，故限制住居當然包括限制出境。

5　Vgl. Ruder/Schmitt (2005), Polizeirecht Baden-Württemberg, 6.Auflage, S.116-118.

6　Vgl. Franz Becker (1995), Grundzüge des öffentlichen Rechts, 6. Auflage, S. 84 ff.蔡宗珍，人性尊嚴之保障作爲憲法基本原則，月旦法學雜誌，45期，1999年，頁99。

一般人格權（allgemeines Persönlichkeitsrecht）仍有存在之價值[7]。

　　資訊自決權，係指個人資料被行政機關所蒐集、傳遞、利用，此種資訊作用涉及對個人隱私權、資訊自決權及一般人格權之干預，此均為憲法保障基本人權之範圍。從權利保護之觀點言，資料保護係從隱私權保護發展而來，此一發展是漸進且有軌跡可循的，在探討資料傳遞之同時，亦須兼顧人民資訊隱私之保護[8]。有關家庭權，係討論人民擁有家庭團聚或受家庭保護之基本權利，家庭係指由父母及子女組成之團體，基本模式為已結婚之父母與未成年之子女，我國稱此為小家庭。此外還應包含父母與非婚生子女、單親父母與婚生或非婚生子女所組成之家庭。如僅是夫妻二人或所謂三代或多代同堂之大家庭亦非不能成為作為基本權之家庭保護概念[9]。家庭保護為憲法第22條概括保障之基本權，主體應包含所有具父母子女關係或夫妻關係之自然人，具防衛作用、制度性保障及價值決定原則規範。就防衛作用而言，乃指對抗國家不法侵害。制度性保障乃保障家庭作為憲法秩序制度之存在，至於憲法價值決定原則規範作用在於促進家庭之發展，如對家庭予以所得稅及房屋稅之減免、健保費減免等[10]。

（二）司法院大法官解釋

　　司法院大法官解釋具有憲法位階，其對基本權之適用影響甚大，經查與居住遷徙自由相關之解釋並不少，而有密切相關者有釋字第443號、第454號、第558號、第708號等。針對居住遷徙自由，在釋字第558號有深入論述，其爭點在於國安法就人民入出境須經許可之規定違憲，其中重要意旨為：「憲法第十條規定人民有居住、遷徙之自由，旨在保障人民有自由設定住居所、遷徙、旅行，包括入出國境之權利。人民為構成國家要素之一，從而國家不得將國民排斥於國家疆域之外。於

---

[7]　Vgl. Niklas Luhmann (1965), Grundrecht als Institution, S. 55 f.

[8]　許文義，德國警察資料處理職權之探討，中央警察大學學報，35期，1999年，頁185。

[9]　Vgl. Jarass/Pieroth (2002), GG-Kommentar, Art. 6, Rn. 4.

[10]　陳慈陽，憲法學，2版，元照，2005年，頁639。

臺灣地區設有住所而有戶籍之國民得隨時返回本國，無待許可，惟爲維護國家安全及社會秩序，人民入出境之權利，並非不得限制，但須符合憲法第二十三條之比例原則，並以法律定之。」依此意旨，現行入出國及移民法第5條第1項、第2項規定：「居住臺灣地區設有戶籍國民入出國，不須申請許可。但涉及國家安全之人員，應先經其服務機關核准，始得出國。臺灣地區無戶籍國民入國，應向移民署申請許可。」

　　針對居住遷徙自由，其係人民之基本人權，實踐或限制所保障之人權，均應經由法律規定，在此則有釋字第443號、第454號予以肯認，均認爲憲法第10條規定人民有居住及遷徙之自由，旨在保障人民有任意移居或旅行各地之權利。若欲對人民之自由權利加以限制，必須符合憲法第23條所定必要之程度，並以法律定之或經立法機關明確授權由行政機關以命令訂定。而在釋字第454號之理由書中，更闡明憲法第10條規定人民有居住及遷徙之自由，旨在保障人民有自由設定住居所、遷徙、旅行，包括出境或入境之權利。對人民入境居住之權利，固得視規範對象究爲臺灣地區有戶籍人民，僑居國外或居住港澳等地區之人民，及其所受限制之輕重而容許合理差異之規範，惟必須符合憲法第23條所定必要之程度，並以法律定之，或經立法機關明確授權由行政機關以命令定之。

　　在前述司法院大法官解釋之外，針對居住遷徙自由，仍有相關解釋值得參考，如釋字第345號意旨認爲，行政院發布之「限制欠稅人或欠稅營利事業負責人出境實施辦法」，並未逾越稅捐稽徵法授權之目的及範圍，且其第5條有應即解除出境限制之規定，已兼顧納稅義務人之權益，係爲確保稅收，增進公共利益所必要，與憲法尚無牴觸。另釋字第398號意旨認爲，農會由居住農會組織區域內，實際從事農業之人依法參加爲會員，其資格認定以「居住農會組織區域內」及「實際從事農業」爲要件。農會法第18條第4項規定農會會員住址遷離原農會組織區域者爲出會之原因，係屬法律效果之當然規定，與憲法第7條與第10條亦無牴觸。又釋字第497號意旨認爲，「大陸地區人民進入臺灣地區許可辦法」及「大陸地區人民在臺灣地區定居或居留許可辦法」，明定大

陸地區人民進入臺灣地區之資格要件、許可程序及停留期限，係在確保臺灣地區安全與民眾福祉，符合臺灣地區與大陸地區人民關係條例之立法意旨，尚未逾越母法之授權範圍，為維持社會秩序或增進公共利益所必要，與憲法增修條文第10條（現改列為第11條）無違，於憲法第23條之規定亦無牴觸[11]。

　　同樣與遷徙自由相關，在釋字第517號意旨即認為，妨害兵役治罪條例第11條第1項第3款規定後備軍人居住處所遷移，無故不依規定申報者，即處以刑事罰，係為確保國防兵員召集之有效實現、維護後備軍人召集制度所必要。其僅課予後備軍人申報義務，並未限制其居住遷徙之自由，與憲法第10條之規定尚無違背。另釋字第542號意旨認為，「翡翠水庫集水區石碇鄉碧山、永安、格頭三村遷村作業實施計畫」，雖對人民居住遷徙自由有所限制，惟計畫遷村之手段與水資源之保護目的間尚符合比例原則，要難謂其有違憲法第10條之規定。而在釋字第699號湯德宗大法官部分協同暨部分不同意見書針對行動自由、人身自由以及居住遷徙自由之概念與區分，有其重要論述，讓人更深入了解，其認為「行動自由」在我國憲法上的依據是第10條所稱「居住及遷徙之自由」，而其核心意涵則來自憲法第8條的「人身自由」。亦即，狹義的「人身自由」固指憲法第8條所規定的「人身安全」（即人民身體應有免於遭非法逮捕、拘禁、審問、處罰之自由）；廣義的「人身自由」則以「人身安全」為基礎，擴及於憲法第10條所規定的「居住及遷徙之自由」，再擴及於「在不妨害社會秩序公共利益之前提下，人民依其意志作為或不作為之一般行為自由」（屬於憲法第22條所保障的概括基本權）。三者的關係猶如同心圓般，乃由內（核心）而外（外沿），漸次開展[12]。

---

[11]　湯德宗，對話憲法・憲法對話，3版，元照，2015年，頁273-277。Alfres Katz (2012), Staatsrecht, 20.Auflage, S. 383 f.

[12]　同前註。

（三）國際人權公約

　　自19世紀開始，歐洲各國雖已因宗教信仰問題，建立起跨國界的人權保障制度，各國間並締結許多保護少數宗教者的條約。但二次大戰的發生，更使人類深切感受到「容許人權侵害行為的存在是造成戰亂的主要原因」，因而在戰後更致力於人權的普遍落實。其後，聯合國不但在憲章中明文規定人權的保障，聯合國全體會員國更先後於1948年通過「世界人權宣言」（Universal Declaration of Human Rights），以及1966年通過「公民與政治權利國際公約」（International Covenant on Civil and Political Rights）及「經濟社會與文化權利國際公約」（International Covenant on Economic, Social and Cultural Rights）等三份重要人權文件，並將其定義為「國際人權法典」（International Bill of Rights），使得人權從個別國家的意識型態，發展為國際間的共同約法[13]。

　　之後，聯合國更以國際人權法典為基礎，先後訂立多項專門性國際人權公約，包括「廢除奴隸和禁止強制勞動國際公約」、「保護少數者權利的國際公約」、「防止及懲治危害人群罪公約」、「消除一切形式種族歧視的國際公約」、「禁止並懲治種族隔離罪的國際公約」、「禁止教育歧視公約」、「保護婦女權利的國際公約」、「保護兒童權利的國際公約」、「保護難民和無國籍者權利的國際公約」、「禁止酷刑公約」、「原住民權利公約」等。簡言之，國際人權保障的內容，從生命、自由與財產三大權利，擴展為包括公民的自由權、社會權、平等權及各種集體權利的龐大人權體系[14]。

　　針對國際人權公約，我國制定施行法予以落實，在此之前，國內人權保障的理論及實務與國際人權規範間，處於遙遙相望的狀況，猶如兩條沒有交集的平行線，河水不犯井水。我國立法院所制定公約施行法，其內容共同揭示以下幾個重點：1.以直接或間接健全我國人權保障

---

[13]　參閱法務部，兩公約講義總論——序文及逐條釋義，頁1-2，https://www.humanrights.moj.gov.tw/lp-1327-200.html（瀏覽日期：2020.11.30）。

[14]　同前註。

體系，落實並充實憲法基本權利為立法目的；2.公約保障之人權規定，具有國內法律之效力，揭櫫後法破除前法原則，即有不符公約規定者，在法律施行後一定期限內完成法令之制（訂）定、修正、廢止或改進行政措施；3.應建立人權（國家）報告制度，表明願接受國際、國內各方面的監督，實施迄今兩公約已完成兩次國家報告及審查工作；4.應與各國政府、國際間非政府組織及人權機構共同合作，相對照於某些專制國家，將這些政府、非營利組織列為國家的敵人，嚴加管控，有雲壤之別。主動簽署國際法上的人權公約，表示國家願履行公約義務，透過施行法的制定，人民即得為其受侵害的權利提起救濟，合乎國際公法以國家為對象轉向個人的正確走向[15]。

　　「公民與政治權利國際公約」及「經濟社會文化權利國際公約」乃最重要之國際人權法典，亦係國際上人權保障體系不可或缺之一環。我國於民國56年簽署「兩公約」，其後因我失去聯合國代表權，故迄未完成批准程序。因目前「公民與政治權利國際公約」已有160個國家批准；「經濟社會文化權利國際公約」已有164個國家批准，就全世界總數195個國家而言，已超過百分之八十以上。故「兩公約」不僅為國際條約，其並已取得國際習慣法之地位，成為普世價值與普世規範，即便為非締約國，亦無法不適用。故在此論述國際人權公約，則以公民與政治權利國際公約所規定者為主。而依據公民與政治權利國際公約第12條規定：「一、在一國領土內合法居留之人，在該國領土內有遷徙往來之自由及擇居之自由。二、人人應有自由離去任何國家，連其本國在內。三、上列權利不得限制，但法律所規定、保護國家安全、公共秩序、公共衛生或風化、或他人權利與自由所必要，且與本公約所確認之

---

15 李震山，國際人權規範國內法化的意義——以「禁止酷刑公約」為例，城仲模教授八秩華誕祝壽論文集，2018年10月，頁5-8。進一步言，臺灣推動國際人權公約國內化的成果，除我國尚是聯合國會員國時，就簽署並批准的「消除一切形式種族歧視國際公約」（1971年生效）外，已先後制定「公民、政治與經濟、社會、文化與公約」、「消除對婦女一切歧視公約」、「兒童權利公約」、「身心障礙者權利公約」、「聯合國反貪腐公約」等施行法。而內政部刻正推動已見成效的本公約，法務部則推動「保護所有人免遭強迫失蹤公約」，以及由勞動部主責的「保護所有移工及其家庭成員權利國際公約」等，已彰顯我國矢志落實上述聯合國九大國際人權公約的決心。

其他權利不牴觸之限制，不在此限。四、人人進入其本國之權，不得無理褫奪。」[16]

在此「公民與政治權利公約」第12條和第13條，保障個人遷徙自由，包括在一國內自由遷徙和選擇住所的權利、跨越國境以進入和離開國家的權利，以及禁止對外國人的任意驅逐。值得注意的是，公約既未明確禁止驅逐或流放本國國民，亦未絕對禁止對外國人的集體驅逐。同時，公約並未採納「世界人權宣言」第14條所規定的請求政治避難權，遷徙自由的地位頗有爭議。西方自由主義國家認爲這是自然法的基本組成部分，居於不受國家控制的自由觀念的中心地位。但與包括個人自由權的其他基本權利相比，社會主義國家幾乎不重視遷徙自由。同時，保障遷徙自由的規定不僅只停留在一國國界之內，使其較其他權利更觸及到國家主權的問題。除政治權利等極少數例外，在一個締約國領土之內的外國人與本國公民，同樣可要求有關國家尊重，並保護其根據公約所享有的權利。但是，是否允許外國人居留在一締約國領土內，仍僅是有關國家自己的決定權[17]。

公約沒有規定居住權。在一個國家內自由遷徙和居住的權利，以及第13條所保障的外國人不受任意驅逐的權利，僅限於那些合法處於一締約國主權領土內的人們。因此，儘管他們在形式上有權以與國民同樣的方式享受人權，但外國人卻還是常受到歧視。締約國可透過拒絕其入境或驅逐他們，而使他們的任何權利都得不到保障。公約第12條第1款保障在一國家內遷徙及選擇住所的權利，這一權利受第12條第3款的限制。從第12條第3款的但書，顯示其僅適用於前兩款所保障的遷徙自由，選擇居住地的自由及離開任一個國家的自由。第4款所規定的進入自己國家的權利，應毫無限制地得到保護。然而，一般性的遷徙自由，

---

[16] 參閱法務部，人權大步走，頁1-2，https://www.humanrights.moj.gov.tw/17725/17726/17727/17729/23145/post（瀏覽日期：2020.11.30）。黃俊杰，行政措施應符合國際人權公約之要求，月旦法學教室，171期，2017年1月，頁9-12。

[17] 參閱法務部，兩公約講義總論──序文及逐條釋義，頁29，https://www.humanrights.moj.gov.tw/lp-1327-200.html（瀏覽日期：2020.11.30）。

並不屬於第4條第2款所列不可減免的權利[18]。

而依據公約第12條第1款，平等地保護國民和外國人的國內遷徙自由，但第12條第4款，證實這兩種人在法律地位上存在根本差別，國民享有進入自己國家絕對的權利，但由於公約並沒有賦予外國人進入一國的權利，因此他們亦不享有居住權。然而，一旦他們是合法處在一國領土內，即和該國國民同樣享有遷徙自由及居住自由。只有在符合第2款和第3款的規定時，才允許對外國人和國民或對不同類別的外國人予以不同的待遇。同時，外國人的合法居住地可能僅限於一國領土的一部分，這樣遷徙自由及居住自由在該地域亦受到限制。第12條第2款保障一切人在受第12條第3款規定的限制的前提下，離開任何一個國家，包括本國的權利。而第12條第3款則將出境自由與入境自由分開規定，因為與進入本國的權利不同，出境的自由會受到限制。每個人都享有離開一國及移居國外的自由，這對於國民及外國人都一樣，且這一自由也不以在締約國領土內有合法居住權為條件[19]。

值得注意的是，遷徙自由的保障在人權條款中的地位有所爭議。歐美自由主義國家認為遷徙自由是自然法的權利，是消極不受國家控制的人權。和其他自由權相比，社會主義國家不太重視遷徙自由。同時，由於遷徙自由的規定的效力範圍不僅侷限國內，使得遷徙自由較其他人權更容易觸及國家主權的問題。除了政治權利等極少數例外，在締約國領土內無論是外國人或本國人，皆可向國家要求其保護根據公民與政治權利國際公約所享有的權利，但是外國人是否可以在條約締約國內停留，仍是國家自己的自由裁量[20]。

二、非刑事被告人身自由之限制

由於限制出境（禁止出國）包括刑事被告與非刑事被告，而刑事

---

[18] 同前註，頁30。

[19] 同期註，頁31。

[20] 李明竣，公民與政治權利公約第十二條及第十三條——居住遷徙自由和外國人之驅逐問題，頁54-55，https://www.moj.gov.tw/dl-17934-c9cd814e7bf946f899fc406f1316d367.html（瀏覽日期：2020.12.1）。

被告在本法第6條第1項均有明文規定，至於非刑事被告人身自由之限制，關係憲法基本權以及相關法律之議題，例如有關非刑事被告人身自由被限制或剝奪時，是否應經司法審查等問題，故應特別論述[21]。針對人身自由之剝奪，此議題由於一方面事涉多樣的非刑事被告人身自由限制類型，另一方面事涉對憲法第8條之詮釋以及正當法律程序理論之認知。而2011年9月司法院大法官釋字第690號，係為大法官對此一議題所表示之重要意見。本號解釋係處理2003年間爆發SARS期間，所發生防疫隔離措施合憲之問題。大法官以強制隔離非屬刑罰、加以醫療專業以及迅速防止疫情擴散等理由，以為此等強制隔離措施雖未要求先經法院審查，而僅係由主管機關審查之處置規定，係屬合憲[22]。

　　司法院大法官對人身自由保障，有許多重要啟示，如於釋字第348號解釋中，因處理檢肅流氓條例相關條文之違憲問題，除提出實質正當法律程序之概念外，並強調憲法第8條有關人身自由之保障及於非刑事被告，而釋字第588號又對非刑事被告人身自由之保障，做更進一步深入之闡釋。又復於釋字第636號中再度探討檢肅流氓條例之相關規定，對非刑事被告所受正當法律程序保障之內涵，做更深入且廣泛論述。又針對非刑事被告人身自由之剝奪，學者認為應從兩方面努力，第一，為各類非刑事預防性拘禁制定符合其本旨之獨立程序，立法者實有必要考慮針對各類不同之非刑事拘禁程序為完整之立法，雖然如此可能耗費甚多，但考慮到人身自由保障重要性，這應是值得之做法。第二，如果立法者不能針對各個非刑事拘禁為完整之立法，而非刑事拘禁定要有法院介入保障，則其人身自由確保之最後一道防線，則為依據提審法，實

---

[21] 在此廣義的人身自由則以人身安全為基礎，擴及於憲法第10條所規定的居住與遷徙自由，再擴及於在不妨害社會秩序公共利益之前提下，人民依其意志作為或不作為之一般行為自由（屬於憲法第22條所保障一般行為自由）。參閱司法院大法官釋字699號湯德宗大法官協同暨部分不同意見書。

[22] 林超駿，非刑事預防性拘禁之法官保留——兼評釋字第690號解釋，月旦法學雜誌，207期，2012年，頁177。在此進一步認為，釋字第690號對於非刑事拘禁合憲司法救濟議題之討論，基本上呈現一個過猶不及之情況，即一方面以人身自由限制是否具刑事處罰性質為標準，進而決定是否採取法官保留，如此見解顯係與大法官先前數號解釋之相關論述間，似有不一致之嫌。而在另一方面，有關本號解釋系爭程度是否違憲之討論，未能純從檢疫隔離之特性而發，且有關不採法官保留之論述嫌於概括，不免令人遺憾。

施事後權利保護與救濟[23]。然而限制出境畢竟與人身自由之剝奪有所不同，只能從廣義上，認爲係人身自由之限制，可參考司法院大法官釋字第535號與第689號解釋所揭示的「一般行爲自由」應受保障之意旨。在第535號解釋中，警察臨檢應考量人身自由限制之因素，另第689號解釋中認爲，應權衡新聞採訪自由與個人不受侵擾自由之具體內涵，均可作爲人身自由限制之憲法法理範疇。

因此限制出境作爲非刑事被告人身自由議題之一環，除關係憲法人身自由保障，然而其係人身自由之限制，其與剝奪確有本質上之不同，主要仍在前述所言，關係我國憲法第10條規定人民有居住及遷徙之自由，旨在保障人民有自由設定其住居所、遷徙、旅行，包括出境或入境之自由，此爲人身自由之延長。保障人權之思想，爲現今國際潮流所趨，此種遷徙自由權亦爲當代國際人權之一，故聯合國通過世界人權宣言，並基於該宣言發布了「公民權利與政治權利國際公約」，其中第12條規定：「（一）合法處在一國領土內的每一個人，在該領土內有權享受遷徙自由和選擇住所的自由；（二）人人有權自由離開任何國家，包括其本國在內；（三）上述權利，除法律所規定並爲保護國家安全、公共秩序、公共衛生或道德，或他人的權利與自由所必須，且與本公約所承認之其他權利不牴觸，應不受任何其他限制。」換言之，對於出境權原則上不應設限，但爲保護國家安全、公共秩序、公共衛生或道德，或他人的權利與自由，可加以限制，惟仍以必要且不牴觸該公約承認之其他權利爲限[24]。

而若以堅持租稅欠稅限制出境處分機制爲例，係仍應嚴格遵守限制出境係最後手段之必要性，雖然大法官釋字第345號指出「爲確保稅收，增進公共利益所必要」，似乎反映限制出境措施在本質上之合憲性。對租稅欠稅人之限制出境，是否與「增進公共利益所必要」具有必然連結關係，不無疑義。特別是限制出境之處分，是否合乎憲政秩序或

---

[23] 同前註，頁199。
[24] 廖怡貞，限制欠稅人出境制度合憲性之檢討，月旦法學雜誌，72期，2001年，頁80-81。

其他民主法治國之標準，而其他法治國家並無以人民出境自由來增進公共利益所必要之法制設計，在此似有受質疑與探討之空間[25]。因為以財產擔保稅務，可以最直接而有效之方法訴諸強制執行納稅義務人所有之財產，而非間接迂迴以憲制納稅義務人出境來強制其納稅。此種以犧牲人民出境自由為手段，以期達到國家稅收之目的，是否合乎比例原則，值得斟酌。對於國家之租稅欠稅，係因財產所得而形成，若有欠稅應仍以對財產強制為基礎，且人民間之債務亦無要求公權力予以限制出境作為履行手段，故若以限制欠稅人出境權利，作為稅捐保全之手段，卻未必一定能達成徵稅目的，即難謂非逾越比例原則。另從另一憲法基本權之層面探討，若國家任務有提供人民人格形成與最佳創造發展之環境，始有可能因人民之發展而帶動國家進步，在此地球村時代，國際間互動與發展漸成核心，出入國境常屬不可或缺，若政府為了爭稅而以限制人民出境自由作為手段，不但違反國家應提供發展環境之責任，亦將自由權置於財產權之下，如此侵害人性尊嚴、人格權以及家庭團聚權等基本人權，故任意以犧牲人民自由企圖達到國家稅收之目的，其便宜做法實非得宜[26]。

三、許可處分與無戶籍國民

本條第1項但書規定：但涉及國家安全之人員，應先經其服務機關核准，始得出國。另本條第2項亦規定臺灣地區無戶籍國民入國，應向入出國及移民署申請許可。在此兩項均屬需經申請而獲許可之法律關係，亦即國家安全之人員若出國，應向其服務機關提出申請，而臺灣地區無戶籍國民若要入國，應向移民署提出申請，兩者若經許可，受申請機關核准後，發給許可處分。所謂申請，係指人民依法請求行政機關為特定行政行為為之公法上意思表示。人民提出申請，係因其依法對行政機關享有公法上請求權，得請求行政機關為特定行政行為，乃透過申

---

[25] Vgl. Markus Kenntner (2013), Öffentliches Recht Baden-Württemberg, S.26-30.

[26] 蔡庭榕，限制出境之研究——以租稅欠稅限制出境為例，中央警察大學國境警察學報，1期，2002年，頁41-43。

請，為一種公法上意思表示，行使其權利。因此，申請與陳情、訴願、請願等之概念有所不同。由於申請係公法上意思表示，故除法規有特別規定外，應類推適用民法上意思表示有關規定。申請人所主張的權利，可能是實體法上權利，亦可能是程序法上權利。又原則上是為自己利益而申請，但法規有特別規定者，得為他人利益或公益而申請。所申請之內容，可能是授益性行政行為，但亦可能是使第三人負擔之行政行為[27]。

依據行政程序法規定，行政機關對人民作成單方具有法效果之行政行為，係為行政處分。然而有一種型態，即為人民必需主動申請，要求行政機關有所作為，而行政機關針對人民所為否準，亦為行政處分，在此學理上可稱許可處分與拒絕處分。在行政程序法上，申請之意義在於因申請而開始行政程序，並因而確定程序標的。在行政實體法上，有效且合法之申請係作成「須經申請之行政處分」之必要實質要件。此外，依法規規定內容，申請亦可能意指同意行政機關做某種行為或締結某種契約。申請程序，包括行政機關須經申請始得作成行政行為及行政機關得依職權或依申請作成行政行為兩種情形。此兩種情形，均以人民有申請權為前提，如人民無申請權，則已純屬職權程序之範圍，不論是由行政機關依職權裁量或依法規有義務開始行政程序，人民之申請，只是一種動因，而非權利之行使。又前述行政機關得依職權或申請開始行政程序之情形，如人民未申請或撤回申請，仍得依職權開始或進行程序，此亦屬職權程序。

在行政處分之形成處分中，許可處分係行政機關將法令明定暫時禁止（vorläufiges Verbot）之事項於個案中予以解除（aufheben），屬具有行政預行控制（präventive Kontrolle）目的之預防性行政處分，就事務關聯性上亦稱為事前同意。與行政許可行為類似或相近者，例如例外准許（Ausnahmebewilligung, Dispens）、特許（Verleihung）、報

---

[27] 林錫堯，行政法要義，4版，元照，2006年，頁231-233。

備（Anmelgung）等行為[28]。而在現行制度下之特許，大部分係基於社會之需要，對自由權、財產權予以高度的行政規制型態，或係將憲法上之生存權予以制度的具體化之行政措施，並非賦予無中生有之權利，因而所謂企業特許，乃指在基於保護人民而嚴格限制營業自由，致引發保障特定的營業占權之法制下，所為之設權處分。換言之，仍然承認「特許」與「許可」之區別，端視依據法令所作成的行政處分之法律效果，對人民權利義務影響之程度而定，倘若行政處分之法律效果，僅係回復人民之憲法上自由權，則屬「許可」，反之，若其法律效果，依據現行法令判斷，已達設定權利，應予保障之程度，則屬「特許」[29]。由以上行政法理論，檢視本條主管機關所為之處分，係關係憲法保障集會遊行之自由權，故本條之准許，以「書面通知」係為許可，並非特許。

　　依據入出國及移民法第3條第5款規定：「臺灣地區無戶籍國民：指未曾在臺灣地區設有戶籍之僑居國外國民及取得、回復我國國籍尚未在臺灣地區設有戶籍國民。」故就其字義言，係指「有國籍、未設戶籍」之謂。其分類可有以下幾種態樣：1.未曾在臺灣地區設有戶籍之僑居國民：指取得中華民國國籍，然未曾於臺灣地區設有戶籍，如在國外出生之移民第二代、第三代；2.取得我國國籍尚未在臺灣地區設有戶籍國民：此類人士，主要係指以「規化」方式取得國籍，尚待定居取得身分證設戶籍，以「非經濟性移民」人數最多，如國人之外國籍配偶；3.回復我國國籍尚未在臺灣地區設有戶籍國民：指曾經擁有我國國籍，因其他情勢發生，如取得他國國籍、自願放棄國籍等，造成放棄或喪失我國國籍。嗣後，辦理回復我國國籍獲准者[30]。

　　由於無國籍國民，其有關入出國、停居留法令規定，均與一般我

---

[28] 李震山，行政法導論，修訂11版，三民，2019年，頁330-332。在此更細部之分類是在行政法個別領域專精化，例如警察職權行使法第2條將警察處分類型化成許多典型措施，包括查證身分、鑑識身分、蒐集資料、通知、管束、驅離、直接強制、物之扣留、保管、變賣、拍賣、銷毀、使用、處置、限制使用、進入住宅、建築物、公共場所、公眾得出入場所或其他必要之公權力之具體措施。就諸多分類中，有關行政處有無附款設定，可分為無附款與有附款處分。

[29] 林錫堯，行政法要義，4版，元照，2006年，頁233。

[30] 楊翹楚，臺灣地區無戶籍國民問題之探討，警學叢刊，43卷5期，2013年，頁96。

國設籍國民不同，在本條第2項規定，其入國須向移民署申請許可，且在本法第三章中，專章規定無戶籍國民停留、居留及定居。而有所不同之原因，主要可從歷史背景與身分定位等理解[31]，然而針對入出國問題，依據憲法第10條規定人民有居住、遷徙之自由，其旨在保障人民入出國的權利。且在兩公約有關「公民與政治權利國際公約」第12條第4款規定「人人進入其本國之權，不得無理剝奪」，亦為保障國民之返國入國權。故國籍既係國家所承認與賦予，且條文所言「人人」，並非僅侷限於「設有戶籍國民」，始准有適用餘地，故應解釋為「具該國籍者」。而國民之返國權利既受保障，「無戶籍國民」為國民分類項之一，秉持憲法保障基本人權之理念，人民可隨時依個人意志返國，不應有所限制或經由申請方式。然而現今「無戶籍國民」依本條第2項規定，必須經過申請許可始可准入國。反觀外國人只須持有效簽證或有以免簽證方式入國，在此比較下，無戶籍國民之人權保障反不如外國人。雖然司法院大法官釋字第558號認為，其僑居國外之國民若非於臺灣地區設有住所而有戶籍，仍應適用相關法律之規定。然而因應國際村時代等變化，有關無戶籍國民入國、停居留等限制規定，實有一併檢討之必要[32]。

　　由此，於112年6月修正公布第5條第2項修正條文，增列但書規定：「但持有我國有效護照者，得免申請入國許可或於入國時申請入國許可。」在此修正理由略以，臺灣地區無戶籍國民即使持有我國有效護照，依未修正前原第2項規定，其入國仍應向內政部移民署申請許可；然美國、加拿大、日本等國國民得以免簽證方式入國停留90日，準此以觀，無戶籍國民入國規定相較於部分外籍人士為嚴，基於衡平性考量，爰增訂第2項但書及第4項規定。另所增訂第4項為：「第二項但書

---

[31] 我國於1912年建立，得利於世界各地華人之協助甚多，故有所稱華僑為革命之母，基於在海外華人若認同中華民國而取得國籍，雖居住於海外，我國亦視同為國民，包含雙重國籍之承認，此為無戶籍國民之主要來源。惟長期居於海外之國民，畢竟在管理上，針對國家安全等因素，尤其入出國以及停居留等項，自不同於一般設籍國人。

[32] 楊翹楚，臺灣地區無戶籍國民問題之探討，警學叢刊，43卷5期，2013年，頁100。

免申請入國許可或於入國時申請入國許可之適用對象、條件及其他應遵行事項之辦法，由主管機關會商相關機關定之。」在此第4項所增訂，即由主管機關訂定法規命令執行，故內政部將原「臺灣地區無戶籍國民申請入國居留定居許可辦法」修訂爲「臺灣地區無戶籍國民停留居留及定居許可辦法」，並於修訂該辦法第8條爲：「無戶籍國民預定臨時入國停留三個月內出國，且備有我國有效護照及訂妥回程或次一目的地之機、船票者，得免申請入國許可。但所持我國無內植晶片護照者，應於入國時向移民署申請核發臨時入國許可證。」

四、國家安全之人員

　　本條第1項但書規定：「但涉及國家安全之人員，應先經其服務機關核准，始得出國。」另第3項規定：「第一項但書所定人員之範圍、核准條件、程序及其他應遵行事項之辦法，分別由國家安全局、內政部、國防部、法務部、海洋委員會定之。」由此，國家安全之人員出國受到一定條件之限制，在此並未明文定義國家安全之人員。因國家安全係爲不確定法律概念，若從文義觀之，各機關人員職權涉及國家安全均屬之，國家安全之認定，廣義上，主要以維護公共利益爲判別標準，從行政學觀點，所謂「公共利益」，係指行政機關的所作所爲應有益於民眾福祉，是社會的未來發展能夠實踐先前的理想目標，例如教育機會均等、充分就業等。有關公共事務的所有價值或期待，均可統含在公共利益概念之下。公共利益的四種功能：1.凝聚功能：係指公共利益可當作一個統整性象徵，一個意氣相投的口號；在此旗幟下，不同的黨派、群體會調解彼此的差異，結成政治聯盟。因爲它有模糊的符號作用，能吸引不同觀點的利益，同時各個利益團體也可由公共利益所隱含之規範、價值、道德中，謀取利益；2.合法功能：係指政策規劃過程中各方利益的均衡要比純粹單方或少數利益的強勢勝利，來得更有價值。公共利益可使政策產出具備合法化基礎，提升政策執行力與民眾順服度；3.授權功能：係指公共利益內涵的缺乏準確，眾說紛紜莫衷一是，才能使立法機關架構一個模糊的彈性授權空間，讓行政機關在授權範圍內，裁量

使用，甚至更爲精緻的運作；4.代表功能：在此概念下，得以持續地提醒社會民眾及政府官員，在政治運作過程中仍有許多弱勢群體乃結構不良，組織鬆散，甚至無代言人爲他們向政府爭取利益。公共利益可引導社會多數人眼光朝向經常受忽視的群體的利益[33]。

然而從學理判定國家安全之人員，仍有其困難，故本條授權相關機關訂定經授權之法規命令規範，此相關機關爲國家安全局、內政部、國防部、法務部、海洋委員會。故就本條文義分析觀察，國家安全之人員係屬於前述機關之人員。故經查上述機關均有依據本法第5條第3項訂定授權法規命令，例如內政部訂定「內政部及所屬機關涉及國家安全人員申請出國辦法」，主要規定於第3條、第4條、第5條，第3條規定：「本辦法所定本部及所屬機關涉及國家安全人員，爲涉及國家安全或重大利益公務人員特殊查核辦法第二條第一項附表表列職務一覽表內所列本部及所屬一級機關人員。」第4條規定：「本部及所屬機關涉及國家安全人員除情況急迫者外，應於出國七日前向其服務機關申請出國，由該機關審酌申請人之涉及國家安全程度、出國事由及計畫行程等據以准駁。服務機關應將審核結果以書面通知申請人，並副知本部移民署。」第5條規定：「本部及所屬機關涉及國家安全人員爲機關首長者，其出國應經所屬上級機關同意。」由以上規定之綜合分析，其涉及爲所屬一級機關人員並有表列，出國7日前向其服務機關申請出國，另涉及國家安全人員爲機關首長者，其出國應經所屬上級機關同意[34]。

參、綜論

針對禁止國民出國相關基本人權，如居住遷徙自由與人身自由等，

---

[33] 蔡良文，人事行政學——論現行考銓制度，7版，五南，2018年，頁53-56。

[34] 除內政部外，國家安全局、國防部、法務部以及海洋委員會均訂有涉及國家安全人員申請出國辦法，分別爲「國家安全局涉及國家安全人員申請出國許可辦法」、「法務部調查局涉及國家安全人員申請出國辦法」以及「海洋委員會及所屬機關（構）涉及國家安全人員申請出國辦法」。

除了憲法基本權之規範外，司法院大法官解釋法理以及國際人權公約之規範亦為重要探討範圍。基於前述，可了解相關所涉基本權之範圍相當廣泛，故除了居住、遷徙自由與人身自由等自由基本權，若延伸相關人權亦涉及人性尊嚴、人格權、資訊自決權與家庭權等。而司法院大法官解釋具有憲法位階，其對基本權之適用影響甚大，經查與居住遷徙自由相關之解釋並不少，而有密切相關者有釋字第443號、第454號、第558號及第708號等。

　　其中最重要者為針對居住遷徙自由，因其係人民之基本人權，實踐或限制所保障之人權，均應經由法律規定，在此則有釋字第443號與第454號予以肯認，均認為憲法第10條規定人民有居住及遷徙之自由，旨在保障人民有任意移居或旅行各地之權利。若欲對人民之自由權利加以限制，必須符合憲法第23條所定必要之程度，並以法律定之或經立法機關明確授權由行政機關以命令訂定。主動簽署國際法上的人權公約，表示國家願履行公約義務，透過施行法的制定，人民即得為其受侵害的權利提起救濟，合乎國際公法以國家為對象轉向個人的正確走向。在此「公民與政治權利公約」第12條和第13條，保障個人遷徙自由，包括在一國內自由遷徙和選擇住所的權利、跨越國境以進入和離開國家的權利，以及禁止對外國人的任意驅逐。

　　從廣義言，限制出境亦為針對人身自由之限制與剝奪，而此議題由於一方面事涉多樣的非刑事被告人身自由限制類型，另一方面事涉對憲法第8條之詮釋以及正當法律程序理論之認知。而依據移民法第5條規定，目前國民出入國應受許可審查者主要為無戶籍國民與國家安全人員。針對無戶籍國民而言，應秉持憲法保障基本人權之理念，人民可隨時依個人意志返國，不應有所限制或經由申請方式。然而現今「無戶籍國民」依本條第2項規定，必須經過申請許可始可准入國。反觀外國人只須持有效簽證或有以免簽證方式入國，在此比較下，無戶籍國民之人權保障反不如外國人。因應國際村時代等變化，有關無戶籍國民入國、停居留等限制規定，實有一併檢討之必要。

　　針對國家安全人員而言，從學理判定國家安全之人員，仍有其困

難，故移民法第5條授權相關機關訂定經授權之法規命令規範，此相關機關為國家安全局、內政部、國防部、法務部、海洋委員會。故就本條文義分析觀察，國家安全之人員係屬於前述機關之人員。惟上述法規命令規範之國家安全人員以及相關內容，雖係授權命令，仍應屬基本人權保障之範圍，宜採取狹義法律保留原則，列入相關法律規定。

第6條（國民禁止出國之情形）

國民有下列情形之一者，移民署應禁止其出國：

一、經判處有期徒刑以上之刑確定，尚未執行或執行未畢。但經宣告六月以下有期徒刑或緩刑者，不在此限。

二、通緝中。

三、因案經司法或軍法機關限制出國。

四、有事實足認有妨害國家安全或社會安定之重大嫌疑。

五、涉及內亂罪、外患罪重大嫌疑。

六、涉及重大經濟犯罪或重大刑事案件嫌疑。

七、役男或尚未完成兵役義務者。但依法令得准其出國者，不在此限。

八、護照、航員證、船員服務手冊或入國許可證件係不法取得、偽造、變造或冒用。

九、護照、航員證、船員服務手冊或入國許可證件未依第四條規定查驗。

十、依其他法律限制或禁止出國。

受保護管束人經指揮執行之少年法院法官或檢察署檢察官核准出國者，移民署得同意其出國。

依第一項第二款規定禁止出國者，移民署於查驗發現時應通知管轄司法警察機關處理，入國時查獲亦同；依第一項第八款規定禁止出國者，移民署於查驗發現時應立即逮捕，移送司法機關。

第一項第一款至第三款應禁止出國之情形，由司法、軍法機關通知移民署；第十款情形，由各權責機關通知移民署。

司法、軍法機關、法務部調查局或內政部警政署因偵辦第一項第四款至第六款案件，情況急迫，得通知移民署禁止出國，禁止出國之期間自通知時起算，不得逾二十四小時。

除依第一項第二款或第八款規定禁止出國者，無須通知當事人外，依第一款、

第三款規定禁止出國者，或依第三款規定因案經軍法機關限制出國者，移民署經各權責機關通知後，應以書面敘明理由通知當事人；依第三款規定因案經司法機關限制出國或依第十款規定限制或禁止出國者，由各權責機關通知當事人；依第三款規定因案經司法機關限制出國或依第七款、第九款、第十款及前項規定禁止出國者，移民署於查驗時，當場以書面敘明理由交付當事人，並告知其禁止其出國之理由。

壹、導言

本條規定國民禁止出國之法律要件等，針對此議題，除了仍關係前述基本權等外，在本條內容解析上，著重於法律層面之探討。首先論述禁止出國，此一干預行為，在法治國依法行政下，探討法律保留之議題。而在法律層面下，在內容解析上，探討禁止出國之法屬性，就各款法律要件下，其係為司法強制處分或行政處分，其關係正當程序與救濟之途徑。而本條第1項各款所規定禁止出國之要件，在本條則區分為刑事與行政之程序與法律要件，並分別探究，如此以更深入理解相關程序與要件。

貳、內容解析

一、干預行為與法律保留原則

在民主憲政體制之下，國家權力除了憲法以外，再也沒有其他可以超越之正當性基礎。換句話說，憲法不只是國家權力行使的界限，也是國家權力之來源。在憲法上，各個基本權，在此當然包括人民遷徙與居住之自由等，皆有受其保護的生活領域或法益，而構成各該基本權的保護範圍。基本權主體在基本權保護範圍內所為行為，統稱為基本權行使。凡人民基本權，因國家行為的介入，增加行使上的困難或根本無

法行使，即可認爲存在基本權干預。依據我國通說見解，遷徙自由除了選擇住居處所，也包含旅行自由，同時選擇住居處所與旅行範圍包括海外。而禁止人民出國的國家行爲，已介入遷徙自由的保護範圍，屬基本權的干預。儘管國家行爲對基本權保護範圍內的行爲方式有所限制，尚不足以論斷其已構成基本權損害，可是介入基本權保護範圍的國家權力行使，仍被推定爲違反憲法，除非能舉出憲法上的正當理由，否則即構成對人民基本權的違法侵害[35]。

而在此所謂憲法上正當理由，意指介入基本權保護範圍的國家行爲，其必須符合法律保留原則與比例原則。由此要求介入基本權保護範圍的國家行爲，必須符合法律保留原則的理由，主要考慮到，若與司法機關、行政機關相比，立法機關具有直接的民主正當性、議事程序的高度公開性等，以及調和多元社會利害衝突等特點。就限制出境而言，若爲防止被告滯留海外，延誤刑事訴訟程序的進行而禁止其出國，雖非不合目的之行爲。然而在國際往返便捷，全球化日益加深的當代社會，出國對個人的意義，已非人在空間中的自由行進，而是擴及到財產的運用、職業的選擇、智慧的提升，乃至人際關係的拓展等重要利益[36]。

二、禁止出國之法屬性

限制出境或禁止出國，在學理與實務上常混合使用，兩者其概念大致相同，本文之運用亦引用文獻上之原意，在此合先敘明。本條第1項列舉10款禁止出國之情形，首先一般認爲本條第1款、第2款以及第3款皆依本法規定所命限制出境應屬於司法處分。蓋依刑事訴訟法第457條第1項本文規定：「執行裁判由爲裁判法院之檢察官指揮之。」故檢察官係刑事執行指揮者，且依刑事訴訟法第85條第3項規定：「通緝書，

35　王乃彥，論刑事程序之限制出境，警大法學論集，24期，2013年，頁166-168。
36　同前註。在此，因爲在沒有法律依據的情況下，如何能夠斷言，被告在庭順利完結刑事訴訟程序所產生的利益，必然大於被告不能出國所喪失的利益，被禁止出國的刑事被告，因無從得知法院衡量兩者價值高低的評判基準，亦難以聲明不服理由請求救濟，此堪稱我國刑事程序之限制出境處分問題癥結之所在。我國憲法第23條對於限制人民自由權利的國家權力行使，採法律保留原則，法院透過解釋創造出對人民自由權利具危害性的刑事程序規範，明顯牴觸法律保留原則。

於偵查中由檢察總長或檢察長簽名，審判中由法院院長簽名。」檢察總長、檢察長及法院院長有權發布通緝，又司法院大法官釋字第392號解釋謂：「……憲法第八條所規定之『司法機關』，自非僅指同法第七十七條規定之司法機關而言，而係包括檢察機關在內之廣義司法機關。」故屬於司法機關強制處分之限制出境[37]。

而本條第4款、第5款，有論者認為雖於條文中有以「犯某特定犯罪嫌疑重大」作為限制出境之要件，與刑事訴訟法限制出境之強制處分所規定之「犯罪嫌疑重大」要件相似，故屬於行政處分，然在此仍有探討空間。而本條第6款規定之「涉及重大經濟犯罪或重大刑事案件嫌疑」，其法律性質究竟是「行政處分」或「司法強制處分」則有探討空間，有論者認為，第6款之情形與前述第3款、第4款具有相同理由，係經權責機關通知限制出國者，而非經司法或軍法機關通知限制出國者，故係為行政處分，而非司法強制處分。惟另有論者認為第6款係屬於經濟犯罪，其與第4款及第5款之政治犯罪區隔，權責機關可認為被告涉有重大經濟犯罪或重大刑事案件嫌疑，應負有通知及解釋之責，故第6款屬性應屬於「不適用限制住居規定之限制出境」的強制處分。另本條第7款、第8款、第9款及第10款規定，均屬於依各別行政法之規定所為之限制出境，應屬於行政處分[38]。

綜合而言，亦即就入出國及移民法第6條第1款、第2款、第3款之屬性，係屬於具有司法強制處分之性質，並無疑義。蓋依現行入出國及移民法第6條第4項前段規定：「第一項第一款至第三款應禁止出國之情形，由司法、軍法機關通知移民署。」可知移民署係受司法、軍法機關通知後執行限制出境，與看守所執行羈押人犯性質類似，移民署並無實質審核權，仍須司法、軍事機關依刑事訴訟法及其他法律規定為之。因而不論是否須先經法官或檢察官訊問，其屬性應屬於具有司法強制處分之性質。而本條第4款、第5款之屬性，依據本條第5項規定：「司

---

[37] 謝志鴻，論刑事訴訟程序限制出境之合理性與公正性，警大法學論集，24期，2013年，頁143-145。Tettinger/Erbguth/Mann (2009), Besonderes Verwaltungsrecht, 10.Auflage, S.305 ff.
[38] 同前註。

法、軍法機關、法務部調查局或內政部警政署因偵辦第一項第四款至第六款案件，情況急迫，得通知移民署禁止出國，禁止出國之期間自通知時起算，不得逾二十四小時。」在此既然認為24小時內須依刑事訴訟程序辦理相關事宜，即代表入出國及移民法第6條第4款、第5款之內涵仍具有司法強制處分之性質。故依前述本條第5項規定，本條第6款之屬性，其本質仍應具有司法強制處分之性質。

有關具有司法強制處分性質之限制出境，係偵審實務上所經常運用，然而限制出境對於人民入出國境之權利影響甚鉅，長期以來，在刑事訴訟法卻未有明確之法律規範，且亦發生個案限制期間過久，不符比例原則。故為兼顧人民權益保障及偵審實務需求，並符合法律保留原則與法律明確性原則，「刑事訴訟法部分條文修正草案」乃增訂「限制出境、出海」專章，於2019年5月24日經立法院完成三讀，並於同年6月19日公布[39]。

三、刑事之程序與法律要件

前述一般認為本條第1款至第6款之法屬性，應係屬於司法強制處分，其禁止出國之構成，因此乃歸屬於刑事之程序要件。其中本條第1款至第2款規定，係屬刑事司法程序之必然措施，因第一款經判決有期徒刑六個月以上，尚未執行或執行未畢，若任由被告出境，未來執行恐有困難。而第2款規定，在通緝中之被告，若任由出境，更難到案。而在程序上，依據本條第3項規定：「依第一項第二款規定禁止出國者，入出國及移民署於查驗發現時應通知管轄司法警察機關處理，入國時查獲亦同。」

而本條第3款、第4款、第5款、第6款規定，均屬司法強制處分，

---

[39] 吳巡龍，限制出境新制，月旦法學教室，204期，2019年，頁27-28。現行刑事訴訟法經修正後，賦予檢察官或法官實施限制出境之強制處分，主要規定於專章第一編第八章之一，最重要規定如93條之2第1項規定：「被告犯罪嫌疑重大，而有下列各款情形之一者，必要時檢察官或法官得逕行限制出境、出海。但所犯係最重本刑為拘役或專科罰金之案件，不得逕行限制之：一、無一定之住、居所者。二、有相當理由足認有逃亡之虞者。三、有相當理由足認有湮滅、偽造、變造證據或勾串共犯或證人之虞者。」

且不同於前述第1款、第2款之規定，其在於所規定犯罪嫌疑等，是否禁止出國，均須刑事司法機關實施判斷，其規定分別於本法第6條第4項以及刑事訴訟法第93條之2。本法第6條第4項規定：「司法、軍法機關、法務部調查局或內政部警政署因偵辦第一項第四款至第六款案件，情況急迫，得通知入出國及移民署禁止出國，禁止出國之期間自通知時起算，不得逾二十四小時。」此為在面對案件急迫時，有關特別規定。而一般案件，在程序要件上，則在刑事訴訟法第93條之2第1項規定：「被告犯罪嫌疑重大，而有下列各款情形之一者，必要時檢察官或法官得逕行限制出境、出海。但所犯係最重本刑為拘役或專科罰金之案件，不得逕行限制之：一、無一定之住、居所者。二、有相當理由足認有逃亡之虞者。三、有相當理由足認有湮滅、偽造、變造證據或勾串共犯或證人之虞者。」以及第93條之3第1項：「偵查中檢察官限制被告出境、出海，不得逾八月。但有繼續限制之必要者，應附具體理由，至遲於期間屆滿之二十日前，以書面記載前條第二項第一款至第四款所定之事項，聲請該管法院裁定之，並同時以聲請書繕本通知被告及其辯護人。」及第2項：「偵查中檢察官聲請延長限制出境、出海，第一次不得逾四月，第二次不得逾二月，以延長二次為限。審判中限制出境、出海每次不得逾八月，犯最重本刑為有期徒刑十年以下之罪者，累計不得逾五年；其餘之罪，累計不得逾十年。」

　　針對刑事法律要件，刑事司法機關應對不確定法律概念實施判斷而採取作為，針對限制出境或出海，依據前述現行刑事訴訟法第93條之2規定，其檢驗要件與羈押要件相同，只是限制出境或出海應屬於羈押之一種替代方法，亦即被告縱然具備犯罪嫌疑重大及羈押理由，但如無羈押之必要時，則可以限制出境或出海替代之。其法律要件，首先是檢驗被告犯罪嫌疑重大，所謂「犯罪嫌疑重大」，係指所犯之罪確實有重大嫌疑而言，與案情重大不同[40]。亦即須有高度的可能性顯示被告確實曾

---

[40] 黃朝義，刑事程序限制出境（海）之規範與實際問題，月旦法學雜誌，215期，2013年3月，頁110-111。Hans-Uwe/Dirk Ehler(Hrsg.) (2018), Allgemeines Verwaltungsrecht, 18.Auflage, S.585 ff.

犯該罪行，並且所有的可罰性及可追訴性之要件成立，始足該當。而被告是否犯罪嫌疑重大，應具有客觀事實佐證之。另一法律要件為被告須經檢察官或法官之訊問，限制出境或出海既然是羈押之替代手段，被告究竟有無羈押之原因，或宜以限制出境代羈押之必要，事前必須經調查之程序，且限制出境具有繼續性侵害之屬性，皆應受正當法律程序保障，應讓法院訊問被告，讓被告充分明瞭被限制出境之理由，以保障被告在刑事訴訟程序上受告知及聽聞之權利。故對被告為限制出境之強制處分前，無論被告係經傳喚、自首或自行到場，或因拘提、逮捕到場者必先經訊問程序[41]。

又另一法律要件，在於被告有法定羈押理由，但無羈押之必要，因司法機關得對被告為限制出境，但並非即授權司法機關對所有刑事被告皆得任意逕為限制出境處分，仍須就個案考量有無限制被告之必要性。因此，對被告為限制出境之處分時，除須具備法定羈押事由，但無羈押必要之條件外，被告有無限制出境之必要仍應斟酌個案之案情、被告之職業、身分及其家庭經濟情況等情形，而綜合考量是否採取此項強制處分[42]。

另於108年6月19日修正公布，並自修正公布後六個月施行之刑事訴訟法增訂第一編第八章之一，定明限制出境、出海為司法機關獨立型態之強制處分；為保障被告救濟之權利，並兼顧檢察官偵查犯罪對於密行偵查之需求，該法第93條之2第3項復規定司法機關至遲應於為限制出境、出海後六個月內以書面通知被告。為避免司法機關與移民署前後重複通知當事人，造成擾民及行政資源浪費，爰修正而成本條第6項規定，主要有關「或依第三款規定因案經軍法機關限制出國者，移民署經

---

41 張明偉，限制出境之規範與探討，台灣法學雜誌，334期，2017年，頁53-55。

42 胡博硯，從憲法面相探究刑事程序中限制出境的爭議——兼評刑事訴訟法修正草案，法學叢刊，253期，2019年，頁78-80。在此進一步指出，關於限制出境乃是檢調機關以及稅務機關常見的強制處分手段，之前我們的討論多集中在稅務機關限制出境的問題。但我國刑事訴訟法第93條以及第101條之1等規定了不同的強制處分的措施，最嚴重的即羈押與預防性羈押規定。然而如果有羈押的原因但沒有必要性時，刑事訴訟法規定了其他的強制手段。因此，檢調機關往往會採取較輕微的手段，例如限制出境作為避免當事人往後不到庭配合訴訟的手段，但這樣看似輕微的手段，往往由於時間的因素，對人民也造成不小的侵害。

各權責機關通知後，應以書面敘明理由通知當事人」。

四、行政之程序與法律要件

有關禁止出國，在行政之程序與法律要件探討下，應以本條第7款至第10款規定為範圍，本條第7款規定：「役男或尚未完成兵役義務者。但依法令得准其出國者，不在此限。」有關此款之法律要件在於人民違反兵役法相關義務規定，因兵役法規定年滿18歲男子需服兵役，故若違反此項義務，即有此條款之適用。在程序上，依據本條第6項規定，違反此款規定者，入出國及移民署於查驗時，當場以書面敘明理由交付當事人，並禁止其出國。另本條第8款、第9款規定均與入出國證件真偽與查驗相關，在第8款規定有關護照、航員證、船員服務手冊或入國許可證件，係不法取得或偽造變照等情事，在還未進入刑事司法程序前，已由主管機關認定禁止出國，故係屬行政處分，亦屬行政上之程序，在此亦包含第9條之查驗[43]。在程序上，依據本條第3項後段規定：「依第一項第八款規定禁止出國者，移民署於查驗發現時應立即逮捕，移送司法機關。」

除了前述本條第7款、第8款、第9款外，在行政法上之限制出境，主要係以本條第10款規定：「依其他法律限制或禁止出國。」此所探討的其他法律均為行政特別法，現行較重要時常運行的為稅捐稽徵法、海關緝私條例、行政執行法以及傳染病防治法等相關規定。依據稅捐稽徵法第24條第3項規定與關稅法第48條第5項規定之稅捐保全措施。另依據行政執行法第17條規定，得對義務人限制其住居。有關租稅保全事項，稅捐稽徵法與行政執行法競合時，稅捐稽徵法應解為特別規定，行政執行法為一般規定，依特別法優於普通法原則，適用稅捐稽徵法規，對於欠稅義務人之限制出境，應以稅捐稽徵法為法律依據。而自大法官第345號解釋以來，相關法律保留問題雖已修法解決，然而行政執

---

[43] 謝志鴻，論刑事訴訟程序限制出境之合理性與公正性，警大法學論集，24期，2013年，頁147-148。

行法與稅捐稽徵法之兩者類型相去甚遠，又行政執行法限制住居侵害義務人的程度嚴重許多，其發動要件卻較爲寬鬆，在在造成公法上金錢給付義務的執行及保全的規範體系之內在矛盾。故針對稅捐債務的保全與執行，應以稅捐稽徵法第24條第3項以下限制出境的金額門檻、財產保全優先等要件，作爲發動限制住居處分之內在要件，並就限制住居已達五年之案件，主動或經申請而終止限制住居的執行。

從稅捐稽徵法與行政執行法有關限制出境，在兩者類型本質之比較上，稅捐稽徵法第24條就限制出境所制定的要件，相對於行政執行法限制住居，更爲嚴格，同樣限制義務人出境自由，是否因所適用程序不同，而應當容許義務人接受寬嚴不一的差別待遇，在此其所涉及的法理問題乃當行政法總論及各論針對同一事項，卻各自規定要件不同的二套彼此相互平行的程序時，總論與各論規定究竟應各別適用，抑或相互調和，在此簡言之，行政執行法與稅捐稽徵法同樣針對確保稅捐債權實現之規範目的，各自規定著限制住居及限制出境這二套法律效果幾乎完全一樣，法律要件卻大不相同，表面上卻又彼此獨立與平行的程序制度，究竟應當是按所進行的程序是限制住居或限制出境，或各按行政執行法與稅捐稽徵法來決定適用的法律要件，以此認爲稅捐稽徵法關於限制出境所定要件限制（如金額門檻、財產保全優先等），針對稅捐的金錢給付義務（如稅款、滯納金、利息及罰鍰）的執行而言，應當對行政執行法的限制住居，產生一定的規範效果，例如個人欠稅達到100萬元的門檻之後，行政執行處才可對義務人爲限制住居的處分[44]。

因爲在此兩者程序要件寬嚴不一，未達稅捐稽徵法限制出境金額門

---

[44] 黃士洲，欠稅限制出境與限制住居的法律要件與救濟（下），月旦法學教室，2009年，頁68-72。在此進一步言，從公法上金錢給付義務的強制執行，歸由隸屬行政體系之行政執行署，此一制度設計如果沒有輔以適當的要件限制，免不了傾向過度執行。不過檢視各款限制住居之要件，如「顯有履行義務之可能，故不履行」、「顯有逃匿之虞」、「就應供強制執行之財產有隱匿或處分之情事」、「經合法通知，無正當理由而不到場」。針對此，若無設定適當的金額門檻，或者貫徹以財產保全爲優先的原則，只要構成要件該當，無論案件大小，或對追回欠款有無助益，一概均得限制住居，以致實務上不乏積欠10多萬健保費，即不得遷移戶籍或出境的案例。此時所謂公平合理執行及比例原則，僅能區區訴諸個案執行官之一念之仁，或者仰賴法務部受理聲明異議時的處理態度。

檻，或者已限制出境達五年而解除之案件，只消以具備移送執行要件爲由（爲提起復查或未提供擔保），隨即可輕易地轉換爲限制住居，未來勢必衍生「限制出境遁入限制住居」的現象，形成民眾對於行政機關濫用立法漏洞脫法規避的不良觀感，更是架空稅捐稽徵法對限制人民居住遷徙自由的比例原則，其所設下的立法原則與價值基準，恐有違反民主原則與誠信原則之虞。基於法律秩序的一體性，避免限制出境與限制住居制度的內在價值產生矛盾，造成機關脫法與人民權利保護程度不一，針對稅捐債務的保全與執行，應以稅捐稽徵法第24條第3項以下限制出境的金額門檻、財產保全優先等要件，作爲發動限制住居處分之內在要件，並就限制住居已達五年之案件，主動或經申請而終止限制住居的執行[45]。

　　另一重點爲有關傳染病防治相關規定，包括傳染病防治法以及相關法規，亦即傳染病防治法係爲主要法律，然而亦有因應時局之特別法，例如2020年頒布的嚴重特殊傳染性肺炎防治及紓困振興特別條例。而依據傳染病防治法規定，並無明文禁止國人出國，而係以概括條款導出，如第7條規定：「主管機關應實施各項調查及有效預防措施，以防止傳染病發生；傳染病已發生或流行時，應儘速控制，防止其蔓延。」在此可認定，所謂「有效預防措施」可包括禁止相關人員出國等行爲，然而若從法治國依法行政原則觀察，概括職權條款應無法取代明確職權條款，尤其針對干預人民基本權之措施，應採法律保留原則，並強調授權與法律明確性。而依據嚴重特殊傳染性肺炎防治及紓困振興特別條例第7條亦規定：「中央流行疫情指揮中心指揮官爲防治控制疫情需要，得實施必要之應變處置或措施。」在所謂「必要之應變處置或措施」亦可包含禁止出國，不過其有同樣前述問題，明確職權條款規範干預措施之必要性，才能符合法治國保障人權之要求，故2020年新冠肺炎傳染病嚴重期間，中央流行疫情指揮中心指揮官曾實施禁止醫護人員出國，引起有關防疫措施與基本人權保障衝突議題，故未來有關傳染病期間，

45　同前註。

若禁止相關國人出國等措施，應明文規定於相關法律，以杜爭議。

參、綜論

　　以基本人權之保障檢驗禁止國民出國，在此禁止人民出國的國家行為，已介入遷徙自由的保護範圍，屬基本權的干預。而由此要求介入基本權保護範圍的國家行為，必須符合法律保留原則。針對刑事法律要件，刑事司法機關應對不確定法律概念實施判斷而採取作為，針對限制出境或出海，其法律要件，首先是檢驗被告犯罪嫌疑重大，所謂「犯罪嫌疑重大」，係指所犯之罪確實有重大嫌疑而言，與案情重大不同。另於108年6月19日修正公布，並自修正公布後六個月施行之刑事訴訟法增訂第一編第八章之一，定明限制出境、出海為司法機關獨立型態之強制處分。爰修正而成本條第6項規定，主要有關「或依第三款規定因案經軍法機關限制出國者，移民署經各權責機關通知後，應以書面敘明理由通知當事人」。針對行政之程序與法律要件，主要係以第6條第7款至第10款規定為範圍。而針對特別法部分，主要係以本條第10款規定：「依其他法律限制或禁止出國。」其重點則係現行較重要且時常運行的稅捐稽徵法、海關緝私條例、行政執行法以及傳染病防治法等相關規定。

　　故有關欠稅或公法上金錢給付之不履行，基於法律秩序的一體性，避免限制出境與限制住居制度的內在價值產生矛盾，造成機關脫法與人民權利保護程度不一，針對稅捐債務的保全與執行，應以稅捐稽徵法第24條第3項以下限制出境的金額門檻、財產保全優先等要件，作為發動限制住居處分之內在要件，並就限制住居已達五年之案件，主動或經申請而終止限制住居的執行。而明確職權條款規範干預措施之必要性，才能符合法治國保障人權之要求，故2020年新冠肺炎傳染病嚴重期間，中央流行疫情指揮中心指揮官曾實施禁止醫護人員出國，引起有關防疫措施與基本人權保障衝突議題，故未來有關傳染病期間，若禁止相關國

人出國等措施，應明文規定於相關法律，以杜爭議。

第7條（不予許可或禁止入國之情形）
臺灣地區無戶籍國民有下列情形之一者，移民署應不予許可或禁止入國：
一、參加暴力或恐怖組織或其活動。
二、涉及內亂罪、外患罪重大嫌疑。
三、涉嫌重大犯罪或有犯罪習慣。
四、護照或入國許可證件係不法取得、偽造、變造或冒用。
臺灣地區無戶籍國民兼具有外國國籍，有前項各款或第十八條第一項各款規定
情形之一者，移民署得不予許可或禁止入國。
第一項第三款所定重大犯罪或有犯罪習慣及前條第一項第六款所定重大經濟犯
罪或重大刑事案件之認定標準，由主管機關會同法務部定之。

壹、導言

　　本條規定，針對移民署審查臺灣地區無戶籍國民之入國，若有所訂
4款要件，將不予許可或禁止入國。而所訂四要件情狀，大多為不確定
法律概念，故移民署必須實施行政判斷予以決定。故在此，本條論述不
予許可處分、不確定法律概念與行政判斷。若以有無戶籍區分，國民之
概念，即可分為有戶籍國民與無戶籍國民，故在此針對二者之入出國要
件，相互比較予以論述。

貳、內容解析

一、不予許可之處分

　　依據本法第5條第2項規定：「臺灣地區無戶籍國民入國，應向移
民署申請許可。」故無戶籍國民之入國須提出申請，然而國民入國為憲

法所保障之基本人權，卻在本條規定，主管機關審查其入國，不予許可之要件。蓋所謂申請，係指人民依法請求行政機關為特定行政行為為之公法上意思表示。人民提出申請，係因其依法對行政機關享有公法上請求權，得請求行政機關為特定行政行為，乃透過申請，為一種公法上意思表示，行使其權利。因此，申請與陳情、訴願、請願等之概念有所不同。由於申請係公法上意思表示，故除法規有特別規定外，應類推適用民法上意思表示有關規定。申請人所主張的權利，可能是實體法上權利，亦可能是程序法上權利。又原則上是為自己利益而申請，但法規有特別規定者，得為他人利益或公益而申請。所申請之內容，可能是授益性行政行為，但亦可能是使第三人負擔之行政行為[46]。

依據行政程序法規定，行政機關對人民作成單方具有法效果之行政行為，係為行政處分。然而有一種型態，即為人民必需主動申請，要求行政機關有所作為，而行政機關針對人民所為否準，亦為行政處分，在此學理上可稱許可處分與拒絕處分。在行政程序法上，申請之意義在於因申請而開始行政程序，並因而確定程序標的。在行政實體法上，有效且合法之申請係作成「須經申請之行政處分」之必要實質要件。此外，依法規規定內容，申請亦可能意指同意行政機關做某種行為或締結某種契約。申請程序，包括行政機關須經申請始得作成行政行為及行政機關得依職權或依申請作成行政行為兩種情形。此兩種情形，均以人民有申請權為前提，如人民無申請權，則已純屬職權程序之範圍，不論是由行政機關依職權裁量或依法規有義務開始行政程序，人民之申請，只是一種動因，而非權利之行使。又前述行政機關得依職權或申請開始行政程序之情形，如人民未申請或撤回申請，仍得依職權開始或進行程序，此亦屬職權程序[47]。

基此，本條所規定移民署針對無戶籍國民之入國申請，係為許可處分或不予許可處分，故提出申請，則適用相關行政法理論。亦即，在此

---

[46] 林錫堯，行政法要義，4版，元照，2006年，頁231-233。
[47] Vgl. Hans-Uwe, Dirk Ehlers(Hrsg) (2010), Allegemeines Verwaltungsrecht, S.585 ff.

人民入國需有申請之義務，若提出申請，必須經過主管機關移民署之核准，若無申請，則可禁止入國，然而實務上，仍盡力協助其申請。值得注意的是，無戶籍國民雖有特別規範條款，然而仍是我國國民，基於人民返國之基本權，依據憲法第22條，爲了公共利益等目的限制基本權，且須法律保留，故移民法在本條規定不予許可之法律要件，以符法律保留。而主管機關若對無戶籍國民之申請入國，審查決定不予許可，則係依本條所規定的法律要件，其中包含許多不確定法律概念，而實施合法之行政判斷。

二、不確定法律概念與行政判斷

　　依據本條款，主管機關移民署應針對不予許可之法律要件，因大多爲不確定法律概念，必須實施行政判斷，倘若無戶籍國民之行爲符合前述要件，即應不予許可入國之申請。行政判斷大都與構成要件中之不確定法律概念及事實認定有關。將不確定法律概念，經過涵攝、解釋予以具體化之過程稱爲不確定法律概念之判斷[48]。就法律構成要件中之事實認定部分，是指依一般社會通念或經驗可以客觀方式加以確認，除數字、次數外，如雨天、天黑、汽車、駕駛人等，稱爲事實性、描述性或經驗性（faktische, descriptive Begriffe oder Erfahrungsbegriffe）的法律概念。而前述不確定法律概念則稱之爲規範性、價值性（Wertbegriffe）或有待價值塡補（wertausfüllungsbedürftiger）之法律概念。針對不確定法律概念，行政機關有權先加以判斷，判斷結果若符合當時普遍之價值觀時，宜受法院尊重。但遇有爭執，法院可就行政機關之判斷予以審查，最後則以法院見解爲依歸[49]。

---

[48] 翁岳生，論不確定法律概念與行政裁量之關係，行政法與現代法治國家，三民，2015年，頁37-71。吳庚、盛子龍，行政法之理論與實用，增訂16版，三民，2020年，頁37-39。李惠宗，行政法要義，8版，元照，2020年，頁148-150。

[49] 李震山，行政法導論，修訂11版，三民，2019年，頁448-485。惟法院是否有能力或應該完全審查，引起討論，乃所謂判斷餘地，係指行政於針對不確定法律概念爲判斷時，有其活動空間，在該空間內行政有其自主性，司法審查應受限制。該自主性空間不限於概念本身，換言之，判斷餘地已擴大概念外圍之特定範圍，例如考試成績之評定、高度科技性、專業性及屬人性之專業判斷，或者是由具有獨立性專家委員會作成之決定等。

在司法審查中，其與行政判斷之概念，息息相關的是判斷餘地（Beurteilungsspielraum）。因法律使用之不確定法律概念，原則上是「無判斷餘地之不確定法律概念」，對於行政機關之解釋或適用此種不確定法律概念，行政法院可作完全審查，因為正確的決定只有一個。如果法院之認定與行政機關不同，則以法院之認定為準，行政機關之決定即屬違法，應予撤銷[50]。例外地，承認「有判斷餘地之不確定法律概念」，即承認行政機關對此類不確定法律概念享有「判斷餘地」，法院僅能做有限度之審查，因為此類不確定法律概念之解釋或適用結果，容許有兩個以上決定均屬正確，均屬合法的，故法院僅能在一定範圍內審查行政機關之決定是否合法，不能取而代之。此種判斷餘地，通常涉及行政機關之價值判斷，而由於判斷所依據之事態只出現一次或其他原因，法院無法做事後之追蹤，或因屬不固定的、法律外的標準，尤其預估未來的發展，已超越司法功能[51]。

在此本條所規定不確定法律概念，其4款為：「一、參加暴力或恐怖組織或其活動。二、涉及內亂罪、外患罪重大嫌疑。三、涉嫌重大犯罪或有犯罪習慣。四、護照或入國許可證件係不法取得、偽造、變造或冒用。」其一為「參加暴力或恐怖組織或其活動」，針對不確定法律概念之行政判斷，主管機關應可依據相關法律予以判斷，因本法並無相關定義之規定，而依據相關法律之判斷，並非全然精確，然而可作為合法判斷參考。例如在刑法規定之組織犯罪，相對人若有涉及或參與，此種組織犯罪，甚可能直接牽涉暴力或恐怖行為與活動，即可作為判斷之參考。另外，針對恐怖組織之認定，主管機關移民署應從社會治安層面，向警察刑事機關獲取正確資料以及參考學術意見，予以正確判斷[52]。在此本法亦有規定針對外國人參與恐怖活動而被禁止入國，此項規定之法理，在此可參考。例如針對外國人而言，如何解釋外國人有涉及恐怖活

---

[50] 林錫堯，行政法要義，4版，元照，2006年，頁266-269。
[51] Vgl. Maurer, Allemeines Verwaltungsrecht, 19. Auflage, 2017, § 7 Rn.12 ff.
[52] 陳明傳，恐怖主義之類型與反恐之策略，恐怖主義與國家安全學術研討暨實務座談會論文集，2004年，頁5-9。

動或有從事恐怖活動之虞，應有一定的界限，且其依據應有客觀合理之事實，始可加以判斷。原則上，以其行為言論涉及從事或鼓吹有具體處分財產或提供資金協助恐怖分子為限。至於其家人、朋友等如涉及恐怖活動，該當事人是否應予禁止出國，於此尚難立即判斷，仍需調查其他相關資料，以作為最後決定[53]。

接著，其二為「涉及內亂罪、外患罪重大嫌疑」，在此係申請之無戶籍國民，有證據已涉及內亂、外患罪，其資訊應來自國安單位或已經檢調單位調查，甚或已經檢察官起訴，均視為重大嫌疑。依據本法第6條第5項規定，司法、軍法機關、法務部調查局或內政部警政署因偵辦內亂、外患罪案件，情況急迫，移民署經通知後，即可針對本國國民禁止出國，依此法理，應可適用本條第1項第2款，有關前述國安機關單位因偵辦內亂、外患罪案件，通知移民署，該署認定有重大嫌疑，而禁止無戶籍國民之入國。另本條第1項第3款為「涉嫌重大犯罪或有犯罪習慣」，依法理而言，主管機關亦須參考刑法規定、法理以及實務狀況，綜合判斷，其行為是否適用此項條款。故本條第3項規定：「第一項第三款所定重大犯罪或有犯罪習慣及前條第一項第六款所定重大經濟犯罪或重大刑事案件之認定標準，由主管機關會同法務部定之。」在此，法務部訂定「國民涉嫌重大經濟犯罪重大刑事案件或有犯罪習慣不予許可或禁止入出國認定標準」，以作為主管機關認事用法實施行政判斷之依據[54]。

另本條第2項規定：「臺灣地區無戶籍國民兼具有外國國籍，有前項各款或第十八條第一項各款規定情形之一者，移民署得不予許可或禁止入國。」在此所謂「臺灣地區無戶籍國民兼具有外國國籍」，通常可視為雙重國籍之人民，依此規定，雙重國籍有關不予許可或禁止入國之要件，其與外國人相同，而禁止外國人入國即規定於本法第18條第1項。

53　許義寶，論禁止入國之規範——以反恐事由為例，國境警察學報，2000年，頁106-107。
54　「國民涉嫌重大經濟犯罪重大刑事案件或有犯罪習慣不予許可或禁止入出國認定標準」，其共有9條，最新修正日期為民國97年8月1日。

三、國民之入出國要件比較

本條規定本國無戶籍國民之禁止入國，而第6條規定國民之禁止出國，在此前者爲禁止入國，而後者爲禁止出國，初步觀察互不相干，然而深入探究，仍值得觀察參考。在此國民之概念，即可分爲有戶籍國民與無戶籍國民，故第6條所規定禁止國民出國之要件，同樣適用無戶籍國民，只是在本法第5條特別規定無戶籍國民入國，應向移民署申請許可，由此接續著本條規定不予許可之要件。亦即，若從有戶籍與無戶籍國民，兩者之入出國有關許可或不予許可要件之比較，應從入出國整體觀察，而非針對兩者之入國要件或出國要件，因爲針對有戶籍國民之入出國不須申請許可，只有國家安全人員須經其服務機關核准同意。

由此，無戶籍國民之禁止出國，其要件則可與其禁止入國綜合比較，顯然在本條規定之四要件，有三要件係相同，相同者爲：「涉及內亂罪、外患罪重大嫌疑、涉嫌重大犯罪或有犯罪習慣以及護照或入國許可證件係不法取得、僞造、變造或冒用等。」僅有「參加暴力或恐怖組織或其活動」，其規定在無戶籍國民之禁止入國要件，並沒有規定於國民禁止出國之要件。蓋從實務上觀察，因國民包括無戶籍之國民，且有可能爲雙重國籍，在實質上與外國人無異，故縱使參加暴力或恐怖組織等，其已出國，相關危害性減低，或者若欲將其驅逐出境，在此規定又禁止其出國，恐相互矛盾，故才有如此立法規定。

參、綜論

移民署若對無戶籍國民之申請入國，審查決定不予許可，則係依本條所規定的法律要件，其中包含許多不確定法律概念，而實施合法之行政判斷。其中「參加暴力或恐怖組織或其活動」係爲較重要不確定法律概念，值得深入探究。而針對恐怖組織之認定，主管機關移民署應從社會治安層面，向警察刑事機關獲取正確資料以及參考學術意見，予以正確判斷。而此「參加暴力或恐怖組織或其活動」不確定法概念之要件，

其規定在無戶籍國民之禁止入國要件，並沒有規定於國民禁止出國之要件。蓋從實務上觀察，無戶籍之國民有可能爲雙重國籍，在實質上與外國人無異，故縱使參加暴力或恐怖組織等，其已出國，相關危害性減低，或者若欲將其驅逐出境，在此規定又禁止其出國，恐相互矛盾，故才有如此立法規定。

第7條之1（相關禁止行爲）
任何人不得為下列行為：
一、使受禁止出國處分之國民出國。
二、使臺灣地區無戶籍國民非法入國。
三、使臺灣地區無戶籍國民於我國從事與許可停留、居留原因不符之活動。

壹、導言

　　因人蛇集團安排受禁止出國處分之國民偷渡出國情形日益頻繁，甚有以此營利者，受禁止出國處分之國民藉此逃避我國刑罰權等公權力之行使，嚴重妨害我國入出國管理之正確性，並損害政府公權力威信，其惡性與使大陸地區人民非法入境相同，爲防杜此等不法行爲，爰參酌臺灣地區與大陸地區人民關係條例第15條第1款有關不得使大陸地區人民非法進入臺灣地區之規定，爲第1款規定，其罰則規定於第72條之1[55]。

55　參閱112年2月15日立法院議案關係文書院總第20號政府提案第10030442號函，案由：行政院函請審議「入出國及移民法部分條文修正草案」案。

貳、內容解析

一、針對國民入出國之禁止行為

本條規定，任何人不得為所列三款之行為，其一如「使受禁止出國處分之國民出國」，原違法之主體要件，係依據本法第6條第1項各款，經禁止出國之國民。而任何人使受禁止出國處分之國民出國，其行為態樣，應廣泛包含教唆、幫助或威脅利誘等等。而依據本法第72條之1，有關罰則規定，違反者處一年以上七年以下有期徒刑，係以行政刑罰處罰。另本條第2款有關「使臺灣地區無戶籍國民非法入國」，依據前述本法第72條之1，同前述處罰。惟本條第3款有關「使臺灣地區無戶籍國民於我國從事與許可停留、居留原因不符之活動」，其違反者係以行政罰處罰，依據本法第74條之1，處新臺幣20萬元以上100萬元以下罰鍰，並得按次處罰。在此行為者係適用行政罰法，並無教唆或幫助犯之稱謂，而是共同實施違法行為。

二、基於入出國管理之正確性及國家安全

所稱「國民」，依第3條第1款規定，係指居住臺灣地區設有戶籍國民（以下簡稱有戶籍國民）及無戶籍國民。另依第5條第2項規定，無戶籍國民入國，應向移民署申請許可，倘是類對象以偷渡、持用偽（變）造、冒（領）用證件等方式非法入國，實務上雖得以第74條未經許可入國之罪相繩；惟安排渠等非法入國，並賺取不法利益之人蛇集團等不法分子，本法並無處罰規定。另查日本、韓國、新加坡、美國、加拿大、英國、法國、葡萄牙、澳洲及紐西蘭等國家相關制度，僅英國有類如我國無戶籍國民之英國國民海外護照制度（British National Overseas Passport，下稱BNO護照），針對持有BNO護照者，亦係該國移民法規範之對象，與一般外國人無異，不論使持有BNO護照人士或使其他外國人非法入國者，其罰則均相同。再者，使無戶籍國民非法入國者，嚴重妨害我國入出國管理之正確性及國家安全，為防杜此等不法行為，爰參酌臺灣地區與大陸地區人民關係條例第15條第1款有關不

得使大陸地區人民非法進入臺灣地區之規定，爲第2款規定，其罰則規定於修正條文第72條之1。

又使無戶籍國民於我國從事與許可停留、居留原因不符之活動，危害我國公共秩序、社會治安或國家安全，爲防杜此等不法行爲，爰參酌臺灣地區與大陸地區人民關係條例第15條第3款有關不得使大陸地區人民在臺灣地區從事未經許可或與許可目的不符之活動之規定，爲第3款規定，其罰則規定於修正條文第74條之1第1項。又第3款所稱活動，係指就業服務法第五章「外國人之聘僱與管理」所定「工作」以外之行爲，併予敘明[56]。

參、綜論

因人蛇集團安排受禁止出國處分之國民偷渡出國情形日益頻繁，甚有以此營利者，受禁止出國處分之國民藉此逃避我國刑罰權等公權力之行使，嚴重妨害我國入出國管理之正確性，並損害政府公權力威信。故本條規定，任何人不得爲所列三款之行爲，其一如「使受禁止出國處分之國民出國」，原違法之主體要件，係依據本法第6條第1項各款，經禁止出國之國民。而任何人使受禁止出國處分之國民出國，其行爲態樣，應廣泛包含教唆、幫助或威脅利誘等等。惟本條第3款有關「使臺灣地區無戶籍國民於我國從事與許可停留、居留原因不符之活動。」在此行爲者係適用行政罰法，並無教唆或幫助犯之稱謂，而是共同實施違法行爲。違反本條之行爲，分別依據本法第72條之1或第74條之1，處行政刑罰或行政罰。

---

[56] 同前註。

|第三章|

臺灣地區無戶籍國民停留、居留及定居

第8條（停留之期間）

臺灣地區無戶籍國民向移民署申請在臺灣地區停留者，其停留期間為三個月；必要時得延期一次，並自入國之翌日起，併計六個月為限。但有下列情形之一並提出證明者，移民署得酌予再延長其停留期間及次數：

一、懷胎七個月以上或生產、流產後二個月未滿。

二、罹患疾病住院或懷胎，出國有生命危險之虞。

三、配偶、直系血親、三親等內之旁系血親、二親等內之姻親在臺灣地區患重病或受重傷而住院或死亡。

四、遭遇天災或其他不可避免之事變。

五、人身自由依法受拘束。

依前項第一款或第二款規定之延長停留期間，每次不得逾二個月；第三款規定之延長停留期間，自事由發生之日起不得逾二個月；第四款規定之延長停留期間，不得逾一個月；第五款規定之延長停留期間，依事實需要核給。

前二項停留期間屆滿，除依規定許可居留或定居者外，應即出國。

壹、導言

　　本條規定無戶籍國民有關停留期間以及延長停留之要件等，首先仍應針對停留之定義探究。而除本條法律規定外，在法規命令亦有補充，

內政部制定「臺灣地區無戶籍國民申請入國居留定居許可辦法」，故依據前述辦法論述有關停留之程序要件以及延長停留之程序要件，其中亦包含延長留期間等事項。

貳、內容解析

一、停留之定義

依據本法第3條第1項第7款規定「指在臺灣地區居住期間未逾六個月」，由此理解，本條所規定臺灣地區無戶籍國民向入出國及移民署申請在臺灣地區停留者等，有關停留之概念，在此係有法定之意義。

二、停留之程序要件

依據本條第1項規定，無戶籍國民申請在臺灣居留者，原則上停留期間為三個月，必要時得延期一次，即最長為六個月之停留。在此，本條並無規定申請程序之要件等，然而主管機關訂定「臺灣地區無戶籍國民申請入國居留定居許可辦法」，申請可依此行政規則等程序規定辦理，而獲得停留許可。依據上述辦法，其中規定停留事項為該辦法第3條規定：「無戶籍國民申請許可入國及停留，應檢附下列文件，向移民署為之：一、申請書。二、我國護照或其他具有我國國籍之證明文件。三、僑居地或居住地居留證明。四、其他相關證明文件（第1項）。無戶籍國民於大陸地區出生者，應另附其未在大陸地區設有戶籍及領用大陸地區護照之相關證明文件（第2項）。」在此規定入國與停留係連結一起的，其程序上，首先即為書面審查資料，申請人必須具有相關書面資料，重要者為申請書、我國護照、僑居地居留證明等[1]。

另依據該辦法，針對申請停留程序規定，其重要者為第8條規定：「無戶籍國民預定臨時入國停留三個月內出國者，得檢附單次入國許可

---

[1]　許義寶，入出國法制與人權保障，3版，五南，2019年，頁48-50。

證或加簽僑居身分之我國護照及已訂妥回程班次之機、船票，於入國時
向移民署申請核發臨時入國許可證，持憑入國；其所持單次入國許可證
不予註銷（第1項）。無戶籍國民持外交、公務護照或曾持有臨人字號
入國許可，預定臨時入國停留者，準用前項規定（第2項）。」在此規
定，無戶籍國民停留三個月內，若無申請延長，主要檢視其回程班次之
機票等，以確認沒有停留逾期之可能性[2]。而第9條第1項規定：「無戶
籍國民為任職於飛航臺灣地區民用航空器之機組員、空服人員，因飛航
任務進入臺灣地區而未持有效之入國許可證件者，得由其所屬航空公司
或其代理人，向移民署申請核發臨時入國停留許可證，持憑入國；其停
留期間，自入國之翌日起，不得逾七日。」在此規定，無戶籍國民為任
職於飛航臺灣地區民用航空器之機組員等，可申請臨時入國停留許可證
等[3]。

三、延長停留之要件

　　依據第1項但書規定，在一定要件情形下，停留申請人提出證明，
移民署得酌予再延長其停留期間及次數。在此其要件，首先為「必要
時」得延長一次，而此為主管機關裁量之權限，並無特定要件，惟若併
計停留期間已達六個月，若要再延長，係以本條法律規定，而並非授權
行政命令，此法律規定係以本條第1項第1款至第5款，其為：「一、懷
胎七個月以上或生產、流產後二個月未滿。二、罹患疾病住院或懷胎，
出國有生命危險之虞。三、在臺灣地區設有戶籍之配偶、直系血親、三
親等內之旁系血親、二親等內之姻親在臺灣地區患重病或受重傷而住院
或死亡。四、遭遇天災或其他不可避免之事變。五、人身自由依法受拘
束。」另外值得特別注意的是，在本條第2項規定延長停留期間，規定
為：「依前項第一款或第二款規定之延長停留期間，每次不得逾二個
月；第三款規定之延長停留期間，自事由發生之日起不得逾二個月；第

2　楊翹楚，臺灣地區無戶籍國民問題之探討，警學叢刊，43卷5期，2013年，頁22-25。
3　李震山，論移民制度與外國人基本權利，台灣法學雜誌，48期，2003年，頁51-55。

四款規定之延長停留期間，不得逾一個月；第五款規定之延長停留期間，依事實需要核給。」其中所提延長時間情形，所謂每次不得逾二個月或自事由發生之日不得逾二個月，另第4款有關遭遇天災或其他不可避免之事變，其延長停留期間不得逾一個月等，針對延長停留時間均有比例原則之考量[4]。

　　針對觀察有關延長停留期間之要件，均屬本身或家人有所意外或變故，而大多基於人性關懷照顧之考量，而非國家安全、社會治安或經濟發展等因素[5]。在此規定亦以健康身體狀態為延長之判斷標準，如有關懷胎或流產，或因疾病住院或懷胎，出國有生命危險，另第3款所規定配偶或親人之重傷、重病或死亡等，在此影響當事人之生活或心理狀態，而第4款所定遭遇天災或其他不可避免之事變，在此為典型之不確定法律概念，仍由主管機關合法判斷，如國際疫情嚴重，針對無戶籍國民而言，應為不可避免之事變，可許可其延長停留，以免出國後遭到疫情傷害。而第5款規定人身自由依法受拘束，針對當事人而言，在實務上亦不可能在停留時間臨屆後出國，自然許可其延長停留[6]。

　　有關延長停留之要件，除上述法律規定外，另有行政命令補充規定，如依據「臺灣地區無戶籍國民申請入國居留定居許可辦法」第11條規定：「無戶籍國民入國後，申請延長停留期間者，應於停留期間屆滿前三十日內，檢附下列文件，向移民署為之：一、申請書。二、入國許可證件。三、其他相關證明文件。」在此，延長停留係申請人取得停留許可後，依據本條第1項規定，前面已論述，原則上停留三個月，必要時得延期一次，並自入國之翌日起，併計六個月為限。倘若停留時間超過六個月，其申請延長即必須符合前述本條五個要件，此可視為實體要件，而此項延長之程序要件則規定在上述辦法第11條，必須有申請書、入國許可證件以及其他相關證明文件，在此證明文件應係指如何證

---

[4]　Vgl. Liske/Denninger, Handbuch des Polizeirechts, 4.Auf., S. 385 ff.

[5]　Vgl. Stefan Zeitler (2008), Allgemeines und Besonderes Polizeirecht für Baden-Württemberg, Rn.705 ff.

[6]　楊翹楚，移民政策與法規，2版，元照，2013年，頁84-86。

明符合此項延長規定之資料，如第1款規定有關懷胎七個月以上或生產或流產後二個月未滿，明顯需要醫生或醫院之確實詳細證明文件，殆無疑義。

參、綜論

依據本條第1項規定，無戶籍國民申請在臺灣停留者，原則上停留期間為三個月，必要時得延期一次，即最長為六個月之停留。在此，本條並無規定申請程序之要件等，然而主管機關訂定「臺灣地區無戶籍國民申請入國居留定居許可辦法」，申請可依此行政規則等程序規定辦理，而獲得停留許可。依據上述辦法，其中規定停留事項為該辦法第3條規定，在此入國與停留係連結一起的，其程序上，首先即為書面審查資料，申請人必須具有相關書面資料，重要者為申請書、我國護照、僑居地居留證明等。有關延長停留之要件，除上述法律規定外，另有行政命令補充規定，如依據「臺灣地區無戶籍國民申請入國居留定居許可辦法」第11條規定。在此，延長停留係申請人取得停留許可後，依據本條第1項規定，前面已論述，原則上停留三個月，必要時得延期一次，並自入國之翌日起，併計六個月為限。另無戶籍國民因在臺之親屬患重病或受重傷而須留臺處理相關事宜，係家人親屬間照顧之人倫道義與權益，故不應限縮親屬為在臺灣地區設有戶籍者，爰本法於112年6月修正公布第1項第3款刪除「在臺灣地區設有戶籍之」之文字。

第9條（申請居留之條件）

臺灣地區無戶籍國民有下列情形之一者，得向移民署申請在臺灣地區居留：

一、有直系血親、配偶、兄弟姊妹或配偶之父母現在在臺灣地區設有戶籍。其親屬關係因收養發生者，被收養者年齡應為未成年人，且與收養者在臺灣地區共同居住，並以二人為限。

二、現任僑選立法委員。

三、歸化取得我國國籍。

四、在國外出生，出生時其父或母為居住臺灣地區設有戶籍國民，或出生於父或母死亡後，其父或母死亡時為居住臺灣地區設有戶籍國民。

五、持我國護照入國，在臺灣地區合法連續停留五年以上，且每年居住一百八十三日以上。

六、在臺灣地區有一定金額以上之投資，經中央目的事業主管機關核准或備查。

七、曾在臺灣地區居留之第十二款僑生畢業後，經中央勞動主管機關或目的事業主管機關許可在臺灣地區從事就業服務法第四十六條第一項第一款至第七款或第十一款工作，或從事就業服務法第四十八條第一項第一款、第三款規定免經許可之工作，或免依就業服務法申請工作許可而在臺灣地區從事合法工作，或返回僑居地服務滿二年。

八、對國家、社會有特殊貢獻，或為臺灣地區所需之高級專業人才。

九、具有特殊技術或專長，經中央目的事業主管機關延聘回國。

十、前款以外，經政府機關或公私立大專校院任用或聘僱。

十一、經中央勞動主管機關或目的事業主管機關許可在臺灣地區從事就業服務法第四十六條第一項第一款至第七款或第十一款工作或從事就業服務法第四十八條第一項第一款、第三款規定免經許可之工作，或免依就業服務法申請工作許可而在臺灣地區從事相當於就業服務法第四十六條第一項第一款至第七款、第十一款或第四十八條第一項第一款、第三款之合法工作。

十二、經各級主管教育行政機關、大學或其組成之海外聯合招生委員會許可在我國就學之僑生。

十三、經中央目的事業主管機關核准回國接受職業技術訓練之學員生。

十四、經中央目的事業主管機關核准回國從事研究實習之碩士、博士研究生。

十五、經中央勞動主管機關許可在臺灣地區從事就業服務法第四十六條第一項第八款至第十款工作，或免依就業服務法申請工作許可而在臺灣地區從事相當於就業服務法第四十六條第一項第八款至第十款之合法工作。

申請人有前項第一款、第二款、第四款至第十一款規定情形之一者，其配偶及未成年子女得隨同申請；未隨同本人申請者，得於本人入國居留許可後定居許可前申請之。本人居留許可依第十一條第二項規定，撤銷或廢止時，其配偶及未成年子女之居留許可併同撤銷或廢止之。

依第一項規定申請居留經許可者，移民署應核發臺灣地區居留證，其有效期間

自入國之翌日起算，最長不得逾三年。

臺灣地區無戶籍國民居留期限屆滿前，原申請居留原因仍繼續存在者，得向移民署申請延期。

依前項規定申請延期經許可者，其臺灣地區居留證之有效期間，應自原居留屆滿之翌日起延期，最長不得逾三年。

臺灣地區無戶籍國民於居留期間內，居留原因消失者，移民署應廢止其居留許可。但依第一項第一款規定申請居留之直系血親、配偶、兄弟姊妹或配偶之父母死亡者，不在此限，並得申請延期，其申請延期，以一次為限，最長不得逾三年。

臺灣地區無戶籍國民於居留期間，變更居留地址或服務處所時，應向移民署申請辦理變更登記。

主管機關得衡酌國家利益，依不同國家或地區擬訂臺灣地區無戶籍國民每年申請在臺灣地區居留之配額，報請行政院核定後公告之。但有未成年子女在臺灣地區設有戶籍，或結婚滿四年，其配偶在臺灣地區設有戶籍者，不受配額限制。

臺灣地區無戶籍國民經許可入國，逾期停留未逾十日，其居留申請案依前項規定定有配額限制者，依規定核配時間每次延後一年許可。但有前條第一項各款情形之一者，不在此限。

壹、導言

　　本條主要規定無戶籍國民申請在臺灣居留之要件以有關居留之延期與配額等，首先在此論述居留之定義，另整體論述居留之要件內容以及居留之延期與配額等。而在程序方面，依據「臺灣地區無戶籍國民申請入國居留定居許可辦法」規定，在此設有第三章專章規定，主要亦包含程序與補充法律之規定以及另有相關者為入出國及移民法施行細則，在此一併論述。

貳、內容解析

一、居留之定義

有關居留，在本法有其法定意義，在第3條第1項第8款規定：「居留：指在臺灣地區居住期間超過六個月。」同時此項定義亦相對於本法規定停留、居留、永久居留或定居等，所反映出的不同概念。若不以法定意義爲限，居留之通常概念應爲居住與停留。

二、居留之要件

有關居留之要件，因臺灣地區無戶籍國民係爲特殊身分，在法理上可與外國人相互比較，更能深入了解其相關法制，由此兩者在居留要件有所差異之處，值得探究。首先，依據本條規定，當事人向移民署申請在臺灣居留，並不須如同外國人申請居留，需先持停留期限60日以上且未經簽證核發機關加註限制不准延期或其他限制之有效簽證（本法第22條）。因此，無戶籍國民若欲在臺灣停留超過六個月以上，得逕向移民署提出居留申請，並不必要先提出停留申請。

從申請居留要件之內涵觀察，相較於外國人，其要件相當廣泛，可以依據相關狀況提出申請居留之條件眾多，高達十五項要件。審酌相關要件，其中包含依親收養、從政、經濟、就學、受訓、投資與工作等。而相對上，外國人申請居留之要件，僅及於依親收養、工作、投資或外交考量等。比較外國人，相關規定對於無戶籍國民，當然不應較爲嚴格，因本質上，其仍被視爲本國人，有關居留之權益，應視爲本身應有權利，自不能有太多限制[7]。

在程序方面，依據臺灣地區無戶籍國民申請入國居留定居許可辦法規定，在此設有第三章專章規定，主要包含程序與補充法律之規定。依據該辦法第14條規定，無戶籍國民申請居留，應檢附相關文件，向移民署爲之，相關文件重要者包括申請書、僑居地或居住地身分證明、我

---

[7]　陳明傳，反恐與國境安全管理，中央警察大學國境警察學報，3期，2004年，頁36-40。

國護照或其他足資證明具有我國國籍之文件等。該辦法第15條進一步規定，無戶籍國民於國外申請居留經許可者，由入出國及移民署發給單次入國許可證及臺灣地區居留證副本。申請人自入國之翌日起15日內，應親自持憑臺灣地區居留證副本，向入出國及移民署換領臺灣地區居留證等等，上述均為對居留重要程序之補充規定[8]。

　　另依據本條第2項規定，除了申請本人可申請居留外，有直系血親等或現任僑選立法委員等，其配偶及未成年子女得隨同申請，若未隨同申請者，得於本人入國居留許可證許可後定居許可前申請之，另本人居留許可依法遭撤銷或廢止，其配偶及未成年子女之居留許可併同撤銷或廢止之。由此規定，係因基於實務需要，有關居留實務生活之執行，關係著本人以及家人之整體性，故相關程序規定，使其連結一起。

　　又依據入出國及移民法施行細則第11條規定：「未兼具外國國籍之臺灣地區無戶籍國民（以下簡稱無戶籍國民），依本法第九條第一項第十一款或第十五款規定，在臺灣地區從事就業服務法第四十六條第一項各款之工作，而申請居留者，由移民署準用就業服務法有關外國人聘僱許可之規定審核之，免檢附勞動部核發之工作許可。」

　　本法於112年6月修正公布本條第1項相關無戶籍國民申請居留要件，包含第1款、第4款、第5款、第7款、第11款、第12款與第15款等，原第1款並未包含無戶籍國民為超過12歲而未成年之被收養人，考量未成年子女最佳利益及配合修正條文第10條第1項第2款規定，爰修正第1款規定。依國籍法第2條第1項第1款規定，出生時父或母為中華民國國民，屬中華民國國籍。如係以歸化方式取得我國國籍後定居設籍者，其在歸化我國國籍前在國外出生之子女，因不具我國國籍，並不適用本條規定，現行第4款用語易有誤導申請人之虞；又為保障父或母死亡時為有戶籍國民之子女權益，爰參酌國籍法第2條第1項第1款及第2款規定修正。另放寬國外出生子女申請居留時之年齡限制，爰刪除原第

8　楊翹楚，移民政策與法規，2版，元照，2013年，頁83-85。

4款成年之規定[9]。

　　另鑑於本法關於外國人申請永久居留須合法連續居留七年之規定，已於96年12月26日修正公布爲合法連續居留五年即得爲之，並自97年8月1日施行，緣此，無戶籍國民亦應配合比照辦理；另無戶籍國民爲具中華民國國籍者，僅尚未在臺設有戶籍，其在臺居留、定居之資格或權益，亦不應劣於外國人，爰修正第五款規定。爲吸引曾在臺灣地區居留之第12款僑生畢業後留臺或來臺服務，並將具僑生身分之無戶籍國民申請定居標準一致化，俾提升我國競爭力，且保障渠等在臺居留權益，爰修正第7款規定。依前行政院勞工委員會職業訓練局於95年6月2日函釋，僅具單一國籍之無戶籍國民，在臺工作免依就業服務法申請工作許可。是以，其所從事之工作種類並未受限於就業服務法第46條規定，爰配合第7款修正內容，修正第11款及第15款規定。依僑生回國就學及輔導辦法規定，回國就學僑生係由各級主管教育行政機關、大學或其組成之海外聯合招生委員會許可，爰修正第12款文字[10]。

三、居留之延期與配額

　　居留係居住於我國一段時間，即有期限之限制，故居留之延期仍爲非常重要的議題，而綜合本條第3項、第4項、第5項規定，居留之期限爲三年，原因仍繼續存在者得向移民署申請延期，而延期最長不得逾三年。而針對居留之延期，依據臺灣地區無戶籍國民申請入國居留定居許可辦法，有補充規定，該辦法第16條規定，有關單次入國許可證及臺灣地區居留證副本有效期間之延期，另依據該辦法第17條規定，重要者爲臺灣地區居留證爲無戶籍國民居留期間之身分證明文件，其效期爲三年。又依據該辦法第18條規定，補充程序上應具備之文件，應包括申請書、臺灣地區居留證以及其他相關證明文件。

　　在此規定，除了前述居留之延期，關係人民生活之安定性等，另一

9　參閱112年2月15日立法院議案關係文書院總第20號政府提案第10030442號函，案由：行政院函請審議「入出國及移民法部分條文修正草案」案。

10　同前註。

重要議題則爲居留之配額，依據本條第8項規定：「主管機關得衡酌國家利益，依不同國家或地區擬訂臺灣地區無戶籍國民每年申請在臺灣地區居留之配額，報請行政院核定後公告之。但有未成年子女在臺灣地區設有戶籍，或結婚滿四年，其配偶在臺灣地區設有戶籍者，不受配額限制。」在此所定「衡酌國家利益」，雖係不確定法律概念，應是針對一般國民與無戶籍國民生活於臺灣之人數比例而言，蓋若無限制，不成比例的大量無戶籍國民於臺灣居留，恐有政治、經濟、社會、治安等問題之關聯，故以此關係國家利益而概括規定。然而在此亦有例外規定，即不受居留配額之限制，針對二種情況之人，如有未成年子女在臺灣地區設有戶籍者或者是結婚滿四年，其配偶在臺灣地區設有戶籍者。由此例外規定，係以整體性考量，其認爲有家人如未成年子女或配偶等，其若設有戶籍，前述政治、經濟與治安之相關因素，在審酌考量程度，應更爲寬鬆，並不必然予以居留配額之限制[11]。

有關居留配額，在臺灣地區無戶籍國民申請入國居留定居許可辦法亦有補充規定，依據該辦法第20條規定：「無戶籍國民之居留申請案有配額限制者，其隨同申請之未成年子女或被收養者年齡、配偶身分之認定，以實際核配時爲準（第1項）。前項無戶籍國民及隨同申請者，列同一配額（第2項）。」由此規定，隨同申請之未成年子女或被收養者，其配額係掛在同一數額，而身分認定之基準時，係在於審核時，而非在申請之前或之後。

參、綜論

從申請居留要件之內涵觀察，相較於外國人，其要件相當廣泛，可以依據相關狀況提出申請居留之條件眾多，高達十五項要件。審酌相關要件，其中包含依親收養、從政、經濟、就學、受訓、投資與工作等

---

[11] 許義寶，入出國法制與人權保障，3版，五南，2019年，頁58-61。

等。在此本條所定「衡酌國家利益」，雖係不確定法律概念，應是針對一般國民與無戶籍國民生活於臺灣之人數比例而言，蓋若無限制，不成比例的大量無戶籍國民於臺灣居留，恐有政治、經濟、社會、治安等問題之關聯，故以此關係國家利益而概括規定。

第10條（申請定居之條件）
臺灣地區無戶籍國民有下列情形之一者，得向移民署申請在臺灣地區定居：
一、前條第一項第一款至第十一款之申請人及其隨同申請之配偶及未成年子女，經依前條規定許可居留者，在臺灣地區居留滿一年且居住三百三十五日以上，或連續居留滿二年且每年居住二百七十日以上，或連續居留滿五年且每年居住一百八十三日以上，仍具備原居留條件。但依前條第一項第二款或第八款規定許可居留者，不受連續居留或居留滿一定期間之限制。
二、在國外出生之未成年子女。持外國護照入國，出生時其父或母為居住臺灣地區設有戶籍國民。
三、在國外出生，持我國護照入國，出生時其父或母為居住臺灣地區設有戶籍國民。
四、在國內出生，未辦理出生登記，出國後持我國或外國護照入國，出生時其父或母為居住臺灣地區設有戶籍國民。
依前項第一款規定申請定居，其親屬關係因結婚發生者，應存續三年以上。但婚姻關係存續期間已生產子女者，不在此限。
臺灣地區無戶籍國民於第一項第一款居留期間出國，係經政府機關派遣或核准，附有證明文件者，不視為居住期間中斷，亦不予計入在臺灣地區居住期間。
臺灣地區無戶籍國民於居留期間依親對象死亡或與依親對象離婚，其有未成年子女在臺灣地區設有戶籍且得行使或負擔該子女之權利義務，並已連續居留或居留滿一定期間者，仍得向移民署申請定居，不受第一項第一款所定仍具備原居留條件之限制。
申請定居，除第一項第一款但書規定情形外，應於連續居留或居留滿一定期間後二年內申請之。申請人之配偶及未成年子女，得隨同申請，或於其定居許可後申請之。本人定居許可依第十一條第三項規定撤銷或廢止時，其配偶及未成年子女之定居許可併同撤銷或廢止之。
臺灣地區無戶籍國民經許可定居者，應於三十日內向預定申報戶籍地之戶政事

務所辦理戶籍登記，逾期未辦理者，移民署得廢止其定居許可。
臺灣地區無戶籍國民申請入國、居留或定居之申請程序、應備文件、核發證件種類、效期及其他應遵行事項之辦法，由主管機關定之。

壹、導言

本條主要規定無戶籍國民申請定居之要件以及相關程序等規定，首先在此論述定居之定義，另整體論述定居之要件內容以及相關程序規定等。除本條所規定定居要件等外，亦有法規命令之補充，如依據「臺灣地區無戶籍國民申請入國居留定居許可辦法」等相關規定，在此一併論述。

貳、內容解析

一、定居之定義

有關無戶籍國民之定居等規定，其中定居之意義，有其法定意義，即在第3條第1項第10款規定：「定居：指在臺灣地區居住並設立戶籍。」定居，指在固定的地方居住下來。如果是出國定居，意指永久性地到另外一個國家或地區居留，則屬於國際移民的範疇。如華僑和外籍華人都是出國定居者，或者說屬於移民[12]。

二、定居之要件

依據本條第1項規定，臺灣地區無戶籍國民在一定要件情形下，得向移民署申請定居，在此有2款要件：「一、前條第一項第一款至第

12　邵一鳴，九十年代內地來港定居人士問題研究，亞洲研究，34期，2000年，頁113-116。

十一款之申請人及其隨同申請之配偶及未成年子女，經依前條規定許可居留者，在臺灣地區連續居留或居留滿一定期間，仍具備原居留條件。但依前條第一項第二款或第八款規定許可居留者，不受連續居留或居留滿一定期間之限制。二、居住臺灣地區設有戶籍國民在國外出生之未成年子女。」經審酌觀察此2款要件，第一要件之首要重點，主要在於申請人及其隨同申請之配偶及未成年子女，在此即係為本法第9條第1款至第11款之申請人，而該條之申請人共有15款，在此即排除第9條第12款至第15款之申請人，其值得注意的特點是均經由中央勞動主管機關或目的事業主管機關許可之人員或事項。

在此申請定居，包括申請人隨同申請之配偶及未成年子女，故在本條第2項隨即規定：「依前項第一款規定申請定居，其親屬關係因結婚發生者，應存續三年以上。但婚姻關係存續期間已生產子女者，不在此限。」在此規定其親屬關係因結婚發生者，應存續三年以上。亦即，並不能因結婚關係，立刻取得此項權利，而是必須經過三年以後，如此亦有在防止假結婚真移民之情況。當然，所謂假結婚真移民係針對外國人而言，而針對無戶籍國民而言，是在防止假結婚真定居之情況[13]。

然而事實上，其實結婚移民仍被視為一種合法之移民方式。姑且不論個人欲移居他國的理由，跨國婚姻對企圖移入他國者而言，應算是最便捷的移民途徑，蓋其免去了繁瑣的移民申請程序，不僅無所謂資格審查問題，還可以省去支付移民顧問公司的一筆代辦費用。然而，有別於刑法上假借婚姻名義的詐欺取財罪、重婚罪等或民法上婚姻效力的認定等討論，而西方較為熱門的移民國多有防止假結婚事件的相關法律[14]。故依據我國移民法第58條至第61條規定係跨國婚姻媒合相關事項，其中亦規定跨國婚姻媒合不得為營業項目以及不得要求或期約報酬，亦即禁止婚姻媒合之商業行為，然而相對上，間接承認合法跨國婚姻仍成為移民之一種方式[15]。

13　許義寶，入出國法制與人權保障，3版，五南，2019年，頁58-62。

14　張瑋心，論移民法禁止期約報酬之跨國婚姻，軍法專刊，62卷4期，2016年，頁147-149。

15　李震山，論德國關於難民之入出境管理法制──以處理請求政治庇護者及戰爭難民為例，警

　　本條第3項則針對第1項第1款所定連續居留或居留滿一定期間，其規定如下：「一、依前條第一項第一款至第九款規定申請者，為連續居住一年，或居留滿二年且每年居住二百七十日以上，或居留滿五年且每年居住一百八十三日以上。二、依前條第一項第十款或第十一款規定申請者，為連續居住三年，或居留滿五年且每年居住二百七十日以上，或居留滿七年且每年居住一百八十三日以上。」在此規定，區分為二類，即第9條第1項第1款至第9款規定申請者以及第9條第1項第10款或第11款規定申請者，而分別區分規定。由此規定，申請者連續居留或居留滿一定期間，係為申請居留之重要必要要件。

　　針對未成年子女，基於保障弱勢者人權之理念[16]，本條亦有相關規定，如本條第1項第2款規定，居住臺灣地區設有戶籍國民在國外出生之未成年子女，在此可向移民署申請定居，因倘若並非未成年子女，而係居住臺灣地區設有國籍國民在國外出生之成年子女，其為無戶籍國民者，則並沒有此條款之優待，只有符合本法第9條第1項第4款有關申請居留規定，仍須依照本條第1項第1款規定，必須在臺灣地區連續居留或居留滿一定期間，並符合本條第2項所定連續居留或居留滿一定期間，才可向移民署申請定居。

　　本法於112年6月修正公布本條第1項各款相關無戶籍國民申請定居要件，為放寬無戶籍國民申請定居之條件及統一律定其在臺灣地區居留（住）之期間，並考量此一期間若遇有緊急事故須出國處理，即便係當日往返，亦不符原第一款規定之「連續居留」，似失之過嚴，故放寬為居留滿一年且居住335日以上，即可申請定居，爰修正第1款規定，並將原第3項居留滿一定期間之規定併入第1款規範；其餘項次依序遞移。另為放寬無戶籍國民之配偶及未成年子女雖非隨同本人申請，亦得於符合一定要件後申請定居，爰修正第1款本文規定；另為配合「在國外出生，出生時其父或母為居住臺灣地區設有戶籍國民」或「出生於父

　　　學叢刊，30卷1期，1999年，頁250-254。
[16]　吳旭洲，漫談弱勢人權之法律維護，律師雜誌，321期，2006年，頁21-25。

或母死亡後，其父或母死亡時爲居住臺灣地區設有戶籍國民」之無戶籍國民，依本項規定申請定居，不受居留滿一定期間之限制，爰修正第1款但書援引款次[17]。

又爲明確規範未成年之無戶籍國民，持外國護照入國申請定居之要件，並強化與我國社會之連結性，上揭未成年之無戶籍國民出生時其父或母須爲有戶籍國民，爰修正第2款文字。另爲吸引有戶籍國民在國外出生之子女回國，並考量在國外出生之成年子女，因須經常入出國，無法符合申請定居須居留滿一定期間之情形，爰增訂第3款規定，放寬有戶籍國民在國外出生之子女申請定居之年齡限制，以利渠等持我國護照入國後，可直接申請定居。而在國內出生，未辦理出生登記即出國，嗣後持我國護照或外國護照入國，出生時其父或母爲有戶籍國民者，不得依戶籍法第6條前段規定申請出生登記，亦不得依第2款或第3款規定申請在臺灣地區定居。審酌第2款及第3款所定在國外出生之子女得逕申請在臺灣地區定居，上開出生時其父或母爲有戶籍國民之子女係在國內出生，卻須依修正條文第9條第1項第1款及本條第1項第1款等相關規定，經許可在臺灣地區居留滿一定期間，始得申請定居，有失情理之平，且對當事人權利之影響至深且鉅，爲保障其權利，並符合法律保留原則，爰增訂第4款規定。本條第5項，酌作文字修正，其爲使本人之定居許可經撤銷或廢止時，其隨同申請之配偶及未成年子女之定居許可併同撤銷或廢止之規定更爲明確，爰增訂後段文字[18]。

三、定居之程序

有關本條規定無戶籍國民之定居相關程序，其重要者爲本條第7項規定：「臺灣地區無戶籍國民經許可定居者，應於三十日內向預定申報戶籍地之戶政事務所辦理戶籍登記，逾期未辦理者，移民署得廢止其定居許可。」由此規定，無戶籍國民縱使經主管機關移民審查核可定居，

---

17 參閱112年2月15日立法院議案關係文書院總第20號政府提案第10030442號函，案由：行政院函請審議「入出國及移民法部分條文修正草案」案。
18 同前註。

若未於30日內向預定申報戶政所登記，移民署可廢止其定居許可。在此並非必然會被廢止許可，因時間係考量因素，逾期辦理之30日即成就被廢止之要件，然而在實務上移民署仍可行政裁量，給予一段時間之緩衝，若仍未辦理，才予廢止。然而無論如何須向戶政所辦理戶籍登記，如此才能完成申請定居之程序，而達所謂長期居留於臺灣之目的。

　　針對定居程序，除了上述本條第7項規定外，其餘相關程序規定，則由行政命令補充之。由此，本條第8項即規定：「臺灣地區無戶籍國民申請入國、居留或定居之申請程序、應備文件、核發證件種類、效期及其他應遵行事項之辦法，由主管機關定之。」依此規定，內政部制定「臺灣地區無戶籍國民申請入國居留定居許可辦法」，依據該辦法第24條、第25條、第27條，補充規定定居之相關程序。依據該辦法第24條規定：「無戶籍國民申請定居，應檢附下列文件，向移民署為之：一、申請書。二、中央衛生主管機關指定醫院出具之健康檢查合格證明。三、臺灣地區居留證。四、僑居地或居住地警察刑事紀錄證明書。五、其他相關證明文件（第1項）。依本法第十條第一項第二款申請者，免附前項第三款及第四款文件（第2項）。無戶籍國民於大陸地區出生者，應另附其未在大陸地區設有戶籍及領用大陸地區護照之相關證明文件（第3項）。隨同居留者申請定居，應與申請定居者併同申請或於其定居後申請（第4項）。依第十三條規定申請變更居留原因者，其在臺灣地區連續居留或居留滿一定期間之計算，自許可變更居留原因之翌日起算。但原居留原因為本法第九條第一項第一款、第三款至第七款及第九款至第十一款情形之一者，自原許可居留之翌日起算（第5項）。無戶籍國民申請定居，於居留期間，每次出國在三個月以內者，得免附第一項第四款文件（第6項）。」由此條規定，無戶籍國民申請定居，主要應檢附申請書以及健康證明等文件。

　　另依據該辦法第25條規定：「原有戶籍國民，於國內回復國籍申請定居者，應檢附下列文件，向移民署為之：一、申請書。二、回復國籍許可證書。三、其他相關證明文件（第1項）。前項申請經許可者，移民署應核發入國證明文件，並於其外國護照入國簽證及入國查驗章上

加蓋戳記（第2項）。原有戶籍國民於國外回復國籍後，持我國護照或入國證明文件入境，應持憑經加蓋戳記之我國護照或入國證明文件及回復國籍許可證書，向遷入地之戶政事務所辦理遷入登記（第3項）。」由此規定，補充特別情況，在於原有戶籍國民，於國內回復國籍申請定居者，應主要檢附申請書以及回復國籍許可證書等相關文件。

又依據該辦法第27條規定：「無戶籍國民經許可定居者，由入出國及移民署發給臺灣地區定居證，並通知預定申報戶籍所在地戶政事務所（第1項）。無戶籍國民應於收到定居證之翌日起三十日內持憑至預定申報戶籍所在地戶政事務所辦理戶籍登記（第2項）。無戶籍國民未在預定申報戶籍所在地居住者，應向實際居住地之戶政事務所辦理戶籍登記，該戶政事務所受理後，應通知預定申報戶籍所在地戶政事務所（第3項）。」由此規定，針對無戶籍國民縱使經主管機關移民審查核可定居，若未於30日內向預定申報戶政所登記，移民署可廢止其定居許可，主要再補充無戶籍國民經許可定居者，由入出國及移民署發給臺灣地區定居證，並通知預定申報戶籍所在地戶政事務所等規定。

參、綜論

針對未成年子女，基於保障弱勢者人權之理念，本條亦有相關規定，為明確規範未成年之無戶籍國民，持外國護照入國申請定居之要件，並強化與我國社會之連結性，未成年之無戶籍國民出生時其父或母須為有戶籍國民，爰修正規定於本條第2款。另為吸引有戶籍國民在國外出生之子女回國，爰增訂第3款規定，放寬有戶籍國民在國外出生之子女申請定居之年齡限制，以利渠等持我國護照入國後，可直接申請定居。針對定居程序，除了上述本條第7項規定外，其餘相關程序規定，則由行政命令補充之。由此，本條第8項即規定：「臺灣地區無戶籍國民申請入國、居留或定居之申請程序、應備文件、核發證件種類、效期及其他應遵行事項之辦法，由主管機關定之。」依此規定，內政部制定

「臺灣地區無戶籍國民申請入國居留定居許可辦法」，依據該辦法第24條、第25條、第27條，補充規定定居之相關程序。

第11條（不予許可臺灣地區無戶籍國民居留或定居之條件）
臺灣地區無戶籍國民申請在臺灣地區居留或定居，有下列情形之一者，移民署得不予許可：
一、有事實足認有妨害國家安全或社會安定之重大嫌疑。
二、曾受有期徒刑以上刑之宣告。
三、未經許可而入國。
四、冒用身分或以不法取得、偽造、變造之證件申請。
五、曾經協助他人非法入出國或身分證件提供他人持以非法入出國。
六、有事實足認其係通謀而為虛偽之結婚。
七、親屬關係因收養而發生，被收養者入國後與收養者無在臺灣地區共同居住之事實。
八、中央衛生主管機關指定健康檢查項目不合格。但申請人未成年，不在此限。
九、曾經從事與許可原因不符之活動或工作。
十、曾經逾期停留。
十一、經合法通知，無正當理由拒絕到場面談。
十二、無正當理由規避、妨礙或拒絕接受第七十條之查察。
十三、其他經主管機關認定公告者。
經許可居留後，有前項第一款至第八款情形之一，或發現申請當時所提供之資料係虛偽不實者，移民署得撤銷或廢止其居留許可。
經許可定居後，有第一項第四款或第六款情形之一，或發現申請當時所提供之資料係虛偽不實者，得撤銷或廢止其定居許可；已辦妥戶籍登記者，戶政機關並得撤銷或註銷其戶籍登記。
依前二項規定撤銷或廢止居留、定居許可者，應自得撤銷或廢止之情形發生後五年內，或知有得撤銷或廢止之情形後二年內為之。但有第一項第四款或第六款規定情形者，不在此限。
第一項第九款及第十款之不予許可期間，自其出國之翌日起算至少為一年，並不得逾三年。
第一項第十二款規定，於大陸地區人民、香港或澳門居民申請在臺灣地區居留或定居時，準用之。

壹、導言

　　本條主要規定無戶籍國民申請在臺灣居留或定居，移民署審查後不予許可之要，並在一定要件下，得撤銷或廢止原許可處分。在此關係行政法上不予許可處分與行政判斷等法理以及處分之得撤銷與廢止，也因此連結公法上消滅時效與信保護原則等，故在此一併論述。

貳、內容解析

一、不予許可處分與行政判斷

　　依據本條第1項各規定，移民署針對臺灣地區無戶籍國民申請在臺灣地區居留或定居，若有各款之情形要件，則予以不許可處分。在此即為主管機關針對所列各款之不確定法律概念，實施行政判斷。前面各條已有陳述，行政判斷大都與構成要件中之不確定法律概念及事實認定有關。將不確定法律概念，經過涵攝、解釋予以具體化之過程稱為不確定法律概念之判斷。就法律構成要件中之事實認定部分，是指依一般社會通念或經驗可以客觀方式加以確認，除數字、次數外，如雨天、天黑、汽車、駕駛人等，稱為事實性、描述性或經驗性（faktische, descriptive Begriffe oder Erfahrungsbegriffe）的法律概念。而前述不確定法律概念則稱之為規範性、價值性（Wertbegriffe）或有待價值填補（wertausfüllungsbedürftiger）之法律概念。針對不確定法律概念，行政機關有權先加以判斷，判斷結果若符合當時普遍之價值觀時，宜受法院尊重。但遇有爭執，法院可就行政機關之判斷予以審查，最後則以法院見解為依歸[19]。

　　本條所列之不確定法律概念，係成為居留或定居所規定之不予許可要件，由於居留或定居之概念與生活內容情形，顯然與前述入國停留等

---

[19] 李震山，行政法導論，修訂11版，三民，2019年，頁355-358。

要件不同，故有不同要件規定，前述本法第7條不予許可或禁止入國之不確定法律概念為：「一、參加暴力或恐怖組織或其活動。二、涉及內亂罪、外患罪重大嫌疑。三、涉嫌重大犯罪或有犯罪習慣。四、護照或入國許可證件係不法取得、偽造、變造或冒用。」相較於此4款要件，本條所規定為13款要件，在此對於居留或定居，其期間較長，係考量各種狀況所必然，而入國問題在於一個時間點，針對重大情形予以規定。由此，在未入國前，若已發現有參加暴力或恐怖組織或其活動或涉及內亂罪、外患罪重大嫌疑等，即不予許可或禁止入國，然而若入國後才發現，自然不可允許其申請居留或定居，然而本條雖無規定此2款有關參加暴力或恐怖組織或其活動或涉及內亂罪、外患罪重大嫌疑等，係包含在本條第1款所規定：「有事實足認有妨害國家安全或社會安定之重大嫌疑。」亦即此款不確定法律概念，其範圍較大，而涵蓋「參加暴力或恐怖組織或其活動或涉及內亂罪、外患罪重大嫌疑等」情形。

　　與前述相關，本條第1項規定要件中，有關第3款：「未經許可入國。」既已未經許可入國，應係屬前述第7條第1項所定四要件，相關可能產生危害等問題，應都相當嚴重，無論其利用何種方式入國，自然不可申請居留或定居。另相較於禁止入國要件中有關「護照或入國許可證件係不法取得、偽造、變造或冒用」，本條第4款規定：「冒用身分或以不法取得、偽造、變造之證件申請。」其適用涵蓋之要件範圍大於前述規定，不法取得或偽造證件係涵蓋了護照之偽造或變造。相關於此，本條第5款更進一步規定：「曾經協助他人非法入出國或身分證件提供他人持以非法入出國。」將不予許可之要件範疇擴大至曾經協助他人者。值得特別注意的是，在本條第1項第8款規定，包含健康檢查不合格者。另在第11款與第12款，係包含針對面談與查察，若係違反相關規定，亦無法獲得居留或定居之許可。

二、處分之得撤銷與廢止

　　本條第2項規定：「經許可居留後，有前項第一款至第八款情形之一，或發現申請當時所提供之資料係虛偽不實者，移民署得撤銷或廢止

其居留許可。」此法理係關係行政處分之廢止。而行政處分之廢止，係針對合法行政處分爲之，違法行政處分才會發生撤銷的問題，故合法行政處分之廢止與違法行政處分之撤銷不同之處有二，一是違法行政處分之撤銷，基於依法行政的要求，得由原處分機關、上級行政機關或訴願決定機關及行政法院爲之，但合法行政處分之廢止，基於權限分工之要求，僅得由原處分機關爲之。二是經撤銷之行政處分，原則上係使該行政處分溯及失效（行政程序法第118條），但合法行政處分之廢止，其效力係向將來發生（行政程序法第125條）[20]。

　　行政處分之廢止，其本身即爲行政處分。行政任務有頗大的主動性與權宜性，故使行政處分能充分適應變動社會，基本上應容許對行政處分予以適時的改變。依據行政程序法對行政處分之廢止分爲兩種，一是依據該法第122條規定，非授予利益之合法行政處分，得由原處分機關依職權爲全部或一部之廢止。但廢止後仍應爲同一內容之處分或依法不得廢止者，不在此限。在此非授予利益處分之廢止，無時效的限制。二是依據該法第123條規定，授予利益之合法行政處分，有下列各款情形之一者，得由原處分機關依職權爲全部或一部之廢止：1.法規准許廢止者；2.原處分機關保留行政處分之廢止權者；3.附負擔之行政處分，受益人未履行該負擔者；4.行政處分所依據之法規或事實事後發生變更，致不廢止該處分對公益將有危害者；5.其他爲防止或除去對公益之重大危害者[21]。

　　而依據行政程序法第117條第1項本文：「違法行政處分於法定救濟期間經過後，原處分機關得依職權爲全部或一部之撤銷；其上級機關，亦得爲之。」依此文義，所謂「法定救濟期間經過後」，係指提起訴願、行政訴訟或其他司法實體裁判前，依法得提起之救濟期間經過而行政處分已告確定而言。而法定救濟期間經過前，行政機關亦得依職權撤銷，只是有無信賴保護之適用問題而已[22]。故觀察本條第2項及第3

20　黃俊杰，行政程序法，2版，元照，2010年，頁169-171。
21　同前註。
22　林錫堯，行政法要義，4版，元照，2006年，頁343-353。

項有關移民署得撤銷或廢止居留許可以及定居許可處分之規定，在此並無針對違法或合法處分之規定，僅在於經許可處分，後來發現違反本條第1項所定相關款項，主管機關得撤銷或廢止處分。而依據前述行政法理，違法處分予以撤銷，而合法處分予以廢止[23]。在此，居留或定居經許可後，若直接認定為違法，則予以撤銷，倘若尚未經認定為違法，則適用依法規准許廢止之法理，予以廢止。

　　另依據移民法施行細則第12條規定：「移民署依本法第十一條第二項、第三項撤銷或廢止無戶籍國民居留或定居許可時，應通知各該中央目的事業主管機關。」

三、時效與信賴保護

　　依據本條第4項規定：「依前二項規定撤銷或廢止居留、定居許可者，應自得撤銷或廢止之情形發生後五年內，或知有得撤銷或廢止之情形後二年內為之。但有第一項第四款或第六款規定情形者，不在此限。」由此規定，有關居留定居之許可撤銷與廢止，仍有時效限制，係屬於公法上之消滅時效。依此規定，撤銷或廢止之要件成就後，五年內主管機關必須採取作為，否則此種撤銷或廢止權將會消失。在公法上，此種時效規定有可稱為除斥期間，除斥期間乃因法律行為有瑕疵或其他不正常情形，以致影響該法律行為的效力，使當事人得以撤銷或從事補救行為的期間，除斥期間係保護權利之功能的行使期限[24]。相關概念即為公法上請求權之時效，時效期限亦相同，在行政程序法之規定為第121條：「第一百十七條之撤銷權，應自原處分機關或其上級機關知有撤銷原因時起二年內為之（第1項）。前條之補償請求權，自行政機關告知其事由時起，因二年間不行使而消滅；自處分撤銷時起逾五年者，亦同（第2項）。」

　　然而依據行政處分之廢止法理，在一定要件下，廢止後若有信賴

23　陳敏，行政法總論，10版，元照，2019年，頁470-473。
24　李惠宗，行政法要義，6版，元照，2013年，頁371-375。

保護之情形適用，即有損失補償之請求問題。依據行政程序法第126條規定：「原處分機關依第一百二十三條第四款、第五款規定廢止授予利益之合法行政處分者，對受益人因信賴該處分致遭受財產上之損失，應給予合理之補償（第1項）。第一百二十條第二項、第三項及第一百二十一條第二項之規定，於前項補償準用之（第2項）。」在此探究本條第4項規定，有關居留定居許可處分之廢止，是否適用前述該法第126條相關損失補償規定。由此，從法律性質上，居留與定許可處分應屬授益行政處分，然而是否為公益危害或比例原則之考量而判斷信賴保護原則適用等法理規定[25]。

　　而信賴保護原則之功能對於授益處分之廢止，強於對授益處分之職權撤銷。因此授益處分之廢止，係限於某些特定事由。在此是否廢止處分，並非基於個案之衡量，而是受法律限制，已由立法者自為衡量。在個案中，縱然具備值得保護之信賴，亦得廢止，只是應予補償。又除法規特別規定外，行政機關於具備法定廢止原因時，固有廢止之權限，但無廢止之義務。是否廢止，原則上屬行政裁量，但行政機關亦得基於信賴保護之觀點，不予廢止[26]。尤其針對本條第4項相關廢止規定，係屬於法規准許廢止，在此法規特別規定在各款情況要件下，得廢止居留定居之授益處分，故在此因係法規已規定廢止之要件，故相對受益人不得主張信賴保護。

參、綜論

　　本條所列之不確定法律概念，係成為居留或定居所規定之不予許可要件，由於居留或定居之概念與生活內容情形，顯然與前述入國停留等要件不同，故有不同要件規定。本條將不予許可之要件範疇擴大至曾經協助他人者。值得特別注意的是，在本條第1項第8款規定，包含健康

25　林明鏘，行政法講義，修訂6版，新學林，2021年，頁250-256。
26　林錫堯，行政法要義，4版，元照，2006年，頁345。

檢查不合格者。另在第11款與第12款，係包含針對面談與查察，若係違反相關規定，亦無法獲得居留或定居之許可。針對本條第4項相關廢止規定，係屬於法規准許廢止，在此法規特別規定在各款情況要件下，得廢止居留定居之授益處分，故在此因係法規已規定廢止之要件，故相對受益人不得主張信賴保護。

第12條（臺灣地區無戶籍國民居留或定居之禁止）
臺灣地區無戶籍國民持憑外國護照或無國籍旅行證件入國者，除合於第九條第一項第三款或第十條第一項第二款、第四款情形者外，應持憑外國護照或無國籍旅行證件出國，不得申請居留或定居。

壹、導言

　　具有國籍人民，應持該國護照入出國境，世界各國皆然。具有我國國籍者，持外國護照入國，依外國人身分管理，不應由其隨意改變國籍身分。除外情形係將現行作業方式納入，以為完備。本條即規定無戶籍國民持憑外國護照或無國籍旅行證件入國者，有關出國與居留定居之申請等事項。首先論述雙重國籍與無國籍有關身分管理一致之議題，在此亦包含歸化取得我國國籍以及國外出生之未成年子女，一併論述。

貳、內容解析

一、雙重國籍與無國籍

　　本條主要規定臺灣地區無戶籍國民持憑外國護照或無國籍旅行證件入國者，大多應持憑外國護照或無國籍旅行證件出國。由此規定觀察，無戶籍國民持憑外國護照應會涉及雙重國籍之問題，因無戶籍國民亦為

我國國民，即係擁有中華民國國籍，若持憑外國護照入國，顯然擁有外國籍。前述具有國籍人民，應持該國護照入出國境，世界各國皆然。具有我國國籍者，持外國護照入國，依外國人身分管理，不應由其隨意改變國籍身分。在此，縱使有戶籍國民持外國護照出入國，亦應視為外國人之身分管理。倘若並無此身分管理，恐有以外國人身分入國，而以我國國民身分出國，自然將造成移民行政之問題與困擾。另無戶籍國民亦可能持無國籍旅行證件出入國，在此亦以身分管理之需要，同時要求出入國之身分應為一致，雖為我國國民，在此仍被視為無國籍者[27]。

依據本條規定，基於前述身分管理之一至，仍針對二種類型之人，有其例外排除規定，即第9條第1項第3款所規定之「歸化取得我國國籍」或第10條第1項第2款所定之「居住臺灣地區設有戶籍國民在國外出生之未成年子女」。在此因有其特殊身分，故並不適用於本條身分管理一致之規定，相關事項於後論述。另基於身分管理之一致，本條規定入出國之身分需一致外，無戶籍國民若持外國護照或無國籍旅行證等，縱使符合本法第9條與第10條有關居留與定居之要件，亦不得申請，在此其實如同針對本法第11條所規定居留或定居之不予許可各款，除了現行所規定13款外，增加此不予許可之要件，即為無戶籍國民若持持外國護照或無國籍旅行證等，除上述向兩種類型之人外，申請居留或定居，將獲致不予許可處分。

二、歸化取得我國國籍

無戶籍國民有歸化我國國籍者，縱使持憑外國護照或無國籍旅行證入國，亦不受本條所定有關身分管理一致之限制，仍可持同樣證件出國或保有申請居留定居等權利。由此，歸化取得我國國籍者係亦可視為一種特殊身分，因為依據我國國籍法相關規定，歸化取得國籍為成為國民之重要途徑，而依據國際法規定，眾多條文均針對歸化國籍而訂，自可理解其重要性。

---

[27] 吳學燕，移民政策與法規，修訂2版，志光，2021年，頁120-124。

依據國籍法第2條規定：「有下列各款情形之一者，屬中華民國國籍：一、出生時父或母為中華民國國民。二、出生於父或母死亡後，其父或母死亡時為中華民國國民。三、出生於中華民國領域內，父母均無可考，或均無國籍者。四、歸化者（第1項）。前項第一款及第二款規定，於本法中華民國八十九年二月九日修正施行時未滿二十歲之人，亦適用之（第2項）。」由此規定，人民成為具有國籍之國民有四種途徑，依據前述4款規定，有2款需有直系血親之法律關係，而第3款則以屬地方式，以出生於我國領域為準，第4款即為歸化。依據國際法第9條等相關規定，歸化為我國國籍者，一年內提出喪失原有國籍證明。屆期未提出者，除經外交部查證因原屬國法律或行政程序限制屬實，致使不能於期限內提出喪失國籍證明者，得申請展延時限外，應撤銷其歸化許可。故考量無戶籍國民係以歸化取得國籍者，在一年內即將喪失原有國籍，其入國後，未來即將出國時，可能已無原國籍護照，故有將此種情形列為本條例外之適用規定。

三、國外出生之未成年子女

依本條規定，居住臺灣地區設有戶籍國民在國外出生之未成年子女，縱使持憑外國護照或無國籍旅行證入國，亦不受本條所定有關身分管理一致之限制，仍可持同樣證件出國或保有申請居留定居等權利。針對國外出生之未成年子女，其父母親雖為有戶籍國民，然其因在國外出生，依據國籍法第2條規定，成為我國國民，然其身在國外仍未設籍，故成為無戶籍國民，在此亦成為特殊身分之類型。

基於保護弱勢者人權等理念，應給予未成年者更多協助，故有關其入出國並不受限於身分管理一致之規定。國外之未成年子女於出生後，有關養育與教育等問題，許多人應仍保有原外國籍，倘若受限於身分管理一致之規定，針對入出國以及生活等將造成諸多不便，故予以例外規定。尤其，針對其申請居留與定居，倘若沒有例外，未來無法回國長期

生活，有違人倫之常，並亦可能違反憲法廣泛保障之家庭團聚權[28]。另本法亦於112年6月修正公布本條，配合修正條文第10條第1項第4款增訂無戶籍國民在國內出生，未辦理出生登記，出國後持外國護照入國者得申請定居之事由，爰增訂排除渠等不得申請定居之規定。

參、綜論

　　具有國籍人民，應持該國護照入出國境，世界各國皆然。具有我國國籍者，持外國護照入國，依外國人身分管理，不應由其隨意改變國籍身分。在此，縱使有戶籍國民持外國護照出入國，亦應視為外國人之身分管理。另基於身分管理之一致，本條規定入出國之身分需一致外，無戶籍國民若持外國護照或無國籍旅行證等，縱使符合本法第9條與第10條有關居留與定居之要件，亦不得申請，在此其實如同針對本法第11條所規定居留或定居之不予許可各款，除了現行所規定13款外，增加此不予許可之要件，即為無戶籍國民若持外國護照或無國籍旅行證等，除上述兩種類型之人外，申請居留或定居，將獲致不予許可處分。基於保護弱勢者人權等理念，應給予未成年者更多協助，故有關其入出國並不受限於身分管理一致之規定。國外之未成年子女於出生後，有關養育與教育等問題，許多人應仍保有原外國籍，倘若受限於身分管理一致之規定，針對入出國以及生活等將造成諸多不便，故予以例外規定。

第13條（廢止停留許可之情形）
臺灣地區無戶籍國民停留期間，有下列情形之一者，移民署得廢止其停留許可：
一、有事實足認有妨害國家安全或社會安定之虞。
二、受有期徒刑以上刑之宣告，於刑之執行完畢、假釋、赦免或緩刑。

---

[28] 許義寶，移民法制與人權保障，2版，五南，2017年，頁163-166。

壹、導言

　　本條規定無戶籍國民在停留期間，在一定要件下，移民署得廢止其停留處分。在此，首先依行政法理探究有關廢止處分之正當程序，另包含針對不確定法律概念之行政判斷與依法認定廢止之要件。另依據本法亦有居留與定居之廢止要件，其與本條停留之廢止要件，整體上有所比較，在此一併論述。

貳、內容解析

一、廢止處分之正當程序

　　前述依據行政程序法對行政處分之廢止分為兩種，一是依據該法第122條規定，非授予利益之合法行政處分，得由原處分機關依職權為全部或一部之廢止。但廢止後仍應為同一內容之處分或依法不得廢止者，不在此限。在此非授予利益處分之廢止，無時效的限制。二是依據該法第123條規定，授予利益之合法行政處分，有下列各款情形之一者，得由原處分機關依職權為全部或一部之廢止：1.法規准許廢止者；2.原處分機關保留行政處分之廢止權者；3.附負擔之行政處分，受益人未履行該負擔者；4.行政處分所依據之法規或事實事後發生變更，致不廢止該處分對公益將有危害者；5.其他為防止或除去對公益之重大危害者。

　　而本條所訂之停留許可處分，在本質上原屬於授益合法處分，該停留處分經許可後，若適用行政程序法第123條規定，應屬於依法規准許廢止者，因許可後，依其情狀符合本條第1項第1款或第2款規定，即可廢止。在此特別值得注意的是，法規如確屬授權行政機關廢止授益處分之規定，且依其規定內容與意旨，可認其性質係授權行政機關針對違反行政上義務行為施予裁罰性之不利處分者，行政機關依據該法規所為之廢止處分即屬行政罰，因依據行政罰法第2條第1項第2款規定，撤銷或廢止許可係為行政罰之範圍。故廢止停留許可，亦當符合行政罰法有關

規定，始得廢止，並適用行政罰法其他程序與實體規定，如陳述意見等程序規定[29]。

二、行政判斷與依法認定

本條規定廢止停留許可之要件，有二：「一、有事實足認有妨害國家安全或社會安定之虞。二、受有期徒刑以上刑之宣告，於刑之執行完畢、假釋、赦免或緩刑。」有此二要件觀察，針對第一要件，係爲不確定法律概念之行政判斷。而第二要件，係爲對於事實情狀之依法認定。針對第一要件有關國家安全或社會安定等不確定法律概念，首先的問題在於其明確涵義及內容，並不是絕對的定義概念，例如國家安全與公共安全，社會安定與社會治安或社會秩序等概念，有其重複或互相關係之概念，有時難以釐清。以國家安全與公共安全之區別而言，在警察與秩序法原理上，往往運用公共安全之概念，廣泛涵蓋非個人，包含國家、社會、團體等安全概念。以國家安全與公共安全之區別，從法理邏輯而言，公共安全之範圍較大，包含國家安全。同樣，公共秩序之範圍較大，亦包含社會秩序。故在學理上，依據行政法與警察法理論，應以公共安全與公共秩序爲主[30]。

綜合而論，公共安全之主要內涵可大分爲三：1.國家及其機關之安全與存續。除國家之外尚包括其他公權力主體，保護範圍及於所有公法上之權利主體與機關之外，尚包含設施，特別指的是公共營造物，如戲劇院、博物館、圖書館，而國家及其機關所舉辦、進行之活動，亦在受保護之列；2.個人生命、身體、自由、名譽及財產之安全，主要是指由公法所保護之個人主觀公權及法益而言；3.所有法規之維護，法規係指客觀意義之法，以成文之規範爲主，其係民主法治國家維繫其功能之重要要素[31]。

---

[29] Vgl. Wilfried Erbguth (2009), Allgemeines Verwaltung, 3. Auflage, S. 162 ff.

[30] Vgl. Markus Thiel (2013), Polizei-und Ordnungsrecht, S.30 ff.

[31] Vgl. Pieroth/Schlink/Kniesel (2004), Polizei- und Ordnungsrecht, 2. Auflage, S. 124 ff.。李震山、黃清德、李錫棟、李寧修、陳正根、許義寶，集會遊行法逐條釋義，五南，2020年，頁146-148。

至於本條所定社會安定之不確定法律概念，通常與社會秩序或公共利相似，故依據集會遊行法第11條有關不予許可之法律要件判斷，即有在第2項第2款規定：「有明顯事實足認為有危害國家安全、社會秩序或公共利益者。」而在移民法有關廢止居留與停留之法律要件，所定應判斷之不確定法律概念係為國家安全或社會安定。相較之下，前述以論述國家安全與公共安全，在此認為社會安定之用語，並非立法常使用之法律名詞，同樣較多使用社會秩序或公共秩序。而今日所理解之公共秩序（öffentliche Ordnung）概念則為「包括所有不成文之個人公共行為規範，依通常道德、社會之觀念，遵守該規範是國民共同生活不可或缺之要件」。由於公共秩序之定義範圍過廣，疑義滋生，公共秩序有關之危害防止是否列入警察任務仍有爭議，其概念的確定，有賴法官審判時，以其見解加以闡明[32]。而本條第1項第2款規定：「受有期徒刑以上刑之宣告，於刑之執行完畢、假釋、赦免或緩刑。」移民署作為主管機關應就事實認定，無戶籍國民於停留期間，是否具有上述規定之事實，若有此種事實情狀，即依法認定作成「廢止」或「不廢止」之行政決定裁量。

三、廢止停留、居留與定居要件之比較

審視廢止停留、居留與定居之要件，三者之間互有差異，例如針對停留，在本法僅規定廢止，而針對居留與定居，本法則規定得撤銷或廢止，係因停留許可處分，入國後應均視為合法，故針對合法處分，在一定要件下予以廢止，而居留與定居許可處分，有些要件為事實認定，可能構成違法，有些要件為行政判斷，主觀上被視為合法，故有得撤銷或廢止之區別。然而針對未來法律效果而言，均將因許可處分經廢止或得

---

[32] 李震山，警察行政法論——自由與秩序之折衝，5版，元照，2020年，頁178-180。李震山教授引用德文文獻進一步指出，對一行為是否違反公共秩序之判斷，應注意以下幾點：1.該可能違反秩序之行為是否已涉及一存在之非法律之社會規範；2.該規範合乎特定區域人民之多數見解；3.對維持一有秩序的共同生活，該規範為不可缺乏之要件；4.該被判定之行為是違反該社會規範。

撤銷，而限令其相對人出國，在此並無差異[33]。

　　無戶籍國民之停留與入國時間相連接，故本法僅規定停留與入國，有所謂不予許可之要件，蓋入國後與一段時間停留，應係屬國民遷徙自由與返鄉基本權，在有重要因素要件下，才不予許可或禁止入國。然而居留與定居之許可，其性質傾向於授益處分，故本法規定申請居留與定居需要一定要件。綜合而言，居留之要件大多係屬一種身分，如擔任僑選委員，或某種狀態，如歸化取得我國國籍者。另定居之要件，當然較嚴格，尤其著重連續居留或居留滿一定期間，且條件相當明確詳細，如連續居滿一年等。另兩者要件均包含居住臺灣地區設有戶籍者國民在國外出生之子女，惟不同的是，成年子女僅可申請居留，而未成年子女，則可申請定居，此應考量未成年子女之教養，故給予定居之申請，以利其教育與成長。

參、綜論

　　本條所訂之停留許可處分，在本質上原屬於授益合法處分，該停留處分經許可後，若適用行政程序法第123條規定，應屬於依法規准許廢止者，因許可後，依其情狀符合本條第1項第1款或第2款規定，即可廢止。本條第1項第2款規定：「受有期徒刑以上刑之宣告，於刑之執行完畢、假釋、赦免或緩刑。」移民署作為主管機關應就事實認定，無戶籍國民於停留期間，是否具有上述規定之事實，若有此種事實情狀，即依法認定作成「廢止」或「不廢止」之行政決定裁量。綜合而言，居留之要件大多係屬一種身分，如擔任僑選委員，或某種狀態，如歸化取得我國國籍者。另定居之要件，當然較嚴格，尤其著重連續居留或居留滿一定期間，且條件相當明確詳細，如連續居滿一年等。

---

[33] Vgl. Stefan Zeitler (2008), Allgemeines und Besonderes Polizeirecht für Baden-Württemberg, Rn.785 ff.

第14條（違反規定之限令出國）

臺灣地區無戶籍國民停留、居留、定居之許可經撤銷或廢止者，移民署應限令其出國。

臺灣地區無戶籍國民應於接到前項限令出國通知後十日內出國。

臺灣地區無戶籍國民居留、定居之許可經撤銷或廢止，移民署為限令出國處分前，得召開審查會，並給予當事人陳述意見之機會。

前項審查會之組成、審查要件、程序等事宜，由主管機關定之。

壹、導言

　　本條規定無戶籍國民停留、居留、定居之許可經撤銷或廢止者，入出國及移民署應限令其出國，包括有關移民署為限令出國處分前，得召開審查會，並給予當事人陳述意見之機會等。在此，首先論述限令出國相關規定，而有關依據行政程序法相關法理，探究陳述意見及審查會之相關規定。

貳、內容解析

一、限令出國

　　本條第1項規定：「臺灣地區無戶籍國民停留、居留、定居之許可經撤銷或廢止者，移民署應限令其出國。」由此規定，原許可處分經撤銷或廢止，當事人則喪失繼續存在的權利，惟前述依據行政程序法相關規定，仍有可能所謂信賴保護原則適用以及損失補償等問題產生。然而，依據移民法有關上述撤銷或廢止無戶籍停留、居留、定居等許可處分，主要在於使其喪失權利外，更重要者在於其違反我國法規，恐其繼續生活於我國境內，未來產生更嚴重問題，故使其離開我國，如此才能

達成立法意旨與目的。故本條規定主管機關移民署應限令其出國，由此觀察其立法，確屬特殊，因此項行政指令應是一項新的干預性命令式行政處分，並非行政執行，而是在強調其行政任務與目的而所為[34]。

相對於停留、居留與定居之廢止處分，限令其出國係為另一個新行政處分，因其內容不同，前者之廢止處分，在於廢止許可處分，而後者之內容，在本條第2項補充規定為：「臺灣地區無戶籍國民應於接到前項限令出國通知後十日內出國。」亦即內容重點是有其期限，通知後限於10日內出國。在此若未在10日內出國，即逾限令出國之期限，可再依據本法第15條第1項規定，強制其出國。而強制其出國，即屬行政執行之直接強制，其與本條所定限令其出國不同法律性質[35]。

二、陳述意見

依據本條第3項規定：「臺灣地區無戶籍國民居留、定居之許可經撤銷或廢止，移民署為限令出國處分前，得召開審查會，並給予當事人陳述意見之機會。」由此最重要規定為給予當事人陳述意見，針對處分前之陳述意見，須適用行政程序法，此為處分前之正當程序，相當重要[36]。依據行政程序法第102條規定：「行政機關作成限制或剝奪人民自由或權利之行政處分前，除已依第三十九條規定，通知處分相對人陳述意見，或決定舉行聽證者外，應給予該處分相對人陳述意見之機會。但法規另有規定者，從其規定。」但由於依據上述行政程序法有關陳述意見之相關規定，除了前述第102條規定外，仍有第103條規定，其規定無須聽證之情狀高達8款，如大量作成同種類之處分或情況急迫，如予陳述意見之機會，顯然違背公益者等[37]。

而在實務運作上，原本由行政機關須給予當事人陳述意見，均可能因適用上述八項例外條款，而使無須讓當事人陳述意見。在此本條第3

---

[34] Vgl. Tettinger/Erbguth/Mann (2009), Besonders Verwaltungsrecht, 10.Auflage, S.200 ff.

[35] Vgl. Zeitler/Trurnit (2014), Polizeirecht für Baden-Württemberg, 3. Auflage, S.35 ff.

[36] 蔡茂寅等，行政程序法實用，4版，新學林，2013年，頁50-55。

[37] 林明鏘，行政法講義，修訂6版，新學林，2021年，頁402-406。

項規定，因認定移民署作出限令出國處分係為重要處分，且關係國民遷徙自由之基本權，基於程序正義，針對特定事項，明定要召開審查會，並給予當事人陳述意見之機會。針對特定事項，移民署作成限令出國處分，依法須讓當事人在審查會上陳述意見，並無行政裁量之權限。另本條雖無須聽證之規定，然而依據行政程序法第107條第1項第2款規定，針對重要處分前，主管機關仍可自行決定是否舉辦聽證，故在此移民署對於限令出國處分前，仍可視情狀自行裁量是否舉辦聽證[38]。

三、審查會

本條第3項規定，移民署作成限令出國處分前，得召開審查會，並給予當事人陳述意見之機會。另於第4項規定：「前項審查會之組成、審查要件、程序等事宜，由主管機關定之。」由此規定，移民署制定「內政部入出國及移民署限令臺灣地區無戶籍國民出國審查會設置要點」，依據此要點第2點規定：「臺灣地區無戶籍國民經依本法第十一條第二項或第三項規定，撤銷或廢止其居留、定居許可，且有下列情形之一者，內政部入出國及移民署（以下簡稱入出國及移民署）於限令出國處分前，得召開限令臺灣地區無戶籍國民出國審查會（以下簡稱本會）：（一）懷胎七個月以上或生產、流產後二個月未滿。（二）罹患疾病或懷胎，立即出國有危害其生命之虞。（三）其他不能立即出國之理由。」由此規定，移民署作成限令出國處分前，並非必然召開審查會，而係針對此要點所提三要件，且從要點條文意旨，所指係原則上，停留、居留、定居許可經撤銷或廢止者，移民署均應限令其出國，但若有前述三要件，則須經審查會審議後始能決定[39]。

上述本要點，重要者除了前述第二點規定有關召開審查會審議之三項要件之事項外，另有第3點規定審查會委員之組成，主要由移民署署長擔任召集人，而由移民署遴聘各有關機關、單位主管以上人員及社會

---

[38] 陳敏，行政法總論，10版，元照，2019年，頁770-775。

[39] 林錫堯，行政法要義，4版，元照，2006年，頁230-235。

公正人士擔任，其中社會公正人士及任一性別委員，均不得少於委員總數三分之一。另第7點規定應行迴避之人，有四：1.本人或其配偶、前配偶、四親等內之血親或三親等內之姻親或曾有此關係者為案件之當事人時；2.現為或曾為該案件當事人之代理人、輔佐人；3.於該案件，曾為證人；4.有其他情形足認其審查有偏頗之虞。又第9點規定，本會召開會議，應通知當事人到場陳述意見。必要時，並得通知有關機關、單位派員列席說明。

參、綜論

相對於停留、居留與定居之廢止處分，限令其出國係為另一個新行政處分，因其內容不同，前者之廢止處分，在於廢止許可處分，而後者之內容，在本條第2項補充規定為：「臺灣地區無戶籍國民應於接到前項限令出國通知後十日內出國。」本條雖無須聽證之規定，然而依據行政程序法第107條第1項第2款規定，針對重要處分前，主管機關仍可自行決定是否舉辦聽證，故在此移民署對於限令出國處分前，仍可視情狀自行裁量是否舉辦聽證。移民署制定「內政部入出國及移民署限令臺灣地區無戶籍國民出國審查會設置要點」，依此要點，係原則上，停留、居留、定居許可經撤銷或廢止者，移民署均應限令其出國，但若有相關要件事實，則須經審查會審議後始能決定。

第15條（強制出國之條件）
臺灣地區無戶籍國民未經許可入國，或經許可入國已逾停留、居留或限令出國之期限者，移民署得逕行強制其出國，並得限制再入國。
臺灣地區無戶籍國民逾期居留未滿三十日，且原申請居留原因仍繼續存在者，經依第七十四條之一第二項規定處罰後，得向移民署重新申請居留；其申請定居，核算在臺灣地區居留期間，應扣除一年。
第一項受強制出國者於出國前，非予收容顯難強制出國者，移民署得暫予收

容，期間自暫予收容時起最長不得逾十五日。出國後，移民署得廢止其入國許可，並註銷其入國許可證件。

前三項規定，於本法施行前入國者，亦適用之。

第一項所定強制出國之處理方式、程序、管理及其他應遵行事項之辦法，由主管機關定之。

第一項之強制出國，準用第三十六條第三項至第五項及第三十八條之六規定；第三項之暫予收容及其後之續予收容、延長收容或再延長收容，準用第三十八條至第三十九條規定。

壹、導言

針對臺灣地區無戶籍國民相關出入國之處分，如停居留之許可經撤銷或限令其出國等，為使主管機關移民署能徹底履行其出國之狀態。而依據本條規定，移民署可將逕行強制其出國。在本條並規定重新申請居留之要件情況，重要者亦規定應制定授權命令以規定強制出國之正當程序等事項。

貳、內容解析

一、強制出國與正當程序

依據本法第14條，有關限令出國者，在此若未在10日內出國，即逾限令出國之期限，強制其出國。而強制其出國，即屬行政執行之直接強制，其與本條所定限令其出國不同法律性質。依據行政執行法第1條規定：「行政執行，依本法之規定；本法未規定者，適用其他法律之規定。」故本條所規定逕行強制其出國，係為特別規定，然而其本質仍為行政強制執行。另依據行政執行法第27條第1項規定：「依法令或本於法令之行政處分，負有行為或不行為義務，經於處分書或另以書面限定

相當期間履行，逾期仍不履行者，由執行機關依間接強制或直接強制方法執行之。」係有關行為或不行為義務之執行，而強制出國在本質上即屬於一種行為義務，在此即無戶籍國民未經許可入國，或經許可入國已逾停留、居留或限令出國之期限者，依據本法第14條規定，被賦予出國之行為義務，然而義務人未能於限令出國通知後10日內出國，即逾期不履行，則依本條逕行強制出國。在此即為直接強制，因並非運用代履行或怠金使其履行義務，且相對於行政執行法，而規定於入出國及移民法的一種特別條款[40]。

在行政執行法第28條第2項規定有關直接強制之方法，因此以此觀察本條所規定逕行強制出國，其方法應適用第5款規定：「其他以實力直接實現與履行義務同一內容狀態之方法。」在此類似於即時強制之管束，係以物理力等強制限制人身自由等權利，達成內容狀態，如出國或限制行動等。基此，本條第5項規定：「第一項所定強制出國之處理方式、程序、管理及其他應遵行事項之辦法，由主管機關定之。」在此即以授權命令更詳細規定處理方式、程序與管理等事項，而此項強制出國辦法主要即包含在法治國最重要的正當程序。基此，內政部制定「臺灣地區無戶籍國民強制出國處理辦法」，共10條，重要者為第2條及第7條規定有關內政部移民署查獲依法得強制出國之臺灣地區無戶籍國民，相關行政與司法程序。如在該辦法第2條第4項規定，移民署知悉受強制出國處分之無戶籍國民涉有刑事案件已進入司法程序者，於強制出國10日前，應通知司法機關。另第5項規定，法院裁定准予續予收容或延長收容之無戶籍國民，經強制出國者，移民署應即時通知原裁定法院。而在第7條第1項則規定：「移民署執行無戶籍國民之強制出國，應檢查受強制出國之無戶籍國民身體及攜帶之物及派員戒護至機場、港口，監視其出國，並將其證照或旅行文件交由機、船長或其授權人員保管。有抗拒出國或脫逃之虞者，移民署得派員護送至應遣送之國家或地區。」

---

[40] 蔡震榮，行政執行法，5版，元照，2013年，頁66-70。

依據上述辦法，另有重要者爲第5條規定有關移民署逕行強制出國之詳細要件，又該辦法第6條第1項規定有關暫緩強制出國之要件情形，共有6款情形，重要者如第1款規定：「懷胎五個月以上或生產、流產未滿二個月。」以及第2款規定：「罹患疾病而強制其出國有生命危險之虞。」然而本條所規範之暫緩出國之要件情形，係關係人民權利與國境安全之衡平，僅以授權命令作爲補充規定，是否爲違反法律保留基本原則，是否應將本條規範於母法，仍有討論空間。

二、重新申請居留

在本條第2項規定，有關臺灣地區無戶籍國民重新申請居留之要件情形，其要件在於：第一，逾期居留未滿30日。第二，原申請居留原因仍繼續存在者。第三，經依第74條之1第2項規定處罰後，而此件即爲逾期居留經處罰新臺幣2,000元以上1萬元以下罰鍰後。在此觀察本項法理，值得注意的是，應係關係法治國家執法之寬容原則與界限。亦即，縱使違反本條第1項規定，相對人在面對強制出國之執行，若符合上述三要件，仍可向移民署重新申請居留。在此項亦規定，其申請定居，核算在臺灣地區居留期間，應扣除一年。亦即，相對人雖可重新申請居留，然而若未來申請定居，對其核可條件仍有影響。

故針對行政強制執行，在衡量相關情狀下，仍有寬容原則，如在行政執行法第3條規定：「行政執行，應依公平合理之原則，兼顧公共利益與人民權益之維護，以適當之方法爲之，不得逾達成執行目的之必要限度。」又如行政執行法第21條規定：「義務人或其他依法得管收之人有下列情形之一者，不得管收；其情形發生管收後者，行政執行處應以書面通知管收所停止管收：一、因管收而其一家生計有難以維持之虞者。二、懷胎五月以上或生產後二月未滿者。三、現罹疾病，恐因管收而不能治療者。」依據上述規定，係爲行政執行之比例原則規定[41]。由此法理，本條第2項有關重新申請居留，相對於本應遭強制出國之當事

---

[41] 林明鏘，行政法講義，修訂6版，新學林，2021年，頁410-415。

人，考量逾期時間仍不長、仍有原居留原因繼續存在以及已受罰鍰，可依據此項規定提出申請，以獲得繼續居留之機會。另本法於112年6月修正公布本條第2項，配合無戶籍國民逾期居留之處罰移列條文第74條之1第2項規定。另配合第36條增訂第5項關於當事人得委任律師及通譯規定，以及第38條之4增訂第4項至第6項關於再延長收容規定，爰修正第6項規定。

三、暫予收容

本條第3項前段規定：「第一項受強制出國者於出國前，非予收容顯難強制出國者，移民署得暫予收容，期間自暫予收容時起最長不得逾十五日。」在本條雖無明文規定暫於收容之要件情形，惟本條第6項後段規定：「第三項之暫予收容及其後之續予收容、延長收容，準用第三十八條至第三十九條規定。」由此，本項內容規定即是準用外國人暫予收容之各條項規定，重要者如外國人受強制驅逐出國處分，有下列情形之一，且非予收容顯難強制驅逐出國者，移民署得暫予收容：1.無相關旅行證件，不能依規定執行；2.有事實足認有行方不明、逃逸或不願自行出國之虞；3.受外國政府通緝。而依據本法第38條之1規定：「外國人有下列情形之一者，得不暫予收容：一、精神障礙或罹患疾病，因收容將影響其治療或有危害生命之虞。二、懷胎五個月以上或生產、流產未滿二個月。三、未滿十二歲之兒童。四、罹患傳染病防治法第三條所定傳染病。五、衰老或身心障礙致不能自理生活。六、經司法或其他機關通知限制出國。」此項規定，亦如前述，均係在行政強制執行中，有關實踐寬容原則以及比例原則，以維護人權保障[42]。

另其他相關準用規定，除上述第38條以及第38條之1外，從第38條之2至第38條之9等規定，大多均係屬暫予收容之正當程序規定。而依據本法第39條規定，主管機關必須制定授權命令之詳細規定，內容須包含對外國人之收容管理，應設置或指定適當處所以及收容程序、管理

---

42 李惠宗，行政法要義，6版，元照，2013年，頁512-515。

方式及其他應遵行事項之規則。基此，內政部依據本法第39條規定制定外國人收容管理規則，而本條有關臺灣地區無戶籍國民之暫予收容準用之。

參、綜論

　　本條所規定臺灣地區無戶籍國民基於四項要件：1.未經許可入國；2.經許可入國已逾停留之期限；3.經許可入國已逾居留之期限；4.經許可入國已逾限令出國之期限，則主管機關移民署得逕行強制其出國。此種強制出國係為行政上強制執行，相對於行政執行法，在此為特別規定，亦應遵守正當法律程序，經由本條第5項授權，內政部制定「臺灣地區無戶籍國民強制出國處理辦法」予以規定。另在本條第2項，基於行政法寬容原則之實踐與比例原則，在相關要件下，如逾期居留未滿30日且原申請居留原因仍繼續存在，得向移民署重新申請居留。

第16條（因僑居地區特殊狀況申請居留或定居之條件）

臺灣地區無戶籍國民，因僑居地區之特殊狀況，必須在臺灣地區居留或定居者，由主管機關就特定國家、地區訂定居留或定居辦法，報請行政院核定，不受第九條及第十條規定之限制。

本法施行前已入國之泰國、緬甸或印尼地區無國籍人民及臺灣地區無戶籍國民未能強制其出國者，移民署應許可其居留。

中華民國八十八年五月二十一日至九十七年十二月三十一日入國之無國籍人民及臺灣地區無戶籍國民，係經教育部或僑務委員會核准自泰國、緬甸地區回國就學或接受技術訓練，未能強制其出國者，移民署應許可其居留。

中華民國一百零五年六月二十九日以前入國之印度或尼泊爾地區無國籍人民，未能強制其出國，且經蒙藏事務主管機關組成審查會認定其身分者，移民署應許可其居留。

前三項所定經許可居留之無國籍人民在國內取得國籍者及臺灣地區無戶籍國民，在臺灣地區連續居住三年，或居留滿五年且每年居住二百七十日以上，或

居留滿七年且每年居住一百八十三日以上，得向移民署申請在臺灣地區定居。

臺灣地區無戶籍國民於前項所定居留期間出國，係經政府機關派遣或核准，附有證明文件者，不視為居住期間中斷，亦不予計入在臺灣地區居住期間。

壹、導言

本條於民國93年6月重大修正，其修正理由主要基於本法施行細則第34條許可本法施行前已入國之無戶籍國民在臺居留、定居之規定，有擴張適用原條文第2項之嫌。為符合法律保留原則，落實保障人權意旨，爰將上揭施行細則之規定提升至本法規範。其次為增訂修正條文第3項，將本法施行細則第27條第2項及第34條第2項提升至本法規範。另為強調依修正條文第2項許可在臺灣地區居留者，滿一定期間申請定居時，應在臺灣地區有連續居住之事實，爰增列「在臺灣地區連續居住三年」等字，以臻明確。並基於人道考量，爰放寬渠等申請定居之居留期限計算條件，增訂修正條文第3項後段規定。另配合修正條文第10條第4項，爰增訂修正條文第4項。

貳、內容解析

一、特殊狀況

有關臺灣地區無戶籍國民申請居留或定居事項，相關要件應依據本法第9條與第10條審查，依據第10條第8項規定：「臺灣地區無戶籍國民申請入國、居留或定居之申請程序、應備文件、核發證件種類、效期及其他應遵行事項之辦法，由主管機關定之。」故內政部制定「臺灣地區無戶籍國民申請入國居留定居許可辦法」執行辦理相關事項。然而在實務上，臺灣地區無戶籍國民等，基於歷史文化等因素，在各地狀況不

盡相同，故上述規定僅能規範一般情況，另有特殊狀況，無法規範，致使造成許多問題。因此在本法於民國88年制定之初，即在本條第1項規定，有關臺灣地區無戶籍國民居留與定居事項，仍應考量僑居地區之特殊狀況，依據特定辦法，報請行政院核定，而不受本法第9條與第10條相關規定之限制。

依據本條第1項規定，其所考量僑居地區之特殊狀況，在於倘若該臺灣地區無戶籍國民申請居留，首先自然可依本法第9條之基本規定提出申請，而符合條件則可獲准居留，就不需考量特殊狀況。在此，若依據本法第9條不獲居留許可，仍可考量特殊狀況，而依本條第1項所規定，依據主管機關所考量特殊狀況制定之特別規定，而獲得居留許可。目前依據本條第1項規定，考量特殊狀況而制定之規定爲「滯臺泰國緬甸地區國軍後裔申請居留或定居許可辦法」[43]。

二、泰國、緬甸或印尼地區等特定地區

依據本條第1項規定，因僑居地區之特殊狀況，可制定特別規定，不受本法第9條及第10條規定。然而依據本條第2項、第3項、第4項規定，目前適用特別狀況，仍有特定地區之規定，如第2項規定本法施行前已入國之泰國、緬甸或印尼地區無國籍人民及臺灣地區無戶籍國民未能強制其出國者規定。第3項規定中華民國88年5月21日至97年12月31日入國之無國籍人民及臺灣地區無戶籍國民，係經教育部或僑務委員會核准自泰國、緬甸地區回國就學或接受技術訓練，未能強制其出國者。第3項規定中華民國105年6月29日以前入國之印度或尼泊爾地區無國籍人民，未能強制其出國，且經蒙藏事務主管機關組成審查會認定其身分者。

目前考量特殊狀況與特定地區等因素，不受本法第9條與第10條之規定限制，所制定規定爲「滯臺泰國緬甸地區國軍後裔申請居留或定居許可辦法」。此辦法即依據本條第1項規定制定，在此辦法第2條，其適用對象，除本條第3項規定「中華民國八十八年五月二十一日至

43　許義寶，入出國法制與人權保障，3版，五南，2019年，頁221-220。

九十七年十二月三十一日入國之無國籍人民及臺灣地區無戶籍國民」之外，進一步規定：「本辦法所稱滯臺泰國緬甸地區國軍後裔（以下簡稱泰緬地區國軍後裔），指中華民國八十八年五月二十一日至九十七年十二月三十一日期間入國，由教育部或僑務委員會核准自泰國、緬甸地區回國就學或接受技術訓練，現仍在臺灣地區，經國防部查證，爲滯留泰國緬甸地區前國軍官兵之後裔，發給國軍後裔證明者。」

　　依據上述辦法，只要符合第2條適用對象之規定，申請人申請居留不受本法第9條各款之限制，而這些限制即爲申請要件，申請人若非上述辦法之適用對象，則第9條第1項共計15款，重要者如須爲現任僑選立法委員、歸化取得我國國籍、居住臺灣地區設有戶籍國民在國外出生之成年子女、持我國護照入國，在臺灣地區合法連續停留七年以上，且每年居住183日以上等。由此，針對滯臺泰國緬甸地區國軍後裔，其申請居留，基於歷史文化因素仍予優待，不同於其他僑居地區之人民。

三、特定地區申請定居

　　僑居特定地區之人民申請居留係依據特別規定，前述特別規定有「滯臺泰國緬甸地區國軍後裔申請居留或定居許可辦法」，而特定地區申請定居，在此特定地區即爲本條第2項、第3項、第4項，包括本法施行前已入國之泰國、緬甸或印尼地區無國籍人民及臺灣地區無戶籍國民、中華民國88年5月21日至97年12月31日入國之無國籍人民及臺灣地區無戶籍國民，係經教育部或僑務委員會核准自泰國、緬甸地區回國就學或接受技術訓練以及中華民國105年6月29日以前入國之印度或尼泊爾地區無國籍人民。上述特定地區，其申請定居，依據本條第5項規定，所定經許可居留之無國籍人民在國內取得國籍者及臺灣地區無戶籍國民，在臺灣地區連續居住三年，或居留滿五年且每年居住270日以上，或居留滿七年且每年居住183日以上，得向移民署申請在臺灣地區定居。

　　另依據本條第6項規定：「臺灣地區無戶籍國民於前項所定居留期間出國，係經政府機關派遣或核准，附有證明文件者，不視爲居住期間

中斷，亦不予計入在臺灣地區居住期間。」由此，觀察本條第5項與第6項有關特定地區申請定居之主要條件，此係參照本法第10條第3項第2款規定：「依前條第一項第十款或第十一款規定申請者，爲連續居住三年，或居留滿五年且每年居住二百七十日以上，或居留滿七年且每年居住一百八十三日以上。」在此僑居特定地區之民有關申請定居，依據本條第6項規定，係比照本法第9條第1項第10款與第11款所規定之人民，即爲第10款規定：「前款以外，經政府機關或公私立大專校院任用或聘僱。」以及第11款規定：「經中央勞動主管機關或目的事業主管機關許可在臺灣地區從事就業服務法第四十六條第一項第一款至第七款或第十一款工作。」

參、綜論

本條考量臺灣地區無戶籍國民，因僑居地區之特殊狀況，申請居留或定居，針對特定國家與地區，而訂定特別要件，不受本法第9條與第10條規定。而目前之考量，則以本條第2項、第3項、第4項所列狀況爲主，即第2項所列本法施行前已入國之泰國、緬甸或印尼地區無國籍人民及臺灣地區無戶籍國民未能強制其出國者，第3項所列中華民國88年5月21日至97年12月31日入國之無國籍人民及臺灣地區無戶籍國民，係經教育部或僑務委員會核准自泰國、緬甸地區回國就學或接受技術訓練，未能強制其出國者，第4項所列中華民國105年6月29日以前入國之印度或尼泊爾地區無國籍人民，未能強制其出國，且經蒙藏事務主管機關組成審查會認定其身分者。上述規定，應基於歷史文化之特殊條件，以及多年來僑民在臺灣生活居留等狀況，以解決所產生不同地區僑居之特殊問題。

第17條（隨身攜帶證明文件及出示義務）
十四歲以上之臺灣地區無戶籍國民，進入臺灣地區停留或居留，應隨身攜帶護照、臺灣地區居留證、入國許可證件或其他身分證明文件。
移民署或其他依法令賦予權責之公務員，得於執行公務時，要求出示前項證件。其相關要件與程序，準用警察職權行使法第二章之規定。

壹、導言

　　本條之立法理由，明定臺灣地區無戶籍國民有隨身攜帶護照等身分證明文件，及向相關執行公務之公務員出示該等證件之義務。惟本條第1項雖明定，然而在本法相關罰則規定，針對違反本條第1項，即其若未攜帶相關證明文件，並無處罰規定，故在此作一探討。另本條第2項，執法準用警察職權行使法，惟警職法適用於狹義警察概念，移民署之執法公務員僅可視為廣義警察概念，故在此相關問題，一併探討。

貳、內容解析

一、隨身攜帶證明文件

　　本條第1項規定，14歲以上之臺灣地區無戶籍國民，進入臺灣地區停居留等，應隨身攜帶護照等相關身分證明文件。在此所指14歲以上，應係參照戶籍法規定，年滿14歲之國民可領身分證，即依據戶籍法第57條第1項規定：「有戶籍國民年滿十四歲者，應申請初領國民身分證，未滿十四歲者，得申請發給。」在此，比照國民年滿14歲，應使用身分證件以證明身分等。故本條第1項宣示規定，期待在臺灣無戶籍國民停居留期間，即有出示護照、居留證、入國許可證等，以證明身

分，如此應有利於社會治安與秩序等公共利益[44]。

　　然而若依據上述規定，臺灣地區無戶籍國民有出示證件以利查驗等執法工作，而有利於社會治安等公共利益，針對此項規定之違反在本法並無罰則，如此並無處罰之法律效果，故難達成規範之目的。在此，本條第1項規定即僅為示範指導規範，而無強制性。此項立法之規範，其與在道路交通管理處罰條例中，有關未攜帶駕照，受處罰問題之探討有所雷同。原先依據道路交通管理處罰條例第25條規定，駕駛車輛未隨身攜帶駕駛執照者，應處100元以上200元以下罰鍰，惟於民國102年4月已修正，只於第1項規定駕駛汽車應隨身攜帶駕駛執照，並無規定違反者應受處罰，故此種立法方式，係以行政指導為內涵，非強制手段，因此其立法方式，亦為本條所參照。另現代社會已進入高度資訊數位時代，相關資料應可從資訊設備中查詢確認，故攜帶證件，是否仍必要，值得探討，故本條之宣示作用，恐已無立法之效[45]。

二、執法準用警察職權行使法

　　本條第2項規定，入出國及移民署或其他依法令賦予權責之公務員，得於執行公務時，要求出示前項相關證明證件。其相關要件與程序，準用警察職權行使法第二章之規定。而依據警察職權行使法第二章規定，係為查證身分與資料蒐集，在此一般之論述，即透過臨檢人或場所，以獲得治安與危害防止等情況或資料。在此項，將移民署執法人員，得臨檢相關人或場所等，準用警察職權行使法，其法理在此將執法人員視為廣義之警察。而究其實，廣義的警察意義，所指者即為實質上、功能上、學理上之警察意義。狹義的警察意義，則係指形式上、組織上及實定法上之警察意義。最重要的定義應為學理上之警察意義與組織上之警察意義。學理上的警察，將行使所謂警察權（Polizeigewalt）者皆納入，涵蓋面極廣，頗足以闡明國家行政中警察作用之特質，可以

---

[44] 李震山，行政法導論，修訂11版，三民，2019年，頁448。
[45] 陳正根，警察與秩序法研究（三），五南，2018年，頁111-120。

簡單敘述警察係防止公共安全與公共秩序危害任務,而組織上之警察意義則較單純的指警察組織與人員,由警察組織法及人事法規範之。然而從組織上警察意義,依據警察職權行使法第2條第1項規定:「本法所稱警察,係指警察機關與警察人員之總稱。」因此依據警執法之警察係為狹義警察,移民署並非狹義警察,故僅能準用,而非適用。然而從任務法與組織法之觀點,移民行政仍有別於警察行政,相關職權仍應個別規定,才較妥適[46]。

參、綜論

在此,本條第1項規定即僅為示範指導規範,而無強制性。此項立法之規範,其與在道路交通管理處罰條例中,有關未攜帶駕照,受處罰問題之探討有所雷同。另現代社會已進入高度資訊數位時代,相關資料應可從資訊設備中查詢確認,故攜帶證件,恐已無必要,本條第1項之立法功效,恐應檢討。另移民署並非狹義警察,故僅能準用,而非適用。然而從任務法與組織法之觀點,移民行政仍有別於警察行政,相關職權仍應個別規定,才較妥適。

---

[46] 陳正根,警察與秩序法研究(一),五南,2010年,頁6-10。

第四章

外國人入出國

第18條（禁止入國的事由）

外國人有下列情形之一者，移民署得禁止其入國：

一、未帶護照或拒不繳驗。

二、持用不法取得、偽造、變造之護照或簽證。

三、冒用護照或持用冒用身分申請之護照。

四、護照失效、應經簽證而未簽證或簽證失效。

五、申請來我國之目的作虛偽之陳述或隱瞞重要事實。

六、攜帶違禁物。

七、在我國或外國有犯罪紀錄。

八、患有足以妨害公共衛生之傳染病或其他疾病。

九、有事實足認其在我國境內無力維持生活。但依親及已有擔保之情形，不在此限。

十、持停留簽證而無回程或次一目的地之機票、船票，或未辦妥次一目的地之入國簽證。

十一、曾經被拒絕入國、限令出國或驅逐出國。

十二、曾經逾期停留、居留或非法工作。

十三、有危害我國利益、公共安全或公共秩序之虞。

十四、有妨害善良風俗之行為。

十五、有從事恐怖活動之虞。

十六、有嚴重侵害國際公認人權之行為。

外國政府以前項各款以外之理由，禁止我國國民進入該國者，移民署經報請主管機關會商外交部後，得以同一理由，禁止該國國民入國。

第一項第十二款之禁止入國期間，自其出國之翌日起算至少為一年，並不得逾七年。

第一項第十六款禁止入國之規定，於大陸地區人民、香港或澳門居民準用之。

壹、導言

外國人的入國，依國際慣例，一般認為是否許可外國人入國是主權國家的權能，得自由裁量。所謂外國人一般是指沒有本國國籍的人而言，不僅包括具有外國國籍的人（本來意義的外國人），也包括「無國籍人」。

一、外國人的概念及其形成

在市民革命之前，所謂的國家就好像路易十四所說的「朕即國家」那樣，只是指對同一個人效忠的團體而已。當這個人不存在時這個國家就崩毀了。反過來說，只要對國王效忠的人，無論在哪裡出生或居住在哪裡，都會被視為國家的一員。但是，因市民革命而形成國民的觀念之後，就開始把不屬於此國民團體的人當作外國人而給予差別的對待。在近代國家出現以前，作為上帝的法是平等的適用於任何人，但是，近代國家認為權利的主體是國民，原則上否定此等國民以外之人的權利。也就是原本是要求所有的人都自由平等的市民革命，卻成為對外國人做差別對待的始作俑者，這從某種意義上講，可以說是十分諷刺的一件事。[1]

在確立了主權國家的概念之後，國內應以怎樣的標準來把怎樣的人當作國民對待，在國民之間要以怎樣的形式給予差別的對待乃至於對外國人要如何差別的對待，似乎被認為是屬於各國的主權問題。因此，即使以他國的角度來看，認為其間存在重大的歧視甚至是一種壓迫，而對

---

[1] 甲斐素直，外国人の再入国の自由，憲法演習ゼミナール読本（上），1版，信山社，2008年，頁226。

其進行申訴，國際社會也會認爲是在干涉他國內政而不被允許。

　　納粹對猶太人的鎮壓和屠殺以及其他代表集體主義的殘暴行爲在當時就是被視爲各國的內政而未加干涉，最終導致第二次世界大戰，基於這樣的痛苦經驗，國際社會乃認識到和平與人權是具有密不可分的關係。[2]換言之，各國只在其國內保障人權是不充分的。因此，戰後在聯合國憲章第1條第3項就將尊重人權和基本自由與維持和平一併揭示爲聯合國的目的，並發布世界人權宣言，及具有法律效力的公民與政治權利國際公約及經濟社會文化權利國際公約（以下合稱兩公約）。

　　兩公約不是爲了保障少數群體或難民等特定群體或個人的人權，而是以全面保障所有人的人權爲目的。亦即，以全人類平等爲基本理念，當然也包含內國人和外國人平等。

　　我國雖然不是兩公約的會員國，但於民國98年公布施行兩公約施行法後，兩公約在我國即具有內國法的效力。

　　除此之外，作爲國內最高法規範的憲法，及其下的入出國及移民法等各種立法，都可以成爲外國人權利的法源依據。在解釋憲法時，根據作爲其基本原理的個人主義，及尊重個人人性尊嚴的原理，可以認爲所有的人都是人權的享有者。因此，可以認爲憲法對於人權的保障也應及於外國人[3]。

　　儘管憲法第7條（平等原則）所列舉的禁止差別對待的理由中沒有列出「國籍」，而可能認爲基於合理的原因對外國人爲不同的對待並非違憲，但至少不應僅因其爲外國人就完全否定其憲法上的權利。至於在具體上哪些權利外國人也享有，哪些權利被否定，則可能存在不同的看法，而有討論的空間。例如外國人是否有地方的參政權，可否賦予參選村里長、鄉鎮代表的權利？外國人是否享有社會權，可否領取社會救助金，或接受社會補助？外國人是否有居留本國的自由，是否有入出本國國境的自由？等即是。

2　同前註。
3　日本最高法院也認爲：「只要是人就可以當然享有的人權，即使是非法移民也應該享有。」（最高裁判所昭和25年12月28日判決）。

二、作爲權利主體的外國人

在考慮憲法所保障的基本權利中的哪些權利也適用於外國人時，應根據每種基本權利的性質作出個別和具體的判斷。基本上，只要是人就自然享有的基本人權，即使是非法入境的外國人也應承認其享有此等基本權利[4]，例如生命權、身體權、人身自由權、名譽權、秘密通信自由等，皆受憲法保護。憲法第二章所規定的基本人權的保障，除了在權利的性質上被理解爲只有本國國民才能成爲其保障的對象之外[5]，對於居留於本國的外國人也應同樣受到保護[6]。

另一方面，我國憲法第141條有關外交的基本國策是規定應敦睦邦交，尊重條約及聯合國憲章。世界人權宣言（序言、第1條和第2條）和經濟社會文化權利國際公約（序言、第2條第2項）和公民與政治權利國際公約（序言、第2條第1項），也分別倡導人類社會所有構成員所固有的尊嚴和平等。基此，在原則上，應承認外國人也是人權的主體而享有基本人權。[7]

依照國際慣例，任何國家並無義務許可外國人入境，然而一旦許可外國人入境，則必須以文明的態度對待外國人。例如：1.應承認每一位外國人皆爲權利主體；2.外國人所獲得的私法權利原則上應予尊重；3.應賦予外國人重要的自由權；4.應給予外國人有法律救濟途徑；5.應保護外國人的生命、自由、財產、名譽免受犯罪的侵害[8]。

當然，此並非意味著因爲在權利的性質上也適用於外國人，所以對外國人也必須受到與本國國民相同的保障。因此，不應僅因對外國人與對本國國民在法律上做不同的對待就認爲當然違憲。換言之，在憲法上對外國人也有可能允許不同的待遇。但無論如何，除了由於其權利的性

4　最高裁判所第2小法廷，昭和25年12月28日判決，民事判例集4卷12号，頁683。
5　例如選舉權、罷免權等參政權，一般被理解爲只有本國國民才能享有。但對於永久居留之外國人，也有主張於地方選舉理應承認其可以享有選舉權者。
6　日本最高裁判所在「マクリーン事件」中，有關該國憲法第三章所規定的基本人權保障，也是作相同的解釋。最高裁判所大法廷，昭和53年10月4日判決，民事判例集32卷7号，頁1223。
7　佐藤幸治，憲法Ⅱ基本的人權，初版，成文堂，1992年，頁52。
8　李震山，入出境管理之概念與範疇，警專學報，1卷8期，1995年，頁210-211。

質僅適用於本國國民之外，對外國人也應儘可能地予以保障。[9]

　　也就是外國人入境的同時，應服從該國的領土主權，接受該國的法律與習慣。國家則應遵守國際人權規約保障外國人生命、身體、財產以及法律應享有的權利與司法上的救濟。[10]依國際法原則，國家要給予外國人何種待遇，原則上可由各國國內法自行規定。但須注意不可牴觸國際法之標準。「世界人權宣言」簽署之後，人權保障已有客觀的基本標準。1985年聯合國即依據其聲明的最低標準通過「外國人人權宣言」，使合法在他國居留的個人，都能在當地享有基本權利。1990年通過的「保護所有移工及其家庭成員權利國際公約」，則更進一步具體地確立外國人的權利與保護制度。

　　接下來的問題是個人的人權保障如果有例外的不及於外國人的情形，則其範圍及根據為何？也就是當得出的結論是人權保障不及於外國人時，必須根據人權的類型和外國人的身分的不同，而有特別的理由。除非有特別的理由，否則不能剝奪外國人的人權。

　　例如人權本身的實質是以本國國民為享有該權利的要件，例如，基於「國民主權」的原理，參政權即被認為是符合這種情形的權利，只有作為國家構成員的國民才能享有參與國家政事的權利[11]。又如，有關公共福利的權利，有些情形仍然是屬於固有權利的性質，而有些情形，則有可能會因政策而受到限制。經濟社會文化權利國際公約第4條即允許「為了促進民主社會中的公共福利」而限制外國人的權利，但只有在「依據法律規定」的情況下才可以被允許。因此，依據沒有法律根據的「當然的法理」來限制外國人的權利，是有違反上述國際公約的疑慮[12]。

　　有關外國人入出國自由的問題，則是與我國憲法效力所及的範圍有

---

[9]　初宿正典，憲法2基本權，3版，成文堂，2011年，頁79。

[10]　刁仁國，論外國人入出國的權利，中央警察大學學報，37期，2000年，頁162。

[11]　這種情形會成為問題的是終生定居本國的外國人。因為這樣的人也可以說是準本國人。

[12]　經濟社會文化權利國際公約第4條：「本公約締約國確認人民享受國家遵照本公約規定所賦予之權利時，國家對此類權利僅得加以法律明定之限制，又其所定限制以與此類權利之性質不相牴觸為準，且加以限制之唯一目的應在增進民主社會之公共福利。」

關的問題。也就是作為國家構成員的本國國民，依屬人主義，不論其居住於我國國內還是國外，其人權當然都受到本國憲法的保障，但是外國人因非國家的構成員，而無屬人原則之適用，只能依屬地主義，即原則上只有在我國國內的外國人才受到我國憲法的拘束和保障。[13]

此外，國家在合理範圍內，可以對外國人的職業、不動產的所有、繼承為限制，也可要求登錄外國人的姓名、居住地。[14]就居留地之限制而言，於內國居留之外國人，原則上仍有居住及遷徙之自由，但內國仍得以國家安全之理由對外國人之居留為某些地域上之限制。[15]

外國人居留於本國，為了生活有可能從事各種活動或工作，而涉及行動、遷徙的自由及工作權、財產權、社交權等，甚至可能涉及訴訟權、社會救助權、參政權等問題。外國人在國內居留期間可以享有什麼樣的權利，例如生命權、身體權、人身自由權等，只要是人，包括本國人和外國人，就自然享有。但某些權利，有可能因本國人和外國人之不同，而有不同的對待，例如前面所提到的選舉、罷免等參政權、擔任公職之權，外國人就有可能不能享有。同樣都是參政權或擔任公職之權，也有可能在一定程度以下（例如一定層級以下），允許特定居留類型（例如永久居留）的外國人可以享有[16]。同樣是與參政權有關的權利，屬於參政權核心的權利（例如選舉、罷免、公投等形成公共意思的權利）和非公共意思決定的政治意見表達的權利，外國人得否享有，也可能有不同的結論。總之，境內外國人所享有的人身保障與自由民主及其他權利到什麼程度，各國規定不盡相同。也有因暫時或短期居留（如留學、經商、旅遊等）和長期居住（如僑民）的情況而有所不同。居留於本國的外國人可以享有哪些權利，哪些權利不能享有，有可能須依各種不同的權利性質，以及不同居留類型的外國人，作出個別和具體的判

---

[13] 甲斐素直，外国人の再入国の自由，憲法演習ゼミナール読本（上），1版，信山社，2008年，頁228。

[14] 刁仁國，論外國人入出國的權利，中央警察大學學報，37期，2000年，頁162。

[15] 柯雨瑞，入出國管理法制之研究，警大法學論集，8期，2003年，頁36。

[16] 例如日本允許永久居留的外國人可擔任地方特定基層且不屬於執行公權力的公務員。我國公務員任用法第28條第1項第1款則明文排除外國人擔任公務員。

斷。

　　此外，現行國際法規定，各國對於在外國的本國公民，有權實施保護權，即本國公民在外國受到迫害、歧視，合法權益受到侵犯時，有權向侵權國提出抗議，透過外交途徑或按照國際慣例，要求合理解決或採取相關的措施。[17]

三、外國人的類型

　　如上所述，本國人和外國人只有在根據權利的性質而認為對外國人有例外不能保障的特殊人權時，才可為差別對待。一般而言，外國人是指沒有我國國籍的人的總稱，大致可以分為有外國國籍的外國人和無國籍的外國人[18]。不過，關於權利的享有，諸如自然權、社會權、家庭團聚權、再入國之權利等不同類型的權利，其是否享有都不是以是否有外國國籍，還是無國籍來區分。反而是以在我國居住久暫來區分更具意義[19]：

　　（一）一般的外國人：大部分居留我國的外國人（暫時居留者）只是為了旅行、商務或臨時工作，取得臨時居留許可而居留於本國境內。這種一般外國人，可進一步分為合法居留的外國人和非法入國乃至非法居留的外國人。即使是非法入境或非法居留的外國人，關於生命、身體、自由等自然權，都應該給予保障。不因其有外國國籍或無國籍，而有不同。而在社會權中，例如職業災害保險等，甚至連非法外勞都承認其可以享有全民健康保險和職業災害補助[20]，但在另一方面，關於生活

---

[17] 刁仁國，論外國人入出國的權利，中央警察大學學報，37期，2000年，頁162-163。

[18] 甲斐素直，外国人の再入国の自由，憲法演習ゼミナール読本（上），1版，信山社，2008年，頁228。

[19] 我國入出國及移民法依一般居留和永久居留之外國人，規定其享有之權利有別，例如該法第34條之規定即是。

[20] 例如逾期居留的非法外籍勞工，於合法居留工作期間如有投保全民健康保險或勞工保險，並繳納保費，就可享有全民健康保險及包括職業災害補助在內之勞工職業災害保險的保障。甚至對於未加入勞工保險之非法外籍勞工，亦有倡議應由勞動部勞動力發展署，先行墊付勞工保險之給付項目，再向雇主就該金額代位求償者。立法院議案關係文書院總第468號委員提案第26166號，勞工職業災害保險及保護法草案第83條。

上的保障，即使是合法居留的外國人也不承認其有生計上的保障[21]。

（二）永久居留本國的外國人：一般而言，對於永久居留本國的外國人應重視其生活條件，並儘可能保障其與本國國民相同的人權。例如此種外國人是否享有諸如參政權等只有狹義的本國國民才能享有的人權[22]。又，有關再入國的權利，永久居留本國的外國人與一般的外國人，在保障上也有很大的不同。

另外，依國際難民條約被確認為難民的人[23]，該條約對於難民是要求採世界主義，即完全不區分本國人還是外國人。只要是難民，依該條約當然就應該肯定其有出入國的自由。至於不是難民且在外國的外國人，不論其有外國國籍還是無國籍，都不能依該條約享有出入國的自由。我國不是國際難民條約的會員國，自不受該條約的拘束，亦即即使是屬於政治難民的外國人，我國也沒有義務承認其有入國的自由。但是如果從我國憲法尊重國際條約的精神，則未必沒有可以承認其入國自由的空間。

總之，在考慮外國人的基本權利問題時，必須根據每種基本權利的性質來考慮其享有的主體性，有對所有外國人都應保障者，也有只對某些特定的外國人才能得到保障的權利，而不能得出單一的結論。[24]也就是某種程度上將外國人區分出不同的類型，並相應地考慮保障或不保障其特定類型的權利是有必要的。

---

21 例如社會救助法第5條第3項第1款即將「尚未設有戶籍之非本國籍配偶」排除在社會救助之外。

22 日本最高法院曾就居留在日本的外國人地方參政權，在判決書中做如下表示：「儘管日本憲法第93條第2項不保障居住在日本的外國人有地方團體的選舉權，但是日本憲法第8章關於地方自治的規定，可以認為是基於民主主義社會中地方自治的重要性，而想要在憲法的制度中，保障由該地區之地方團體，依該地區居民之意思，來處理與該地區居民日常生活有密切關係之公共事務的政治型態。所以，居留於日本的外國人之中，如果是永久居留的外國人，因與其居住地區的地方團體有特別密切關係，所以可以允許該外國人就與其日常生活有密切關係之地方團體的公共事務之處理反映其意思。如果以法律賦予其有選舉地方團體首長，或該議會議員之權，應理解為並非憲法所禁止之立法。不過，是否賦予永久居留日本之外國人有地方公共事務的參政權，則是國家所專有之立法政策的事項，不講求這樣的制度設計也不生違憲的問題。」日本最高裁判所第3小法廷，平成7年2月28日判決，民事判例集49卷2号，頁639。

23 此所謂之難民僅指政治難民，而不包括經濟難民。

24 初宿正典，憲法2基本權，3版，成文堂，2011年，頁79。

四、外國人之入國自由不受保障的根據

入國的自由會成為問題的外國人最主要是一般的外國人。永久居留本國的外國人因為是住在國內，所以沒有入國自由的問題，會有問題的是第34條的再入國問題。而關於難民，如果依國際難民條約的規定，則必須承認其有入國的自由，而不得拒絕其入國。只是我國不是國際難民條約的會員國，自不受該條約的拘束，已如前述。但是從我國憲法尊重國際條約的精神，則仍有承認其入國自由的空間。

外國人入境我國的自由，與我國憲法效力所及的範圍有關。也就是對於外國人的憲法保障的效力基本上是依屬地主義。外國人享有基本權利的問題是外國人入境我國以後的問題，而不是外國人尚在外國即得請求入境我國的權利。[25]因此，對於尚未入境我國的外國人，有認為不必在憲法上全面性的承認其入國的自由，所以，基本上是不給予此種權利的保障[26]。

換言之，關於外國人的入境和居留，除非有特別的條約約定，否則，關於外國人入境和居留於我國領域內，基於國家主權，在國家主權所及的領土內，未必要依從外國或外國人之要求，國家得自主決定。[27]我國司法實務亦有認為：「是否准許外國人出入境，事涉國家主權之行使，為國家統治權之表徵，故主管機關是否准許外國人出入境，自較一般之行政行為享有更高之裁量自由，其相關之行政程序亦無行政程序法之適用，此觀行政程序法第3條第3項第2款規定自明。」[28]此外，也有認為：「主管機關對於有犯罪情事之外國人得否入境，行使移民法第18條第3項所賦予之裁量權時，如未依各案特殊不同之事實區分其禁止入國期間，一律於外國人有作業規定所列情形，即逕予適用作業規定所訂之禁止入國期間，自不符合法律授權裁量之意旨，其裁量權之行使，

25　同前註，頁84。
26　刁仁國，論外國人入出國的權利，中央警察大學學報，37期，2000年，頁156。
27　佐藤幸治，憲法Ⅱ基本的人權，初版，成文堂，1992年，頁53-54。
28　最高行政法院100年度判字第1958號判決。

即屬裁量怠惰。」[29]

日本最高法院則是認為：「日本憲法第22條關於外國人入境日本並無任何規定，這在國際慣例上，外國人入國之許可與否，得依該國家的自由裁量來決定，在沒有特別條約的情況下，國家不負有必須許可外國人入國的義務。」[30]換言之，日本雖然保障其本國人有入國的自由，但是對外國人就不保障其入國的自由，而認為這是「國際慣例上的當然」[31]。

在學說上，則是認為對本國的安全和福祉有危害之虞的外國人，國家拒絕其入境本國是屬於該主權國家的主權上權利，入國之同意與否，在國際慣例上，屬於主權的屬性，而委由該國家自由裁量[32]。

這樣的話，入國的自由是具有怎樣的權利性質，因而被認為是不受保障的人權領域呢？這似乎是基於所謂與國家和國民的安全與福祉有關，而在觀念上極為形式的出於管理上的發想，同時又提出抽象的「國際慣例」為根據，以此來正當化此種權利的限制。[33]但這樣的講法並沒有提出根本性的說理。

這種大幅限制外國人權利的邏輯，主要是基於對於「（主權）國家」乃至於「國家主權」的理解，以及對於「國民主權」的理解。以下幾點可認為是妥當的[34]：1.在以主權國家平等為前提所建立的國際社會中，原則上應尊重主權國家的國家主權；2.國家主權＝統治權，這種對人的高權是及於國民的權力；3.在這種主權國家中，所謂「國民主權」，其所稱之國民，是指擁有國籍的國民而言；4.另一方面，對於領土的高權也支配在領土內的外國人；5.可以獨占地行使這種高權的理由是基於國家的目的，即確保國家及國民的安全與福祉。基此，外國人的

---

[29] 最高行政法院107年度判字第366號判決。

[30] 最高裁判所大法廷，昭和32年6月19日判決，刑事判例集11卷6号，頁1663。

[31] 同前註。

[32] 許義寶，入出國法制與人權保障，初版，五南，2012年，頁180。佐藤幸治，憲法Ⅱ基本的人權，初版，成文堂，1992年，頁53-54。後藤光男，外国人の出入国の自由，早稲田法学，85卷3号，2010年，頁483-484。

[33] 後藤光男，同前註，頁484。

[34] 根森健，「外国人の人権」論はいま，法学教室，183号，1995年，頁45。

基本人權和權利受到大幅的限制被認爲是不得已的。也有意見認爲，在外國人入國的這一點上並不允許完全的恣意，[35]亦即國家並無恣意允許或不允許的權能。[36]

關於這一點，爲了確保國家及國民的安全與福祉，尤其在面對國際極端、恐怖、暴力活動時，不免讓人對於保障外國人的入國自由感到躊躇。自從911恐怖攻擊事件之後，美國便發起所謂的「防恐戰爭」，制定一系列法令，其中美國愛國者法第411條即授權移民主管機關對於恐怖分子或被認爲與恐怖主義組織有關的外國人得拒絕入境或驅逐出境[37]。

實施的結果是，美國政府曾利用愛國者法的上述移民條款撤銷一位享有盛譽的埃及裔瑞士學者塔里克‧拉馬丹（Tariq Ramadan）的簽證，他是當代伊斯蘭教的主要思想家，是最早譴責911恐怖攻擊事件的著名穆斯林學者之一，應美國聖母大學邀聘任教，已取得工作簽證，卻於即將入境美國之前，遭美國政府撤銷簽證，理由是根據他曾經說過的話，而不是因爲他做過什麼事，也從來沒有告訴他所說的究竟是什麼話，就莫名其妙的被撤銷簽證。[38]

此外，美國政府也曾在2005年以類似的理由拒絕尼加拉瓜人多拉‧瑪麗亞‧特雷茲（Dora Maria Tellez）入境美國到哈佛大學任教，具體的理由是因爲她曾在1980年代與尼加拉瓜的左翼政黨桑定民族解放陣線（Sandinistas）[39]有聯繫[40]。也就是美國在打著反恐旗號之下，擴張移民主管機關的權限，使得外國人因行使言論、思想、信仰等權利，卻遭到拒絕入境的命運。這些措施顯然與美國一向標榜的人權保障

---

[35] 佐藤幸治，憲法Ⅱ基本的人權，初版，成文堂，1992年，頁53-54。

[36] 最高行政法院107年度判字第366號判決。

[37] USA Patriot Act, §411.

[38] David Cole, *The Missing Patriot Debate*, The Nation (from the May 30, 2005 issue), available at http://www.thenation.com/doc/20050530/cole, last visited: 2021.6.25.

[39] 該黨早期是尼加拉瓜一個左翼反政府組織，後來發展爲一個社會主義政黨。美國曾認定它是共產黨，背後獲蘇聯和古巴的支持。

[40] David Cole, supra note 33.廖元豪，多少罪惡假「國家安全」之名而行？──簡介美國反恐措施對人權之侵蝕，月旦法學雜誌，131期，2006年，頁45。

背道而馳，其對於遏止恐怖主義到底有多少效果，也不得而知。[41]

　　德國在面對國際恐怖主義，有關外國人的入國規定，是於外國人法中對於拒絕發給居留許可之理由增訂：「對危及德國自由民主基本秩序和安全，或參與以暴力手段追求政治目的，或公開呼籲使用暴力，或威脅使用暴力，或有事實顯示其支援國際恐怖主義之組織，或支持類似組織者。」即有上述情形者，得拒絕外國人入境德國。除此之外，並加強對於入境德國之外國人個人資料蒐集與電腦判讀的力度，包括居留許可證件格式統一，有自動讀取區，得讀取姓名、年齡、國籍、性別等一般資料，辨識個人相片及簽名，並得增加手指、手掌和臉部的生物特徵，且得將該等辨識資料透過安全程序以數位形式表示（第5條第2項、第3項、第4項）。此外，為確認其來源國和地區，尚可採取其語音，作為辨識之用，並保存該資料（第41條第2項）。對於年滿14歲來自歐盟各國以外所謂第三國之外國人，若屬非法入境或非法居留者，須按捺食指指紋留存（第41條第4項、第5項）。[42]

　　對於信仰、宗教等內在的自由，固然不得以法律限制，但表現在外的宗教活動、結社，即得以法律限制之。例如以宗教自由作為「聖戰」或採取暴力的理由，即欠缺保障的正當性，[43]而得以法律限制之，包括限制其入國。但在這裡必須提醒的是，不論在國內或在國際間，以民主多數決所決定的價值體系加諸少數族群包括所謂極端、恐怖、暴力分子上，雖有其正當性，但必須留意每個人的生命、尊嚴、人格價值，對於非主流文化、宗教、族群，應多以寬容、多元的價值思維對待。若過度傾向單一價值，進而採取各種過度的反恐措施，包括管制其入境在內，表面上是站在自己所認為的正義的一方，然而在國家的管制和強制力底下，實又已埋下無數極端、恐怖和暴力的種子，終將反噬民主的多數

41　同前註，頁38。

42　參照李震山，德國抗制恐怖主義法制與基本權利保障，月旦法學雜誌，131期，2006年，頁10。

43　同前註，頁14-15。

決。[44]

　　總之，儘管是否允許外國人入國一般是認爲屬於國家的主權行爲而有相當程度的裁量權，但仍須注入寬容、多元的價值思維，自由、和平的穩定社會，方可樂觀期待。

貳、內容解析

　　我國憲法第10條規定：「人民有居住及遷徙之自由。」至於外國人有無入境我國的權利並沒有明文的規定。基此，一般認爲除非有特別的條約規定，否則是否接受外國人入國，在什麼樣的條件下接受外國人，本國可以自由決定。也就是在憲法上，並不保障外國人入境我國的自由。

　　國際法上的理論，有強調國家主權，認爲除條約另有約定者外，是否接受外國人進入並居留於其國境內，全然屬於地主國裁量權限，第三國無從過問；有認爲國家之間必須採取措施促進國際交流，改善國際關係，是以外國人於特定條件下，得請求進入第三國。[45]但無論如何，爲保護國家安全及國民福祉之必要，在認爲有造成危害之虞時，得拒絕外國人入國。惟此並不意味著國家可以恣意不許可外國人入國，而必須有法律依據，並依照實質正當的法律程序來決定。

　　無合理的理由，拒絕外國人入國並居留於其國內，有可能被認爲不友好行爲，而導致相對的報復[46]。依外國護照簽證條例第12條規定，有下列情形之一者，得拒發簽證：1.在我國境內或境外有犯罪紀錄或曾遭拒絕入境、限令出境或驅逐出境者；2.曾非法入境我國者；3.患有足以妨害公共衛生或社會安寧之傳染病、精神病或其他疾病者；4.對申請來

---

[44] 同前註，頁20。

[45] 許義寶，外國人居留權之研究，法令月刊，55卷5期，2004年，頁52。

[46] 刁仁國，論遷徒自由，法與義——Heinrich Scholler教授七十大壽祝賀論文集，五南，2000年，頁21。

我國之目的作虛偽之陳述或隱瞞者；5.曾在我國境內逾期停留、逾期居留或非法工作者；6.在我國境內無力維持生活，或有非法工作之虞者；7.所持護照或其外國人身分不為我國承認或接受者；8.所持外國護照逾期或遺失後，將無法獲得換發、延期或補發者；9.所持外國護照係不法取得、偽造或經變造者；10.有事實足認意圖規避法令，以達來我國目的者；11.有從事恐怖活動之虞者；12.其他有危害我國利益、公共安全、公共秩序或善良風俗之虞者。於決定是否核發簽證，准其入國時，則應衡酌國家利益、申請入國簽證之外國人個別情形及其國家與我國關係。

此外，於國境查驗時，有本條第1項各款所定之情形時，移民署亦得禁止其入國。即：

一、未帶護照或拒不繳驗

護照係指一個國家或地區的政府發放給本國國民的一種旅行證件，用以證明持有人的身分與國籍，以便其出入本國及在外國旅行，同時亦用於請求有關外國當局給予持照人通行便利及保護。外國人入國時應攜帶護照，未攜帶護照以備查驗其身分，或雖然攜帶護照卻拒不接受查驗，因無法確認其身分，自得禁止其入國。

二、持用不法取得、偽造、變造之護照或簽證

不法取得之護照，係指護照本身雖係有權機關核發之有效護照，但其取得之方法係屬不法者而言。例如以不法之方式申請取得之有效護照即是。簽證係指一個國家或地區的行政機關在非本國或地區的國民所持的護照或其他旅行證件上的簽注、蓋印、附文（例如另紙簽證），以示允許其出入本國國境（或者經過其國境前往第三國）。外國人入國時，所持之護照或其簽證係不法取得者，或係偽造或變造者，因憑藉該不法取得、偽造、變造之護照或簽證，一方面無法確認其身分，另一方面亦無法確認是否已取得入境本國之許可，自得禁止其入國。

三、冒用護照或持用冒用身分申請之護照

　　所謂冒用護照，係指非護照所載之本人而假冒護照所載之姓名並持以請求入出國而言。冒用身分申請係指非護照所載之本人而假冒護照所載之姓名向核發護照之機關申請領取護照而言。不論是冒用他人的護照或持用冒用身分申請領取來的護照，因均非護照所載之真實身分，自得禁止其入國。至於被冒用或被冒用身分申請領取之人是否存在，在所不問。

四、護照失效、應經簽證而未簽證或簽證失效

　　護照及簽證一般均有一定之有效期限，逾期即失其效力；雖尚未逾期，但經核發機關註銷，亦失其效力。外國人所持之護照及其簽證如已失效，或應簽證始得入國而未經簽證者，均得禁止其入國。

五、申請來我國之目的作虛偽之陳述或隱瞞重要事實

　　外國護照簽證條例施行細則第10條第1項規定：「申請停留簽證目的，包括過境、觀光、探親、訪問、考察、參加國際會議、商務、研習、聘僱、傳教弘法及其他經外交部核准之活動。」第13條第1項規定：「申請居留簽證目的，包括依親、就學、應聘、受僱、投資、傳教弘法、執行公務、國際交流及經外交部核准或其他相關中央目的事業主管機關許可之活動。」外國人申請來我國之目的如作虛偽之陳述或隱瞞重要事實，以取得入境簽證，亦得禁止其入國。

六、攜帶違禁物

　　即禁止攜帶違禁物之外國人入國。所謂違禁物，係指依我國之法令未經許可禁止持有，如違法持有應由法院依刑事法令之規定予以沒收之物品而言。例如持有鴉片、嗎啡、安非他命等毒品，或槍枝、子彈、炸藥等即是。

七、在我國或外國有犯罪紀錄

犯罪紀錄不以在本國犯罪為限，在外國違反外國的刑事法令，也構成本款禁止入國的情形。又所謂犯罪，在解釋上，只須有有罪之確定判決即可，是否有處以刑罰，在所不問。其次，因有犯罪紀錄而禁止其入國，是否應有期間之限制，還是永遠禁止其入國，也有討論之空間。因各種犯罪之情況各異，有故意犯、過失犯，同為故意犯或過失犯也有重罪、輕罪之別，其輕重之程度各不相同，如一律永久禁止其入國，似有未妥，而有考慮區分不同犯罪情況，分別限定其禁止入國期間之必要。

八、患有足以妨害公共衛生之傳染病或其他疾病

禁止患有足以妨害公共衛生之傳染病的外國人入國是基於防止傳染病傳入國內之目的所為之規定。所謂之傳染病須足以妨害公共衛生之傳染病，始足當之。例如伊博拉出血熱、新型冠狀病毒所引起的肺炎、禽流感、肺結核、白喉、天花等。是否符合本款之傳染病或其他疾病，在解釋上，應經由醫師診斷之後認定之。

九、有事實足認其在我國境內無力維持生活。但依親及已有擔保之情形，不在此限

有事實足認其在我國境內無力維持生活之外國人得禁止其入國，是因其入國後，有成為國家或地方自治機關負擔之虞。因此，如其依親及已有擔保其在國內能自行維持生活，則不在禁止入國之列。

十、持停留簽證而無回程或次一目的地之機票、船票，或未辦妥次一目的地之入國簽證

持停留簽證之外國人，因僅預訂在我國短期停留，之後即將返國或前往第三國，為避免其入國之後因無回程或前往下一個目的地之機票、船票，或無下一個目的地之入國簽證，以致無法順利出國，故得衡酌情形禁止其入國。

十一、曾經被拒絕入國、限令出國或驅逐出國

　　曾經被拒絕入國、限令出國或驅逐出國之外國人，得禁止其入國。禁止其入國之期間是否得漫無限制，永遠禁止其入國，不無討論之餘地。因拒絕入國、限令出國及驅逐出國之原因各不相同，輕重程度不一，似有區分不同之情況，分別考慮節制禁止入國期間之必要。

十二、曾經逾期停留、居留或非法工作

　　曾經在我國逾期停留或逾期居留，或非法工作者，亦得禁止其入國。但此種情形，禁止入國期間，自其出國之翌日起算至少爲一年，並不得逾七年（本條第3項）。因逾期停留、居留或非法工作，相較於犯罪之情形，係屬較輕微之行政不法，應無永久禁止其入國之必要。

十三、有危害我國利益、公共安全或公共秩序之虞

　　有損害我國利益、妨害公共安全或公共秩序之虞的外國人，得禁止其入國。例如意圖顚覆依我國憲法成立的政府，或主張以暴力顚覆依我國憲法所成立的政府，或組織或加入意圖顚覆我國合法政府之團體，或以印刷品、影片、圖片等方式，宣傳上述主張或意圖之外國人，應可認爲是有損害我國利益、妨害公共安全或公共秩序之虞的外國人。

十四、有妨害善良風俗之行爲

　　有妨害善良風俗行爲之外國人，得禁止其入國。例如在我國從事性交易，或引誘、容留或媒介色情交易即是。

十五、有從事恐怖活動之虞

　　外國人於入國後，有從事恐怖活動之虞者，得禁止其入國。恐怖活動是指恐怖分子製造的危害社會穩定、危及一般人民的生命與財產安全的一切形式的活動，通常表現爲針對平民的大規模傷害、襲擊公共運輸工具和綁架等形式。恐怖活動主要以製造大量傷亡、破壞以及動盪社會爲主要目的，以宗教或政治爲主要訴求。入境我國之外國人，如有從事恐怖活動之虞，當然得禁止其入國。但是，是否有從事恐怖活動之虞，

在認定上必須有客觀之事實足以證明其有從事恐怖活動之可能，不得僅憑主觀之臆測。

十六、有嚴重侵害國際公認人權之行為

依公民與政治權利國際公約及經濟社會文化權利國際公約（以下簡稱兩公約）施行法之規定，兩公約具有國內法律之效力。公民與政治權利國際公約第7條規定，任何人不得施以酷刑，或予以殘忍、不人道或侮辱之處遇或懲罰。外國人如從事酷刑、殘忍、不人道等侵害人權行為，已違反該公約第7條之禁止規定。如經各權責主管機關提報者，得禁止其入國，以落實國際人權規範及踐行憲法保障人權之意旨。又，所謂「嚴重侵害國際公認人權之行為」，係指在境外針對揭露政府官員非法活動之個人、維權人士實施法外處決、酷刑或其他嚴重侵害國際公認人權之行為[47]。

除上述16款所列各種事由得禁止外國人入國之外，基於平等互惠原則，外國政府如有以上述16款所列各種事由以外之理由，禁止我國國民進入該國，經移民署報請主管機關會商外交部後，亦得以同一理由，禁止該國國民入國。

大陸地區人民、香港或澳門居民如有嚴重侵害國際公認人權之行為，依本條第4項之規定，準用第16款之規定，得禁止其入境。

參、綜論

一、外國人入國自由不受保障的不合理性

關於外國人的入境，除非有特別的條約約定，否則，基於國家主權的權能，在國家主權所及的領土內，是否允許外國人入境，主權國家得自由裁量。然而，這樣的想法和做法，是否果真完全沒有問題，不無疑

---

47 立法院第10屆第7會期第1次會議議案關係文書院總第20號政府提案第10030442號，第27頁。

問。

　　例如外國人A在我國居住多年，其在母國結婚的同國妻子B因某原因不得不在其本國生活而致離散，其後妻子B請求進入我國擬與其夫A團聚。如果認為是否允許外國人B入國，是國家的主權行為，可以任意決定，則不允許B入國就可認為是正當的。然而，不允許B入國的決定，對請求入國的B而言，除了妨害其移動入國的自由之外，也同時侵害其家庭團聚的權利；不僅如此，對長期居留在我國的配偶A而言，也已侵害其家庭團聚的權利。換言之，是否允許外國人入國，果真可以認為是單純的國家主權行為，而不需考慮個人（外國人）乃至其家庭的權利嗎？在國權（主權）與人權（移動自由）乃至於「家權」（團聚權）之間的折衝，容有討論的餘地。

（一）外國人入國自由不受保障與自由主義不相容

　　如上所述，關於外國人入國的自由，不論判例或學說，否定論是居於支配性的地位。這種否定論的主要理由是認為入國的同意與否依國際慣例，是屬於國家主權得自由裁量的範圍，而將其排除在憲法保障的範圍之外[48]。

　　講起來，認為外國人入國之許可與否得由國家任意裁量，這種說法其實質上的正當性，不無可疑之處。因為「外國人沒有入國的自由」這樣的說法對應到自由主義會顯得格格不入。主張將自由與平等當作全人類的權利，是自由主義的「基本原理」[49]，不論是依照主張解除外在干

---

[48] 最高行政法院100年度判字第1958號判決。李震山，人性尊嚴與人權保障，4版，元照，2011年，頁428。許義寶，移民法制與人權保障，初版，2017年，頁30。日本最高裁判所大法廷，昭和32年6月19日判決，刑事判例集11卷6号，頁1663。尾吹善人，解說　憲法基本判例，有斐閣，1986年，頁53。

[49] 從自由主義的發展軌跡來看，自由主義的涵義並非一義性的，而是在涵義上有或相差甚遠或較近似的多種不同的內涵，因此，自由主義毋寧說是諸自由主義。同樣都稱為自由主義，在傳統分類上就有英國的自由主義（主張避免外在干預的自由）與法國的自由主義（主張人為的規劃可以促使人人在共同體中實踐自由）；消極的自由主義（主張自由乃外在干預的解除）與積極的自由主義（主張自由乃自己成為自己的主人）之分，到20世紀，又發展出政治自由主義、經濟自由主義、社會自由主義、新自由主義等。會有各種不同的自由主義，是因為不同地域的思想運動，不同地域的文化差異，自由主義也會有或多或少的差異，甚至不同的時代，為了因應不同的挑戰而調整自由的信念，或以嶄新的方式再註釋其信念，因此，對

預的消極自由主義還是主張自主自決的積極自由主義的邏輯，我們甚至
都可以推導出如下的結論：只要自願入籍某國，原則上任何人都可以請
求該國賦予其公民的身分。[50]也就是對於希望入國乃至移民、歸化我國
的「外國人」，國家原則上有義務接受其請求，這樣才符合自由主義的
精神，不是嗎？

　　而且，從今天尊重國際人權的趨勢和自由往來的原則來看的話，似
乎可以認為原則上應承認外國人有入國自由，只有在有侵害國家的獨立
和安全，或嚴重違反公序良俗等行為之虞時，才可以例外的拒絕外國人
入國[51]。

（二）以移民接受國之經濟利益作為拒絕外國人入國理由的不合理性

　　由於國家之間的貧富差距以及全球化的關係，有不少人離開自己的
國家試圖進入另一個國家去尋找自己的美好生活。與這種跨越國界的人
的流動有關的國際規範，有世界人權宣言第13條的規定：「任何人在
其國境內，有自由遷徙、居住的權利（第1項）。任何人有離開包含其
本國在內的國家和返回其本國的權利（第2項）。」

　　然而，本條規定存在二個缺憾，其一，是第1項將人們的行動自由
限定在國家的邊界內。[52]其二，是第2項雖然把任何人出國的權利當作
基本人權而予以承認，亦即承認任何人都有離開任何國家的權利[53]，但

自由也會有不同的需求內涵。儘管人類的語言常具有多義性，尤其像自由這樣的用語，常常
是言人人殊。從「免除干涉」到「自律自主」，從「外抗國家社會」到「在國家社會中實
現」，無論如何，其終究不至於脫逸到完全不同的概念，例如自由的概念，不管是從免除干
涉來理解也好，或者以自律自主或為所欲為來理解也罷，終究不至於演變成理解為正義、和
平或博愛的概念。而自由主義在其核心的思想上，也會有共同的基本主張，例如主張個人主
義、平等主義。江宜樺，自由民主的理路，初版，聯經，2001年，頁11以下。

50　後藤光男，外国人の出入国の自由，早稲田法学，85巻3号，2010年，頁483。
51　作間忠雄，外国人の基本的人権，小嶋和司編，ジュリスト増刊『憲法の争点（新版）』，
　　有斐閣，1985年，頁71。後藤光男，外国人の人権，高橋和之、大石眞編，ジュリスト増
　　刊「憲法の争点」，3版，有斐閣，1999年，頁64。後藤光男，外国人の人権，大石眞、石
　　川健治編，新・法律学の争点シリーズ3「憲法の争点」，有斐閣，2008年，頁75。宮崎繁
　　樹，在日外国人の政治的人権と退去強制，法学セミナー，通號285号，1978年，頁8。後藤
　　光男，同前註，頁485。
52　後藤光男，同前註，頁486-487。
53　岡野八代，シティズンシップの政治学［増補版］―国民・国家主義批判，白澤社，2009

是入國的權利卻僅限於返回其本國。出國的權利與入國的權利之間的這種不對稱，似乎是想要在個人的遷徙自由與國家主權之間作某種調和。[54]但是，問題是當一個人離開某一個國家時，除非他決定住在公海上，否則就意味著他必須入境到另一個國家。如果我們這麼想的話，則一方面承認所有的人都有出國的權利，另一方面除了本國之外又不保證有入國的權利，這在某種意義上是一種欺瞞的伎倆[55]，因爲他離開本國之後如果不能進入他國，請問要去哪裡？

關於其第2項的缺憾，許多自由主義者在統計上比較了大量移民遷移到接受國對接受國所造成的後果，和其本國的國民大量出國對該遷出國所造成的後果；或訴諸於入國時的權利主張與出國時的權利主張之間的差異，而將入國的權利和出國的權利的不對稱予以正當化[56]。而且，一直陷入大量移民入境對於接受國而言會提高其成本的偏見。然而，事實上過去的歷史卻顯示國家因爲接受移民而獲得許多好處，[57]美國的移民史就是最典型的例子。

除此之外，關於移民問題，將出國的權利和入國的權利間的不對稱予以正當化的論辯，其邏輯會變成是剝奪個人出國自由的論據。因爲大量移民入境對於接受國而言會提高其成本，這一點如果可以成爲否定外國人入國自由的理由，則依照這樣的邏輯，如果移民的遷出國因本國國民出國而判斷爲顯然會損害國家的利益時，則該國豈不是也可以限制個人出國的自由嗎？換言之，如果可以認爲國家有限制入國移民的權利，則其必然也可以認爲國家有限制出國的權利[58]。

年，頁79。

[54] 後藤光男，外国人の出入国の自由，早稲田法学，85卷3号，2010年，頁487。

[55] 同前註。

[56] 參照岡野八代，シティズンシップの政治学［増補版］—国民・国家主義批判，白澤社，2009年，頁79。後藤光男，同前註，頁487-488。

[57] 後藤光男，同前註，頁487-488。

[58] 關於出國的自由，日本最高裁判所大法廷，昭和32年12月25日判決，刑事判例集11卷14号，頁3377，河村大助、下飯坂潤夫二位法官的意見即認爲：「國民的兵役義務和基於國防關係的脫離國籍的自由會受到相當的限制，即使有關移居國外的權利也沒有特別的保障。」後藤光男，同前註，頁488。

二、外國人入國自由的權利本質

近代國民國家的憲法，是為了建立由有別於其他人（外國人）的
「國民」所組成的國家而設置的，主要是著眼於規定國民的權利。另
一方面，關於其他人（外國人）的權利則大多保持沉默，而有將其規定
完全委諸國際法的傾向。但是，由於資訊和交通工具的發展以及市場的
國際融合，人類的活動變得更加活躍而頻繁，任何國家在其內部都經常
性的會有其他人（外國人）存在。在這種情況下，著眼於保護國民權利
的憲法，與在身分上是外國人但是與國民融合在一起生活的實際狀況之
間的不協調就顯得更加醒目[59]。但事實上，國際間自由遷徙的權利（入
國、定居、出國、旅行、再入國）尚未被確認為基本人權。關於外國人
普遍性的將自由遷徙的權利當作基本人權而予以承認的想法也還在發展
當中。然而，從個人的角度來看，國際間自由遷徙的權利可以說是所有
國際間之個人權利的基礎[60]。

事實上，現在各種權利的實現因為有國境的關係而被切割得支離破
碎，各種權利的實現常常在國境內和國境外產生重大的差異，而妨礙了
人們權利的實現[61]。

再者，人身自由、精神自由和經濟自由（特別指私有財產的保障）
等基本的自由都是自然的人權，也是不論有無政府的存在都應予以承認
的基本權利。移動的自由是與所有這些權利有關的基本人權。其並不是
因為屬於某特定國家而被給予的權利，而是所有的人都擁有的權利。禁
止「移動的自由」（包含入國的自由），不只是限制外國人的人身自由
的重要構成要素，而且也限制了想要與這些外國人交易，或交往的本
國人的經濟上的、社會上的自由。而且因為移民的關係，勞動力會自然

59　秋葉丈志，アメリカ合衆国における外国人の権利と司法審査，社学研論集，5号，早稲田
　　大学大学院社会科学研究科，2005年，頁223。
60　秋葉丈志，市民権概念の比較研究(1)アメリカ合衆国における市民権概念，比較法学，39巻
　　1号（通号77），早稲田大学比較法研究所，2005年，頁135。後藤光男，外国人の出入国の
　　自由，早稲田法学，85巻3号，2010年，頁485-486。
61　岡野八代，シティズンシップの政治学［増補版］―国民・国家主義批判，白澤社，2009
　　年，頁18。後藤光男，同前註，頁486。

的從有餘裕的地區移動到有需要的地區，而在生產上變得更加有效的利用[62]。如果從這樣的角度來看，理應承認外國人的入國自由，而只有當該外國人對本國而言有危害國家安全和國民重大福祉的可能性時，始得例外施以最低限度的限制。

　　總之，對於人類而言，行動自由是最基本的自由和人權。考慮到行動自由是先於國家而存在，自然不應限定爲「國內的自由」。行動自由是所有人類所持有的自由，理應優先於國家主權。從國外入境本國的自由應該予以承認。限制行動自由會牽涉到對人身自由、財務自由和精神自由的限制[63]。行動自由是經濟自由的一環，同時，具有作爲人身自由的面向，即可以移動到自己想要去的地方。不僅如此，根據自己的選擇，與大自然或人們接觸和交流，對於個人人格的形成和精神活動而言，也具有決定性的意義，而具有作爲精神自由的性格[64]。基此，外國人的入國自由不應單純的理解爲國家主權所可以任意否定而不被保障的權利。

三、拒絕入國對離散家庭團聚的阻撓

（一）家庭的重要性與家庭團聚權需保障的理由

　　如上所述，禁止「入國的自由」，不只是限制外國人的人身自由的重要構成要素，而且也限制了想要與這些外國人交往的本國人的社會上的自由。對於離散家庭團聚的阻撓尤其明顯。

　　講起來，家庭與個人之成長、教育、人格發展上，有非常重要之關係。這種家庭與個人的緊密關係是在有國家之前就已存在，而這種組成家庭的權利，也具有先於國家、先於憲法而存在的性質[65]，故家庭團

---

[62] 森村進，自由はどこまで可能か＝リバタリアニズム入門，講談社，2001年，頁138。後藤光男，同前註，頁488-489。

[63] 後藤光男，市民權概念の比較研究（2・完），比較法学，40卷1号，早稲田大学比較法研究所，2006年，頁147。

[64] 佐藤幸治，憲法，3版，青林書院，1999年，頁554。後藤光男，外国人の出入国の自由，早稲田法学，85卷3号，2010年，頁489-490。

[65] 李震山，人性尊嚴與人權保障，4版，元照，2011年，頁439。

聚之權利理應不待國家制度之賦予，即得享有，而屬於自然權。國家之法律，在肯認家庭制度之存在與功能時，理應進一步保護家庭之實質功能，使免於受到破壞與侵害。個人始得因健全的家庭，而其人格有完整之發展。換言之，家庭可以說是社會安全保障的基石，個人重要的依靠與情感交流處所，也是人格發展的重要組成，需要國家特別予以保護。基於對於人格自由發展之尊重自必推演出家庭成員同居共處之權利應予保障的必然結果。限制外國人入國對於其與在本國的家人團聚，同居共處顯然就會有妨害，而必須將其家庭團聚之權利予以納入考慮。

有關家庭權之保障，在世界人權宣言、公民與政治權利公約、我國大法官解釋均明示其屬於國際法及憲法上權利，國家之法令與行政措施，對其應予尊重及保護。原則上家庭團聚權，以核心家庭之成員為保障之對象，家庭成員間相互照顧、扶助，並有適當之生活處所，故家庭對個人而言非常重要。司法院大法官釋字第242號解釋即肯認憲法第22條保障家庭生活及人倫關係。憲法保障的家庭權可制約行政權力之運作，自不待言。

世界人權宣言第12條明白指出，任何人的家庭不得任意干涉。人人有權享受法律保護，以免受這種干涉或攻擊。具有國際法效力的公民與政治權利國際公約第23條第1項也規定，家庭是社會自然且基本的單位，理應有受社會及國家保護的權利。所以當家庭因國境的關係而被隔離時，依上述國際法之規定，理應將其家庭團聚的權利納入考慮及衡量。在我國憲法中雖無明文規定家庭權應予保障之條文，但憲法第22條之概括基本權利保障，可作為家庭權主張之依據。國家為了某種行政目的，禁止特定之外國人入國，或對違法之外國人予以驅逐出境，如該外國人在我國已組成家庭，行政機關之處分即應考量該外國人之家庭團聚權利。[66]特別是關於兒童，在兒童權利公約第9條第3款規定：「除了有違反兒童最佳利益的情形之外，在人際關係上應尊重與父母之一方或雙方分離的兒童有維持其定期與父母的任何一方有直接接觸的權利。」

---

66 許義寶，入出國法制與人權保障，初版，五南，2012年，頁338。

因此，這樣的人基本上應有入國的權利。

　　本法之規定，固然是在維護公共利益與入出境管理之秩序，但國家公權力之運用，仍應考量憲法所保障之家庭權。就此點，本國與外國人應無區別之必要。國民或長期居住在我國之外國人，其外籍之家庭成員，雖然住在國外，因其與我國國民或長期住在我國之外國人有家屬關係，故基於憲法保障之家庭權，其入國之自由亦應同受我國憲法之保障[67]。換言之，家庭團聚權之保障，除了國民之外也應及於在我國合法居留的外國人。其外籍父母、配偶、子女，均是家庭團聚權保護之核心對象。國家為了公共利益之目的，諸如為了公共安全、秩序、衛生、經濟等原因，而限制外國人入國時，對於上述享有家庭團聚權的外國人，應予以必要的考量及衡量，以保障其家庭團聚權。[68]

（二）家庭團聚權保障的對象和範圍

　　團聚指共同生活而言。在不同國家居住之家屬，須透過入境我國之方式始得團聚。入境我國之程序如同一般外國人一樣，須申請簽證許可。除本國人之外國配偶及子女受到家庭團聚權之保護外，合法居留本國之外國人，在符合一定條件下，其家庭團聚權亦受到保護[69]。對於外國人的家庭權保護，行政機關在為處分時，即應同時考慮其家庭權與該外國人的生活成長、人格發展關係等，不得違反比例原則。[70]

　　家庭成員間之互相依靠與扶持，國家應予重視與保護。家庭成員有外國人者，亦應同受保護。此外，外國人在我國居住，亦有主張其他的家庭成員，可以到我國居住之團聚權。[71]

---

[67] 法國在1984年以後修正之入出國管理法，對於國民之外籍配偶與外籍未成年子女，在法國有合法居留權之外國人，其配偶與未成年子女，以家庭團聚之理由申請入國者，免除一般所須的程序。館田晶子，フランスにおける「通常の家族生活を營む權利」と家族の再結合，跡見學園女子大學マネジメント學部紀要，3号，2005年，頁92。

[68] 許義寶，入出國法制與人權保障，初版，五南，2012年，頁340-341。

[69] 館田晶子，フランスにおける「通常の家族生活を營む權利」と家族の再結合，跡見學園女子大學マネジメント學部紀要，3号，2005年，頁93。許義寶，同前註，頁340。

[70] 許義寶，同前註，頁339-340。

[71] 同前註，頁333-334。

　　家庭成員中的配偶關係必須是合法而非虛偽，並且有實質的婚姻關係，才有家庭成員的關係。因此，即使在形式上有法律上的婚姻，如果實際上沒有婚姻的實質，亦即在現實上沒有共同生活，並非真正之婚姻，則不受家庭團聚權之保護[72]。

　　其次，家庭成員中的親子關係，不因是否有同居事實而受影響，也不因雙親離婚而受影響。即使只有出生的事實而沒有同居的事實，子女與雙親間也仍然具有「家庭關係」。又親子間的家庭關係，即使是在雙親離婚的情況下，仍應保障其「家庭團聚」之權利[73]。

　　非婚生子女如經生父認領，其權利應與婚生子女相同，應得主張與生父團聚之家庭團聚權。至於重婚，原則上為犯罪行為，違反國內之善良風俗，理應不受家庭權之保護，因此重婚之配偶應不受家庭團聚權之保護。重婚所生之子女有認為亦不受家庭團聚權之保障，但對此應有討論之空間[74]。

　　一夫多妻制或一妻多夫制之國家，其複數之配偶是否受家庭團聚權之保障。如果依身分之關係應依屬人法而決定之法理，既然當事人之所屬國籍國容許一夫多妻，當事人之行為具有合法性，其第二以外之其他配偶亦應受家庭團聚權之保障，而應允許其以家庭團聚之理由入國[75]。

第19條（臨時入國）
搭乘航空器、船舶或其他運輸工具之外國人，有下列情形之一者，移民署依機、船長、運輸業者、執行救護任務機關或施救之機、船長之申請，得許可其臨時入國：

---

[72] 馬場里美，出入国管理における「私生活及び家族生活を尊重される権利」：フランス及び欧州人権裁判所の判例を素材として，早稲田法学会誌，50号，2000年，頁203。

[73] 馬場里美，同前註，頁203-204。許義寶，入出法制與人權保障，初版，五南，2012年，頁337。

[74] 參照館田晶子，フランスにおける「通常の家族生活を営む権利」と家族の再結合，跡見学園女子大学マネジメント学部紀要，3号，2005年，頁93-94。許義寶，同前註，頁340。

[75] 但有從此種外國人入國與居留會影響國內之善良風俗與秩序之觀點，認為一夫多妻制之家庭得以主張家庭團聚權之配偶，只有一位配偶可以獲得保障，其他第二位以外之配偶應不受家庭團聚權之保障。館田晶子，同前註，頁94。許義寶，同前註。

一、轉乘航空器、船舶或其他運輸工具。

二、疾病、避難或其他特殊事故。

三、意外迫降、緊急入港、遇難或災變。

四、其他正當理由。

前項所定臨時入國之申請程序、應備文件、核發證件、停留期間、地區、管理及其他應遵行事項之辦法，由主管機關定之。

壹、導言

外國人之臨時入國係指外國人應經入國簽證始得入國，因有特殊原因允許其未經簽證得臨時性入國並短暫停留本國而言。主要是為了因應緊急事故、救難需要以及航空器、船舶等運輸工具之從業人員轉乘其他航空器、船舶或其他運輸工具，而允許該等外國人之臨時性入國。

為了約束臨時入國者入國後之活動、防止其脫逃或滯留不歸，得限制其活動、地區、期間或附加條件。為此本條並於第2項授權主管機關另訂外國人臨時入國許可辦法。依外國人臨時入國許可辦法第2條規定，兼具有我國國籍與外國國籍，而持外國護照申請者，除其他法令另有規定外，於有本條第1項各款規定情形之一，申請臨時入國者，亦應依該辦法之規定辦理。

又本條所規定之臨時入國，係指搭乘航空器、船舶或其他運輸工具之外國人，於有本條第1項所列各款之情形時，由機長、船長、運輸業者、執行救護任務機關或施救之機長、船長向移民署申請臨時入國之許可。如非由機長、船長、運輸業者、執行救護任務機關或施救之機長、船長向移民署申請臨時入國，而係被強行自公海帶入本國者，例如被海巡署強行押解入國，則非屬本條所稱之臨時入國[76]。

---

[76] 高雄高等行政法院98年度訴字第721號判決認為：「外籍船員係遭原告（漁業署）非法押解入境，故外籍船員並非依據入出國及移民法第19條第1項規定之原因進入我國國境，足認系

貳、內容解析

依本條之規定，搭乘航空器、船舶或其他運輸工具之外國人，有下列情形之一者，得由機長、船長、運輸業者、執行救護任務機關或施救之機長、船長向移民署申請許可其臨時入國：1.轉乘航空器、船舶或其他運輸工具；2.因疾病、避難或其他特殊事故；3.意外迫降、緊急入港、遇難或災變；4.其他正當理由。亦即於有上述情形時，得申請外國人臨時入國，茲分述如下：

一、外國人得臨時入國之情形

（一）轉乘航空器、船舶或其他運輸工具

本款主要是針對航空器、船舶等運輸工具之從業人員有轉乘其他航空器、船舶或其他運輸工具之必要時，得由其機長、船長或所屬運輸業者申請臨時入國之許可。所謂轉乘航空器、船舶或其他運輸工具，以有下列情形之一者爲限：1.機組員或空服人員搭乘航空器或其他類似航空器之運輸工具，轉乘其他航空器或其他類似航空器之運輸工具；2.船員或服務於船舶之人員搭乘船舶或其他類似船舶之運輸工具，轉乘航空器或其他類似航空器之運輸工具；3.船員或服務於船舶之人員搭乘船舶或其他類似船舶之運輸工具，轉乘其他船舶或其他類似船舶之運輸工具；4.其他經移民署專案審查，認爲確有轉乘航空器、船舶或其他運輸工具之必要者（外國人臨時入國許可辦法第3條）。

申請外國人臨時入國，如有本法第18條規定禁止入國之各項事由，或曾經違反臨時入國許可所附加之條件或停留地區之限制者，移民署得不予許可。但如僅係在我國境內無力維持生活，或持停留簽證而無回程或次一目的地之機票、船票，或未辦妥次一目的地之入國簽證，則不在此限（外國人臨時入國許可辦法第6條）。

爭外籍船員實非屬入出國及移民法第50條第1項第2款至第4款所列，應遣送出國之對象，從而，被告即非同法第50條第2項但書規定，應負擔系爭外籍船員在台相關費用之義務人。」最高行政法院101年度判字第382號判決亦採相同的見解。

（二）疾病、避難或其他特殊事故

　　機組員、船員或乘客等於搭乘航空器、船舶期間突發疾病、受傷，必須緊急醫療而航空器、船舶上沒有足夠之醫療設施及人員，必須上岸醫療，或遇到危難，例如航空器、船舶發生火災、遇有傳染病等，必須上岸避難時，得由機長、船長、運輸業者申請外國人臨時入國。

　　由於本款係爲了因應緊急事故、救難需要，故即使外國人有前條禁止入國之情形，於遇有本款情形時，亦得臨時入國。

（三）意外迫降、緊急入港、遇難或災變

　　航空器因有意外之情況，例如機械故障、飛行中引擎吸入飛禽、遇惡劣氣候等必須緊急迫降、船舶發生故障、遇到海難或惡劣氣候等須緊急入港時，得由機長、船長、運輸業者申請外國人臨時入國。

　　本款與前款一樣係爲了因應緊急事故、救難需要，故即使外國人有前條禁止入國之情形，於遇有本款情形時，亦得臨時入國。

（四）其他正當理由

　　除上述三種情形之外，如有其他正當之理由，亦得申請外國人臨時入國。不過，依外國人臨時入國許可辦法第4條規定，本款所稱之其他正當理由，僅以下列情形爲限：1.機組員或空服人員因航行任務必須臨時入國；2.船員或服務於船舶之人員因航行任務必須臨時入國；3.其他經移民署專案審查通過者。

二、申請外國人臨時入國之程序

　　申請外國人臨時入國，應備具臨時入國申請書及相關證明文件，向移民署申請。相關證明文件，依外國人臨時入國許可辦法第5條之規定，依不同之情形，包括下列文件：機組員或空服人員轉乘航空器或其他類似航空器之運輸工具者，於登機前，由運輸業者檢附有效之外國護照、航員證及航行任務證明。船員或服務於船舶之人員轉乘航空器或其他類似航空器之運輸工具，或轉乘船舶或其他類似船舶之運輸工具者，於臨時入國前，由運輸業者檢附有效之外國護照、船員服務手冊及航行

任務證明。其他經移民署專案審查，認為確有轉乘航空器、船舶或其他運輸工具之必要者，於登機、船前，由機、船長或運輸業者檢附有效之外國護照、航員證、船員服務手冊或其他身分證明文件影本及已訂妥當日或最近班次機、船位之轉乘機、船票（外國人臨時入國許可辦法第5條第1項第1款、第2款、第3款）。

　　機組員或空服人員因航行任務必須臨時入國，或者船員或服務於船舶之人員因航行任務必須臨時入國者，於臨時入國前，由機、船長或運輸業者檢附有效之外國護照、航員證或船員服務手冊及航行任務證明。其他經移民署專案審查通過者，於登機、船前，由機、船長或運輸業者檢附有效之外國護照、航員證、船員服務手冊或其他身分證明文件影本或航行任務證明（外國人臨時入國許可辦法第5條第1項第4款、第5款）。

　　疾病、避難或其他特殊事故，或者意外迫降、緊急入港、遇難或災變，未及於臨時入國前申請者，應於臨時入國後，由機、船長、運輸業者、執行救護任務機關或施救之機、船長，以名冊代替臨時入國申請書，向移民署申請。遇難或災變，致無人申請者，由移民署通知其所屬國家、地區之駐華使領館或授權機構。但無人申請，且其所屬國家、地區無駐華使領館或授權機構或為無國籍或國籍不明者，由移民署查明後，准予臨時入國或為其他必要之處置（外國人臨時入國許可辦法第5條第2項）。

　　申請外國人臨時入國，如未備齊上述相關規定之文件，移民署得不予許可。但因疾病、避難或其他特殊事故，或者意外迫降、緊急入港、遇難或災變申請外國人臨時入國者，不在此限（外國人臨時入國許可辦法第6條第1款）。

　　外國人申請臨時入國經許可者，應發給臨時停留許可證，並載明下列事項：1.臨時入國者之身分識別資料、臨時入國之停留地址；2.許可之意旨及其所依據之法令、事實及理由；3.停留期間；4.停留地區；5.附加之條件（外國人臨時入國許可辦法第7條第1項）。

　　因疾病、避難或其他特殊事故，或者意外迫降、緊急入港、遇難或災變申請外國人臨時入國許可者，如因該等事故致相關身分證明文件遺

失，其臨時停留許可證，得權宜免填身分識別等相關資料，並得以加蓋移民署章戳之名冊代之（外國人臨時入國許可辦法第7條第2項）。

申請外國人臨時入國經不予許可者，應發給不予許可通知書，並載明不予許可之人員、意旨及其所依據之法令、事實及理由（外國人臨時入國許可辦法第7條第3項）。

外國人臨時入國，應持臨時停留許可證，經查驗後入出國。如係因疾病、避難或其他特殊事故，或者意外迫降、緊急入港、遇難或災變申請臨時入國者，得於發給臨時停留許可證或加蓋章戳之名冊時查驗後入國（外國人臨時入國許可辦法第8條第1項）。

三、臨時入國之停留期間

外國人經許可臨時入國者，停留期間依外國人臨時入國許可辦法第9條規定如下：

（一）依外國人臨時入國許可辦法第3條第1款至第4款或第4條第3款規定情形申請者，亦即航空器、船舶等運輸工具之從業人員因有轉乘其他航空器、船舶或其他運輸工具之必要，由其機長、船長或所屬運輸業者申請臨時入國許可，或其他經移民署專案審查通過者，得停留至當日或最近班次運輸工具離開我國之日，但最長不得逾7日，亦即最近班次運輸工具離開我國之日，距離外國人臨時入國之翌日起逾7日者，停留期間仍以自臨時入國之翌日起7日為限；但依移民署專案審查通過者，其停留期間最長不得逾2日（外國人臨時入國許可辦法第9條第1項第1款、第2項）。停留期間屆滿，不得申請延期。

（二）依本法第19條第1項第2款或第3款規定情形申請者，亦即搭乘航空器、船舶或其他運輸工具之外國人，因疾病、避難或其他特殊事故，或者意外迫降、緊急入港、遇難或災變，經該航空器、船舶之機長、船長、運輸業者，或執行救護任務機關或施救之機長、船長申請許可臨時入國者，得停留至當日或最近班次運輸工具離開我國之日，但最長不得逾7日（外國人臨時入國許可辦法第9條第1項第2款、第2項）；停留期間屆滿，因故未能依限出國者，應依規定申請簽證。

　　（三）依外國人臨時入國許可辦法第4條第1款規定情形申請者，亦即航空器之機組員或空服人員因航行任務由其機長或所屬運輸業者申請許可臨時入國，得停留至其航行任務班次運輸工具離開我國之日，但最長不得逾7日，亦即航行任務班次運輸工具離開我國之日，距離外國人臨時入國之翌日起逾7日者，停留期間仍以自臨時入國之翌日起7日為限（外國人臨時入國許可辦法第9條第1項第3款、第2項）。停留期間屆滿，不得申請延期。

　　（四）依外國人臨時入國許可辦法第4條第2款規定情形申請者，亦即船員或服務於船舶之人員因航行任務由其船長或所屬運輸業者申請許可臨時入國，其停留期間如下：

　　1. 依漁業法第54條第5款許可漁船船主在國外僱用之外籍船員，得許可臨時停留7日，必要時得申請延期一次，延長期間以7日為限。其因故未能依限出國者，應由船長、運輸業者或其代理人，申請停留簽證。

　　2. 上述以外之情形，得許可臨時停留30日；因船舶進入我國港口有修護、補給或裝卸貨而有繼續停留之必要者，得申請延期一次，期間以30日為限。因故未能依限出國者，應由船長、運輸業者或其代理人，申請停留簽證。

四、臨時入國之外國人停留期間違反相關規定之處理

　　船長或運輸業者依外國人臨時入國許可辦法第3條第2款、第3款或第4條第3款規定申請之船員或服務於船舶之人員臨時入國後，如有違反許可臨時入國之停留期間、停留地區或附加條件時，移民署應依下列方式處理：1.一年內曾違反一次，該船長或運輸業者於第二次申請該等人員臨時入國時，責令申請人僱傭保全隨護；2.一年內曾違反二次，該船長或運輸業者當年度之臨時入國申請案件，不予許可（外國人臨時入國許可辦法第10條）。

　　外國人依本條第1項第2款或第3款規定情形臨時入國後，無人申請臨時入國，且其所屬國家、地區無駐華使領館或授權機構或為無國籍或

國籍不明者，經查明有非法入國之意圖者，移民署應依未經許可入國方式處理（外國人臨時入國許可辦法第11條）。

参、綜論

　　外國人臨時入國許可辦法第10條規定：「船長或運輸業者依第三條第二款或第三款或第四條第三款規定申請之船員或服務於船舶之人員臨時入國後，違反第七條第一項第三款至第五款規定情形之一時，入出國及移民署依下列方式處理：一、一年內曾違反一次，該船長或運輸業者於第二次申請該等人員臨時入國時，責令申請人僱傭保全隨護。二、一年內曾違反二次，該船長或運輸業者當年度之臨時入國申請案件，不予許可。」

　　上述規定只規定對船長或船舶運輸業者所申請之船員或服務於船舶之人員臨時入國後，違反停留期間、停留地區、附加條件時予以相關不利處分，而對於航空業者則未予規定。因為會違反停留期間、停留地區、附加條件者，並非只有船員或服務於船舶之人員，航空器之機組員或空服人員也一樣會有相同之情形，故上述規定似有疏漏，宜予增訂。

　　又，上述規定所謂之一年內曾違反二次，究應如何計算，是同一人之違反二次，還是不同人合計違反二次，從上開條文之規定，無從得知，而生疑義，似有規定明確之必要。再者，此規定之不利處分（處罰），在性質上似乎是處罰申請人違反監督義務，由於此等不利處分已涉及申請人之權利干預，仍以法律規定為宜，以符法律保留原則。

第20條（過境）
航空器、船舶或其他運輸工具所搭載之乘客，因過境必須在我國過夜住宿者，得由機、船長或運輸業者向移民署申請許可。
前項乘客不得擅離過夜住宿之處所；其過夜住宿之申請程序、應備文件、住宿地點、管理及其他應遵行事項之辦法，由主管機關定之。

壹、導言

本條係有關過境許可之規定，所謂過境係指經由我國機場、港口進入其他國家、地區，所作之短暫停留（本法第3條第6款）。例如外國人擬前往第三國（目的地國），搭乘交通工具時，途經我國所作之短暫停留即是。依國際民航運輸慣例，任何人均能經由他國過境轉機至其目的國，而無對象及條件之限制。

關於過境是否需經簽證，各國規定不一，有的國家規定，不論停留時間長短或是否出機場管制區，均一律須辦理簽證。有的國家是以觀光或商務簽證代替過境簽證，例如美國；有的則須辦理過境簽證，如澳大利亞。所謂過境簽證，係指一般人民擬前往目的地國，搭乘交通工具時，途經第三國（地區），向該第三國取得同意過境的簽證。

另外，有些國家是外國人搭乘交通工具通過其國境時，只要停留不超過一定期限，均免辦包括過境簽證在內的簽證，例如新加坡、泰國等。此種情形，一般不得離開機場管制區或只允許在指定的旅館過夜。

我國是於本條規定「航空器、船舶或其他運輸工具所搭載之乘客，因過境必須在我國過夜住宿者，得由機、船長或運輸業者向移民署申請許可。前項乘客不得擅離過夜住宿之處所。……」。有關過夜住宿之申請程序、應備文件、住宿地點、管理及其他應遵行事項則規定於過境乘客過夜住宿辦法。

貳、內容解析

一、過境乘客得在我國境內過夜住宿之情形

航空器、船舶或其他運輸工具所搭載之乘客，因過境必須在我國過夜住宿，得由機、船長或運輸業者向移民署申請許可，但以有下列情形者為限：1.搭載之運輸工具，因技術降落或停泊後有其他重大事由，不能續航；2.搭載之定期航行國際航線之我國國籍運輸工具，因返航而未

能續予運送乘客；3.因不可抗力或其他不可避免之原因；4.因外交禮遇或基於人道考量需求（過境乘客過夜住宿辦法第2條第1項）。

二、申請過境乘客過夜住宿之程序

運輸業者辦理過境乘客過夜住宿，應將乘客姓名、抵達與離境之日期及運輸工具班次，開列清單，連同乘客之護照或旅行證件，向降落機場或停泊港口之移民署所屬單位提出申請（過境乘客過夜住宿辦法第3條）。

經許可過夜住宿之乘客，其護照或旅行證件經移民署核對確認無誤後，由移民署將乘客之護照或旅行證件交由運輸業者收存保管，於乘客離境時發還。乘客過夜住宿期間，由運輸業者發給識別證（過境乘客過夜住宿辦法第4條）。

三、過境乘客過夜住宿之相關處理事項

經許可過夜住宿之乘客，有傳染病防治法第3條所定傳染病嫌疑者，應由運輸業者會同檢疫機關人員護送至中央衛生主管機關指定之醫療機構予以診治或隔離（過境乘客過夜住宿辦法第5條）。傳染病防治法第3條所定第一類至第五類傳染病，包括天花、鼠疫、嚴重急性呼吸道症候群、白喉、傷寒、登革熱、百日咳、破傷風、日本腦炎等傳染病，及經中央衛生主管機關認有監視疫情發生或施行防治必要之已知傳染病或症候群，和經中央衛生主管機關認定其傳染流行可能對國民健康造成影響，並有依傳染病防治法建立防治對策或準備計畫必要之新興傳染病或症候群。

經許可過夜住宿之乘客，應集中住宿於移民署指定之旅館，不得擅離住宿處所（過境乘客過夜住宿辦法第8條）。運輸業者應派員護送至住宿處所，妥為照料及管理，並安排翌日最近班次運輸工具運送其離境（過境乘客過夜住宿辦法第6條、第9條）。運輸業者如有延後運送過夜住宿乘客之正當理由，得向移民署申請，並經許可延後運送其離境（過境乘客過夜住宿辦法第6條但書）。

　　經許可過夜住宿之乘客，如需會晤親友或授受物品者，應提出申請經移民署許可始得為之（過境乘客過夜住宿辦法第9條後段）。其隨身攜帶之行李，應報由海關查驗；其他行李應存放運輸工具內或存關。隨身攜帶新臺幣、外幣、人民幣或有價證券逾規定數額者，應報明海關登記，於離境時驗放（過境乘客過夜住宿辦法第7條）。

　　運輸業者發現經許可過夜住宿之乘客，有下列情形之一者，應通知移民署，並立即派員護送回機場、港口管制區內過夜住宿：1.有事實足認有擅離住宿處所之虞；2.未經許可會晤親友或授受物品；3.有妨害住宿處所安寧秩序行為。乘客如有擅離住宿處所之情形，運輸業者應立即通知移民署處理，並提供必要之協助（過境乘客過夜住宿辦法第10條）。

四、過境乘客管制區內過夜（住宿）

　　經許可過夜住宿之過境外國人如有本法第7條第1項、第18條第1項、第2項及其他法令所規定得禁止入國之情形，或有事實足認有非法入國之虞，移民署得指定其在機場、港口管制區內過夜住宿（過境乘客過夜住宿辦法第11條）。未經許可過夜住宿乘客，移民署得指定至機場、港口管制區內過夜，運輸業者應派員妥為照料，並負責安排翌日最近班次之運輸工具，將乘客運送離境（過境乘客過夜住宿辦法第12條）。

第21條（禁止出國之事由）

外國人有下列情形之一者，移民署應禁止其出國：

一、經司法機關通知限制出國。

二、經財稅機關或各權責機關依法律通知限制出國。

依前項規定禁止出國者，移民署於查驗時，當場以書面交付當事人，並告知其禁止出國之理由。

前二項禁止出國之規定，於大陸地區人民、香港或澳門居民準用之。

壹、導言

　　經允許入境我國的外國人，於居留期間有離開我國回到其母國或前往第三國的自由嗎？關於這一點，一般認為出國的自由對外國人也予以保障。[77]世界人權宣言第13條第2項規定：「所有的人都有離開自己的國家或任何其他國家，以及返回自己國家的權利。」公民與政治權利國際公約也設有相同的規定，即「所有的人都可以自由離開任何國家（包括其本國）」（第12條第2項）及「任何人都不應被恣意的剝奪返回其母國的權利」（同條第4項）。我國於民國98年公布施行兩公約施行法後，兩公約在我國即具有內國法的效力，而可確認有出國自由的存在。也就是不但所有的本國人都有出國的自由，且所有的外國人在我國也都可以享有出國的自由。此外，大法官釋字第558號解釋也認為：「憲法第十條規定人民有居住、遷徙之自由，旨在保障人民有自由設定住居所、遷徙、旅行，包括入出國境之權利。」

　　把外國人的入國問題，依國際習慣，當作是國家的自由裁量權，而把出國的問題當作是憲法上的權利，在邏輯上似乎並不一貫。但是，對於在國家領域以外的外國人為國家主權所不及，相反的，對於在國家領域內的外國人則為國家主權所及，因此對於在領域內之外國人的處遇，首先是憲法問題。[78]因此，應可將其當作是憲法上的權利來思考。

　　不過，憲法第10條所規定的「人民」是僅限於本國人，還是也包括外國人，大法官在本號解釋中並沒有表示意見。日本最高法院對與此相同的問題則曾作出判決認為：「遷徙居住的自由（日本憲法第22條第1項）和遷居外國移民的自由（同條第2項）是『即使是外國人，只要是在日本而服從於其主權的人都應受到保障』。」[79]在其後的判決也採相同的見解，認為：「移居外國的自由，在其權利的性質上並沒有只

---

[77] 佐藤幸治，憲法Ⅱ基本的人權，初版，成文堂，1992年，頁54。

[78] 同前註。

[79] 最高裁判所大法廷，昭和32年6月19日判決，刑事判例集11卷6号，頁1663。

因爲其爲外國人而不予保障的理由。」[80]所以，以相同的道理，似乎可認爲只要是受我國憲法效力所拘束之人，不論其爲本國人或外國人，都應保障其出國之自由。

儘管如此，出國之自由也並非完全不得限制。例如關於偷渡出國，入出國及移民法要求在出國時應依一定之程序，將不遵守這些出國程序的人當作是偷渡者而予以處罰[81]，即是對出國自由的限制。然而，此程序是爲了實現公平管理所有從我國出境之人的入出國管理目的等公共福祉所設置的程序。入出國管理是作爲一個主權國家的當然的權能，在管理所必要的限度內實施管制也是當然的結果。因此，國家在實現入出國管理的目的所必要的限度內的出國限制，不能說是否定其出國的自由。況且，這是對包括本國人和外國人在內的「所有的人」的限制，並不是因爲其爲外國人才予以限制。

本條第1項規定：「外國人有下列情形之一者，移民署應禁止其出國：一、經司法機關通知限制出國。二、經財稅機關或各權責機關依法律通知限制出國。」也是對出國自由之限制。本條有關禁止出國之規定，於大陸地區人民、香港或澳門居民準用之。

貳、內容解析

外國人經司法機關、財稅機關或各權責機關依法律向移民署通知限制出國，移民署即應禁止其出國。禁止出國者，移民署應於查驗時，當場以書面交付當事人，並告知其禁止出國之理由。所謂之司法機關，在解釋上應包括各級普通法院、行政法院和檢察機關。財稅機關則指財政

---

80 最高裁判所大法廷，昭和32年12月25日判決，刑事判例集11卷14号，頁3377。
81 入出國及移民法第4條第1項規定：「入出國者，應經內政部移民署（以下簡稱移民署）查驗；未經查驗者，不得入出國。」同法第84條規定：「違反第四條第一項規定，入出國未經查驗者，處新臺幣一萬元以上五萬元以下罰鍰。」同法第74條前段規定：「違反本法未經許可入國或受禁止出國處分而出國者，處三年以下有期徒刑、拘役或科或併科新臺幣九萬元以下罰金。」

部及其所屬之稅務機關，以及地方政府之稅捐稽徵機關而言。

不過，依稅捐稽徵法第24條第3項規定：「在中華民國境內居住之個人或在中華民國境內之營利事業，其已確定之應納稅捐逾法定繳納期限尚未繳納完畢，所欠繳稅款及已確定之罰鍰單計或合計，個人在新臺幣一百萬元以上，營利事業在新臺幣二百萬元以上者；其在行政救濟程序終結前，個人在新臺幣一百五十萬元以上，營利事業在新臺幣三百萬元以上，得由財政部函請內政部移民署限制其出境；其為營利事業者，得限制其負責人出境，並應依下列規定辦理。但已提供相當擔保者，或稅捐稽徵機關未實施……稅捐保全措施者，不適用之：一、財政部函請內政部移民署限制出境時，應同時以書面敘明理由並附記救濟程序通知當事人，依法送達。二、限制出境之期間，自內政部移民署限制出境之日起，不得逾五年。」同條第4項規定：「納稅義務人或其負責人經限制出境後，有下列各款情形之一者，財政部應函請內政部移民署解除其出境限制：一、限制出境已逾前項第二款所定期間。二、已繳清全部欠稅及罰鍰，或向稅捐稽徵機關提供欠稅及罰鍰之相當擔保。三、納稅義務人對核定稅捐處分依法提起行政救濟，經訴願或行政訴訟撤銷須另為處分確定。但一部撤銷且其餘未撤銷之欠稅金額達前項所定標準，或納稅義務人有隱匿或移轉財產、逃避稅捐執行之跡象，其出境限制不予解除。四、經行政救濟及處罰程序終結，確定之欠稅及罰鍰合計金額未達前項所定標準。五、欠稅之公司或有限合夥組織已依法解散清算，且無賸餘財產可資抵繳欠稅及罰鍰。六、欠稅人就其所欠稅款已依破產法規定之和解或破產程序分配完結。」故稅捐稽徵實務上，有關欠稅等限制出境事項，各級稅捐稽徵機關多報經由財政部函請移民署限制欠稅人出境，而非逕行通知移民署限制出境。

通知移民署之方法，條文未限定書面或言詞，解釋上應包括書面及言詞通知。移民署依本項禁止外國人出國，必須司法機關或財稅機關通知限制出國後，始得據以作成禁止出國處分。

至於該外國人是否有限制出國之必要，則係由司法機關、財稅機關

或各權責機關判斷與認定，移民署並無認定之權[82]。換言之，移民署所為禁止出國之處分，係由司法機關、財稅機關或各權責機關參與前階段行為，且此前階段行為應非屬內部意見之交換或行政內部之表示，而係依法應向相對人為之之行為。

由司法機關所為之裁判或處分依法應向當事人為之，同時通知移民署禁止其出國，應無疑問；由財稅機關所為者，依上述「財政部函請內政部移民署限制出境時，應同時以書面敘明理由並附記救濟程序通知當事人，依法送達」之規定，及最高行政法院83年3月份庭長、評事聯席會議決議意旨：「稅捐稽徵法第二十四條第三項規定，納稅義務人欠繳應納稅捐達一定金額者，得由司法機關或財政部，函請內政部入出境管理局（現為移民署）限制其出境，其為營利事業者，得限制其負責人出境。從而財政部依該條項函請入出境管理局限制特定納稅義務人或營利事業負責人出境，同時將副本送達該當事人時，應認為已發生法律上效果，即為行政處分。」可知財稅機關之前階段行為為應向當事人為之之行政處分。

故相對人對於禁止出國如有不服，應可向為前階段行為之司法機關或財稅機關，依司法或行政救濟之程序請求救濟，否則，相對人如只能向內政部提起訴願，將難收救濟之實效。[83]同樣的道理，其他權責機關所為禁止外國人出國之前階段處分，按理亦應向當事人為之，並通知移民署限制其出國。相對人對其禁止出國如有不服，亦應可向為前階段行為之權責機關，依司法或行政救濟程序請求救濟。

為使當事人知悉其被禁止出國之理由，移民署於查驗時，應告知其禁止出國之理由及為該前階段決定之機關，並當場以書面交付當事人，以利當事人於不服決定時據以直接向該權責機關請求救濟。

上述禁止出國之規定，於大陸地區人民、香港或澳門居民準用之。

---

[82] 臺北高等行政法院99年度訴字第2319號判決。
[83] 李震山，行政法導論，修訂10版，三民，2014年，頁529-530。

參、綜論

一、立法例之比較

外國人進入到我國的領域，依屬地主義的想法，理應服從於我國的主權，亦即受我國憲法及相關法律的支配，其相關的權利在沒有只因為是外國人而不予保障的理由時，就應與本國人一樣同受憲法及相關法律的拘束和保障。基此，依上述大法官釋字第558號解釋之意旨，在我國的外國人也應享有出國的自由。換言之，外國人的出國自由不僅是法律層次所保障的權利，而且是憲法所保障的基本權利。但於此必須說明者，儘管外國人有出國之權利，也並非不得限制，如果為了維護國家安全及社會秩序，在符合憲法第23條之比例原則下，仍得以法律限制之，自不待言。本條之規定即是對於外國人出國自由之限制。

相較於本條規定外國人經司法機關或財稅機關通知限制出國，移民署即應禁止其出國；而因其他案件在依法查證中，經有關機關請求限制出國者，移民署亦得禁止其出國。日本有關外國人之出國是規定於其出入國管理及難民認定法第25條（出國之程序）：「外國人想要出國前往本國以外地區者，應在出國之港口依法務省令規定的程序，取得入國審查官之出國確認。前項外國人未取得出國確認者不得出國。」及第25條之2（出國確認之保留）：「居住在本國的外國人想要出國前往本國以外地區，入國審查官如有接到有關機關通知該外國人有符合下列各款情形之一時，得自受理前條規定的出國確認程序之時起二十四小時內，暫時保留其出國之確認。一、犯死刑、無期徒刑或最重本刑三年以上有期徒刑之罪之人被起訴，或因犯了這些罪而被簽發逮捕狀、拘票、押票或鑑定留置狀者。二、受有期徒刑以上刑之宣告，其全部之刑未受緩刑之宣告，在其刑之執行尚未完畢前，或其宣告刑尚未變成不再執行之前者（假釋中之人及其一部受緩刑之宣告而尚在緩刑期間者除外）。三、被依逃犯引渡法之規定簽發暫時拘禁許可狀或拘禁許可狀者。入國審查官依前項規定暫時保留出境確認時，應立即通報前項為該通知之機

關。」只有在外國人受有期徒刑之執行尚未完畢或有涉及最重本刑三年以上有期徒刑之罪被起訴或被簽發拘票、押票、鑑定留置等令狀，始得禁止其出國。且其入出國管理機關得禁止外國人出國也僅限於24小時之內，我國對於外國人之出國自由的限制顯然較為嚴格且不明確。

二、與禁止出國相反之強制出國

與禁止外國人出國相反者，是將外國人強制驅逐出國。外國人在國內有重大違法原因，居住國家得將其強制驅逐出國，以確保國內之公共安全與秩序，保護國家及社會之利益，但須受基本權利之制約，並應遵守正當法律程序[84]。入出國及移民法中明文規定外國人有下列情形之一者，得驅逐出國。其所列之事由包括發現有禁止入國事項、在國內之行為活動違反法令、逾期停留或居留、有違法犯罪之原因、有從事與申請目的不符之活動等。

與禁止入國一樣，驅逐出國也可能剝奪被處分人之家庭團聚權，而家庭團聚權之保護，亦屬於憲法之基本權利。因此，在涉及違反入出國及移民法而予以驅逐出國時，需特別考慮被處分人之家庭團聚權。例如其家庭成員在居留地，已構築了一定的社會關係，在判斷是否予以驅逐出國時即應予以特別考慮[85]。

驅逐出國是為了保護國家公共利益與秩序，有其正當性與合理性。但在裁決與處分的必要性衡量時，就需考量外國人違法之程度，與外國人所享有之家庭團聚權因驅逐出國所造成的影響，二者之間加以權衡比較。一般如為重大犯罪之強姦、販賣人口，或從事恐怖主義活動嫌疑。將該外國人驅逐出國處分較具有正當性、必要性，與符合相當性原則；若只是逾期居留或只是一次輕微犯罪者，即將其驅逐出國，在法益衡

---

[84] 蔡震榮，自外籍配偶家庭基本權之保障論驅逐出國處分——評臺北高等行政法院95年度訴字第2581號判決，法令月刊，60卷8期，2009年，頁21-37。許義寶，入出國法制與人權保障，初版，五南，2012年，頁348。

[85] 高佐智美，外國人の人權——現代国際社会における出入国管理のあり方，ジュリスト，1378号，2009年，頁68。許義寶，同前註，頁349。

量上，即可能有輕重失衡之問題。[86]換言之，須以驅逐出國的理由與其家庭所蒙受的不利益之間，兩者加以比較衡量。例如相較於有犯罪的理由，只是違反入出國管理法令的行為，驅逐出國就必須有更強及正當化的理由。

　　有關經濟能力可否成為禁止外國人入國或決定驅逐出國的理由，我國入出國及移民法之禁止入國條款中，即明定有事實足以認定外國人無法在我國獨立維生者，因此，外國人若無足以維生之經濟能力，即可能不允許其入國。相同的規定在驅逐出國之原因中，明文規定入國後，發現有本法第18條規定之禁止入國事由者，亦成為得驅逐出國之原因。然而，以當事人之經濟能力不足，拒絕其入境家庭所在地國或拒絕其申請家庭核心成員入國團聚，對於家庭團聚權不無過度侵害之虞。同樣的，以外國人或其家庭成員需申請社會救助，而予驅逐出國，也不無過當之嫌。總之，驅逐出國於涉及家庭團聚權之適用時，應受比例原則、基本權利保護原則之拘束。[87]

第21條之1（使外國人非法入出國之禁止）
任何人不得為下列行為：
一、使外國人非法入國。
二、使受禁止出國處分之外國人出國。
大陸地區人民、香港或澳門居民受禁止出境處分者，準用前項第二款規定。

壹、導論

　　本條係於民國112年增訂，其增訂之理由是因發現人蛇集團安排或引介外籍人士集體偷渡、非法進入我國之情形日趨猖獗，並藉此獲取豐

---

[86] 許義寶，同前註。
[87] 同前註，頁350。

厚之不法利潤，嚴重妨害我國入出國管理之正確性，並危害我國公共秩序、社會治安及國家安全。另實務上亦有人蛇集團使受禁止出國處分之外國人出國之情形，受禁止出國處分之外國人藉此逃避我國刑罰權等公權力之行使，亦嚴重妨害我國入出國管理之正確性，並損害政府公權力威信，其惡性與外國人非法入國相同，為防杜此等不法行為，爰參酌臺灣地區與大陸地區人民關係條例第15條第1款有關不得使大陸地區人民非法進入臺灣地區之規定，增訂本條，其罰則規定於修正條文第72條之1。

貳、內容解析

依本條之規定，任何人均不得使外國人非法入國，或使受禁止出國處分之外國人出國。所謂非法入國，係指未依法定之入國程序入國而言。例如偷渡入國即是。所謂受禁止出國處分之外國人，係指依第21條規定受禁止出國處分之外國人而言。不過，本條規範的對象並非未依法定程序入國之外國人，或受禁止出國處分之外國人，而是使該外國人非法入國或出國之人。如有違反者，依第72條之1第1項之規定，處一年以上七年以下有期徒刑，得併科新臺幣100萬元以下罰金。

另外，大陸地區人民、香港或澳門居民受禁止出境處分者，準用本條第1項第2款規定（第2項）。

參、綜論

本條第2項規定「大陸地區人民、香港或澳門居民受禁止出境處分者，準用前項第二款規定」。在語意上似乎並不明確，因為從本項之規定來看，準用前項第二款規定之人似乎是受禁止出境處分之大陸地區人民、香港或澳門居民。然而，依所準用之前項第二款規定，卻是使受禁止出境處分之大陸地區人民、香港或澳門居民出境之人，而有扞格之疑慮。

|第五章|
外國人停留、居留及永久居留

> **第22條**（停留、居留許可之形式條件及其程序）
> 外國人持有效簽證或適用以免簽證方式入國之有效護照或旅行證件，經移民署查驗許可入國後，取得停留、居留許可。
> 依前項規定取得居留許可者，應於入國後之翌日起算三十日內，向移民署申請外僑居留證。但申請取得工作許可、居留簽證、外僑居留證及重入國許可四證合一之有效證件，或其他已含有外僑居留證功能之證件者，得免申請外僑居留證。
> 外僑居留證之有效期間，自許可之翌日起算，最長不得逾三年。

壹、導言

　　所謂居留是指合法進入一國國境的外國人，依據法律所賦予的居留資格，在入境國居住，各國主管機關所頒發的入境簽證即代表了政府賦予入境者某種資格，不同的簽證，具有不同的居留資格，且具有不同的居留期限[1]。一般而言，在我國，外國人在入境我國，基本上可區分為三種類型，即停留，居住期限未逾六個月；居留，居住期限超過六個

---

[1] 蔡庭榕、李立宏，我國外國人永久居留制度之研究——與美、日比較，國境警察學報，4期，2005年，頁219-220。

月；永久居留，無居住期限，又稱爲無限期居留。

　　本條第1項規定：「外國人持有效簽證或適用以免簽證方式入國之有效護照或旅行證件，經移民署查驗許可入國後，取得停留、居留許可。」外國人如取得簽證，依上述合法程序入國，則取得停留、居留資格，亦即取得居留權。在取得居留資格後，應在一定期間內向主管機關申請外僑居留證。即同條第2項規定：「依前項規定取得居留許可者，應於入國後之翌日起算三十日內，向移民署申請外僑居留證。」但已申請取得工作許可、居留簽證、外僑居留證及重入國許可四證合一之有效證件，或其他已含有外僑居留證功能之證件者，得免申請外僑居留證（同條項但書）。外僑居留證之有效期間，自許可之翌日起算，最長不得逾三年（同條第3項）。於停留或居留期限屆滿前，有繼續停留或居留之必要時，應向移民署申請延期。經許可者，其外僑居留證之有效期間自原居留屆滿之翌日起延期，最長不得逾三年（本法第31條第1項、第2項）。有變更居留住址或服務處所時，應向移民署申請辦理變更登記（本法第31條第5項）。

貳、內容解析

　　外國人持有效簽證或適用以免簽證方式入國之有效護照或旅行證件，經移民署查驗許可入國，而取得居留、停留資格，即取得居留權，同時也應受我國相關法令之拘束，例如外國人取得居留資格後，應在一定期間內向主管機關申請外僑居留證（本條第2項）；應隨身攜帶護照及外僑居留證或外僑永久居留證（本法第28條）；不得從事與許可停留、居留原因不符之活動或工作（本法第29條）等規定。

一、居留相關權利之保障與限制

　　有關外國人居留的問題，與我國憲法適用範圍有關。也就是本國國民依屬人主義，不論其居住於我國國內還是國外，其人權當然都受到本

國憲法的保障，但是外國人則依屬地主義，原則上只有在我國國內的人才受到憲法的保障[2]。

　　依照國際習慣法，任何國家都無義務許可外國人入境，然而一旦許可外國人入境，則必須以文明的態度對待外國人。例如承認每一個外國人皆為權利主體、賦予外國人重要的自由權、給予外國人有法律救濟途徑等[3]。畢竟，外國人進入到我國的領域，依屬地主義的想法，理應服從於我國的主權，亦即受我國憲法及相關法律的支配，其相關的權利在沒有只因為是外國人而不予保障的理由時，就應與本國人一樣同受憲法及相關法律的拘束和保障。該外國人在居住期間內，則應遵守居住國法律，並尊重該國人民的風俗與習慣[4]。例如需辦理外國人登錄，如有出國後再入國需要，要事先申請再入國許可。

　　另一方面，國家應遵守國際人權公約保障外國人生命、身體、自由、財產以及法律應享有的權利與司法上的救濟。[5]各國對於在外國的本國公民，有權實施保護權，即本國公民在外國受到迫害、歧視，合法權益受到侵犯時，有權向侵權國提出抗議，透過外交途徑或按照國際慣例，要求合理解決或採取相關的措施[6]。不過，在進行外交保護前，須先用盡該國內之法律救濟程序，以免輕易產生國際糾紛。[7]

　　我國入出國及移民法中規定外國人持有效簽證或適用以免簽證方式入國之有效護照或旅行證件，經移民署查驗許可入國後，取得停留、居留許可（本法第22條第1項）。亦即外國人必須無拒絕入國之原因，並持有效簽證（或適用以免簽證方式入國之有效護照或旅行證件），經查

---

[2] 日本最高法院在「麥克林案」判決認為「居留日本的外國人在憲法上並沒有保障其居留日本的權利」，最高裁判所大法廷，昭和53年10月4日判決，民事裁判例集32卷7號，頁1223。但學者有認為，並不允許完全的恣意，參照佐藤幸治，憲法II基本的人權，初版，成文堂，1992年，頁53-54。

[3] 李震山，人性尊嚴與人權保障，4版，元照，2011年，頁416。

[4] 聯合國「非居住國公民個人人權宣言」第4條：「外僑應遵守居住或所在國的法律，並尊重該國人民的風俗和習慣。」

[5] 刁仁國，論外國人入出國的權利，中央警察大學學報，37期，2000年，頁162。

[6] 孫哲，新人權論，初版，五南，1995年，頁442。

[7] 許義寶，論外國人之權益保護與行政救濟——以入出國與居留為中心，國土安全與國境管理學報，16期，2011年，頁127。

驗許可入國後，始取得停留或居留資格。換言之，其實體要件是必須無拒絕入國之原因；程序要件是必須取得並持有效證件經主管機關查驗許可其入國。

外國人入國後，在我國停留、居留期間，應遵守相關之規定，包括取得居留資格後，應在一定期間內向主管機關申請外僑居留證（本法第22條第2項）；14歲以上之外國人，應隨身攜帶護照、外僑居留證或外僑永久居留證，接受依法執行職務之公務員查驗身分（本法第28條）。

在國家發生特殊狀況時，為維護公共秩序或重大利益，得對外國人依相關法令限制其住居所、活動或課以應行遵守之事項（本法第30條）。居留之外國人在其居留目的（即探親、旅遊或留學等）完成或許可的期限屆滿後，即喪失繼續居留的權利，故於居留期間內，居留原因消失者，移民署應廢止其居留許可，限令出國（本法第31條第4項、第36條第2項第7款）。但有例外之情形者，得准予繼續居留。所謂例外情形，例如依親對象死亡、離婚後對我國籍已設有戶籍之未成年子女有撫育事實、行使負擔權利義務或會面交往、若遭強制出國將有對我國籍未成年親生子女造成重大且難以回復損害之虞、與我國雇主發生勞資爭議，正在進行爭訟程序等情形（本法第31條第4項但書）。

此外，外國人經查驗許可入國後而取得停留、居留許可，仍有可能因一定之原因而撤銷或廢止其居留許可，依本法第32條之規定，包括：1.申請資料虛偽或不實；2.持用不法取得、偽造或變造之證件；3.經判處一年有期徒刑以上之刑確定。但因過失犯罪者，不在此限；4.回復我國國籍；5.取得我國國籍；6.兼具我國國籍，以國民身分入出國、居留或定居；7.已取得外僑永久居留證；8.受驅逐出國。

二、不同居留類型的權利保障

外國人入境我國，依照其居留的期間與目的，可分為停留與居留。外國人在我國停留，其停留期限係屬短期性，若外國人逾期停留者，於下一次入國時，得禁止其入國，禁止入國期間，自其出國之翌日起算至

少為一年，並不得逾三年（本法第18條第1項第12款、第3項）。於其申請居留或變更居留目的時得不予許可，其不予許可期間，自其出國之翌日起算至少為一年，並不得逾七年（本法第24條第1項第10款、第11款、第3項）。

　　境內外國人所享有的權利到什麼程度，各國規定不盡相同。也會因短期居留（如留學、經商、旅遊等）和長期居住（如僑民）的情況而有所不同。依外國護照簽證條例施行細則規定，短期停留簽證之目的，包括過境、觀光、探親、訪問、考察、參加國際會議、商務、研習、聘僱、傳教弘法及其他經外交部核准之活動（第10條）。中長期居留簽證之目的，包括依親、就學、應聘、受僱、投資、傳教弘法、執行公務、國際交流及經外交部核准或其他相關中央目的事業主管機關許可之活動（第13條）。

　　各國主管機關所發給的入境簽證即代表了政府賦予入境者某種居留資格，不同的簽證，具有不同的居留資格，且具有不同的居留期限。合法進入國境的外國人，得依據法律所賦予的居留資格，在入境國居住。一般外國人在國內的活動，須符合其居留資格，不得超過原來申請的居留資格範圍。未獲得工作許可的外國人不得從事有獲得酬勞的活動，以保障本國國民的工作權。

　　依國際法原則，國家要給予外國人何種待遇，原則上可由各國國內法自行規定。但須注意不可牴觸國際法之標準。[8]有主張得依外國人在居留國居住類型、與居留國之關係程度，給予其不同程度權利保障[9]。例如外國人取得永久居留權者，與一般短期停留之外國人即有不同。

　　外國人如取得永久居留許可顯已相當長期，對居留國的情感付出，已非一般外國人可比擬，故對其基本權利的保障，應更為周到[10]。例如

---

[8]　柯雨瑞，入出國管理法制之研究，警大法學論集，8期，2003年，頁37。

[9]　松本祥志，外国人の人権，中村義孝等編，憲法と人権，晃洋書房，1996年，頁41。

[10]　李震山，論移民制度與外國人基本權利，台灣法學雜誌，48期，2003年，頁64。蔡庭榕、刁仁國，論外國人人權──以一般外國人之入出境管理為中心，憲政時代，25卷1期，1999年，頁155以下。蔡庭榕、李立宏，我國外國人永久居留制度之研究──與美、日比較，國境警察學報，4期，2005年，頁259。

在國內可自由的活動，除日常生活的一般活動外，尚可依就業服務法第51條之規定廣泛地從事各項工作，不受同法第46條第1項所列各款工作之限制。但某些特定的職業，依法令規定，仍限制外國人擔任，則另當別論。例如國家的公務員因爲其涉及行使公權力，和參與規劃形成公共意思的程度較濃，一般基於擔任公務員亦屬廣義參政權之一，認爲依國民主權的原理，公務員與國家的關係是基於忠誠及行使國家的統治權，因此，必須是國民始得擔任，而多未准許外國人擔任公務員。[11]公務員任用法第28條第1項第1款即規定：「有下列情事之一者，不得任用爲公務人員：一、未具或喪失中華民國國籍。」

　　不論一國對於外國人的待遇採行何種原則，「差別待遇」是可能的情形，也就是國家給予外國人不同於本國國民的待遇，或給予不同國籍的外國人不同待遇，惟差別待遇不得基於歧視目的而爲之，否則即爲國際法所不許。[12]

參、綜論

　　本條第1項規定外國人持有效簽證或適用免簽證入國之有效護照或旅行證件應經查驗許可入國後始取得停留、居留許可。又本法第4條第2項規定：「移民署於查驗時，得以電腦或其他科技設備，蒐集及利用入出國者之入出國紀錄。」

　　日本於外國人入國查驗時，依其出入國管理及難民認定法第7條第1項規定，入國審查官，應審查該外國人是否有符合下列各款所示之入境條件：1.所持之護照是有效的，以及於需要簽證時其所給予之簽證是有效的；2.所申請之想要在日本進行之活動非屬虛假，並符合其附表所

---

[11] 許義寶，日本永久居留權之取得及其衍生問題之研究，警大法學論集，17期，2009年，頁123-124。

[12] 蔡庭榕、李立宏，我國外國人永久居留制度之研究——與美、日比較，國境警察學報，4期，2005年，頁259。

列之各項活動，且符合法務省令所規定之標準；3.申請之停留期間符合依第2條之2第3項授權規定之法務省令的規定（除外交、公務、高度專門職業人員、永久居留等居留資格外，一般居留之期間不得逾五年）；4.無第5條第1項各款所列之禁止入國之情形。

　　外國人如未持有效護照（持有有效船員、機組員手冊之人員除外），或未能取得入國審查官所蓋的入境許可印記或第9條第4項所規定之紀錄或其他入境許可，即不得入境日本（日本出入國管理及難民認定法第3條）。其中第9條第4項所規定之紀錄即有關電磁紀錄之相關規定。

　　依該項規定，入國審查官認定申請入國之外國人係屬於原居留於日本而於離開日本後再入境日本並已經依法[13]登錄於電腦者或入境時依規定以電磁紀錄方式提供個人身分資料者而具備上述第7條第1項規定之入境條件時，得將其姓名、入境日期、入境之口岸及其他依法務省令所規定之事項，以代替入境許可印章之紀錄電子檔案記錄於法務省令所規定之電腦中。這種情形，即使在入國審查官認定該外國人符合上述第7條第1項規定之入境條件，而應在該外國人的護照上加蓋入境許可章，也不必加蓋入境許可之印章（第9條第4項）。從上述規定，可以看出查驗許可入國之作業有逐漸電腦化的趨勢，甚至連在護照上加蓋入境許可章都可以省略。

13　日本出入國管理及難民認定法第9條第8項規定：「日本入出國管理局局長，對於在日本居住的外國人想要在出國之後再入境日本者，於符合下列各款之一（對於特別居留者，排除第3款），且希望在想要入境的口岸接受依第4項規定的記錄時，得依法務省令之規定進行該意旨之登錄。一、符合以下（一）至（三）目之一者。（一）依第26條第1項規定取得再入國許可者。（二）依第61條之2之12第1項規定持有難民旅行證者。（三）符合以下(1)至(4)之一者。(1)再入境日本時，打算在日本進行附表1-3短期停留項之下欄所列活動者（不包括（一）之人）。(2)取得第1項、第10條第8項或第11條第4項所規定之入境許可印記或第4項所規定之記錄次數超過法務省令所規定之次數者。(3)過去未曾被強制出境或未曾被依第55條之3第1項之規定命令出境者。(4)其他符合法務省令所規定公正管理出入國所必要之要件者。二、依法務省令之規定，以電磁方式提供個人資料者。三、登錄時，沒有第5條第1項各款禁止入國情形之一者。」

第23條（停留變更為居留及居留原因變更的條件）

持停留期限在六十日以上，且未經簽證核發機關加註限制不准延期或其他限制之有效簽證入國之外國人，有下列情形之一者，得向移民署申請居留，經許可者，核發外僑居留證：

一、配偶為現在在臺灣地區居住且設有戶籍或獲准居留之我國國民，或經核准居留或永久居留之外國人，或經核准居留之香港或澳門居民。但該經核准居留之配偶係依第九款或第十款規定經許可，或經中央勞動主管機關許可在我國從事就業服務法第四十六條第一項第八款至第十款工作者，不得申請。

二、未滿十八歲，其直系尊親屬為現在在臺灣地區設有戶籍或獲准居留之我國國民，或經核准居留或永久居留之外國人，或經核准居留之香港或澳門居民。其親屬關係因收養而發生者，被收養者應與收養者在臺灣地區共同居住。但該經核准居留之直系尊親屬係依第九款或第十款規定經許可，或經中央勞動主管機關許可在我國從事就業服務法第四十六條第一項第八款至第十款工作者，不得申請。

三、為現在在臺灣地區從事投資經營管理且已實行投資、跨國企業內部調動服務、學術科技研究或長期產業科技研究之大陸地區人民之配偶、未滿十八歲子女及年滿十八歲因身心障礙無法自理生活之子女。

四、經中央勞動主管機關或目的事業主管機關許可在我國從事就業服務法第四十六條第一項第一款至第七款、第十一款之工作或從事就業服務法第四十八條第一項第一款、第三款規定免經許可之工作，或從事外國專業人才延攬及僱用法第四條第四款第四目、第五目、第八條、第十條之專業工作，或依該法第十五條第一項取得工作許可。

五、在我國有一定金額以上之投資，經中央目的事業主管機關核准或備查之投資人或外國法人投資人之代表人。

六、外國公司在我國境內之負責人。

七、依前三款規定，經核准居留或永久居留者，其年滿十八歲因身心障礙無法自理生活之子女。

八、經僑務主管機關核轉各級主管教育行政機關分發之自行回國就學僑生。

九、配偶死亡時為居住臺灣地區設有戶籍國民，並對在臺灣地區已設有戶籍未成年子女，有撫育事實、行使負擔權利義務或會面交往。

十、曾為居住臺灣地區設有戶籍國民之配偶，且曾在我國合法居留，對在臺灣地區已設有戶籍未成年子女，有撫育事實、行使負擔權利義務或會面交

往。

以免簽證或持停留簽證入國之外國人，其符合前項第四款規定者，得向移民署申請居留，經許可者，核發外僑居留證。

依前項規定經許可居留或持居留簽證入國經許可居留，且符合第一項第四款規定者，其配偶、未滿十八歲子女及年滿十八歲因身心障礙無法自理生活之子女，以免簽證或持停留簽證入國者，得向移民署申請居留，經許可者，核發外僑居留證。

外國人申請居留原因與其原持憑入國之停留簽證目的相符，且有下列情形之一者，得向移民署申請居留，經許可者，核發外僑居留證：

一、經各級主管教育行政機關、大學或其組成之海外聯合招生委員會許可在我國就學之僑生。

二、經各級主管教育行政機關核定得招收外國學生之學校許可在我國就學之學生。

三、在教育部認可大專校院附設之華語教學機構就讀滿四個月，並繼續註冊三個月以上之學生。

壹、導言

本條係於民國96年修正時所增訂之條文，當時依舊法之規定，外國人以停留簽證入國後如須改變為居留，須先向外交部申請變更為居留簽證，始可申請外僑居留證。為了簡化行政程序，乃參照外國護照簽證條例施行細則第13條有關居留簽證之申請目的及當時之永久居留辦法有關外國人居留期間之規定，增訂本條第1項，規定外國人持停留期限在60日以上，且未經簽證核發機關加註限制不准延期或其他限制之有效簽證入國後，具備所定事由者，得直接向入出國及移民署申請居留。不須再向外交部申請變更為居留簽證，而可直接向入出國及移民署申請居留，經許可者，發給外僑居留證。

民國112年修正時，為吸引優秀外籍人士來臺工作與僑外生來臺就學，並簡化行政流程，對於外國人以免簽證或持停留簽證入國後，符合

一定之居留條件者，得免先經外交部改辦簽證程序，直接向移民署申請外僑居留證，而依外國人來臺所持簽證種類、目的及入國方式，分三項規定得核發外僑居留證之情形計有以下三類：

（一）持停留期限在六十日以上，且未經簽證核發機關加註限制不准延期或其他限制之停留簽證入國，符合第一項各款申請居留條件之一者。

（二）以免簽證或持停留簽證入國，符合第二項申請居留條件者。

（三）申請居留原因與其原持憑入國之停留簽證目的相符且符合第四項各款申請居留條件之一者。

貳、內容解析

一、短期停留及變更為居留之條件

（一）短期停留

外國人入國後，持停留簽證或以免簽證許可入國，或抵我國時申請簽證入國者，停留期間自入國翌日起算，應於停留期限屆滿以前出國。以免簽證許可入國或抵我國時申請簽證入國，有下列各款情形之一，並提出證明者，得於停留期限屆滿前，向外交部領事事務局或其分支機構申請適當期限之停留簽證：1.罹患急性重病。但不包括足以妨害公共衛生或社會安寧之傳染病、精神病或其他疾病；2.遭遇天災或其他不可抗力事故；3.其他正當理由（外國護照簽證條例施行細則第4條）。

外國人停留或居留期限屆滿前，有繼續停留或居留之必要時，得向入出國及移民署申請延期。申請延期停留時，應於停留期限屆滿前15日內，向移民署申請延期（外國人停留居留及永久居留辦法第3條第1項）。每次延期，不得逾原簽證許可停留之期間，其合計停留期間，並不得逾六個月。但有下列情形之一並提出證明者，移民署得酌予再延長其停留期間：1.懷胎七個月以上或生產、流產後二個月未滿；2.罹患疾病住院或懷胎，搭機、船出國有生命危險之虞；3.在臺灣地區設有戶籍

之配偶、直系血親、三親等內之旁系血親、二親等內之姻親，在臺灣地區患重病或受重傷住院需人照顧，或死亡需辦理喪葬事宜；4.遭遇天災或其他不可避免之事變；5.人身自由依法受拘束（外國人停留居留及永久居留辦法第3條第2項）。

　　依前項第1款或第2款規定之延長停留期間，每次不得逾二個月；第3款規定之延長停留期間，自事由發生之日起不得逾二個月；第4款規定之延長停留期間，不得逾一個月；第5款規定之延長停留期間，依事實需要核給（外國人停留居留及永久居留辦法第3條第3項）。

（二）停留變更為居留之條件

　　持停留期限在60日以上之有效簽證入國之外國人，其停留簽證未經簽證核發機關加註限制延期或不准延期或其他限制，而有本條第1款至第6款情形之一者，得向移民署申請居留。換言之，持短期停留簽證入國之外國人，要申請居留，原則上必須具備以下條件：

1. 所持有之停留簽證必須是停留期限60日以上之有效簽證：逾期之停留簽證或停留期限少於60日者，均不得據以申請居留。

2. 停留簽證須未經簽證核發機關加註限制延期或不准延期或其他限制：如停留簽證經核發機關加註限制延期、不准延期或其他限制，即不得據以申請居留。

3. 有本條第1款至第10款情形之一者，即：

　(1) 配偶為現在在臺灣地區居住且設有戶籍或獲准居留之我國國民，或經核准居留或永久居留之外國人，或經核准居留之香港或澳門居民。但該核准居留之配偶係依第9款或第10款規定經許可，或經中央勞動主管機關許可在我國從事就業服務法第46條第1項第8款至第10款工作者，不得申請。

　　外國人、香港或澳門居民與我國國民有家庭婚姻關係，或與經核准居留或永久居留之外國人、香港或澳門居民有婚姻關係，得申請入國居留。從理論上而言，此等居留資格，屬家庭團聚權之一環，理應予以充分保障。此外，外國人、香港或澳門居民因親屬

關係消滅，是否即喪失其居留資格，仍須視具體情況是否仍保留原有之身分與法律地位而定，不得一概解釋爲即喪失其居留資格。[14]

但書規定該核准居留之配偶係依第9款或第10款規定經許可，或經中央勞工主管機關許可在我國從事就業服務法第46條第1項第8款至第10款工作者，不得申請。依就業服務法第46條第1項規定：「雇主聘僱外國人在中華民國境內從事之工作，除本法另有規定外，以下列各款爲限：……八、海洋漁撈工作。九、家庭幫傭及看護工作。十、爲因應國家重要建設工程或經濟社會發展需要，經中央主管機關指定之工作。」故外國人持短期停留簽證來我國從事上述第8款至第10款工作者，不得申請變更爲居留。

(2) 未滿18歲，其直系尊親屬爲現在在臺灣地區設有戶籍或獲准居留之我國國民，或經核准居留或永久居留之外國人，或經核准居留之香港或澳門居民。其親屬關係因收養而發生者，被收養者應與收養者在臺灣地區共同居住。但該經核准居留之直系尊親屬係依第九款或第十款規定經許可，或經中央勞動主管機關許可在我國從事就業服務法第46條第1項第8款至第10款工作者，不得申請。

外國人如未滿18歲，且其直系尊親屬爲我國設有戶籍之國民或雖未設有戶籍但經獲准居留之國民，或經核准居留或永久居留之外國人，或經核准居留之香港或澳門居民者，即具備此一條件。所謂直系尊親屬，並未限定血親或姻親，在解釋上應認爲包括血親及姻親，並僅限於直系尊親屬，旁系或卑親屬均不屬之。但如果親屬關係係因收養而發生者，則必須被收養者與收養者在臺灣地區有共同居住之事實始可。此外，未滿18歲外國人之直系尊親屬如爲依本條項第9款或第10款規定經許可，或經中央勞動主管機關許可在我國從事就業服務法第46條第1項第8款至第10款工作

---

[14] 許義寶，外國人入出國與居留之研究──以我國法制爲探討中心，中正大學法律學研究所96學年度博士論文，2007年，頁160。

者，則不得依本款申請居留。

(3) 為現在在臺灣地區從事投資經營管理且已實行投資、跨國企業內部調動服務、學術科技研究或長期產業科技研究之大陸地區人民之配偶、未滿18歲子女及年滿18歲因身心障礙無法自理生活之子女。

大陸地區人民來臺從事投資經營管理，並已實行投資、跨國企業內部調動服務及科技研究等，亦為我國延攬高級專業人才之對象，如其外國籍配偶、未滿18歲子女及年滿18歲因身心障礙無法自理生活之子女無法來臺居留，將影響其家庭團聚權及受教權等權益，112年修正時，乃增訂本款規定，以保障其家庭團聚等相關權利。

(4) 經中央勞動主管機關或目的事業主管機關許可在我國從事就業服務法第46條第1項第1款至第7款、第11款之工作或從事就業服務法第48條第1項第1款、第3款規定免經許可之工作，或從事外國專業人才延攬及僱用法第4條第4款第4目、第5目、第8條、第10條之專業工作，或依該法第15條第1項取得工作許可。

外國人入國後，在我國停留、居留期間，不得從事與許可停留、居留原因不符之活動或工作（本法第29條）。入境我國之外國人，如經中央勞工主管機關或目的事業主管機關許可在我國從事就業服務法第46條第1項第1款至第7款或第11款工作者，即有申請變更為居留之可能。就業服務法第46條第1項規定：「雇主聘僱外國人在中華民國境內從事之工作，除本法另有規定外，以下列各款為限：一、專門性或技術性之工作。二、華僑或外國人經政府核准投資或設立事業之主管。三、下列學校教師：（一）公立或經立案之私立大專以上校院或外國僑民學校之教師。（二）公立或已立案之私立高級中等以下學校之合格外國語文課程教師。（三）公立或已立案私立實驗高級中等學校雙語部或雙語學校之學科教師。四、依補習及進修教育法立案之短期補習班之專任教師。五、運動教練及運動員。六、宗教、藝術及演藝工作。

七、商船、工作船及其他經交通部特許船舶之船員。……十一、其他因工作性質特殊，國內缺乏該項人才，在業務上確有聘僱外國人從事工作之必要，經中央主管機關專案核定者。」

外國人來我國從事同條項之海洋漁撈工作、家庭幫傭及看護工作、為因應國家重要建設工程或經濟社會發展需要，經中央主管機關指定之工作者，則不得申請變更為居留。此類外籍勞工屬定期性之工作居留，在完成工作或契約期限已屆之時，即結束其入國居留。有關外籍勞工與外籍白領受聘僱者，主要之區別，即在於外籍勞工之人數較多，且為專案核准，主管機關並限定其工作項目、工作期間與攜眷居留。[15]另，外籍白領受聘僱者，則未加以特別限制。

依就業服務法第46條第1項第1款至第7款、第11款、第48條第1項第1款、第3款規定應聘來臺工作或從事外國專業人才延攬及僱用法第4條第4款第4目、第5目、第8條、第10條之專業工作者，均為政府政策上吸引來臺之外籍優秀人才，為提高渠等來臺意願，故簡化申辦在臺居留手續，並為完備外國人依外國專業人才延攬及僱用法第15條第1項規定經許可工作者申請居留之法源，爰修正原條文第3款規定，便於當事人持停留期限在60日以上，且未經簽證核發機關加註限制不准延期或其他限制之停留簽證入國後，得於國內直接申請外僑居留證，並移列為第4款。

(5) 在我國有一定金額以上之投資，經中央目的事業主管機關核准或備查之投資人或外國法人投資人之代表人。

所謂一定金額以上之投資，依外國人停留居留及永久居留辦法第12條規定：「外國人申請在我國投資移民，有下列情形之一者，入出國及移民署得准予永久居留：一、投資金額新臺幣一千五百萬元以上之營利事業，並創造五人以上之本國人就業機會滿三年。二、投資中央政府公債面額新臺幣三千萬元以上滿三年。」

---

15 同前註，頁161。

外國人申請在我國投資移民獲准永久居留後，其配偶及未滿18歲子女亦得申請永久居留（外國人停留居留及永久居留辦法第15條）。

(6) 外國公司在我國境內之負責人。

公司法修正之前，外國公司如未向經濟部辦理認許，在臺灣並不具備享受權利跟負擔義務之權利能力，不得作為權利主體。但由於公司法於107年修正時，已刪除「外國公司認許」制度，承認未經我國行政機關認許或辦理分公司登記之外國公司，在我國同樣具有權利能力。亦即此後，外國法人在我國當然享有權利能力，毋須先經主管機關之認許，即可逕行辦理分公司設立登記。其在我國境內之負責人，即具備此條件。本款原規定為「經依公司法認許之外國公司在我國境內之負責人」，本次修正時，已配合公司法將須經認許之規定予以刪除。

(7) 依前三款規定，經核准居留或永久居留者，其年滿18歲因身心障礙無法自理生活之子女。

現行應聘在臺工作之「白領」外籍人士經核准在臺居留或永久居留之人數日漸增加，部分人士反映其因身心障礙無法自理生活之成年子女有來臺共同生活之需要，為吸引優秀外籍人士來臺工作，且外國專業人才延攬及僱用法第8條、第16條、第17條及第21條業納入因身心障礙無法自理生活之成年子女為得申請居留及永久居留之適用對象，乃增訂第7款規定。

(8) 經僑務主管機關核轉各級主管教育行政機關分發之自行回國就學僑生。

本款係為符合輔導僑生自行回國申請入學之需求所增訂之規定。

(9) 配偶死亡時為居住臺灣地區設有戶籍國民，並對在臺灣地區已設有戶籍未成年子女，有撫育事實、行使負擔權利義務或會面交往。

基於家庭團聚權及兒童最佳利益考量，本款規定外國人因國人配偶死亡，且其未再婚，並對在臺灣地區已設有戶籍未成年子女，

有撫育事實、行使負擔權利義務或會面交往情形者，得持符合本條項序文規定之停留簽證入國後，申請居留。

(10) 曾為居住臺灣地區設有戶籍國民之配偶，且曾在我國合法居留，對在臺灣地區已設有戶籍未成年子女，有撫育事實、行使負擔權利義務或會面交往。

為保障外國人曾為有戶籍國民之配偶，且曾在我國合法居留，對在臺灣地區已設有戶籍未成年子女，有撫育事實、行使負擔權利義務或會面交往情形者，得持符合本條項序文規定之停留簽證入國後，申請居留。此外，本款規定亦係為落實消除對婦女一切形式歧視公約（下稱CEDAW）第16條、第29號一般性建議及我國CEDAW第三次國家報告結論性意見與建議第34點次、第35點次關於「放寬移民婦女離婚後居住權和探視子女權之限制」、「確保移民婦女於居住及家庭團聚方面之權利」，並確保兒童權利公約所保障之兒童最佳利益[16]。

持短期停留簽證入國之外國人，依上述規定申請居留，經移民署許可者，應發給外僑居留證，並核定其居留之有效期間。

具備上述條件者，持短期停留簽證入國之外國人，得分別依其所具備條件之不同，自停留期限屆滿前30日或15日，向移民署申請居留許可（外國人停留居留及永久居留辦法第6條第2項）。其居留許可之效期自核發之翌日起算（第6條第3項）。無國籍人民準用第1項規定申請居留者，移民署應會商相關機關審查（第6條第4項）。

經核准居留後，如居留原因變更，應自事實發生日起30日內向移民署申請變更，並重新核定居留期間。但變更之居留原因非屬本法第23條之1第1項各款情形之一者，應自事實發生之日起算15日內，向外交部領事事務局或其所屬分支機構重新申請居留簽證後，向移民署申請居留（第7條）。

---

[16] 立法院第10屆第7會期第1次會議議案關係文書院總第20號政府提案第10030442號，第33頁。

　　此外，爲營造友善國際生活環境，並吸引優秀外籍人士來臺工作，本條第2項規定，外國人以免簽證方式或持停留簽證入國後，符合第1項第4款規定者，得逕向移民署申請外僑居留證，毋須於國內先向外交部領事事務局申請改辦居留簽證。

　　爲建構友善移民環境，本條第3項並規定，依第2項規定經許可居留或持居留簽證入國經許可居留，且符合第1項第4款規定者之配偶、未滿18歲子女及年滿18歲因身心障礙無法自理生活之子女，亦得以免簽證方式或持停留簽證入國後，逕向移民署申請外僑居留證，毋須於國內先向外交部領事事務局申請改辦居留簽證。

　　本條第4項規定，外國人申請居留原因與其原持憑入國之停留簽證目的相符，且有下列情形之一者，得向移民署申請居留，經許可者，核發外僑居留證：一、經各級主管教育行政機關、大學或其組成之海外聯合招生委員會許可在我國就學之僑生；二、經各級主管教育行政機關核定得招收外國學生之學校許可在我國就學之學生；三、在教育部認可大專校院附設之華語教學機構就讀滿四個月，並繼續註冊三個月以上之學生。

　　此規定主要是考量外國人來臺皆有其特定目的，爲維護國家利益、社會安全及國境內外相關機關對審核外國人來臺標準之一致性，外國人來臺後，在國內申請或變更停留、居留許可，應以駐外館處根據當事人申請來臺目的所核發之原簽證事由爲原則；而其申請外僑居留證事由亦應依此原則，並以當前政策需求爲考量，故規定外國人符合上述所列各款情形之一者，以其在臺申請居留之原因與原持憑入國之停留簽證目的相符者爲限，以避免浮濫。

　　其次，目前來臺就學之僑生或外國學生係由駐外館處逕核發居留簽證；由於招生程序與方式或其他非可歸責於當事人之因素，致部分當事人未取得駐外館處核發之居留簽證，即先持憑就學目的之停留簽證來臺，爲擴大招收外國學生及僑生來臺就學，乃有上述第4項第1款及第2款規定。

　　另，爲防範外籍人士任意以研習中文事由申請在臺居留，目前實務

上，當事人須先持停留簽證入國，於研習中文滿四個月，且符合相關要件後，始得申請改辦居留簽證，嗣持憑申請外僑居留證；爲求配合實務作業所需，乃有第4項第3款規定。

二、居留期間

主管機關對於外國人申請外僑居留證，應給予相對應的居留許可期間。外國人依法必須於規定時間內，申請外僑居留證，主管機關並應依法規核發具有一定效期的居留證。除已取得永久居留資格的外國人外，一般外國人依其居留原因，給予六個月以上，至長爲三年之居留證許可的期間。

依外國人停留居留及永久居留辦法第9條第1項、第2項規定：「下列外國人之外僑居留證，其效期最長不得逾一年：一、在教育主管機關立案之學校或大學附設之華語文中心就學之人員。二、經教育或其他有關主管機關核准，在我國研習、受訓之人員。三、外籍傳教及弘法人士。四、與臺灣地區設有戶籍國民結婚，初次申請依親居留者。五、其他有居留需要之人員（第1項）。前項第一款人員，係經中央政府及其所屬各機關（構）專案核列大學之獎助學金受獎者，得不受最長有效居留期間一年之限制（第2項）。」同辦法第10條規定：「外國人以依親爲居留原因取得之外僑居留證，以其所依親屬之居留效期爲居留效期，其所依親屬爲我國國民者，外僑居留證效期最長不得逾三年。」

外國人經許可在我國居留，年齡在18歲以上，其父或母持有外僑居留證或外僑永久居留證，且有下列情形之一者，得申請延期居留：1.曾在我國合法累計居留十年，每年居住超過270日；2.未滿14歲入國，每年居住超過270日；3.在我國出生，曾在我國合法累計居留十年，每年居住超過183日。經許可核發之外僑居留證，其效期自原居留期限屆滿之翌日起延期三年，必要時，得再申請延期一次，期間不得逾三年（外國人停留居留及永久居留辦法第8條第2項、第9條第3項）。

參、綜論

　　一般而言，外國人之入出國管理依其管轄事務性質，本身即包括廣泛的自由裁量權，此種特質亦顯現在其實施之各種行政措施之實務上。例如居留活動是否已超出其居留資格之範圍，或居留資格之限定範圍與證明等都包含有這樣的特質。[17]

　　雖然有關外國人居留權利，在理論上，不屬於當然受保障之範圍。但是，國家應不能恣意的拒絕或撤銷其居留許可。在今日全球化的時代，及尊重人權與國際自由交流的原則下，外國人除了有具體且明確的危害國家安全，或有違反公序良俗的情形，可以拒絕其入國之外，原則上應予許可[18]。停留和居留許可為接受外國人在我國短期和長期居住，除受條約及國際人權法拘束之外，國家應有決定之自由，但仍應受憲法相關規定之制約。

　　關於依親居留，主管機關在判斷是否發給同意居留之許可時，應綜合考慮當時存在的情況，然後分別考量正面因素和負面因素。正面因素包括諸如該外國人是否為本國人的子女、有無與本國國民結婚、婚後夫妻有無長期共同生活且有共同的孩子等婚姻穩定成熟的情況、如有本國籍的孩子存在則該孩子是否為未成年人、是否未婚、該外國人有無與該孩子長期共同生活並實際撫養監護該孩子、該孩子是否在本國的中小學教育機構就學且長期住在本國[19]、該外國人有無在我國長期居住的經歷等。負面因素包括諸如有無犯罪之前科紀錄、有無非法居留之紀錄、是否曾被強制驅逐出國等[20]。

　　不許可居留的裁量，除了考慮家庭團聚的權利（自由權利公約：B公約第23條）和兒童的最佳利益（兒童權利公約第3條）之外，也必須審查是否可以正當化權利的制約。例如對於一個有孩子且長期居住在本

---

[17]　同前註，頁151。

[18]　後藤光男，外国人の人権，憲法の争点，3版，有斐閣，1999年，頁65。

[19]　近藤敦，自国に入国する権利と在留権：比例原則に反して退去強制されない権利，名城法学，64卷4号，2015年，頁14-15。

[20]　東京地方裁判所，平成19年8月28日判決，判例時報1984号，頁18。

國的外國人家庭，如果不同意其繼續居留於本國，則包括小孩子在內，其過去所建立起來的人格和價值觀等都將從根底推翻，所以，如果考慮到兒童權利公約第3條的內容，這一點在裁量時就應予以重視，尤其應特別注意有無違反比例原則[21]。

第23條之1（居留原因變更或消失）
外國人持外僑居留證，因原居留原因變更或消失，而有下列各款情形之一者，得向移民署申請變更居留原因：
一、符合前條第一項各款情形之一。但有前條第一項第一款但書或第二款但書規定情形之一者，不得申請。
二、年滿十八歲，原依前條第一項第二款或第三款規定經許可居留，而在各級主管教育行政機關核定得招收外國學生之學校就學之學生，或在我國就學之僑生。
三、原依前條第四項第三款規定經許可居留，經各級主管教育行政機關核定得招收外國學生之學校許可在我國就學之學生。
依前項規定申請變更居留原因，經移民署許可者，應重新核發外僑居留證，並核定其居留效期。

壹、導言

外國人持居留簽證入國後，倘居留原因變更者，依舊法第24條第4款之規定，須先至外交部領事事務局重新改辦居留簽證後，始得申請外僑居留證。民國96年修正時，爲了簡化行政程序，乃增訂第23條第2項，規定外國人持居留簽證入國後，因居留原因變更，而具備一定條件者，應向移民署申請變更居留原因。並於第3項規定申請變更居留原因，經移民署許可者，應重新發給外僑居留證，並核定其居留效期。

---

21 アミネ・カリル事件，東京地方裁判所，平成15年9月19日判決，判例時報1836号，頁16。

　　112年修正時，將原條文第23條第2項及第3項有關外國人於國內申請變更居留原因與重新核發外僑居留證之規定，移列至本條第1項第1款及第2項規範；並配合前條第一項第二款增訂但書規定，而於本條第1項第1款但書增列不得申請變更居留原因之情形。

　　另，鑑於在臺依親居留之外國人於年滿18歲後，無法續以依親事由申請延期居留，由於當事人有求學之事實，且有繼續延長在臺居留期間之需，而於第1項增訂第2款加以明確規範。

　　為營造友善國際生活環境及吸引來臺就讀華語教學機構之學生繼續留臺就學，於第1項增訂第3款規定，俾簡化外國學生在臺就學之行政流程，亦即，放寬原依前條第4項第3款規定經許可居留，嗣獲國內大專校院核發入學許可或通知在臺研讀學士、碩士或博士學位學程者，得於國內申請變更居留原因為「就學」，免除當事人須先至外交部申請居留簽證之流程。

貳、內容解析

　　外國人持居留簽證入國後，應檢具相關文件，向入出國及移民署申請居留，經許可者，發給外僑居留證（外國人停留居留及永久居留辦法第5條）。其因居留原因變更，而有下列各款情形之一者，應向移民署申請變更居留原因：

　　一、符合前條第一項各款情形之一。但有前條第1項第1款但書或第2款但書規定情形之一者，不得申請。

　　所稱前條第1項各款情形，請參閱前條貳、一、（二）之解說，茲不贅述。

　　二、年滿18歲，原依前條第1項第2款或第3款規定經許可居留，而在各級主管教育行政機關核定得招收外國學生之學校就學之學生，或在我國就學之僑生。

　　三、原依前條第4項第3款規定經許可居留，經各級主管教育行政

機關核定得招收外國學生之學校許可在我國就學之學生。

主管機關對於外國人申請外僑居留證，應給予相對應的居留許可期間。外國人依法必須於規定時間內，申請外僑居留證，主管機關並應依法規核發具有一定效期的居留證。同樣的道理，依上述規定申請變更居留原因，經移民署許可者，應重新發給外僑居留證，並核定其居留之有效期間（第2項）。

參、綜論

外國人在我國居留的前提要件，是必須出於某種特定的目的，亦即基於某種特定的居留原因。因此，持續保持特定的居留原因，為合法居住期間所必備之要件。所謂「特定」即限定一定範圍之居住目的。原則上，外國人應保持特定之居留原因，如有變更應申請變更居留原因。

申請變更居留原因，除本條所規定之情形，得向移民署申請變更之外，外國人申請變更之居留原因非屬本條第1項各款情形之一者，應向外交部領事事務局或其所屬分支機構重新申請居留簽證後，再向移民署申請居留。

第24條（居留的消極條件）
外國人申請居留或變更居留原因，有下列情形之一者，移民署得不予許可；已許可者，得撤銷或廢止其許可，並註銷其外僑居留證：
一、有危害我國利益、公共安全、公共秩序之虞。
二、有從事恐怖活動之虞。
三、曾有犯罪紀錄或曾遭拒絕入國、限令出國或驅逐出國。
四、曾非法入國。
五、冒用身分或以不法取得、偽造、變造、內容不實之證件申請。
六、曾經協助他人非法入出國或提供身分證件予他人持以非法入出國。
七、有事實足認其係通謀而為虛偽之結婚或收養。
八、有事實足認其無正當理由而未與依親對象共同居住，或有關婚姻真實性之

　　說詞、證據不符。

九、中央衛生主管機關指定健康檢查項目不合格。

十、所持護照失效或其外國人身分不為我國承認或接受。

十一、曾經逾期停留、逾期居留。

十二、曾經在我國從事與許可原因不符之活動或工作。

十三、妨害善良風俗之行為。

十四、經合法通知，無正當理由拒絕到場面談。

十五、無正當理由規避、妨礙或拒絕接受第七十條之查察。

十六、曾為居住臺灣地區設有戶籍國民其戶籍未辦妥遷出登記，或年滿十五歲之翌年一月一日起至屆滿三十六歲之年十二月三十一日止，尚未履行兵役義務之接近役齡男子或役齡男子。

十七、其他經主管機關認定公告之情形。

外國政府以前項各款以外之理由，不予許可我國國民在該國居留者，移民署經報請主管機關會商外交部後，得以同一理由，不予許可該國國民在我國居留。

第一項第十一款及第十二款之不予許可期間，自其出國之翌日起算至少為一年，並不得逾七年。

壹、導言

　　限制外國人居留資格，在政策上應如何限制居留資格，對外國人之地位應如何規範，如何對待，始符合必要性，均有待討論。原則上立法政策應受到憲法原則之制約，外國人之居留權，可以於合憲原則之必要限度內，以法律加以限制[22]。

　　具有居留資格為外國人居住本國之前提要件，以公共福祉作為限制外國人入國或居留資格之要件，屬抽象而模糊的概念，因此，應比較衡量具體的公益與個人的利益，考量憲法的正當程序與比例原則。另外，國內法應不得牴觸國家所批准的國際人權條約。外國人的居留資格，除

---

[22] 近藤敦，外国人の人権と市民權，明石書店，2003年，頁278。

國家利益之外，亦應考慮國際人權規範。

　　外國人入境我國，原則上須事先取得我國之外國護照簽證，除了給予入境免簽證待遇或准予抵達我國時申請簽證者外，應持有效護照及簽證。有關外國護照之簽證，計有外交簽證、禮遇簽證、停留簽證、居留簽證[23]。其中停留簽證適用於持普通護照或其他旅行證件，而擬在我國境內作短期停留者[24]。居留簽證適用於持普通護照或其他旅行證件，而擬在我國境內作長期居留者[25]。

　　外國人得申請停留簽證之停留目的，依外國護照簽證條例施行細則第10條第1項規定，包括過境、觀光、探親、訪問、考察、參加國際會議、商務、研習、聘僱、傳教弘法及其他經外交部核准之活動。申請居留簽證之居留目的，依同細則第13條第1項規定，則包括依親、就學、應聘、受僱、投資、傳教弘法、執行公務、國際交流及經外交部核准或其他相關中央目的事業主管機關許可之活動。申請前項所定簽證，應檢附中央目的事業主管機關或其授權機關核發之許可從事簽證目的活動之文件。但不須經許可者，不在此限（同條第2項）。

　　國家規範外國人之居留條件，係依國家的經濟、勞動、社會等政策之需求所作出的反映。法定居留資格之考量，一般均內含國家利益、國民權利、國際人權等方面原因。也就是除考慮國家利益，避免公共安全與公共利益受不利影響外，亦須在符合國際法與憲法精神之下，透過國內法加以訂定。對於外國人的居留資格設定，理論上雖依國內法規定，可由國家自由決定，但基於上述因素之考量及國家外交關係、或為尊重國際慣例等，仍應受到相關之制約。宜以法律具體規定或透過法律之授權，明確界定其項目，以為依循[26]。實際上，國家在執行入國審查時，並非個別的審核其是否符合國家的利益，而是只要符合居留資格之一

23　外國護照簽證條例第7條第1項。
24　外國護照簽證條例第10條。
25　外國護照簽證條例第11條。
26　許義寶，外國人入出國與居留之研究——以我國法制為探討中心，中正大學法律學研究所96
　　學年度博士論文，2007年，頁159。

者，即爲許可[27]。

　　一般對於外國人之居留資格，國家可依居留目的之不同爲一定之限制。但設定一定居留資格，將限縮外國人入國之機會。故此權限仍須受到相關國際法與國內法之制約。外國人與本國國民之法律地位也有所不同，外國人入國須經過國家許可；如欲長期在本國居住，須取得特定之居留資格，且居留資格限於在特定之範圍內，須有具體符合之原因，始得申請。

　　入國後因居留資格之限制，主要有二方面，其一，原則上外國人除經過主管機關許可外，不得任意工作。其二，其活動範圍，不可超出居留資格之程度，或與居留資格不符之情形，例如申請就學而未就學。以法令規定外國人居留期間所從事的社會活動及職業工作範圍，即限定外國人得爲特定活動及工作的居留資格。換言之，外國人要具有正當之居留原因，且其居留資格須符合法令之規定。[28]

　　此外，因各國家國籍法原則之不同，而時有發生一人同時具有雙重國籍之情形。如認爲其是外國人，例如其持外國護照入國，有關其入國，仍與一般外國人相同，依傳統國際法原則，外國人沒有主張入國的權利；另國民有返回本國之自由；「國籍」爲區別本國人與外國人的標準。有關國籍之認定，原則上依各該國家國籍法規定。各國訂定取得國籍原則，有採血統（屬人主義者），有採出生地（屬地主義）者。對於具有我國籍之雙重國籍人，如持我國護照入國，一般認爲屬我國國民，不需申請居留資格。具有雙重國籍之國民，因實質上與我國之關係，亦有規定其入國須經過許可者，例如本法第5條第2項有關無戶籍國民之入國應向移民署申請許可之規定。

---

[27] 小高剛，出入国管理における法務大臣の裁量権の問題点，ジュリスト，483号，1971年，頁31。

[28] 許義寶，外國人入出國與居留之研究──以我國法制爲探討中心，中正大學法律學研究所96學年度博士論文，2007年，頁159。

貳、內容解析

本條第1項規定，外國人依前條規定申請居留或變更居留原因，有下列情形之一者，移民署得不予許可。換言之，本條規定者是外國人申請居留或申請變更居留原因之消極條件，茲分述如下：

一、有危害我國利益、公共安全、公共秩序之虞

外國人居留於本國，如有危害我國利益或公共安全、秩序之虞，基於國家利益與公共安全或秩序之維護，自得不予許可。例如有事實足以認為某外國人將於居留本國期間，從事間諜活動，或組織幫派從事暴力活動，移民署即得基於國家利益或公共秩序之維護，不予許可。

所謂有危害我國利益、公共安全、公共秩序之虞，只需有足以認為有危害我國利益或公共安全或秩序之可能，即為已足，並不以在客觀上果真有危害我國利益或公共安全或秩序之情事為必要。又在認定是否有危害我國利益或公共安全或秩序之可能時，不得僅憑主觀之臆測，而必須基於客觀的事實，有足以認為其於居留期間將從事危害我國利益、公共安全、公共秩序之活動，始得不予許可。

二、有從事恐怖活動之虞

外國人於居留本國期間，有從事恐怖活動之虞者，亦得不予許可居留之申請。例如該外國人為恐怖組織之成員，並與國內之恐怖組織有密切聯繫，而有從事恐怖活動之跡象，即得不許可其居留之申請。

為了確保國家及國民的安全與福祉，在面對國際極端、恐怖、暴力活動時，不免讓人對於保障外國人的居留權感到躊躇。儘管如此，對於非主流文化、宗教、族群，仍應多以寬容、多元的價值思維對待。若過度傾向單一價值，進而採取各種過度的反恐措施，包括管制其入境、停留、居留在內，表面上是站在自己所認為的正義的一方，然而在國家的

管制和強制力底下，實又已埋下無數極端、恐怖和暴力的種子。[29]

　　在審查外國人之居留申請或變更居留原因之申請時，應避免僅憑其身分、宗教信仰、言論即隨意斷定其有從事恐怖活動之虞，使其因行使言論、思想、信仰等權利，而遭到拒絕入境、居留之命運。而應基於客觀之事實或實際從事之活動來判斷其於居留期間是否有實施恐怖活動之可能。

三、曾有犯罪紀錄或曾遭拒絕入國、限令出國或驅逐出國

　　外國人曾有犯罪紀錄或曾遭本國拒絕其入國、限令其出國或驅逐出國者，得不許可居留之申請或變更居留原因之申請。所謂有犯罪紀錄，包括在我國犯罪之紀錄及在外國犯罪之紀錄。在外國無犯罪紀錄之證明，實務上通常是要求其出示國籍國之無犯罪紀錄證明書。

　　由於本款規定並無期間之限制，亦無原因或類型之限制，故在解釋上，外國人只要曾有犯罪紀錄或曾遭拒絕入國、限令出國或驅逐出國，不論其原因為何，亦不論其類型如何，均可能無限期的成為不許可其居留申請或變更居留原因申請之理由。然而，這樣規定是否妥當，容有討論之餘地。

四、曾非法入國

　　外國人曾以非法之方式入國，例如未依入國之相關規定程序，而以偷渡的方式入國，即得不許可其居留或變更居留原因之請求。非法入國之方式並無限制，只要是未依入國之相關規定程序而以不正當的方式入國，均屬之。包括乘船、游泳偷渡；持偽造、變造之證件入國；或持他人之證件冒名入國等均屬之。

五、冒用身分或以不法取得、偽造、變造或內容不實之證件申請

　　外國人申請居留或變更居留原因時，如有冒用身分之情形，或以不法取得之證件，或以偽造、變造、內容不實之證件申請之情形，因其身

---

[29]　李震山，德國抗制恐怖主義法制與基本權利保障，月旦法學雜誌，131期，2006年，頁20。

分或證明文件係屬虛假或雖形式爲眞但內容不實，自得不予許可。冒用身分，係指所持身分證件雖屬眞實，但係假冒他人之身分提出申請。以不法取得之證件申請，係指證件雖屬眞實，但係以不法之方式取得者而言。例如以提供虛僞之資料或以不實登載之文件申請取得之證明文件即是。僞造之證件，係指由無權製作者所製作之證明文件。變造之證件，指由無權改作者就現實存在之眞實證件加以改作之證明文件而言。內容不實之證件，指形式爲眞但內容不實之證件而言。又此所謂之證件，不以身分之證明爲限，也包括用以證明身分關係、年齡、經歷、學歷等資格、條件之證明文件。必須有冒用身分或以不法取得、僞造、變造、內容不實之證件提出申請，始得依本款之規定不予許可。

六、曾經協助他人非法入出國或提供身分證件予他人持以非法入出國

外國人曾經協助他人以非法之方式入出國，或提供身分證件予他人冒名持以非法入出國者，得不許可其居留或變更居留原因之請求。提供協助者係有償或無償，均在所不問。例如人蛇集團協助他人非法入國即是。

七、有事實足認其係通謀而爲虛僞之結婚或收養

所謂通謀而爲虛僞之結婚，即俗稱之假結婚，係指爲了入境、居留或移民本國，而與本國人辦理法律上的結婚手續，但實際上並非眞正以夫妻的身分生活。同樣的，通謀而爲虛僞之收養，也是爲了入境、居留或移民本國，而與本國人辦理收養手續，但實際上並非眞正以親子的身分生活。當有事實足以認爲外國人有上述假結婚或假收養之情形，對於其所爲居留或變更居留原因之申請，即得不予許可。是否有假結婚或假收養之情形，必須基於客觀之事實，始得認定，不得僅憑個人主觀之臆測。實務上採行之面談機制，即爲了發現有無假結婚或假收養之客觀事實。

八、有事實足認其無正當理由而未與依親對象共同居住，或有關婚姻眞實性之說詞、證據不符

本款係爲防範外國人與國人通謀而爲虛僞之結婚，而參酌大陸地區人民在臺灣地區依親居留長期居留或定居許可辦法第15條第1項第3款有關大陸地區配偶申請依親居留得不予許可之規定，於112年修正時增訂本款規定。

九、中央衛生主管機關指定健康檢查項目不合格

停留或居留於本國之外國人，其經中央衛生主管機關指定健康檢查項目不合格者，於申請居留或變更居留原因時，移民署得不予許可。例如受聘僱之外國人依衛生福利部發布之受聘僱外國人健康檢查管理辦法所規定之健康檢查項目不合格，即得不許可其居留或變更居留原因之請求。

十、所持護照失效或其外國人身分不爲我國承認或接受

外國人所持之護照如已失效，或其外國人身分不爲我國承認或接受，移民署得不予許可居留或變更居留原因之申請。所謂護照失效，例如護照因逾有效期限而失效，或雖尚未逾期但經核發機關註銷而失其效力均屬之。

因護照失效時，該失效之護照在法律上即無法作爲外國人之身分證明，當無法確認該外國人之身分，其所提出之居留或變更居留原因之申請，自然無法據以許可，除此之外，外國人因其他原因以致其身分不爲我國承認或接受，亦同樣因無法確認其身分，以致無法據以許可其所提出之居留或變更居留原因之申請。

十一、曾經逾期停留、逾期居留

曾經在我國逾期停留或逾期居留之外國人，亦得不許可其居留或變更居留原因之請求。此一方面是對其過去未遵守期間規定之回應。另一方面，是基於其過去未遵守期間規定之紀錄，可認爲其相較於一般外國

人，於許可申請後不遵守期間規定之可能性較高，故以其過去曾未遵守
停留期間或居留期間之規定，作爲不予許可之理由。

　　此種不予許可之期間，自其出國之翌日起算至少爲一年，並不得逾
七年（本條第3項）。因逾期停留、居留，相較於犯罪之情形，係屬較
輕微之行政不法，應無永久不許可其申請居留或變更居留原因之必要。

十二、曾經在我國從事與許可原因不符之活動或工作

　　本法第29條規定：「外國人在我國停留、居留期間，不得從事與
許可停留、居留原因不符之活動或工作。」亦即外國人在國內的活動，
須符合其居留原因，不得超過原來申請居留之原因範圍。例如未獲得工
作許可的外國人，不得從事有獲得酬勞的活動，以保障本國國民的工作
權。

　　過去曾經未遵守活動或工作限制之外國人，因可認爲其未來不遵守
相關限制之可能性較高。故曾經違反上述規定，在我國從事與許可原因
不符之活動或工作者，移民署得不許可其居留或變更居留原因之申請。
但此種不予許可之期間，自其出國之翌日起算至少爲一年，並不得逾七
年（本條第3項）。

十三、妨害善良風俗之行爲

　　有妨害善良風俗行爲之外國人，例如在我國從事性交易，或引誘、
容留或媒介色情交易，得不允許其居留或變更居留原因之申請。

十四、經合法通知，無正當理由拒絕到場面談

　　本法第65條規定移民署受理外國人在臺灣地區停留、居留或永久
居留之申請案件時，得於受理申請當時或擇期與申請人面談。外國人經
合法通知，無正當理由拒絕到場面談者，移民署將無法完成審查居留申
請之程序，亦無法確認其有無藉由「假結婚」或「假收養」，以依親名
義申請居留之情形，故經合法通知無正當理由拒絕到場面談者，移民署
得不許可其居留之申請。

十五、無正當理由規避、妨礙或拒絕接受第70條之查察

　　本法第70條規定：「移民署受理因婚姻或收養關係，而申請在臺灣地區停留、居留、永久居留或定居之案件，於必要時，得派員至申請人在臺灣地區之住（居）所，進行查察（第1項）。前項所定查察，應於執行前告知受查察人。受查察人無正當理由，不得規避、妨礙或拒絕（第2項）。前項所定查察，不得於夜間行之。但有下列情形之一者，不在此限：一、經該受查察人、住（居）所之住居人或可為其代表之人承諾。二、日間已開始查察者，經受查察人同意，得繼續至夜間（第3項）。」外國人申請依親居留或變更居留原因為依親時，移民署進行審查，應確認其實質上有無婚姻生活或收養親屬生活之關係。為確認此等實質之家庭生活關係，並進而確認其是否與本國人或在我國永久居留之外國人享有家庭團聚權，以為申請依親居留准駁之決定。

　　依上開規定，移民署於必要時得派員至申請人在臺灣地區之住（居）所，進行查察，倘申請人無正當理由規避、妨礙或拒絕接受上開規定之查察，移民署將無法完成審查所必要之程序，故得不許可其申請。

十六、曾為居住臺灣地區設有戶籍國民其戶籍未辦妥遷出登記，或年滿15歲之翌年1月1日起至屆滿36歲之年12月31日止，尚未履行兵役義務之接近役齡男子或役齡男子

　　曾為居住臺灣地區設有戶籍國民，如同時有本國國籍和外國國籍之雙重國籍人，或已歸化外國而成為外國人，當其持外國護照入國時，係以外國人之身分入國，如其原有戶籍未依戶籍法第16條第3項「出境二年以上，應為遷出登記」之規定辦妥遷出登記者，申請居留或變更居留原因時，移民署得不予許可。其必須先至戶政事務所辦理戶籍遷出登記，入出國及移民署始得受理其申請（外國人停留居留及永久居留辦法第17條第1項）。

　　兵役法第3條規定：「男子年滿十八歲之翌年一月一日起役，至屆滿三十六歲之年十二月三十一日除役，稱為役齡男子。但軍官、士官、

志願士兵除役年齡，不在此限（第1項）。男子年滿十五歲之翌年一月一日起，至屆滿十八歲之年十二月三十一日止，稱為接近役齡男子（第2項）。」曾為居住臺灣地區設有戶籍國民年滿15歲之翌年1月1日起至屆滿36歲之年12月31日止，尚未履行兵役義務之接近役齡男子或役齡男子，如同時有本國國籍和外國國籍，或已歸化外國而成為外國人，當其持外國護照入國時，亦係以外國人之身分入國，申請居留或變更居留原因時，依本款之規定，移民署得不許可其申請。

十七、其他經主管機關認定公告者

除前述16款之情形，移民署於外國人申請居留或變更居留原因時，得不予許可之外，其他經主管機關，即內政部（第2條）認定公告者，對於外國人申請居留或變更居留原因時，亦得不予許可。

除此之外，基於平等互惠原則，外國政府如有以上述各款所列各種事由以外之理由，不予許可我國國民在該國居留者，移民署經報請內政部會商外交部後，得以同一理由，不予許可該國國民在我國居留。

參、綜論

國際間為謀求人類社會的長遠和平，訂定「世界人權宣言」及「公民與政治權利國際公約」等國際人權公約，其目的在於落實人權無國界，不因國家之不同而區別人權之對待程度，期使世界上每一個人都能享受文明國家程度的人權待遇。

依屬地管轄與領土主權原則，有關外國人的法律地位與權利受保障程度，均依據居留地國家之法令決定。又依現代人權之理論，國家的權力必須在憲法的制約下行使。[30]故基於憲法之平等原則，在我國居留的外國人，其權益也應與我國國民受到相同之拘束與保護。

---

[30] 許義寶，論外國人之權益保護與行政救濟——以入出國與居留為中心，國土安全與國境管理學報，16期，2011年，頁167。

　　在法治國的行政程序中，國家對個人做出具體之決定，例如居留許可或不許可，理應踐行公正、公開、參與之正當法律程序。當事人不應僅是行政程序的客體而應是行政程序的參與者。給予當事人參與意見之陳述，不僅可由當事人從其自己的觀點補充或修正事實，也可以針對可能的決定內容提出實質的論點。行政機關有義務注意當事人所提出的意見，並具體且公開說明其如何考量當事人的主張[31]。本條及前條僅就申請居留許可及申請許可變更居留原因之消極條件和積極條件加以規定，關於作成許可與否決定之正當程序保障規定，則付之闕如。對於外國人權利之程序保障，顯有不足，未來修法時，宜予增訂。

　　此外，在近代法治國家憲法中，並強調有權利，必須有救濟途徑。在我國之外國人，對其所受到居留不許可之行政處分，如有不服應可提起行政救濟，原則上比照本國國民之程序，透過訴願與行政訴訟之方式提出。[32]法院對於當事人依法請求訴訟，即有受理審查及依法保護人民權利的義務。

第25條（永久居留的條件）

外國人在我國合法連續居留五年，每年居住一百八十三日以上，或居住臺灣地區設有戶籍國民，其外國籍之配偶、子女在我國合法居留十年以上，其中有五年每年居住一百八十三日以上，並符合下列要件者，得向移民署申請永久居留。但以就學、依第二十三條第一項第三款、第二十六條第一款、第二款、第三十一條第四項第五款至第八款規定經許可居留者或經中央勞動主管機關許可在我國從事就業服務法第四十六條第一項第八款至第十款工作之原因經許可居留者及以其為依親對象經許可居留者，在我國居留（住）之期間，不予計入：

一、十八歲以上。

二、無不良素行，且無警察刑事紀錄證明之刑事案件紀錄。

三、有相當之財產或技能，足以自立。但為居住臺灣地區設有戶籍國民之配

---

[31] 蕭文生，陳述意見之機會，月旦法學教室，46期，2006年，頁22。

[32] 許義寶，論外國人之權益保護與行政救濟——以入出國與居留為中心，國土安全與國境管理學報，16期，2011年，頁167。

偶，不在此限。

四、符合我國國家利益。

中華民國九十一年五月三十一日前，外國人曾在我國合法居住二十年以上，其中有十年每年居住一百八十三日以上，並符合前項各款要件者，得向移民署申請永久居留。

外國人有下列情形之一者，雖不具第一項要件，亦得向移民署申請永久居留：

一、對我國有特殊貢獻。

二、為我國所需之高級專業人才。

三、在文化、藝術、科技、體育、產業等各專業領域，參加國際公認之比賽、
　　競技、評鑑得有首獎者。

外國人得向移民署申請在我國投資移民，經審核許可且實行投資者，同意其永久居留。

前二項申請人之配偶、未滿十八歲子女及年滿十八歲因身心障礙無法自理生活之子女，得隨同本人申請永久居留，或於本人永久居留經許可後申請，不受第一項第一款及第三款規定之限制。本人之永久居留許可依第三十三條第一款至第三款或第八款規定撤銷或廢止時，隨同申請者之永久居留許可併同撤銷或廢止之。

外國人兼具有我國國籍者，不得申請永久居留。

依第一項或第二項規定申請外僑永久居留，經合法通知，無正當理由拒絕到場面談者，移民署得不予許可。

經許可永久居留者，移民署應核發給外僑永久居留證。

主管機關得衡酌國家利益，依不同國家或地區擬訂外國人每年申請在我國居留或永久居留之配額，報請行政院核定後公告之。但因投資、受聘僱工作、就學或為居住臺灣地區設有戶籍國民之配偶及未滿十八歲子女而依親居留者，不受配額限制。

依第一項或第二項規定申請永久居留者，應於居留及居住期間屆滿後二年內申請之。

外國人有第二十三條第一項第九款規定情形者，得於在我國合法居留期間，向移民署申請永久居留，不適用第一項有關在我國合法居留期間之規定。

第一項第二款所定無不良素行之認定、程序及其他相關事項之標準，由主管機關定之。

壹、導言

在全球化時代，除內外國人交流頻繁外，國際通婚也隨之增加，為了人道的考量及事實的需要，本法多次修正永久居留的機制，放寬其申請條件。例如為利家庭團聚社會和諧，放寬外國籍配偶、子女居住年數之限定，及每年須在我國居住之日數。此外，為了能使曾久居我國的外僑取得永久居留權，以及使對我國有特殊貢獻的外國人，或為我國所需的高級專業人才，及在文化、藝術、科技、體育、產業等各專業領域具有傑出表現之外國人，或在我國有一定金額以上投資之外國人，亦開放或放寬相關之申請條件，使其無需受居留時間的限制，而得享永久居留權。

永久居留，是外國人在符合若干資格條件下，向當地國提出申請，並於取得永久居留權後，在當地國永久居住之意。所謂可永久居住，即與一般國民一樣，可無期限限制的居住。故已取得永久居留權之外國人，即不需申請居留延期。其具有人道考量意義，也是歸化與居留間的一種彈性作為，讓不願意或不能辦理歸化，但卻已與該國國民結婚或已在該國居留相當時日，且願意長久在該國居留的人，可以享有相近於居留地本國人的權利及負起應盡的義務。[33]國家法律得衡酌國家利益，對取得此資格者，予以限定須有特定之條件，並得依國家、地區訂定許可永久居留之數額。

具有永久居留權之外國人，與一般居留之外國人不同。其取得永久居留許可，雖無喪失原國籍，然其符合永久居留的條件，顯已相當認同居留國，甚至產生深厚感情或已貢獻良多，已非一般外國人可比擬。且永久居留於居留國之外國人，因其生活重心已經在居留國，與居留國之國民並無不同，只是國籍上差異而已。故外國人若獲得永久居留權，其權益之保障，應與一般外國人有別，而與居留國之國民相近。[34]

---

[33] 蔡庭榕、李立宏，我國外國人永久居留制度之研究——與美、日比較，國境警察學報，4期，2005年，頁219-220。

[34] 許義寶，外國人入出國與居留之研究——以我國法制為探討中心，中正大學法律學研究所96

取得永久居留資格之外國人，其在居留國之活動也受到相當的保障。包括遷徙、工作、婚姻、家庭等自由與權利之保障[35]。實際上，擁有永久居留資格的外國人，除了參政權、部分社會權不能享有外，其他的自由權、社會權、一般基本法律地位及待遇，皆有如國民。質言之，其除日常生活的一般活動外，可從事的各種活動或工作，不受居留資格所限定之活動的限制，例如就學、講學、研修、就業活動等皆可依其性質與能力而爲之，不需申請許可，包括受僱及自行營業。這一點，與一般外國人在國內的活動，須相對應地符合其居留資格，不得超出原來申請的居留資格範圍，未獲得工作許可不得從事有酬勞的活動或工作，有顯著的不同。但基於合理差別待遇，仍有少數特定職業不得擔任，例如不得擔任公務員。[36]

貳、內容解析

一、永久居留資格

依本條規定，外國人申請永久居留之條件大致上可分爲三類，即一般永久居留、特殊人才永久居留及投資永久居留資格等三類，但外國人兼具有我國國籍者，不得以外國人之身分申請永久居留（本條第5項），而必須以本國人之身分在本國定居。茲分別說明如下：

（一）一般永久居留資格

本條第1項規定：「外國人在我國合法連續居留五年，每年居住一百八十三日以上，或居住臺灣地區設有戶籍國民，其外國籍之配偶、子女在我國合法居留十年以上，其中有五年每年居住一百八十三日以上，並符合下列要件者，得向移民署申請永久居留……：一、十八歲以

學年度博士論文，2007年，頁170。

[35] 李震山，論外國人之憲法權利，人性尊嚴與人權保障，修訂再版，元照，2001年，頁406。

[36] 許義寶，日本永久居留權之取得及其衍生問題之研究，警大法學論集，17期，2009年，頁123。

上。二、無不良素行，且無警察刑事紀錄證明之刑事案件紀錄。三、有相當之財產或技能，足以自立。但為居住臺灣地區設有戶籍國民之配偶，不在此限。四、符合我國國家利益。」

依上開規定，外國人本人必須年滿18歲，無不良素行，且無警察刑事紀錄證明之刑事案件紀錄，有相當之財產或技能而足以自立（但為居住臺灣地區設有戶籍國民之配偶，不在此限），在我國合法且連續居留五年，這五年中，每年都在我國居住183日以上，且其永久居留於我國符合我國國家利益者，始得向移民署申請永久居留。所謂相當之財產或技能，其判斷之標準應以憑藉其財產和技能，若永久居留於我國能否自立為準。所謂符合我國國家利益，在解釋上，應認為若其永久居留於我國，對我國利大於弊，即可認為符合我國國家利益。至於有無不良素行之認定、程序及其他相關事項之標準，則由主管機關定之。（第12項）

此外，居住臺灣地區設有戶籍國民，其外國籍之配偶、子女年滿18歲，無不良素行，且無警察刑事紀錄證明之刑事案件紀錄。有相當之財產或技能而足以自立（但為居住臺灣地區設有戶籍國民之配偶，不在此限）。雖未在我國合法且連續居留五年，但只要在我國合法居留十年以上，且其中有五年每年居住183日以上，而且其永久居留於我國符合我國國家利益者，亦得向移民署申請永久居留。換言之，因居住臺灣地區設有戶籍國民之外國籍配偶、子女亦為外國人，故若其在我國合法且連續居住五年，每年居住183日以上，即得依本條第1項前段之規定，申請永久居留。若不符合此規定，但在我國合法居留十年以上，且其中有五年每年居住183日以上者，於符合同項後段之規定時，亦得申請永久居留。對居住臺灣地區設有戶籍國民之外國籍配偶、子女申請永久居留較為寬鬆，主要是與保障其家庭權有關。

但上述外國人如係以在我國就學、依第23條第1項第3款、第26條第1款、第2款、第31條第4項第5款至第8款規定經許可居留者或經中央勞動主管機關許可在我國從事就業服務法第46條第1項第8款至第10款工作之原因經許可其在我國居留者，或以此等外國人為依親對象而許可

在我國居留者，其以上述原因在我國居留（住）之期間，不計入本條項所稱之「合法連續居留五年」或「合法居留十年以上」及「每年居住183日以上」之期間。

除此之外，外國人本人無不良素行，且無警察刑事紀錄證明之刑事案件紀錄，有相當之財產或技能而足以自立，於民國91年5月31日前，曾在我國合法居住二十年以上，其中有十年每年居住183日以上，且其永久居留於我國符合我國國家利益者，亦得向移民署申請永久居留（本條第2項）。

另外，基於家庭團聚權保障，112年修正本法時，增訂本條第11項規定：「外國人有第二十三條第一項第九款規定情形者，得於在我國合法居留期間，向移民署申請永久居留，不適用第一項有關在我國合法居留期間之規定。」依此規定，外籍配偶如於婚姻關係存續中，因國人配偶死亡，其須照顧與該國人配偶在臺灣地區已設有戶籍未成年子女，得在未再婚之狀態下，申請永久居留，不受第一項有關在我國合法居留期間之限制，俾便其安心在臺照顧未成年子女。

（二）特殊人才永久居留資格

本條第3項規定：「外國人有下列情形之一者，雖不具第一項要件，亦得向移民署申請永久居留：一、對我國有特殊貢獻。二、為我國所需之高級專業人才。三、在文化、藝術、科技、體育、產業等各專業領域，參加國際公認之比賽、競技、評鑑得有首獎者。」有關本項特殊人才之認定，依外國人對我國有特殊貢獻、高級專業人才及投資移民申請外僑永久居留證送件須知之規定，所謂對我國有特殊貢獻者，包括：1.曾獲部會級以上政府機關獎章；2.曾獲國際性組織頒授獎章或參加國際性比賽獲得前五名，有助於提升我國國內相關技術與人才培育；3.對我國民主、人權、宗教、教育、文化、藝術、經濟、金融、醫學、體育、及其他領域，具有卓越貢獻；4.有助於提高我國國際形象；5.其他有殊勳於我國。

所謂「我國所需之高級專業人才」，包括：1.在新興工業、關鍵技

術、關鍵零組件及產品有專業技能；2.在特殊技術或科技機構之科技研發，具有獨到之才能，爲國內外少見或在奈米及微機電技術、光電技術、資訊及通訊技術、自動化系統整合技術、材料應用技術、高精密感測技術、生物科技、資源開發或能源節約技術及尖端基礎研究等著有成績，而所學確爲我國所亟需或短期內不易培育；3.在管理工作上，具有獨到之才能，爲國內外少見或在公路、高速鐵路、捷運系統、電信、飛航、航運、深水建設、氣象或地震等領域有特殊成就，而所學確爲我國所亟需或短期內不易培育；4.在科學、研究、工業、商業及教學等方面具有特殊能力，足以對我國經濟、產業、教育或福利發揮實質效用，且現已因其專業技能應聘在臺居留；5.現任或曾任國外大學講座教授、教授、副教授、助理教授，或研究機構之研究員、副研究員及助理研究員，且現受聘於我國教育、學術或研究機構；獲有博士學位，曾獲國際學術獎或重要專門著作或於研究機構從事研究工作或科技機構從事科技研發或管理工作四年以上，且現受聘於我國教育、學術或研究機構；6.現任或曾任國外研究機構之研究員、副研究員或助理研究員，且現受聘於我國教育、學術或研究機構；7.獲有博士學位，並曾獲國際學術獎或有重要專門著作，且現受聘於我國教育、學術或研究機構；8.現於或曾於國外研究機構從事研究工作或科技機構從事科技研發或管理工作四年以上，且現受聘於我國教育、學術或研究機構；9.在產業技術上有傑出成就且獲國際認可，其研究開發之產業技術，能實際促進臺灣地區產業升級；10.曾獲得奧林匹克運動會或世界盃前三名、各洲際運動會第一名；曾任各國家代表隊教練，經其訓練之選手曾獲得奧林匹克運動會或世界盃前五名、各洲際運動會前三名，或具其他特殊賽事績效而有助提升我國家運動選手競技實力；11.曾任各國家代表隊教練，經其訓練之選手曾獲得奧林匹克運動會或世界盃前五名、各洲際運動前三名，或具其他特殊賽事績效而有助提升我國家運動選手競技實力；12.曾獲邀或獲選參與國際知名文化藝術競賽，有卓越表現，或曾多次獲邀參與國際知名表演活動、展覽活動、相關文化活動或藝術節，獲有好評；13.具有法律卓越專業知能，現於或曾於國內外知名法商機構任職多年

表現傑出、曾獲國內或國際與法律相關重要獎項、在法律領域獲國內外肯認優良研究發表或在國際訴訟法上表現優異；14.其他經中央目的事業主管機關推薦（外國人對我國有特殊貢獻、高級專業人才及投資移民申請外僑永久居留證（梅花卡）送件須知）。

（三）投資永久居留資格

本條第4項規定：「外國人得向移民署申請在我國投資移民，經審核許可且實行投資者，同意其永久居留。」外國人申請在我國投資移民，依外國人停留居留及永久居留辦法第12條規定，有下列情形之一者，入出國及移民署得准予永久居留：1.投資金額新臺幣1,500萬元以上之營利事業，並創造五人以上之本國人就業機會滿三年；2.投資中央政府公債面額新臺幣3,000萬元以上滿三年。另依同辦法第15條規定，外國人申請在我國投資移民獲准永久居留後，其配偶及未滿18歲子女亦得申請永久居留，以確實保障其家庭權。

112年修正本法時，並增訂本條第5項，進一步規定：「前二項申請人之配偶、未滿十八歲子女及年滿十八歲因身心障礙無法自理生活之子女，得隨同本人申請永久居留，或於本人永久居留經許可後申請，不受第一項第一款及第三款規定之限制。本人之永久居留許可依第三十三條第一款至第三款或第八款規定撤銷或廢止時，隨同申請者之永久居留許可併同撤銷或廢止之。」

此規定主要是為吸引外籍優秀人才來臺，並增加渠等在臺永久居留誘因，而放寬第3項及第4項之外籍人士之配偶、未滿18歲之子女及年滿18歲因身心障礙無法自理生活之子女，亦得隨同本人申請永久居留，或於本人永久居留經許可後申請。另考量隨同本人申請永久居留之配偶、未滿18歲子女及年滿18歲因身心障礙無法自理生活之子女，在臺或有難以尋覓就業服務法相關規定之工作，亦難以提出相當之財力證明之情形，且渠等係以依附主體方式申請永久居留，其申請條件應以寬

鬆爲宜；復因各國就結婚年齡規定不一，且針對隨同申請永久居留之配偶訂定年齡之上限顯屬不必要之限制，故規定不受第1項第1款及第3款規定之限制[37]。

　　惟本人之永久居留許可，如依第33條第1款至第3款或第8款規定撤銷或廢止時，其配偶、未滿18歲子女及年滿18歲因身心障礙無法自理生活之子女已無依親對象（即在臺永久居留之主體），渠等之永久居留許可則應併同撤銷或廢止之。

二、永久居留之名額限制

　　永久居留是以久住之目的而入國，各國在許可永久居留時，通常對內國之人口狀況、申請者對內國社會安定之可能影響或歸化之可能性等，爲通盤之考量，有時也設有數額之限制。以美國爲例，1965年以前對於移民採取國別配額制度；於1965年，法律將移民最高額度修正爲每年29萬人，並放棄依原屬國別配額之制度，改以其他個人之身分或技能條件爲準，但仍規定自同一國家每年不得逾2萬人。[38]

　　本條第8項規定，主管機關得衡酌國家利益，依不同國家或地區擬訂外國人每年申請在我國居留或永久居留之配額，報請行政院核定後公告之。但因投資、受聘僱工作、就學或爲臺灣地區設有戶籍國民之配偶及未滿18歲子女而依親居留者，不在此限。本法施行細則第16條規定，外交部及駐外館處受理外國人申請在我國居留簽證之案件，應在本法第25條第8項規定之配額內核發居留簽證。[39]依上述規定，我國得依法公告每年許可永久居留之數額。不限名額之永久居留，包括投資、受聘僱、就學及依親之永久居留等四類。受有名額之限制永久居留，在年度居留名額已用盡後，當事人僅能以停留或居留名義暫時排隊等候。

[37] 立法院第10屆第7會期第1次會議議案關係文書院總第20號政府提案第10030442號，第38-39頁。

[38] 柯雨瑞，入出國管理法制之研究，警大法學論集，8期，2003年，頁36。

[39] 許義寶，外國人居留權之研究，法令月刊，55卷5期，2004年，頁54。

三、申請永久居留之程序

外國人申請永久居留，應向移民署提出申請。申請時，應檢具相關之證明文件，包括：申請書、護照、外僑居留證、健康檢查合格證明、足以自立之財產或特殊技能證明、最近五年內之本國及我國警察刑事紀錄證明及其他證明文件等。依本條第3項及第4項規定申請特殊人才永久居留或投資永久居留者，應另檢附經中央目的事業主管機關或經認可機構核發之證明文件（外國人停留居留及永久居留辦法第11條）。

此外，依本法第65條第1項規定，移民署受理外國人申請停留、居留或永久居留時，得於受理申請當時或擇期與申請人面談。有關面談之實施，依內政部入出國及移民署實施面談辦法辦理。外國人依本條第1項或第2項規定申請外僑永久居留，經合法通知，無正當理由拒絕到場面談者，移民署得不予許可（第6項）。依第1項或第2項規定申請永久居留者，並應於居留及居住期間屆滿後二年內申請之（第9項）。經許可永久居留者，移民署應發給外僑永久居留證（第7項）。

參、綜論

一、永久居留之外國人的社會權及參政權

外國人不受保障的人權，除了在第18條壹、四所提到的入國的自由之外，社會權與參政權也常被提及，以下分別就永久居留之外國人是否享有社會權及參政權，略予說明。

（一）社會權

對外國人的地位，固然普遍承認其基本人權與人性尊嚴的尊重、保障，然而每一個國家基於政策或社會經濟層面等不同的需要，往往會影響其對於外國人的歡迎和排拒。例如國家為求經濟建設，需仰賴外籍勞工，即會採取放寬移民的政策；或者是經濟不景氣的國家，為了防止外國勞工與本國國民爭取就業機會，可能會採取排外政策，以保障本國人

的就業機會。[40]

　　另一方面，對於永久居留的外國人，其實際的生活情況，與國民實屬相同。因其生活重心已在我國，而與我國關係密切，故在我國之法律地位，應給予其與國民相近之相對應權利。然而，依國家的法令，對一般生活關係的規範，常因永久居留外國人具有外國籍的因素，而為差別待遇，就與外國人密切相關的行政而言，與其日常生活相關之行政服務甚為廣泛，尤其是給付行政，依國內情況，其服務對象與權利享有主體，大部分都僅止於國民，有關社會權的保障，即使是永久居留之外國人，亦大都未明文納入。傳統理論之見解，常以「欠缺社會連帶性」為理由，否認或限制外國人的社會權[41]，例如關於生活上的保障，則即使是合法居留的外國人也不承認其有生計上的保障，社會救助法第5條第3項第1款即將「尚未設有戶籍之非本國籍配偶」排除在社會救助之外。不過，在職業災害保險等，甚至連非法外勞都承認其可以享有全民健康保險和職業災害補助，例如逾期居留的非法外籍勞工，於合法居留工作期間如有投保全民健康保險或勞工保險，並繳納保費，就可享有全民健康保險及包括職業災害補助在內之勞工職業災害保險的保障。甚至對於未加入勞工保險之非法外籍勞工，亦有倡議應由勞動部勞動力發展署，先行墊付勞工保險之給付項目，再向雇主就該金額代位求償者[42]。

（二）參政權

1. 與公共事務有關之投票權

　　外國人未受保障的人權，除了上述之社會權之外，還有參政權亦同樣不受保障。永久居留的外國人既然將以我國為其往後生活的中心，其與我國社會的關係，即應是非常密切，有關其生活所需或意見表達也應

---

[40] 蔡庭榕、李立宏，我國外國人永久居留制度之研究——與美、日比較，國境警察學報，4期，2005年，頁223。

[41] 許義寶，外國人入出國與居留之研究——以我國法制為探討中心，中正大學法律學研究所96學年度博士論文，2007年，頁162-163。

[42] 立法院議案關係文書院總第468號委員提案第26166號，勞工職業災害保險及保護法草案第83條。

受到政治人物的重視。另外，基於其是地方的居民，也應有參與地方政治活動、選舉的權利。不過，有關參政權，特別是政治上的投票權，理應以國民主權作為其前提依據，因此，必須以存在國家與國民間的關係為前提[43]。

國民是國家的主權者，有參與政事之權利，排除外國人有參政權的想法是以國民主權的觀念為出發，認為國家政治的權利要由國民負最後的責任，國民不能被外國人統治，而且行使國家公權力是國民專有的權利。[44]不過，地方選舉與地方的住民生活關係密切，在現代世界裡，永久居留之外國人的地方選舉權也逐漸受到重視與討論。

對於主張永久居留之外國人應有地方參政權的說法，其中的一個論點，是所謂民主制度，即在於治者與被治者的同一性，作為社會的構成員和命運共同體一員的住民，可以說與其國籍無關，所有住民的聲音都必須反映到自治體的議會[45]；另一個論點是論及有納稅就要有代表，無代表則無納稅的原理。[46]這是民主主義的特徵之一，憲法也規定，人民有依法律納稅之義務，我國的納稅義務，是採取居住地主義，其本來就未必是只以國籍作為思考的唯一依據，即使沒有國籍也要考慮其是在當地生活且是以當地為生活中心的住民。所以，就民主主義而言，寧可說是共同體的自治。如果這樣思考的話，當然也可以以已建立生活中心的住民作為其特徵，而享有參政權。屬代表制的民主主義，如回溯到其原理，即所謂社會契約論的觀點來觀察，因為其重要性基礎，在於共同體的一員，至於國籍的有無，可說應只是附隨性、技術性的事項[47]。

不過，本書認為國民與永久居留之外國人雖然同為居住的共同體的一員，但是永久居留之外國人，因其隨時可以選擇回到其母國，而國民

---

[43] 藤井俊夫，憲法と國際社會，成文堂，2000年，頁232。

[44] 許義寶，日本永久居留權之取得及其衍生問題之研究，警大法學論集，17期，2009年，頁129。

[45] 江橋崇，外国人市民の地方参政権，定住化時代の外国人の人権，明石書店，1997年，頁118-119。

[46] 許義寶，日本永久居留權之取得及其衍生問題之研究，警大法學論集，17期，2009年，頁127。

[47] 藤井俊夫，憲法と國際社會，成文堂，2000年，頁233-234。

雖然不是不可能歸化外國，但其困難的程度顯然比起永久居留的外國人回到其母國定居要困難得多，其影響所及是當國民與永久居留之外國人共同選出一個不好的人擔任領導者或決定了不好的政策，導致國家向下沉淪，財政虧空，甚至造成社會動盪或發生戰爭，此時，永久居留之外國人可以輕易的選擇回到其母國，但是國民只能繼續留在沉淪的國家、動盪的社會或戰火底下，再不然就是要逃離家園成為難民。因此，在決定公共事務上，國民所考慮的與永久居留的外國人所考慮的，可能存在明顯的不同，也就是永久居留的外國人即使考慮的比較輕忽、不周全、短淺，其所受到的損失終究是有限的，這比起國民受到的損害可能是全面性的、毀滅性的，顯然有很大的不同。就這一點而言，對於國民與永久居留之外國人在公共事務的決定上，做不同的處理，應可認為與「相同事務做相同處理，不同事務做不同處理」之平等原則沒有相違背。至少在沒有機制可以防止其於未來產生由地方事務而漸進至國家事務的滑坡效應之前，似乎可以這麼認為。

2. 服公職之權利

　　在參政權中，除了與公共事務有關的投票權之外，永久居留的外國人可否擔任公務員則是另一個被討論的問題。由於永久居留之外國人能否擔任公務員，關涉該外國人的基本權利，特別是涉及憲法上選擇職業自由及平等權的保障，對於永久居留之外國人，因其生活型態、所受教育及依法繳納稅金等，皆與一般國民相同，所以基於此觀點，似有給予保障之可能。除非依其權利的性質，只限於國民才能被保障的對象者外，其他的權利對於永久居留的外國人也應給予相同的保障。

　　由於擔任公務員也是廣義參政權的一種，依國民主權的原理，有認為公務員與國家的關係是基於忠誠及行使國家的統治權，因此，理應只有國民始得擔任。有關行使公權力，即使是地方公務員本身也有直接形成對居民權利義務的決定，或行使確認其權利義務及範圍的公權力，或是實施有關地方公共團體的重要政策決定，其事實上涉及對居民的生活有直接或間接的重大影響，而均屬於行使公權力之公務員。總之，基於國民主權原理，有關國家及地方公共團體的統治，應由國民負最終的責

任（憲法第1條、第2條、第3條參照），故永久居留之外國人擔任公務員之權利應不被保障。公務員任用法第28條第1款亦直接而明白的規定這一點。

至於不屬於公權力行使（警察官等），及形成重要政策決定的職務，或可因其不涉及統治權且與國民主權無關而可考慮允許由永久居留之外國人擔任[48]。

二、限制申請永久居留期間之必要

本條第9項規定：「依第一項或第二項規定申請永久居留者，應於居留及居住期間屆滿後二年內申請之。」限制申請人申請永久居留，必須在居留及居住期間屆滿後二年內為之。對於逾期申請者，本條並無規定其法律效果，得否據此不予許可，在解釋上易生爭議。其次，本項限制申請期間之目的為何？經遍查立法理由，只表示增訂本項是因為涉及人民權益而將本法施行細則第40條之規定提升至法律位階，至於原施行細則第40條規定之目的（亦即本項限制申請期間之目的）為何，則完全無任何說明。之所以提出此問題，是因為從本項之規定來看，實在令人想不出其有何申請期間限制之必要，如果只是為了行政上之方便，則恐怕屬於不必要之限制，而應予刪除為宜。

第26條（非因入國之原因事實申請居留之條件）
有下列情形之一者，應於事實發生之翌日起三十日內，向移民署申請居留，經許可者，核發外僑居留證：
一、喪失我國國籍，尚未取得外國國籍。
二、喪失原國籍，尚未取得我國國籍。
三、在我國出生之外國人，出生時其父或母持有外僑居留證或外僑永久居留證。
四、基於外交考量，經外交部專案核准在我國改換居留簽證。

---

48 木村俊夫，基本的人權總論 憲法Ⅱ基本的人權，法律文化社，2001年，頁23。

壹、導言

一般而言，外國人得居留於我國，大多經由入國後取得居留許可，但仍有非經由上述途徑而有取得居留許可需要之外國人。例如居住在我國境內之國民因歸化他國而喪失我國國籍之人；又如在我國出生之外國人等。因此，於本條規定此等特殊情形之申請居留許可。包括：1.喪失我國國籍，尚未取得外國國籍；2.喪失原國籍，尚未取得我國國籍；3.在我國出生之外國人，出生時其父或母持有外僑居留證或外僑永久居留證；4.基於**外交考量**經外交部專案核准在我國改換居留簽證等情形。

貳、內容解析

一般而言，外國人依本法第22條第1項之規定經移民署查驗許可入國後，取得停留、居留許可，或於入國取得停留後，依本法第23條第1項之規定申請居留許可。但除上述情形外，依本條規定，有下列情形之一者，應於事實發生之翌日起30日內，向移民署申請居留，經許可者，發給外僑居留證：1.喪失我國國籍，尚未取得外國國籍；2.喪失原國籍，尚未取得我國國籍；3.在我國出生之外國人，出生時其父或母持有外僑居留證或外僑永久居留證；4.基於外交考量，經外交部專案核准在我國改換居留簽證。

喪失我國國籍，尚未取得外國國籍之人，依國際聯合會國籍法公約第7條之規定[49]，於取得外國國籍之前，仍屬我國國民，按理應無申請居留之問題。惟因於此過渡期間之行政運作，實務上均依本條第1款之規定，允許當事人申請外僑居留證。

49　國際聯合會國籍法公約第7條規定：「一國之法律規定發給出籍許可證書倘領得證書之人非有另一國籍或取得另一國籍時此項證書對之不應有喪失國籍之效果。倘領得證書之人在發給證書國家所規定之時間內不取得另一國籍則證書失其效力但領得證書之時已有另一國籍者不在此限。領得出籍許可證書者取得新國籍之國家應將其人取得該國籍之事實通知發給證書之國家。」

同理，喪失原國籍，尚未取得我國國籍之外國人，依上開國籍法公約第7條之規定，於取得我國國籍之前，仍屬原國籍國之國民，如欲申請居留我國，按理應依本法第22條第1項或依第23條第1項之規定取得居留許可。本條第2款係因應外國人歸化我國過渡期間之行政運作所為之規定，故本條第2款所稱「喪失原國籍，尚未取得我國國籍者」，係指業已取得「準歸化中華民國國籍證明」，惟尚未完成取得我國國籍手續者而言，而非指所有喪失原國籍者。

本條第3款規定，在我國出生之外國人，出生時其父或母持有外僑居留證或外僑永久居留證者，應於事實發生之翌日起30日內，向移民署申請居留。亦即應於出生之翌日起30日內，向移民署申請居留。該在我國出生之外國人，必須是合法在我國居留或永久居留之外僑所生之子女，且其父母均不具我國國籍者，始得依本條第3款之規定申請居留許可。其父母如係非法在我國居留者，即不得依上開規定申請居留。再者，其父或母如有一方具有我國國籍，依國籍法第2條第1項之規定，出生時父或母為中華民國國民者，屬中華民國國籍。據此，其父或母如在臺灣地區設有戶籍，自無申請居留許可之問題；如為無戶籍之國民，則可依本法第9條第2項及第10條第6項之規定申請居留許可。

本條第4款規定，基於外交考量，經外交部專案核准在我國改換居留簽證者，亦應於事實發生之翌日起30日內，向移民署申請居留，經許可者，發給外僑居留證。

參、綜論

本條第3款僅限於合法居留我國之外國人子女，於在我國出生時得申請居留，非法居留我國之外國人，其子女在我國出生者，則不得申請居留。此一規定是否妥當，容有討論之空間。依我國國籍法之規定，雖採血統主義，而非採出生地主義，外國人之子女在我國出生，仍不能取得我國國籍，但此為國籍取得之問題，並非外國人之居留我國問題，二

者迥不相同。給予在我國出生之非法居留外國人之子女取得居留許可，並不會因此取得我國國籍，或永久居留之資格。非法居留於我國者係其父母，而非其子女，該在我國出生之外國人子女本身並無非法居留之行為事實。然而，其於出生之後，即注定成為非法居留之外國人，顯然十分無辜，且該外國人子女未來極可能一直居住在我國，其在我國受到如此之待遇，不但無法接受學校教育，將來就業也成為問題，如此之情況，不論對其本身還是我國社會，均未必是有益之事，是值得吾人重視並應予解決之問題。

> **第27條**（外交、禮遇簽證之居留）
> 下列外國人得在我國居留，免申請外僑居留證：
> 一、駐我國之外交人員及其眷屬、隨從人員。
> 二、駐我國之外國機構、國際機構執行公務者及其眷屬、隨從人員。
> 三、其他經外交部專案核發禮遇簽證者。
> 前項人員，得由外交部列冊知會移民署。

壹、導言

　　本條為有關外交特權規定的一種。世界各國主權平等，維持國際和平與安全，以及促進國際間友好關係等是聯合國憲章之宗旨及原則，國際間為了有助於各國間友好關係之發展，確保代表國家之使館能有效執行職務，各國依據相互尊重主權及平等互利原則，按照慣例或有關協議，互相授予外交特權與豁免權。外交豁免權主要指刑事之相關豁免；外交特權的範圍則除了不可侵犯權外，亦包括通訊保密、旅行自由等各項權利。

貳、內容解析

本條規定下列外國人「得在我國居留」，免申請外僑居留證：1.駐我國之外交人員及其眷屬、隨從人員；2.駐我國之外國機構、國際機構執行公務者及其眷屬、隨從人員；3.其他經外交部專案核發禮遇簽證者。此即以法律明文規定上開外交及禮遇人員，得在我國居留，不必申請居留許可。

依外交協定及國際慣例，外交人員於駐他國之居留期間，除享有刑事豁免權之外，並享有不受侵犯權、通訊保密及旅行自由權。維也納外交關係公約訂有相關之規定，諸如該公約第26條規定：「除接受國為國家安全設定禁止或限制進入區域另訂法律規章外，接受國應確保所有使館人員在其境內行動及旅行之自由。」第25條規定：「接受國應給予使館執行職務之充分便利。」第27條規定：「接受國應允許使館為一切公務目的自由通訊，並予保護[50]。使館與派遣國政府及無論何處之該國其他使館及領事館通訊時，得採用一切適當方法，包括外交信差及明密碼電信在內。但使館非經接受國同意，不得裝置並使用無線電發報機（第1項）。使館之來往公文不得侵犯。來往公文指有關使館及其職務之一切來往文件（第2項）。外交郵袋不得予以開拆或扣留（第3項）。構成外交郵袋之包裹須附有可資識別之外部標記，以裝載外交文件或公務用品為限（第4項）。外交信差應持有官方文件，載明其身分及構成郵袋之包裹件數；其於執行職務時，應受接受國保護。外交信差享有人身不得侵犯權，不受任何方式之逮捕或拘禁（第5項）。派遣國或使館得派特別外交信差。遇此情形，本條第五項之規定亦應適用，但特別信差將其所負責攜帶之外交郵袋送交收件人後，即不復享有該項所稱之豁免（第6項）。外交郵袋得託交預定在准許入境地點降落之商營飛機機長轉遞。機長應持有官方文件載明構成郵袋之郵包件數，但機

---

[50] 外交通訊一般視同不可侵犯，外交官一般允許攜帶任何文件通過邊境而不受搜查。外交郵袋也不受海關或邊防的檢查。

長不得視爲外交信差。使館得派館員一人徑向飛機機長自由取得外交郵袋（第7項）。」第21條規定：「接受國應便利派遣國依照接受國法律在其境內置備派遣國使館所需之館舍，或協助派遣國以其他方法獲得房舍。接受國遇必要時，並應協助使館爲其人員獲得適當之房舍。」第22條規定：「使館館舍不得侵犯。接受國官吏非經使館館長許可，不得進入使館館舍。接受國負有特殊責任，採取一切適當步驟保護使館館舍免受侵入或損害，並防止一切擾亂使館安寧或有損使館尊嚴之情事。使館館舍及設備，以及館舍內其他財產與使館交通工具免受搜查、徵用、扣押或強制執行。」第24條規定：「使館檔案及文件無論何時，亦不論位於何處，均屬不得侵犯。」第29條規定：「外交代表人身不得侵犯。外交代表不受任何方式之逮捕或拘禁。接受國對外交代表應特示尊重，並應採取一切適當步驟以防止其人身、自由或尊嚴受有任何侵犯。」第30條規定：「外交代表之私人寓所一如使館館舍應享有同樣之不得侵犯權及保護。外交代表之文書及信件同樣享有不得侵犯權；其財產除第三十一條第三項另有規定外，亦同。」

　　我國駐華外國機構及其人員特權暨豁免條例第6條亦有規定：「駐華外國機構之人員得享受左列特權暨豁免：一、豁免因執行職務而發生之民事及刑事管轄。二、職務上之所得、購取物品、第一次到達中華民國國境所攜帶之自用物品暨行李，其稅捐徵免比照駐華外交領事人員待遇辦理。三、其他經行政院於駐華外交領事人員所享待遇範圍內核定之特權暨豁免。前項人員，以非中華民國國民爲限。」

　　凡此外交上之特權及豁免權，均係爲確保代表國家之使館及其外交人員能有效執行職務，而非給予個人利益。本條之規定，即基於外交之平等互惠原則及享有外交特權及豁免權之國際法及國際慣例，對於外交人員，例外規定得免申請外僑居留證，得由外交部列冊知會移民署，作爲保護對象。

　　本條所謂「外交人員」，係指持外交簽證入國之人員。依外國護照簽證條例第7條第1項規定：「外國護照之簽證，其種類如下：一、外

交簽證[51]。二、禮遇簽證。三、停留簽證。四、居留簽證。」第8條規定：「外交簽證適用於持外交護照或元首通行狀之下列人士：一、外國元首、副元首、總理、副總理、外交部長及其眷屬。二、外國政府派駐我國之人員及其眷屬、隨從。三、外國政府派遣來我國執行短期外交任務之官員及其眷屬。四、政府間國際組織之外國籍行政首長、副首長等高級職員因公來我國者及其眷屬。五、外國政府所派之外交信差。」而所謂禮遇簽證[52]，依同條例第9條規定：「禮遇簽證適用於下列人士：一、外國卸任元首、副元首、總理、副總理、外交部長及其眷屬。二、外國政府派遣來我國執行公務之人員及其眷屬、隨從。三、前條第四款所定高級職員以外之其他外國籍職員因公來我國者及其眷屬。四、政府間國際組織之外國籍職員應我國政府邀請來訪者及其眷屬。五、應我國政府邀請或對我國有貢獻之外國人士及其眷屬。」

依此等規定，上開外國人持我國簽發之外交簽證或禮遇簽證入國者，即得依本條規定在我國居留，免申請外僑居留證，由外交部列冊知會移民署即可。

第28條（外國人居停留之身分證明及查證）
十四歲以上之外國人，入國停留、居留或永久居留，應隨身攜帶護照、外僑居留證或外僑永久居留證。
移民署或其他依法令賦予權責之公務員，得於執行公務時，要求出示前項證件。其相關要件與程序，準用警察職權行使法第二章之規定。

---

51 外交簽證是一國政府主管機關依法為進入或經過該國國境，而應給予外交特權和豁免的人員所核發之簽證。一般是發給持外交護照之人員。
52 禮遇簽證是指一國政府主管機關依法為進入或經過該國國境，應給予相應禮遇之人員所核發之簽證。

壹、導言

爲了查證外國人之身分，本條規定外國人於停留、居留或永久居留期間，應隨身攜帶護照、外僑居留證或外僑永久居留證等相關身分證明文件，以備公務員於執行公務必要時，查證其身分。公務員於執行公務必要時，亦得要求其出示證件。其相關之要件及程序，則準用警察職權行使法有關身分查證之規定。

另我國戶籍法第57條規定，有戶籍國民年滿14歲者，應申請初領國民身分證。同法第56條規定，國民身分證應隨身攜帶。據此，我國有戶籍國民年滿14歲之人，應隨身攜帶身分證，以證明其身分。本條關於外國人之身分查證，亦比照我國國民，年滿14歲以上者，應隨身攜帶護照、外僑居留證或外僑永久居留證，以備身分之查驗。

貳、內容解析

本條規定：「十四歲以上之外國人，入國停留、居留或永久居留，應隨身攜帶護照、外僑居留證或外僑永久居留證。移民署或其他依法令賦予權責之公務員，得於執行公務時，要求出示前項證件。」依此規定，14歲以上之外國人在我國境內應隨身攜帶護照、外僑居留證或外僑永久居留證，以備查驗身分。移民署或其他依法令賦予權責之公務員，並得依本條規定，於執行公務必要時，要求其出示護照、外僑居留證或外僑永久居留證等足以證明其身分之證件。

14歲以上之外國人如無護照、外僑居留證或外僑永久居留證，依外國人停留居留及永久居留辦法第16條第2項之規定，應攜帶經主管機關認定之其他身分證明文件。

關於上述查驗身分之要件及程序，依本條第2項後段規定，準用警察職權行使法第二章之規定。所謂準用，並非一體適用，而是僅限於就性質相類似而不衝突的規定加以比附適用，性質不相類似或不相容的規

定，自不能比附適用。換言之，所稱之準用，乃是類推適用的明文化。有關準用警察職權行使法查證身分之規定，主要是該法第6條和第7條之規定。

依警察職權行使法第6條之規定，警察於公共場所或合法進入之場所，得對於下列各款之人查證其身分：1.合理懷疑其有犯罪之嫌疑或有犯罪之虞者；2.有事實足認其對已發生之犯罪或即將發生之犯罪知情者；3.有事實足認為防止其本人或他人生命、身體之具體危害，有查證其身分之必要者；4.滯留於有事實足認有陰謀、預備、著手實施重大犯罪或有人犯藏匿之處所者；5.滯留於應有停（居）留許可之處所，而無停（居）留許可者；6.行經指定公共場所、路段及管制站者。警察進入公眾得出入之場所，應於營業時間為之，並不得任意妨礙其營業。其中第6款有關指定公共場所、路段及管制站之規定，因必須由警察機關主管長官為了防止犯罪，或處理重大公共安全或社會秩序事件而有必要時始得指定。一般而言，移民署並不負有防止犯罪，或處理重大公共安全或社會秩序事件之權責，故第6款之規定，在一般情形下，應無準用之餘地。

警察職權行使法第7條規定，警察依前條規定，為查證人民身分，得採取下列之必要措施：1.攔停人、車、船及其他交通工具；2.詢問姓名、出生年月日、出生地、國籍、住居所及身分證統一編號等；3.令出示身分證明文件；4.若有明顯事實足認其有攜帶足以自殺、自傷或傷害他人生命或身體之物者，得檢查其身體及所攜帶之物。依前項第2款、第3款之方法顯然無法查證身分時，警察得將該人民帶往勤務處所查證；帶往時非遇抗拒不得使用強制力，且其時間自攔停起，不得逾3小時，並應即向該管警察勤務指揮中心報告及通知其指定之親友或律師。此為有關查證身分時所得採取必要措施之規定。移民署或其他依法令賦予權責之公務員，於執行公務時，要求出示證件，得準用之。

第29條（不得從事與停留、居留目的不符之活動）

外國人在我國停留、居留期間，不得從事與許可停留、居留原因不符之活動。但合法居留者，其請願及合法集會遊行，不在此限。

任何人不得使外國人從事前項本文之活動。

壹、導言

　　本法於1999年5月21日公布施行，對於外國人在我國停留、居留之活動與工作之管理，於第27條予以明定，禁止其從事與申請目的不符之活動與工作。2007年底，本法第四次修法（該次修法於2008年8月1日施行），將該條項次變更，改置於第29條，並於但書中適度鬆綁其限制，針對合法居留者，將其請願及合法集會遊行之權利行使，排除於禁止範圍外。2023年本法進行第十一次修法（本條於2024年3月1日施行）：首先，考量外國人在我國停留、居留期間，從事與許可停留、居留原因不符之工作，已得依就業服務法之規定處理，故刪除「或工作」之文字，因此，本條第1項所稱「活動」，於本次修法後即僅限於就業服務法第五章「外國人之聘僱與管理」所定「工作」以外之行為[53]；另外，新增第2項之規定，明文禁止任何人使外國人於我國從事與許可停留、居留原因不符之活動，同時增訂其罰則於第74條之1第1項[54]。

---

[53] 立法院議案關係文書院總第20號審查報告第10034678號，2023年，討125-133頁，https://ppg.ly.gov.tw/ppg/download/agenda1/02/pdf/10/07/13/LCEWA01_100713_00624.pdf（瀏覽日期：2024.7.20）。

[54] 立法院議案關係文書院總第20號審查報告第10034678號，2023年，討125-133頁，https://ppg.ly.gov.tw/ppg/download/agenda1/02/pdf/10/07/13/LCEWA01_100713_00624.pdf（瀏覽日期：2024.7.20）。

貳、內容解析

一、規範主體

(一) 本法第29條第1項：外國人

　　本法第29條第1項所欲規範之對象為「外國人」，相較於本法第3條第1款所稱「國民」，係「指具有中華民國國籍之居住臺灣地區設有戶籍國民或臺灣地區無戶籍國民」，其雖未就「外國人」加以界定，但可由反面推知，所謂外國人，即指不具國民身分之人，此觀諸本法之規範架構，其針對「國民入出國（第二章）」、「臺灣地區無戶籍國民停留、居留及定居（第三章）」、「外國人入出國（第四章）」以及「外國人停留、居留及永久居留（第五章）」，於第二章至第五章中分設規定亦可推知。

　　惟針對同樣不具國民身分之「大陸地區人民、香港或澳門居民」，本法中雖亦無定義，但由於我國於1991年第一次修憲時，增訂憲法增修條文第10條（現為第11條）：「自由地區與大陸地區間人民權利義務關係及其他事務之處理，得以法律為特別之規定。」立法院即據此憲法委託，就與「大陸地區人民」相關法律事件之處理，另行制定臺灣地區與大陸地區人民關係條例，故針對「在大陸地區設有戶籍之人民」，其入出境或申請定居團聚、居留、定居等事項，均係依據臺灣地區與大陸地區人民關係條例之規定行之[55]；而就香港或澳門居民，立法院亦制定有香港澳門關係條例，規範香港或澳門居民入出境、居留、定居等事項。故相較於適用本法之外國人，大陸地區人民、香港或澳門居民，自應優先適用具特別法地位之臺灣地區與大陸地區人民關係條例與香港澳門關係條例[56]。另，由本法第3條就「跨國（境）婚姻媒合（第12

---

[55] 於臺灣地區與大陸地區人民關係條例第10條第2項：「經許可進入臺灣地區之大陸地區人民，不得從事與許可目的不符之活動。」，得見與入出國及移民法第29條第1項類似之規定。

[56] 臺灣地區與大陸地區人民關係條例第1條：「……本條例未規定者，適用其他有關法令之規定。」香港澳門關係條例第1條第2項：「本條例未規定者，適用其他有關法令之規定。但臺灣地區與大陸地區人民關係條例，除本條例有明文規定者外，不適用之。」

款）」之定義觀之，立法者亦將外國人與大陸地區人民、香港或澳門居民分別列舉，故本條所欲規制之對象，應係指排除我國國民、大陸地區人民及香港或澳門居民後之外國人。

（二）本法第29條第2項：任何人

本法於2023年新增之第29條第2項，係考量現行使外國人於我國從事與許可停留、居留原因不符活動之情形日益頻繁，甚至有以此營利者，危害我國公共秩序、社會治安或國家安全，故明文禁止之[57]。針對「使外國人於我國從事與許可停留、居留原因不符活動」之行爲人，立法者並未加諸任何資格之限制，因此，不論是國民、外國人、大陸地區人民、香港或澳門居民，均應一體受其拘束[58]。

二、禁止行爲

本條第1項對於在我國停留或居留之外國人，課以特定之不作爲義務。外國人在我國停留或居留期間，自應遵守我國法令規範，故針對法令明定禁止之行爲，受其拘束，爲當然之理，本法第29條第1項禁止行爲之範圍，係禁止外國人從事與許可停留、居留原因不符之活動。依據本法第3條第7款及第8款之規定，所謂「停留」與「居留」之差異，係以在臺灣地區居住期間爲認定，未逾六個月者屬停留，超過六個月則屬居留。

針對第1項禁止從事「活動」部分，由於外國人入國，依據外國護照簽證條例第6條第1項，原則上應持有效之外國護照及簽證，而外國人於申請簽證時，應填具簽證申請書表，由外交部及駐外館處審酌申請人身分、申請目的、所持外國護照之種類、效期等條件，核發適當種類之簽證（外國護照簽證條例施行細則第6條）。外交部及駐外館處並得

---

[57]　立法院議案關係文書院總第20號審查報告第10034678號，2023年，討125-133頁，https://ppg.ly.gov.tw/ppg/download/agenda1/02/pdf/10/07/13/LCEWA01_100713_00624.pdf（瀏覽日期：2024.7.20）。

[58]　臺灣地區與大陸地區人民關係條例第15條第3款亦得見類似規定：「下列行爲不得爲之：三、使大陸地區人民在臺灣地區從事未經許可或與許可目的不符之活動。」

要求申請人面談、提供旅行計畫、親屬關係證明、健康檢查合格證明、無犯罪紀錄證明、財力證明、來我國目的證明、在我國之關係人或保證人資料及其他審核所需之證明文件（外國護照簽證條例施行細則第5條第3項）。申請停留簽證目的，包括過境、觀光、探親、訪問、考察、參加國際會議、商務、研習、聘僱、傳教弘法及其他經外交部核准之活動（外國護照簽證條例施行細則第10條第1項）；若係申請居留簽證，其目的則包括依親、就學、應聘、受僱、投資、傳教弘法、執行公務、國際交流及經外交部核准或其他相關中央目的事業主管機關許可之活動（外國護照簽證條例施行細則第13條第1項）。而此於外國人事前申請簽證程序中，所確認並許可之「目的」，應即為判斷是否與許可停留、居留原因相符之重要憑據。然而，外交部對特定國家國民，或因特殊需要，得依據外國護照簽證條例第6條第1項但書，給予免簽證待遇，於此種情況下，因無事前許可之「目的」，應如何確認其所從事活動與許可停留之原因相符，即較易生爭議。且考量外國人停留或居留期間，除與該目的直接密切相關之活動外，仍有從事或參與其他活動之可能性，故本法施行細則第19條中，進一步將「從事簽證事由或入國登記表所填入國目的以外之觀光、探親、訪友及法令未禁止之一般生活上所需之活動」，排除於本法第29條第1項所禁止之行為外，故亦不適用本法第36條第2項第4款關於強制驅逐出國之規定。

　　針對第1項中明定，外國人於我國停留、居留期間，不得從事與許可停留、居留原因不符活動，一旦任何人使外國人為此禁止行為，不論其係採合法或非法手段[59]，是否基於營利目的，有無對價關係或是否經當事人同意等，均應屬第2項所欲禁止之行為，而得依據本法第74條之1第1項處罰。但第2項於適用時應留意者為，其所禁止者，僅限於「使外國人從事前項『本文』之活動」，因此，若是使非合法居留之外國人，參與請願或合法集會遊行之活動，其雖違反第29條第1項但書之規

---

[59] 關於「非法手段」，或可參考人口販運防制法第2條第1款第1目就「不法手段」之定義，其係指「以強暴、脅迫、恐嚇、拘禁、監控、藥劑、催眠術、詐術、故意隱瞞重要資訊、不當債務約束、扣留重要文件、利用他人不能、不知或難以求助之處境，或其他相類之方法」。

定，該外國人可能面臨強制驅逐出國或限令出國之處分，但使該外國人從事該活動之人，並未違反第29條第2項所禁止之行為。

三、例外允許：請願及集會遊行

（一）限於「合法居留」外國人

　　外國人權利之行使，可能適用與國民不同之標準，例如就入出國（境）之權利，對於具備不同身分之國民、大陸地區人民或外國人，即非不得以法律予以差別待遇，但仍應符合比例原則（請參考本法第4條之說明）[60]。本條即屬於外國人於入國後限制其行為之規定，為使該限制合理且不至於過度擴張，2007年底修法時，新增但書之規定，將請願及集會遊行排除在禁止行為之外，但適用的對象，僅限於在臺灣地區居住期間超過六個月之合法居留外國人，而並未及於合法停留之外國人。其或許係因考量請願及集會遊行屬表達意見及爭取權益之管道，對於長期居住之外國人，較易產生行使此等權利之需求，然而，請願與集會遊行之規模與形式非均同一，涉及議題面向亦相當多元，若係對國際間受到關注之事務發聲，例如針對同婚、氣候變遷、反送中[61]或反核[62]等議題所發動之請願或集會遊行，即可能吸引有志一同的外國人到場聲援，若其非屬合法居留而無本法第29條第1項但書之適用，又非屬本法施行細則第19條所稱「一般生活上所需之活動」，即使過程平和，亦

---

[60] 司法院釋字第497號、第558號解釋參照。關於外國人之權利保障，請參考李震山，論外國人之憲法權利，人性尊嚴與人權保障，增訂5版，元照，2020年，頁423-429。李錫棟，外國人之居留自由，中央警察大學法學論集，41期，2021年，頁89-94。

[61] 例如2019年加拿大籍之香港歌手何韻詩來臺參與「929台港大遊行－撐港反極權」集會遊行活動，經媒體報導，其係以觀光名義入臺，質疑其不得參與任何與申請項目不符之活動。就此，移民署表示，該活動是事先經申請的合法活動，且兩公約已國內法化，是外國人在臺合法停留、居留期間，從事請願或參加合法集會遊行的權利，應受兩公約的保障。張順祥，移民署：兩公約國內法化外國人參與合法集會受保障，https://www.rti.org.tw/news/view/id/2036193（瀏覽日期：2024.7.20）。

[62] 例如綠色公民行動聯盟於2011年4月底，曾邀請2名日籍福島災民來臺參與反核遊行，其並於遊行時上臺發表談話，而引發是否有違反本法第29條規定（2007.11.30.版）之爭議。而就此一個案，移民署表示，2名日籍人士言行固然觸法，但日本福島地震引發核災，反核立場可以想見，會按現場蒐證影帶情形，依執法比例原則與人權維護做綜合考量，不會「只上台講了一、二句話，就要求限令強制離境」。王常和，驅逐日來台反核災民？移民署：依比例原則認定，https://newtalk.tw/news/view/2011-05-01/14014（瀏覽日期：2024.7.20）。

無造成公共安全或社會秩序之危害，仍以本條規定加以限制，甚至使其須承受驅逐出境之不利後果，是否與法治國原則中所要求之平等原則及比例原則相符，恐不無疑義[63]。

（二）請願

憲法第16條保障人民有請願、訴願及訴訟之權。基於「有權利，必有救濟」之法理，除非條約或法令有特別約定或限制，現停留或居留於我國之外國人，應亦為憲法第16條所定「人民」所涵蓋[64]。針對請願權之行使，立法者制定有請願法，請願法第2條規定：「人民對國家政策、公共利害或其權益之維護，得向職權所屬之民意機關或主管行政機關請願。」而得依據請願法主張請願之「人民」，若觀察請願法第5條所定請願書應載明事項，針對請願人僅要求應敘明其姓名、性別、年齡、籍貫、職業、住址；請願人為團體時，其團體之名稱、地址及其負責人，但並未就其國籍有進一步之限制規定。考量救濟性之權利，係作為實體權利保障之最後一道關卡，外國人就其所得主張之權利，自應許其得透過主張此一工具性、制度性之權利，以確保實體權利之實現[65]。

請願之事項，有可能係針對過去已發生、現所存在或未來可能發生之情況；內容可能涉及公益事項，亦有可能與自身權益密切相關[66]。但請願權所主張之範圍，仍受有限制，包括請願事項不得牴觸憲法或干預審判（請願法第3條），對於依法應提起訴訟或訴願之事項，亦不得請願（請願法第4條）。且人民請願時，不得有聚眾脅迫、妨害秩序、妨害公務或其他不法情事；違者，除依法制止或處罰外，受理請願機關得依據請願法第11條，不受理其請願。

---

[63] 許義寶，外國人之驅逐出國與移民人權，移民法制與人權保障，中央警察大學，2017年，頁246-247。

[64] 李震山，論外國人之憲法權利，人性尊嚴與人權保障，增訂5版，元照，2020年，頁457。

[65] 李建良，外國人權利保障的理念與實務，台灣法學雜誌，48期，2003年，頁97。許義寶，外國人之驅逐出國與移民人權，移民法制與人權保障，中央警察大學，2017年，頁246-250。

[66] 吳信華，憲法釋論，2版，三民，2015年，頁408。

（三）集會遊行

我國憲法第14條明定人民有集會之自由，「旨在保障人民以集體行動之方式和平表達意見，與社會各界進行溝通對話，以形成或改變公共意見，並影響、監督政策或法律之制定，係本於主權在民理念，爲實施民主政治以促進思辯、尊重差異，實現憲法兼容並蓄精神之重要基本人權」[67]。且「對於一般不易接近或使用媒體言論管道之人，集會自由係保障其公開表達意見之重要途徑」，集會遊行係「爲人民與政府間溝通之一種方式。人民經由此方式，主動提供意見於政府，參與國家意思之形成或影響政策之制定」，而「本於主權在民之理念，人民享有自由討論、充分表達意見之權利，方能探究事實，發見眞理，並經由民主程序形成公意，制定政策或法律」。由此可知，集會、遊行自由與憲法第11條規定之言論自由，具有緊密象徵意義之關聯性[68]，基於尊重個人獨立存在之尊嚴及自由活動之自主權，保障人民以行動公開、充分表達其意見之權利，並藉此形成公意，制定政策或法律，發展成「積極參與國家意思形成之參與權」，集會、遊行自由實屬實施民主政治最重要的基本人權。憲法第14條雖未明定「遊行」，但因遊行與上述集會之目的同爲集體性的意見表達，實屬移動式的集會（fortbewegende Versammlung）型態，故亦應爲憲法集會、遊行自由之保障範圍所涵蓋[69]。

我國於2009年通過公民與政治權利國際公約（International Covenant on Civil and Political Rights）及經濟社會文化權利國際公約（International Covenant on Economic Social and Cultural Rights）（以下合稱兩公約）施行法，其中第2條明確指出：「兩公約所揭示保障人權之規定，具有國內法律之效力。」而觀諸公民與政治權利國際公約第

---

[67] 司法院釋字第718號解釋理由書第1段參照。

[68] 劉靜怡，歐洲人權法院近年主要集會遊行相關判決評析，台灣法學雜誌，204期，2012年，頁46-47。

[69] 就德國基本法第8條之集會、遊行自由亦爲如此解釋者Vgl. Dietel/Gintzel/Kniesel (2010), Versammlungsgesetz: Kommentar zum Gesetz über Versammlungen und Aufzüge, 16. Aufl., 2011, §1 Rn. 19ff.. Ott/ Wächtler/Heinhold, Gesetz über Versammlungen und Aufzüge (Versammlungsgesetz), 7. Aufl., S. 97-100.觀諸司法院釋字第445號解釋亦可得出相同結論。

21條：「和平集會之權利，應予確認。除依法律之規定，且爲民主社會維護國家安全或公共安寧、公共秩序、維持公共衛生或風化、或保障他人權利自由所必要者外，不得限制此種權利之行使。」之規定，其揭櫫和平集會作爲人權，人民和平集會遊行之權利，除有必要者外，不得恣意限制之，是以，外國人從事請願或合法集會遊行之權利亦應予以保障，其應可同時作爲解讀我國集會遊行自由內涵之重要參考[70]。

本法第29條第1項但書，例外允許合法居留外國人得從事與許可停留、居留原因不符之活動中，除請願外，尚包括「合法集會遊行」。而「合法集會遊行」應如何認定？依據集會遊行法第8條第1項，室外集會、遊行，應向主管機關申請許可。室內集會雖原則上無須申請許可，但若有使用擴音器或其他視聽器材，導致足以形成室外集會之情形，則以室外集會論，仍應於舉辦前向主管機關申請許可（集會遊行法第8條第2項）。依據集會遊行法第11條，主管機關除有以下情形外，應予許可[71]：

1. 違反第6條禁止及遊行地區或第10條負責人、代理人或糾察員之消極資格規定。
2. 有明顯事實足認爲有危害國家安全、社會秩序或公共利益。
3. 有明顯事實足認爲有危害生命、身體、自由或對財物造成重大損壞。
4. 同一時間、處所、路線已有他人申請並經許可。
5. 未經依法設立或經撤銷、廢止許可或命令解散之團體，以該團體名義申請。
6. 申請不合第9條規定應填具申請書中應記載事項、檢具文件及申請期

---

[70] 惟觀察目前我國司法判決實務，具體援引上述條文作爲判決之依據者，實不多見，但值得關注者爲，在向司法院大法官聲請集會遊行法解釋之聲請書中，皆可見聲請人積極援引公政公約作爲「客觀上形成確信法律爲違憲之具體理由」，以此挑戰集遊法是否合憲之敏感神經。李寧修，國家蒐集集會遊行資料的憲法界限：德國聯邦憲法法院「巴伐利亞邦集遊法部分暫停適用」裁定之反思，東吳法律學報，27卷3期，2016年，頁158。許仁碩，後釋字445號時代：臺灣反集遊惡法運動的司法法律動員，基礎法學與人權研究通訊，8期，2012年，頁34-35。

[71] 關於申請集會遊行不許可之規定，請參考李震山、黃清德、李錫棟、李寧修、陳正根、許義寶，集會遊行法逐條釋義，五南，2020年，頁143-170。

間。

　　此一事前許可制，係對於尚未舉辦之集會、遊行所發動之事前審查機制，亦屬預防性之作為，對於人民依憲法所享有之集會遊行自由，造成限制，但在司法院釋字第445號及第718號解釋中[72]，均基於尊重立法形成自由之立場，並未宣告其違憲。但值得關注者為，司法院釋字第718號解釋重申司法院釋字第445號解釋之意旨，就事前許可制於緊急性及偶發性集會、遊行之適用，認其係以法律課予人民事實上難以遵守之義務，故宣告與憲法第14條保障集會自由之意旨不符而失效[73]。後續雖仍有賴立法者再行檢討修正，而在修法前之「過渡時期」，為使警察機關得以妥適因應，內政部警政署發布「偶發性及緊急性集會遊行處理原則」以行之，其中即明定偶發性集會、遊行無須申請許可（第3點）；而緊急性集會、遊行之申請，主管機關應於收受申請書即時核定，並以書面通知負責人（第4點），鬆綁偶發性及緊急性集會、遊行在事前許可制下所受到不合比例之箝制[74]。

　　另外，除本法外，亦有其他限制外國人在臺從事活動範圍之法規，例如由公職人員選舉罷免法第56條第4款連結第45條各款之規定，可知政黨及任何人不得邀請外國人民、大陸地區人民或香港、澳門居民為下列行為：

1. 公開演講或署名推薦為候選人宣傳或支持、反對罷免案。
2. 為候選人或支持、反對罷免案站台或亮相造勢。
3. 召開記者會或接受媒體採訪時為候選人宣傳或支持、反對罷免案宣傳。

---

[72] 司法院釋字第445號解釋理由書第8段指出：「於事前審查集會、遊行之申請時，苟著重於時間、地點及方式等形式要件，以法律為明確之規定，不涉及集會、遊行之目的或內容者，則於表現自由之訴求不致有所侵害。主管機關為維護交通安全或社會安寧等重要公益，亦得於事前採行必要措施，妥為因應。」司法院釋字第718號解釋理由書第2段亦提及：「在此範圍內，立法者有形成自由，得採行事前許可或報備程序，使主管機關能取得執法必要資訊，並妥為因應。」故並未認現行集會遊行法所採事前許可制為違憲。

[73] 關於偶發性及緊急性集會遊行之行政管制，請參考李寧修，集會遊行法中行政管制模式之再探—以偶發性及緊急性集會遊行為中心，軍法專刊，69卷3期，2023年，頁13-34。

[74] 關於集會遊行法許可制之規定，請參考李震山、黃清德、李錫棟、李寧修、陳正根、許義寶，集會遊行法逐條釋義，五南，2020年，頁122-130。

4.印發、張貼宣傳品為候選人或支持、反對罷免案宣傳。

5.懸掛或豎立標語、看板、旗幟、布條等廣告物為候選人或支持、反對罷免案宣傳。

6.利用大眾傳播媒體為候選人或支持、反對罷免案宣傳，

7.參與競選或支持、反對罷免案遊行、拜票、募款活動。

　　類似之規定亦得見於總統副總統選舉罷免法第50條第4款連結第43條各款之規定中，其應係為避免外國人、大陸地區人民或香港澳門居民透過上述行為，不當介入或干預我國選舉[75]。針對此種法律另有明文禁止規定之情形，即非屬本法第29條第1項但書所稱請願及合法集會遊行之範疇[76]。

四、法律效果

（一）第29條第1項

　　針對外國人違反本法第29條第1項本文規定，從事與許可停留、居留原因不符之活動，移民署得依本法第36條第2項第4款之規定，強制驅逐出國，或限令其於10日內出國，逾限令出國期限仍未出國，得強制驅逐出國[77]。針對移民署強制驅逐出國或限令出國之行政處分不服者，得依法提起行政救濟，自不待言。

---

[75] 然而，針對受邀者為候選人、被罷免人之配偶時，則有例外之規定，如公職人員選舉罷免法第56條第4款但書：「但受邀者為候選人、被罷免人之配偶，其為第四十五條第二款之站台、亮相造勢及第七款之遊行、拜票而未助講者，不在此限。」總統副總統選舉罷免法第56條第4款但書中，亦得見相同意旨之規定。

[76] 立法院議案關係文書院總第20號審查報告第10034678號，2023年，討125-133頁，https://ppg.ly.gov.tw/ppg/download/agenda1/02/pdf/10/07/13/LCEWA01_100713_00624.pdf（瀏覽日期：2024.7.20）。

[77] 針對「得強制驅逐出國」之裁量權行使，依據出國及移民法第36條第5項授權訂定之外國人強制驅逐出國處理辦法第2條第1項可資參考：「外國人有本法第三十六條第二項各款情形之一者，內政部移民署（以下簡稱移民署）得於強制驅逐出國前，限令其於十日內出國。但有下列情形之一者，得強制驅逐出國：
一、未依規定於限令期限內自行出國。
二、在臺灣地區無一定之住所或居所。
三、因行蹤不明遭查獲。
四、有事實認有逃逸或不願自行出國之虞。
五、經法院於裁判時併宣告驅逐出境確定。
六、受外國政府通緝，並經外國政府請求協助。
七、其他有危害我國利益、公共安全或從事恐怖活動之虞。」

（二）第29條第2項

　　2023年本法第11次修法時所增訂之第29條第2項，亦同步新增第74條之1第1項：「違反第七條之一第三款或第二十九條第二項規定者，處新臺幣二十萬元以上一百萬元以下罰鍰，並得按次處罰。」（本條於2024年3月1日施行），作為任何人使外國人從事與許可停留、居留原因不符之活動之裁罰依據。

參、綜論

　　針對外國人於我國居留、停留期間，限制其從事之活動，必須與許可時之原因相符，對於外國人之權利自將產生一定限制。考量禁止從事活動部分，事實上難以於本法中為完整規範，主管機關亦因此於本法施行細則第19條中，將「所填入國目的以外之觀光、探親、訪友及法令未禁止之一般生活上所需之活動」，排除在禁止行為之範圍外，但所謂「一般生活上所需之活動」，實仍有賴主管機關於個案中為實質認定，例如外國人以探親之目的申請停留獲准，期間為具公職候選人身分之配偶助講或接受媒體採訪之行為，是否屬「一般生活上所需之活動」[78]？或外國人獲許可在臺工作期間，是否得另外從事志工之工作或活動[79]？皆值得再為探究。考量外國人違反本法第29條第1項，將可能導致其遭驅逐出境之法律效果，故此一判斷標準若不甚明確或流於寬泛，恐不免導致對外國人權利限制過度之疑慮[80]。尤其當所禁止行為係受憲法基本權利保障，且於基本權利主體之認定屬人權者，原則上即不宜給予外國

---

[78]　請參考李建良，外國人權利保障的理念與實務，台灣法學雜誌，48期，2003年，頁105-106。許義寶，外國人之驅逐出國與移民人權，移民法制與人權保障，中央警察大學，2017年，頁226-228。楊翹楚，移民法規，3版，元照，2024年，頁98-99。

[79]　於此可能涉及志工工作是否與許可停留、居留原因相符，以及即便不相符，是否有入出國及移民法施行細則第19條適用可能的問題。請參考李建良，外國人權利保障的理念與實務，台灣法學雜誌，48期，2003年，頁103-105。

[80]　李建良，外國人權利保障的理念與實務，台灣法學雜誌，48期，2003年，頁106-107。李震山，論外國人之憲法權利，人性尊嚴與人權保障，增訂5版，元照，2020年，頁453。

人與國民不同之差別待遇；即使有差別待遇之正當理由，亦應以法令明定其要件，並確保外國人得尋求救濟之可能性。另外，本法第29條第1項但書，將請願及合法集會遊行排除在禁止行為之列，對於外國人表達其意見或尋求救濟，應有所助益，值得肯定，但其適用範圍僅限於「請願」及「合法集會遊行」，而對象僅限於「合法居留」之外國人，未及其他救濟權利或表意之形式，對象亦排除所有非合法居留之外國人，恐並非妥適。同時，考量外國人對於我國法規，不一定有深入並全面的理解及掌握，故當其入境時，主管機關或可透過多元化之管道，例如播放影音、提供手冊等，輔以常見之具體案例，以其得理解的語言，善盡說明與指導之責。

第30條 （對外國人採取之特別限制措施）
移民署在國家發生特殊狀況時，為維護公共秩序或重大利益，得對外國人依相關法令限制其住居所、活動或課以應行遵守之事項。

壹、導言

　　本法於1999年5月21日公布施行，對於國家發生特殊狀況時，允許主管機關得因公共安寧秩序或重大利益之維護，必要時得對外國人採取特別之限制措施，明定於該法第28條。2007年底，本法第四次修正（該次修正於2008年8月1日施行），本條條次變更，移置第30條，並配合實務執行，將原「主管機關」修正為「入出國及移民署」，明確劃分管轄歸屬。時至2015年1月2日，配合行政組織改造，依據2014年12月26日行政院院臺規字第1030158355號公告，本法第30條所列屬「內政部入出國及移民署」之權責事項，改由「內政部移民署」管轄，並於2021年12月21日正式修法，將條文中「內政部入出國及移民署」之用語，一併改為「內政部移民署」，並簡稱移民署。

貳、內容解析

一、規範對象：外國人

請參考第29條貳、一、（一）之說明。

二、要件

（一）須依相關法令

本法第30條應屬緊急情況下限制外國人權利之概括性規定，其要件中所稱「特殊情況」、「公共秩序」或「重大利益」等用語，均屬不確定法律概念，立法者於法律中運用不確定法律概念或概括條款，雖並不必然違反法律明確性原則，但「基於法治國原則，以法律限制人民權利，其構成要件應符合法律明確性原則，使受規範者可能預見其行為之法律效果，以確保法律預先告知之功能，並使執法之準據明確，以保障規範目的之實現」，故針對「法律規定所使用之概念，其意義依法條文義、立法目的及法體系整體關聯性，須為受規範者可得理解，且為其所得預見，並可經由司法審查加以確認，始與法律明確性原則無違」[81]。

本條之適用僅限於「國家發生特殊狀況時」，且其對外國人所採限制措施，必須為維護公共秩序或重大利益所必要，亦即移民署就其所採行措施，應遵循比例原則之要求。但移民署若欲於特殊情況下，對外國人採行具體之限制措施，仍須有「相關法令」作為依據，本條所稱「相關法令」，應是要求移民署須在本法之外，另尋得於特殊狀況下採行特定措施之法律基礎，藉此與平時適用之本法其他規定加以區隔，避免擴張解釋本條之適用範圍，甚或作為移民署得據以另行訂定命令之基礎，而造成對外國人權利之過度干預[82]。

故本條之適用，首先應先針對「特殊情況」、「公共秩序或重大利

---

[81] 司法院釋字第777號解釋理由書第8段。相同意旨，請參考司法院釋字第432號、第521號、第545號、第594號、第617號、第623號、第636號及第690號解釋。

[82] 但亦可見不同見解，認知出國及移民法第30條所稱「依相關法令」之相關法令，即係指入出國及移民法本身者，請參考楊翹楚，移民法規，3版，元照，2024年，頁100。

益」，於個案中斟酌當時之實際情況加以判斷[83]；若構成要件該當，則進一步由移民署依據「相關法令」，就是否對外國人採行限制措施，為決定裁量；一旦決定要採行限制措施後，應於多種限制措施，即「限制住居所、活動或課以應行遵守之事項」之類型中，選擇適當者為之，為選擇裁量，有時得選其一，有時在方法、手段間無互斥之情形下，亦可能併行[84]，但亦不排除在某些特殊情況下，相關法令將限縮裁量權之行使，甚至可能有收縮至零之情形。

（二）於國家發生特殊情況時採行限制之措施

1. 憲法所定緊急狀態

憲法增修條文第2條第3項明文賦予總統於國家或人民遭遇緊急危難或應付財政經濟上重大變故之際，得經行政院會議之決議發布緊急命令，為必要之處置。緊急命令係總統為避免國家或人民遭遇緊急危難或應付財政經濟上重大變故，於國家不能依現有法制，亦不及依循正常立法程序採取必要對策因應之緊急情況下，經行政院會議之決議，直接依憲法授權所發布之不得已措施，其適用僅限於處置一定期間或地點發生之緊急事故，具有暫時替代或變更法律之效力[85]。有鑑於其對於平時之法秩序勢必將產生衝擊，故憲法增修條文第2條第3項但書規定緊急命令須於發布後10日內提交立法院追認，如立法院不同意時，該緊急命令立即失效，則為在權力分立架構下，對此種緊急措施所設之民意監督機制[86]。

考量緊急命令係因應特殊急迫之情況，屬對立法部門代表國民制定

---

[83] 但針對「國家發生特殊狀況」之判斷，有時並非移民署之權責，例如在COVID-19疫情期間，關於傳染病流行疫情、疫區之認定、發布及解除，應由傳染病防治法之主管機關，依據傳染病防治法所定標準，考量國內、外疫情發展情況為認定。就此，移民署於認定是否屬「國家發生特殊狀況」時，仍應以有權機關之專業判斷為基礎，就此一旦產生爭議時，應得交由法院審查。

[84] 李震山，行政法導論，修訂12版，三民，2020年，頁262-263。

[85] 司法院釋字第543號解釋理由書第2段參照。

[86] 關於緊急命令發布之要件、持續及其後續影響，請參考許育典，不同於憲法緊急狀態的法治國防疫措施—以法治國的國家保護義務為核心，月旦法學雜誌，314期，2021年，頁187-190。

法律、行政部門負責執行法律之憲法原則特設之例外，故「其內容應力求周延，以不得再授權爲補充規定即可逕予執行爲原則。若因事起倉促，一時之間不能就相關細節性、技術性事項鉅細靡遺悉加規範，而有待執行機關以命令補充，方能有效達成緊急命令之目的者，則應於緊急命令中明文規定其意旨，於立法院完成追認程序後，再行發布。此種補充規定應依行政命令之審查程序送交立法院審查，以符憲政秩序。又補充規定應隨緊急命令有效期限屆滿而失其效力，乃屬當然」[87]。

　　總統發布緊急命令之實例，曾見於1999年9月21日臺灣遭逢強烈地震之際，當時「臺中縣、南投縣全縣受創甚深，臺北市、臺北縣、苗栗縣、臺中市、彰化縣、雲林縣及其他縣市亦有重大之災區及災戶，民眾生命、身體及財產蒙受重大損失，影響民生至鉅，災害救助、災民安置及災後重建，刻不容緩」，故時任總統之李登輝先生，於同年9月25日依憲法增修條文第2條第3項，經行政院會議之決議，發布「中華民國88年9月25日緊急命令（九二一震災）」，施行期間爲自發布日起至2000年3月24日止。而行政院爲執行該緊急命令，訂定「中華民國88年9月25日緊急命令執行要點」，並以知案方式函送立法院，此一補充規定之訂定，雖未遵循相關程序，但司法院釋字第543號解釋指出：「於本解釋公布前，現行法制規範未臻明確，是總統於八十八年九月二十五日發布前揭緊急命令，行政院就此訂定之執行要點，……，尚不生違憲問題」[88]。

　　一旦總統爲應付緊急危難或重大變故，直接依憲法授權發布緊急命令，於緊急命令生效期間，國家處於特殊狀況，各機關針對此一情形，皆可能有急速處置之必要，移民署爲維護公共秩序或重大利益，即得依據緊急命令或緊急命令授權訂定之補充規定，限制外國人住居所、活動

---

[87] 司法院釋字第543號解釋參照。
[88] 司法院釋字第543號解釋理由書第4段指出：「緊急命令發布後，執行命令之行政機關得否爲補充規定，又此項規定應否送請立法機關審查，於本解釋公布前，現行法制規範未臻明確，是總統於八十八年九月二十五日發布前揭緊急命令，行政院就此訂定之執行要點，應遵循之程序，與上開意旨，雖有未合，尚不生違憲問題。」

或課以應行遵守之事項。然而，一旦緊急命令有效期間屆滿，補充規定亦將隨之失其效力，而據其採行之限制措施亦將失所附麗，而應終止；若有持續限制之必要，則須另尋其他法令作為其依據。

2. 法律所規定之特殊情況：以傳染病防治法為例

總統所發布之緊急命令，係為應付緊急危難或重大變故，直接依憲法授權所發布。除此之外，現行法令中亦可見針對特定特殊狀況之因應，有相關規範，例如自2019年底起，全球陸續爆發嚴重特殊傳染性肺炎（以下簡稱COVID-19）疫情，面對此一公共衛生緊急事件，除了既有之傳染病防治法外，立法院亦迅速制定嚴重特殊傳染性肺炎防治及紓困振興特別條例[89]，搭配主管機關的所發布之眾多命令、公告、建議、指引等，共構防疫之基本法制框架。傳染病防治法係為杜絕傳染病之發生、傳染及蔓延而制定，傳染病防治法第2條明定其主管機關在中央為衛生福利部；在直轄市為直轄市政府；在縣（市）為縣（市）政府，但中央各目的事業主管機關，仍應配合及協助辦理傳染病防治事項，如入出國（境）管制、協助督導地方政府辦理居家隔離民眾之服務等事項，即應由內政主管機關協助辦理（傳染病防治法第6條第1款）；勞動安全衛生及工作權保障等事項，則由勞動主管機關配合及協助辦理（傳染病防治法第6條第11款）[90]。

在防疫措施部分，傳染病防治法第37條明定，地方主管機關於

---

[89] 嚴重特殊傳染性肺炎防治及紓困振興特別條例制定於2020年2月25日；2021年5月31日經立法院修正第19條第1項，將原定終止生效日自2021年6月30日延長至2022年6月30日；後經立法院以討論決議方式，再將其施行期間延長至2023年6月30日，屆期後未再延長，故期滿當然廢止。

[90] 例如在COVID-19疫情期間，多次爆發外籍移工於工作場所或宿舍之群聚感染事件，在中央流行疫情指揮中心所公告「企業因應嚴重特殊傳染性肺炎（COVID-19）疫情持續營運指引」之架構下，勞動部訂定「因應嚴重特殊傳染性肺炎雇主聘僱移工指引：移工工作、生活及外出管理注意事項」，其中針對聘僱移工之雇主及移工本身，強化防疫作為，尤其是針對移工工作管理及生活住宿管理之強化。但同時亦引發監察院及人權團體關切，對於該等疫情管控措施之執行，是否有妥適維護移工人權提出質疑，如：因要求分艙分流造成宿舍環境或品質更加惡化、為避免群聚限制移工外出等。請參考監察院，https://www.cy.gov.tw/News_Content.aspx?n=125&s=20450（瀏覽日期：2024.6.15）。台灣人權促進會，https://www.tahr.org.tw/news/2974（瀏覽日期：2024.6.15）。

傳染病發生或有發生之虞時，應視實際需要，會同有關機關（構），採行特定措施；而於中央流行疫情指揮中心成立期間，下列措施之採行，則應依指揮官之指示辦理（傳染病防治法第37條第3項），各機關（構）、團體、事業及人員對於該等措施，不得拒絕、規避或妨礙（傳染病防治法第37條第2項）。傳染病防治法第37條第1項所定防疫措施包括：

(1) 管制上課、集會、宴會或其他團體活動。

(2) 管制特定場所之出入及容納人數。

(3) 管制特定區域之交通。

(4) 撤離特定場所或區域之人員。

(5) 限制或禁止傳染病或疑似傳染病病人搭乘大眾運輸工具或出入特定場所。

(6) 其他經各級政府機關公告之防疫措施[91]。

另外，主管機關對入、出國（境）之人員，得依據傳染病防治法第58條第1項採行相關檢疫或措施，例如通知入出國管理機關，對未治癒且顯有傳染他人之虞之傳染病病人，限制其出國（境）（傳染病防治法第58條第1項第5款），惟一旦已無傳染他人之虞，主管機關應立即通知入出國管理機關廢止其出國（境）之限制（傳染病防治法第58條第2項）；商請相關機關停止發給特定國家或地區人員之入國（境）許可或提供其他協助（傳染病防治法第58條第1項第6款）。入、出國（境）之人員，對主管機關施行之措施，不得拒絕、規避或妨礙（傳染病防治法第58條第3項）。

前述依據傳染病防治法所採行之防疫或檢疫措施，其適用對象並不以本國人為限，外國人亦應受其拘束；且觀察其所列措施，多為將本法

---

[91] 此次COVID-19疫情中，中央流行疫情指揮中心曾依據傳染病防治法第37條第1項第6款所公告之防疫措施，例如配戴口罩、維持社交距離、採行實聯制等，皆為適例。請參考李寧修，基於防疫目的之預防性個人資料運用：以實聯制為例，公法研究，創刊號，2022年，頁113-152。林昱梅，傳染病疫情期間蒐集個人資料以利追蹤接觸者相關法律問題探討——從德國COVID-19疫情期間兩則判決談起，台灣法律人，30期，2023年，頁12-15。

第30條所定「限制其住居所、活動或課以應行遵守之事項」，進一步具體化之作為，例如管制活動之舉辦、場所容留人數、入出國境之限制等。惟應注意者為，採行此一限制措施之發動權仍為傳染病防治法之主管機關所掌有，當其基於對疫情之研判，認為有採行之必要時，移民署方於權責範圍內配合辦理。

三、法律效果

　　針對違反本條所定限制住居所、活動或課以應行遵守事項之外國人，移民署得依本法第36條第2項第5款之規定，強制驅逐出國，或限令其於10日內出國，逾限令出國期限仍未出國，得強制驅逐出國。針對移民署所定限制住居所、活動或課以應行遵守事項之處分，或是就強制驅逐出國或限令出國之行政處分不服者，自得依法提起相應之行政救濟。

參、綜論

　　對於外國人權利之保障與限制，涉及一國主權行使與人權保障之拉鋸，但隨著地球村的成形，跨國移動顯得稀鬆平常，每個人都可能在本國人及外國人的身分中快速轉換，此時，確保「人」不論身處何種時空地域，均可享有其作為人應得之尊重與保障，誠具重要性，而國際人權公約之內國法化，即是著眼此一觀點下努力之成果[92]。

　　本法第30條作為限制外國人權利之概括規定，可能涉及對外國人眾多權利之限制，如居住及遷徙自由、入出國（境）權利[93]、工作權等，由於正值「國家發生特殊狀況時」，緊急狀態下，不論外國人或本國人之權利，都可能須在權衡公共秩序或重大利益後而有所取捨，但此

---

[92] 李震山，論外國人之憲法權利，人性尊嚴與人權保障，增訂5版，元照，2020年，頁419-422。
[93] 關於入出國（境）之權利，請參考第4條、貳、一、（一）之說明。

種限制應與特殊狀況之持續，有緊密之關聯，故其應限於暫時性質，而不應常態化，一旦緊急狀況趨緩或消失，該限制應即解除；其次，針對「限制住居所、活動或課以應行遵守之事項」之採行，因須依「相關法令」方得為之，故於本法之外，移民署應有其他之法令作為依據，例如傳染病防治法；最後，在緊急情況下，因往往有立即採行對應措施之需求，事出急迫，而可能會面臨法制不備之情形，但仍應重視比例原則及正當法律程序之要求，例如應有（即時）救濟之可能性[94]，或給予適當之事後補償等。

第31條（延長居留期限之條件及居留原因消滅得繼續居留之條件）

外國人停留或居留期限屆滿前，有繼續停留或居留之必要時，應向移民署申請延期。

依前項規定申請居留延期經許可者，其外僑居留證之有效期間應自原居留屆滿之翌日起延期，最長不得逾三年。

外國人逾期居留未滿三十日，原申請居留原因仍繼續存在者，經依第七十四條之一第二項規定處罰後，得向移民署重新申請居留；其申請永久居留者，核算在臺灣地區居留期間，應扣除一年。

移民署對於外國人於居留期間內，居留原因消失者，廢止其居留許可，並註銷其外僑居留證。但有下列各款情形之一者，得准予繼續居留：

一、因依親對象死亡。

二、外國人為居住臺灣地區設有戶籍國民之配偶，因遭受家庭暴力離婚，且未再婚。

三、外國人於離婚後對在臺灣地區已設有戶籍未成年子女，有撫育事實、行使負擔權利義務或會面交往。

四、因居留許可被廢止而遭強制出國，對在臺灣地區已設有戶籍未成年子女造

---

[94] 於隔離通知書中，以外國人熟悉之語言告知受隔離者本人及其指定之親友、其有權利依據提審法之規定向地方法院申請提審；以及其若對隔離之處分不服，得依據訴願法提起訴願，即屬適例。但在特殊情況發生之際，實務上卻可能發生主管機關未能適時作成隔離通知書，而導致後續主張救濟權利之疑義，請參考臺北地方法院111年度行提字第2號及第3號判決。陳陽升，無效之行政處分與提審裁定——台灣台北地方法院111年度行提字第2號及第3號裁定評析，台灣法律人，14期，2022年，頁71-83。

成重大且難以回復損害之虞。

五、外國人與本國雇主發生勞資爭議，正在進行爭訟程序。

六、外國人發生職業災害尚在治療中。

七、刑事案件之被害人、證人有協助偵查或審理之必要，經檢察官或法官認定其到庭或作證有助於案件之偵查或審理。

八、依第二十一條第一項規定禁止出國。

九、外國人以配偶為依親對象，取得居留許可，其依親對象為我國國民，於離婚後三十日內與原依親對象再婚。

依前項第三款、第四款規定准予繼續居留者，其子女已成年，得准予繼續居留。

外國人於居留期間，變更居留住址或服務處所時，應於事實發生之翌日起算三十日內，向移民署申請辦理變更登記。

壹、導言

　　許可外國人入國，除永久居留者之許可外，依本法第22條第2項之規定，一般之居留期間，最長不得逾三年。許可前並確定外國人的居留資格及有關活動之限制，不得從事與許可居留原因不符之活動（本法第29條），例如以觀光理由入國者，不得就業。

　　允許入境的外國人於停留、居留期滿時是否有請求繼續居留的權利？日本最高法院在「馬克林案」判決中認為「居留日本的外國人在憲法上並沒有保障其得請求繼續居留日本的權利」[95]。外國人延長居留期限之權利，即使不是憲法所保障之權利，但其仍在國家立法政策所限定之範圍內享有權利。我國入出國及移民法第31條第1項規定，居留期限屆滿前，有繼續居留之必要時，應向移民署申請延期，始得合法繼續居留。至於決定是否允許外國人繼續居留，一般認為是國家的裁量行

---

[95] 最高裁判所大法廷，昭和53年10月4日判決，民事判例集32卷7号，頁1223。

為[96]，具體而言，應認為是由主管機關依入出國及移民法等相關規定所為是否允許延長居留期限的裁量處分。

但是，許可延長居留期限和准許入國不是同一個層次的問題，對於已允許其入境之外國人決定是否允許其繼續居留的裁量權範圍，和入國許可與否，主管機關所擁有之裁量權範圍，應認為並不相同。因此，特別是主管機關關於前者的裁量權限不得濫用，對於無正當理由的不允許延長居留期間的處分，不得完全否定其尋求司法裁判之救濟可能性。[97]

本法第31條第1項規定：「外國人停留或居留期限屆滿前，有繼續停留或居留之必要時，應向移民署申請延期。」依此規定，原則上允許外國人入境我國後得停留或居留一定之期間。只有當主管機關允許其延長停留或居留期間時，才可以繼續停留或居留於我國。這是要讓主管機關每隔一定的期間就要審查外國人的居留資格、居留的必要性和適當性等，以決定是否允許該外國人繼續居留於國內。[98]

貳、內容解析

一、延長居留期限

一般而言，外國人居留我國通常都有其特定之目的，例如依親、受聘僱、就學等。入出國主管機關許可外國人之居留期間，原則上是配合其居留之目的。即使如此，依本法第22條第2項之規定，居留期間最長仍不得逾三年。外國人在依原先所申請之居留期限屆滿前，如有繼續居留之必要，應檢附相關之居留原因證明文件，向主管機關申請延長居留期限，始為合法。申請之依據，首先其原有居留資格之原因必須存在，

---

[96] 日本最高法院認為：「居留日本的外國人在憲法上並沒有保障其居留日本的權利，也沒有保障其得請求繼續居留日本的權利。」最高裁判所大法廷，昭和53年10月4日判決，民事判例集32卷7號，頁1223。亦即是否允許繼續居留，由主管機關裁量決定之。初宿正典，憲法2基本權，2版，成文堂，2001年，頁83-84。

[97] 初宿正典，同前註，頁84。

[98] 參照日本最高裁判所大法廷，昭和53年10月4日判決，民事判例集32卷7号，頁1223。

如原來之居留原因已消失，則不得繼續作為申請延長居留之依據。故本條第1項規定：「外國人停留或居留期限屆滿前，有繼續停留或居留之必要時，應向移民署申請延期。」換言之，居留中的外國人，在其居留期間屆滿前，依當初原有的居留目的，需繼續居留而提出繼續居留之申請，主管機關認為其有相當理由並以給予延長居留期限為適當，得許可其延長居留之期限。本條第2項並規定：「依前項規定申請居留延期經許可者，其外僑居留證之有效期間應自原居留屆滿之翌日起延期，最長不得逾三年。」亦即延長居留之期限最長亦不得逾三年。

　　居留許可為主管機關所為附期限之行政處分。在居留期限屆滿前，如有繼續居留必要時，應於期限屆滿前向主管機關申請延期。這種居留許可之方式，為一附期限的處分，此機制為採取許可定期居留之方式，其目的在於管理外國人之居留。即在每經過一定期間後，即檢視該外國人的活動與居留目的是否相符，如該外國人之居留原因仍然存在，且無違反居留目的之活動或其他違法之情形，即應予許可延長居留期限。[99]

　　如逾期未申請並經許可延期，而繼續居留於我國，即違反該附期限之行政處分，屬逾期居留之外國人，依本法第74條之1第2項之規定得處予罰鍰。理論上言，外國人逾期居留，其居留資格已然喪失，不得再繼續居住於我國，但是否即不再賦予該外國人居留資格，依本條第3項：「外國人逾期居留未滿三十日，原申請居留原因仍繼續存在者，經依第七十四條之一第二項規定處罰後，得向移民署重新申請居留；其申請永久居留者，核算在臺灣地區居留期間，應扣除一年。」之規定，主管機關仍有裁量餘地。有關逾期居留之處罰，及是否繼續賦予居留資格或予以驅逐出國，應由主管機關為合目的之裁量。原則上應視違反之情節，如屬輕微者，可依上開規定處以罰鍰；違反情節重大者，則可依本法第36條第2項第6款之規定，強制驅逐出國，或限令出國。從比例原則之理論言，如對無責任或只逾期極短時間，即不再賦予居留資格，並

99　許義寶，外國人入出國與居留之研究──以我國法制為探討中心，中正大學法律學研究所96學年度博士論文，2007年，頁173。

予以驅逐出國，似與比例原則不符。

二、延長居留期限之行政裁量

　　雖然延長居留與入國一樣均非屬外國人受保障之權利，在居留期限屆滿前，外國人申請延長居留，主管機關並無必須同意之義務。但是此並非意味主管機關可任意決定不許可外國人之居留延長申請。主管機關之裁量雖與入國審查時一樣需考慮其在我國境內居住對我國究竟是有利或不利，而擁有廣泛之裁量權，但其範圍相較於入國許可仍應受到較多的限制，即應受相關裁量原則之拘束，不得無理由的拒絕給予許可。畢竟，延長居留許可與入國許可仍有不同，入國許可係針對人尚在外國之外國人所為之處分，該外國人尚非在我國境內，依屬地主義，為我國憲法及相關法律保障之效力所不及，主管機關擁有極為廣泛的裁量範圍，而延長居留許可則係針對人在我國境入之外國人所為之是否同意其繼續居留於我國之處分，其既然在我國境內，自應受我國憲法及相關法律之拘束，亦應同受保障，始屬合理。再者，禁止入國與拒絕延長居留，二者對當事人之影響也不同，應分別考量。對於已在本國居住一段時間之外國人，如拒絕其居留，應有明確、必要之法定原因，在決定程序上亦應保障當事人利益，如給予陳述意見之機會，另其亦得向法院請求救濟。[100]

　　主管機關之裁量，應依據法令規定的範圍行使裁量權，其處分如逾越法律所授權的裁量範圍或有濫用的情形，即構成違法的處分。如被處分人有受不法處分之情形，當然得依法提起訴訟，請求法院以裁判來撤銷該處分。主管機關所為許可與否之處分，依其意旨、目的、範圍是否逾越法律授權或是否有濫用裁量而構成違法，因個別情形而有不同，必須依照個別的處分加以檢討。主管機關對於延長居留決定雖然具有廣泛裁量範圍之性質，但如完全欠缺判斷事實的基礎，或其處分依社會之通念顯然欠缺妥當性，或已有很明確的情形可認為其已超出裁量權之範圍

---

[100] 同前註，頁169。

或爲濫用，仍應認爲構成違法[101]。

　　主管機關是否許可外國人延長居留期限，首先應檢視外國人之居留資格是否存在，然後再考慮給予其繼續居留是否適當。一般不予許可延長居留的原因，主要是其居留資格已消失，例如原爲宗教原因居留我國之傳教士，因其傳教士資格被撤銷；或基於工作原因之居留，因其受聘僱期間已屆滿，並未獲續爲僱用即是。如仍存在居留原因，如續受聘僱、學業未完成等，在合理範圍內，應許可其延長居留期限。

　　換言之，在行使裁量權時，應考量該外國人是否仍具有積極居留資格，如外國人受聘僱期間已屆滿；留學目的已達成；被外國公司派遣至我國工作的外國人，其工作已結束等，均不再具備原有之居留資格。該外國人如有繼續居留之必要，須變更居留資格。對於是否給予延長居留期限的決定，於裁量時需受合目的性、比例原則等法律原則的拘束。對於具有原居留資格之外國人，除非其有違反法令，否則不應任意拒絕其申請延長居留期限。[102]

　　因結婚而居留我國後配偶死亡或離婚之情形，是否可繼續居留，則應分別情形予以討論。1.配偶死亡得否繼續居留，理論上應視具體個案之情形而定，例如應考慮其在我國居留的期間長短、有無育有我國籍之子女，與家人、親友所建立的社會關係如何等而定，無法一概而論；2.合法結婚後又離婚，因在法律上已無婚姻關係之存在，故除應考量其婚姻關係已消失之外，尚應考慮其是否育有我國籍之子女，及是否長期在本國居住而已建立穩固的社會關係，如符合必要特殊之情形則可考量許可其繼續居留。如以虛僞結婚取得形式上合法婚姻，依本法第24條第1項第7款之規定，原本即得不予許可居留，於此，當然得不許可延長居留期限。

　　至於對有違反法令之外國人，是否均不許可其申請延長居留，對此須考量：1.其所違反法令之行爲是否具有嚴重性、反社會性、影響入出

---

[101] 中村睦男等編著，教材憲法判例，3版，北海道大学圖書刊行會，1990年，頁58。

[102] 許義寶，外國人入出國與居留之研究——以我國法制爲探討中心，中正大學法律學研究所96學年度博士論文，2007年，頁173。

國管理秩序之原因，實質上如具有影響國家秩序之違法行為，對其不予以許可，應認為具有正當性與必要性；2.因外國人之身分不同，不許可延長居留期限之原因，亦應有差別。如屬我國國民之外籍配偶、國民之外籍未成年子女，因基於家庭權的關係而有特別保護之必要，因其有違反法令之行為而不許可其延長居留，應受到較多的制約。[103]

三、於居留期限內居留原因消失

如前所述，應否許可延長居留期限，首應考慮該外國人是否仍具有積極居留資格，亦即應考慮其原來申請居留之原因是否仍然存在。此項居留原因，不但在申請延長居留期限時必須存在，而且在居留期間內也必須始終存在，始得繼續居留。如居留之原因已然消失，即無繼續居留我國之理由。故本條第4項規定：「移民署對於外國人於居留期間內，居留原因消失者，廢止其居留許可，並註銷其外僑居留證。」亦即外國人之居留原因如已消失，即應離境，不得繼續居留我國。依本法第36條第2項第6款之規定，並得強制驅逐出國，或限令其於10日內出國。

但是，某些特殊之情形，雖其居留原因已消失，仍得允許其繼續居留我國。這些情形即本條第4項但書規定之情形，即：「但有下列各款情形之一者，得准予繼續居留：一、因依親對象死亡。二、外國人為居住臺灣地區設有戶籍國民之配偶，因遭受家庭暴力離婚，且未再婚。三、外國人於離婚後對在臺灣地區已設有戶籍未成年子女，有撫育事實、行使負擔權利義務或會面交往。四、因居留許可被廢止而遭強制出國，對在臺灣地區已設有戶籍未成年子女造成重大且難以回復損害之虞。五、外國人與本國雇主發生勞資爭議，正在進行爭訟程序。六、外國人發生職業災害尚在治療中。七、刑事案件之被害人、證人有協助偵查或審理之必要，經檢察官或法官認定其到庭或作證有助於案件之偵查或審理。八、依第二十一條第一項規定禁止出國。九、外國人以配偶為依親對象，取得居留許可，其依親對象為我國國民，於離婚後三十日內

與原依親對象再婚。」本項但書所稱得准予繼續居留,係指該外國人於居留期間內,居留原因消失者,得繼續居留至原先核定居留之期限屆滿而言。居留之期限屆滿,仍須依本條第1項之規定申請延長居留,經許可者,始得繼續居留。非謂有上述各款情形之一者,即當然取得長期乃至永久居留之資格。

上開各款情形,茲分述如下:

(一) 因依親對象死亡

例如我國國民或永久居留之外國人之外國籍配偶、子女前來我國與該我國國民或永久居留之外國人團聚,於居留期間,該我國國民或永久居留之外國人死亡即是。不過,此種情形,如尚有其他可依親之對象,仍得申請變更依親之對象。

(二) 外國人為居住臺灣地區設有戶籍國民之配偶,因遭受家庭暴力離婚,且未再婚

本款係指外國人為居住臺灣地區設有戶籍國民之配偶,因遭受家庭暴力而離婚,且未再婚,以致其停留或居留我國之原因消失時,仍得准予其繼續居留,而不必廢止其居留許可,註銷其外僑居留證而言。基此,其離婚需因遭受家庭暴力所致,且離婚後須未再婚,始符合本款之條件。如非因遭受家庭暴力而離婚,例如因感情不睦而離婚,或離婚之後再婚,即不符合本款之條件。

(三) 外國人於離婚後對在臺灣地區已設有戶籍未成年子女,有撫育事實、行使負擔權利義務或會面交往

為保障外籍配偶在台之家庭團聚權,外國人與在臺灣地區設有戶籍之國民結婚並育有子女,其子女在臺灣地區並設有戶籍,於協議離婚或判決離婚後對在臺灣地區已設有戶籍未成年子女,有撫育事實、行使負擔權利義務或會面交往者,即符合本款之條件,而得准許繼續居留。其有無取得該在臺灣地區已設有戶籍未成年子女之監護權,在所不問。外國人因與在臺灣地區設有戶籍之國民結婚而取得居留我國之資格,離

婚後其居留之原因即行消失而依本條第4項及第36條第2項第7款之規定
必須離境。但如該外國人婚後育有子女，且該子女在臺灣地區並設有戶
籍，而為有戶籍國民，該外國人於離婚後如對在臺灣地區已設有戶籍未
成年子女，有撫育事實、行使負擔權利義務或會面交往，不論是否取得
該未成年子女之監護權，均得依本款之規定請求准予繼續居留。如其子
女在臺灣地區未設有戶籍，亦即非屬有戶籍國民，或已成年，即不符合
本款之條件，而不得依本款請求准予繼續居留。

　　此外，為保障外籍配偶於子女成年後之家庭團聚權，並於本條第5
項規定依第4項第3款、第4款規定准予繼續居留者，其子女已成年，得
准予繼續居留。

（四）因居留許可被廢止而遭強制出國，對在臺灣地區已設有戶籍未成年親生子女造成重大且難以回復損害之虞

　　外國人如因居留許可被廢止而遭強制出國之後，對其在臺灣地區已
設有戶籍之未成年親生子女將有造成重大且難以回復損害之虞者，得請
求繼續居留。外國人在我國育有在臺灣地區設有戶籍之未成年親生子
女，如因居留許可被廢止而必須離境，不但破壞其所建立之人倫社會秩
序，而且對其在臺灣地區已設有戶籍未成年親生子女可能造成重大且難
以回復之損害，故依本款之規定，得請求准予繼續居留。

（五）外國人與本國雇主發生勞資爭議，正在進行爭訟程序

　　外國人與本國雇主發生勞資爭議，例如本國雇主積欠外籍勞工工
資，尚在進行爭訟之程序，自應准許其繼續居留，以利其爭訟程序之進
行。但是，如有明顯事實可以認為係假藉勞資爭議之爭訟程序以達到延
長居留期間之目的，而屬濫用權利之情形，主管機關自得審酌情形，而
為適當之裁量決定。

（六）外國人發生職業災害尚在治療中

　　外國人在我國工作若不幸發生職業災害尚在治療中，即使因其在治
療中而無法繼續工作致使其原先在我國居留之原因消失，亦應准予其繼

續居留治療至痊癒爲止。

（七）刑事案件之被害人、證人有協助偵查或審理之必要，經檢察官或法官認定其到庭或作證有助於案件之偵查或審理

爲促進刑事司法權之實現及符合實務運作需要，刑事案件之被害人或證人有協助偵查或審理之必要，經檢察官或法官認定其到庭或作證確實有助於案件之偵查或審理者，得准予其繼續居留。

（八）依第21條第1項規定禁止出國

因本法第21條第1項規定禁止出國者，依本款規定應准予其繼續居留至撤銷或廢止禁止出國處分爲止，自不待言。否則將出現二個相互矛盾的處分或命令。

（九）外國人以配偶為依親對象，取得居留許可，其依親對象為我國國民，於離婚後30日內與原依親對象再婚

本款規定依立法理由說明，係衡酌大陸地區人民在臺灣地區依親居留長期居留或定居許可辦法第14條第2項第1款第2目及第26條第2項第1款第2目規定，大陸地區人民於離婚後30日內與原依親對象再婚者，不廢止其依親居留或長期居留許可，基於衡平性考量，外籍配偶亦爲相同規範。

四、於居留期間內居留住址變更

外國人於居留期間，如有變更居留住址或服務處所時，爲確保對外國人居留管理之正確性，理應向主管機關辦理變更登記。故本條第5項規定：「外國人於居留期間，變更居留住址或服務處所時，應於事實發生之翌日起算30日內，向移民署申請辦理變更登記。」如外國人未依本項規定辦理變更登記而違反行政上之義務，則得依本法第85條第3款之規定處以罰鍰。

參、綜論

　　延長居留期間之許可是在不變更居留資格的情況下，允許其延長居留期間。[104]有關居留期間的延長事由，法條只規定「有繼續停留或居留之必要時」，而沒有特別規定其判斷標準。這是將有無延長事由的判斷委由主管機關裁量，而其裁量權的範圍十分廣泛。主管機關在決定是否允許延長居留期間時，應考量對外國人之入出國管理及限制居留的目的，也就是應站在維持國內治安與善良風俗、確保衛生、保健、勞動市場的安定等維持國家利益的立場。除了要考慮申請人的申請理由適當與否之外，還必須考慮國內的政治、經濟和社會環境，國際情勢、外交關係、國際禮遇等各種情況，做出適應時宜的準確判斷。[105]

　　法院在審理主管機關的判斷是否違法時，應就是否有諸如誤認重要的基礎事實以致欠缺事實基礎，或是否因對於事實的評價顯然欠缺合理性而依社會通念明顯欠缺妥當性來加以審理，只有在這些情形被肯認時，才可以認為該判斷逾越裁量權的範圍，或有濫用而違法。

　　日本在麥克林案件中，因美國人羅蘭杜·麥克林以到日本擔任英語教師在日本居留一年，之後申請延長居留期間，主管機關以麥氏過去有轉換到別的英語學校以及從事政治活動（包括參加反對越戰和美國介入高棉示威活動、到美國大使館舉行抗議、反對抑制外國人政治活動的日本出入國管理法、反對美日安全保護條約，參加越南和平聯合會所屬的定期集會）為由，駁回其延長居留之申請。

　　日本最高法院認為：「居住在日本的外國人，有關政治活動的自由，除了會影響日本政治決策或執行的活動之外，同樣受保障。……，外國人的居留許可與否是委由國家自行決定，日本憲法不保障其在日本居留的權利和延長在日本居留的權利，只有當主管機關依其裁量判斷為有相當理由足以認為延長居留期間是適當的，才給予得延長居留期間的

---

104 高宅茂，入管法概説，初版，有斐閣，2020年，頁184。
105 參照日本最高裁判所大法廷，昭和53年10月4日判決，民事判例集32卷7号，頁1223。

資格，因此，日本憲法對於外國人的基本人權保障，只在外國人居留制度的框架內給予保障。不能認為對政治活動的自由，保障到可能拘束國家決定居留許可與否的裁量這種程度。亦即，未必不能把在居留期間中受憲法基本人權保障的行為當作延長居留期間之負面因素來考慮。……上訴人在居留期間的政治活動，從其行動的態樣來看，應可認為是直接受憲法保障的政治活動。但是，上訴人在居留期間的政治活動，包含了批評日本的入出國管理政策，及諸如抗議美國的遠東政策乃至於日美之間的相互合作和安全保障條約等指責日本的基本外交政策，此未必不會有影響日美間的友好關係之虞。鑑於當時日本的國內外情勢，主管機關將上訴人的上述活動評價為對日本不利的行為，而且從上訴人的上述行為來看，將上訴人認為是未來有可能採取損害日本利益行為的人，而判斷為沒有足夠的理由可認為延長居留期間是適當的，這樣的判斷不能說有關事實的評價有何明顯的欠缺合理性，或其判斷在社會通念上有何顯著的欠缺妥當性，故在本案中，不確定有足以讓人認為主管機關的判斷有逾越裁量權的範圍或有裁量權濫用的情形存在，而不能把主管機關的處分判斷為違法。」[106]總之，在決定不允許延長居留期限之際，允許將居留期間的政治活動和更換工作等納入考慮。但這樣的考量有沒有不合理的差別對待，仍有疑問。

上述判例的主要問題，是「外國人基本人權的保障只有在外國人居留制度的框架內給予保障」。對於這種講法，有認為所謂不應認許的政治活動，其基準未臻明確，有可能在實質上變成全面否認政治活動的自由[107]。有認為具有參政權功能的表現活動，只是對主權意思的決定有影響而已，與直接為主權意思決定的參政權有本質上的不同，而且由外國人提出各種不同的見解和觀點，可以更豐富國民的主權意思決定，所以應承認外國人的政治活動自由。也就是保障外國人的政治表現自由，可以確保民主過程的自由及多元資訊的流通。[108]更有認為如果說得極端一

---

[106] 最高裁判所大法廷，昭和53年10月4日判決，民事判例集32卷7号，頁1223。

[107] 蘆部信喜著、李鴻禧譯，憲法，月旦，1997年，頁109。

[108] 後藤光男，永住市民の人權—地球市民としての責任，初版，成文堂，2016年，頁78。

點，甚至可以認為這種講法是意味著即使是基於對外國人的種族歧視或性別歧視的入出國管理行政也是合憲的。參與集會遊行等政治活動既然是憲法所保障的基本人權之一的表現自由範圍內的政治意見表達，如果在判斷是否允許延長居留期間時將其當作負面因素來考慮的話，主管機關幾乎就可以無視於憲法中對基本人權的保障。以外國人在居留期間參加政治活動為由拒絕其延長居留期間之申請，究竟有無以政治意見或信仰為理由的歧視存在（公民與政治權利公約第26條），應就入出國的公正管理目的與拒絕延長居留期間，在比例原則審查下進行判斷，[109]必須能通過比例原則的檢驗，才可認為是合法的。

　　日本最高法院認為，除了對日本政治的意思決定與實施有所影響之高度政治行為外，外國人的其他政治活動，都應保障。這種見解，應可作為調和外國人的表現自由與屬於本國人的參政權間的判準，值得參考。[110]我國入出國及移民法第29條規定：「外國人在我國停留、居留期間，不得從事與許可停留、居留原因不符之活動或工作。但合法居留者，其請願及合法集會遊行，不在此限。」應可認為是更進一步保障外國人包括政治活動自由在內的集會遊行自由。也就是不得如日本入出國行政實務那樣，將外國人的基本權利保障，僅限於外國人居留制度的框架內給予保障。而應在入出國的公正管理目的與拒絕延長居留期間，進行比例原則審查，並做出正確的判斷。

第32條（撤銷、廢止居留許可之原因）
移民署對有下列情形之一者，撤銷或廢止其居留許可，並註銷其外僑居留證：
一、申請資料虛偽或不實。
二、持用不法取得、偽造或變造之證件。
三、經判處一年有期徒刑以上之刑確定。但因過失犯罪或經宣告緩刑者，不在
　　此限。

---

[109] 近藤敦，自国に入国する権利と在留権：比例原則に反して退去強制されない権利，名城法学，64巻4号，2015年，頁11-12。
[110] 刁仁國，論外國人入出國的權利，中央警察大學學報，37期，2000年，頁164。

四、回復我國國籍。

五、取得我國國籍。

六、兼具我國國籍，以國民身分入出國、居留或定居。

七、已取得外僑永久居留證。

八、受驅逐出國。

壹、導言

　　本條係有關撤銷或廢止居留許可，及註銷其外僑居留證之要件規定。當有本條所列各款情形之一者，移民署應撤銷或廢止居留許可，並註銷其外僑居留證。居留許可對當事人而言，係屬授予利益之行政處分，故須有法定之事由，始得予以撤銷或廢止。

　　違法之行政處分，原處分機關雖得依職權撤銷。但受益人如無信賴不值得保護之情形，而信賴授予利益之行政處分，其信賴利益顯然大於撤銷所欲維護之公益時，仍不得撤銷該處分。授予利益之違法行政處分經撤銷後，如受益人無信賴不值得保護之情形，其因信賴該處分致遭受財產上之損失者，為撤銷之機關並應給予合理之補償。這是對於信賴利益之保護原則。

　　所謂信賴不值得保護之情形，諸如以詐欺、脅迫或賄賂方法，使行政機關作成行政處分；對重要事項提供不正確資料或為不完全陳述，致使行政機關依該資料或陳述而作成行政處分等即是。基此，外國人於申請居留許可時，如其所提供之資料虛偽或不實，或持用不法取得、偽造或變造之證件，就顯然無值得保護之信賴利益，而得予以撤銷。故本條規定，申請資料虛偽或不實、或持用不法取得、偽造或變造之證件者，撤銷或廢止其居留許可。

　　其次，有關居留許可之廢止，基於法律安定性及信賴利益之保護原則，合法授益之行政處分原則上不得廢止，惟在具有法定事由時，原處

分機關始得例外決定廢止之。例如行政程序法第123條規定：「授予利
益之合法行政處分，有下列各款情形之一者，得由原處分機關依職權為
全部或一部之廢止：一、法規准許廢止者。二、原處分機關保留行政處
分之廢止權者。三、附負擔之行政處分，受益人未履行該負擔者。四、
行政處分所依據之法規或事實事後發生變更，致不廢止該處分對公益將
有危害者。五、其他為防止或除去對公益之重大危害者。」本條則規定
有下列情形之一者，撤銷或廢止其居留許可，並註銷其外僑居留證：
1.申請資料虛偽或不實；2.持用不法取得、偽造或變造之證件；3.經判
處一年有期徒刑以上之刑確定；但因過失犯罪或經宣告緩刑者，不在此
限；4.回復我國國籍；5.取得我國國籍；6.兼具我國國籍，以國民身分
入出國、居留或定居；7.已取得外僑永久居留證；8.受驅逐出國。

貳、內容解析

　　外國人於入國查驗或申請居留許可時，其所持有之證件或申請之資
料虛偽不實，移民署得撤銷其居留許可。於居留我國期間有犯罪等重大
違法之情形或受驅逐出國之處分，主管機關理應可以廢止其居留許可。
此外，外國人因有某些特定之情形，例如歸化我國、取得永久居留資格
等情形，原有之居留許可已無存在之必要，而應予以廢止。

　　本條規定，移民署對有下列情形之一者，應撤銷或廢止其居留許
可，並註銷其外僑居留證：1.申請資料虛偽或不實；2.持用不法取得、
偽造或變造之證件；3.經判處一年有期徒刑以上之刑確定；但因過失
犯罪或經宣告緩刑者，不在此限；4.回復我國國籍；5.取得我國國籍；
6.兼具我國國籍，以國民身分入出國、居留或定居；7.已取得外僑永久
居留證；8.受驅逐出國。茲分述如下：

一、申請資料虛偽或不實

　　所謂資料虛偽，係指資料虛假不真實。所謂資料不實，係指資料不

確實、不正確而言。外國人入國許可或居留許可之申請資料如為虛偽或不實，不論是其個人身分之資料虛偽不實，或是用以證明其入國或居留資格條件之資料虛偽不實，均可能導致入國或居留許可之決定發生不正確之結果。故本款規定申請資料虛偽或不實者，應撤銷或廢止其居留許可。不過，所謂申請資料虛偽或不實，在解釋上，應限於足以導致入國或居留許可之決定發生不正確結果之資料虛偽不實，始足當之。如僅係與入國或居留許可之決定無關緊要之資料，縱有虛偽或不實，也因與入國或居留許可之決定不生影響，而應認為不構成本款撤銷居留許可之條件。

二、持用不法取得、偽造或變造之證件

外國人申請居留許可時，如以不法取得之證件，或以偽造、變造之證件申請，因其證明文件係屬虛假，自應不予許可。本款所稱之證件，不以身分之證明為限，也包括用以證明身分關係、年齡、經歷、學歷等等資格、條件之證明文件。但在解釋上應限於足以造成居留許可發生錯誤之證件，例如護照、簽證、依親之結婚或收養證明、就學之入學許可證明、就業之聘僱證明等涉及外國人入國、居留許可，而足以影響對外國人管理之正確性的證件。[111]不法取得之證件，係指證件本身雖屬真實，但其取得之方法係屬不法者而言。例如以提供虛偽之資料或以不實登載之文件申請取得之證明文件即是。偽造之證件，係指由無權製作者所製作之證明文件，例如無權核發簽證之人，私自於外國護照製作虛偽之簽證。變造之證件，係指由無權改作者就現實存在之真實證件加以改作之證明文件而言，例如無權更改簽證有效期限之人，私自就原已存在之有效簽證加以更改延長其有效期限即是。外國人取得居留許可時，所持之證件，例如護照或其簽證係不法取得者，或係偽造或變造者，因憑藉該不法取得、偽造、變造之證件，或無法確認其身分，或無法確認其是否得許可居留我國，其原作成之居留許可即失所依據，自應撤銷其居

---

[111] 臺北高等行政法院95年度訴字第2581號判決。

留許可，其原核發之外僑居留證，也應一併予以註銷，自不待言。

三、經判處一年有期徒刑以上之刑確定。但因過失犯罪或經宣告緩刑者，不在此限

外國人在外國或在我國國內犯罪，經我國法院判決有罪，並處一年有期徒刑以上之刑確定，如先前已取得居留許可者，移民署應予撤銷或廢止其居留許可，並註銷其外僑居留證。如法院判處罰金、拘役或一年未滿之有期徒刑，雖為有罪之判決，亦無予撤銷或廢止居留許可之必要。此外，因過失犯罪或經宣告緩刑者，即使經法院判處一年有期徒刑以上之刑確定者，依本款但書之規定，亦無予撤銷或廢止其居留許可之必要。所謂判處一年有期徒刑以上之刑「確定」者，係指該判處一年有期徒刑以上之刑的判決已不能再以通常審判程序提起上訴者而言。

四、回復我國國籍

我國國民自願取得外國國籍，或因結婚而成為外國人之配偶，或無行為能力人或限制行為能力人，因由其外國籍之父、母、養父或養母行使負擔權利義務或監護，為取得同一國籍且隨同至中華民國領域外生活，得向內政部申請許可，喪失中華民國國籍。其未成年子女，亦得申請許可，隨同喪失中華民國國籍（國籍法第11條）。依上開規定喪失我國國籍者，現於我國領域內有住所，無不良素行，且無警察刑事紀錄證明之刑事案件紀錄，並且有相當之財產或專業技能，足以自立，或生活保障無虞，得申請回復中華民國國籍（國籍法第15條）。經依上開規定回復我國國籍者，因已非外國人，其先前取得之居留許可即無存在之必要，而應予以廢止，原核發之外僑居留證，也應一併註銷。

五、取得我國國籍

外國人或無國籍人，現於中華民國領域內有住所，並具備下列各款要件者，得向內政部申請歸化，並自許可之日起取得中華民國國籍：
1.於中華民國領域內，每年合計有183日以上合法居留之事實繼續五年

以上；2.依中華民國法律及其本國法均有行爲能力；3.無不良素行，且無警察刑事紀錄證明之刑事案件紀錄；4.有相當之財產或專業技能，足以自立，或生活保障無虞；5.具備我國基本語言能力及國民權利義務基本常識（國籍法第3條第1項、第8條）。除此之外，具有國籍法第4條至第7條所規定之特定情形者，亦得向內政部申請歸化，以取得我國國籍。外國人或無國籍人經依上開規定取得我國國籍者，因已非外國人或無國籍人，而成爲中華民國人，故其先前所取得之外國人居留許可即無存在之必要，而應予以廢止，併註銷外僑居留證。

六、兼具我國國籍，以國民身分入出國、居留或定居

所謂兼具我國國籍，係指同時具有外國國籍和我國國籍之雙重國籍者而言。例如夫妻二人分別爲我國人和外國人，其所生之子女如依我國法取得我國國籍，同時依妻（或夫）之本國法規定，亦取得該外國國籍，則其所生之子女即成爲兼具我國國籍之雙重國籍人。因兼具我國國籍之雙重國籍人入出國時，得自由選擇持我國護照或持外國護照入出國。如持外國護照入出國，因係以外國人之身分入出國，於入國後自應依外國人之身分取得停留或居留許可，如嗣後以本國人之身分出入國、居留或定居，則其原先以外國人身分取得之居留許可，即應予以廢止，以免因居留之身分不統一，而在相關之權利義務上，模糊不清，徒增不必要之爭議。

七、已取得外僑永久居留證

外國人在我國如已取得永久居留資格，即可永久居留於我國，其原先之居留許可，因最長不得逾三年，三年屆滿必須經申請許可延長居留期限，始得繼續居留於我國。其既已取得永久居留資格，則其原先所取得之居留許可即無存在之必要，故本款規定已取得外僑永久居留證者，應撤銷或廢止其居留許可，並註銷其外僑居留證。

八、受驅逐出國

外國人經依本法第36條之規定驅逐出國者，因已不得在我國居留，故應依本款之規定，廢止其居留許可，並註銷其外僑居留證。此外，外國人因犯罪受有期徒刑以上刑之宣告者，得於刑之執行完畢或赦免後，驅逐出境（刑法第95條）。外國少年受轉介處分、保護處分、緩刑或假釋期內交付保護管束者，少年法院得裁定以驅逐出境代之（少年事件處理法第83條之3第1項）。外國人或少年經依刑法及少年事件處理法之上開規定驅逐出境者，亦不得繼續在我國居留，而應依本款規定，廢止其居留許可，並註銷其外僑居留證。

違法行政處分經撤銷後，溯及既往失其效力。但為維護公益或為避免受益人財產上之損失，為撤銷之機關得另定失其效力之日期。合法行政處分經廢止後，自廢止時或自廢止機關所指定較後之日時起，失其效力。居留許可為行政處分，其撤銷及廢止之效力，亦同此法理。

參、綜論

有關居留許可之撤銷，日本出入國管理及難民認定法關於撤銷外國人居留資格之事由，主要包括以下三類：1.以虛偽或其他不正的手段，或者以提出或出示記載不實之文書或圖畫，而獲得入國或居留許可；2.未依居留資格從事相關之活動；3.未將居住地通知日本入國管理局[112]。除此之外，並無居留許可廢止事由之規定。

---

[112] 日本出入國管理及難民認定法第22條之4第1項規定：「法務大臣發現以附表1或附表2上欄居留資格居住在日本的外國人有下列各款之任何一款事實時，得依法務省令規定的程序撤銷該外國人所具有的居留資格。（一）該外國人不符合第五條第一項各款之任何一款，而以虛偽或其他不正的手段，獲得依前章第一節或第二節規定之登陸許可證印或登陸許可。（二）除前款所揭示之情形外，以虛偽或其他不正手段獲得登陸許可之證印等。（三）除前二款所揭示之情形外，以提出或出示記載不實之文書或圖畫而獲得登陸許可之證印等。（四）以虛偽或其他不正手段，獲得依第五十條第一項（特別許可）或第六十一條之二之二第二項（難民之定住）規定之許可。（五）具有附表1上欄居留資格的人，未依該居留資格從事同表下欄所列之活動，並從事或試圖從事其他活動而居留。（六）具有附表1上欄居留資格的人，未依該居留資格從事同表下欄所列之活動，持續三個月以上而居留。（七）以日本國民之配偶

　　除了上述有關外國人居留資格之撤銷事由之規定外，日本出入國管理及難民認定法並對撤銷之程序做了詳細的規定。包括撤銷居留資格時，必須先聽取該外國人之意見；聽取意見前，必須事先送達意見聽取通知書，說明意見聽取的日期和地點以及撤銷的原因事實；該外國人或其代理人得於聽取意見之期日到場，陳述意見，及提出證據；撤銷居留資格應送達撤銷居留資格通知書，並在不超過30日之範圍內指定該外國人準備出國所必要之期限；指定期限時，得附加住居及活動範圍之限制及其他認為必要之條件；指定之期限及附加之限制與條件均應記載於撤銷居留資格通知書[113]。

　　相較於日本之上述規定，本法有關居留許可之撤銷及廢止，除了本條關於撤銷及廢止事由之規定外，有關撤銷及廢止之正當程序規範，則完全付之闕如。又於行政程序法第3條第3項第2款將外國人出入境事務排除於行政程序法適用之外，致使對於外國人之撤銷及廢止居留許可完全無所謂正當法律程序保障之可言。

　　然而，「程序保障」對每個人自由之實現、人格之發展及尊嚴之維護，皆不可或缺。無論何種基本權利，其實踐都內含著程序的內容，而

等之居留資格而居留者，或以永久居留者之配偶等之居留資格而居留者，未以作為該配偶等身分之人而活動，持續六個月以上而居留。（八）獲得前章第一節或第二節規定之登陸許可或許可之證印、本節規定之許可、或第五十條第一項或第六十一條之二之二第二項規定之許可，而成為新的中長期居留者，自收到該登陸許可或登陸許可之證印之日起九十天內，未將其居住地通知日本入國管理局局長。（九）中長期居留者搬出其向日本入國管理局局長所申報的居住地時，自搬遷之日起九十天內，未向日本入國管理局局長申報新的居住地。（十）中長期居留者向日本入國管理局局長申報了虛假的居住地。」

[113] 日本出入國管理及難民認定法第22條之4第2項至第9項規定：「2.法務部長想要撤銷依前項規定之居留資格時，必須讓其指定之出入國審查官聽取該外國人的意見。3.法務部長在使其指定之出入國審查官依前項規定聽取意見前，必須事先向該外國人送達意見聽取通知書，說明意見聽取的日期和地點以及撤銷的原因事實。但是，在緊急情況下，得讓入國審查官或入國警備官以口頭通知該通知書中應記載之事項。4.該外國人或其代理人得於前項規定之期日到場，陳述意見，及提出證據。5.該外國人無正當理由對第二項之意見聽取不作出回應時，法務部長得不受同項規定之拘束，不行意見之聽取，撤銷依第一項規定之居留資格。6.撤銷居留資格，法務部長應送達撤銷居留資格通知書。7.於依第一項規定撤銷居留資格時，法務部長應在不超過三十日之範圍內指定該外國人準備出國所必要之期限。但依同項規定撤銷居留資格，如有相當理由足以懷疑該外國人有逃亡之虞時，不在此限。8.法務部長依前項本文之規定指定期限時，得依法務省令之規定，對該外國人附加住居及活動範圍之限制及其他認為必要之條件。9.法務部長應於第六項規定之撤銷居留資格通知中記載依第七項本文之規定所指定之期限及依前項規定所附加之條件。」

有「程序保障」的需求與功能，此乃從憲法保障個別基本權之客觀功能面向中推導而出，進而據此課予公權力應有踐行正當法律程序，即公正、公開、參與等民主程序之義務。其既內含於各項具體基本權利中，亦可外顯爲憲法原則，作爲個別基本權利保護範圍無法涵蓋時的補充依據。[114]

　　本條之撤銷及廢止居留許可，除第4款至第7款之外，對於外國人權利之影響可謂全面且重大，在處分之後，案件當事人可能被驅逐出國。因此，不論是否基於保障外國人的憲法權利，主管機關於撤銷或廢止外國人之居留許可時，理應踐行公正、公開、參與之正當法律程序，始符合現代民主法治國家之基本要求。未來修法時，有增訂相關正當程序規範之必要。上述日本出入國管理及難民認定法有關撤銷居留資格之正當程序規範，即可作爲未來修法時增訂之參考。

第33條（撤銷、廢止永久居留許可之原因）
移民署對有下列情形之一者，撤銷或廢止其永久居留許可，並註銷其外僑永久居留證：
一、申請資料虛僞或不實。
二、持用不法取得、僞造或變造之證件。
三、經判處一年有期徒刑以上之刑確定。但因過失犯罪或經宣告緩刑者，不在
　　此限。
四、永久居留期間，最近五年平均每年居住未達一百八十三日。但因出國就
　　學、就醫或其他特殊原因經移民署同意者，不在此限。
五、回復我國國籍。
六、取得我國國籍。
七、兼具我國國籍。
八、受驅逐出國。

---

[114] 李震山，多元、寬容與人權保障——以憲法未列舉權之保障爲中心，2版，元照，2007年，
頁263-264。

壹、導言

　　本條係撤銷或廢止永久居留許可，並註銷外僑永久居留證之要件規定。當有本條所列各款情形之一者，移民署應撤銷或廢止其永久居留許可，並註銷其外僑永久居留證。永久居留許可對當事人而言，與前條之居留許可一樣，係屬授予利益之行政處分，故一樣須有法定之事由，始得予以撤銷或廢止。

　　本條規定，有下列情形之一者，撤銷或廢止其永久居留許可，並註銷其外僑永久居留證：1.申請資料虛偽或不實；2.持用不法取得、偽造或變造之證件；3.經判處一年有期徒刑以上之刑確定；但因過失犯罪或經宣告緩刑者，不在此限；4.永久居留期間，最近五年平均每年居住未達183日；但因出國就學、就醫或其他特殊原因經移民署同意者，不在此限；5.回復我國國籍；6.取得我國國籍；7.兼具我國國籍；8.受驅逐出國。此等事由除第4款之外，其餘大致與前條撤銷或廢止之事由相同。同屬對授予利益之行政處分的撤銷與廢止。有關違法授益處分之撤銷及合法授益處分之廢止，請參閱前條壹、導言之相關說明，茲不贅述。

貳、內容解析

　　本條規定，有下列情形之一者，移民署應撤銷或廢止其永久居留許可，並註銷其外僑永久居留證：1.申請資料虛偽或不實；2.持用不法取得、偽造或變造之證件；3.經判處一年有期徒刑以上之刑確定；但因過失犯罪或經宣告緩刑者，不在此限；4.永久居留期間，最近五年平均每年居住未達183日；但因出國就學、就醫或其他特殊原因經移民署同意者，不在此限；5.回復我國國籍；6.取得我國國籍；7.兼具我國國籍；8.受驅逐出國。上述相關各款規定之說明，請參閱第32條貳、內容解析之各款說明，茲不贅述。以下僅就第4款及第1款、第2款略有不同之處

加以說明。

　　本條第1款所稱申請資料虛偽或不實，在解釋上，非僅限於足以導致永久居留許可之決定發生不正確結果之資料虛偽不實，也應包括足以導致入國許可、居留許可之決定等發生不正確結果之資料虛偽不實者。因入國許可與居留許可之決定乃是永久居留許可決定之前提條件，當前者所依據之資料不正確時，對於後者之決定也必生影響。故申請資料虛偽或不實，足以導致入國許可、居留許可或永久居留許可之決定發生不正確之結果者，均屬本款之情形。反之，如係對入國許可、居留許可或永久居留許可之決定均屬無關緊要之資料，縱有虛偽或不實，也因與永久居留許可之決定不生影響，而應認爲不構成本條撤銷永久居留許可之條件。

　　第2款所稱之證件，在解釋上也應限於足以造成永久居留許可發生錯誤之證件，例如護照、簽證、警察刑事紀錄證明、足以自立之財產或特殊技能之證明、投資之證明等涉及外國人入國、居留及永久居留許可之證件。外國人取得永久居留許可時，所持之證件，例如護照或其簽證係不法取得者，或係僞造或變造者，因憑藉該不法取得、僞造、變造之證件，或無法確認其身分，或無法確認其是否得許可永久居留我國，其原作成之永久居留許可即失所依據，自應撤銷其永久居留許可，其外僑永久居留證，也應一併註銷，自不待言。

　　再者，外國人因長期居留我國而取得永久居留之資格，經移民署核發外僑永久居留證者，於永久居留期間，仍須每年居住我國達183日以上。如永久居留期間，最近五年平均每年居住未達183日，依本條第4款之規定，移民署應撤銷或廢止其永久居留許可，並註銷外僑永久居留許可證。換言之，一旦取得永久居留資格後，於永久居留期間，最近五年平均每年居住未達183日者，移民署即應撤銷或廢止其永久居留許可，其究係一般永久居留、特殊人才永久居留或投資永久居留，均在所不問。

　　不過，於此應注意，所謂撤銷或廢止其永久居留許可，只是取消其永久居留之資格而已，非謂其不得繼續居留於我國。該外國人仍得繼續

居留於我國，只是其居留期限不再是永久，而是最長不得逾三年，於居留期限屆滿時，須申請許可延長居留期限，始得繼續居留而已。其因出國就學、就醫或其他特殊原因經移民署同意者，即使於永久居留期間，最近五年平均每年居住未達183日，仍得繼續持有永久居留資格。

參、綜論

本法有關永久居留許可之撤銷及廢止，除了本條關於撤銷及廢止事由之規定外，有關撤銷及廢止之正當程序規範，則完全付之闕如。又於行政程序法第3條第3項第2款將外國人出入境事務排除於行政程序法適用之外，致使對於外國人之撤銷及廢止永久居留許可完全無所謂正當法律程序保障之可言。本條之撤銷及廢止永久居留許可，除第5款至第7款之外，對於外國人權利之影響不可謂不重大。不論是否基於保障外國人的憲法權利，主管機關於撤銷或廢止外國人之永久居留許可時，理應踐行正當法律程序，始符合現代民主法治國家之基本要求。未來修法時，有增訂相關正當程序規範之必要。前條參、綜論所提及之日本出入國管理及難民認定法有關撤銷居留資格之正當程序規範，亦可作為本條未來修法時增訂之參考。

第34條（再入國之申請許可）
外國人在我國居留期間內，有出國後再入國之必要者，應於出國前向移民署申請重入國許可。但已獲得永久居留許可者，得憑外僑永久居留證再入國，不須申請重入國許可。

壹、導言

　　居留於我國的外國人，有再入國必要時，為確保其居留權須申請再入國許可。我國有關再入國許可，依本法第34條規定：「外國人在我國居留期間內，有出國後再入國之必要者，應於出國前向移民署申請重入國許可。但已獲得永久居留許可者，得憑外僑永久居留證再入國，不須申請重入國許可。」

　　在我國的外國人前往國外旅行的自由在出國方面基本上沒有什麼問題，但是因為這種情形的出國是以返回我國為前提，所以再入國的自由就會成為問題。尤其是我國國民的外國籍配偶，或在我國有永久居留權之外國人，允許其出國卻拒絕其再入國也會成為問題。

　　所謂的再入國是指「預訂於居留期限屆滿之前離開我國並再度入境我國之計畫而出國後的入國」，例如預計旅居我國一年的日本人，於居留期間尚未屆滿前，擬前往美國渡假一週，乃向我國入出國管理機關申請出國一週後再返回我國即是。雖然同樣都是外國人的入國，但是外國人「再入國」的自由與首次入國的情形有若干不同。外國人在居留期間內，暫時有需出國之必要，爾後返回居留國繼續同一居留資格活動。在出國之前，常須先取得主管機關核發之重入國許可書，是以，若未取得重入國許可，出國後即無法再入境，而與第一次入國的情形一樣，是否接受其入國，國家可以自由決定要採取什麼條件來接受其申請入國。事實上，限制了居留外國人出國的自由[115]。是以，既然憲法保障了外國人有出國的自由，則再入國的自由，是否也予以保障？

　　就此，有否定說與肯定說兩種對立的看法[116]：主張否定說者認為外國人的再入國問題與初次入國一樣，都不是憲法層次的問題[117]，不需要

---

[115] 戶波江二，外国人の人権，法学セミナ—，46号，1993年，頁79。

[116] 根森健，指紋押捺拒否外国人の再入国の自由—森川キャサリーン事件，時岡弘編，人権の憲法判例，成文堂，1987年，頁206-207。日比野勤，憲法判例50年—外国人の人権（3），法学教室，218号，1998年，頁80以下。

[117] 日本最高裁判所第一小法廷，平成4年11月16日判決，民事判例集166号，頁575。最高裁判所，昭和32年6月19日判決，刑事判例集11巻6号，頁1663。最高裁判所，昭和53年10月4日

區別再入國和初次入國，外國人之再入國與初次入國一樣，均依國際慣例，為一國之裁量權範圍，憲法並不予保障之。主張肯定說者，認為雖然同樣都是外國人的入國，但是外國人的再入國與初次入國有若干不同[118]，具有居留權之外國人是居留國主權所及，所以其再入國的自由，應受憲法保障，[119]而否定國家對再入國許可處分的自由裁量性[120]。按此說之區別再入國與初次入國之理由，乃是重入國許可申請之際，依屬地主義外國人已身處領土主權之內，是居留國主權所及，所以，應理解為憲法層次的問題，而和初次入國時不同；初次入國的外國人，其身分、人品等不易掌握，入境後的行動難以預測，對其動向也會有不安。而再入國者因於初次入國時已經審查過不會威脅入境國之安全或妨害其公共福祉。另外，也有認為如果不同意其再入國的話，事實上就很難出國，所以應在保障出國自由的框架內來理解。[121]

　　也因為再入國許可事實上具有限制出國自由的功能，所以實務上在進行再入國許可審查時，就有可能用它來作為限制該外國人出國的工具，因此如果不允許其再入國，則意味著其必須放棄出國。然而，出國的自由，是不問本國人還是外國人，所有的人都可以享有的自由，這是已具有國內法效力的公民與政治權利國際公約第12條所明定的「所有的人都可以自由離開任何國家（包括其本國）」的權利[122]。基此，入出國管理機關的再入國許可處分理應是以許可為原則的羈束裁量處分。[123]

　　從維持合理適當的出入境管理的角度來看，關於外國人的再入國許可，入出國管理機關不僅要考慮再入國申請的必要性和適當性，而且也

判決，民事判例集32卷7号，頁1223。

[118] 再入國之入境查驗不需要檢查護照上的簽證，而且再入國與其在居留國之社會生活、經濟生活、精神生活有密切關係。這一點與初次入國不同。日比野勤，憲法判例50年—外国人の人權（3），法学教室，218号，1998年，頁65-82。

[119] 佐藤幸治，憲法II基本的人権，初版，成文堂，1992年，頁54。

[120] 荻野芳夫，外国人の出入国の自由，法律時報，41巻4号，1969年，頁17。

[121] 參照佐藤幸治，憲法II基本的人権，初版，成文堂，1992年，頁54。

[122] 甲斐素直，外国人の再入国の自由，憲法演習ゼミナール読本（上），信山社，2008年，頁231。

[123] 佐藤幸治，憲法II基本的人権，初版，成文堂，1992年，頁54。

要考慮外國人居留期間的一切情狀、國內政治、社會狀況以及國際情勢、外交關係等各種情況。[124]這樣的判斷，在性質上，是委由負有入出國管理行政責任的主管機關進行合理的裁量。因此，可以說本法關於再入國許可處分，是委由入出國主管機關做極廣泛的審查，包括該外國人的經歷、背景、性向、居留期間的狀況、出國的目的和必要性等狀況後再作出決定。其次，本法第34條並未特別規定主管機關裁量再入國許可與否的判斷基準，這不只是將許可與否的判斷委諸主管機關裁量，而且也廣泛的賦予其裁量的範圍。儘管如此，其裁量也不得濫用。例如作為主管機關判斷的前提事實不存在，或作為限制出國或限制再入國的事由在社會通念上有明顯不合理的情形，即可認為裁量權有逸脫或濫用情形。

貳、內容解析

一、重入國許可

本條規定：「外國人在我國居留期間內，有出國後再入國之必要者，應於出國前向移民署申請重入國許可。」如此，於再入國時可簡化入國程序，否則，如未於出國前申請重入國許可，則於將來再入國時，將如同初次入國一樣，必須依初次入國之程序申請入國。

此所謂再入國，係指依原來的居留資格，在出國之後，依同一居留資格再返回居住國之意。亦即於出國前預先向居住國申請，以保持其原來的居住資格。之所以規定外國人須於出國前先申請重入國許可之目的，主要在於了解其出國之目的、期間、前往的地方及居住期間之管理，以決定是否許可其於出國之後再行入國。除有特殊情形外，例如有事實足認該外國人出國之目的或前往的地方，對於我國而言，將有不利

---

[124] 福岡地方裁判所，平成元年9月29日判決，https://www.courts.go.jp/app/files/hanrei_jp/745/016745_hanrei.pdf（瀏覽日期：2021.7.20）。

的影響，否則，一般皆應許可。

　　合法居留之外國人，因於居留許可時，即已定有居留期限，依該許可處分理應有居留至期限屆滿之權利，除非有重大違法情形，被撤銷或廢止居留資格，始有必須提前出國之問題。如在此期間有出國後再入國之需要者，依上開規定即須於出國前先行申請重入國許可。

　　從本條「外國人在我國居留期間內，有出國後再入國之必要者，應於出國前向移民署申請重入國許可。」之規定形式來看，可以認為再入國許可處分，是委由移民署裁量決定。本條並未特別規定移民署裁量再入國許可與否的判斷基準，這是將許可與否的判斷完全委諸移民署的裁量。但是因為其原本就已經被允許在居留期限內可以在我國居留，所以對於其申請出國後於居留期限內再入國，應認為只有當再入國許可的申請人出國有可能損害國家利益或公共安全等妨害公共福祉的情形，才可以拒絕再入國的許可，否則不論前往哪個國家都應該允許其再入國，不應因該國是否被我國政府所承認而影響其再入國的許可。畢竟，居住在我國境內的外國人受我國主權的約束，其身體、財產、基本自由等權利也同受保護，所以，在不妨礙公共福祉的限度內，應認為其在許可居留期限內享有前往國外旅行之後再入國之自由權。

二、永久居留者之再入國自由

　　外國人的再入國自由和我國國民的出國後入國的自由，其性質雖然有根本性的不同，但是，外國人如果是具有永久居留的身分，則其居留許可是得永久居留於我國的許可，所以，對於這樣的人不得僅以其係居住於我國之外國人，就濫行制約其社會的、文化的生活。其以出國旅行、探親等目的暫時離開我國的行為，從作為個人社會文化活動的一環來看，理應予以尊重，如果沒有合理的理由就不應任意的不允許其再入國。

　　尤其，對於永久居留的外國人而言，其在我國已經建立生活基礎，當其暫時離開我國之後如果拒絕其再入國，則意味著其生活基礎的破壞，這不僅僅只是剝奪其經濟利益而已，而且還可能是全人格的侵害。

尤其是我國國民的外國籍配偶、子女，如果其在我國過著結婚後的生活，拒絕其再入國，可以說是完全摧毀其婚姻和家庭生活。這種情形，不應將其再入國的自由理解爲可以受到政策限制的自由權，而應將其理解爲屬於較高層次的自由權。[125]

公民與政治權利國際公約第12條第4項規定：「任何人都不應被恣意剝奪入境自己國家之權利。」該項的「自己國家」的解釋，在聯合國審議時將起草階段的「國籍國」改爲「自己國家」，如果循著這個改變的過程，應該認爲所稱之「自己國家」不應僅限於「國籍國」，而應加上有永久居留資格而定居於該國的外國人所定居的定居國。

自由權利公約委員會第27號一般意見做如下表示：「所謂個人有入境自己國家的權利，是指承認個人與其國家之間有特別的關係而言。對於此權利有多個面向。此包括居留於自己國家的權利（the right to remain）。……第12條第4項的用語（『任何人都』）並沒有區分國民和外國人。因此，誰可以行使這一權利取決於如何解釋『自己國家』一詞的含義。『自己國家』的範圍比『國籍國』的概念更廣。其不限於形式意義的國籍，即不限於因出生或後天取得的國籍。其至少包括因對該國有特殊關係或請求權，而不能視爲純粹的外國人。這樣的例子，例如某國的國民因該國違反國際法而被剝奪國籍，或個人所屬的國籍國被兼併或割讓，而未賦予該占領國的國籍。不僅如此，依第12條第4項的用語，也有可能廣義地理解爲包括其他長期居留之人。這些長期居留之人也包括被恣意剝奪其在居留國取得國籍之權利的無國籍人，但不以此爲限。有時在一定的情況下，其他因素也可能會形成某一個人與某一個國家之間密切而永續的關係。」除此之外，其後還補充以下的內容：「一個具有本國國籍以外之人（即外國人或無國籍人）與國家之間有密切而永續的關係，亦即有形成一種可能比國籍關係更強的關係的因素。所謂『自己國家』一詞，建議考慮長期的居留期間、個人和家庭的密切關

---

[125] 甲斐素直，外国人の再入国の自由，憲法演習ゼミナール読本（上），信山社，2008年，頁231。

係、居留目的、該種關係在其他任何地方都沒有等」。

依照自由權利公約委員會上述的新解釋，所謂「自己國家」這個用語，應考慮已有長期的居留期間、個人和家庭的密切關係、居留目的、這些關係在其他任何地方都沒有等。因此，在具體上，宜考慮其與居住國的緊密關係，在居住國有家庭，所講的語言（是居住國的語言，而不會說國籍國的語言），在居住國的居留期間、與國籍國之間除了國籍以外沒有其他的關係等，而將長期居住國理解為「自己國家」。[126]

據此，永久居留之外國人，其再入國就有可能理解為公民與政治權利國際公約第12條第4項所稱之「入境自己國家」，而不得被恣意剝奪。我國在本條但書規定：「但已獲得永久居留許可者，得憑外僑永久居留證再入國，不須申請重入國許可。」對於永久居留之外國人而言，其出國之後的再入國，依此但書之規定，基本上不成問題。不過，其出國之期間，如有違反本法第33條第4款之情形，則有被撤銷或廢止永久居留許可之可能。因具有永久居留權之外國人，係以居住國為其長久居住之地方，故每年在居住國之居留期間亦有限定，其出入國時雖不需申請再入國許可，但出國超過一定期間時亦須事先申請主管機關許可，以保持原有居留資格與居留身分。

參、綜論

作為與再入國的自由乃至於入國的自由有關的問題，必須考慮「離散家庭的團聚權」。因為「家庭是社會的自然且基本的單位，理應有受社會及國家保護的權利」（公民與政治權利國際公約第23條第1項），所以當家庭因國境的關係而被隔離時，依國際法理應有家庭團聚的權利。特別是關於兒童，在兒童權利公約第9條第3款規定：「除了有違反兒童最佳利益的情形之外，在人際關係上應尊重與父母之一方或雙方

---

[126] 近藤敦，自国に入国する権利と在留権：比例原則に反して退去強制されない権利，名城法学，64巻4号，2015年，頁28-29。

分離的兒童有維持其定期與父母的任何一方有直接接觸的權利。」因此，這樣的人基本上應有入國的權利。例如，某居留於我國的外國人留下妻子和子女獨自離開我國並且於出國前未經允許再入國時，這種離散家庭的團聚權就會成為問題的核心。而於其請求入國時，即使其於出國前沒有事先取得再入國之許可，而可能被當作是初次入國來處理，也應特別考慮其與居留於我國之妻子兒女的家庭團聚權，而允許其再次入國，不得恣意的不予許可。

第35條（申請居停留、永久居留等行政命令之授權）
外國人停留、居留及永久居留之申請程序、應備文件、資格條件、核發證件種類、效期、投資標的、資金管理運用及其他應遵行事項之辦法，由主管機關定之。

壹、導言

本條係授權主管機關就外國人停留、居留及永久居留之申請程序、種類、效期等以行政命令訂定相關之辦法。據此，主管機關即得依本條之授權訂定相關之辦法。不過，此種以法律授權訂定之行政命令，僅得於符合立法意旨，且未逾越法律授權訂定之必要範圍內，就執行法律有關之細節性、技術性事項加以規定，其內容不得牴觸母法或對人民之自由權利增加法律所無之限制。

貳、內容解析

本條規定：「外國人停留、居留及永久居留之申請程序、應備文件、資格條件、核發證件種類、效期、投資標的、資金管理運用及其他

應遵行事項之辦法，由主管機關定之。」又依本法第2條規定：「本法之主管機關為內政部。」故內政部依本條之規定，發布「外國人停留居留及永久居留辦法」。該辦法之條文內容，請參閱附錄。

第六章
驅逐出國及收容

第36條（強制驅逐出國之情形）

外國人有下列情形之一者，移民署應強制驅逐出國：

一、違反第四條第一項規定，未經查驗入國。

二、違反第十九條第一項規定，未經許可臨時入國。

外國人有下列情形之一者，移民署得強制驅逐出國，或限令其於十日內出國，逾限令出國期限仍未出國，移民署得強制驅逐出國：

一、入國後，發現有第十八條第一項及第二項禁止入國情形之一。

二、違反依第十九條第二項所定辦法中有關應備文件、證件、停留期間、地區之管理規定。

三、違反第二十條第二項規定，擅離過夜住宿之處所。

四、違反第二十九條第一項規定，從事與許可停留、居留原因不符之活動或工作。

五、違反移民署依第三十條所定限制住居所、活動或課以應行遵守之事項。

六、違反第三十一條第一項規定，於停留或居留期限屆滿前，未申請停留、居留延期。但有第三十一條第三項情形者，不在此限。

七、有第三十一條第四項規定情形，居留原因消失，經廢止居留許可，並註銷外僑居留證。

八、有第三十二條第一款至第三款規定情形，經撤銷或廢止居留許可，並註銷外僑居留證。

九、有第三十三條第一款至第三款規定情形，經撤銷或廢止永久居留許可，並註銷外僑永久居留證。

移民署於知悉前二項外國人涉有刑事案件已進入司法程序者，於強制驅逐出國十日前，應通知司法機關。該等外國人除經依法羈押、拘提、管收或限制出國者外，移民署得強制驅逐出國或限令出國。

移民署依規定強制驅逐外國人出國前，應給予當事人陳述意見之機會；強制驅逐已取得居留或永久居留許可之外國人出國前，並應召開審查會。但當事人有下列情形之一者，得不經審查會審查，逕行強制驅逐出國：

一、以書面聲明放棄陳述意見或自願出國。

二、經法院於裁判時併宣告驅逐出境確定。

三、依其他法律規定應限令出國。

四、有危害我國利益、公共安全或從事恐怖活動之虞，且情況急迫應即時處分。

前項當事人得委任律師及通譯於陳述意見程序或審查會進行時在場。但其在場有危害國家安全之虞，或其行為不當足以影響現場秩序或程序進行者，移民署得限制或禁止之。

第一項、第二項及前項所定強制驅逐出國之處理方式、程序、管理、許可律師、通譯在場及其限制或禁止及其他應遵行事項之辦法，由主管機關定之。

第四項審查會由主管機關遴聘有關機關代表、社會公正人士及學者專家共同組成，其中單一性別不得少於三分之一，且社會公正人士及學者專家之人數不得少於二分之一。

壹、導言

　　對外國人之驅逐出國旨在維護國家安全和主權尊嚴，爲入出國管理上重要環節，惟因涉及基本人權[1]，各國均予立法約制，爰參照外國立法例明定相關管理規範，以資明確，故本法第36條旨在明定強制驅逐出國之情形。按公權力對外國人予以驅逐出國之作爲既屬主權的展現[2]，亦是行政處分之性質。[3]本法第36條之規定，以違法外國人出國爲

---

[1] 蔡震榮，自外籍配偶家庭基本權之保障論驅逐出國處分——評臺北高等行政法院95年度訴字第2581號判決，法令月刊，60卷8期，2009年8月，頁21-37。

[2] 許義寶，入出國法制與人權保障，修訂3版，五南，2019年，頁4。

[3] 張維容，涉外陳抗事件之適法性研究——以2015年韓國Hydis關廠工人來臺抗爭爲例，警學叢刊，48卷5期，2018年，頁23-38。黃居正，孟德爾案：外國人的法律地位，台灣法學雜誌，262期，2014年，頁71-79。廖元豪，「外人」的人身自由與正當程序——析論大法官釋

驅逐對象，對於驅逐出國因涉及移民人權保障，故需遵守正當法律程序及符合法律保留原則。再者，驅逐出國屬具有執行力之行政處分，在相對人不自動履行行政處分設定之義務時，通常行政機關得對其進行「行政強制執行」，以強制手段使其履行義務，或逕以公權力實現與履行義務相同之狀態。[4]然亦有基於人道考量或其他急迫危難因素而有例外規定，而以不予驅逐遣返為原則之情形。[5]

　　一國基於維護主權之入出國境管理需求，乃有驅逐出國之規定，雖可能因而剝奪外國人在我國繼續停、居留之權利，乃是必要之執法作為，卻因此干預或剝奪受驅逐之外國人之自由或權利，乃應有明確性之法律保留來規定其處分要件與執行程序，乃於本條授權規範之立法目的，此為司法院大法官釋字第708號[6]與第710號解釋意旨所肯認。

　　再者，對於外國人之驅逐出國處分及執行過程，因涉及到移民之強制驅逐出國與驅逐前之收容等干預措施，對於人權有極大影響，故為世界各國所重視，國際人權文獻亦多有著墨。然亦有相關例外規定，例如，「公民與政治權利國際公約」第7條規定略以：「任何人不得施以

字第七○八與七一○號解釋，月旦法學，228期，2014年，頁244-262。詹凱傑，論現行入出國及移民法第三十八條之外國人收容制度，警學叢刊，44卷3期，2013，頁125-141。楊翹楚，全球化下我國移民人權之探討——以「入出國及移民法」規定為例，警學叢刊，41卷2期，2010年，頁219-236。蔡震榮，自外籍配偶家庭基本權之保障論驅逐出國處分——評臺北高等行政法院95年度訴字第2581號判決，法令月刊，60卷8期，2009年，頁21-37。蔡震榮，由限令出國處分論訴願之停止執行，法令月刊，58卷5期，2007年，頁4-20。亦參考：司法院釋字第708號解釋，湯德宗大法官之協同意見書，以及司法院釋字第710號解釋文。

4　蔡庭榕，驅逐出國與強制出境處分及其案例之研究，中央警察大學水上警察學報，9期，中央警察大學水上警察學系，2021年，頁1-26。

5　「不遣返原則」為慣用國際法，公民與政治權利國際公約第7條、禁止酷刑公約第3條規範的「禁止遣返原則」適用範圍廣。根據禁止酷刑公約第3條第1項：「如有充分理由相信任何人在另一國家將有遭受酷刑之危險，任何締約國不得將該人驅逐、遣返或引渡至該國。」

6　司法院釋字第708號解釋審查入出國及移民法有關受驅逐出國外國人暫時收容機制，因提審法制精神係藉司法權介入，針對行政權之逮捕拘禁進行審查，並奠定外國人與大陸地區人民人權保障之里程碑。大法官多數意見肯認本國人之人身自由保障機制，應及於外國人，我國憲法第8條第1項：「人民身體之自由應予保障。……非由法院依法定程序，不得審問處罰。」收容侵害人身自由，故應受到即時司法之救濟。參見：柯雨瑞、吳佳霖、黃翠紋，試論外國人與大陸地區人民收容、驅逐出國及強制出境之司法救濟機制之困境與對策，國土安全與國境管理學報，29期，2018年，頁47。亦參考：李震山，從憲法保障基本權利之觀點論大陸地區人民之收容與遣返——以臺灣地區與大陸地區人民關係條例第18條為中心，警察法學，5期，2006年，頁117-165。

酷刑，或予以殘忍、不人道或侮辱之處遇或懲罰。」又其人權事務委員會於1992年作成之第20號一般性意見第9段揭櫫不遣返原則：「締約國不得透過引渡、驅逐或遣返手段使個人回到另一國時有可能遭到酷刑或殘忍、不人道或侮辱之處遇或懲罰。」[7]申言之，不遣返原則在我國兩公約施行法適用後，具有國內法律之效力[8]，且各級政府機關於行使其職權時，在法律之適用及解釋上，應力求合乎憲法及兩公約人權保障之意旨。[9]

本條於2023年6月28日總統華總一義字第11200054171號令修正公布，並於2023年12月6日行政院院臺法字第1121043343號令發布，自2024年3月1日施行。本條修正增定第5項：「前項當事人得委任律師及通譯於陳述意見程序或審查會進行時在場。但其在場有危害國家安全之虞，或其行為不當足以影響現場秩序或程序進行者，移民署得限制或禁止之。」故本條之立法目的旨在授權主管機關就許可律師、通譯在場及其限制或禁止等事項訂定相關規範之原則與例外情形。

因此，本條主要修法理由分別如下：

（一）配合修正條文第29條，爰修正第2項第4款規定。

（二）依公民與政治權利國際公約第13條規定：「本公約締約國境內合法居留之外國人，非經依法判定，不得驅逐出境，且除事關國家安全必須急速處分者外，應准其提出不服驅逐出境之理由，及聲請主管當局或主管當局特別指定之人員予以覆判，並為此目的委託代理人到場申訴。」

（三）強制驅逐出國處分涉及國家主權之行使，且時有與國家安全

---

[7] 我國兩公約施行法於1999年4月22日制定公布，並自同年12月10日施行。又其人權事務委員會於1992年作成之第20號一般性意見第9段揭櫫不遣返原則：「締約國不得透過引渡、驅逐或遣返手段使個人回到另一國時有可能遭到酷刑或殘忍、不人道或侮辱之處遇或懲罰。」申言之，不遣返原則於兩公約在我國施行後，具有國內法律之效力，且各級政府機關於行使其職權時，在法律之適用及解釋上，應力求合乎憲法及兩公約人權保障之意旨。

[8] 李震山，論外國人之憲法權利，人性尊嚴與人權保障，增訂5版，元照，2020年，頁421。

[9] 最高行政法院109年度裁字第786號、第787號、第788號及第789號抗告人嘎瑪賜萊、仁青曲仲、貝瑪卓瑪及慈仁與相對人內政部移民署間聲請暫時權利保護事件新聞稿。參考：https://tpa.judicial.gov.tw/index.asp?struID=2&navID=8&contentID=9942（瀏覽日期：2022.2.1）。

相關之案件，惟強制驅逐出國處分仍有侵害外國人受憲法第10條保障之遷徙自由權益之虞，為兼顧國家安全，並保障其程序參與權，宜於無危害國家安全情況下，賦予其委任律師及通譯在場之權利，爰增訂第5項規定，明定當事人得委任律師及通譯在場。惟其在場有危害國家安全之虞，或其行為不當足以影響現場秩序或程序進行者，移民署得限制或禁止之。原第5項及第6項遞移為第6項及第7項。

　　（四）許可律師、通譯在場及其限制或禁止等細節性或技術性事項，則於授權辦法予以明定，爰修正第6項規定。

貳、內容解析

　　驅逐出國之行政處分，限於因處分而有作為或不作為義務者，即所謂下命處分，此類行政處分一旦生效，即有執行力，在相對人不自動履行行政處分設定之義務時，通常行政機關得對其進行「行政強制執行」，以強制手段使其履行義務，或逕以公權力實現與履行義務相同之狀態。驅逐出國亦屬於執行處分，為達憲法與國際人權保障之要求，應依據法律及一般法律原則辦理。例如，依據本法規定，移民署之執法人員必須執行入出國境查驗之勤務，有查獲依法得強制出國（境）而涉及犯罪行為者，如經司法機關認無移送必要，得逕依職權不予許可入境而逕行遣返之情形，移民署得逕予執行強制其出國。本條係相關驅逐出國之規範強制驅逐出國之情形共分六項，其主要內容重點區分為：

一、應強制驅逐出國之情形

　　第1項明定：「外國人有下列情形之一者，移民署應強制驅逐出國：一、違反第四條第一項規定，未經查驗入國。二、違反第十九條第一項規定，未經許可臨時入國。」本項立法目的旨在授權移民署在外國人違反哪些情形時，「應」將之強制驅逐出國。此之「應」係屬於「羈束」而非「裁量」，故行政機關依法行政，若有下列各款所規定之情

形，即應加以強制驅逐出國，並無裁量空間。本條第1項與第2項明確區分規定「應」與「得」驅逐出國之要件，此區分係基於法益維護考量而由立法自由形成，亦符合法律保留與明確性原則，而應強制出國之2款要件，係基於國家主權之查驗與入境許可之要求，若有違反即以法律明定應予驅逐出國處分，並應遵守本條第3項至第6項之程序規範，以維護該外國人之相關基本權利。

二、得強制驅逐出國之情形

相對於上述第1項之「羈束」規定，本條第2項則明定「得」將下列之違反規定的外國人驅逐出國，「得」係屬於裁量授權規定，然並非無限制之任意裁量，本款有明定其範圍，執行時應符合法定要件，並需遵守一般法律原則，並避免裁量濫用、裁量逾越或裁量怠惰等瑕疵。外國人有下列情形之一者，移民署「得」強制驅逐出國，或限令其於10日內出國，逾限令出國期限仍未出國，移民署得強制驅逐出國。依其規範內容觀之，除採「得」之授權行政裁量之外，甚可採限令其於10日內自動出國，可知此需驅逐出國之情形應非嚴重或急迫。本項共區分9款，其內容為：「外國人有下列情形之一者，移民署得強制驅逐出國，或限令其於十日內出國，逾限令出國期限仍未出國，移民署得強制驅逐出國：一、入國後，發現有第十八條第一項及第二項禁止入國情形之一。二、違反依第十九條第二項所定辦法中有關應備文件、證件、停留期間、地區之管理規定。三、違反第二十條第二項規定，擅離過夜住宿之處所。四、違反第二十九條第一項規定，從事與許可停留、居留原因不符之活動或工作。五、違反移民署依第三十條所定限制住居所、活動或課以應行遵守之事項。六、違反第三十一條第一項規定，於停留或居留期限屆滿前，未申請停留、居留延期。但有第三十一條第三項情形者，不在此限。七、有第三十一條第四項規定情形，居留原因消失，經廢止居留許可，並註銷外僑居留證。八、有第三十二條第一款至第三款規定情形，經撤銷或廢止居留許可，並註銷外僑居留證。九、有第三十三條第一款至第三款規定情形，經撤銷或廢止永久居留許可，並註

銷外僑永久居留證。」上述第2項第4款乃配合本法修正條文第29條修正第2項第4款規定。本項屬具有裁量權之規定，只要符合上述要件之一者，即得由移民署選擇裁量直接強制驅逐其出國，抑或先給予限令其自行出國，若未依規定爲之，則得採取強制驅逐出國。

　　因此，外國人如在我國非法工作或有其他違法行爲，則得依本法第十一章罰則予以處罰，並爲確保其執行成效，亦授權得依法收容及依本條規定，處該違法外國人「強制驅逐出國」處分。例如，外國人在我國不得非法工作，依就業服務法第43條規定，除本法另有規定外，外國人未經雇主申請「許可」，不得在中華民國境內工作。又以就業服務法第46條第1項第8款至第11款規定工作之外國人爲例，上開所稱「許可」係指依「雇主聘僱外國人許可及管理辦法」第28條（含第28條之1至第28條之4）、第29條規定申請取得之「聘僱許可或展延聘僱許可」而言；至於該外國人取得（受聘僱工作）居留資格，依本法第22條、第29條及「外國人停留居留及永久居留辦法」第5條之規定，應由該「外國人」向「主管機關」申請「外僑居留證」，違反者，依本條與本法第85條規定，得分別處外國人「得強制驅逐出國」或「罰鍰」之行政處分。然而，「有原則即有例外，例外須從嚴」，在相關驅逐出國或強制出境之規定中，亦有基於人道考量或其他急迫危難因素而有例外規定。例如，新聞媒體報導事件有「流亡藏人嘎瑪賜萊等4人分別以弘法等理由來臺多年，但被移民署查出入境證照是僞造的，處分強制其驅逐出境在案，但4人緊急提起行政訴訟，聲請停止執行驅逐出境，但遭臺北高等行政法院駁回；上訴後，最高行政法院認爲4人已面臨急迫性危險，且爲符合兩公約的『不遣返原則』，改判本案訴訟判決確定前，4人均可在臺暫時居留確定」。

三、已進入司法程序之驅逐外國人出國相關處理應注意事項

　　本項明定：「移民署於知悉前二項外國人涉有刑事案件已進入司法程序者，於強制驅逐出國十日前，應通知司法機關。該等外國人除經依法羈押、拘提、管收或限制出國者外，移民署得強制驅逐出國或限令出

國。」寓有先司法後行政原則,明定透過司法與行政相關機關之相互通知配套,避免刑事犯罪處理上之遲滯或障害。此規定係針對前二項而已進入司法程序之外國人處理應注意事項。因此,若依本項規定通知後,司法處理上對該等外國人未經依法羈押、拘提、管收或限制出國者,移民署則得逕依規定將其強制驅逐出國或限令出國,以確保移民執法任務之完成。

四、驅逐外國人出國之正當法律或行政程序

本條第4項基於保障外國人人權,踐行正當法律或行政程序,故明定:「移民署依規定強制驅逐外國人出國前,應給予當事人陳述意見之機會;強制驅逐已取得居留或永久居留許可之外國人出國前,並應召開審查會。但當事人有下列情形之一者,得不經審查會審查,逕行強制驅逐出國:一、以書面聲明放棄陳述意見或自願出國。二、經法院於裁判時併宣告驅逐出境確定。三、依其他法律規定應限令出國。四、有危害我國利益、公共安全或從事恐怖活動之虞,且情況急迫應即時處分。」再者,本法第18條第1項第11款規定:「外國人有下列情形之一者,移民署得禁止其入國:……十一、曾經被拒絕入國、限令出國或驅逐出國。……」第32條第8款及第33條第8款分別規定:「移民署對有下列情形之一者,撤銷或廢止其(永久)居留許可,並註銷其(永久)外僑居留證:……八、受驅逐出國。」準此,「外國人曾被驅逐出國」係移民署得以禁止該外國人再次入國,或撤銷、廢止其(永久)居留許可,並註銷其(永久)外僑居留證之法定原因之一。主管機關作成「強制驅逐出國」處分將得作為日後禁止該外國人入國之事由,而成為禁止入國處分之「構成要件效力」,對當事人之權利影響極大,本項特規定應給予陳述意見機會,故應依法律及一般法律原則辦理,以符合人權保障之意旨。是為「程序上正當程序」(Substantive Due Process of Law)之基本,使之說清楚講明白,亦屬行政行為明確性原則之展現。又對強制驅逐已取得居留或永久居留許可之外國人出國前,除上述例外情形,並應召開審查會檢視,對可能對之權利更深影響者予以更審慎調查,亦屬

合理差別待遇，值得肯定。

五、修法新增第5項授予受驅逐出國當事人委任律師或通譯之規定

本條第5項修正增定：「前項當事人得委任律師及通譯於陳述意見程序或審查會進行時在場。但其在場有危害國家安全之虞，或其行爲不當足以影響現場秩序或程序進行者，移民署得限制或禁止之。」故本條之立法目的旨在授權主管機關就許可律師、通譯在場及其限制或禁止等事項訂定相關規範之原則與例外情形。

再者，按本條之立法理由顯示，依公民與政治權利國際公約第13條規定：「本公約締約國境內合法居留之外國人，非經依法判定，不得驅逐出境，且除事關國家安全必須急速處分者外，應准其提出不服驅逐出境之理由，及聲請主管當局或主管當局特別指定之人員予以覆判，並爲此目的委託代理人到場申訴。」強制驅逐出國處分涉及國家主權之行使，且時有與國家安全相關之案件，惟強制驅逐出國處分仍有侵害外國人受憲法第10條保障之遷徙自由權益之虞，爲兼顧國家安全，並保障其程序參與權，宜於無危害國家安全情況下，賦予其委任律師及通譯在場之權利，爰增訂第5項規定，明定當事人得委任律師及通譯在場。惟其在場有危害國家安全之虞，或其行爲不當足以影響現場秩序或程序進行者，移民署得限制或禁止之。

六、授權訂定「外國人強制驅逐出國處理辦法」

本項內容爲：「第一項及第二項所定強制驅逐出國之處理方式、程序、管理及其他應遵行事項之辦法，由主管機關定之。」此係授權由主管機關內政部訂定屬「法規命令」性質之相關處理辦法。因此，主管機關「內政部」乃據此於2012年6月19日內政部台內移字第1010904513號令訂定發布「外國人強制驅逐出國處理辦法」全文9條，屬於經由法律授權之「法規命令」性質，以資適用。再者，2014年12月26日行政院院臺規字第1030158355號公告第2條第1項、第3條第1項、第2項、第3項、第6條第1項、第2項、第3項、第7條第1項、第8條所列屬「內政

部入出國及移民署」之權責事項，自2015年1月2日起改由「內政部移民署」管轄。又再於2016年3月3日內政部台內移字第1050960992號令修正發布全文10條。再者，配合本條增定第5項，關於許可律師、通譯在場及其限制或禁止等細節性或技術性事項，則於授權辦法予以明定，爰修正第6項規定。因此，主管機關內政部遂於2024年2月27日內政部台內移字第11309325441號令修正「外國人強制驅逐出國處理辦法」發布全文13條；並自2024年3月1日施行。

七、強制（驅逐）出國（境）及限令出國案件審查會之設置

　　本條第7項配合第4項之「強制驅逐已取得居留或永久居留許可之外國人出國前，並應召開審查會」之要求，而明定：「第四項審查會由主管機關遴聘有關機關代表、社會公正人士及學者專家共同組成，其中單一性別不得少於三分之一，且社會公正人士及學者專家之人數不得少於二分之一。」因此，在組織面上，2018年2月27日內政部移民署移署國字第10700256391號令訂定發布「強制（驅逐）出國（境）案件審查會設置及作業要點」，全文18點，係為內政部移民署配合訂定細則性、作業性之「行政規則」，以為因應。此依據行政程序法之規範，此要點原則上不具有直接對外之拘束效果。

　　按本條第6項授權內政部發布之**「外國人強制驅逐出國處理辦法」**，性質上屬於「法規命令」，只要其目的、內容、範圍不牴觸本法，對外仍具有拘束效力。本辦法於2024年新修正後，共有13條，主要內容如下：

（一）授權訂定本辦法之法源

　　第1條明定：「本辦法依入出國及移民法第三十六條第六項規定訂定之。」

（二）限令其於10日內出國及其例外規定

　　第2條規定：「外國人有本法第三十六條第二項各款情形之一者，內政部移民署（以下簡稱移民署）得於強制驅逐出國前，限令其於十日

內出國。但有下列情形之一者，得強制驅逐出國：一、未依規定於限令期限內自行出國。二、在臺灣地區無一定之住所或居所。三、因行蹤不明遭查獲。四、有事實認有逃逸或不願自行出國之虞。五、經法院於裁判時併宣告驅逐出境確定。六、受外國政府通緝，並經外國政府請求協助。七、其他有危害我國利益、公共安全或從事恐怖活動之虞（第1項）。逾期停留或居留之外國人，於查獲或發現前，主動表示自願出國，經移民署查無法律限制或禁止出國情事者，移民署得准予其於一定期限內辦妥出境手續後限令於十日內自行出國（第2項）。」本條明訂驅逐出國前得限令其對象10日內自行出國之規定及其例外情形。

（三）明定資料蒐集與調查筆錄

第3條規定：「移民署查獲外國人有本法第三十六條第一項、第二項情形之一者，應蒐集、查證相關資料、拍照及製作調查筆錄。查獲之外國人涉有刑事案件者，應先移送司法機關偵辦，未經依法羈押、拘提、管收或限制出國者，或經查未涉有刑事案件者，由移民署依法為相關處置（第1項）。其他機關發現外國人有本法第三十六條第一項、第二項情形之一者，應查證身分及製作調查筆錄。外國人如涉有刑事案件者，應先移送司法機關偵辦，未經依法羈押、拘提、管收或限制出國，或經查未涉有刑事案件者，應檢附相關案卷資料，移請移民署處理（第2項）。經其他機關依本條規定移請移民署處理之外國人涉有刑事案件已進入司法程序者，移送機關應即時通知移民署（第3項）。移民署知悉受強制驅逐出國處分之外國人涉有刑事案件已進入司法程序者，於強制驅逐出國十日前，應通知司法機關（第4項）。法院裁定准予續予收容或延長收容之外國人，經強制驅逐出國者，移民署應即時通知原裁定法院（第5項）。」本條明定移民署或其他機關發現有外國人違法情形時，得依此授權進行查證身分、蒐集資料等調查作為及注意事項。

（四）外國人強制驅逐出國處置之正當程序

本辦法第4條規定：「移民署依規定強制驅逐當事人出國前，應於通知當事人陳述意見或召開審查會時，告知其得委任律師及通譯於陳述

意見程序或審查會進行時在場（第1項）。前項委任律師，不得逾三人
（第2項）。受委任之律師及通譯應於最初到場時，向移民署提出委任
書（第3項）。前項委任書應記載下列事項：一、委任人姓名、國籍、
聯絡電話及地址。二、律師及通譯姓名、聯絡電話及地址。三、委任
事由。四、委任年、月、日（第4項）。受任律師及通譯到場時，移民
署得查證其身分（第5項）。委任之撤回，經以書面通知移民署後，始
對移民署發生效力（第6項）。當事人等候受任律師及通譯到場，自移
民署通知受任律師及通譯時起，分別不得逾四小時；逾四小時未到場
者，移民署得進行相關程序（第7項）。當事人於陳述意見程序或審查
會審查中，終止或解除委任律師或通譯在場者，已進行之程序或審查
不受影響（第8項）。」一般而言，各國相關移民法制對於驅逐外國人
出國，尚會給予其救濟機會。[10]本法第36條雖沒有外國人驅逐出國之救
濟規定，但本條第1項首揭規定：「移民署依規定強制驅逐當事人出國
前，應於通知當事人陳述意見或召開審查會時，告知其得委任律師及通
譯於陳述意見程序或審查會進行時在場。」再者，本法增訂第38條之6
時[11]，已將不服強制驅逐出國處分得提起救濟之方法、期間、受理機關
等相關事項納入規定。另一方面，若是外國人感染特殊傳染病者，亦應
依法予以特殊照護[12]，使之安全完成驅逐出國之程序。

（五）本辦法第5條明訂得受任律師及通譯

「受任律師於陳述意見程序或審查會進行時，得在場陪同、筆記詢
問要點及適時表示法律意見（第1項）。當事人陳述意見內容經移民署
認有重大遺漏者，得經當事人同意，由受任律師代為補充（第2項）。

10　王寬弘、柯雨瑞，「美國1996年移民及國籍法」收容、遣返及司法審查制度之介紹，警學叢
　　刊，30卷5期，2000年，頁75。亦參考：鄭立民，美國對非法外國人之收容遣返及司法審查
　　入出境管理法制，警學叢刊，31卷1期，2000年，頁301-320。

11　「移民署為暫予收容處分、收容替代處分及強制驅逐出國處分時，應以受處分人理解之語文
　　作成書面通知，附記處分理由及不服處分提起救濟之方法、期間、受理機關等相關規定；並
　　應聯繫當事人原籍國駐華使領館、授權機構或通知其在臺指定之親友，至遲不得逾二十四小
　　時。」

12　林欣宜等，外籍勞工結核病診斷及遣返作業之回顧——以中部地區為例，疫情報導，29卷8
　　期，2013年，頁94。

受任律師及通譯，不得有下列行為：一、錄影、錄音或直播。二、拍攝詢問筆錄（第3項）。」基於人權保障，特別給予被處分人得享有之基本人權保障。

（六）本辦法第6條明定移民署得以例外限制律師在場或發言

「受任律師有足以影響現場秩序或程序進行之行為，經制止不聽，移民署得限制其行為或發言（第1項）。受任律師有下列行為之一者，移民署得禁止其在場：一、有事實足認其在場有危害國家安全或妨害國家機密之虞。二、故為矇蔽欺罔、偽造變造證據、教唆陳述不實或為其他刻意阻礙真實發現之行為。三、違反前條第三項或前項規定，情節重大（第2項）。」

（七）第7條明定強制（驅逐）已取得居留或永久居留許可之外國人逕行強制出國之審查會及其例外

第7條規定：「強制驅逐已取得居留或永久居留許可之外國人出國前，應召開審查會審查，於決議前，不執行強制驅逐出國。但有本法第三十六條第四項但書各款情形之一者，得不經審查會審查，逕行強制驅逐出國（第1項）。前項審查應考量家庭團聚權及未成年子女最佳利益等相關權益事項（第2項）。」本條明定針對已屬居留或永久居留身分之外國人之驅逐出國應先開審查及其例外情形。並進一步於本條明定審查應考量家庭團聚及未成年子女最佳利益等相關權益事項。

（八）本法修正新增第8條處分書之語文、內容及通知相關規定

1. 第1項：「移民署應以當事人理解之語文製作強制驅逐出國處分書，並載明下列事項：一、受強制驅逐出國處分人之姓名、性別、國籍、出生年月日、身分證明文件號碼及在臺灣地區住、居所。二、事實。三、強制驅逐出國之依據及理由。四、不服處分提起救濟之方法、期間及受理機關。」
2. 通知相關規定。第2項：「前項處分書應送交受強制驅逐出國處分人，並應聯繫當事人原籍國駐華使領館、授權機構或通知其在臺指定

之親友或律師，至遲不得逾二十四小時。」

（九）得暫緩強制驅逐出國之情形

第9條規定：「外國人受強制驅逐出國前，有下列情形之一者，得暫緩執行強制驅逐出國；於其原因消失後，由移民署執行強制驅逐出國：一、懷胎五個月以上或生產、流產未滿二個月。二、罹患疾病而強制驅逐其出國有生命危險之虞。三、罹患法定傳染病尚未治癒，因執行而顯有傳染他人之虞。四、未滿十八歲、衰老或身心障礙，無法獨自出國，亦無人協助出國。五、經司法機關、財稅機關或各權責機關依法律通知限制出國。六、其他在事實上認有暫緩執行強制驅逐出國之必要（第1項）。前項外國人，應由其本人及在臺灣地區設有戶籍國民、慈善團體或經移民署同意之人士，共立切結書，或請求其原籍國駐華使領館、授權機構協助，暫緩執行強制驅逐出國（第2項）。除以未滿十八歲原因經暫緩執行強制驅逐出國者外，外國人有第一項第一款至第四款得暫緩執行強制驅逐出國之情形者，並應檢附經中央衛生主管機關評鑑合格醫院開具之診斷證明；有第一項第六款之情形者，並應檢附經移民署認定之證明文件（第3項）。」按強制驅逐出國以「不停止執行」為原則，但除依以上暫緩強制驅逐出國者外，亦有因訴願或行政訴訟之救濟規定而停止執行者。[13]例如，依我國行政訴訟法第116條規定：「原處分或決定之執行，除法律另有規定外，不因提起行政訴訟而停止（第1項）。行政訴訟繫屬中，行政法院認為原處分或決定之執行，將發生難於回復之損害，且有急迫情事者，得依職權或依聲請裁定停止執行。但於公益有重大影響，或原告之訴在法律上顯無理由者，不得為之（第2項）。於行政訴訟起訴前，如原處分或決定之執行將發生難於回復之損害，且有急迫情事者，行政法院亦得依受處分人或訴願人之聲請，裁定停止執行。但於公益有重大影響者，不在此限（第3項）。」

---

13 許義寶，論驅逐出國處分之停止執行，警學叢刊，35卷6期，2005年，頁273-288。

（十）強制驅逐外國人出國之安全戒護與遣送原則

第10條規定：「移民署執行外國人之強制驅逐出國，應檢查受強制驅逐出國之外國人身體與攜帶之物及派員戒護至機場、港口，監視其出國，並將其證照或旅行文件交由機、船長或其授權人員保管。有抗拒出國或脫逃之虞者，移民署得派員護送至應遣送之國家或地區（第1項）。對受強制驅逐出國之外國人為身體檢查，應尊重其性別，並由適當之人員為之（第2項）。執行第一項外國人強制驅逐出國之目的地，以遣返當事人國籍所屬國家或地區為原則。但不能遣返至其所屬國家或地區者，得依當事人要求將其遣返至下列之一國家或地區：一、當事人持有效證照或旅行文件預定前往之第三國家或地區。二、當事人進入我國之前，持有效證照或旅行文件停留或居住之國家或地區。三、其他接受其進入之國家或地區（第3項）。」

（十一）戒護及監視出國之例外情形

第11條規定：「外國人有本法第三十六條第二項各款情形之一受強制驅逐出國，經依規定為收容替代處分者，於收容替代處分期間符合下列各款規定，得免依前條第一項規定戒護及監視其出國：一、定期至移民署指定之專勤隊報告生活動態。二、未擅離限制居住之指定處所逾二十四小時。三、定期於指定處所接受移民署訪視。四、無移民署人員於二十四小時內連續三次聯繫未回復紀錄。五、配合申請返國旅行證件。六、未從事違反法令之活動或工作（第1項）。前項外國人於收容替代處分期間未符合前項各款一部或全部規定，經移民署認有正當理由者，得免依前條第一項規定戒護及監視其出國（第2項）。外國人有違反其他法令規定、法律限制、禁止出國等情形或其他在事實上認應戒護及監視其出國者，不適用前項規定（第3項）。」因此，基於對受驅逐出國而能於收容替代處分期間表現良好者，原則上得以適度放寬其戒護及監視其出國之規定，但亦有相關例外情形之規定。

（十二）依法強制驅逐外國人出國之機（船）票費之支付規定

第12條規定：「依法強制驅逐外國人出國之機（船）票費，由其自行負擔；確無力支付者，由移民署編列預算支付。但其他法律另有規定者，從其規定。」因此，依法強制驅逐外國人出國之機（船）票費用由當事人支付為原則，另有例外由政府機關預算或其他方式支應。

參、綜論

入出國境之行為受該國法律規範，外國人進入一國之國境涉及國家主權之行使，其雖未享有憲法第10條人民享有居住遷徙自由所保障之入境基本權利，但立法者仍得基於國家政治社會經濟狀況，在合乎一般國際文明標準之原則下，以法律規定外國人入境之條件。外國人進入他國之國境之行為，除優先適用規範其個別事項之法律外，亦適用行政程序法之實體規定。本法第18條第1項既規定「外國人有下列情形之一者，移民署得禁止其入國」，即賦予外國人經由主管機關在符合一定要件下，裁量後始得不許其入境之權利，惟此裁量仍應受行政程序法所規定一般法律原則（如平等原則、比例原則）之拘束。主管機關依外國人有犯罪情事，行使外國人入境之裁量權，應依違法情節、違反次數及危害程度就個案分別為適當處分，且不得逾越必要之程度，以符合比例原則。[14]再者，外國人之驅逐出國處分亦有正當程序適用之必要，且除當事人自願離境外，外國人之驅逐出國原則上也應由司法決定，因人身自由乃憲法保留事項。[15]再者，雖本法第21條第4項規定：「前三項禁止出國之規定，於大陸地區人民、香港或澳門居民準用之。」然針對渠等之強制驅逐出境則另於「臺灣地區與大陸地區人民關係條例」第14條、第18條予以規定，並隨著兩岸關係發展而在驅逐（遣返）出境之

---

[14] 最高行政法院107年判字第366號判決。

[15] 廖元豪，正當程序的化外之民？——驅逐出境與收容，月旦法學教室，29期，2005年，頁12-13。

實務上予以調整相關作為。[16]

　　茲再就外國人之驅逐出國相關議題析論如下：

一、外國人之居留與國家主權

　　外國人之入國許可，即為「簽證」（Visa），係國家主權展現，簽證在意義上為一國之入境許可。依國際法一般原則，國家並無准許外國人入境之義務。目前國際社會中鮮有國家對外國人之入境毫無限制。各國為對來訪之外國人能先行審核過濾，確保入境者皆屬善意以及外國人所持證照真實有效且不致成為當地社會之負擔，乃有簽證制度之實施。[17]另一方面，本法第35條規定「外國人停留、居留及永久居留辦法，由主管機關定之」，因此，內政部乃依據上述規定訂定「外國人停留居留及永久居留辦法」以資適用，該辦法性質上屬於「法規命令」[18]，只要其目的、內容、範圍不逾越母法，對外仍具有拘束效力。又外國人持居留簽證入國後，應檢具下列文件及照片1張，向移民署申請居留，經許可者，發給外僑居留證：1.申請書；2.護照及居留簽證；3.其他證明文件。外國人持居留簽證入國後，欲申請居留者，自應檢具該條所規定之證明文件向相對人申請，其中該條訂有「其他證明文件」之要件，乃係為使相對人得因應不同申請居留事由之概括規定。基於合目的性原則，本法第29條規定：「外國人在我國停留、居留期間，不得從事與申請停留、居留目的不符之活動或工作。」又外國人欲至我國工作均應依法申請許可，始得為之。例如，就業服務法第43條、第48條前段規定：「除本法另有規定外，外國人未經雇主申請許可，不得在中華民國境內工作。」因此，雇主聘僱外國人許可及管理辦法第6條第

---

[16] 許恒達，評兩岸人犯遣返法制，萬國法律，198期，2014年，頁102-111。亦參考：陳文琪，兩岸刑事司法互助有關人員遣返的法制架構，月旦法學雜誌，209期，2012年，頁203-222。

[17] 簽證意義，外交部領事事務局網頁，https://www.boca.gov.tw/cp-237-3822-b12d4-1.html（瀏覽日期：2022.5.29）。

[18] 行政程序法第150條明定法規命令之定義：「本法所稱法規命令，係指行政機關基於法律授權，對多數不特定人民就一般事項所作抽象之對外發生法律效果之規定（第1項）。法規命令之內容應明列其法律授權之依據，並不得逾越法律授權之範圍與立法精神（第2項）。」

1項明定：「外國人受聘僱在中華民國境內從事工作，除本法或本辦法另有規定外，雇主應向中央主管機關申請許可。」[19]

二、禁止入國對象與管制入國

禁止入國處分具有構成要件效力，因該管制行為係國家主權之行使，並無行政程序法有關程序規定之適用[20]。依本法第38條及第38條之4所作成之暫予收容處分及續予收容、延長收容處分，係管制外國人出入國境之國家主權行使行為。另一方面，經查有部分不法外籍人士以透過與國人辦理結婚方式，而申請不予禁止入國或縮短管制期間，以達「假結婚、真打工」、「假結婚、真移民」之目的，復於取得國籍後，再引進母國相關親屬移民來臺，形成「衍生性移民」的特殊現象[21]。因此，避免此些不合目的性或甚至另圖非法移民途徑來臺從事違法工作或相關不法作為，乃有規範管制渠等入國之必要。

三、違法受罰後仍得依法驅逐出國或強制出境

外來人口進入一國之國境必須遵守該國之相關法律規範，乃世界各國之必然法則。例如，政府在國境安全管制上，主管機關與國安單位多會就各種可能的情況推演計畫或訂立管制措施，若有屬許可入境目的外之行為，例如在政治上面太過熱情而介入了本地的一些選舉活動，則我政府就會依照現行相關法律出面予以制止或依法處罰，甚至立即強制遣送出境。[22]又若外國人取得之聘僱許可處分經廢止後，衍生之法律責任，而令受處分人不得再於我國境內工作之決定，所直接發生之法律效果。所謂因此衍生之其他法律責任，如因聘僱許可處分經廢止，以致衍生違法居留，致受有罰鍰、收容、驅逐出國等處分之可能，乃涉及相關

---

[19] 最高行政法院100年裁字第254號行政裁定。

[20] 行政程序法第3條之事項除外。亦參考：臺灣地區與大陸地區人民關係條例依本條例第95條之3規定：「依本條例處理臺灣地區與大陸地區人民往來有關之事務，不適用行政程序法之規定。」

[21] 立法院第8屆第5會期第2次會議議案關係文書，2014年2月26日，頁860。

[22] 江宜樺部長發言，立法院公報，第100卷第71期委員會紀錄，頁196。

法令主管機關另爲認定事實及適用法律之權限，即難認爲係原處分所生之損害。[23]

　　我國移民行政機關針對外國人違法入境，得依法予以「驅逐出國」處分，其主要規範爲本法第36條之規定。例如，外國人有下列情形之一者，移民署「應」強制「驅逐出國」：1.違反第4條第1項規定，未經查驗入國；2.違反第19條第1項規定，未經許可臨時入國。外國人有下列情形之一者，移民署得強制「驅逐出國」，或得令其於10日內出國，逾限令出國期限仍未出國，移民署「得」強制「驅逐出國」。另一方面，「聯合國人權事務委員會」於1992年作成第20號一般性意見第9段揭櫫「不遣返原則」：「締約國不得透過引渡、驅逐或遣返手段使個人回到另一國時有可能遭到酷刑或殘忍、不人道或侮辱之處遇或懲罰。」申言之，「不遣返原則」於兩公約在我國施行後，具有國內法律之效力，且各級政府機關於行使其職權時，在法律之適用及解釋上，應力求合乎憲法及兩公約人權保障之意旨。[24]

　　本條探討相關「驅逐出國」處分之案例，因外來人口入國與居留，涉及國家主權與利益。對於不符合繼續居留之當事人者，主管機關依法得不予核准或撤銷其居留證，並限期予以「驅逐出國」。爲能有效執行「驅逐出國」，亦依法授權移民機關得依法「暫予收容」、「續予收容」或「延長收容」。然而，「驅逐出國」處分與執行常影響外來人口「家庭團聚權」與「工作權」等，仍宜符合憲法人權保障與相關國際人權原則，遵守法律及一般法律原則，而妥予認定適用，以使公益與私利達到良好衡平。

---

[23]　臺灣桃園地方法院106年度桃交簡字第5號刑事簡易判決判處有期徒刑二月確定，始爲相關廢止聘僱許可，令抗告人不得再於中華民國境內工作之決定。本件依抗告人之訴狀所載，抗告人於原審原處分之執行是否對其將發生難以回復之損害一節，主張若原處分不停止執行，勢必造成抗告人於刑事緩刑期滿前逾期在中華民國境內居留情形，恐有遭入出國主管機關依違反入出國及移民法第85條裁處罰鍰等語。最高行政法院107年裁字第59行政裁定。

[24]　翁燕菁，國門前的難民——不遣返原則與難民法，月旦法學雜誌，250期，2016年，頁158-170。

第37條（協助或提供調查資料）

移民署對臺灣地區無戶籍國民涉有第十五條第一項或外國人涉有前條第一項、第二項各款情形之一者，為調查之需，得請求有關機關、團體協助或提供必要之資料。被請求之機關、團體非有正當理由，不得拒絕。

監獄、技能訓練所、戒治所、少年輔育院及矯正學校，對於臺灣地區無戶籍國民或外國人，於執行完畢或其他理由釋放者，應通知移民署。

壹、導言

　　本法於1999年5月21日公布施行，為俾利執行外國人驅逐出國之業務，於本法第35條第1項「明定有關機關與團體應協助或提供調查資料，俾利發掘線索，蒐集事證」；此外，「監獄、技能訓練所，執行本法有關刑之處分，服刑期滿或其他理由釋放者，應通知主管機關，俾利執行驅逐出國」[25]。2007年底，本法進行第四次修正（該次修正於2008年8月1日施行），將該條項次變更，改置於第37條，並考量強制出國之對象未僅限於外國人，故於第1項中增訂對臺灣地區無戶籍國民之強制出國亦適用之。

　　針對移民署為調查前述情形所需，請求有關機關、團體協助或提供必要之資料，被要求之機關或團體不得拒絕；此外，考量須服刑、受保護處分或保安處分之臺灣地區無戶籍國民或外國人，依對象分別於監獄、技能訓練所、戒治所、少年輔育院及矯正學校執行，故增列戒治所、少年輔育院及矯正學校，於執行完畢或其他理由釋放者，應通知移民署，俾利執行驅逐出國[26]。時至2015年1月2日，配合行政組織改造，依據2014年12月26日行政院院臺規字第1030158355號公告，本法第37條所列屬「內政部入出國及移民署」之權責事項，改由「內政部移民

---

[25] 1999年5月21日公布施行之本法第35條立法理由參照。

[26] 2008年8月1日施行之本法第37條立法理由參照。

署」管轄。2015年第七次修正時，僅配合同法第36條之修正，調整原於本條第1項中援引之項次。2021年12月21日則將條文中「內政部入出國及移民署」之用語，一併修改為「內政部移民署」，並簡稱移民署，始呈現現行本法第37條之完整樣貌。

貳、內容解析

一、調查是否符合強制出國或驅逐出國之情形

考量強制出國或驅逐出國對於臺灣地區無戶籍國民及外國人權益影響甚鉅，例如外國人受強制驅逐出國處分，若有事實足認其有不願自行出國之虞，即可能遭移民署暫予收容[27]，故於作成強制出國或驅逐出國處分前，移民署自應依職權或當事人之申請，調查事實及證據，對當事人有利及不利事項皆應一律注意，釐清各該案件中，是否確實符合法律所明定強制出國或驅逐出國之要件。

關於強制出國或強制驅逐出國之法定要件，分別得見於本法第15條第1項（臺灣地區無戶籍國民之強制出國）及第36條第1項和第2項（外國人之強制驅逐出國）中：就臺灣地區無戶籍國民部分，其未經許可入國，或經許可入國但已逾停留、居留或限令出國之期限者，移民署得依據本法第15條第1項逕行強制其出國，並得限制其再入國。而針對強制驅逐外國人出國之情形，又區分為「應強制驅逐出國」（本法第36條第1項）及「得強制驅逐出國」（本法第36條第2項）之情形，前者就外國人違反第4條第1項規定，未經查驗入國，或違反第19條第1項規定，未經許可臨時入國，則移民署應即強制驅逐外國人出國；另外，本法第36條第2項下規定有9款移民署得強制驅逐外國人出國之情形，或亦得限令其於10日內出國，逾限令出國期限仍未出國，移民署得強制驅逐出國。

---

[27] 入出國及移民法第38條第1項參照。

　　強制臺灣地區無戶籍國民出國或驅逐外國人出國，對受處分之當事人，將造成極大的權利限制並帶來後續影響，移民署就此處分之作成，自應遵循正當行政程序之相關要求，例如本法第36條第4項中，「移民署依規定強制驅逐外國人出國前，應給予當事人陳述意見之機會」或「強制驅逐已取得居留或永久居留許可之外國人出國前，並應召開審查會」[28]等程序之踐行，即有重要意義。此等程序要求，於強制臺灣地區無戶籍國民出國之情形，亦準用之（本法第15條第6項）。而移民署作成處分時，應斟酌全部陳述與調查事實及證據之結果，就當事人有利及不利之情形一律注意，依論理及經驗法則判斷事實真偽，並應將其決定及理由告知當事人[29]。

二、請求協助或提供必要資料

　　移民署對於臺灣地區無戶籍國民是否有本法第15條第1項所定情形，以及外國人是否涉及本法第36條第1項、第2項各款之情形，應依職權進行行政調查。本法第37條第1項即為移民署於作成強制出國或驅逐出國處分前之調查程序中，請求其他機關、團體協助之法律上依據。行政機關為發揮共同一體之行政機能，應於其權限範圍內互相協助，此種職務協助，應由移民署扮演主動積極的角色，而被請求機關則以消極型態出現，輔助移民署執行其職務，以維護國家分官設職，各有執掌之分工體制，且其他機關、團體應僅就特定具體個案或事件提供協助，一旦該個案處理完畢，該協助應即告終，避免轉變成為長期例行之工作，而有違反管轄恆定原則之虞。

　　本法第37條第1項就職務協助僅規定移民署得請求有關機關、團體協助或提供必要之資料，對於協助之具體要件、程序並未明定，於此，行政程序法第19條作為一般職務協助之通則性規定，應可作為補充。

28　然而，本法第36條第4項亦於但書中訂定例外得不經審查會審查，逕行強制驅逐出國之情形，包括當事人以書面聲明放棄陳述意見或自願出國；經法院於裁判時併宣告驅逐出境確定；依其他法律規定應限令出國；有危害我國利益、公共安全或從事恐怖活動之虞，且情況急迫應即時處分。

29　行政程序法第9條及第43條參照。李震山，行政法導論，修訂12版，三民，2020年，頁496。

針對行政機關執行職務時，得向無隸屬關係之其他機關請求協助之情形，包括：

1. 因法律上之原因，不能獨自執行職務者。
2. 因人員、設備不足等事實上之原因，不能獨自執行職務者。
3. 執行職務所必要認定之事實，不能獨自調查者。
4. 執行職務所必要之文書或其他資料，為被請求機關所持有者。
5. 由被請求機關協助執行，顯較經濟者。
6. 其他職務上有正當理由須請求協助者。

　　基於職務協助之輔助性質，移民署本身若就是否具備強制出國或驅逐出國之要件，例如未經許可或未經查驗入國；逾期停留、居留，且未申請延期等情況，已有所掌握，自毋須於調查過程請求有關機關、團體協助或提供資料。然而，若事實情況錯綜複雜，或涉及事項非由移民署管轄，若將釐清事實之責交由移民署獨自承擔，恐亦非合理，例如外國人是否在我國或外國有犯罪紀錄、是否患有足以妨害公共衛生之傳染病、是否有從事恐怖活動之虞等，可能須由警察機關、傳染病防治主管機關或情報機關提供相關資料或協助調查，方得判斷。惟應注意者為，移民署於此所進行之調查，因係以特定臺灣地區無戶籍國民或外國人為對象，當涉及蒐集、處理或利用其個人資料，尤其涉及性質較為敏感之特殊種類個人資料時，應同時遵守個人資料保護法之相關規範，限於達成目的必要範圍內，以尊重當事人資訊隱私權之方式為之。

　　職務協助之請求，除緊急情形外，應以書面為之（行政程序法第19條第3項），以求權責明確，亦有助於避免職務協助遭到濫用，請求書中應載明包括理由、目的及法令依據等。對於職務協助之請求，被請求機關有審核之權，其應拒絕之情形有二：其一係當請求協助之行為，非被請求機關權限範圍或依法不得為之；其二則為如提供協助，將嚴重妨害其自身職務之執行時，被請求機關均應拒絕提供協助（行政程序法第19條第4項），例如請求協助之事項並非屬其土地管轄之範圍，或其依法應保密之文書，自無法提供或答覆查詢。另外，被請求機關於個案中亦得依「合義務性裁量」決定是否拒絕職務協助，若其認有正當理由

不能協助者，得拒絕之（行政程序法第19條第5項），本法第37條第1項之規定：「被請求之機關、團體非有正當理由，不得拒絕。」同此意旨。

被請求機關認為無提供行政協助之義務或有拒絕之事由時，應將其理由通知請求協助機關，請求協助機關對此有異議時，由其共同上級機關決定之，無共同上級機關時，由被請求機關之上級機關決定之（行政程序法第19條第6項）[30]。一旦提供協助，被請求機關得向請求機關，即移民署，要求負擔行政協助所需費用。其負擔金額及支付方式，由請求協助機關與移民署以協議定之；協議不成時，由其共同上級機關定之（行政程序法第19條第7項）。

行政程序法第19條係規範無隸屬關係行政機關間之協助，若移民署請求提供協助者，並非行政機關，而屬民間團體、機構，即無適用之餘地。但行政機關基於調查事實及證據之必要，仍得要求第三人提供必要之文書、資料或物品（行政程序法第40條參照），亦得以書面通知相關之人陳述意見（行政程序法第39條參照），非屬行政機關之團體、機構，針對此類調查程序，若認有不提供資料之正當理由，例如移民署要求其提供之資料，涉及其依法應保密或限制、禁止公開之事項，則應向移民署為適度釋明。另外，請求提供資料之程序，得於性質相符之範圍內，適度準用行政程序法中關於調查事實及證據之相關規定，其應有助於調查程序法制化，亦較有所依循。

三、通知義務

本法第37條第2項就臺灣地區無戶籍國民或外國人經監獄、技能訓練所、戒治所、少年輔育院及矯正學校因執行完畢或因其他理由釋放時，課以監獄、技能訓練所、戒治所、少年輔育院及矯正學校應通知移民署之義務。由於臺灣地區無戶籍國民或外國人若依法須服刑、受保護處分或保安處分，或受其他人身自由之限制時，移民署事實上並無法執

---

[30] 關於職務協助，請參考李震山，行政法導論，修訂12版，三民，2020年，頁93-96。

行強制出國或驅逐出國之處分，故本法第36條第3項後段排除經依法羈押、拘提、管收或限制出國者，由移民署強制驅逐出國之規定[31]，即為適例。一旦相關機關（構）解除臺灣地區無戶籍國民或外國人所受人身自由限制後，應即通知移民署，以利其接續執行強制出國或驅逐出國。

參、綜論

移民署請求提供協助或資料之對象，若為行政機關，則因行政程序法第19條就職務協助之程序有明文規範，被請求機關自應受其拘束；但若被請求之對象係民間團體，由於本法針對違反本條「被請求之機關、團體非有正當理由，不得拒絕」規定之違反，並未訂有相應之處罰規定，因此可能降低民間團體配合之意願或效率[32]。本法第37條第2項課以相關機關（構）通知義務之規定，亦可能面臨類似問題，但此一問題應可藉由科技之輔助，獲得改善：例如透過建立可連線之資訊系統，將位於監獄、技能訓練所、戒治所、少年輔育院及矯正學校中之臺灣地區無戶籍國民或外國人，且受有強制出國或驅逐出國處分者，其釋放時間之資訊，授予移民署部分之查閱權限，並設定自動化之提示功能，應可解決資訊傳遞落差並提升效率。但資訊系統之建置與運作，因涉及個人資料之利用，故自應同時遵循個人資料保護法之相關規範，提供適當組織與程序，確保資料之安全維護[33]。

---

[31] 本法第36條第3項：「移民署於知悉前二項外國人涉有刑事案件已進入司法程序者，於強制驅逐出國十日前，應通知司法機關。該等外國人除經依法羈押、拘提、管收或限制出國者外，移民署得強制驅逐出國或限令出國。」另外，關於臺灣地區無戶籍國民之強制出國，依據本法第15條第6項規定，準用同法第36條第3項對於外國人強制驅逐出國之規定。

[32] 楊翹楚，移民法規，元照，2019年，頁119。

[33] 個人資料保護法第18條規定：「公務機關保有個人資料檔案者，應指定專人辦理安全維護事項，防止個人資料被竊取、竄改、毀損、滅失或洩漏。」而依據個人資料保護法施行細則第12條，「安全維護事項」係指公務機關為防止個人資料被竊取、竄改、毀損、滅失或洩漏，採取技術上及組織上之措施，其得包括下列事項，並以與所欲達成之個人資料保護目的間，具有適當比例為原則：配置管理之人員及相當資源；界定個人資料之範圍；個人資料之風險評估及管理機制；事故之預防、通報及應變機制；個人資料蒐集、處理及利用之內部管理程序；資料安全管理及人員管理；認知宣導及教育訓練；設備安全管理；資料安全稽核機制；

第38條（暫予收容之對象、期限及不暫予收容之處理）

外國人受強制驅逐出國處分，有下列情形之一，且非予收容顯難強制驅逐出國者，移民署得暫予收容，期間自暫予收容時起最長不得逾十五日，且應於暫予收容處分作成前，給予當事人陳述意見機會：

一、無相關旅行證件，不能依規定執行。

二、有事實足認有行方不明、逃逸或不願自行出國之虞。

三、受外國政府通緝。

移民署經依前項規定給予當事人陳述意見機會後，認有前項各款情形之一，而以不暫予收容為宜，得命其覓尋居住臺灣地區設有戶籍國民、慈善團體、非政府組織或其本國駐華使領館、辦事處或授權機構之人員具保或指定繳納相當金額之保證金，並遵守下列事項之一部或全部等收容替代處分，以保全強制驅逐出國之執行：

一、定期至移民署指定之專勤隊報告生活動態。

二、限制居住於指定處所。

三、定期於指定處所接受訪視。

四、提供可隨時聯繫之聯絡方式、電話，於移民署人員聯繫時，應立即回覆。

五、配合申請返國旅行證件。

六、不得從事違反法令之活動或工作。

依前項規定得不暫予收容之外國人，如違反收容替代處分者，移民署得沒入其依前項規定繳納之保證金。

壹、導言

　　收容被作為保全強制驅逐出國處分之手段，對驅逐外國人之收容亦將限制或剝奪其基本權利，特別是受收容人之人身自由權利。司法院釋字第708號解釋文強調舊移民法規定之暫予收容有違憲法第8條第1項保障人民身體自由意旨之二項重點為：「（一）其因遣送所需合理作業期間之暫時收容部分，未賦予受暫時收容人即時之司法救濟；（二）又逾

使用紀錄、軌跡資料及證據保存；個人資料安全維護之整體持續改善。

越上開暫時收容期間之收容部分，非由法院審查決定。」[34]外國人之人身自由權理論上與本國人受同等對待，但在實務上落差甚鉅，直至司法院釋字第708號及第710號解釋，才大有改觀。[35]司法院釋字第708號解釋理由書指出：「所稱之『收容』，雖與刑事羈押或處罰之性質不同，但仍係於一定期間拘束受收容外國人於一定處所，使其與外界隔離（入出國及移民法第三十八條第二項及『外國人收容管理規則』參照），亦屬剝奪人身自由之一種態樣，係嚴重干預人民身體自由之強制處分（本院釋字第三九二號解釋參照），依憲法第八條第一項規定意旨，自須踐行必要之司法程序或其他正當法律程序。惟刑事被告與非刑事被告之人身自由限制，在目的、方式與程度上畢竟有其差異，是其踐行之司法程序或其他正當法律程序，自非均須同一不可（本院釋字第五八八號解釋參照）。」因此，該號解釋意旨乃就外國人民受驅逐前由移民署為「暫予收容」處分，未有即時司法救濟，以及逾越暫時收容期間之收容，非由法院審查決定等議題，宣告部分本法之條文違憲，限期兩年失效。因此，本條乃於2015年2月4日修正，並新增第38條之1至第38條之9之相關條文，以因應大法官該號解釋之人權要求。

　　按司法院釋字第708號解釋理由書：「人民身體自由享有充分保障，乃行使其憲法上所保障其他自由權利之前提，為重要之基本人權。故憲法第八條第一項即明示：『人民身體之自由應予保障。除現行犯之逮捕由法律另定外，非經司法或警察機關依法定程序，不得逮捕拘禁。非由法院依法定程序，不得審問處罰。非依法定程序之逮捕、拘禁、審問、處罰，得拒絕之。』是國家剝奪或限制人民身體自由之處置，不問其是否屬於刑事被告之身分，除須有法律之依據外，尚應踐行必要之司法程序或其他正當法律程序，始符合上開憲法之意旨。又人身自由係基本人權，為人類一切自由、權利之根本，任何人不分國籍均應受保障，此為現代法治國家共同之準則。故我國憲法第八條關於人身自由之保障亦應及於外國人，使與本國人同受保障。」綜上，可以得出下列重要原

────────────
[34] 司法院釋字第708號解釋文，解釋日期：2013年2月6日。
[35] 李震山，論外國人之憲法權利，人性尊嚴與人權保障，增訂5版，元照，2020年，頁445。

則以供移民行政遵循：1.憲法第8條之憲法保留條款及於外國人；2.外國人人身自由保障應適用法官保留原則，此亦爲後來修法之依據；3.在未有釋字第708號解釋文生效之前，法定移民署得以行政處分收容外國人違反憲法保留原則[36]。然而，人權團體對於我國移民主管機關因應司法院釋字第708號解釋所做的修法內容與實務作爲，雖肯認有其保障被收容人人權之成效，但認仍存在移民人權之改善空間。[37]另一方面，國家之入出境管理涉有依法應負出境義務者於遭強制驅逐出國之前，然常有不願自行出境或無法期待其等自行出境時，驅逐前之強制收容遂成爲確保強制驅逐出國處分的執行與督促負出境義務者履行義務的重要手段之一，是強制收容固有其執法目的上之正當性，惟其所涉及者爲憲法保障之基本權利中最爲重要的人身自由，應有法官之令狀保留之適用，此爲司法院大法官所肯認。

因此，本條歷經多次修正，尤其最主要的一次修正係2015年2月4日總統華總一義字第10400013351號令公布修正本條，並於公布隔日即生效施行。此係配合2013年司法院釋字第708號解釋意旨，因該號解釋文指出：「中華民國九十六年十二月二十六日修正公布之入出國及移民法第三十八條第一項：『外國人有下列情形之一者，入出國及移民署得暫予收容……』（即100年11月23日修正公布同條項：『外國人有下列情形之一，……入出國及移民署得暫予收容……』）之規定，其因遣送所需合理作業期間之暫時收容部分，未賦予受暫時收容人即時之司法救濟；又逾越上開暫時收容期間之收容部分，非由法院審查決定，均有違憲法第八條第一項保障人民身體自由之意旨，應自本解釋公布之日起，至遲於屆滿二年時，失其效力。」除了本條配合該號解釋意旨做了收容

36　許義寶，外國人之收容概說，移民法規論，初版1刷，新學林，2021年，頁137-140。

37　我國透過大法官的釋字，及二公約審查的結論性意見，「移民法」關於「收容」的條文也增加了收容上限天數，及強調「替代收容」的做法，並提供被收容人得以有申請「提審」的權利，由法官來決定「收容」是否合理，同時也加入了禁止「兒童被收容」在外國人收容所的條文。透過這些救濟管道，來自「外國人收容所」的申訴電話，才逐漸減少。但尋求庇護者、難民、無國籍仍未被視爲「不需要收容」的對象，當政府無法決定是否遣返，卻又不斷「收容」這些個案於「外國人收容所」中，仍是侵害者些人的人身自由。參考：台灣人權促進會網站，https://www.tahr.org.tw/issues/Immigration/shelter（瀏覽日期：2022.4.28.）。

之原則修正外，並大幅增訂後述第38條之1至第38條之9的條文，以為配套。本條又分別於2015年2月4日及2022年1月12日經兩次修正。本條之立法理由如下：

一、收容之目的在能儘速將被收容之外國人順利遣送出國，是一暫時性措施，爰將原條文第1項序文之「強制收容」修正為「暫予收容」，另為節省政府執行收容之行政成本支出，爰增列「並得令其從事勞務」等文字。

二、有關本法收容之目的，係為確保能將外國人順利遣送出國，倘有暫予保護之必要，應視情況依行政執行法有關對人之管束規定為之，爰將原條文第1項第4款「保護」修正為「收容」。

三、入出國及移民業務由入出國及移民署辦理，爰配合修正原條文第3項、第4項相關文字。

四、有關原條文第2項規定每次收容期間為15日，而實際上大部分案例並無法於該期間內遣送出境，故參照外國法例訂定60日為上限，如仍無法於該期間內完成遣送出國者，基於收容目的之考量，得延長收容至遣送出國為止，爰修正原條文第2項規定。

五、收容為行政處分，並未進入刑事訴訟程序，是無所謂辯護人或保證人制度，爰刪除原條文第3項辯護人與保證人得提出異議之規定。

六、外國人無法遣送之情況，並不限於現行條文第1項第1款。另為配合行政程序法之規定，爰修正現行條文第4項。

七、為保障人權，爰納入折抵刑期之相關規定，以解決現行涉及刑案之外國人受收容期間折抵刑期問題，增訂修正條文第5項及第6項。

本條於2023年6月28日總統華總一義字第11200054171號令修正公布，並於2023年12月6日行政院院臺法字第1121043343號令發布，定自2024年3月1日施行。本條修正係配合修正條文第38條之7增訂第2項規定，爰修正第2項規定，新增依第38條之7第2項，新增二款，分別為：「五、配合申請返國旅行證件。六、不得從事違反法令之活動或工作。」其修正理由主要如下：

（一）受收容替代處分者趁機再次失聯或違反第二項應遵守事項之

現象日益頻繁，尤其高風險之受收容替代處分者（包含非法入境、從事性交易及涉刑事案件者），其逃避強制驅逐出國，並隱藏於我國社會，除使先前之查緝徒勞無功、耗費資源外，於失聯滯臺期間，亦可能從事打黑工或暴力討債、擄人勒贖、性交易、持有毒品及槍枝等違法活動，再次衍生社會治安及國家安全隱憂。又因是類對象在我國無合法身分，故無法利用全民健康保險等醫療資源，係「染疫高風險族群」，倘再次失聯流竄，尤其躲藏於醫療院所從事看護工作，亦恐引發醫院及社區感染，而造成防疫破口。

（二）另依實務現況，受收容人為特定國籍者，因其母國在我國無使（領）館或辦事（代表）處，致身分查證不易，難以於法定收容期間上限內，申請返國旅行證件，致須於法定收容期間屆至前，為收容替代處分。當事人於收容替代處分期間，有恃無恐，為求長期滯留於我國，而消極不配合申請返國旅行證件者，所在多有；且各國申請返國旅行證件之手續及時程不一，為使是類外國人士配合申請返國旅行證件及其後續補正程序，以確實取得該證件，俾執行強制驅逐出國，爰增訂第五款規定。

（三）又為防杜受收容替代處分者再次失聯，並滯臺從事打黑工或其他違法活動，以維護我國衛生醫療體系、社會治安及國家安全，並達保全強制驅逐受收容人出國之目的，爰增訂第六款規定。

貳、內容解析

基於外國人收容涉及被收容人之人身自由保障，故應有法律保留及比例原則等之適用。本條有鑑於移民署過去針對違法外國人之驅逐出國是否予以收容，並未有明確性之法律規定，而遭監察院糾正[38]在案

---

[38] 參閱監察院2012年2月10日公告其101內正0003號糾正案文，有關沈美真與楊美鈴委員針對外國人收容」提出糾正案文中之糾正案由略以：「內政部入出國及移民署對於違反入出國及移民法之外國人主動投案且有意願自行出國者，是否得予收容，或以不收容為原則，並無訂定

外，亦配合司法院釋字第708號解釋意旨，亦故此次特別配合修正本條之內容。因此，我國乃明定「入出國及移民法」、「外國人收容管理規則」、「內政部移民署收容管理手冊」、「內政部移民署大型收容所執行收容管理標準作業流程彙編」等法令，以為依據。司法院釋字第708號解釋理由書指出：「查外國人並無自由進入我國國境之權利，而入出國及移民署依系爭規定收容外國人之目的，在儘速將外國人遣送出國，非為逮捕拘禁犯罪嫌疑人，則在該外國人可立即於短期間內迅速遣送出國之情形下，入出國及移民署自須有合理之作業期間，以利執行遣送事宜，例如代為洽購機票、申辦護照及旅行文件、聯繫相關機構協助或其他應辦事項，乃遣送出國過程本質上所必要。因此，從整體法秩序為價值判斷，系爭規定賦予該署合理之遣送作業期間，且於此短暫期間內得處分暫時收容該外國人，以防範其脫逃，俾能迅速將該外國人遣送出國，當屬合理、必要，亦屬國家主權之行使，並不違反憲法第八條第一項保障人身自由之意旨，是此暫時收容之處分部分，尚無須經由法院為之。」因此，移民署基於上述之「合理之遣送作業期間」之必要，乃於2015年修法因應此號解釋而配合修正本條內容。本條立法目的旨在針對暫予收容之對象、期限及不暫予收容之處理明定其授權，內容凡三項，茲分析如下：

一、暫予收容處分之實體與程序要件及其期限

　　本條第1項明定：「外國人受強制驅逐出國處分，有下列情形之一，且非予收容顯難強制驅逐出國者，移民署得暫予收容，期間自暫予收容時起最長不得逾十五日，且應於暫予收容處分作成前，給予當事人陳述意見機會：一、無相關旅行證件，不能依規定執行。二、有事實足認有行方不明、逃逸或不願自行出國之虞。三、受外國政府通緝。」依就本項分別列述其規範重點如下：

具體明確之規範，均有疏失。」https://www.cy.gov.tw/CyBsBoxContent.aspx?n=133&s=3526（瀏覽日期：2022.5.20）。

（一）暫予收容之實體要件

1.非予收容顯難強制驅逐出國之外國人為前提；2.需符合下列情形之一者：(1)無相關旅行證件，不能依規定執行。此係考量到事實不能之情形，因無依規定應備之旅行證件者，無法強制遣送其出國；(2)有事實足認有行方不明、逃逸或不願自行出國之虞。此乃考量該違法外國人可能於等待被遣送出國期間逃跑或其他造成無法達到強制驅逐其出國之情形時；(3)受外國政府通緝。此款係因受外國政府通緝，而非本國政府通緝之人，故非予以羈押，而基於平等互惠或司法互助之必要，乃採取行政上之暫予收容之方式為之。有關上述法定各款情形作為外國人收容之要件，是否符合其必要且合理正當性，應尚有探討空間，亦曾有許多論著予以研析[39]，值得參考。

（二）暫予收容之程序要件

本項明定「應於暫予收容處分作成前，給予當事人陳述意見機會。」此乃「程序上的正當法律程序」（Procedural Due Process of Law）之核心，使受處分人得以說清楚講明白，既符合行政行為明確性原則，亦重視人性尊嚴。再者，依本法第38條之2規定，對暫予收容處分不服者，法定人員得於受收容人收受收容處分書後暫予收容期間內，以言詞或書面敘明理由，向移民署提出收容異議，該條明定受收容人或其相關人對暫予收容處分不服之處理。

（三）暫予收容之期限

「移民署得暫予收容，期間自暫予收容時起最長不得逾十五日」。此規定明確授予「移民署」作為得行使暫予收容之行政機關，屬於「行政保留」，而非受憲法第8條「憲法保留」規定剝奪人身自由應符合「法官保留」原則之要求，此係鮮見之案例，應係大法官考量驅逐外國

---

39 廖元豪，不夠司法，又太過司法——移民收容程序之檢討，依法行政考核與風險治理／行政效能與組織變革／管制與行政法上之舉發，元照，2012年，頁294-297。林超駿、陳長文，論待遣送外國人合憲收容要件——預防性拘禁觀點，政大法學評論，125期，2012年，頁209-210。陳鏡華、陳育晏，外國人收容之法律研究，警大法學論集，20期，2011年，頁65-66。

人出國平均所需時間及國境執法特殊性所為之衡平。

再參諸司法院釋字第708號解釋理由書第1段略以：「至於因執行遣送作業所需暫時收容之期間長短，則應由立法者斟酌行政作業所需時程及上述遣送前應行處理之事項等實際需要而以法律定之。」查本段解釋理寓有「司法謙抑」（Judicial Restraint）原則，此認係大法官考量移民執法實務上之「行政需求」而應交由「立法裁量」運用，並要符合「法律保留原則」，可謂大法官堅守「權力分立」（Separation of Powers）與「制衡」（Checking and Balancing）之憲政界限原則；然本解釋理由隨之話鋒一轉接著但書略以：「惟考量暫時收容期間不宜過長，避免過度干預受暫時收容人之人身自由，並衡酌入出國及移民署現行作業實務，約百分之七十之受收容人可於十五日內遣送出國（入出國及移民署一〇二年一月九日移署專一蓮字第一〇二〇〇一一四五七號函參照）等情，是得由該署處分暫時收容之期間，其上限不得超過十五日。」由此段理由內容觀察，大法官似乎用心良苦參考與斟酌行政實務上之執行實際呈現之數據及必要性，直接於本解釋明定15日為行政保留之期限，而超過此期限之部分，則應適用「憲法保留」之「法官保留原則」。此解釋方式，卻一反前述之司法謙抑，而採「司法積極」（Judicial Activism）主義[40]及「法官造法」（Judge Made Law）。因而論者即有不同之看法[41]，例如，參考李震山大法官於本號「部分協同部分不同意見書」即指出：「惟本件解釋續以造法方式，另就『未對暫時收容表示不服之受收容人』部分，賦予內政部入出國及移民署有因遣送作業所需『至長十五天』暫時收容的所謂『合理作業期間』，於該期

---

[40] 蘇永欽，從體系功能的角度看大法官的規範違憲審查——走向適切回應社會變遷的司法積極主義，司法違憲審查與憲法，元照，2021年3月，頁3-97。

[41] 李震山大法官於司法院釋字第708號解釋之「部分協同部分不同意見書」分別指出：「除予人挑戰、鬆動而蛀蝕人身自由剝奪應由法院『立即、迅速或不可遲延』介入的『二十四小時』憲法核心理念的疑慮外，並無助於增進行政效能與減輕司法負擔，恐難逃畫蛇添足、治絲益棼之評價。」「其刻意規避憲法第八條所明示之『二十四小時』誡命，自行創造的『合理作業期間』，保障程度上甚至比某些立法還低，堂而皇之將十五日寫入必須修憲或再次釋憲始可能變更的本院解釋之內，滯化未來法制進步的空間，確實令人不安。」「至於『合理作業期間』實際執行後，是否有助於提昇行政效能或減輕司法負擔，還是可能如同打開潘朵拉的盒子，使合憲性問題之質疑接踵而至，則有待觀察。」

間屆滿前，若仍無法執行遣送出國完畢，應將受暫時收容人移送法院聲請裁定，始能『續予收容』；嗣後如依法有延長收容之必要者，亦同。就該『合理作業期間』部分，本席認為隱藏諸多可能紊亂憲法保障人身自由價值的問題，歉難贊同，爰提此意見書。」此人權保障之的論，亦發人深省。

二、不暫予收容之處理：此又可稱之為「收容替代處分」

本條第2項明定：「移民署經依前項規定給予當事人陳述意見機會後，認有前項各款情形之一，而以不暫予收容為宜，得命其覓尋居住臺灣地區設有戶籍國民、慈善團體、非政府組織或其本國駐華使領館、辦事處或授權機構之人員具保或指定繳納相當金額之保證金，並遵守下列事項之一部或全部等收容替代處分，以保全強制驅逐出國之執行：一、定期至移民署指定之專勤隊報告生活動態。二、限制居住於指定處所。三、定期於指定處所接受訪視。四、提供可隨時聯繫之聯絡方式、電話，於移民署人員聯繫時，應立即回覆。」本項之規範重點分述如下：

（一）移民署為「收容替代處分」之決定機關。

（二）前提係不暫予收容為宜。

（三）具保或指定繳納相當金額之保證金：移民署得命受驅逐出國處分之外國人覓尋居住臺灣地區設有戶籍國民、慈善團體、非政府組織或其本國駐華使領館、辦事處或授權機構之人員為之。

（四）應遵守之收容替代處分：移民署得命受驅逐出國之外國人遵守下列事項之一部或全部等收容替代處分：1.定期至移民署指定之專勤隊報告生活動態；2.限制居住於指定處所；3.定期於指定處所接受訪視；4.提供可隨時聯繫之聯絡方式、電話，於移民署人員聯繫時，應立即回覆。以上規定之主要目的在易於管理聯繫，以為保全強制驅逐出國之執行。

本條第2項於2023年6月28日總統華總一義字第11200054171號令修正公布，並於2023年12月6日行政院院臺法字第1121043343號令發布，定自2024年3月1日施行。修正內容新增本條項第5款「五、配合申

請返國旅行證件」及第6款「六、不得從事違反法令之活動或工作」。
其修正理由說明如下：

（一）受收容替代處分者趁機再次失聯或違反第2項應遵守事項之
現象日益頻繁，尤其高風險之受收容替代處分者（包含非法入境、從事
性交易及涉刑事案件者），其逃避強制驅逐出國，並隱藏於我國社會，
除使先前之查緝徒勞無功、耗費資源外，於失聯滯臺期間，亦可能從事
打黑工或暴力討債、擄人勒贖、性交易、持有毒品及槍枝等違法活動，
再次衍生社會治安及國家安全隱憂。又因是類對象在我國無合法身分，
故無法利用全民健康保險等醫療資源，係「染疫高風險族群」，倘再次
失聯流竄，尤其躲藏於醫療院所從事看護工作，亦恐引發醫院及社區感
染，而造成防疫破口。

（二）另依實務現況，受收容人為特定國籍者，因其母國在我國無
使（領）館或辦事（代表）處，致身分查證不易，難以於法定收容期間
上限內，申請返國旅行證件，致須於法定收容期間屆至前，為收容替代
處分。當事人於收容替代處分期間，有恃無恐，為求長期滯留於我國，
而消極不配合申請返國旅行證件者，所在多有；且各國申請返國旅行證
件之手續及時程不一，為使是類外國人士配合申請返國旅行證件及其後
續補正程序，以確實取得該證件，俾執行強制驅逐出國，爰增訂第5款
規定。

（三）又為防杜受收容替代處分者再次失聯，並滯臺從事打黑工或
其他違法活動，以維護我國衛生醫療體系、社會治安及國家安全，並達
保全強制驅逐受收容人出國之目的，爰增訂第6款規定。

三、違反收容替代處分得沒入其繳納之保證金

本條第3項明定：「依前項規定得不暫予收容之外國人，如違反收
容替代處分者，移民署得沒入其依前項規定繳納之保證金。」

參、綜論

　　司法院釋字第708號解釋理由書第1段略以：「惟刑事被告與非刑事被告之人身自由限制，在目的、方式與程度上畢竟有其差異，是其踐行之司法程序或其他正當法律程序，自非均須同一不可（本院釋字第五八八號解釋參照）（合理差別待遇）。查外國人並無自由進入我國國境之權利（國境管制之必要性，外國人無自由入境權），而入出國及移民署依系爭規定收容外國人之目的，在儘速將外國人遣送出國，非為逮捕拘禁犯罪嫌疑人，則在該外國人可立即於短期間內迅速遣送出國之情形下，入出國及移民署自須有合理之作業期間，以利執行遣送事宜，例如代為洽購機票、申辦護照及旅行文件、聯繫相關機構協助或其他應辦事項，乃遣送出國過程本質上所必要。因此，從整體法秩序為價值判斷，系爭規定賦予該署合理之遣送作業期間，且於此短暫期間內得處分暫時收容該外國人，以防範其脫逃，俾能迅速將該外國人遣送出國，當屬合理、必要，亦屬國家主權之行使，並不違反憲法第八條第一項保障人身自由之意旨，是此暫時收容之處分部分，尚無須經由法院為之。」此段乃司法院大法官有鑑於行政實務上對違法外國人驅逐出國前之保全，以利屆時順利完成驅逐任務之必要，而賦予移民署之遣返作業期間，認為以15日暫時收容處分尚無需經由法院為之，係合理且必要之行政收容處分。

　　然而，驅逐外國人之收容，影響被收容人之基本權利甚鉅[42]，尤其人身自由全受到限制或剝奪，應受法律保留、法官保留及比例原則等之拘束。[43]外國人被收容的過程中會難免面臨許多基本權利的干預及影響，而在收容之前多已有一個強制驅逐出境的處分，收容被作為保全強制驅逐出境處分目的的手段，在此一手段之下首當其衝的當屬人身自

---

[42] 李震山，從憲法保障基本權利之觀點論大陸地區人民之收容與遣返——以臺灣地區與大陸地區人民關係條例第18條為中心，警察法學，5期，2006年，頁117-165。

[43] 簡建章，非法大陸地區人民收容及強制出境之法律分析——「臺灣地區與大陸地區人民關係條例」第18條以論，國境警察學報，4期，2005年，頁130。

由，而後依照其制度設計連帶的權利救濟請求權、工作權或是家庭權，也可能因此而受到程度不一的影響。[44]按世界各國之移民法制多授權主管機關有將外國人驅逐出境及驅逐前的暫時予以強制收容處分之規定，我國移民法及兩岸關係條例亦有此兩種處分。[45]這兩個法律，均授權行政機關，得單方逕行決定並執行驅逐與收容處分，事前無須經司法裁決，甚至不適用行政程序法最基本的程序保障。司法院釋字第708號解釋意旨：「本法第三十八條規定授權入出國及移民署對受驅逐出國之外國人得以行政處分暫予收容，其中就遣送所需合理作業期間之暫時收容部分，固非憲法所不許，惟對受收容人必要之保障，雖於一〇〇年十一月二十三日已修正增訂入出國及移民法第三十八條第八項，規定收容之處分應以當事人理解之語文作成書面通知，附記處分理由及不服處分提起救濟之方法、期間、受理機關等相關規定，並聯繫當事人原籍國駐華使領館或授權機構，但仍未賦予受暫時收容人即時有效之司法救濟，難認已充分保障受收容人之基本人權，自與憲法第八條第一項正當法律程序有違；又逾越上開暫時收容期間之收容部分，系爭規定由入出國及移民署逕為處分，非由法院審查決定，亦牴觸上開憲法規定保障人身自由之意旨。」參照司法院釋字第708號解釋理由書[46]，可以歸納出下列有關外國人收容與人權保障之重要原則如下：

一、非刑事羈押之人身自由剝奪亦應遵守憲法保留原則：「入出國及移民法第三十八條規定稱之『收容』，雖與刑事羈押或處罰之性質不同，但仍係於一定期間拘束受收容外國人於一定處所，使其與外界隔離，亦屬剝奪人身自由之一種態樣，係嚴重干預人民身體自由之強制處分，依憲法第八條第一項規定意旨，自須踐行必要之司法程序或其他正

[44] 王寶明，外國人人身自由保障之研究──以強制收容為中心，東海大學法律學研究所碩士論文，2015年，頁51。

[45] 大陸地區人民雖非定位為外國人，我國則另於憲法增修條文第11條另定法律規範，因而在「臺灣地區與大陸地區人民關係條例」中，亦有強制出境（不稱之為「驅逐出國」）與收容之處分。廖元豪，正當程序的化外之民？──驅逐出境與收容，月旦法學教室，29期，2005年，頁12-13。

[46] 釋字第708號受驅逐出國外國人之收容案，https://cons.judicial.gov.tw/docdata.aspx?fid=100&id=310889（瀏覽日期：2022.5.2）。

當法律程序。」

二、刑事被告與非刑事被告之人身自由限制得適用「不等，不等之」平等原則：該號解釋理由書指出：「刑事被告與非刑事被告之人身自由限制，在目的、方式與程度上畢竟有其差異，是其踐行之司法程序或其他正當法律程序，自非均須同一不可。」

三、收容外國人之目的在儘速將外國人遣送出國：「查外國人並無自由進入我國國境之權利，而入出國及移民署依系爭規定收容外國人之目的，在儘速將外國人遣送出國，非為逮捕拘禁犯罪嫌疑人。」

四、遣送違法外國人出國需合理作業期間之暫時收容尚無須法官保留：「在該外國人可立即於短期間內迅速遣送出國之情形下，入出國及移民署自須有合理之作業期間，以利執行遣送事宜，例如代為洽購機票、申辦護照及旅行文件、聯繫相關機構協助或其他應辦事項，乃遣送出國過程本質上所必要。因此，從整體法秩序為價值判斷，系爭規定賦予該署合理之遣送作業期間，且於此短暫期間內得處分暫時收容該外國人，以防範其脫逃，俾能迅速將該外國人遣送出國，當屬合理、必要，亦屬國家主權之行使，並不違反憲法第八條第一項保障人身自由之意旨，是此暫時收容之處分部分，尚無須經由法院為之。」

五、受收容之外國人亦可適用提審法：「基於上述憲法意旨，為落實即時有效之保障功能，對上述處分仍應賦予受暫時收容之外國人有立即聲請法院審查決定之救濟機會，倘受收容人於暫時收容期間內，對於暫時收容處分表示不服，或要求由法院審查決定是否予以收容，入出國及移民署應即於二十四小時內將受收容人移送法院迅速裁定是否予以收容。」

六、正當法律程序之適用：「於處分或裁定收容之後，亦應即以受收容之外國人可理解之語言及書面，告知其處分收容之原因、法律依據及不服處分之司法救濟途徑，並通知其指定之在臺親友或其原籍國駐華使領館或授權機關，俾受收容人善用上述救濟程序，得即時有效維護其權益，方符上開憲法保障人身自由之意旨。」再按司法院釋字第708號解釋理由書第2段略以：「綜上所述，系爭規定授權入出國及移民署對

受驅逐出國之外國人得以行政處分暫予收容，其中就遣送所需合理作業期間之暫時收容部分，固非憲法所不許，惟對受收容人必要之保障，雖於一○○年十一月二十三日已修正增訂入出國及移民法第三十八條第八項，規定收容之處分應以當事人理解之語文作成書面通知，附記處分理由及不服處分提起救濟之方法、期間、受理機關等相關規定，並聯繫當事人原籍國駐華使領館或授權機構，但仍未賦予受暫時收容人即時有效之司法救濟，難認已充分保障受收容人之基本人權，自與憲法第八條第一項正當法律程序有違。」

　　七、因執行遣送作業所需暫時收容之期間不得超過15日：「因執行遣送作業所需暫時收容之期間長短，則應由立法者斟酌行政作業所需時程及上述遣送前應行處理之事項等實際需要而以法律定之。惟考量暫時收容期間不宜過長，避免過度干預受暫時收容人之人身自由，並衡酌入出國及移民署現行作業實務，約百分之七十之受收容人可於十五日內遣送出國等情，是得由該署處分暫時收容之期間，其上限不得超過十五日。」

　　八、續予收容或延長收容應遵守法官保留原則：「至受收容人於暫時收容期間內，未表示不服或要求由法院審查決定是否收容，且暫時收容期間將屆滿者，入出國及移民署倘認有繼續收容之必要，因事關人身自由之長期剝奪，基於上述憲法保障人身自由之正當法律程序之要求，系爭規定關於逾越前述暫時收容期間之收容部分，自應由公正、獨立審判之法院依法審查決定。故入出國及移民署應於暫時收容期間屆滿之前，將受暫時收容人移送法院聲請裁定收容，始能續予收容；嗣後如依法有延長收容之必要者，亦同。」

　　因此，本條配合上述司法院解釋之各項原則進行修法，而有本條第1項明定授權移民署得依法暫予收容處分之原因要件與期限，符合法律明確性原則及行政行為明確性原則。然按本條第1項所列得暫予收容之情形，係以列舉方式為之。一般而言，法規範講究規範之「周延性」與「互斥性」，基於規範之周延性，本項除三種列舉之情形外，應可以「其他」之概括方式，加上程序上加嚴後授權移民署於必要時亦得暫予

留置依法將受驅逐出國之外國人，以資周延。

再者，本條第2項乃授權移民署經依前項規定給予當事人陳述意見機會後，認有前項各款情形之一，而以不暫予收容爲宜，得依本項規定施行有關「收容替代處分」。本條乃明定該「收容替代處分」之方式與程序，藉以遵行以保全強制驅逐出國之執行目的。然而，依前項規定得不暫予收容之外國人，有施以「具保」或「繳納保證金」之收容替代方式。本條第3項乃明定「如違反收容替代處分者，移民署得沒入其依前項規定繳納之保證金」，以資適用。

綜上，本條依據司法院釋字第708號解釋意旨修正規範及相關適用原則如上，至於其他所衍生之配套及執行注意事項，另於本法第38條之1至第38條之9分別予以規定之。如此，將使得我國對於外國人之收容人權予以更妥適之明確規範與保障。再者，人權團體仍倡議對驅逐外國人出國，期以收容替代爲優先措施，而將「收容」作爲最後性[47]，以有效保障人權。

第38條之1（外國人不暫予收容之情形）

外國人有下列情形之一者，得不暫予收容：

一、精神障礙或罹患疾病，因收容將影響其治療或有危害生命之虞。

二、懷胎五個月以上或生產、流產未滿二個月。

三、未滿十二歲之兒童。

四、罹患傳染病防治法第三條所定傳染病。

五、衰老或身心障礙致不能自理生活。

---

[47] 移民、難民及無國籍人經常會因爲非法入境或逾期停留，而面臨要被送進「外國人收容所」關押的困境，根據我國「移民法」的規定，應該是「非予收容，顯難驅逐出境者」才得以收容，但是行政機構經常預設這些逾期停留或非法入境者，就是會「逃跑」或「失蹤不明」的「非法移民」，因此往往將「收容」視爲「預設」做法，但是限制人身自由的「收容」，其實不但容易侵害人權，也是耗費成本極高的邊境管理策略。因此，本會加入的國際關注外國人收容的組織International Detention Coalition集結各國的法令及實證研究，出版《替代收容：避免不必要的移民收容》（*There are Alternatives: Preventing Unnecessary Immigration Detention*），提供各國許多替代「收容」的安置措施，諸如具保責付、保證金等，倡議各國政府將收容作爲「最後手段」，避免不必要的侵權處分。參考：台灣人權促進會網站，https://www.tahr.org.tw/issues/Immigration/shelter（瀏覽日期：2022.3.28）。

六、經司法機關或其他機關通知限制出國。

移民署經依前項規定不暫予收容，或依第三十八條之七第一項或第二項廢止暫予收容處分或停止收容後，得依前條第二項規定為收容替代處分，並得通報相關立案社福機構提供社會福利、醫療資源以及處所。

壹、導言

　　本條係因應司法院釋字第708號解釋之整體配套措施所需，基於人道因素考量及司法或其他限制出國因素所需，得不暫予收容處分，而施予前條第2項規定之「收容替代處分」，並明定得通報相關立案社福機構提供社會福利、醫療資源以及處所，以資給予適當且必要之協助。本條為2015年2月4日總統華總一義字第10400013351號令新增訂。其立法理由為：1.按外國人收容管理規則第4條，原已有外國人具特定事實不宜收容時，得暫不予收容之規定，其與外國人權利義務密切相關，依中央法規標準法第5條第2款規定，關於人民之權利、義務事項，應以法律定之，爰彙整外國人收容管理規則第4條得暫不予收容之規定，並考量受收容人因涉案經司法或其他機關限制出國，即無法強制驅逐出國之實務執行需要，爰一併增列於第1項中規範；2.又外國人於收容前，若有第1項各款情形之一不暫予收容，或外國人於暫予收容處分作成，或法院裁定准予續予收容或延長收容後，有第1項各款情形之一或第38條之7第1項所定之廢止暫予收容處分或停止收容情形，入出國及移民署均得依第38條第2項規定，對當事人為相關收容替代處分後再予釋放，以維持收容秩序，爰增訂為第2項規定，以資明確。然而，此次修法乃為了配合修正條文第38條之7增訂第2項規定，爰修正第2項規定。

貳、內容解析

本條係配合司法院釋字第708號解釋意旨而增訂,共分二項,旨在明定外國人得不暫予收容之情形,茲分析其內容如下:

一、得不暫予收容

本條第1項明定:「外國人有下列情形之一者,得不暫予收容:一、精神障礙或罹患疾病,因收容將影響其治療或有危害生命之虞。二、懷胎五個月以上或生產、流產未滿二個月。三、未滿十二歲之兒童。四、罹患傳染病防治法第三條所定傳染病。五、衰老或身心障礙致不能自理生活。六、經司法或其他機關通知限制出國。」本項所定之6款要件,除第6款屬於司法或其他公務因素而限制出國外,其他情形均係基於人道考量,而不適合加以暫予收容,避免造成其生命或身體之危害。按「臺灣地區與大陸地區人民關係條例」第18條之1第10項規定:「受收容人之收容替代處分、得不暫予收容之事由、異議程序、法定障礙事由、暫予收容處分、收容替代處分與強制出境處分之作成方式、廢(停)止收容之程序、再暫予收容之規定、遠距審理及其他應遵行事項,準用入出國及移民法第三十八條第二項、第三項、第三十八條之一至第三十八條之三、第三十八條之六、第三十八條之七第二項、第三十八條之八第一項及第三十八條之九規定辦理。」[48]按司法院釋字第708號解釋理由書首段指出:「人身自由係基本人權,為人類一切自由、權利之根本,任何人不分國籍均應受保障,此為現代法治國家共同之準則。故我國憲法第八條關於人身自由之保障亦應及於外國人,使與本國人同受保障。」

二、收容替代處分及通報

第2項明定:「移民署經依前項規定不暫予收容,或依第三十八條

---

[48] 張淳美,外籍人士收容制度——以大陸人士收容為中心,展望與探索,法務部調查局,14卷3期,2016年,頁67-104。

之七第一項或第二項廢止暫予收容處分或停止收容後，得依前條第二項規定爲收容替代處分，並得通報相關立案社福機構提供社會福利、醫療資源以及處所。」由於前項依法不適合暫予收容之情形，而有不暫予收容之處分時，則得依本法前條第2項規定，得予以收容替代處分時，並得通報相關立案社福機構提供社會福利、醫療資源以及處所，以利其協助此收容替代處分執行。因此，依本項規定內容可知，此收容替代處分有三種情形：1.基於人道因素或限制出國考量；2.移民署依職權之廢止暫予收容處分；3.移民署依職權之停止收容。第一種情形係依據本條第1項規定之處分；而後之第二、三種情形，則是依據本法第38條之7規定而爲廢止或停止收容。[49]然而，第二、三種情形亦再以保證金作爲保全措施[50]，以避免其任意違反其收容替代處分。依第38條之1第1項不暫予收容之外國人或前項規定廢止暫予收容處分或停止收容之受收容人，違反第38條之1第2項之收容替代處分者，移民署得沒入其繳納之保證金。有關保證金之沒入尙依據「入出國及移民法收容替代處分之保證金繳納及管理作業要點」[51]辦理。本要點之主要內涵如下：

（一）保證金收取額度及保管作業：1.本法第38條第2項收容替代處分之保證金繳納金額，定爲新臺幣2萬5,000元以上6萬元以下；2.保證金應以新臺幣繳納；3.移民署收取保證金後，製發自行收納款項收據予受處分人。

（二）保證金發還作業：1發還保證金，由移民署通知發還，或受處分人申請發還二種方式辦理；2.受處分人應於出國前15日，塡具移民

49　參閱本法第38條之7第1項：「移民署作成暫予收容處分，或法院裁定准予續予收容或延長收容後，因收容原因消滅、無收容之必要或有得不予收容情形，移民署得依職權，廢止暫予收容處分或停止收容後，釋放受收容人。」

50　參閱本法第38條之7第2項：「依第三十八條之一第一項不暫予收容之外國人或前項規定廢止暫予收容處分或停止收容之受收容人，違反第三十八條之一第二項之收容替代處分者，移民署得沒入其繳納之保證金。」

51　本要點第1點明定：「內政部移民署（以下簡稱本署）爲辦理入出國及移民法（以下簡稱本法）第三十八條第二項及第三項、第三十八條之一第二項、第三十八條之七第二項有關收容替代處分之保證金（以下簡稱保證金）收取、保管、發還及沒入等作業，特訂定本要點。」本要點係屬「行政規則」，其意義與分類可參閱「行政程序法」第59條至第62條之規定。

署發還收容替代處分之保證金申請表並附保證金繳納收據正本，向移民署提出申請；3.保證金繳納收據正本遺失，受處分人應填具本法收容替代處分之保證金收據遺失切結書，併同前款申請表向移民署提出；4.受處分人得填具代領本法收容替代處分之保證金委任書，經移民署同意後，將保證金發還予受委任人；5.移民署受理發還保證金申請後，應於受處分人出國前辦理發還；6.受處分人死亡，法定繼承人得填具本法收容替代處分受處分人死亡由繼承人申請發還保證金申請書，向移民署提出。

（三）保證金沒入作業：1.受處分人違反收容替代處分內容之應遵守事項，經查證屬實，由移民署製作保證金沒入處分書送達受處分人；2.移民署辦理沒入保證金繳納國庫作業後，製發收款收據，將保證金沒入收據送達受處分人。

參、綜論

本條係配合司法院釋字第708號解釋意旨，特別基於人道考量而制定得不「暫予收容」之各項情形，以及採取「收容替代處分」及其配套措施，例如本條最後有關規定略以：「並得通報相關立案社福機構提供社會福利、醫療資源以及處所。」再者，同號解釋之「黃茂榮大法官協同意見書」指出：「蓋收容之目的既在於驅逐出國，其收容自應限於為驅逐出國之保全所必要，否則即應斟酌有無替代收容之對於人身自由限制較低的方法，例如外國人是否有在命令之期間內，自動離境之可能；是否可在一定之前提下，利用限制居住替代收容等等。」[52]

---

[52] 參閱司法院釋字第708號解釋之「黃茂榮大法官協同意見書」指出：「外國人除經許可者外，並無居留於我國境內之權利，所以當外國人自始未經許可進入我國國境並居留，或者雖經許可居留，但逾期居留，或者其居留許可經廢止或撤銷時，此時即有儘速遣返之必要。在如何儘速遣返的考量下，入出國及移民署有在『限期自動出國』或『強制驅逐出國』間為裁量之可能，並為保全『強制驅逐出國』之執行可能性，而衍生出對外國人予以收容，施以干預身體自由之強制處分。在面對外國人之收容問題時，必須以『非予收容，顯難強制驅逐出國』為對外國人收容之前提要件，蓋收容之目的既在於驅逐出國，其收容自應限於為驅逐出

　　本條係配合前條所定收容之例外情形，主要係基於人道考量，僅有第1項第6款係因收容及驅逐出國之目的所設機制，而該款規定係「經司法或其他機關通知限制出國」，故予收容歸返目的不符，因而列為得不暫予收容情形之一。然因本條規定「得」不暫予收容，係屬「裁量」授權，必要時亦可暫予收容。再者，本條第2項亦可將收容轉換為「收容替代處分」，以有效平衡移民執法任務與外國人權保障。因此，乃增訂本條配合上述司法院解釋意旨，以符合憲法保障人權之宗旨。

第38條之2（受收容人或其相關人對暫予收容處分不服之處理）

受收容人或其配偶、直系親屬、法定代理人、兄弟姊妹，對第三十八條第一項暫予收容處分不服者，得於受收容人收受收容處分書後暫予收容期間內，以言詞或書面敘明理由，向移民署提出收容異議；其以言詞提出者，應由移民署作成書面紀錄。

移民署收受收容異議後，應依職權進行審查，其認異議有理由者，得撤銷或廢止原暫予收容處分；其認異議無理由者，應於受理異議時起二十四小時內，將受收容人連同收容異議書或異議紀錄、移民署意見書及相關卷宗資料移送法院。但法院認得依行政訴訟法相關規定為遠距審理者，於法院收受卷宗資料時，視為移民署已將受收容人移送法院。

第一項之人向法院或其他機關提出收容異議，法院或其他機關應即時轉送移民署，並應以該署收受之時，作為前項受理收容異議之起算時點。

對於暫予收容處分不服者，應依收容異議程序救濟，不適用其他撤銷訴訟或確認訴訟之相關救濟規定。

暫予收容處分自收容異議經法院裁定釋放受收容人時起，失其效力。

　　國之保全所必要，否則即應斟酌有無替代收容之對於人身自由限制較低的方法，例如外國人是否有在命令之期間內，自動離境之可能；是否可在一定之前提下，利用限制居住替代收容等等。」

壹、導言

　　司法院釋字第708號解釋理由書指出：「為落實即時有效之保障功能，對上述處分仍應賦予受暫時收容之外國人有立即聲請法院審查決定之救濟機會，倘受收容人於暫時收容期間內，對於暫時收容處分表示不服，或要求由法院審查決定是否予以收容，入出國及移民署應即於二十四小時內將受收容人移送法院迅速裁定是否予以收容。」依此，除提審法配合修正[53]，於此亦有其適用外，本法於2015年修正時，特別增訂本條，以資因應適用。而且，司法院並即配合修正行政訴訟法，亦為此增訂「收容聲請事件程序」專章（第二編第四章第237條之10至第237條之17）。司法院特於其網站針對「收容聲請事件程序」說明其背景、規定、適用程序等重要內涵如下：「人身自由為重要之基本人權，應受充分之保護，對於人身自由之剝奪或限制，尤應遵循正當法律程序。鑑於憲法第8條及公民與政治權利國際公約第9條對於人身自由保障之要求，並因應司法院釋字第708號解釋明揭應賦予因執行強制驅逐出國處分而受收容之外國人，對於內政部移民署之暫予收容處分，有立即聲請法院迅速審查決定之救濟機會，以及逾越暫予收容期間之收容，應由法院審查決定之意旨，行政訴訟法（增訂『收容聲請事件程序』專章）、入出國及移民法分別於103年6月18日、104年2月4日修正公布，並各定自104年2月5日同步施行。又依司法院釋字第710號解釋意旨，臺灣地區與大陸地區人民關係條例及香港澳門關係條例業於104年6月17日修正公布，並於同年7月3日施行，大陸地區人民及香港、澳門居民亦適用相關規定保障其權益。」[54]

　　由上述可知，理論上或原則上外國人之人身自由權利與本國人受同等對待[55]，其對於不服人身自由之限制或剝奪，亦應有予以同等救濟之

---

[53] 提審法第1條第1項規定：「人民被法院以外之任何機關逮捕、拘禁時，其本人或他人得向逮捕、拘禁地之地方法院聲請提審。但其他法律規定得聲請即時由法院審查者，依其規定。」

[54] 司法院網站針對「收容聲請事件程序」之說明，https://www.judicial.gov.tw/tw/cp-88-57404-16ffa-1.html（瀏覽日期：2022.3.22）。

[55] 李震山，論外國人之憲法權利，人性尊嚴與人權保障，增訂5版，元照，2020年，頁445。

機會，本條乃2015年2月4日總統華總一義字第10400013351號令新增訂，乃係因應司法院釋字第708號解釋意旨而增訂之目的。其立法理由為：1.為使受收容人及其相關之人對於暫予收容處分不服時，得有申辯及獲得即時有效之司法救濟機會，並使行政機關得先行審查異議之妥當性；且為使條文語義明確，以維護不諳法律之受收容人相關權益，故若受收容人或其相關之人，以言詞提出收容異議時，入出國及移民署應作成書面紀錄，爰增列為第1項；2.入出國及移民署如認異議有理由時，得撤銷或廢止原暫予收容處分，如認異議無理由時，應於相當時限內，將受收容人連同相關卷宗資料移送法院審理，俾保障受收容人獲得即時救濟之權利，並考量行政訴訟法已定有遠距審理制度，各法院與部分行政機關間之遠距訊問設備相互通聯，亦運作多時，執行遠距設備訊問之審理程序尚無窒礙，法院受理收容異議事件，如認為適當時，自得依受收容人或入出國及移民署之聲請或依職權，以遠距視訊設備行遠距視訊審理，便利受收容人免予提送，並兼顧審理之迅捷。是故，法院認得為遠距審理時，於收受卷宗時，視為入出國及移民署已將受收容人移送法院，爰增列為第2項規定；3.配合第1項規定，增訂向法院或其他機關提出收容異議，仍以轉送入出國及移民署時，始生法律之效果，爰增列第3項規定；4.基於憲法第8條對人身自由之保障，對於暫予收容處分之救濟，程序上重在簡便迅捷之審理，如依傳統爭訟程序救濟，恐緩不濟急；又第1項已定明收容異議程序，賦予受收容人或其親屬立即聲請法院審查決定之救濟機會，以取代傳統之行政爭訟救濟程序。當事人對暫予收容處分不服者，應依收容異議特殊行政爭訟程序救濟，不得再依行政訴訟法提起撤銷訴訟、確認暫予收容處分違法或無效訴訟，爰增列第4項規定；5.收容異議經法院裁定釋放受收容人時起，原暫予收容處分之效力即因而失效，其效力自不繼續存在，爰定明暫予收容處分自收容異議經法院裁定釋放受收容人時起，失其效力，增列為第5項規定。

貳、內容解析

　　本條旨在規定受收容人或其相關人對暫予收容處分不服之處理，共分五項，茲分析其內容如下：

一、暫予收容處分不服之異議

　　本條第1項明定：「受收容人或其配偶、直系親屬、法定代理人、兄弟姊妹，對第三十八條第一項暫予收容處分不服者，得於受收容人收受收容處分書後暫予收容期間內，以言詞或書面敘明理由，向移民署提出收容異議；其以言詞提出者，應由移民署作成書面紀錄。」茲明定受收容人本人或其相關親屬及法定代理人等得提起異議之範圍，以言詞或書面提起均可，並規定其處理程序，以資遵行。

二、收容異議之審查

　　本條第2項：「移民署收受收容異議後，應依職權進行審查，其認異議有理由者，得撤銷或廢止原暫予收容處分；其認異議無理由者，應於受理異議時起二十四小時內，將受收容人連同收容異議書或異議紀錄、移民署意見書及相關卷宗資料移送法院。但法院認得依行政訴訟法相關規定為遠距審理者，於法院收受卷宗資料時，視為移民署已將受收容人移送法院。」依此項規定內涵可知，本項主要意義有：1.收容異議有司法介入之必要，因應釋字第708號解釋意旨，規定原則上應於受理異議時起24小時移送法院審理，符合應即時法院審理收容異議之聲請之要求，可參考司法院所明定之「法院審理收容異議、續予收容及延長收容流程圖」（如圖6-1）。再者，論者肯認此保障外國人之收容人權之舉，參諸李震山大法官於本號解釋之「部分協同部分不同意見書」指出：「本件解釋認為『受收容人於暫時收容期間內，對於暫時收容處分表示不服，或要求由法院審查決定是否予以收容，入出國及移民署應即於二十四小時內將受收容人移送法院迅速裁定』本席認為，此與憲法第八條第一項及第四項規定，即應迅速、不可遲延地由『法官介入』之

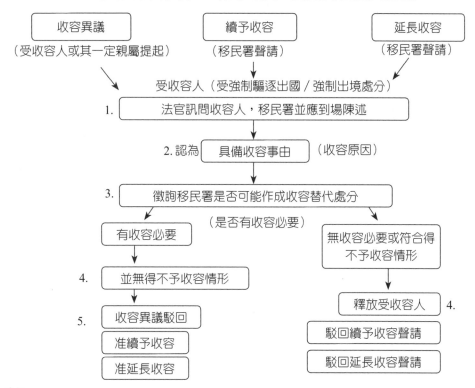

圖說：

1. 法院審理收容異議、續予收容及延長收容，會訊問受收容人（依行政訴訟法第130條之1規定，法院亦得為遠距審理），移民署並應到場陳述。

2. 如法官認具備收容事由，且有收容必要、無得不予收容情形，則駁回收容異議、准續予收容、准延長收容。

3. 如法官認具備收容事由，但無收容必要或符合得不予收容情形，則釋放受收容人、駁回續予收容聲請、駁回延長收容聲請。

圖6-1　法院審理收容異議、續予收容及延長收容流程圖

資料來源：司法院網站，https://www.judicial.gov.tw/tw/cp-88-57404-16ffa-1.html（瀏覽日期：2022.3.12）。

『法官保留』意旨相符，並且合於相關國際人權規範精神，就此部分，敬表贊同。」2.必要時得由法院裁量決定採「遠距審理」：以連人帶卷移送法院進行實體審理爲原則，本條但書例外亦得由法院裁量認定是否採取「遠距審理」，並可參考本法第38條之9及其授權訂定之「收容聲請事件移送及遠距審理作業實施辦法」有關於法院得以遠距審理方式裁定之規定。

三、明定收容異議之起算時點

本條第3項規定：「第一項之人向法院或其他機關提出收容異議，法院或其他機關應即時轉送移民署，並應以該署收受之時，作爲前項受理收容異議之起算時點。」此項明確規定收容異議之起算時點，以作爲計算移民機關認爲其暫予收容合法有理由時應於24小時內移送法院審理之時限，基於行政行爲明確性與法安定性原則，確有規範之必要。

四、收容異議之特別救濟程序

第4項規定：「對於暫予收容處分不服者，應依收容異議程序救濟，不適用其他撤銷訴訟或確認訴訟之相關救濟規定。」此項確認有別於一般救濟程序，而採本法規定之特別救濟程序爲之。又此規定雖與提審法第5條規定，同爲24小時之時限，但本法規定者乃屬特別法之規定，亦即提審法第1條但書之規定：「但其他法律規定得聲請即時由法院審查者，依其規定。」

五、「暫予收容處分」之失效規定

第5項規定：「暫予收容處分自收容異議經法院裁定釋放受收容人時起，失其效力。」基於明確性原則與法安定性考量，乃訂明「暫予收容處分」之失效時點，並即依法院裁定釋放受收容人。

參、綜論

　　司法院釋字第708號解釋理由書第1段略以：「惟基於上述憲法意旨，為落實即時有效之保障功能，對上述處分仍應賦予受暫時收容之外國人有立即聲請法院審查決定之救濟機會，倘受收容人於暫時收容期間內，對於暫時收容處分表示不服，或要求由法院審查決定是否予以收容，入出國及移民署應即於二十四小時內將受收容人移送法院迅速裁定是否予以收容；且於處分或裁定收容之後，亦應即以受收容之外國人可理解之語言及書面，告知其處分收容之原因、法律依據及不服處分之司法救濟途徑，並通知其指定之在臺親友或其原籍國駐華使領館或授權機關，俾受收容人善用上述救濟程序，得即時有效維護其權益（正當法律程序），方符上開憲法保障人身自由之意旨。」

　　司法院釋字第708號解釋理由書第3段略以：「衡酌本案相關法律修正尚須經歷一定之時程，且須妥為研議完整之配套規定，例如是否增訂⋯⋯；受收容人對於暫時收容處分表示不服，或要求由法院審查決定是否予以收容，而由法院裁定時，原暫時收容處分之效力為何，以及法院裁定得審查之範圍，有無必要就驅逐出國處分一併納入審查等整體規定，相關機關應自本解釋公布之日起二年內，依本解釋意旨檢討修正系爭規定及相關法律，屆期未完成修法者，系爭規定與憲法不符部分失其效力。」因此，乃增訂本條配合上述司法院解釋意旨，以符合憲法保障人權之宗旨。

第38條之3（收容異議審查期限，不予計入經過時間之事由）
前條第二項所定二十四小時，有下列情形之一者，其經過期間不予計入。但不得有不必要之遲延：
一、因交通障礙或其他不可抗力事由所生不得已之遲滯。
二、在途移送時間。
三、因受收容人身體健康突發之事由，事實上不能詢問。
四、依前條第一項提出異議之人不同意於夜間製作收容異議紀錄。

五、受收容人表示已委任代理人，因等候其代理人到場致未予製作收容異議紀錄。但等候時間不得逾四小時。其因智能障礙無法為完全之陳述，因等候經通知陪同在場之人到場，致未予製作前條第一項之收容異議紀錄，亦同。

六、受收容人須由通譯傳譯，因等候其通譯到場致未予製作前條第一項之收容異議紀錄。但等候時間不得逾六小時。

七、因刑事案件經司法機關提訊之期間。

前項情形，移民署應於移送法院之意見書中釋明。

移民署未依第一項規定於二十四小時內移送者，應即廢止暫予收容處分，並釋放受收容人。

壹、導言

　　本條內容係延續前一條（第38條之2有關受收容處分人對暫予收容不符之異議）有關移民署應於提起異議後24小時移送法院審理之時間計算規定，主要係收容異議經行政處理至移送法院審查所定24小時期限，例外不予計入經過時間之7款事由，並明定此些不計入24小時之情形，移民署應於移送法院之意見書中釋明，以使法院審查時明確知悉。再者，進一步明定若移民署對外國人受暫予收容處分不服，而執法人員無上述之例外情形，又無法在24小時內移送法院審查者，應即廢止暫予收容處分，並釋放受收容人，以確保人權。本條亦係2015年2月4日總統華總一義字第10400013351號令新增訂。其立法理由為：1.按實務上若因不可抗力或具正當理由之障礙事由，或受收容人於司法機關依法提訊期間，致發生不得已移送受收容人至法院之遲滯，如不問任何情形，均一併計入24小時移送時間，恐致實務執行困難，當非限時移送之本旨，故定明排除條款，且期間不得有不必要之遲延，應儘可能妥速到達，以符確實保障人身自由之本旨，爰參照刑事訴訟法第93條之1規定，增列為第1項至第3項規定；2.第1項第5款受收容人委任代理人之情

形，係指其代理受收容人於收容異議期間所為之相關行為。又本款之代理人於收容異議期間不以律師為限，惟於事件移送至法院後，原則上應依行政訴訟法規定委任訴訟代理人，且應以具有律師資格為前提。

貳、內容解析

本條係規範收容異議審查期限，以及不予計入經過時間之事由，共分三項，茲分析如下：

一、收容異議審查期限內之經過期間不予計入之情形

第1項明定：「前條第二項所定二十四小時，有下列情形之一者，其經過期間不予計入。但不得有不必要之遲延：一、因交通障礙或其他不可抗力事由所生不得已之遲滯。二、在途移送時間。三、因受收容人身體健康突發之事由，事實上不能詢問。四、依前條第一項提出異議之人不同意於夜間製作收容異議紀錄。五、受收容人表示已委任代理人，因等候其代理人到場致未予製作收容異議紀錄。但等候時間不得逾四小時。其因智能障礙無法為完全之陳述，因等候經通知陪同在場之人到場，致未予製作前條第一項之收容異議紀錄，亦同。六、受收容人須由通譯傳譯，因等候其通譯到場致未予製作前條第一項之收容異議紀錄。但等候時間不得逾六小時。七、因刑事案件經司法機關提訊之期間。」按司法院釋字第708號解釋意旨要求涉及人身自由之收容應有即時司法介入之必要，以保障人權，故其於理由書指出：「惟基於上述憲法意旨，為落實即時有效之保障功能，對上述處分仍應賦予受暫時收容之外國人有立即聲請法院審查決定之救濟機會，倘受收容人於暫時收容期間內，對於暫時收容處分表示不服，或要求由法院審查決定是否予以收容，入出國及移民署應即於二十四小時內將受收容人移送法院迅速裁定是否予以收容；且於處分或裁定收容之後，亦應即以受收容之外國人可理解之語言及書面，告知其處分收容之原因、法律依據及不服處分之司

法救濟途徑,並通知其指定之在臺親友或其原籍國駐華使領館或授權機關,俾受收容人善用上述救濟程序,得即時有效維護其權益,方符上開憲法保障人身自由之意旨。」此乃類似於「提審權」之功能,然尚非屬於「提審法」之適用。[56]又此項規定於性質亦有「正當法律程序」原則之要求,亦即明定不予算入24小時之情形,但要求不得有不必要之遲延,應儘速於可行情況下,儘速移送法院審理,而且應在一旦上述情形消滅,立即辦理移送法院,並併入24小時計算,以符合司法院大法官解釋之意旨,確保相關基本人權。

二、移送法院之異議釋明

本條第2項則明定:「前項情形,移民署應於移送法院之意見書中釋明。」移民行政機關因前項所定之七種原因之一,以致於得斟酌該個案情形而為必要之遲延移送法院,但此遲延事由移民署應於移送法院之意見書中釋明,以提供法院併入審查其是否適法。

三、移民署未依前述規定於24小時內移送之效果

第3項明定:「移民署未依第一項規定於二十四小時內移送者,應即廢止暫予收容處分,並釋放受收容人。」此規定係在避免移民行政機關或執法人員未能依法執法,乃明確規定未能在此24小時期限內移送法院者,應即廢止暫予收容處分,係採取「羈束」規定,使執法人員無任意作為,亦無裁量空間,此雖非提審法第2條及第7條規範內容與罰則之適用,但亦應嚴格遵守之。

56　此屬於提審法第1條第1項規定:「人民被法院以外之任何機關逮捕、拘禁時,其本人或他人得向逮捕、拘禁地之地方法院聲請提審。但其他法律規定得聲請即時由法院審查者,依其規定。」因此,本項有關24小時之計算規定,係屬提審法第1條後段但書之適用,具有同等功效,但並非提審法之內涵。

參、綜論

　　按司法院釋字第708號及第710號解釋所提及「即時有效司法救濟」，與提審法之關係為何？司法院特別於其官網之常見問答提示：「提審係人民受法院以外之任何機關逮捕、拘禁時，得即時請求法院提審，由法院即時審查逮捕、拘禁之合法性；而司法院釋字第708號及第710號解釋意旨指出，受收容人或受暫時收容人表示不服，或要求法院審查決定是否予以收容，收容或暫時收容之機關應即於24小時內將受收容人或受暫時收容人移送法院迅速決定是否應予收容，其即時司法救濟程序較提審制度更為快速；且提審本屬『救急』制度，用以補充正當法律程序之不足，是以如其他法律規定『得聲請即時由法院審查』，憲法保障人民得聲請法院即時救濟之意旨業已實現時，自毋庸再進行提審程序。」[57]可知，本法有關此規範係屬「提審法」第1條第1項但書之：「但其他法律規定得聲請即時由法院審查者，依其規定。」性質上屬於特別法性質之規定。

　　司法院釋字第708號解釋理由書第2段指出：「惟基於上述憲法意旨，為落實即時有效之保障功能，對上述處分仍應賦予受暫時收容之外國人有立即聲請法院審查決定之救濟機會，倘受收容人於暫時收容期間內，對於暫時收容處分表示不服，或要求由法院審查決定是否予以收容，入出國及移民署應即於二十四小時內將受收容人移送法院迅速裁定是否予以收容。」此段解釋意旨乃經後來立法納入前條與本條之規範內容，以落實憲法人權保障。

　　再者，同號解釋理由書第4段略以：「衡酌本案相關法律修正尚須經歷一定之時程，且須妥為研議完整之配套規定，例如是否增訂……受收容人對於暫時收容處分表示不服，或要求由法院審查決定是否予以收容，而由法院裁定時，原暫時收容處分之效力為何，以及法院裁定得

---

[57] 司法院釋字第708號及第710號解釋所提及「即時有效司法救濟」，與提審法之關係？，https://www.judicial.gov.tw/tw/cp-1654-4645-16305-1.html（瀏覽日期：2022.5.30）。

審查之範圍，有無必要就驅逐出國處分一併納入審查等整體規定，相關機關應自本解釋公布之日起二年內，依本解釋意旨檢討修正系爭規定及相關法律，屆期未完成修法者，系爭規定與憲法不符部分失其效力。」因此，乃增訂本條配合上述司法院解釋意旨，以符合憲法保障人權之宗旨。

第38條之4（續予收容之聲請）

暫予收容期間屆滿前，移民署認有續予收容之必要者，應於期間屆滿五日前附具理由，向法院聲請裁定續予收容。

續予收容期間屆滿前，因受收容人所持護照或旅行文件遺失或失效，尚未能換發、補發或延期，或因天然災害、疫情等不可抗力因素，致無法強制驅逐出國，經移民署認有繼續收容之必要者，應於期間屆滿五日前附具理由，向法院聲請裁定延長收容。

續予收容之期間，自暫予收容期間屆滿時起，最長不得逾四十五日；延長收容之期間，自續予收容期間屆滿時起，最長不得逾四十日。

前項延長收容期間屆滿前，受收容人因天然災害、疫情等不可抗力因素，致無法強制驅逐出國，且有下列情形之一，經移民署分別會商海洋委員會海巡署、國家安全局及其他相關機關，認有繼續收容之必要者，應於期間屆滿五日前附具理由，向法院聲請裁定再延長收容：

一、未經許可入國。

二、曾犯國家安全法或反滲透法之罪，經有罪判決確定。

前項再延長收容之期間，自前次延長收容期間屆滿時起，每次最長不得逾四十日。

第四項再延長收容之聲請，準用行政訴訟法第二編第四章關於延長收容聲請事件程序之規定。

壹、導言

本條旨在明定「續予收容」及「延長收容」之聲請程序及期限，係

於2015年2月4日總統華總一義字第10400013351號令新增訂。其立法
理由爲：1.增訂第1項定明暫予收容處分期間屆滿前，應將受收容人移
送法院聲請裁定續予收容，俾符憲法第8條第1項正當法律程序及「法
官保留原則」；2.續予收容期間屆滿前，若因受收容人所持護照或旅行
文件遺失或失效，尚未能換發、補發或延期，且經認有繼續收容之必
要者，入出國及移民署應向法院聲請裁定延長收容，爰增列爲第2項；
3.增訂第3項，分別定明續予收容及延長收容期間爲45日及40日，以資
明確。因此，本條係延續本法第38條有關移民署得基於15日之合理作
業時間需求而爲「暫予收容」處分之後，再以法律授權基於移民執法之
實際需求，而先後由法院裁定爲「續予收容」期間爲45日及延長收容
期間爲40日，前後三種合計不得逾100日。

　　本條於2023年6月28日總統華總一義字第11200054171號令修正公
布，並於2023年12月6日行政院院臺法字第1121043343號令發布，定自
2024年3月1日施行。本條除修正第2項內容新增「或因天然災害、疫情
等不可抗力因素，致無法強制驅逐出國」，而爲「續予收容期間屆滿
前，因受收容人所持護照或旅行證件遺失或失效，尚未能換發、補發或
延期，或因天然災害、疫情等不可抗力因素，致無法強制驅逐出國，經
移民署認有繼續收容之必要者，應於期間屆滿五日前附具理由，向法院
聲請裁定延長收容。」並增定第4、5、6項，其內容分別爲：「前項延
長收容期間屆滿前，受收容人因天然災害、疫情等不可抗力因素，致無
法強制驅逐出國，且有下列情形之一，經移民署分別會商海洋委員會海
巡署、國家安全局及其他相關機關，認有繼續收容之必要者，應於期
間屆滿五日前附具理由，向法院聲請裁定再延長收容：一、未經許可
入國。二、曾犯國家安全法或反滲透法之罪，經有罪判決確定。（第4
項）」；「前項再延長收容之期間，自前次延長收容期間屆滿時起，
每次最長不得逾四十日。（第5項）」；「第四項再延長收容之聲請，
準用行政訴訟法第二編第四章關於延長收容聲請事件程序之規定（第6
項）。」以上修正理由分別如下：

　　（一）參照修正條文第12條、第22條第1項及第38條第1項第1款之

用語，將第2項「旅行文件」修正為「旅行證件」，以求法律用語之一致性。

（二）考量「嚴重特殊傳染性肺炎」（COVID-19）疫情期間，特定國家採取邊境封閉措施，禁止國際客運定期航班入境，導致移民署無法正常遣送特定國家受收容人，依第3項等相關規定，收容期間屆滿，即須對受收容人為收容替代處分，並釋放出所。受收容替代處分者趁機再次失聯之現象日益頻繁，尤其高風險之受收容替代處分者（包含未經許可入國、從事性交易及涉刑事案件等），衍生社會治安、國家安全及防疫破口隱憂。

（三）第3項後段延長收容之期間並無例外得再聲請法院裁定再延長收容之規定，實不足以因應天然災害、疫情（如本次「嚴重特殊傳染性肺炎」疫情）、交通斷絕、外國政府片面禁止國際航班入境等不能預見，抑或縱加以最嚴密之注意亦不可避免之不可抗力因素，致無法正常執行強制驅逐（遣送）受收容人出國，所衍生之上述嚴重問題。

（四）司法院釋字第708號解釋作成當時，難以預知如本次「嚴重特殊傳染性肺炎」疫情等不可抗力因素，致無法正常執行強制驅逐（遣送）受收容人出國之問題；惟該解釋理由書肯認移民署倘認依法有延長收容之必要者，因事關人身自由之長期剝奪，基於憲法保障人身自由之正當法律程序之要求，自應由公正、獨立審判之法院依法審查決定。

（五）經查亞洲先進國家如日本、韓國及新加坡立法例，並未規定收容外國人之最長期間限制。另參照我國傳染病防治法第45條第3項規定：「地方主管機關於前項隔離治療期間超過三十日者，應至遲每隔三十日另請二位以上專科醫師重新鑑定有無繼續隔離治療之必要。」據此，病患如經鑑定有隔離治療之必要，即可繼續隔離治療，並無次數之限制。又依我國憲法第23條有關法律保留原則及比例原則之規定，為防止妨礙他人自由、避免緊急危難、維持社會秩序，或增進公共利益所必要，得以法律限制憲法所定之基本權利，包括人身自由。

（六）本次增訂再延長收容規定，限縮適用對象為「高風險對象」，且因疫情等不可抗力因素致無法執行強制驅逐出國者，而「高風

險對象」包含未經許可入國者或曾犯國家安全法或反滲透法之罪，經有罪判決確定者。因未經許可入國之目的係入國從事違法活動，而曾犯國家安全法或反滲透法之罪，經有罪判決確定者，已危害我國國家安全，是類「高風險對象」對我國國家安全或社會治安極具危險性，可預見其將再度造成危害，有嚴加預防之必要。此外，移民署聲請再延長收容前，亦須先會商相關機關意見（即未經許可入國者，會商海洋委員會海巡署及其他相關機關意見；曾犯國家安全法或反滲透法之罪者，會商國家安全局及其他相關機關意見），以確認必要性，並須向法院聲請裁定，俾恪遵法官保留原則及正當法律程序。易言之，再延長收容符合憲法第23條法律保留原則與比例原則、司法院釋字第708號、第710號解釋意旨及我國現行立法體例。

（七）另天然災害、疫情等不可抗力因素消失，且遣送作業恢復正常，移民署即須儘速執行強制驅逐出國（遣送），不得再延長收容，因此，再延長收容並非無期間限制。

綜上，於天然災害、疫情（如「嚴重特殊傳染性肺炎」疫情）等不可抗力因素消失，且恢復得正常執行強制驅逐受收容人出國前，為落實外來人口人流安全管理，以及維護我國社會治安、國家安全及衛生醫療體系，並達保全強制驅逐受收容人出國之目的，容有延長收容、再延長收容之必要，爰修正第2項規定，並增訂第4項及第5項規定。

（八）再者，行政訴訟法第237條之10第1款規定：「本法所稱收容聲請事件如下：一、依入出國及移民法、臺灣地區與大陸地區人民關係條例及香港澳門關係條例提起收容異議、聲請續予收容及延長收容事件。」而本條增訂第四項「再延長收容」之聲請事件，係現行第38條之2、第38條之4所定「提出收容異議」、「聲請裁定續予收容」及「聲請裁定延長收容」以外之收容聲請事件，鑑於「再延長收容」聲請事件之程序，性質上應與「延長收容」相當，爰增訂第6項規定，定明準用行政訴訟法關於延長收容聲請事件程序之規定。因此，增訂得聲請法院再延長收容之情形、收容替代處分之事項、違反收容替代處分經再次收容者，再次收容之期間重行起算，及停止收容之情形，並配合修正

相關條文，爰修正本法相關條文，如第15條、第38條、第38條之1、第38條之4、第38條之7至第38條之9。

貳、內容解析

　　本條係配合司法院釋字第708號解釋對逾越15日行政保留期限之「續予收容」或「延長收容」，明確規定應予以人身自由保障之憲法保留原則適用，必須採取法官保留，始符合憲法人權之要求。[58]至受收容人於暫時收容期間內，未表示不服或要求由法院審查決定是否收容，且暫時收容期間將屆滿者，入出國及移民署倘認有繼續收容之必要，因事關人身自由之長期剝奪，基於上述憲法保障人身自由之正當法律程序之要求，系爭規定關於逾越前述暫時收容期間之收容部分，自應由公正、獨立審判之法院依法審查決定。故入出國及移民署應於暫時收容期間屆滿之前，將受暫時收容人移送法院聲請裁定收容，始能續予收容；嗣後如依法有延長收容之必要者，亦同。[59]本條明定移民署向法院聲請續予收容之裁定程序與期間，共區分六項，茲說明如下：

一、續予收容

　　第1項明定：「暫予收容期間屆滿前，移民署認有續予收容之必要者，應於期間屆滿五日前附具理由，向法院聲請裁定續予收容。」按司法院釋字第708號解釋文略以：「逾越上開暫時收容期間之收容部分，非由法院審查決定，均有違憲法第八條第一項保障人民身體自由之意旨。」更在同號解釋除以司法替代立法授予行政合理作業期間15日，得免予法官保留外[60]，大法官多數意見更在其理由書明示略以：「且暫

58　參閱司法院大法官釋字第708號解釋文略以：「逾越上開暫時收容期間之收容部分，非由法院審查決定，均有違憲法第八條第一項保障人民身體自由之意旨。」

59　參閱司法院釋字第708號解釋理由書。

60　參閱司法院釋字第708號解釋理由書指出：「該署合理之遣送作業期間，且於此短暫期間內得處分暫時收容該外國人，以防範其脫逃，俾能迅速將該外國人遣送出國，當屬合理、必要，亦屬國家主權之行使，並不違反憲法第八條第一項保障人身自由之意旨，是此暫時收容之處分部分，尚無須經由法院為之。」

時收容期間將屆滿者，入出國及移民署倘認有繼續收容之必要，因事關人身自由之長期剝奪，基於上述憲法保障人身自由之正當法律程序之要求，系爭規定關於逾越前述暫時收容期間之收容部分，自應由公正、獨立審判之法院依法審查決定。故移民署應於暫時收容期間屆滿之前，將受暫時收容人移送法院聲請裁定收容，始能續予收容；嗣後如依法有延長收容之必要者，亦同。」因此，本項之「續予收容」及下一項之「延長收容」之規定，乃是配合上述司法院大法官解釋意旨之為調整修正有關外國人收容之法律規範。

二、延長收容

第2項明定：「續予收容期間屆滿前，因受收容人所持護照或旅行文件遺失或失效，尚未能換發、補發或延期，或因天然災害、疫情等不可抗力因素，致無法強制驅逐出國，經移民署認有繼續收容之必要者，應於期間屆滿五日前附具理由，向法院聲請裁定延長收容。」此亦為遵守「憲法保留」與「法官保留」原則。

三、續予收容與延長收容之期限

第3項明定：「續予收容之期間，自暫予收容期間屆滿時起，最長不得逾四十五日；延長收容之期間，自續予收容期間屆滿時起，最長不得逾四十日。」此亦參諸本法第38條之5第6項規定：「前二項受收容人於本法中華民國一百零四年一月二十三日修正之條文施行前後收容之期間合併計算，最長不得逾一百日。」可知，本法有關外國人收容期日限制，係配合司法院釋字第708號授權「行政保留」之15日「合理作業期間」，本項明定之由法院裁定之「續予收容」之期間最長不得逾45日，以及「延長收容」期間最長不得逾40日，總計最長不得逾100日。再者，本法第38條之8第2項規定：「前項外國人再次收容之期間，應與其曾以同一事件收容之期間合併計算，且最長不得逾一百日。」之拘束。因此，綜上可知，外國人驅逐出國而需收容之期限，最長不得逾100日。然而，「臺灣地區與大陸地區人民關係條例」第18條之1第9項

有關暫予收容之期間規定：「同一事件之收容期間應合併計算，且最長不得逾一百五十日；本條例中華民國一百零四年六月二日修正之條文施行前後收容之期間合併計算，最長不得逾一百五十日。」卻可收容達150日，此與外國人收容最長期間差異之合理正當性，則不無疑義[61]。

四、向法院聲請裁定再延長收容之規定

本條修法新增第4項規定：「前項延長收容期間屆滿前，受收容人因天然災害、疫情等不可抗力因素，致無法強制驅逐出國，且有下列情形之一，經移民署分別會商海洋委員會海巡署、國家安全局及其他相關機關，認有繼續收容之必要者，應於期間屆滿五日前附具理由，向法院聲請裁定再延長收容：一、未經許可入國。二、曾犯國家安全法或反滲透法之罪，經有罪判決確定。」

五、再延長收容之期間

本條修法新增第5項規定：「前項再延長收容之期間，自前次延長收容期間屆滿時起，每次最長不得逾四十日。」

六、再延長收容之聲請程序

本條修法新增第6項規定：「第四項再延長收容之聲請，準用行政訴訟法第二編第四章關於延長收容聲請事件程序之規定。」

參、綜論

司法院釋字第708號解釋理由書第1段略以：「至受收容人於暫時

---

[61] 「臺灣地區與大陸地區人民關係條例」更明定受收容之大陸地區人民有關暫予收容處分及其程序等均參考及準用本法。例如其第18條之1第10項規定：「受收容人之收容替代處分、得不暫予收容之事由、異議程序、法定障礙事由、暫予收容處分、收容替代處分與強制出境處分之作成方式、廢（停）止收容之程序、再暫予收容之規定、遠距審理及其他應遵行事項，準用入出國及移民法第三十八條第二項、第三項、第三十八條之一至第三十八條之三、第三十八條之六、第三十八條之七第二項、第三十八條之八第一項及第三十八條之九規定辦理。」

收容期間內，未表示不服或要求由法院審查決定是否收容，且暫時收容期間將屆滿者，入出國及移民署倘認有繼續收容之必要，因事關人身自由之長期剝奪，基於上述憲法保障人身自由之正當法律程序之要求，系爭規定關於逾越前述暫時收容期間之收容部分，自應由公正、獨立審判之法院依法審查決定。故入出國及移民署應於暫時收容期間屆滿之前，將受暫時收容人移送法院聲請裁定收容，始能續予收容；嗣後如依法有延長收容之必要者，亦同。」

司法院釋字第708號解釋理由書第3段略以：「衡酌本案相關法律修正尚須經歷一定之時程，且須妥為研議完整之配套規定，例如是否增訂具保責付、法律扶助，以及如何建構法院迅速審查及審級救濟等審理機制，並應規範收容場所設施及管理方法之合理性，以維護人性尊嚴，兼顧保障外國人之權利及確保國家安全；受收容人對於暫時收容處分表示不服，或要求由法院審查決定是否予以收容，而由法院裁定時，原暫時收容處分之效力為何，以及法院裁定得審查之範圍，有無必要就驅逐出國處分一併納入審查等整體規定，相關機關應自本解釋公布之日起二年內，依本解釋意旨檢討修正系爭規定及相關法律，屆期未完成修法者，系爭規定與憲法不符部分失其效力。」因此，乃增訂本條配合上述司法院解釋意旨，以符合憲法保障人權之宗旨。

綜合上述本法相關規定內容分析，可知新法因應司法院釋字第708號解釋意旨，明定收容期限，首先是依法得由移民署之「暫予收容處分」為15日；再者，依本條第3項規定：「續予收容之期間，自暫予收容期間屆滿時起，最長不得逾四十五日；延長收容之期間，自續予收容期間屆滿時起，最長不得逾四十日。」因此，依本法對外國人得以收容期限之合計最長不得逾100日，此規定亦與本法第38條之8第2項規定[62]相合致。

---

[62] 本法第38條之8第2項規定：「前項外國人再次收容之期間，應與其曾以同一事件收容之期間合併計算，且最長不得逾一百日。」由此可知，一位外國人因同一事件收容之期間合併計算，且最長不得逾100日。

第38條之5（受收容人涉及刑事案件）

受收容人涉及刑事案件已進入司法程序者，移民署於知悉後執行強制驅逐出國十日前，應通知司法機關；除經司法機關認有羈押或限制出國之必要，而移由司法機關處理者外，移民署得執行強制驅逐受收容人出國。

本法中華民國一百零四年一月二十三日修正之條文施行前，有修正施行前第三十八條第一項各款情形之一之外國人，涉及刑事案件，經司法機關責付而收容，並經法院判決有罪確定者，其於修正施行前收容於第三十九條收容處所之日數，仍適用修正施行前折抵刑期或罰金數額之規定。

本法中華民國一百年十一月二十三日修正公布，一百年十二月九日施行前，外國人涉嫌犯罪，經法院判決有罪確定，於修正施行後尚未執行完畢者，其於修正施行前收容於第三十九條收容處所之日數，仍適用修正施行前折抵之規定。

本法中華民國一百零四年一月二十三日修正之條文施行前，已經移民署收容之外國人，其於修正施行時收容期間未逾十五日者，移民署應告知其得依第三十八條之二第一項規定提出收容異議，十五日期間屆滿認有續予收容之必要，應於期間屆滿前附具理由，向法院聲請續予收容。

前項受收容人之收容期間，於修正施行時已逾十五日至六十日或逾六十日者，移民署如認有續予收容或延長收容之必要，應附具理由，於修正施行當日，向法院聲請續予收容或延長收容。

前二項受收容人於本法中華民國一百零四年一月二十三日修正之條文施行前後收容之期間合併計算，最長不得逾一百日。

壹、導言

　　本條於2015年2月4日總統華總一義字第10400013351號令新增訂。其立法理由為：1.鑑於收容處分僅為強制驅逐出國處分之確保措施，並為使涉及刑事案件之受收容人，明確釐清其相關刑事程序及行政程序之分際，避免以行政收容代替刑事羈押之流弊，參照原條文第38條第5項規定，並簡明相關文字後增列為第1項，定明該等涉有刑事案件之受收容人，除經司法機關認為有羈押或限制出國之必要，而移由其處理者

外，移民署得執行強制驅逐出國，以確實保障受收容人之人權。另參照原條文第38條第6項規定，就收容可折抵刑期之規定，於第2項中定明須於本法修正之條文施行前，收容於收容所之日數，方可折抵刑期或罰金數額，又參照原條文第38條第7項規定，於第3項增列適用落日條款，以明確時點之規範；2.又本法本次修正之條文施行前，已經入出國及移民署收容之外國人，於修正施行後，尚在收容階段時，應即適用新法相關規定，爰增列第4項、第5項過渡條款規範，俾維護當事人權益，及釐清法律適用疑義，以資明確；3.增訂第6項，定明本法本次修正之條文施行前後收容期間合併計算，不得逾100日，以保障其人身自由。此規定與本法第38條之8第2項規定相同，旨在因應司法院釋字第708號解釋意旨，以避免無限期拘束外國人之人身自由[63]，以保障人權。

貳、內容解析

本條明定受收容人涉及刑事案件之處理程序與注意事項，共區分六項，茲說明如下：

一、收容涉及刑案之處置

第1項明定：「受收容人涉及刑事案件已進入司法程序者，移民署於知悉後執行強制驅逐出國十日前，應通知司法機關；除經司法機關認有羈押或限制出國之必要，而移由司法機關處理者外，移民署得執行強制驅逐受收容人出國。」有鑑於移民署之收容與驅逐出國處分之行政目的與程序配合，以期順利完成本法規範之入出境管理秩序或國家安全考

---

[63] 司法院釋字第708號解釋湯德宗大法官協同意見書略以：「一、無限期收容外國人，究非憲法所許。經本號解釋後，為驅逐外國人出國而為之收容，可分為幾個階段：……。本席以為，解釋理由書第六段應併指明：相關機關依本號解釋意旨修正有關法令時，應參酌國際人權公約及各國立法例，明定『為驅逐外國人出國之收容』應僅限於為積極辦理遣送出國作業所需之合理期間，始得為之。故經『暫予收容』（六十日）及『延長收容』（六十日）後，仍未能遣送出國者（例如文件未能齊備，或無國家願意接收其入境等情），應改採其他措施，以免淪為無限期收容。」

量外，該等案件亦常有涉及刑事司法案件之可能，乃應明定相關行政與司法機關之有效配合執行，配合漏洞而致影響任務達成，故除此項之規定外，尚有如「外國人強制驅逐出國處理辦法」第3條第3項至第5項之規定[64]，亦可資參考運用。

二、修法之收容折抵與續延

本條第2項至第6項分別明定因修法而調整適用之情形如下：

（一）**收容之折抵刑期或罰金之計算**：第2項明定：「本法中華民國一百零四年一月二十三日修正之條文施行前，有修正施行前第三十八條第一項各款情形之一之外國人，涉及刑事案件，經司法機關責付而收容，並經法院判決有罪確定者，其於修正施行前收容於第三十九條收容處所之日數，仍適用修正施行前折抵刑期或罰金數額之規定。」基於對人身自由應遵守憲法保留原則與基本人權保障，執法機關常易於以行政收容或其他剝奪人身自由之方式[65]，以保全之後司法程序的配合出庭調查，然其對人身自由之影響程度，已不亞於刑事「羈押」，本條乃明定因此而得以適用修正施行前折抵刑期或罰金數額之規定。惟移民執法機關於實務上應避免因考量行政便利性及達成刑事目的性，藉由規避刑事訴訟法之羈押要件，形成以「行政收容之名，行刑事羈押之實」[66]。

（二）**收容之折抵刑期或罰金之計算**：第3項明定：「本法中華民國一百年十一月二十三日修正公布，一百年十二月九日施行前，外國人涉嫌犯罪，經法院判決有罪確定，於修正施行後尚未執行完畢者，其於修正施行前收容於第三十九條收容處所之日數，仍適用修正施行前折抵

---

64 「外國人強制驅逐出國處理辦法」第3條第3項規定：「經其他機關依本條規定移請移民署處理之外國人涉有刑事案件已進入司法程序者，移送機關應即時通知移民署。」同條第4項規定：「移民署知悉受強制驅逐出國處分之外國人涉有刑事案件已進入司法程序者，於強制驅逐出國十日前，應通知司法機關。」又同條第5項規定：「法院裁定准予續予收容或延長收容之外國人，經強制驅逐出國者，移民署應即時通知原裁定法院。」以上三項規定旨在使移民署與司法或其他相關法定機關之相互配合，使執法無漏洞，亦可適切保障人權。
65 牟芮君，入出國及移民法有關刑期折抵規定修正之研討——兼論替代收容制度，司法新聲，128期，2018年，頁25-44。
66 陳鏡華、陳育晏，外國人收容之法律研究，警大法學論集，20期，2011年，頁65-67。

之規定。」此參諸法務部相關函釋指出：「依釋字第586、612、617號解釋理由，採肯定說始合乎『文義可能』範圍內之立法目的、邏輯體系之解釋，應採對被告最有利之解釋，何況收容與羈押同屬拘束人身自由之強制處分，效果相同，依刑第46條法理，被告因同一案件遭收容，應可予類推適用，以保障人權。」[67]

（三）第4項明定：「本法中華民國一百零四年一月二十三日修正之條文施行前，已經移民署收容之外國人，其於修正施行時收容期間未逾十五日者，移民署應告知其得依第三十八條之二第一項規定提出收容異議，十五日期間屆滿認有續予收容之必要，應於期間屆滿前附具理由，向法院聲請續予收容。」此項係修正前後新舊法內容於過渡期間之規定，以明確其適用有利於受收容當事人得以適用「法官保留」之人身自由與權利保障。

（四）第5項明定：「前項受收容人之收容期間，於修正施行時已逾十五日至六十日或逾六十日者，移民署如認有續予收容或延長收容之必要，應附具理由，於修正施行當日，向法院聲請續予收容或延長收容。」本項制定目的在於使移民署主動採取符合司法院釋字第708號意旨而新訂之本項內容，亦即依據本法第38條之4及本項規定，應移民機關主動向法院聲請續予收容或延長收容，以保障人權。

（五）第6項明定：「前二項受收容人於本法中華民國一百零四年一月二十三日修正之條文施行前後收容之期間合併計算，最長不得逾一百日。」此係依據司法院釋字第708號解釋意旨而修正本法有關收容之法律規範，依此新法規定，一個違法外國人為保全能將之驅逐出國之目的，而為「暫予收容」、「續予收容」及「延長收容」等三種方式之處分，明定此收容之全部期間合併計算，最長不得逾100日，以有效保

---

[67] 參考2009年8月6日法檢字第0980803295號函釋法律問題。按臺灣臺北地方法院檢察署座談決議多數採肯定說，其意見認為：「又參98年1月23日新修正之入出國及移民法第38條第5項規定，外國人收容期間可折抵刑期，不論其是否經法官或檢察官為責付處分，依此新立法精神，均可折抵刑期，更可證收容與羈押同屬拘束人身自由之強制處分，效果相同，故在同一事件，犯人收容期間可折抵刑期，以確實保障人權，故應依此立法目的、精神，解釋臺灣地區與大陸地區人民關係條例第18條第4項規定，以確實保障人權。」

障人權。

參、綜論

司法院釋字第708號解釋理由書第1段略以：「人民身體自由享有充分保障，乃行使其憲法上所保障其他自由權利之前提，爲重要之基本人權。故憲法第八條第一項即明示：『人民身體之自由應予保障。除現行犯之逮捕由法律另定外，非經司法或警察機關依法定程序，不得逮捕拘禁。非由法院依法定程序，不得審問處罰。非依法定程序之逮捕、拘禁、審問、處罰，得拒絕之。』是國家剝奪或限制人民身體自由之處置，不問其是否屬於刑事被告之身分，除須有法律之依據外，亦即應符合法律保留原則之適用，尚應踐行必要之司法程序或其他正當法律程序，始符合上開憲法之意旨。又人身自由係基本人權，爲人類一切自由、權利之根本，任何人不分國籍均應受保障，此爲現代法治國家共同之準則。故我國憲法第八條關於人身自由之保障亦應及於外國人，使與本國人同受保障。……據此規定，內政部入出國及移民署得以行政處分收容外國人。系爭規定所稱之『收容』，雖與刑事羈押或處罰之性質不同，但仍係於一定期間拘束受收容外國人於一定處所，使其與外界隔離，亦屬剝奪人身自由之一種態樣，係嚴重干預人民身體自由之強制處分，依憲法第八條第一項規定意旨，自須踐行必要之司法程序或其他正當法律程序。惟刑事被告與非刑事被告之人身自由限制，在目的、方式與程度上畢竟有其差異，是其踐行之司法程序或其他正當法律程序，自非均須同一不可。」

因此，本條規定受收容人涉及刑事案件已進入司法程序者，以「先司法後行政」之程序方式處理。畢竟涉及司法刑事案件常屬比行政案件之侵害法益嚴重，故乃於本條第1項明定移民署於知悉後執行強制驅逐出國10日前，應通知司法機關；除經司法機關認有羈押或限制出國之必要，而移由司法機關處理者外，移民署得執行強制驅逐受收容人出

國。再者，本條進一步將本次修正之條文施行前，已經移民署收容之外國人，於修正施行後，尚在收容階段時，應即適用新法相關規定，於各項內容規定其計算、折抵刑期等適用方式及程序，以釐清法律適用疑義，維護當事人權益。

第38條之6（受處分人理解語文之處分書）
移民署為暫予收容處分、收容替代處分及強制驅逐出國處分時，應以受處分人理解之語文作成書面通知，附記處分理由及不服處分提起救濟之方法、期間、受理機關等相關規定；並應聯繫當事人原籍國駐華使領館、授權機構或通知其在臺指定之親友，至遲不得逾二十四小時。

壹、導言

本條規定之重要意義，主要係受處分人之被告知權，包括以知悉之語言告知，落實行政行為明確性原則，以及亦應通知其可能協助之機構或親友，以避免其因脆弱處境而無助。因暫予收容處分、收容替代處分及強制驅逐出國處分等三種類型均是對當事人有自由權利上之影響，故立法明確要求移民署執法人員應以受處分人理解之語文作成書面通知，附記處分理由及不服處分提起救濟之方法、期間、受理機關等相關規定，以及應聯繫當事人原籍國駐華使領館、授權機構或通知其在臺指定之親友，至遲不得逾24小時。此之規範目的旨在使受收容人可明確了解受收容處分或裁定之情形，而能善用救濟程序，得即時有效維護其權益，故此規定乃有其必要性與重要性。

本條於2015年2月4日以總統華總一義字第10400013351號令新增訂，其立法理由為：1.參照司法院釋字第708號解釋意旨[68]，維護受收容

---

[68] 司法院釋字第708號解釋理由書略以：「且於處分或裁定收容之後，亦應即以受收容之外國人可理解之語言及書面，告知其處分收容之原因、法律依據及不服處分之司法救濟途徑，並

人之人身自由權利及賦予其救濟機會，並參考原條文第38條第8項規定內容[69]，增列爲本條規範；2.入出國及移民署作成暫予收容處分、收容替代處分及強制驅逐出國處分時，仍應於24小時內，聯繫當事人原籍國駐華使領館、授權機構或通知其在臺指定之親友，以符保障人權之立法意旨。

貳、內容解析

　　基於人權保障考量，乃明定受處分人能理解之語文來做成書面處分書，本條乃明定：「移民署爲暫予收容處分、收容替代處分及強制驅逐出國處分時，應以受處分人理解之語文作成書面通知，附記處分理由及不服處分提起救濟之方法、期間、受理機關等相關規定；並應聯繫當事人原籍國駐華使領館、授權機構或通知其在臺指定之親友，至遲不得逾二十四小時。」茲分析如下：

一、理解之語文作成處分書

　　移民署爲暫予收容處分、收容替代處分及強制驅逐出國處分時，應以受處分人理解之語文作成書面通知。處分意思之有效送達與理解，應是處分效力之基本要求，故本條加以明定，應有其必要性與重要性。

二、處分書之要式

　　處分書應附記處分理由及不服處分提起救濟之方法、期間、受理機關等相關規定。此明定處分書內容之各種要件，若有定型化且具有要式內容之處分書格式，於適用者均有其明確與方便性，值得肯定。

　　通知其指定之在臺親友或其原籍國駐華使領館或授權機關，俾受收容人善用上述救濟程序，得即時有效維護其權益，方符上開憲法保障人身自由之意旨。」
[69] 原本法第38條第8項規定：「第二項收容、延長收容及第三十六條強制驅逐出國之處分，應以當事人理解之語文作成書面通知，附記處分理由及不服處分提起救濟之方法、期間、受理機關等相關規定；收容處分並應聯繫當事人原籍國駐華使領館或授權機構。」

三、收容與驅逐出國之通知

移民署為暫予收容處分、收容替代處分及強制驅逐出國處分時，應聯繫當事人原籍國駐華使領館、授權機構或通知其在臺指定之親友，至遲不得逾24小時。此規定旨在使身居顯較本國人陌生且脆弱處境之外國人，得由其國籍國駐臺代表機構或其親友給予依法協助與維護其自由或權利。

參、綜論

按「公民與政治權利國際公約」第14條即明示應予受控告或處分人，提供其可理解之語言及文字，或備妥免費之通譯協助之。又司法院釋字第708號解釋理由書第3段指出：「系爭規定所稱之『收容』，雖與刑事羈押或處罰之性質不同，但仍係於一定期間拘束受收容外國人於一定處所，使其與外界隔離（入出國及移民法第三十八條第二項及『外國人收容管理規則』參照），亦屬剝奪人身自由之一種態樣，係嚴重干預人民身體自由之強制處分（本院釋字第三九二號解釋參照），依憲法第八條第一項規定意旨，自須踐行必要之司法程序或其他正當法律程序。惟刑事被告與非刑事被告之人身自由限制，在目的、方式與程度上畢竟有其差異，是其踐行之司法程序或其他正當法律程序，自非均須同一不可（本院釋字第五八八號解釋參照）。查外國人並無自由進入我國國境之權利，而入出國及移民署依系爭規定收容外國人之目的，在儘速將外國人遣送出國，非為逮捕拘禁犯罪嫌疑人，則在該外國人可立即於短期間內迅速遣送出國之情形下，入出國及移民署自須有合理之作業期間，以利執行遣送事宜，例如代為洽購機票、申辦護照及旅行文件、聯繫相關機構協助或其他應辦事項，乃遣送出國過程本質上所必要。因此，從整體法秩序為價值判斷，系爭規定賦予該署合理之遣送作業期間，且於此短暫期間內得處分暫時收容該外國人，以防範其脫逃，俾能迅速將該外國人遣送出國，當屬合理、必要，亦屬國家主權之行使，並

不違反憲法第八條第一項保障人身自由之意旨，是此暫時收容之處分部分，尚無須經由法院為之。惟基於上述憲法意旨，為落實即時有效之保障功能，對上述處分仍應賦予受暫時收容之外國人有立即聲請法院審查決定之救濟機會，倘受收容人於暫時收容期間內，對於暫時收容處分表示不服，或要求由法院審查決定是否予以收容，入出國及移民署應即於二十四小時內將受收容人移送法院迅速裁定是否予以收容；且於處分或裁定收容之後，亦應即以受收容之外國人可理解之語言及書面，告知其處分收容之原因、法律依據及不服處分之司法救濟途徑，並通知其指定之在臺親友或其原籍國駐華使領館或授權機關，俾受收容人善用上述救濟程序，得即時有效維護其權益，方符上開憲法保障人身自由之意旨。」因此，從上述大法官之法理論述，可知其假設命題係外國人之處境不如本國人對於人文、法律、社會等相關環境之熟悉，甚至身處脆弱處境，若因而受有公權力之不利益處分或裁定，當需能確實理解處分或裁定內容，並有受該國籍國駐我國使領館人員或其親友知悉，以協助其採取救濟措施之可能。故本條乃依據該號解釋意旨加以明定，以確保受收容處分或裁定之外國人人權。

第38條之7（暫予收容處分或停止收容處分之廢止）

移民署作成暫予收容處分，或法院裁定准予續予收容、延長收容或再延長收容後，因收容原因消滅、無收容之必要或有得不予收容情形，移民署得依職權，廢止暫予收容處分或停止收容後，釋放受收容人。

法院裁定駁回續予收容、延長收容或再延長收容之聲請者，移民署應停止收容，並釋放受收容人。暫予收容、續予收容、延長收容或再延長收容之期間屆至，未聲請法院續予收容、延長收容或再延長收容者，亦同。

依第三十八條之一第一項不暫予收容之外國人或前項規定廢止暫予收容處分或停止收容之受收容人，違反第三十八條之一第二項之收容替代處分者，移民署得沒入其繳納之保證金。

法院裁定准予續予收容、延長收容或再延長收容後，受收容人經強制驅逐出國或依第一項規定辦理者，移民署應即時通知原裁定法院。

壹、導言

　　本條旨在規範原依法收容執行中，經查已無收容之必要，而得由移民機關依職權廢止收容處分，並停止收容，且須釋放受收容人，屬於原由法院裁定之續予收容、延長收容或再延長收容者，亦依法應通知法院知情。再者，移民署並得依本條第3項之規定，沒入其繳納之保證金。本條係2015年2月4日總統華總一義字第10400013351號令新增訂。其立法理由為：1.為使暫予收容處分或收容決定符合行政目的，於入出國及移民署作成暫予收容處分後，或法院裁定准予續予收容或延長收容後，受收容人因收容原因消滅或無收容之必要時，入出國及移民署得依職權廢止暫予收容處分或停止收容，並得依第38條之1第2項為收容替代處分後，釋放受收容人，爰增訂為第1項；2.又為加強收容管理秩序，若不暫予收容之外國人、廢止暫予收容處分或停止收容之受收容人，違反應遵守事項時，入出國及移民署得為沒入繳納之保證金，爰增訂為第2項；3.為加強法院與入出國及移民署間之橫向連繫，爰定明法院裁定准予續予收容或延長收容後，受收容人經強制驅逐出國或依第1項規定辦理者，入出國及移民署應即時通知法院，爰增訂為第3項，以資明確。

　　本條於2023年6月28日總統華總一義字第11200054171號令修正公布，並於2023年12月6日行政院院臺法字第1121043343號令發布，定自2024年3月1日施行。本條除在第1項及第4項分別增定「或再延長收容」1句外，另亦新增定第2項「法院裁定駁回續予收容、延長收容或再延長收容之聲請者，移民署應停止收容，並釋放受收容人。暫予收容、續予收容、延長收容或再延長收容之期間屆至，未聲請法院續予收容、延長收容或再延長收容者，亦同。」本條修正理由分別列述如下：

　　（一）配合修正條文第38條之4增訂第4項至第6項關於再延長收容之規定，爰修正第1項規定。

　　（二）法院裁定駁回續予收容、延長收容或再延長收容之聲請，抑或暫予收容、續予收容、延長收容或再延長收容之期間屆至，未聲請法

院續予收容、延長收容或再延長收容者，應如何續處，本法並未明文規定，爰增訂第2項。現行第2項遞移為第3項，並配合第2項之增訂修正文字。

（三）現行第3項移列為第4項，並配合修正條文第38條之4增訂再延長收容之規定修正文字。

貳、內容解析

本條立法目的旨在針對暫予收容處分或停止收容處分之廢止規定，區分三項，茲分別析論如下：

一、廢止暫予收容處分或依職權廢止暫予收容處分或停止收容及其釋放

第1項明定：「移民署作成暫予收容處分，或法院裁定准予續予收容或延長收容後，因收容原因消滅、無收容之必要或有得不予收容情形，移民署得依職權，廢止暫予收容處分或停止收容後，釋放受收容人。」本項所稱之「廢止暫予收容處分」，應係指移民署作成暫予收容處分，原屬於合法之處分，然因後來有「收容原因消滅、無收容之必要或有得不予收容情形」發生，乃依法得由移民署依職權廢止暫予收容處分。另一方面，本項所稱「停止收容」應係指法院裁定准予續予收容或延長收容後，因收容原因消滅、無收容之必要或有得不予收容情形，移民署得依職權，廢止暫予收容處分或停止收容後，釋放受收容人。再依據本條第3項後段規定「依第一項規定辦理者，移民署應即時通知原裁定法院」，以使程序完備，但本條並無規定該通知應敘明理由或格式為何，而由移民署逕予處分決定將曾經由法院裁定准予續予收容或延長收容予以「停止收容」，雖於外國人人權保障上應無影響，但在行政與司法之配合因應上，似鮮少如此立法例。論者亦有析論德國之外國人法而提出有關我國法院對外國人收容應有實質保障人權作為之建議：「德國

對於人身自由的高規格保障，除了以法官保留作為權力分立相互制衡的控管機制外，並強調法官保留必須是有實效、具意義的法官審查，法官不能只是行政機關的橡皮圖章。」以及「德國法，對於外國人不服收容命令提起之抗告，抗告法院除審查外國人有無收容事由與必要性，重為收容於否的決定外，並得於收容命令解消時，依外國人的聲請，確認原收容命令的違法性。其目的不在追究法官責任，而在釐清收容期間內相關費用的負擔及可能的損害賠償。此制度為我國所無。」[70]

二、停止收容並釋放受收容人

本條新增第2項明定：「法院裁定駁回續予收容、延長收容或再延長收容之聲請者，移民署應停止收容，並釋放受收容人。暫予收容、續予收容、延長收容或再延長收容之期間屆至，未聲請法院續予收容、延長收容或再延長收容者，亦同。」

三、保證金之沒入

第3項明定：「依第三十八條之一第一項不暫予收容之外國人或前項規定廢止暫予收容處分或停止收容之受收容人，違反第三十八條之一第二項之收容替代處分者，移民署得沒入其繳納之保證金。」本項規定係為本法第38條第2項、第3項及第38條之1第1項、第2項之配套措施，因前述屬於「收容替代處分」，如違反收容替代處分者，移民署得沒入其依前述規定繳納之保證金，以為保全程序。

四、釋放或驅逐續予收容或延長收容人出國應通知法院

第4項明定：「法院裁定准予續予收容、延長收容或再延長收容後，受收容人經強制驅逐出國或依第一項規定辦理者，移民署應即時通知原裁定法院。」本項除有上述第1項論述之法院與移民署機關間配合疑義外，此之規定「受收容人經強制驅逐出國」亦應屬移民署之決定與

---

[70] 楊坤樵，我們都是外國人——以德國「收容外國人」法院程序為鏡，司法改革雜誌，100期，2014年，頁37-48，https://digital.jrf.org.tw/articles/2644（瀏覽日期：2022.3.16）。

執行遣返後，始由移民署應即時通知原裁定法院。基於「有原則，有例外」之原則運用，若在實務執行上有必要於處分或遣返前先取得法院之共識，則本項亦可有例外之規定。

參、綜論

按本條第1項後段規定：「⋯⋯因收容原因消滅、無收容之必要或有得不予收容情形，移民署得依職權，廢止暫予收容處分或停止收容後，釋放受收容人。」然其中移民署得依職權以「收容原因消滅」、「無收容之必要」或「有得不予收容情形」，廢止暫予收容處分或停止收容後，釋放受收容人。內政部係移民行政主管機關，而移民署係其特業幕僚機關，負責其業務規劃與執行，故該署自得依法來避免不必要之「收容」外國人，以合法且妥適地保障其基本權利。因此，本條乃立法授權得由移民署依職權廢止或停止收容。然依上述所列之理由，由移民署依職權廢止收容處分或停止收容，然上述三種理由之內容意義似乎僅是一種，亦即「收容原因消滅」、「無收容之必要」或「有得不予收容情形」，亦即收容原因不復存在，似無必要加以區分。再者廢止收容處分或停止收容，亦有不同之意義，前者係合法處分之廢止，而後者係受益行政處分，應予明辨。

另一方面，違反第38條之1第2項規定：「移民署經依前項規定不暫予收容，或依第三十八條之七第一項廢止暫予收容處分或停止收容後，得依前條第二項規定為收容替代處分，並得通報相關立案社福機構提供社會福利、醫療資源以及處所。」其違反該項規定之收容替代處分者，移民署得沒入其繳納之保證金。再者，基於上述事由而經裁定准予續予收容或延長收容後，受收容人經強制驅逐出國或依第1項規定辦理者，移民署應即時通知原裁定法院，此乃係機關間之相互配合。

第38條之8（聲請裁定續予收容與延長收容及再延長收容）

外國人依第三十八條第二項、第三十八條之一第一項不暫予收容、前條第一項或第二項廢止暫予收容處分或停止收容後，有下列情形之一，非予收容顯難強制驅逐出國者，移民署得再暫予收容，並得於期間屆滿前，向法院聲請裁定續予收容、延長收容及再延長收容：

一、違反第三十八條第二項或第三十八條之一第二項之收容替代處分。

二、廢止暫予收容處分或停止收容之原因消滅。

前項第一款外國人再次收容之期間，應重行起算。

第一項第二款外國人再次收容之期間，應與其曾以同一事件收容之期間合併計算；除有依第三十八條之四第四項再延長收容之情形者外，最長不得逾一百日。

本法中華民國一百十二年五月三十日修正之條文施行前，依修正前第一項規定經再暫予收容、續予收容或延長收容者，其再次收容之期間，適用修正施行前之規定。

壹、導言

　　本條係有關「再暫予收容」、「續予收容」及「延長收容」之規定，以承接前曾依本法第38條之1的違反替代收容處分及同法第38條之7的廢止暫予收容或停止收容之原因消滅所為之配套措施。總之，基於人權保障意旨，上述之三種收容方式，若因其中有中斷收容期間，而有再為收容時，不論何者原因，本條明定一個案之收容中斷前後之期間應予併計不得逾100日。因此，依本條規定內涵，可知其立法目的有二：首先，係因本法第38條之1第1項之得不暫予收容原因合致而有違反收容替代處分，以及依第38條之7第1項廢止暫予收容處分或停止收容之原因消滅後，而仍然具有「非予收容顯難強制驅逐出國者，移民署得再暫予收容，並得於期間屆滿前，向法院聲請裁定續予收容與延長收容及再延長收容」。從此項規定內容可推知猶似案件重新來過的處理方式，

因「再暫予收容」之處分權仍為移民署之行政權；而「續予收容」與
「延長收容」及「再延長收容」，則需向法院聲請裁定，唯一有不同且
值得注意的是本條第2項規定：「前項第一款外國人再次收容之期間，
應重行起算。」以及第3項規定：「第一項第二款外國人再次收容之期
間，應與其曾以同一事件收容之期間合併計算；除有依第三十八條之四
第四項再延長收容之情形者外，最長不得逾一百日。前項外國人再次收
容之期間，應與其曾以同一事件收容之期間合併計算，且最長不得逾
一百日。」因此，移民執法人員應特別必須注意同一事件收容之期間，
前後次收容期間之合併計算，除有依第38條之4第4項再延長收容之情
形者外，最長不得逾100日。

　　本條2015年2月4日總統華總一義字第10400013351號令新增訂。其
立法理由為：1.配合第38條、第38條之1及第38條之7規定，爰於第1項
定明外國人未履行替代收容之相關應遵守事項時，且非予收容，顯難強
制驅逐出國者，入出國及移民署有必要時得再暫予收容，並得於期間屆
滿前向法院聲請裁定續予收容及延長收容；2.又再次收容之期間，與前
以同一事件收容之期間，合併計算最長不得逾100日，爰增列第2項規
範，以保障其人身自由。再者，本條於2023年6月28日總統華總一義字
第11200054171號令再修正公布，新增如下內容解析之二項規定，並於
2023年12月6日行政院院臺法字第1121043343號令發布，定自2024年3
月1日施行。

貳、內容解析

　　本條係對聲請裁定續予收容及延長收容之規定，共四項，茲分別析
論如下：

一、得再次收容之情形

　　收容第1項明定：「外國人依第三十八條之一第一項不暫予收容或
前條第一項廢止暫予收容處分或停止收容後，有下列情形之一，非予收

容顯難強制驅逐出國者，移民署得再暫予收容，並得於期間屆滿前，向法院聲請裁定續予收容及延長收容：一、違反第三十八條之一第二項之收容替代處分。二、廢止暫予收容處分或停止收容之原因消滅。」司法院特別因應釋字第708號意旨及本法修正而於「行政訴訟法」第二編增訂「第四章收容聲請事件程序」（第237條之10至第237條之17），以為依據。又司法院更為明確新規定之適用，特別建置「收容聲請事件程序」網站[71]可參考司法院所明定之「行政訴訟收容聲請事件類型及救濟程序之流程圖」（如圖6-2），並逐一說明其適用程序：「（一）行政訴訟收容聲請事件制度將收容期間區分為移民署作成『暫予收容處分』（第1日～第15日），以及法院裁定「續予收容」（第16日～第60日）及『延長收容』（第61日～第100日）3段期間，大陸地區人民並得再延長收容1次（第101日～第150日）。（二）第1段期間之暫予收容處分由移民署作成，但經受收容人或其一定關係親屬提出異議時，移民署應主動於受理異議後24小時內移送法院審理。如超過15日或60日以上仍未能將受收容人遣送出境，且移民署認有繼續收容之必要，應於期間屆滿5日前向法院聲請續予或延長收容，經法院裁定准許才能繼續收容。法院裁定續予收容或延長收容後，如收容原因消滅、無收容必要或有得不予收容情形，受收容人或其一定關係親屬可向法院聲請停止收容。」

二、再次收容之期間

第2項明定：「前項外國人再次收容之期間，應與其曾以同一事件收容之期間合併計算，且最長不得逾一百日。」此乃因應司法院釋字第708號解釋意旨，指明有關移民署行政上合理作業期間之暫予收容為15日，若有必要續予收容時限為45日，以及延長收容時限為40日，後二者係應由法院審理裁定之；個案收容總計最長之時限為100日。本項乃明定：「前項外國人再次收容之期間，應與其曾以同一事件收容之期間合併計算，且最長不得逾一百日。」以資明確。然此項規定同一個案

---

[71] https://www.judicial.gov.tw/tw/cp-88-57404-16ffa-1.html（瀏覽日期：2022.3.14）。

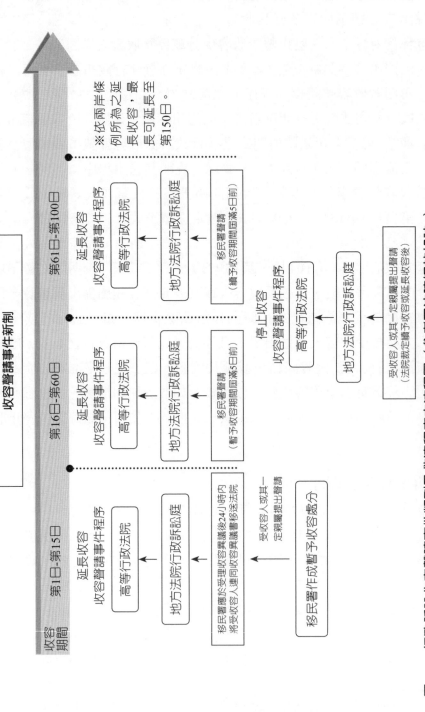

圖6-2　行政訴訟收容聲請事件類型及救濟程序之流程圖（參考司法院網站如註1）

資料來源：司法院網站，https://www.judicial.gov.tw/tw/cp-88-57404-16ffa-1.html（瀏覽日期：2022.3.12）。

收容最長不得逾百日之期限規定，與「臺灣地區與大陸地區人民關係條例」第18條之1規定有關「收容之期間」最長為150日[72]，此不同期間規範異之必要性與合理性，乃立法自由形成所致。

然而，本條自2024年3月1日施行之版本修正幅度較大，除修正第1項外，亦新增三項，其修正內容為：「外國人依第三十八條第二項、第三十八條之一第一項不暫予收容、前條第一項或第二項廢止暫予收容處分或停止收容後，有下列情形之一，非予收容顯難強制驅逐出國者，移民署得再暫予收容，並得於期間屆滿前，向法院聲請裁定續予收容、延長收容及再延長收容：一、違反第三十八條第二項或第三十八條之一第二項之收容替代處分。二、廢止暫予收容處分或停止收容之原因消滅（第1項）。前項第一款外國人再次收容之期間，應重行起算（第2項）。第一項第二款外國人再次收容之期間，應與其曾以同一事件收容之期間合併計算；除有依第三十八條之四第四項再延長收容之情形者外，最長不得逾一百日（第3項）。本法中華民國一百十二年五月三十日修正之條文施行前，依修正前第一項規定經再暫予收容、續予收容或延長收容者，其再次收容之期間，適用修正施行前之規定（第4項）。」再者，本條主要修正理由分別列述如下：

（一）外國人得不暫予收容之情形，除修正條文第38條之1第1項外，包含修正條文第38條第2項情形；另移民署為收容替代處分，除得依修正條文第38條之1第2項規定外，尚得依修正條文第38條第2項規定為之，並配合修正條文第38條之4增訂第4項至第6項關於再延長收容之規定及修正條文第38條之7增訂第2項停止收容之規定，爰修正第1項序文及第1款規定。

（二）再者，現行囿於法定收容期間上限規定，受收容人如為特定國籍者，因其母國在我國無使（領）館或辦事（代表）處，致身分查證不易，難以於法定收容期間上限內申請返國旅行證件，或因天然災害、

---

[72] 「臺灣地區與大陸地區人民關係條例」第18條之1第9項規定：「同一事件之收容期間應合併計算，且最長不得逾一百五十日；本條例中華民國一百零四年六月二日修正之條文施行前後收容之期間合併計算，最長不得逾一百五十日。」

疫情（如「嚴重特殊傳染性肺炎」疫情）等不可抗力因素，亦無法於現行法定收容期間上限內，強制驅逐受收容人出國。是類受收容人於法定收容期間屆滿前，即須爲收容替代處分，並釋放其出所，衍生是類受收容替代處分者有恃無恐，違反收容替代處分，繼續從事打黑工，甚或暴力討債、擄人勒贖、從事性交易、持有毒品及槍枝等違法活動之惡性循環。

（三）另爲防杜受收容替代處分者違反收容替代處分，而再次失聯滯留我國及其衍生之上述問題，並達保全強制驅逐受收容人出國之目的，是故，違反收容替代處分經再次收容者，其再次收容之期間應重行起算，爰增訂第2項，現行第2項遞移爲第3項，「前項」修正爲「第1項第2款」，並定明除有再延長收容之情形外，收容期間合併計算最長不得逾100日。

第2項規定修正施行後，違反收容替代處分之行爲係屬不同事件，故再次收容期間應重行起算。於修正施行前，違反收容替代處分者經再次收容，如於修正施行後，收容期間尚未屆滿，因舊法有利於受處分人，宜使其仍適用舊法規定，再次收容期間不重行起算，而與前次收容期間合併計算。亦即再次收容期間是否重行起算，應以違反收容替代處分之行爲時，本法修正施行與否爲斷，爰增訂第4項規定，以資明確。

參、綜論

司法院釋字第708號解釋理由書首段最後指出：「至受收容人於暫時收容期間內，未表示不服或要求由法院審查決定是否收容，且暫時收容期間將屆滿者，入出國及移民署倘認有繼續收容之必要，因事關人身自由之長期剝奪，基於上述憲法保障人身自由之正當法律程序之要求，系爭規定關於逾越前述暫時收容期間（15日）之收容部分，自應由公正、獨立審判之法院依法審查決定。（法官保留原則）故入出國及移民署應於暫時收容期間屆滿之前，將受暫時收容人移送法院聲請裁定收

容，始能續予收容；嗣後如依法有延長收容之必要者，亦同。」因此，本解釋意旨明白指出「續予收容」或「延長收容」之必要，均應有「法官保留原則」之適用。

> **第38條之9**（法院得以遠距審理方式裁定）
> 法院審理收容異議、續予收容及延長收容及再延長收容裁定事件時，得以遠距審理方式為之。
> 移民署移送受收容人至法院及前項遠距審理之方式、程序及其他應遵行事項之辦法，由行政院會同司法院定之。

壹、導言

　　本條因應司法院釋字第708號解釋意旨，外國人之收容仍有法官保留之適用，主管機關遂於2015年2月4日總統華總一義字第10400013351號令新增訂本條，基於收容之法官裁定常受限於地理環境或其他相關條件限制，故於本條規定授權，得以遠距審理方式為之。針對法院審理之收容異議、續予收容及延長收容等三種裁定事件時，於2024年新修正本條更加入：「再延長收容裁定事件時」，亦得以遠距審理方式為之。其立法理由為：1.為增進行政效率節省司法資源，定明法院審理收容異議、延長收容及續予收容裁定案件時，得依行政訴訟法第130條之1第1項規定[73]，以視訊方式為之，爰增列為第1項規定；2.又為使將來執行遠距視訊審理之依據明確，爰於第2項定明授權訂定辦法之依據，內政部依此授權乃於2015年訂定「收容聲請事件移送及遠距審理作業實施辦法」（以下簡稱「本辦法」），作為移民署與法院於執

---

[73] 行政訴訟法第130條之1第1項規定：「當事人、代表人、管理人、代理人、輔佐人、證人、鑑定人或其他關係人之所在處所或所在地法院與行政法院間，有聲音及影像相互傳送之科技設備而得直接審理者，行政法院認為適當時，得依聲請或依職權以該設備審理之。」

行遠距視訊審理時之適用，且應配置完善之相關設備，以保障受收容人之權益。

本條於2023年6月28日總統華總一義字第11200054171號令修正公布，並於2023年12月6日行政院院臺法字第1121043343號令發布，定自2024年3月1日施行。本條僅修正第1項，新增內容爲「及再延長收容」。本條之修法目的在於配合修正條文第38條之4增訂第4項至第6項關於再延長收容之規定，爰修正第1項規定。

貳、內容解析

本條明定法院得以遠距審理方式裁定，共分二項，茲分別析論如下：

一、遠距審理

第1項明定：「法院審理收容異議、續予收容、延長收容及再延長收容裁定事件時，得以遠距審理方式爲之。」參諸本辦法第2條用詞之定義，所指「收容聲請事件」：指行政法院審理之收容異議、聲請續予收容、延長收容及停止收容事件。「行政法院」：指收容聲請事件第一審管轄之地方法院行政訴訟庭及抗告管轄之高等行政法院。「遠距審理」：指受收容人所在之收容處所與行政法院間，有聲音及影像相互傳送之科技設備而得直接審理者，行政法院認爲適當時，得依聲請或依職權，以該設備進行收容聲請事件之審理。再者，本辦法第3條聲請收容異議及續予收容、延長收容及停止收容之聲請事件之時限及程序規定如下：「內政部移民署（以下簡稱移民署）收受收容異議後，認異議無理由者，應於受理異議時起二十四小時內，將受收容人連同收容異議書或異議紀錄、移民署意見書及相關卷宗資料移送受收容人所在地之地方法院行政訴訟庭。但該法院認得爲遠距審理者，於法院收受卷宗資料時，視爲移民署已將受收容人移送法院（第1項）。行政法院審理續予收

容、延長收容及停止收容之聲請事件而須訊問受收容人時，移民署應依法院指定之期日，將受收容人移送至該管法院。但法院以遠距審理者，不在此限（第2項）。」

二、收容移送法院及遠距審理規定

本項明定：「移民署移送受收容人至法院及前項遠距審理之方式、程序及其他應遵行事項之辦法，由行政院會同司法院定之。」因此，行政院會同司法於2015年8月27日行政院院臺法字第1040046685號令、司法院院台廳行一字第1040022617號令會同訂定發布本辦法凡12條；並於2018年2月26日由行政院院臺法字第1070001738號令、司法院院台廳行一字第1070004842號令會同修正發布第8條條文。再者，值得一提的是行政法院組織法及行政訴訟法均於2022年6月22日修正，新增設高等行政法院地方行政訴訟庭，收容聲請事件歸其管轄。[74]

本辦法關於法院遠距審理收容相關案件之應遵守及注意事項，均有明確規定。因此，運用遠距審理，即不需將受收容人移送法院，其他相關遠距審理程序及應注意事項均規定於本辦法，以資實務遵行。然而，基於有實體審理之必要時，最後仍在本辦法第11條規定：「收容聲請事件之聲請人、受裁定人或移民署依行政訴訟法第二百三十七條之十六規定提出抗告，並經管轄之高等行政法院認有命移民署協同受收容人到場陳述、提出答辯書或提供其他必要之協助，以進行抗告事件之審理者，移民署應依其通知辦理。」亦即受收容人仍有親自到場陳述之必要時，亦得依此規定為之。

參、綜論

內政部於2015年8月27日依據第38條之9第2項授權訂定「收容聲請

---

[74] 參考行政法院組織法第2條與第7條及行政訴訟法第3條之1與第104條之1。

事件移送及遠距審理作業實施辦法」，使受收容人所在之收容處所與行政法院間，有聲音及影像相互傳送之科技設備而得直接審理者，行政法院認為適當時，得依聲請或依職權，以該設備進行收容聲請事件之審理。其實早在2003年7月21日即訂定有「各級法院辦理民事事件遠距審理及文書傳送辦法」，可資遵行，以提高審理效率，解決無法當面實體審理之困難。特別是在新冠疫情嚴峻，指揮中心提升至三級警戒，法庭活動也受到衝擊，司法院對此研擬「傳染病流行疫情嚴重期間司法程序特別條例草案」，擬透過遠距視訊開庭解決法庭運作停擺的問題，然遠距視訊開庭，因無法落實直接、言詞審理等核心原則，容易衍生諸如：串證、不當誘導等弊端。然而在司法實務上，論者亦有呼籲有關遠距審理必須確保司法公正並保障當事人權益。[75]

第39條（收容處所之設置及管理之法源）
移民署對外國人之收容管理，應設置或指定適當處所為之；其收容程序、管理方式及其他應遵行事項之規則，由主管機關定之。

壹、導言

　　本條旨在明定外國人收容處所之設置及管理之法源。基於踐行法治國家之依法行政原則，亦可使相關規範符合「明確性原則」，以有效保

---

[75] 遠距審理必須確保司法公正並保障當事人權益，社團法人中華人權協會網頁，https://www.cahr.org.tw/2021/06/11/%E9%81%A0%E8%B7%9D%E5%AF%A9%E7%90%86%E5%BF%85%E9%A0%88%E7%A2%BA%E4%BF%9D%E5%8F%B8%E6%B3%95%E5%85%AC%E6%AD%A3%E4%B8%A6%E4%BF%9D%E9%9A%9C%E7%95%B6%E4%BA%8B%E4%BA%BA%E6%AC%8A%E7%9B%8A/（瀏覽日期：2022.3.28）。該協會於文中指出：「本會對於遠距審理的四大問題，併提出建議如下：一、遠距審理無法實踐公開審理原則，司法院須設計『延伸法庭』作為配套措施。二、對於法院遠距審理的裁定無法抗告，必須事先徵得當事人同意始可進行遠距審理。三、遠距審理會影響律師陪同以及與當事人的秘密溝通，司法院應協調各地院採取技術性措施，確保憲法第16條賦予當事人的辯護依賴權、防禦權。四、上訴期間、抗告期間等法定不變期間對於遠距審理的影響，司法院應設計彈性配套措施。」

障基本人權。再者，依行政程序法有關法律授權以法規命令限制人民之權利或課人民以義務或規定其他重要事項者，其授權之目的、內容及範圍應具體明確。[76]再者，本條明定收容處所之設置及管理，抑或是指定適當處所之授權依據，其「收容管理規則」由主管機關內政部定之。本條於1999年5月21日總統（88）華總一義字第8800119740號令制定本法之初即已明定，原法共十章，全文凡70條，後來本法修正之新版本為十二章共97條。爰依據本條訂定「外國人收容管理規則」（以下簡稱「本規則」），以資適用。本規則係由內政部依據本條之授權而發布，最新版本為2015年12月1日內政部台內移字第1040955111號令修正發布全文13條。

貳、內容解析

本條規定內涵有二部分，首先是明定「移民署對外國人之收容管理，應設置或指定適當處所為之」，此乃是基於本法第38條有關「暫予收容」、「續予收容」、「延長收容」或「收容替代」之因應，因前者乃有「外國人收容所」之設置，而後者所指之「適當處所」，則是配合本法第38條之1第2項規定：「移民署經依前項規定不暫予收容，或依第三十八條之七第一項廢止暫予收容處分或停止收容後，得依前條第二項規定為收容替代處分，並得通報相關立案社福機構提供社會福利、醫療資源以及處所。」如此，亦可對身處陌生環境之外國人得有透過「適當處所」加以安置之必要，而為規定。然而，我國移民執法機關亦曾因安置處所之不適當而遭監察院對之提出糾正之案例。[77]另一部分，

---

[76] 林明鏘，行政法講義，修訂6版，新學林，2021年，頁335。

[77] 參閱監察院2021年5月25日公告其110財正0004號糾正案文，有關王美玉、王幼玲及紀惠容委員提出有關外籍漁工糾正案文指出：「移民署於2020年5月15日分別對R君、O君開立處分書，主旨及法令依據：「受處分人依入出國及移民法第36條規定，強制驅逐出國。」事實及理由：「受處分人違反入出國移民法第4條第1項規定，未經查驗入國。」案經法扶基金會律師協助兩人提出訴願，內政部於2020年6月23日駁回訴願，理由為於法應屬有據，原處分並無不合，應予維持。因R君、O君兩人自2020年5月1日至20日遭移民署違法安置於機

本條後段則是以法律授權制定法規命令，亦即將「其收容程序、管理方式及其他應遵行事項之規則，由主管機關定之」。因此，由內政部據以訂定「外國人收容管理規則」，以資適用。此在法律性質上屬於「法規命令」，只要其訂定之目的、範圍、內容予以明確授權，並無違反授權法律之規定，亦即符合法律優位原則，對外即具有其規範效力。而且，論者指出：「從行政適用法律之實務言，若上下位階規範間無牴觸或不相同之處者，以先適用下位階規範為原則。各該規範皆具拘束作用，而拘束力並無高低、強弱可言，自宜優先適用規範意旨較具體明確的下位規範。」[78]

本條明定收容處所之設置及管理之法源，僅以一項：「移民署對外國人之收容管理，應設置或指定適當處所為之；其收容程序、管理方式及其他應遵行事項之規則，由主管機關定之。」明定外國人收容之管理機關「移民署」，應「設置」或「指定」適當處所為之，相關作業細則則授權規定於「外國人收容管理規則」。因此，主管機關「內政部」乃於2000年2月1日以內政部（89）台內移字第8981106號令訂定發布此授權之「法規命令」，名稱為「外國人收容管理規則」，全文15條；並自發布日起施行。有關本條之法規沿革分別有：2008年8月1日內政部台內移字第0971027572號令修正發布全文15條；施行日期，由內政部定之。並另於同年月日另由內政部台內移字第0971035715號令發布定自2008年8月1日施行。又於2011年11月30日內政部台內移字第1000934066號令修正發布第4條條文；並自發布日施行。再者，2012年7月27日內政部台內移字第1010956104號令修正發布第3條條文；施行日期，由內政部定之。另於2012年8月22日內政部台內移字第1010956111號令發布第3條條文自2012年7月30日施行。更進一步於2014年12月26日行政院院臺規字第1030158355號公告第2條第1項、

場管制區，法扶基金會律師協助兩人於2020年6月12日分別向移民署、交通部航港局及農委會請求國家賠償。https://www.cy.gov.tw/CyBsBoxContent.aspx?n=134&s=17497（瀏覽日期：2022.5.25）。

[78] 李震山，行政法導論，修訂11版，三民，2019年，頁45。

第3條第1項、第3項、第6項第6款、第7項第1款、第2款、第3款、第4款、第8項、第9項、第4條第2項、第8條第3項、第10條第3項、第14條第2項所列屬「內政部入出國及移民署」之權責事項，自2015年1月2日起改由「內政部移民署」管轄。又2015年12月1日內政部台內移字第1040955111號令修正發布全文13條；並自發布日施行。綜合以上本規則之修正沿革，可知移民署對於外國人之收容或收容替代之管理事宜，極為重視，因應相關情勢變化而能有所調整管理規範，值得肯定。

依本法第39條規定，除了前述第38條及因應司法院釋字第708號解釋意旨所增訂之第38條之1至第38條之9分別列舉規定之各項原則與程序外，再於第39條規定「移民署對外國人之收容管理，應設置或指定適當處所為之；其收容程序、管理方式及其他應遵行事項之規則，由主管機關定之。」移民署據此條前段設置外國人收容所，或是配合前述規定，而有指定替代收容處所[79]之外，本條明定授權內政部訂定外國人收容管理之「法規命令」[80]，以為作業性、細節性之準據。因此，「外國人收容管理規則」遂依本條規定訂定，並於該規則第1條明定：「本規則依入出國及移民法（以下簡稱本法）第三十九條規定訂定之。」以下針對本規則主要內涵析論如下：

一、收容處所

係指外國人收容管理，由內政部移民署設置之收容所、臨時收容所或其他因必要情形指定之適當處所（以下簡稱收容處所）為之（第2條）。

二、入所檢查

第3條：「受收容人入所時，應接受收容處所執行身體安全檢查，並按捺指紋識別及照相。受收容人為女性者，檢查身體應由女性人員為之（第1項）。收容處所應將受收容人以男女區隔方式收容之；收容處

---

[79] 本法第38條第2項與第38條之1均規定有「收容替代處分」之要件及處置措施。
[80] 參考：行政程序法第150條至第158條之規定。

所發現性別變更之受收容人，得依其證件所示性別，個別收容於獨居房間（第2項）。」

三、收容人之身體、隨身物品及收容區實施檢查

第4條：「受收容人攜帶之物品應經檢查，除必要之日用品外，應由收容處所代為保管，並製作代保管紀錄，於出所時發還；貴重物品，應製作財物代管發還紀錄表；收容處所認為不適宜保管之物品，應不予保管，並當場請受收容人為適當之處理。他人寄送予受收容人之物品，亦同（第1項）。為確保收容區之安全及管理之必要，收容處所得對受收容人之身體、隨身物品及收容區實施檢查（第2項）。」

四、受收容人遵守事項

第5條：「收容處所於受收容人入所時，應告知受收容人遵守下列事項，並應將之公布於受收容人易見之處：
一、不得有自殺、自殘或傷害他人生命或身體之行為。
二、不得有喧嘩、爭吵、鬥毆、攻擊管理人員或脫逃之行為。
三、不得有飲酒或賭博之行為。
四、不得有藏匿違禁物、查禁物或其他危險物品之行為。
五、不得有違抗管理命令或妨害收容秩序之行為。
六、不得有塗抹污染或其他破壞毀損公物之行為。
七、其他經收容處所規定應行遵守之行為（第2項）。」

五、違反前條規定之處置

第6條：「收容處所對違反前條第一項應遵守事項之受收容人，應先予以制止，並得施以下列必要之處置：一、訓誡。二、勞動服務。三、禁打電話。四、禁止會見。五、獨居戒護（第1項）。施以前項第二款至第五款處置時，收容處所應開立告誡書，其處置應本於正當目的，並擇取最小侵害之手段（第2項）。」

六、年幼子女隨同收容

第7條：「受收容人為女性，其請求攜帶未滿三歲之子女者，得准許之。」

七、收容人罹病之處理

第8條：「受收容人罹患疾病時，應延聘醫師或送醫診治；其罹患傳染病時，應予隔離並通知當地衛生主管機關，協商醫療或消毒（第1項）。前項受收容人有住院治療之必要者，收容處所應派員戒護（第2項）。第一項前段醫療費用，應由受收容人支付；確無力支付者，由移民署支付（第3項）。」

八、收容人活動

第9條：「收容處所得辦理各項活動；受收容人除經施以獨居戒護者外，得有在戶外適當場所活動之時間。但天候不佳、有安全之顧慮或收容處所空間不許可者，不在此限。」

九、收容人面會

第10條：「受收容人得會見親友（第1項）。前項親友，應備身分證明文件、聯絡方式及其他必要之資料，向收容處所申請會見受收容人，經核准後辦理會見，並遵行下列事項：

一、於收容處所指定時間及地點辦理。

二、不得夾帶違禁物、查禁物或其他危險物品。

三、交予受收容人之財物，應經檢查登記核准後始得轉交。

四、聽從戒護或管理人員指揮。

五、會見時間以三十分鐘為限。但情形特殊經收容處所主管長官核准者，不在此限。

六、不得有擾亂會見秩序之行為。

七、其他經收容處所規定應遵守事項（第2項）。」

十、拒絕或停止面會

第11條：「申請會見，有下列情形之一者，收容處所得拒絕之；經核准者，收容處所得停止之：

一、受收容人於同日已會見親友二次。

二、受收容人經禁止會見或獨居戒護。

三、申請會見受收容人之親友違反前條各款規定，經戒護或管理人員勸阻不聽。

四、申請會見受收容人之親友疑似酒醉、罹患重大傳染病或精神異常。

五、其他經收容處所基於管理之必要，認為不宜會見。」

十一、病危或死亡之處理

第12條：「受收容人病危或死亡時，收容處所應通知其親友、關係人、其本國駐華使領館、辦事處或授權機構。但無法通知者，不在此限（第1項）。受收容人死亡後，移民署應以書面通知其親友、本國駐華使領館、辦事處或授權機構處理善後、領回遺物，並支付喪葬費用。但有下列情形之一者，移民署得逕行處理其喪葬事宜：

一、受通知者於書面通知送達後一個月內，未辦理相關事宜。

二、無法通知或書面通知無法送達，且受收容人死亡逾一個月（第2項）。」

參、綜論

參諸司法院釋字第708號解釋理由書略以：「系爭規定所稱之『收容』，雖與刑事羈押或處罰之性質不同，但仍係於一定期間拘束受收容外國人於一定處所，使其與外界隔離（入出國及移民法第三十八條第二項及『外國人收容管理規則』參照），亦屬剝奪人身自由之一種態樣，係嚴重干預人民身體自由之強制處分（本院釋字第三九二號解釋參照），依憲法第八條第一項規定意旨，自須踐行必要之司法程序或其他

正當法律程序。」以及本號解釋理由書最後亦指出：「衡酌本案相關法律修正尚須經歷一定之時程，且須妥為研議完整之配套規定，例如是否增訂具保責付、法律扶助，以及如何建構法院迅速審查及審級救濟等審理機制，並應規範收容場所設施及管理方法之合理性，以維護人性尊嚴，兼顧保障外國人之權利及確保國家安全。」因此，有鑑於「收容」乃是人身自由之限制或剝奪，故相關修法依司法院釋字第708號解釋意旨予以修正調整外，更有必要在執行面予以有效貫徹落實。因此，本條之規定即有其必要性與重要性。即如本條明定適當收容處所或指定適當處所及其相關運作管理，均有明確且適當的規範之必要，以資實務得以遵行，避免外國人收容管理上之疏失[81]，確保有效執行外國人收容與遣返或驅逐出國之目的。

　　綜合前述本條及外國人收容管理規則等相關收容管理之規定，可知移民署針對外國人收容管理已明定有各項規範。例如，外國人收容管理規則第2條規定「外國人收容管理，由內政部入出國及移民署設置之外國人收容所、臨時收容所或其他因必要情形指定之適當處所為之」；「移民署收容事務大隊收容管理警衛勤務工作手冊」參、一、(二)各崗哨勤務第5點規定：「在崗哨守望區域內應注意一切動靜，慎防脫逃及其他意外事變。」第6點規定：「執勤人員應全神貫注……，嚴禁閱讀書報及使用視聽器材（含電子產品）。」(三)收容區管理人員勤務第2點規定：「監控監視錄影螢幕，掌握受收容人一切動態資訊。」第31點規定：「戒區內除公務需要外，……執行收容區勤務時，私人攜帶物品（含拍照功能手機）應置於指定處所，由專人保管。」(五)安全檢查：「2、收容區安全檢查:(2)A、一般檢查：以檢查整體戒護安全設施為主。B、定期掃蕩：戒護安全設施外，並應詳查各收容人私人物品。(3)檢查原則及注意事項：……B、檢查時應由上至下，由內至外詳

---

[81] 監察院101年2月10日之101內正0003糾正案文：「內政部入出國及移民署對於違反入出國及移民法之外國人主動投案且有意願自行出國者，是否得予收容，或以不收容為原則，並無訂定具體明確之規範，均有疏失，爰依監察法第24條規定提案糾正。」https://www.cy.gov.tw/CyBsBoxContent.aspx?n=133&s=3526（瀏覽日期：2022.2.19）。

細檢視，鐵窗、門鎖、抽風機、氣窗、通風口、天花板、地板、電扇、燈具、牆壁四周、抽水馬桶（含內部零件）、排水管、垃圾桶、床舖等設施有無受損、遭受破壞或匿藏。」肆、四、執勤員(五)：「受收容人全般動態活動攝錄影系統須24小時監看……。」「移民署收容事務大隊宜蘭收容所戒區內崗警衛守則」壹、「一般守則」之第3點規定：「執勤時，不得攜帶香菸、打火機、檳榔、電子式機具或其他私人物品進入戒區，並集中注意力、提高警覺，不得有瞌睡、閱讀書報等行為。」因此，以上之相關規定，應由移民執法人員加以貫徹落實，避免受收容人有脫逃或破壞收容秩序之行為發生[82]，亦使受收容人之相關權利受到應有保障，以達成順利遣返或驅逐出國之目的。

---

[82] 監察院104年2月2日之097內正0008糾正案文：「內政部入出國及移民署宜蘭收容所、台中收容所，執行收容管理不當及主管監督考核不實，致頻生收容人、外勞逃逸，虐待外勞等情事，戕害政府形象；另內政部為外國人收容管理之主管機關，未能主動發覺收容、管理問題，善盡輔導之責，復未嚴予督促該署依法行事，均有違失，爰依監察法第24條規定提案糾正。」https://www.cy.gov.tw/CyBsBoxContent.aspx?n=133&s=4334（瀏覽日期：2022.5.20）。

第七章

（刪除）

第40條到第46條（刪除）

　　說明：此為因應人口販運防制法之公布施行，刪除跨國（境）人口販運之用詞定義及第七章相關條文。即修正條文第3條及刪除現行條文第40條至第46條。

第八章

機、船長及運輸業者之責任

第47條（協助移民署相關人員執行職務）
航空器、船舶或其他運輸工具，其機、船長或運輸業者，對移民署相關人員依據本法及相關法令執行職務時，應予協助。
前項機、船長或運輸業者，不得以其航空器、船舶或其他運輸工具搭載未具入國許可證件之乘客。但為外交部同意抵達我國時申請簽證或免簽證適用國家國民，不在此限。

壹、導言

　　進入我國之旅客，除外國人外，另有大陸地區人民、香港、澳門居民及臺灣地區無戶籍國民。其抵達機場、港口所須持有入國證件有一定之規範[1]，或有適用臨時入國許可（落地簽證）情形；依目前實務作業，入國旅客搭機（船）前，經相關權責機關，如持外國護照或外國核發之旅行文件者為外交部、持入出境許可證者為移民署，同意入國（境）者，得排除未具入國許可證件者限制搭載之規定[2]。

　　本條文為規定運輸業者之相關義務，又稱業者之協力義務。協力義

1　相關文獻，請參考蔡庭榕，論國境檢查，警察法學，2期，92年12月，頁189-229。許義寶，論入出國境之查驗及檢查機關——警察與海岸巡防機關間任務關係探討，中央警察大學國境警察學報，2期，2003年10月，頁173-193。
2　立法院第8屆第2會期第11次會議議案關係文書，政23頁。

務近年來也成為公法學界討論的標的，最早提出協力義務的為租稅法領域，近年擴及至一般行政法的範圍，最終在憲法解釋中獲得明確的承認。依「協力義務」的規定以及法律效果，可發現在「協力義務」的概念下，事實上存在許多不同的類型，如大法官釋字第588號解釋，將當事人協力義務概念帶入行政執行制度中[3]。

貳、內容解析

運輸業者之範圍，依民用航空運輸業管理規則第2條規定：「本規則用詞，定義如下：一、飛機運輸業務：指民用航空運輸業以飛機直接載運客、貨、郵件，取得報酬之業務。二、直昇機運輸業務：指民用航空運輸業以直昇機直接載運客、貨、郵件，取得報酬之業務。三、定期航空運輸業務：指以排定規則性日期即時間，沿核定之航線，在兩地間以航空器經營運輸之業務。四、不定期航空運輸業務：指除定期航空運輸業務以外之加班機、包機及其他非定期性運輸之業務。五、包機：指民用航空運輸業以航空器按時間、里程或架次為收費基準，而運輸客貨、郵件之不定期航空運輸業務。」

有關協力義務理論，依司法院釋字第688號解釋理由書，提及有關稅捐稽徵協力義務課予之相關事項，涉及稽徵技術之專業考量，如立法機關係出於正當目的所為之合理區別，而非恣意為之，司法審查即應予以尊重。營業人何時應開立銷售憑證之時限規定，為協力義務之具體落實，雖關係營業人營業稅額之申報及繳納，而影響其憲法第15條保障之財產權與營業自由，惟如係為正當公益目的所採之合理手段，即與憲法第15條及第23條之意旨無違[4]。

---

3 法務部行政執行署新研擬的行政執行法部分條文修正，依據大法官釋字第588號解釋，引進新類型的當事人協力義務。蕭文生，論當事人協力義務——以行政執行制度為例，政大法學評論，95期，頁127-174。

4 參見司法院釋字第688號解釋理由書。

「當事人協力義務」，依行政程序法第39條、第40條規定是否即為該義務之明文？自比較法參考我國承襲之德國聯邦行政程序法第26條第2項規定之解釋，其僅係課予當事人參與調查事實之「負擔」，而非「法定義務」，當事人不為參與時，不能據此規定實施強制執行，只是當事人得忍受因此在法律上所造成之不利後果，即「協力義務」必須另有法規之特別規定始可。

如僅依行政程序法第39條、第40條規定當事人參與的要求未能強制執行，即將之排除於「協力義務」範疇之外，似無必要，蓋違反後果如何端視法律相關規定而定，而就當事人被要求參與，協力釐清與行政決定有關之事實一點，並無不同。此兩種見解，雖對協力義務廣狹範圍之認定有所不同，惟不論採何見解，其相同者為，如法律未另有明文當事人有協力義務，當事人僅未依行政程序法第39條、第40條規定履行負擔時，僅可能造成如證據評價上的不利益、行政機關撤銷授益行政處分被認定其信賴不值得保護等之法律上不利益，而如係依各別行政法規，人民負有一定協力義務，其不履行者，行政機關免其職權調查義務。[56]

例如船舶業者協助海關檢查進出口船舶及船員之行李執行程序：

船方協助海關檢查：1.船舶進出港前，船舶負責人應督飭各部門主管人員注意檢查，如發現有私運貨物、或其服務人員攜帶違禁或違章物品，或超額金銀幣鈔等違法情事，應即報告當地海關處理；2.船舶負責人及服務人員遇海關關員在該船上執行任務時，應予密切協助，並接受檢查（進出口船舶及船員行李檢查須知第2點）。

登輪檢查：1.海關檢查人員登輪後，應先會知該輪船長或大副或其他當值之高級船員。並核閱船方向海關申報之司多單，進（出）口艙單

5　李汝婷，論行政程序法第36條職權調查證據於商標爭議案件中之適用，智慧財產權月刊，189期，2014年9月，頁39-40。

6　蔡孟彥，租稅事件中有關個人資料提供之爭議——以最高行政法院108年判字第282號行政判決為中心，全國律師，10月號，頁18，http://www.twba.org.tw/Manage/magz/.pdf（瀏覽日期：2021.1.29）。

及其他相關文件，方得搜查；2.海關檢查人員於搜查船上之駕駛室、船員室、儲存室、機器間、鍋爐間及其他場所時，應先通知該船負責人、管理人或代表人到場拆卸、開鎖、搬移或眼同作證至檢查完畢爲止（進出口船舶及船員行李檢查須知第5點）。

繕填搜查筆錄：1.海關檢查人員執行檢查工作完竣時，不論有無扣押物品均應繕填「扣押貨物、運輸工具收據及搜查筆錄」責由該船負責人簽字蓋章證明；2.海關人員執行檢查，如有扣押物品，應會同該輪負責人共同清點，逐項登載於上述清單上。於繕寫被扣押貨物持有人及其職位時，如爲本國籍者，應載明身份證統一編號、出生年月日及住所。其爲外國籍者，應載明其護照號碼。查獲未稅洋菸酒時，另須製作涉案人之「談話筆錄」（進出口船舶及船員行李檢查須知第6點）。

另申請外國人臨時入國程序，應備具臨時入國申請書，依下列規定向入出國及移民署申請：1.依第3條第1款規定申請者：於登機前，由運輸業者檢附有效之外國護照、航員證及航行任務證明；2.依第3條第2款或第3款規定申請者：於臨時入國前，由運輸業者檢附有效之外國護照、船員服務手冊及航行任務證明；3.依第3條第4款規定申請者：於登機、船前，由機、船長或運輸業者檢附有效之外國護照、航員證、船員服務手冊或其他身分證明文件影本及已訂妥當日或最近班次機、船位之轉乘機、船票；4.依前條第1款或第2款申請者：於臨時入國前，由機、船長或運輸業者檢附有效之外國護照、航員證或船員服務手冊及航行任務證明；5.依前條第3款規定申請者：於登機、船前，由機、船長或運輸業者檢附有效之外國護照、航員證、船員服務手冊或其他身分證明文件影本或航行任務證明（外國人臨時入國許可辦法第5條第1項）。

依本法第19條第1項第2款或第3款規定，未及於臨時入國前申請者，應於臨時入國後，由機、船長、運輸業者、執行救護任務機關或施救之機、船長，以名冊代替臨時入國申請書，向入出國及移民署申請。遇難或災變，致無人申請者，由入出國及移民署通知其所屬國家、地區之駐華使領館或授權機構。但無人申請，且其所屬國家、地區無駐華使領館或授權機構或爲無國籍或國籍不明者，由入出國及移民署查明後，

准予臨時入國或爲其他必要之處置（外國人臨時入國許可辦法第5條第2項）。

　　外國人臨時入國，應持臨時停留許可證，經查驗後入出國。其係依本法第19條第1項第2款或第3款規定情形申請者，得於發給臨時停留許可證或加蓋章戳之名冊時查驗之（外國人臨時入國許可辦法第8條第1項）。機、船長或運輸業者依本法第49條第2項規定通報者，應向航空器、船舶或其他運輸工具離開我國之機場、港口所在地之入出國及移民署所屬單位爲之（外國人臨時入國許可辦法第8條第2項）。

　　船長或運輸業者依第3條第2款或第3款或第4條第3款規定申請之船員或服務於船舶之人員臨時入國後，違反第7條第1項第3款至第5款規定情形之一時，入出國及移民署依下列方式處理：1.一年內曾違反一次，該船長或運輸業者於第二次申請該等人員臨時入國時，責令申請人僱傭保全隨護；2.一年內曾違反二次，該船長或運輸業者當年度之臨時入國申請案件，不予許可（外國人臨時入國許可辦法第10條）。

　　機、船長或運輸業者，不得以其航空器、船舶或其他運輸工具搭載未具入國許可證件之乘客[7]。

　　曾發生4名印尼籍男子花錢購買假造紐西蘭電子簽證，於2020年3月8日清晨搭機抵達桃園機場企圖矇騙闖關入境，被移民署國境事務大隊移民官察覺有異攔下，在確認4人所持申請紐西蘭電子簽證證明僞造後，當場拒絕4人入境暫時留置，待遣返原啓程地新加坡。國境事務大隊先確認，4人的「來臺先行上網查核證明」爲眞實文件，但對紐西蘭電子簽證的眞實性存疑。移民官立即透過移民署駐紐西蘭移民秘書協助，聯繫紐西蘭移民局清查，發現這4名印尼男子並沒有申請紐西蘭電子簽證紀錄，確認這些電子簽證都是僞造。加上4人沒有回程機票，預訂的旅館地址相同，聲稱要來臺灣找親友，卻沒有親友的聯絡電話，4人企圖闖關偷渡事證明確。經過深入偵訊，4名印尼籍男子承認每人花

---

[7] 相關文獻，請參考張增樑，從大法官會議釋字第三一三號解釋談民用航空運輸業者之處罰，警學叢刊，29卷4期，1999年1月，頁193-207。刁仁國，英國運送業者責任法制之研究，警學叢刊，29卷4期，1999年1月，頁209-222。

費900萬印尼盾（約合新臺幣2萬元），委託親友在印尼代辦假的紐西蘭電子簽證，再持用來臺入境使用[8]。此情形即屬未具有入國許可證件之乘客，依法須予遣返。

外國人被禁止入國者運輸業者不得載運。

外國人被移民署禁止入國者，運輸業者不得載運。曾有一名日本人於2010年到臺灣，登上玉山主峰後高舉「支持臺灣獨立建國」布條，之後再到臺灣就被內政部入出國及移民署禁止入境。該名日本人並無犯罪紀錄，且支持台獨是言論自由保障範圍，應適用外國人士。內政部移民署回應，依入出國及移民法第29條規定，外國人在我國停留、居留期間，不得從事與許可停留、居留原因不符之活動或工作。但合法居留者，其請願及合法集會遊行，不在此限。該名日本人以90天免簽證方式到臺灣觀光，依規定只能從事觀光、探親、訪友及一般生活所需活動，但其在玉山宣揚台獨，也參與其他陳情活動，違反上述規定，故移民署作出禁止其入境五年的處分，管制到民國104年6月7日止[9]。因此，運輸業者依法不得載運。

業者之協力義務，常見於稅捐稽徵之程序。依法理法院認為稽徵程序中，稅捐事實之調查本是稅捐機關自行應負擔之義務，稅捐債務人只有配合調查之義務，協力義務應在此觀點下理解。要求營業人履行協力義務之前提，必須是對請求權成立及營業人主張範圍之真實性已有合理懷疑基礎存在，而需對應之文件來澄清。而不可毫無節制地任憑己意，要求當事人提出「難以提供、又與待證事實認定無關」之相關資料。關係人違反協力義務時，其產生之效果不外是「失權」、「處罰」與「在舉證責任配置不改變之情況下，實質降低稅捐機關對待證事實或反證事

---

[8] 國境事務大隊指出，印度、越南、印尼、緬甸、柬埔寨及寮國等6國人民，申請「來臺先行上網查核證明」，搭配持有澳洲、紐西蘭電子簽證申請核准證明者，在電子簽證有效期限內，可以合法入境我國，但這4名印尼男子卻購買偽造紐西蘭電子簽證，偷渡行為露餡，將待聯繫航空公司聯繫後遣返原啟程地新加坡。假簽證矇混入關　偷渡客夢碎遭遣返，2020年3月8日，https://tw.appledaily.com/local/20200308/QUO2Q4GYRULAAOWLKKT7HXQVUE/（瀏覽日期：2022.1.21）。

[9] 外國人來臺從事許可之外活動　移民署：違反入出國及移民法，法源編輯室，2013年9月5日。

實之證明高度」三大類。其中「失權」與「處罰」屬於法律效果之一種，必須有實證法之明文以符合稅捐法定原則之要求[10]。上述觀點亦可作爲移民法本條文解釋、適用之參考。

本條文第2項但書規定，但抵達我國時，符合申請臨時停留許可、簽證、免簽證，或搭機（船）前經權責機關同意入國之乘客，不在此限。

依修正草案總說明指出，現行入國（境）旅客除外國人外，另有大陸地區人民、香港或澳門居民及無戶籍國民，可於抵達機場、港口時，適用臨時停留許可（落地簽證）；又依目前實務作業，入國旅客搭機（船）前，經權責機關（持外國護照或外國核發之旅行證件者爲外交部、持入出境許可證者爲移民署）同意入國（境）者，得排除未具入國許可證件者限制搭載之規定，爰修正第2項但書[11]。

參、綜論

船長或運輸業者等依本條文規定，在其執行業務之範圍內，對於移民署相關人員之執行公權力，有協助之義務。其目的在於考量業者本身，對於該項工作熟悉，要求業者協助有助於公權力之執行。再者，業者因營業獲利，本身亦有相關之責任所在；第三，此項協力義務，屬附隨性之義務，不致造成業者過重之負擔。

第48條（通報入出國時間及機船員乘客之名冊）
航空器、船舶或其他運輸工具入出機場、港口前，其機、船長或運輸業者，應於航前向移民署通報下列資料，並區分為入、出國及過境：
一、航班編號、啓程與抵達之日期、時間、地點及其他航班相關資訊。

---

[10] 最高行政法院101年度判字第895號判決。
[11] 立法院第10屆第7會期第1次會議議案關係文書，政54頁。

二、機、船員與乘客之姓名、出生年月日、國籍、性別、旅行證件或入國許可
證件之號碼及其他證件相關資訊。
三、運輸業者或其代理業者訂位系統留存之乘客訂位資訊及其他訂位相關資
訊。
前項通報資料之內容、方式、管理、運用、保存年限及其他應遵行事項之辦
法，由主管機關定之。

壹、導言

依行政程序法規定，主管機關在執行職務之必要範圍內，得要求業
者提供相關之文件、簿冊及紀錄等供行政檢查。業者亦有配合與協力之
義務[12]。移民署對於運輸業者在於出入國證照查驗之程序，為事先確認
旅客身分，加以過濾或防制非法偷渡入國，有必要事先得知旅客之旅行
出入國資料。

本條文規定之目的，主要鑑於運輸業者於航前提供給入出國及移民
署相關資料，非僅限於名冊形式。另為便捷通關程序並強化國境安全管
理，對於運輸業者須於起飛（航）前向移民署通報預定入出國時間及
機、船員、乘客資料之通報方式、內容、格式及其他配合事項，使有一
致規定俾以遵循必要。[13]

將機、船員、入出國及過境乘客之名冊於其抵達前傳知目的國乃世
界趨勢，如現行美國API系統、澳洲APP系統等，均要求欲飛航該國之
航空公司將報到櫃檯所蒐集之旅客資料，於班機起飛後傳送該國相關單

---

[12] 相關文獻，請參考單鴻昇，社會救助程序中當事人之協力義務——以資料提出及家庭訪視為
中心，臺北大學法學論叢，104期，2017年12月，頁217-266。柯格鐘，稅捐稽徵協力義務、
推計課稅與協力義務違反的制裁——以納稅者權利保護法第14條規定討論與條文修正建議為
中心，臺北大學法學論叢，110期，2019年6月，頁1-91。吳志光，行政程序中當事人之協力
義務，月旦法學教室，6期，2003年4月，頁20-21。陳愛娥，行政程序制度中之當事人協力義
務，考銓季刊，44期，2005年10月，頁169-186。
[13] 立法院第8屆第2會期第11次會議議案關係文書，政22-23頁。

位作事先審查，以利對國際恐怖分子、人蛇偷渡集團、走私違禁物品案件之查察，俾有助於整體國家安全。在偵辦人蛇偷渡案件時，往往需透過航空公司提供之入出國及過境乘客名冊（包括原機過境、轉機過境旅客名冊）作查察，亦有必要課予航空公司提供該等名冊之義務。爲達成上述目的，並考量相關系統建置及航空業者之執行成本，本條文增列「乘客之名冊，必要時，應區分爲入、出國及過境」等文字[14]。

貳、內容解析

　　本條目的爲國家掌握入出國旅客正確人數，課予業者有通報之義務。

　　本法第48條規定：「航空器、船舶或其他運輸工具入出機場、港口前，其機、船長或運輸業者，應於航前向移民署通報下列資料，並區分爲入、出國及過境：一、航班編號、啓程與抵達之日期、時間、地點及其他航班相關資訊。二、機、船員與乘客之姓名、出生年月日、國籍、性別、旅行證件或入國許可證件之號碼及其他證件相關資訊。三、運輸業者或其代理業者訂位系統留存之乘客訂位資訊及其他訂位相關資訊（第1項）。前項通報資料之內容、方式、管理、運用、保存年限及其他應遵行事項之辦法，由主管機關定之（第2項）。」即機、船長或運輸業者有依該規定將機、船等入出國時間及機、船員、乘客名冊等向移民署通報之義務，以助整體國家安全（立法理由參照）。

　　有關航前與航班之定義，依入出國航班及乘員資料通報管理運用辦法第2條：「本辦法用詞定義如下：一、航前：指航班自我國機場、港口啓程前，或自他國機場、港口入境我國之啓程或抵達前。二、航班：指搭載乘員入出國（境），且具有特定編號、航程與自他國機場、港口啓程及抵達我國機場、港口或自我國機場、港口啓程具體時間之航空

---

[14]　立法院公報第96卷第83期院會紀錄，頁238-239。

器、船舶或其他運輸工具。」

一、有關旅客個人資料之運用與保存期限

有關旅客個人資料之運用，依入出國航班及乘員資料通報管理運用辦法第8條：「移民署為進行航前審查入出國（境）管制對象、偵辦違反入出國及移民相關法規案件或執行其他法定職務，得運用依第三條至第六條規定通報之資料（第1項）。移民署對於乘員資料與航空器乘客訂位資訊之蒐集、處理及利用，應符合個人資料保護法及相關法令規定，並不得有歧視之情形（第2項）。」

旅客個人資料之保存期限，依入出國航班及乘員資料通報管理運用辦法第10條：「移民署應自旅客訂位行程分析系統接收航空器乘客訂位資訊之翌日起屆滿六個月時，進行去識別化處理；於屆滿五年時，進行封存；於屆滿十五年時，予以刪除。但資訊於刪除前，因司法案件或公務需求，經其他機關請求提供，或因執行法定職務者，不在此限（第1項）。前項但書情形消失者，移民署應依前項規定辦理（第2項）。」

二、移民署建置「航前旅客資訊系統」

移民署建置「航前旅客資訊系統」，係為強化國境安全管理，倘將該系統之國籍等部分欄位資料提供予警政署查緝毒品犯罪，應屬特定目的外利用，如能達到來函所稱防堵毒品流入，可認為符合個資法第16條但書第2款增進公共利益所必要之規定，惟仍應注意前述個資法第5條規定所揭示之比例原則[15]。

請移民署提供「航前旅客資訊系統」前揭部分欄位資料部分；鑑於公務機關蒐集個人資料，應有特定目的，並於執行法定職務必要範圍

15　移民署將「航前旅客資訊系統」前揭部分欄位資料提供部分：按公務機關對個人資料之利用，應於執行法定職務必要範圍內為之，並與蒐集之特定目的相符，但為增進公共利益所必要，得為特定目的外之利用，個資法第16條本文及但書第2款定有明文。法務部法律字第10503512720號。

內，始得爲之[16]；所謂法定職務，係指法律、法律授權之命令等法規中所定公務機關之職務（個資法第15條第1款、個資法施行細則第10條規定參照），如基於特定目的（例如刑事偵查，代號：025），於執行協助偵查犯罪之法定職務（內政部警政署組織法第2條第1項第3款規定參照），並符合執行法定職務「必要範圍內」，依個資法第15條第1款規定，雖得蒐集前揭個人資料，惟仍應注意個資法第5條規定：「個人資料之蒐集、處理或利用，應尊重當事人之權益，依誠實及信用方法爲之，不得逾越特定目的之必要範圍，並應與蒐集之目的具有正當合理之關聯。」即個人資料之蒐集，除應符合個資法第15條規定，並應符合個資法第5條比例原則之規定。

如係針對特定或可疑人士，或因具體個案之偵辦、追蹤需求，或先行篩選出特定事件類型、特定高風險模式、與查緝有正當合理關聯性範圍或欄位，並對前揭個人資料之取得及使用均嚴格控管，且僅經授權之執法人員，方可依其權限查詢使用，復定期稽核以確保依法使用，則可認爲偵查犯罪等特定目的而蒐集前揭個人資料，有其必要性與具相當之合理關聯。惟若欲進行「全部、預先」之廣泛蒐集，在客觀上並非達成「刑事偵查」特定目的之「唯一或最小侵害方式」者，則仍不宜爲之，建請審愼再酌[17]。

三、雙重國籍國民依不同身分管理

有關乘員資料，依入出國航班及乘員資料通報管理運用辦法第2條：「五、乘員資料，指機長、機員、船長、船員及乘客之下列資料：（一）中文或英文姓名及別名。（二）出生年月日。（三）性別。（四）國籍或地區。（五）旅行證件或入國許可證件之號碼、類別及效期。（六）入出國（境）或過境。（七）身分類別。」

---

[16] 另請參考李寧修，個人資料合理利用模式之探析：以健康資料之學術研究爲例，臺大法學論叢，49卷1期，2020年3月，頁1-50。

[17] 法務部法律字第10503512720號、第10303501220號函。

對具有雙重國籍之國民，依其持用不同身分，而有不同規定[18]。我國國民出境二年以上，應爲遷出登記。戶籍法第16條第3項及第4項規定：「出境二年以上，應爲遷出登記。……。我國國民出境後，未持我國護照或入國證明文件入境者，其入境之期間，仍列入出境二年應爲遷出登記期間之計算。」入出國及移民法第93條規定：「本法關於外國人之規定，於國民取得外國國籍而持外國護照入國者及無國籍人民，準用之。」國人之（出境）遷出登記，係以中華民國護照出入境紀錄爲據，如持外國護照出入境，於其出入境期間身分即屬外國人，不予採認出入境日期，仍列入國人出境二年期間計算。[19]

國人持我國護照入境，於入出境管理上以國人身分管理；若持外國護照入境，依本法第93條規定：「本法關於外國人之規定，於國民取得外國國籍而持外國護照入國者及無國籍人民，準用之。」則以外國人身分管理。至戶籍管理上，依戶籍法第17條規定，原有戶籍國民遷出國外後，欲辦理遷入登記，須持國照入境。此係因辦理遷入登記係以國人身分恢復原有戶籍，自須以國人身分連結；至遷出登記，戶籍法第16條僅規定國人出境二年以上，應爲遷出登記，並未明定，應持國照出境始得辦理遷出登記。[20]

四、禁止特定外國人入國與家庭團聚權利

依法移民署得對於特定外國人，禁止其入國。惟此亦會限制憲法保障跨國婚姻與家庭團聚之權利[21]。

---

[18] 相關文獻，請參考李開遠，美國「移民及國籍法」有關國籍取得、放棄及雙重國籍法律問題之研究——兼評前立委李慶安被控雙重國籍擔任公職案，銘傳大學法學論叢，15期，2011年6月，頁125-151。楊翹楚，移民——雙重國籍之探討，警學叢刊，45卷5期，2015年3-4月，頁29-60。

[19] 臺北市政府109年8月24日府訴一字第1096101425號訴願決定書。

[20] 內政部108年2月27日台內戶字第1071204818號。

[21] 相關文獻，請參考許耀明，歐盟關於結婚權與組成家庭權之保護：從歐洲人權法院與歐洲法院相關案例談起，歐美研究，38卷4期，2008年12月，頁637-669。簡仕宸，外籍父母居留權相關法律問題研究，中央警察大學國土安全與境管理學報，30期，2018年12月，頁159-217。陳雅齡，外籍配偶家庭團聚權爭議分析——臺美司法案例爲比較，法律扶助與社會，7期，2021年9月，頁113-136。

　　監察院指出：行政院應督促所屬依據憲法保障婚姻與家庭制度，並維護兩公約所稱「家庭團聚權」與「子女享有父母照顧權」之基本權利，允宜在維護基本權利與國家安全之間，尋求妥適平衡點，調整相關法規與措施，降低驅逐出境風險並提升合法居留之可能性，促使「違法性」輕微或「情堪憫恕」與我國組成實質家庭之外籍人士或無戶籍國民願意出面自首，除藉以掌握流動人口外，並得以降低社會福利之負擔。

　　移民署對於外國人得禁止其入國；入國後，發現有本法第18條禁止入國情形之未經許可臨時入國等情形，應強制驅逐出國。所定強制驅逐出國之處理方式、程序、管理及其他應遵行事項之辦法，由主管機關定之。其有關審查會之組成、審查要件、程序等事宜，由主管機關定之。內政部並據此訂定禁止外國人入國作業規定，作為依據。從而依據入出國及移民法制有關禁止入國與驅逐出國之規定，業賦予入出國及移民署裁量權。內政部目前對外籍黑戶父母（夫妻）禁止入國與驅逐出國之問題，採專案方式處理。部分在臺外籍黑戶或逾期居停留之無戶籍國民，已與國人共組家庭並生兒育女，然因身分及居留等問題，影響國人家庭及子女權益。[22]

五、具僑民身分之役齡男子出國

　　（一）役齡男子僑民身分之認定，係以當事人所持我國護照已辦理僑居身分加簽或向僑務委員會申請獲發役政用華僑身分證明書者認定之。

　　（二）依規定中華民國男子依法皆有服兵役之義務，惟具有僑民身分之役齡男子，其兵役徵集，得適用歸化我國國籍者及歸國僑民服役辦法有關歸國僑民之相關規範。依該辦法規定，原有戶籍國民具僑民身分之役齡男子，自返回國內之翌日起，屆滿一年時，依法辦理徵兵處理；

---

[22] 監察院，部分在臺外籍黑戶或逾期居停留之無戶籍國民，已與國人共組家庭並生兒育女，然因身分及居留等問題，影響國人家庭及子女權益，有待政府積極改善乙案，調查報告，頁8-14，https://www.cy.gov.tw/public/Data/109mo/103%E5%85%A7%E8%AA%BF0054.pdf（瀏覽日期：2021.1.29）。

其持用外國護照或我國護照入國，在國內停留期間均應列入「屆滿一年」之計算，並無差異。前述「屆滿一年」之計算，以下列情形之一爲準：1.連續居住滿一年（指在臺連續居住一年未出國）；2.73年次以前出生之役齡男子，以居住逾四個月達3次者爲準；3.74年次以後出生之役齡男子，以曾有二年，每年1月1日至12月31日期間累積居住逾183日爲準。另返國就學者，在符合緩徵條件之期間，不列入前項居住時間計算[23]。

參、綜論

本條文規定，航空器、船舶或其他運輸工具入出機場、港口前，其機、船長或運輸業者，應於起飛（航）前向入出國及移民署通報預定入出國時間及機、船員、乘客之名冊或其他有關事項等。乘客之名冊，必要時，應區分爲入、出國及過境。爲明定業者之協力義務，此涉及入出國人流資料之正確性，對於禁止入出國旅客之掌握上，具有重要性。

機、船長或運輸業者有依該規定將機、船等入出國時間及機、船員、乘客名冊等向移民署通報之義務，以助整體國家安全。移民署建置「航前旅客資訊系統」，係爲強化國境安全管理，如將該系統之國籍等部分欄位資料提供其他機關查緝毒品犯罪，應屬特定目的外利用，能達到來函所稱防堵毒品流入，固可認爲符合個資法第16條但書第2款增進公共利益所必要之規定，仍應注意個資法第5條規定所揭示之比例原則。

另依主管機關所訂定之入出國航班及乘員資料通報管理運用辦法，予以細部規定相關旅客資料之通報與處理等流程，亦增加其法規範之明確性。

---

[23]　中華民國僑務委員會，https://www.ocac.gov.tw/OCAC/FAQ/List.aspx?nodeid=386（瀏覽日期：2021.2.1）。

> **第49條**（通報不法或臨時入國停留之機、船員或乘客之名冊）
> 前條第一項機、船長或運輸業者，對無護照、航員證或船員服務手冊及因故被他國遣返、拒絕入國或偷渡等不法事項之機、船員、乘客[24]，亦應通報移民署。航空器、船舶或其他運輸工具離開我國時，其機、船長或運輸業者應向移民署通報臨時入國停留之機、船員、乘客之名冊。

壹、導言

　　本法第47條第2項本文規定：「前項機、船長或運輸業者，不得以其航空器、船舶或其他運輸工具搭載未具入國許可證件之乘客。」若違反規定，依法每搭載一人，處新臺幣2萬元以上10萬元以下罰鍰。民用航空及船舶運輸業者，應了解所搭載旅客是否具有入境中華民國之資格，以避免所搭載旅客未持憑有效入境我國證件因而遭受罰鍰。入境中華民國之旅客大致可分為中華民國國民、香港澳門居民、大陸地區人民及外國人等四大類，前述旅客係依據法令適用不同據以分類，請參閱本法、香港澳門關係條例、臺灣地區與大陸地區人民關係條例、外國護照簽證條例及其他相關子法[25]。

貳、內容解析

　　本條為規定業者如發現有不法或可疑之旅客，須通報移民署之規定。

---

[24] 相關文獻，請參考許義寶，論日本對非法外國人之收容與遣返，警學叢刊，30卷5期，2000年3月，頁143-166。何招凡，我國協助緝捕遣返國際罪犯之機制與實踐，中央警察大學國土安全與國境管理學報，26期，2016年11月，頁35-62。翁燕菁，國門前的難民——不遣返原則與難民法，月旦法學，250期，2016年3月，頁158-170。

[25] 運輸業者載運旅客入境中華民國各類有效旅行文件參考指南，2019年5月16日第十次修正版，頁1。

一、外國人進入我國應備之證件

外國人進入我國，應備下列證件：1.有效護照或旅行證件；申請免簽證入國者，其護照所餘效期須為六個月以上，普通、公務及外交護照均適用，不包含緊急、臨時、其他非正式護照或旅行文件。但條約或協定另有規定或經外交部同意者，不在此限，如日本護照效期僅須長於擬停留日期即可、而美國護照（含緊急或臨時護照）亦僅須有效即可；2.有效入國簽證（簽證申請書）、入國許可、中華民國居留證或永久居留證。但申請免簽證入國者，不在此限；3.申請免簽證入國者，應備訂妥機（船）位之回程或離境機（船）票。但提出得免附機（船）票證明者，不在此限；4.次一目的地國家之有效簽證。但前往次一目的地國家無需申請簽證者，不在此限；5.填妥之入國登記表[26]。

二、我國之簽證種類

我國簽證依申請人之入境目的及身分分為四類：停留簽證、居留簽證、外交簽證、禮遇簽證。自105年1月12日核發電子簽證。

適用對象：有效外國護照。惟電子簽證僅適用：1.適用之18個國家：巴林、布吉納法索、哥倫比亞、多米尼克、厄瓜多、史瓦帝尼、吉里巴斯、科威特、模里西斯、蒙特內哥羅、阿曼、巴拿馬、秘魯、卡達、沙烏地阿拉伯、索羅門群島、土耳其及阿拉伯聯合大公國；2.不限國別：應邀來我國參加由中央政府機關主辦、協辦或贊助之國際會議、賽事或商展活動者；3.印度、印尼、越南、緬甸、柬埔寨及寮國：透過交通部觀光局指定旅行依據「東南亞國家優質團客來臺觀光簽證作業規範」申請來臺旅遊團客；4.南亞6國商務人士：印度、斯里蘭卡、孟加拉、尼泊爾、不丹及巴基斯坦籍人士經外貿協會駐當地機構之推薦者；5.伊朗商務人士：經外貿協會駐當地機構之推薦者[27]。

26　運輸業者載運旅客入境中華民國各類有效旅行文件參考指南，頁39。
27　同前註，頁40。

三、外籍漁船進入我國港口之程序

外籍漁船[28]進入我國港口：1.外國籍漁船進入我國港口前，應由船務代理於一定期限前依「非我國籍漁船進入我國港口許可及管理辦法」向農業部漁業署申請港口卸魚、港內轉載、補給或維修漁船等活動事項，農業部漁業署審查該等漁船是否有「被他國、國際漁業組織或其他經濟整合組織列入非法、未報告及不受規範（IUU）漁撈作業之漁船名單」，以及「從事流網漁業」等不予許可進入我國港口的條件，並就漁業事務准駁；2.由船務代理依商港法規定，透過MTNet航港單一窗口服務平臺向交通部航港局提出進港申請，該等漁船之貨物、人員須分別由關務署、移民署、行政院農委會動植物防疫檢疫局、疾病管制署及海巡署等機關，依「海關緝私條例」、「入出國移民法」、「傳染病防治法」、「國家安全法」等規定辦理關稅、移民、防檢疫、安全查核（CIQS）等進港入境審查事宜，並由港務公司於商港區指定停泊船席[29]。

四、相關通報之義務規定

相關通報之義務規定，如自由貿易港區之設置，依自由貿易港區設置管理條例第七章罰則第38條：「自由港區事業依第十七條第一項或第三項規定向海關通報，有虛報或不實情事者，由海關按次處新臺幣三萬元以上三十萬元以下罰鍰。」對此有論者指出，在實務操作上，對「自由港區業者」有處罰不合理與過重的情形。並建議修改上述條文。自由港區業者所承攬的業務中，有部分是代個別貨主操作的，在貨物包裝內容物的數量清點或報單內容常有因貨主或報關的疏失，於海關查驗時，若發現有不符的情形，海關雖理解無故意虛報或不實的情事，但海關也僅能依第38條開立最低3萬元的罰鍰，縱然貨品價值或稅額僅有數

---

[28] 相關文獻，請參考呂冠輝，外籍漁船船員僱傭契約的管轄與準據法研究——本國法與歐盟法之比較，臺灣海洋法學報，27期，2019年12月，頁29-71。

[29] 監查院調查報告，萬那杜籍「大旺號」與「金春12號」兩艘漁船，綠色和平東亞分部2019年12月發布的報告中指出，疑似涉嫌對外籍漁工有暴力行為案，2021年5月，頁26-27。

百或上千元的金額，顯然不符比例原則。[30]

五、通報臨時入國停留之機、船員、乘客

本條第2項規定之通報義務，與本法臨時入國亦有相關。

本法第19條規定：「搭乘航空器、船舶或其他運輸工具之外國人，有下列情形之一者，移民署依機、船長、運輸業者、執行救護任務機關或施救之機、船長之申請，得許可其臨時入國：一、轉乘航空器、船舶或其他運輸工具。二、疾病、避難或其他特殊事故。三、意外迫降、緊急入港、遇難或災變。四、其他正當理由（第1項）。前項所定臨時入國之申請程序、應備文件、核發證件、停留期間、地區、管理及其他應遵行事項之辦法，由主管機關定之（第2項）。」

外國人臨時入國之程序，依外國人臨時入國許可辦法第8條規定：「外國人臨時入國，應持臨時停留許可證，經查驗後入出國。其係依本法第19條第1項第2款或第3款規定情形申請者，得於發給臨時停留許可證或加蓋章戳之名冊時查驗之（第1項）。機、船長或運輸業者依本法第49條第2項規定通報者，應向航空器、船舶或其他運輸工具離開我國之機場、港口所在地之入出國及移民署所屬單位為之（第2項）。」

參、綜論

外國人入境我國，應備相關證件，如有效護照或旅行證件；申請免簽證入國者，其護照所餘效期須為六個月以上，普通、公務及外交護照均適用，不包含緊急、臨時、其他非正式護照或旅行文件。機、船長或運輸業者，對無護照、航員證或船員服務手冊及因故被他國遣返、拒絕入國或偷渡等不法事項之機、船員、乘客，應通報移民署[31]。

---

[30] 業務座談與意見交流討論，頁17。交通部航港局網頁，https://www.motcmpb.gov.tw（瀏覽日期：2022.1.22）。

[31] 另請參考李震山，外國人出境義務之履行與執行──德國「外國人法」中相關規定之評釋，警學叢刊，29卷4期，1999年，頁223-237。

　　另航空器、船舶或其他運輸工具離開我國時，其機、船長或運輸業者應向入出國及移民署通報臨時入國停留之機、船員、乘客之名冊，以共同維護我國主管機關對國際人流之掌握與正確性。

第50條（機、船長或運輸業者應負責遣送出國之情形）
航空器、船舶或其他運輸工具搭載之乘客、機、船員，有下列情形之一者，機、船長或運輸業者，應負責安排當日或最近班次運輸工具，將機、船員、乘客遣送出國：
一、第七條或第十八條第一項各款規定，禁止入國。
二、依第十九條第一項規定，臨時入國。
三、依第二十條第一項規定，過夜住宿。
四、第四十七條第二項規定，未具入國許可證件。
前項各款所列之人員待遣送出國期間，由移民署指定照護處所，或負責照護。除第一款情形外，運輸業者並應負擔相關費用。

壹、導言

　　運輸業者如有載運不得入國之旅客，須承擔將該旅客儘速送返原出發地。本條為規定業者之協力義務，另對於特殊情形、不符合正常途徑入國之外國人，予以例外限定住宿場所或停留日期，期限一到運輸業者，即應安排該旅客出國，業者並應負責相關之費用。移民署為執行機關，為兼顧安全性，得指定照護之處所。此業者應負責之相關費用，屬於公法上之金錢給付義務。將乘客安排出國，亦為公法上之作為義務。另有關業者所負擔之責任或費用，是否另外向旅客請求，則可依運送契約辦理。

貳、內容解析

外國旅客於入國時，違反下列各款情形，將被遣返。在執行上，移民署得要求該運送之業者配合辦理：1.第7條或第18條第1項各款規定，禁止入國；2.依第19條第1項規定，臨時入國；3.依第21條第1項規定，過夜住宿；4第47條第2項規定，未具入國許可證件。

我國入國許可證件，有許多不同的規定，例如第47條第2項規定：「前項機、船長或運輸業者，不得以其航空器、船舶或其他運輸工具**搭載未具入國許可證件**之乘客。但抵達我國時，符合申請臨時停留許可、簽證、免簽證，或搭機（船）前經權責機關同意入國之乘客，不在此限。」有關旅客所持之證件，是否合法、有效，業者有加以確認之義務。

對於大陸地區人民及臺灣地區無戶籍國民之進入我國國境，另須取得入境許可[32]。此規範於司法院釋字第558號解釋理由書中指出：自由地區與大陸地區間人民權利義務關係及其他事務之處理，得以法律為特別之規定，是法律就大陸地區人民進入臺灣地區設有限制，符合憲法上開意旨（參照本院釋字第497號解釋）。其僑居國外具有中華民國國籍之國民若非於臺灣地區設有住所而有戶籍，仍應適用相關法律之規定（參照入出國及移民法第3條第1款、第5條第1項、第7條規定），此為我國國情之特殊性所使然。

在**移民署指定照護處所內，相關之規定與執行**。有旅客質疑「拿護照代為協調訂機票」、「手機可在寢室外使用、未強制禁止通訊」，是否應事先溝通？移民署表示，執勤人員的應對技巧有很大的檢討空間，會加強訓練。執勤人員不得有不當態度及語言表達。至於為何入境許可上的姓名為何需與護照完全一致？移民署表示，曾經發生有旅客利用與護照姓名不完全相符的姓名入境，從事非法工作，才有此規定。如果外

---

[32] 另請參考李震山，從憲法保障基本權利之觀點論大陸地區人民之收容與遣返——以臺灣地區與大陸地區人民關係條例第18條為中心，警察法學，5期，95年10月，頁117-165。

國人名字比較普遍，過去曾有同姓名的人違法被列入黑名單，系統自動篩濾的結果。一旦未通過系統過濾，就必須透過臺灣的外館當場申請查核，這是他們的風險控管機制。如案件已經提出申訴，透過行政流程，一定會進行內部調查，用正式的書面回覆當事人[33]。

　　本條文之規定，亦與本法第18條之禁止入國規定有關[34]，對於入國證件不符合之外國人，依法得禁止其入國，以維護國境人流之正確性與保護國境安全。

　　曾有媒體報導中國大陸籍人士申請庇護，滯留桃園機場。劉姓與顏姓二人在107年9月27日跳機滯臺，陸委會派員赴桃機瞭解情形，表達關切。劉、顏二人搭乘華航班機從泰國過境臺灣，目的地為中國大陸，惟該二人未依原訂時間登機，滯留桃園機場，陸委會接獲移民署通報，即會同移民署派員赴桃機與當事人會面，瞭解相關情況，與該二位陸籍人士溝通可行之處理方向。劉、顏二人向政府提出庇護及短暫入境之訴求，卻迄未能提供明確受迫害事證，亦未符合現行政治考量在臺專案長期居留或短期入境停留等入境申請條件，致未能獲主管機關同意入境，陸委會及移民署除協請外交部透過駐外館處查證渠等向第三國申請政治庇護情形外，至今亦已邀集相關機關召開多次會議，查證相關訊息，尋求妥適處理方案；期間各機關亦保持密切聯繫，並由移民署國境同仁每日24小時輪班對渠等身體狀況、生活所需提供必要協助[35]。

33　越籍遊客旅台遭拒　移民署「震撼照護」？公視新聞議題中心，2020年1月17日，https://pnn.pts.org.tw/project/inpage/2541/104/286（瀏覽日期：2022.5.26）。

34　另請參考蔡震榮，國境管制與人權保障，月旦法學，204期，2012年5月，頁5-33。許義寶，論禁止入國之規範──以反恐事由為例，中央警察大學國境警察學報，13期，2010年6月，頁67-111。

35　我國難民機制雖尚未完備，惟人權是普世價值，政府相關機關在處理本案的過程中會保障該二人在過境期間的安全，並整體考量國際慣例、我方相關法律規範、過往處理案例、人權保障及國際視聽等層面，並在尊重當事人意願下，溝通未來的處理方案。大陸委員會網頁，https://www.mac.gov.tw/News_Content.aspx?n=A0A73CF7630B1B26&sms=B69F3267D6C0F22D&s=F728B6663F4549BA（瀏覽日期：2024.7.15）。

參、綜論

本條為規定業者之作為義務與須負擔相關執行之費用。對於旅客所持證件，業者在運送前應加以確認，以防止冒用證件非法入境我國，造成國境之漏洞。如業者有不法行為，蓄意運送無證件者入國，則涉及其他條文規定之違規行為，將另外會被追究處罰。於本法第82條規定：「違反第四十七條第二項規定，以航空器、船舶或其他運輸工具搭載未具入國許可證件之乘客者，每搭載一人，處新臺幣二萬元以上十萬元以下罰鍰（第1項）。幫助他人為前項之違反行為者，亦同（第2項）。」

本條規定業者之作為義務與須負擔相關之費用範圍。為防止非法入國，運輸業者必須負責相關之義務。本條明定移民署之權限，在於為國境安全把關，防止非法入國，對發現有可疑違法入國之情形，得採取必要照護及要求運輸業者，即予安排將該名旅客遣返。

|第九章|
移民輔導及移民業務管理

> **第51條**（政府機關對移民提供輔導、保護及協助）
> 政府對於移民應予保護、照顧、協助、規劃、輔導。
> 主管機關得協調其他政府機關（構）或民間團體，對移民提供諮詢及講習、語言、技能訓練等服務。

壹、導言

　　移民是選擇到國外開啓一個新的人生階段，到外國居住與生活，其本身要詳細計畫準備。政府主管機關對於新入國之移民，應予以必要協助，使其可以順利在我國生活與順利從事其原來的活動規劃。包括學習語言、了解我國社會規範、融入社會的風俗習慣等。

　　本條文第1項規定，政府對於移民應予保護、照顧、協助、規劃、輔導[1]。以防止移民受到不法的侵害，包括受到人口販運犯罪之危害；照顧，如移民之生活問題或身體受到傷害之醫療，予以必要諮詢、助力。規劃、輔導爲有計畫地接納移民，配合國家社會的發展，吸收移民到我國來，提升我國的競爭力。

　　本條文第2項規定，主管機關得協調其他政府機關（構）或民間團

---

[1] 另請參考吳學燕，國內外移民政策與輔導之探討，中央警察大學國境警察學報，3期，2004年12月，頁1-34。李錫棟，外國人之居留自由，中央警察大學法學論集，41期，2021年10月，頁79-111。

體，對移民提供諮詢等，為協助我國人民移民往他國，使其可以在他國順利生活與發展，我國政府相關單位，須積極與他國政府或民間團體合作，對我國國民予以協助，以有效達成保護我國國民之目的。

貳、內容解析

一、新住民之照顧服務

我國新住民人數接近60萬人[2]，為營造友善的移民環境，全方位推動移民輔導政策，協助新住民適應我國生活，保障新住民之權利與福利，並加強照顧新住民家庭及培育其子女，提升新住民人力素質，以強化國際競爭力，並達成維護移民人權的施政願景[3]。另113年6月立法院通過「新住民基本法」，未來將有更完善之保護措施。

（一）訂定「新住民照顧服務措施」

內政部於92年訂定「外籍與大陸配偶照顧輔導措施」（105年更名為新住民照顧服務措施）分為八大重點工作，包括生活適應輔導、醫療生育保健、保障就業權益、提升教育文化、協助子女教養、人身安全保護、健全法令制度及落實觀念宣導，由各部會及地方政府等相關機關依職權辦理，並定期召開會議滾動修正推動措施。

（二）設置「新住民發展基金」[4]

為協助新住民適應臺灣社會，持續落實照顧新住民措施，加強培力新住民及其子女發展成為國家新力量，增進社會多元文化交流，於

---

[2] 根據內政部統計，至2024年3月底止，我新住民人數接近60萬人，其中包括中港澳約38萬人，約占六成五；外籍配偶約為21萬人，占三成五，人數前3名分別為越南、印尼、菲律賓。新住民包括其子女，總家庭人數超過百萬人。新住民家庭人數突破百萬人朝野立委提保障權益專法，公視新聞，2024年4月29日。

[3] 新住民照顧輔導，移民署網頁，https://www.immigration.gov.tw/5385/5388/7178/223704/（瀏覽日期：2022.3.16）。

[4] 另請參考陳美娟、張漢誠，運用新住民發展基金提升新住民在臺生活之幸福感，主計月刊，722期，2016年2月，頁58-61。

94年設置「外籍配偶照顧輔導基金」（105年更名為「新住民發展基金」），每年編列約新臺幣3億元預算，以推動新住民及其子女之家庭照顧服務。

（三）成立行政院新住民事務協調會報

為保障新住民相關權益，行政院於104年6月成立新住民事務協調會報，將相關新住民事務提升至行政院層級，由本署擔任幕僚單位，以跨部會協調及統整資源，研擬並落實相關權益保障措施，建構友善多元文化社會。

（四）辦理新住民生活適應輔導計畫

為提升新住民在臺生活適應能力，使其能及早順利適應我國生活環境，共創多元文化社會，補助全國22直轄市、縣（市）政府辦理生活適應輔導班、種籽研習營、生活適應宣導及推廣多元文化活動等。

（五）設置「外來人士在臺生活諮詢服務熱線」

以國語、英語、日語、越南語、印尼語、泰語及柬埔寨語等七種語言，提供外籍人士及新住民在臺有生活需求及生活適應免費諮詢服務，包括簽證、居留、入出境、工作、稅務、健保、交通、社會福利、子女教育、醫療衛生及人身安全等[5]。

（六）新住民的相關議題

監察院近年來關注新住民的相關議題，包含婚姻媒介、在臺生活適應、身分居留權、工作權、移民政策與制度、簽證拒發不告知理由、家暴人身安全威脅等問題，已完成不少調查案件。隨著我國婚姻移民歷程的演進，新住民在臺生活衍生的權益問題及面臨的困境，也呈現不同的面貌，須全盤檢視政府在相關政策、法令、制度及措施能否適時的回應及系統性的調整[6]。

5　新住民照顧輔導，移民署網頁，https://www.immigration.gov.tw/5385/5388/7178/223704/（瀏覽日期：2022.3.16）。

6　監察院「新住民融入臺灣社會所衍生之相關權益探討」通案性案件調查研究報告，中華民國

二、外籍移工之協助

（一）確保外籍移工人身安全，加強對其工作與居住場域最低保障。政府應即正視移工人權及生活基本條件，將提供安全工作與居住場域，納為申請外籍移工之法定必要條件，且須有周全檢查規範及罰則，並由相關機關編配足夠查核人力，落實查核機制。

（二）政府相關機關應定期辦理外籍移工訪查、法規宣導，及生活座談會，給予外籍移工適時的關心及協助，並即時發現問題，防範問題惡化。

（三）政府相關機關應就外籍移工個別來源國家，編訂有關外籍移工之管理、輔導及服務法規及手冊之翻譯版本，相關重要資訊應公開揭露，建置於外籍移工與雇主服務之網路作業系統，因應手機普及化及網路國際化趨勢，提供便捷即時之服務[7]。

（四）實施「移工留才久用方案」

勞動部自111年4月30日實施「移工留才久用方案」，協助雇主留用優秀資深移工轉任中階技術人力，產業中階月薪至少3.3萬元以上、家庭中階月薪至少2.4萬元以上，移工轉任後薪資提升，增加留臺意願，雇主免繳就業安定費，一年多來已協助雇主留用超過2.6萬人，兼顧勞雇雙方權益，達成勞資雙贏。因應臺灣人口結構改變，產業留才及家庭照顧需求增加，勞動部實施移工留才久用方案，年資符合六年以上且符合技術條件的資深優秀移工，雇主以產業類月薪3.3萬元以上、家庭類2.4萬元以上、機構類2.9萬元以上的薪資待遇僱用，可申請資深移工轉任為中階技術人力。此外，雇主若衡量移工技術能力及留才意願後，僱用薪資待遇再提高至產業類月薪3.5萬元以上、家庭類2.6萬元以上、機構類3.1萬元以上，雇主提出申請時，可以免附外國人技術條件

107年8月，序言。

7　蘇顯星、李雅村，外籍移工困境問題之研析，立法院法制局議題研析，2018年7月，https://www.ly.gov.tw/Pages/Detail.aspx?nodeid=6590&pid=171808（瀏覽日期：2022.5.26）。

證明[8]。

參、綜論

　　對於因婚姻移民到我國的新住民，其具有準國民身分，在語言、生活適應與職業學習上，我國政府均應積極的協助安排。以有助於新住民適應我國生活，保障新住民之權利與福利，並加強照顧新住民家庭及培育其子女，提升新住民人力素質。

　　移工在我國工作年限，目前其工作之期限，最長可達十二年至十四年，其在我國亦可以認為是廣義的移民。依我國的移民政策，擬開放符合特定條件之移工，可以申請取得永久居留資格。對於移工的工作與生活，勞動部與主管機關，亦應協調雇主積極的安排照顧，使其適應與融入在我國的生活。

　　有關我國國民之欲移民海外的資訊，政府應主動提供；主管機關並應對移民服務業者，加以管理，要求業者須符合營業之規範與法令。

第52條（勸阻移民）
政府對於計劃移居發生戰亂、傳染病或排斥我國國民之國家或地區者，得勸阻之。

壹、導言

　　司法院釋字第454號解釋文指出：「憲法第十條規定人民有居住及遷徙之自由，旨在保障人民有自由設定住居所、遷徙、旅行，包括出

8　移工留才久用方案改善薪資待遇，協助雇主留用優秀人力，勞動部網頁，https://www.mol.gov.tw/1607/1632/1633/68283/（瀏覽日期：2024.7.15）。

境或入境之權利。對人民上述自由或權利加以限制，必須符合憲法第二十三條所定必要之程度，並以法律定之。」

對於國民擬移居海外，屬於國民之遷徙自由，國家自應予以尊重。另政府有保護國民之義務，對於可能發生之危險，如國民擬前往的國家正在發生戰亂，自應勸阻國民前往，以避免造成危害。在我國外交部網頁，皆經常提供一些海外各國之情資與該國之安全狀況，供國民參考。

貳、內容解析

外交部發布之旅遊警示，係提供國人出國旅行之參考資訊，屬參考性質之建議，與國外旅遊定型化契約條款之適用（旅行團退費）、國際機票及住宿取消退費、海外旅遊相關保險退保與理賠等消費爭議之協調，均無必然關係，亦無強制拘束力，國人仍應自行決定旅行計畫。外交部呼籲國人出國務請提高警覺，倘遇緊急狀況請儘速與我當地駐外館處聯繫。[9]

港版國安法及其第43條實施細則已分別於109年實施[10]，由於條文內容模糊不清、浮濫，加以實施之初，已有港人遭拘捕及檢控，對我國人赴陸港澳及在陸港澳之風險大增，陸委會特別呼籲國人審慎評估前往或過境陸港澳行程。陸委會指出，港版國安法對於違反所謂「分裂國家」、「顛覆國家政權」、「恐怖活動」、「勾結外國或境外勢力危害國家安全」等訂有極重的刑責，此種以言入罪，無限上綱及全球適用的規定，外界為之驚愕並高度質疑[11]。

---

9 國外旅遊警示分級表，外交部領事事務局網頁，https://www.boca.gov.tw/sp-trwa-list-1.html（瀏覽日期：2022.3.16）。

10 另請參考陳玉潔，《港版國安法》：香港法治的破洞、人權的缺口，台灣人權學刊，5卷4期，2020年12月，頁131-157。

11 以港版國安法第43條所訂之實施細則來看，定義極為模糊、浮濫，易陷人於罪且已嚴重違反人權及法治，包括：授權警方無法院手令可逕行搜查、監聽通信，合理懷疑違法即可要求刪除網路資訊，限制離港，要求提供涉港活動資料，甚至凍結充公個人財產，否則將面臨罰款及六個月至二年不等的監禁。此種作為已嚴重侵犯人身自由、財產權、隱私權、通訊自由、營業秘密，形同無限擴權的思想審查。因應「港版國安法」及其第43條實施細則之實施，陸

有關俄羅斯政府針對「不友善國家」發布訊息，我國外交部表示，經查證，俄羅斯政府至今針對「不友善國家」中實施簽證反制措施，目前對象限於歐盟、挪威、冰島、瑞士及列支敦士登等國，臺灣並未列入，因此對我國人目前沒有立即影響，「臺灣也遭列入簽證限制」是不正確的訊息。自2021年8月24日起，俄羅斯政府重新開放我國籍人士申辦簽證且不限制簽證類別，目前由於疫情因素，俄國尚未開放線上申辦電子簽證。外交部至今也沒有接獲國人反映有申請俄國簽證遭拒的情形[12]。

大陸委員會提醒國人，應「慎思赴陸港澳之必要性，並強烈建議國人非必要宜避免進入陸港澳」。如確有赴陸港澳需求，建議應避免觸及或討論敏感議題及事務、拍攝港口、機場、軍事演習場所、攜帶政治、歷史、宗教等書籍。委員會指出中共自2015年迄今陸續增修包含「國家安全法」、「境外非政府組織境內活動管理法」、「網路安全法」、「反間諜安全防範工作規定」、「公民舉報危害國家安全行為獎勵辦法」、「反間諜法」、「愛國主義教育法」、「保守國家秘密法」、「國家安全機關行政執法程序規定」和「國家安全機關辦理刑事案件程序規定」；香港陸續實施「中華人民共和國香港特別行政區維護國家安全法」、「維護國家安全條例」；澳門亦修訂「維護國家安全法」。「我方一再呼籲中共應避免阻礙兩岸良性互動，製造兩岸人員往來障礙，惜中共仍一意孤行且變本加厲，於113年6月21日發布『意見』，進一步提高國人赴陸港澳之人身安全風險」[13]。

參、綜論

國家有保護國民之義務，如國民在海外發生危險，政府要盡力協

委會再次提醒國人審慎評估前往或過境陸港澳行程，並留意個人人身安全，陸委會新聞稿編號第040號。

[12] 普丁限制「不友善」國家簽證，外交部：台灣未列入，ETtoday政治新聞，2022年4月5日。

[13] 陸委會調升陸港澳旅遊燈號為「橙色」，籲非必要避免進入，聯合報，2024年6月27日。

助，使危害減少。包括擬到大陸投資之國民，政府會提供最新、最正確的訊息，供國民參考。另如果國民在海外發生事故，我國駐外館處，會積極的安排處理或提供必要的協助。而政府主動提供國人出國旅行與移民之參考資訊，屬參考性質之建議，與國外旅遊定型化契約條款之適用、國際機票及住宿取消退費等，並無直接關係。

第53條（集體移民）

集體移民，得由民間團體辦理，或由主管機關了解、協調、輔導，以國際經濟合作投資、獎勵海外投資、農業技術合作或其他方式辦理。

壹、導言

　　國民有遷徙的自由，如國民欲移民國外，我國政府須予以協助；此可透過外交部或民間團體的方式，提供欲移民國外的人民必要的幫助。國民在國外發展，與我國政府之間，亦有一定的相關。可在海外創業或投資，或有不同的個人生涯規劃，或有更好的發展。因此，我國政府相關單位須積極予以欲移民國外的國民，必要的資訊或協助。

　　有關遷徙的自由，司法院釋字第558號解釋理由書指出：憲法第10條規定人民有居住、遷徙之自由，旨在保障人民有自由設定住居所、遷徙、旅行，包括入出國境之權利。人民為構成國家要素之一，從而國家不得將國民排斥於國家疆域之外。於臺灣地區設有住所而有戶籍之國民得隨時返回本國，無待許可，惟為維護國家安全及社會秩序，人民入出境之權利，並非不得限制，但須符合憲法第23條之比例原則，並以法律定之，方符憲法保障人民權利之意旨，本院釋字第454號解釋即係本此旨趣。

貳、內容解析

一、國民如欲移民美國

我國國民如欲移民美國，依美國的接受移民規劃：美國每年總共有14萬張移民簽證發給這類申請人[14]。這類移民分爲五種（括弧內爲每年限額比率列）：

優先工作者：科學、文藝、教育、商業和體育各界的卓越人材；傑出的教授和研究員，及某些跨國公司主管和經理（28.6%）。

專業人才：持有大學學位的專業人士和在科學、文藝和商業各界中有特殊才能的人（28.6%）。

專業僱員，技術和非技術性勞工：持大學學位的專業僱員，至少有二年工作經驗的技術性勞工和美國現時缺乏的其他勞工（28.6%）（非熟練工人限額爲1萬人）。

特殊移民：某些宗教工作者、牧師、神父；某些國際性機構職員，和他們的家人；符合資格及被推薦的美國政府現任或舊日僱員（7.1%）。

投資人士：申請人要在美國開辦一間新的企業，投資金額至少要50萬美元至100萬美元，視工作所在地的失業率高低而定（7.1%），並創造最少十個工作職位給沒有親屬關係的人[15]。

二、協助設有海外分公司的國內企業

我國僑委會在110年向海外六大洲的僑台商企業，以及設有海外分公司的國內企業，蒐集調查問卷，發布僑台商企業經營動能指標。全球各洲製造業僑台商營商環境指數，以北美洲最高，非洲最低。除非洲外，全球市場規模且成長前景，以及基礎建設皆出現改善趨勢。此外，

---

[14] 另請參考姜蘭虹、趙建雄、徐榮崇，當代華人的海外移民，國立臺灣大學理學院地理學系地理學報，24期，1998年7月，頁59-84。

[15] 美國在台協會網頁，https://www.ait.org.tw/zhtw/visas-zh/immigrant-visas-zh/employment-zh/（瀏覽日期：2022.5.27）。

亞洲與全球趨勢相似，北美與大洋洲以開放投資項目與融資便利度表現突出，歐洲以市場規模且成長前景、人力素質與生活環境友善度著稱；服務業部分，僑台商營商環境指數以大洋洲最高，依序為歐洲與北美洲居次，非洲最低。透過僑台商問卷調查結果也可發現，外館提供僑台商主要協助，為提供海內外投資商機資訊、提供僑居地當地的法務與稅務諮詢以及協助建立當地通路等服務[16]。

依我國經濟部投審會核備台商對新南向政策國家投資統計，2010年後台商在東南亞的投資，即便不同國家、年度投資額偶有增減，整體趨勢穩定成長。投資金額以越南為首，達87.3億美元；泰國位居第二，投資金額為22.6億美元；印尼15.3億美元，菲律賓14.6億美元，共計139.8億美元。對比1990年代第一次南向政策、推進台商展開海外投資，2010年適逢中國「騰籠換鳥」計畫正式啟動，光2011年至2020年十年間，投資占比就超過五成，例如泰國占比為56.5%，越南、印尼、菲律賓投資額占比甚至高達七成；顯示台商近十年來轉往東南亞設廠積極[17]。

107年行政院推動新南向政策，基於臺灣經濟發展需要，本於雙向互惠及多元發展原則所擬定之策略性計畫，同時也可作為積極整備國家之能量，參與區域經濟之融合。從經貿合作、人才交流、資源共享與區域鏈結等四大面向著手，透過促進臺灣和東協、南亞及紐澳等國的經貿、科技、文化等各層面的連結，共享資源、人才與市場，創造互利共贏的新合作模式；以及透過建立廣泛的協商和對話機制，形塑和新南向國家的合作共識，並有效解決相關問題和分歧，逐步累積互信，進而建立「經濟共同體意識」[18]。

---

[16] 海外僑台商經營動向與投資環境調查報告」出爐，3大指數掌握動態，ETtoday政治新聞，2022年1月27日。

[17] 台商海外布局短鏈化——投資東南亞10年破百億美元，中央社，2021年8月1日。

[18] 行政院——新南向政策，https://www.ey.gov.tw/achievement/4FA9200AE4958785（瀏覽日期：2022.6.24）。

三、新南向政策

（一）與菲、越、印度完成更新版投資協定，經貿往來有保障

我國從2017年起陸續與菲律賓、印度及越南簽署更新版的投資保障協定，對台商分散風險強化國際布局有顯著幫助，例如新版台菲投保協定生效後，新增投資額占歷年對菲國投資近半，印度更是達到七成以上，越南投保協定生效僅三年多，對越南投資就增加36.5億美元。在當前國際政治對我有利的情況下，我國與新南向的交往已較過去大幅改善。

（二）新南向政策是全面性的交流，而非只專注經貿

有別以往過去聚焦在經貿數字上的經營，新南向政策不僅肩負我國整體對外經貿戰略重要的一環，更承擔臺灣鏈結印太地區政經發展的關鍵任務，美國、加拿大、日本和韓國等都有相似的政策，與我國新南向政策不謀而合，證明我國新南向的正確性與重要性，不應只用進出口貿易數據，進行以偏概全的全盤否定[19]。

參、綜論

長年下來包括臺灣地區無戶籍國民或是原在我國國內設有戶籍之國民，往國外移民發展，在世界各國的分布，已具有一定的人數規模。目前我國政府亦須持續關心、輔導、協助，在海外國民的工作及生活情形。國民移居海外，每人有不同的目的與規劃，基於國家與國民之間的聯繫，我國外交部或相關機關，亦應有計畫地協助國民在海外的生活。

---

[19] 新南向政策成果豐碩，與新南向國家雙邊經貿日益成長均可證明，行政院新聞稿，2023年10月30日。

第54條（僑民學校及本國銀行分支機構之設立）
主管機關得協調有關機關，依據移民之實際需要及當地法令，協助設立僑民學
校或鼓勵本國銀行設立海外分支機構。

壹、導言

　　我國國民移民海外，在國外的生活大不易，對於當地語言、子女教育與貨幣金錢交易等，為生活上最基本的需要。我國政府可透過必要的機制、方式，評估設立僑民學校的可行性。另在海外設立我國銀行的分行，有助於國民的投資與個人財產儲蓄等使用。

　　依「僑民學校聯繫輔助要點」第1點，僑務委員會秉持憲法第167條第2款規定之精神，為聯繫僑民學校，輔助僑民辦學，特訂定本要點。第3點，僑民學校凡認同我政府者，得於設立後檢送「僑民學校現況表」、章程或學校其他相關組織規定、校長簡歷及學校課程表等資料，由當地駐外館處或海外文教服務中心函轉本會申請備查。組織變更或停辦時，亦同。

貳、內容解析

　　我國僑務委員會[20]，為爭取目前海外華語文市場擴展契機，推動「臺灣華語文學習中心設置計畫」，輔助歐美地區僑校（團）成立「臺灣華語文學習中心」，提供當地18歲以上人士學習華語文及推廣具臺灣華語文教學之重要據點之一。2021年已協輔18所僑校設置「臺灣華語文學習中心」，2022年續輔助成立27所新的「臺灣華語文學習中

---

[20]　另請參考夏誠華，當前僑務政策之分析，玄奘人文學報，1期，2003年7月，頁217-242。

心」，2022年共輔助45所「臺灣華語文學習中心」在歐美地區營運，包含美國35所；英國、法國及德國各2所；奧地利、愛爾蘭、瑞典、匈牙利各1所。未來僑委會將鼓勵歐美地區僑校（團）踴躍申請設置「臺灣華語文學習中心」，結合更多歐美僑校，教授及推廣具臺灣特色之華語文教學，分享自由民主之臺灣經驗[21]。

　　有關臺灣華語文學習中心設置計畫之期程及協輔措施。為向美國及歐洲地區主流人士推廣臺灣華語文教學，推動本計畫，於2021年先行試辦，並已爭取到四年（2022年至2025年）中程計畫預算，除開辦費補助係初次設置第一年、營運費係初次設置第二年及第三年外，其餘輔助包括教師鐘點費補助、招生推廣活動辦理費補助、教材供應、師資培訓等輔助措施，於計畫期間均持續提供[22]。

　　有關本國銀行設立國外分支機構，依本國銀行設立國外分支機構應注意事項第3點規定：「本國銀行設立國外分支機構，應由主管機關洽商中央銀行後核准辦理（第1項）。本國銀行申請設立國外分行，主管機關自申請書件送達之次日起三十個營業日內，未表示反對者，視為已核准。但擬前往設立之國家（或地區）已有本國銀行設立分行者，主管機關自申請書件送達之次日起二十個營業日內，未表示反對者，視為已核准（第2項）。本國銀行申請設立代表人辦事處，主管機關自申請書件送達之次日起二十個營業日內，未表示反對者，視為已核准（第3項）。第2項前段申請設立國外分行之本國銀行，已具有優良全球營運管理能力者，主管機關自申請書件送達之次日起二十五個營業日內，未表示反對者，視為已核准（第4項）。」

---

[21] 臺灣華語文學習中心，中華民國僑務委員會網頁，https://www.ocac.gov.tw/OCAC/Pages/Detail.aspx?nodeid=5893&pid=28589981（瀏覽日期：2022.3.16）。

[22] 「臺灣華語文學習中心設置計畫」問答集，https://www.ocac.gov.tw/ocac/File/Attach/26496382/File_242806.pdf（瀏覽日期：2022.6.1）。

參、綜論

在海外設置臺灣華語文學習中心，可展現臺灣優質的華語教學能量：包含臺灣在海外緊密聯繫所設的僑校可共同發揮的華語優質教學能量，並與臺灣國內華語教學機構合作連結與交流，將臺灣國內外華語文教學能量透過專業的連結合作發揮[23]，具有多方面積極的功能與效益。

第55條（移民業務機構之經營登記及處分）

經營移民業務者，以公司組織為限，應先向移民署申請經營許可，並依法辦理公司登記後，再向移民署領取註冊登記證，始得營業。但依律師法第二十一條第二項或第一百二十條規定經營移民業務者，應向移民署申請領取註冊登記證。

外國移民業務機構在我國設立之分公司，應先向移民署申請經營許可，並依公司法辦理登記後，再向移民署領取註冊登記證，始得營業。

前二項代辦移民業務之公司變更註冊登記事項，應於事實發生之翌日起十五日內，向移民署申請許可或備查，並於辦妥公司變更登記之翌日起一個月內，向移民署申請換發註冊登記證。依第一項但書規定經營移民業務者，應於變更註冊登記事項事實發生之翌日起一個月內，向移民署申請換發註冊登記證。

經中央勞動主管機關許可從事跨國人力仲介業務之私立就業服務機構，得代其所仲介之外國人辦理居留業務。

壹、導言

經營移民業務，有其特殊專業與涉及重大公共利益，其規範制度上，要求列為特許行業管理。依本條文規定，經營移民業務者，以公司組織為限，應先向移民署申請設立許可，並依法辦理公司登記後，再向

---

23 同前註。

移民署領取註冊登記證，始得營業。

　　經營移民業務，須經目的事業主管機關許可，又稱特許行業；依公司法第17條：「公司業務，依法律或基於法律授權所定之命令，須經政府許可者，於領得許可文件後，方得申請公司登記（第1項）。前項業務之許可，經目的事業主管機關撤銷或廢止確定者，應由各該目的事業主管機關，通知中央主管機關，撤銷或廢止其公司登記或部分登記事項（第2項）。」

　　本法於112年修正，於本條第1項但書規定，但依律師法第21條第2項或第120條規定經營移民業務者，應向移民署申請領取註冊登記證。放寬律師得依規定程序申請經營移民業務。

　　律師法第21條第2項規定：「律師得辦理商標、專利、工商登記、土地登記、移民、就業服務及其他依法得代理之事務。」另律師法第120條規定：「外國法事務律師僅得執行原資格國之法律或國際法事務（第1項）。外國法事務律師依前項規定，辦理當事人一造為中華民國國民或相關不動產在中華民國境內之婚姻、親子或繼承事件，應與中華民國律師合作或取得其書面意見（第2項）。」上述律師法第21條第2項及第120條，已規定准予律師執行移民服務，因此，在本條中亦予明列其相關之執業程序，規定其應向移民署申請領取註冊登記證。

　　有媒體指出有新住民透過臉書貼文，聲稱可協助在臺姊妹申請辦理居留證、歸化國籍證明等文件，並表示僅收取代辦費用，希望互相幫忙介紹。移民署專勤隊透過網路巡邏發現，認為此行為已違反本條文之規定，即違反入出國及移民法經營移民業務的規定進行開罰。因移民服務是特許行業，應先經申請許可並領取註冊登記證，才能提供移民業務服務，並非民眾自行隨意刊登貼文廣告就可收費代辦。依本法規定，代辦居留定居、永久居留或歸化業務，屬於移民公司經營移民業務範圍。如移民需申請臺灣地區居留證、或辦理喪失原有國籍證明等，如果當事人沒時間自行申辦，可透過合法移民公司協助送件。[24]

---

[24] 新住民臉書PO文代辦居留歸化，移民署：最高可罰100萬，ETtoday社會新聞，https://www.

貳、內容解析

第1項：經營移民業務者，以公司組織為限，應先向移民署申請經營許可，並依法辦理公司登記後，再向移民署領取註冊登記證，始得營業。但依律師法第二十一條第二項或第一百二十條規定經營移民業務者，應向移民署申請領取註冊登記證。

公司申請代辦移民業務之經營許可，其申請文件，依移民業務機構及其從業人員輔導管理辦法第8條規定：「公司申請代辦移民業務之經營許可，應檢附下列文件，向移民署為之：一、經營申請書。二、發起人名冊或公司登記證明文件。三、公司名稱及所營事業登記預查申請表影本。四、資本額證明文件。但已有公司登記者，免附。五、專任專業人員至少三人之名冊及其資格證明文件影本。六、定期存款單影本。七、質權設定通知書。八、其他經移民署指定之文件。」

有關律師之執行移民業務，依移民業務機構及其從業人員輔導管理辦法第19條：「依本法第五十五條第一項但書規定經營移民業務者，應由律師事務所主持律師或負責營運管理之律師檢附下列文件，向移民署申請領取註冊登記證後，始得經營：一、註冊登記證申請書。二、由全國律師聯合會出具之律師事務所設立登記證明。三、獨資、合署或合夥之律師或法律事務所，其主持律師或負責營運管理之律師證書及加入地方律師公會證明之影本（第1項）。前項所稱主持律師或負責營運管理之律師如下：一、於獨資之律師或法律事務所，指該獨資之律師。二、於合署之律師或法律事務所，指申請辦理移民業務之合署律師。三、於合夥之律師或法律事務所，指申請辦理移民業務之合夥律師第（2項）。外國法事務律師依本法第五十五條第一項但書規定經營移民業務者，以辦理國人前往其取得律師資格國家之居留、定居、永久居留或歸化業務為限（第3項）。」

2020年律師法及2023年入出國及移民法的相繼修法，使得律師執

ettoday.net/news/20210912/2077708.htm#ixzz7Ng7TgYLp（瀏覽日期：2022.3.16）。

行移民業務之法源依據更加明確，也確立了律師事務所與移民業務機構的二元分流模式，更進一步肯認了移民程序中律師在場陳述意見權[25]。

第2項：外國移民業務機構在我國設立分公司，應先向移民署申請經營許可，並依公司法辦理登記後，再向移民署領取註冊登記證，始得營業。

外國移民業務機構在我國設立分公司，有三個程序：1.應先向入出國及移民署申請設立許可。對此，移民署可依法審核，是否准予設立；2.如經過移民署許可設立後，外國公司須經辦理分公司登記，始得以外國公司名義在中華民國境內經營業務；3.向入出國及移民署領取註冊登記證後，始得營業。

外國公司在我國設立之程序，目前已廢除「外國公司認許」制度。為因應國際化及國內外交流頻繁趨勢，公司法修正的重大變革，廢除原本公司法中「外國公司認許」制度，除修正公司法第4條第2項為：「外國公司，於法令限制內，與中華民國公司有同一之權利能力。」配合修正第371條第1項：**「外國公司非經辦理分公司登記，不得以外國公司名義在中華民國境內經營業務。」**

廢除「外國公司認許」制度，解決過去未經認許的外國公司在我國境內無權利能力，所造成無法取得股票設定質權[26]及土地權利等困擾。隨著公司法修正施行後，各相關主管機關也陸續針對職掌的法規及函令，作配套的法令修正與調適。經濟部除將原法規名稱為「公司之登記及認許辦法」修正為「公司登記辦法」外，針對辦法中外國公司的認許及分公司或辦事處登記等相關規定，也一併刪除及修正。另外，央行針對「外匯收支或交易申報辦法」第3條第3款也一併修正外國公司之定義為：「外國公司在中華民國境內依法辦理設立登記之分公司」等相關規定[27]。

---

[25] 林俊宏，律師執業新領域——移民業務的新開展，月旦律評，21期，2023年12月，第28頁。

[26] 法務部法律決字第030762號函。

[27] 方雍仁，廢除外國公司認許制度談法規調適問題，https://law.moeasmea.gov.tw/ailt/modules/law/details.php?id=451（瀏覽日期：2022.3.17）。

第3項：前二項代辦移民業務之公司變更註冊登記事項，應於事實發生之翌日起十五日內，向移民署申請許可或備查，並於辦妥公司變更登記之翌日起一個月內，向移民署申請換發註冊登記證。依第一項但書規定經營移民業務者，應於變更註冊登記事項事實發生之翌日起一個月內，向移民署申請換發註冊登記證。

業務機構或職業團體，其設立經主管機關許可，原許可處分在未經撤銷、廢止或未因其他事由而失其效力前，其效力繼續存在[28]。

「備查」係指對上級機關或主管機關有所陳報或通知，使該上級機關或主管機關對於其指揮、監督或主管之事項有所知悉已足，毋庸進行審查或作成決定，故該備查非屬所報事項之生效要件。核定與備查之目的、程序及法律效果均不同，如法規明定某事項應由上級機關或主管機關核定者，自不得以備查程序代替之，否則不生核定之法律效果[29]。

代辦移民業務公司，應報請移民署申請變更許可之規定情形，依移民業務機構及其從業人員輔導管理辦法第21條：「代辦移民業務之公司有下列情形之一者，應檢附變更註冊登記證申請書及下列文件，報請移民署申請變更許可：一、公司名稱變更：公司章程、股東同意書或股東會議事錄、經濟部公司名稱及所營事業登記預查申請表影本。二、負責人或一定金額以上實收資本額變更：公司章程、董事會議事錄、股東同意書或股東會議事錄。三、公司地址變更：董事會議事錄或股東同意書（第1項）。代辦移民業務之公司增列或刪除經營本法第五十六條第一項第三款業務者，應檢附變更註冊登記證申請書、公司章程及股東同意書或股東會議事錄等文件，向移民署申請許可；無前項各款變更事項者，應於許可後三十日內，檢附換發註冊登記證申請書向移民署申請換發註冊登記證（第2項）。第一項代辦移民業務之公司變更註冊登記證事項，經移民署變更許可，應於依法辦妥公司變更登記後三十日內，檢附換發註冊登記證申請書及公司登記證明文件向移民署申請換發註冊登

---

[28]　法務部法律字第10403513970號函。
[29]　法務部法律字第10200220480號、法律決字第10200559630號函。

記證（第3項）。前項代辦移民業務之公司經許可變更營業項目者，逾期申請換發註冊登記證，移民署應廢止其變更許可。但有正當理由者，得申請延長三十日，並以一次爲限（第4項）。第十三條外國移民業務機構在我國設立分公司之名稱、負責人或地址變更，準用第一項及第三項規定（第5項）。」

移民業務機構有特定情況，移民署依法應爲公告。即依移民業務機構及其從業人員輔導管理辦法第31條：「移民業務機構有下列情事之一者，移民署應公告之：一、受警告、限期改善、勒令歇業或註銷註冊登記證。二、完成公司解散登記。三、保證金因移民糾紛賠償（第1項）。依本法第五十五條第一項但書規定經營移民業務者，其經營移民業務之律師，經依律師法規定受除名或停止執行職務懲戒處分確定，移民署應公告之（第2項）。」

第4項：經中央勞工主管機關許可從事跨國人力仲介業務之私立就業服務機構，得代其所仲介之外國人辦理居留業務。

申請聘僱外國人之相關許可業務，依就業服務法第35條第1項第1款至第4款不論列舉或概括規定均屬就業服務業務之範圍，又依「私立就業服務機構許可及管理辦法」第3條規定，已將聘僱外國人之相關許可申請事宜納入就業服務業務範疇，故依現行規定辦理該等業務均應依就業服務法第34條第1項申請設立許可。

私立就業服務機構除就業服務法第36條、第38條及「私立就業服務機構許可及管理」第二章定有相關許可條件外[30]，依就業服務法第36條規定私立就業服務機構並應置符合規定資格及數額之就業服務專業人員；專業人員測驗科目包含就業諮詢、輔導、職業心理測驗、職業生涯規劃等專業科目。又私立就業服務機構亦應遵守就業服務法第40條及「私立就業服務機構許可及管理」第三章等相關禁止及作爲義務之管理規定。故綜觀就業服務法及「私立就業服務機構許可及管理辦法」等法

---

[30] 另請參考成之約，人力仲介公司與外籍勞工管理——兼論人力仲介公司的管理與輔導，就業與訓練，17卷2期，1999年3月，頁3-9。

規規定，除旨在促進國民就業，以增進社會及經濟發展外，亦在加強外國人及私立就業服務機構之管理，以保障求職人及雇主權益。

隨著科技進步及社會發展，專業化及分工細緻化已為時代潮流，不同行業對於其他行業之專業領域應予尊重，以促進經濟發展及社會和諧。依律師法第20條第2項之立法意旨，雖認為律師多具有精湛之法學素養及豐富之實務經驗，對於商標、專利、工商登記、土地登記等事務應能勝任，而列舉規定律師亦得辦理該等事務，惟律師從事法定職務以外事務，仍宜依律師法第20條第2項後段「其他依法得代理之事務」及第3項規定，受其他有關法令之規範為適。

基於就業服務法之規定暨對於外國人與人力仲介業之管理，仍將維持現行規定。律師於勞委會（勞動部）未修正指定之就業服務業務事項前，仍應依就業服務法第34條規定向本會申請設立許可，始得接受雇主委任代辦聘僱外國人許可等相關申請事宜，以保障雇主及外國人權益，另依就業服務法第38條規定，從事跨國人力仲介業務之私立就業服務機構應以公司型態組織[31]。

另就業服務法第34條第2項規定：「未經許可，不得從事就業服務業務。但依法設立之學校、職業訓練機構或接受政府機關委託辦理訓練、就業服務之機關（構），為其畢業生、結訓學員或求職人免費辦理就業服務者，不在此限。」

依私立就業服務機構許可及管理辦法第3條：「本法第三十五條第一項第四款所定其他經中央主管機關指定之就業服務事項如下：一、接受雇主委任辦理聘僱外國人之招募、引進、接續聘僱及申請求才證明、招募許可、聘僱許可、展延聘僱許可、遞補、轉換雇主、轉換工作、變更聘僱許可事項、通知外國人連續曠職三日失去聯繫之核備。二、接受雇主或外國人委任辦理在中華民國境內工作外國人之生活照顧服務、安排入出國、安排接受健康檢查、健康檢查結果函報衛生主管機關、諮詢、輔導及翻譯。三、接受從事本法第四十六條第一項第八款至第十一

---

31 行政院勞工委員會勞職外字第0930018206號函。

款規定工作之外國人委任，代其辦理居留業務。」

　　經中央勞工主管機關許可從事跨國人力仲介業務之私立就業服務機構，得代其所仲介之外國人辦理居留業務。跨國人力仲介與外國人居留業務，甚有相關。本項規定跨國人力仲介機構得從事本項業務，在許可營業項目上予以明定，以為執行上之適法。

參、綜論

　　本條為規定移民業務之規範與管理程序，因移民業務涉及跨國性，在大法官第802號解釋中，對於跨國婚姻禁止為商業登記之解釋理由書，亦述及因當事人之間的不熟悉本國法令、在資訊取得上不對等，因此，有必要由政府機關加以介入，並加以規範執業者須具備之資格條件。

　　移民業務機構，為特許行業。其設立要先經向移民署申請許可，才得為公司登記，之後再向移民署申請註冊登記。營業後如有變更註冊登記事項，應依法令向移民署申請許可或備查，並於辦妥公司變更登記後，向移民署申請換發註冊登記證，以維護受服務之相對人權益。

　　內政部移民署為防制虛偽結婚及人口販運及維護國境安全與國家整體利益，自92年9月1日起對大陸配偶申請來臺案件實施面談，入境前事先訪查（談）國人配偶以篩濾婚姻真實性。經訪查有疑慮者，於大陸配偶入境時，在國境線上就夫妻雙方實施面談，通過者始准予入境，其中面談結果有疑慮但無法證明婚姻為虛偽者，准予先行入境，再轉由專勤隊進行二度面談[32]。移民業務之規範與管理，與新住民之因國際婚姻申請來台，亦有相關。

　　本條為規定移民業務之規範與管理程序，因移民業務涉及跨國性，在大法官第802號解釋中，對於跨國婚姻禁止為商業登記之解釋理由

32　監察院，「新住民融入臺灣社會所衍生之相關權益探討」通案性案件調查研究報告，107年8月，頁47。

書，亦述及因當事人之間的不熟悉本國法令、在資訊取得上不對等，因此，有必要由政府機關加以介入，並加以規範執業者須具備之資格條件。

第56條（移民業務機構之業務範圍）

移民業務機構得經營下列各款移民業務：

一、代辦居留、定居、永久居留或歸化業務。

二、代辦非觀光旅遊之停留簽證業務。

三、與投資移民有關之移民基金業務，並以保護移民者權益所必須者為限。

四、其他與移民有關之諮詢業務。

移民業務機構辦理前項第三款所定國外移民基金業務，應逐案申請移民署許可。

經營第一項第三款之業務者，不得收受投資移民基金相關款項。

移民業務機構對第一項各款業務之廣告，其內容應經移民署指定之移民團體審閱確認，並賦予審閱確認字號，始得散布、播送或刊登。但國外移民基金之廣告，應逐案送移民公會團體審閱確認，再轉報移民署核定後，始得為之。

廣告物、出版品、廣播、電視、電子訊號、電腦網路或其他媒體業者不得散布、播送或刊登未賦予審閱確認字號或核定字號之移民業務廣告。

移民業務機構應每年陳報移民業務案件統計，並保存相關資料五年，對於移民署之查核，不得規避、妨礙或拒絕。

移民業務機構受託辦理第一項各款業務時，應與委託人簽訂書面契約。

壹、導言

　　本條為規定移民業務機構得經營之移民業務，包括：1.代辦居留、定居、永久居留或歸化業務；2.代辦非觀光旅遊之停留簽證業務；3.與投資移民有關之移民基金諮詢[33]、仲介業務，並以保護移民者權益所必

33　另請參考蘇祥延，避免賠了夫人又折兵——投資加拿大移民基金十二個關鍵，管理雜誌，

須者爲限；4.其他與移民有關之諮詢業務。

移民業務非常廣泛，移民原因有投資、留學、依親、工作等，當事人的特殊性與需求性皆不同，主管機關基於對業者專業資格之管理與公益之維護，有必要詳加規定業者之資格條件與營業流程，以確保當事人之權益。

有關移民業務機構之業務廣告，依本條之規定，其內容應經移民署指定之移民團體審閱確認，始得散布、播送或刊登。另國外移民基金諮詢、仲介之廣告，逐案送移民公會團體審閱確認，再由移民署核定；其如涉及證券交易法所定有價證券，移民署應會商證券主管機關同意後核定。

貳、內容解析

第1項：移民業務機構得經營下列各款移民業務：1.代辦居留、定居、永久居留或歸化業務；2.代辦非觀光旅遊之停留簽證業務；3.與投資移民有關之移民基金業務，並以保護移民者權益所必須者爲限；4.其他與移民有關之諮詢業務。

依移民業務機構及其從業人員輔導管理辦法第4條：「公司申請代辦移民業務之經營許可，依本法第五十七條第一項第一款規定，應具備一定金額以上之實收資本額，其數額如下：一、經營本法第五十六條第一項第一款、第二款或第四款規定業務者，爲新臺幣四百萬元。二、經營本法第五十六條第一項第三款規定業務者，爲新臺幣六百萬元。三、同時經營前二款規定業務者，爲新臺幣六百萬元。」

曾有刊登未經審閱確認或核定之移民業務廣告違法之行爲個案。對於本件違規涉刊登未經審閱確認或核定之移民業務廣告行爲，移民署管理經營移民業務審查小組審查，訴願人以公司名稱，並有附註該公司聯

214期，1992年4月，頁88-94。

絡資料及註冊登記證號等相關資訊，足以使得閱覽人主觀上產生訴願人可協助代辦移居國外之移民業務，產生招攬移民業務之廣告效果，系爭廣告內容已公開經不特定人士閱覽，為涉刊登未經審閱確認或核定之移民業務廣告。

　　行為人於調查坦承，新建置之網站送審閱時會因應審閱單位之意見而修正內容，意謂廣告內尚有變動性，其確實知悉有關移民業務廣告內容有增刪時都須重新送審之規定，其已將系爭廣告送審閱中，即表示認知新建置官網內容有所變動或增刪，依規定應送審閱確認。於調查筆錄稱，係工作人員疏忽導致忘記關閉網站，從而使其刊登未經審閱確認之系爭廣告供多數人得共見共聞，訴願人未善盡防止之能事，應認渠有過失，構成違規行為。

　　本案訴願人於桃園市專勤隊調查時未提出抗辯，事後改口，且訴願書所提資料，未就網站有開開關關之情形，及因工作人員疏忽而造成違規行為之情事，提出具體佐證，業經原處分機關訴願答辯書論明，所訴顯為事後卸責之詞，核無足採[34]。

　　第2項：移民業務機構辦理前項第3款所定國外移民基金業務，應逐案申請移民署許可。

　　各國移民基金均以投資一定金額作為許可移民之條件，非以投資為目的者，非屬證券交易法之有價證券，無須經金融監督管理委員會同意。實務上查獲之違法經營移民業務態樣，大部分尚屬廣告階段，未達實質經營程度。由於經營移民業務為特許行業，現行對散布、播送或刊登移民業務廣告者均以違法經營處罰，於認定違法經營移民業務之明確性上，有待加強。[35]

　　曾發生有顧問公司辦理「銀行財務管理發行外國投資移民計畫」，內政部予以核准，遭監察院糾正案。內政部對於某股份有限公司申請辦理「加拿大國家銀行財務管理公司發行LBG加拿大投資移民計畫」

---

[34]　行政院訴願決定書院臺訴字第1110162200號。
[35]　立法院第8屆第2會期第11次會議議案關係文書，政24頁。

案，「視同」入出國及移民法第47條第1項第3款之移民業務並「比照」同條第2項之規定，准予許可之行政處分暨理由，為創設法無明文之權利，在法制上亦難維護投資移民者權益，嚴重悖離依法行政原則，核有違失[36]。

依行政程序法第4條規定：「行政行為應受法律及一般法律原則之適用。」中央法規標準法第5條第3款並規定：「關於人民之權利義務事項應以法律定之。」而所謂比照，乃由比附援引而來，類推適用之謂，係將法律構成要件所明定之法律效果轉移適用於法律未設規定之案件中，核與創設新規定無異。故應有法律明文規定，始得為之。

依規定移民業務機構經營與投資移民有關之移民基金諮詢、仲介業務，主管機關應會商財政部同意後許可。其中第3款係「與投資移民有關之移民基金諮詢及仲介業務」，為預防個案違法情事，明定需經主管機關會商財政部同意後許可始得經營該款移民業務，故該許可處分顯係創設人民之權利，需符合法律特別規定方得為之，否則即有違法律保留原則。

內政部對於該股份有限公司申請辦理「加拿大國家銀行財務管理公司發行LBG加拿大投資移民計畫」案，「視同」本法第47條第1項第3款之移民業務並「比照」同條第2項之規定，准予許可之行政處分暨理由，為創設法無明文之權利，在法制上亦難維護投資移民者權益，嚴重悖離依法行政原則，核有違失[37]。

第3項：經營第1項第3款之業務者，不得收受投資移民基金相關款項。

即辦理「與投資移民有關之移民基金諮詢、仲介業務」，依本項規定之業者，尚不得收受投資移民基金相關款項。

第4項：移民業務機構對第1項各款業務之廣告，其內容應經移民

36　監察院，內政部對於金鷹國際顧問股份有限公司申請辦理「加拿大國家銀行財務管理公司發行LBG加拿大投資移民計畫」，糾正案文，https://cybsbox.cy.gov.tw（瀏覽日期：2022.3.16）。

37　同前註。

署指定之移民團體審閱確認，並賦予審閱確認字號，始得散布、播送或刊登。但國外移民基金之廣告，應逐案送移民公會團體審閱確認，再轉報移民署核定後，始得爲之。

依本項規定，於散布、播送或刊登之前，移民業務機構之各款業務廣告，其內容應經過移民署指定之移民團體審閱確認，並賦予審閱確認字號，始得散布、播送或刊登。

對於國外移民基金諮詢、仲介之廣告，可採逐案送移民公會團體審閱確認，再報請移民署核定，始得爲之。如果屬於證券交易法所定有價證券之廣告，移民署應會商證券主管機關同意後，始爲核定。

爲杜絕防範投資移民詐騙：

一、依本法第56條第3項規定，移民業務機構不得收受投資移民基金相關款項；如違法者，則依同法第79條規定處新臺幣3萬元以上15萬元以下罰鍰，並令其限期改善；屆期仍不改善者，勒令歇業。移民署受理任何消費者反映移民業務機構有違法收受投資移民基金款項或受騙之情事；落實相關管理法制，使上軌道。

二、移民署蒐集國人主要移居國如加拿大、美國、澳洲、新加坡等國之制度，爲避免投資詐騙爭議，對投資移民相關款項，定有相關作業程序，已大幅修改匯款機制，尤其如加拿大、澳洲等國改以政府名義募資及擔保還款方式，並由移民消費者直接匯入移居國指定之政府專戶辦理，已可有效杜絕詐騙情事。

爲保護移民者消費權益，並建立良善移民市場，移民署建置作業流程使移民業務機構於各移民業務機構申請諮詢、仲介國外移民基金許可時有所依循，於98年度重新指定簽署查證意見之移民團體，並訂定查證收費標準、申請流程及應附文件，適時向移民業務機構輔導說明相關申請規定。各移民業務機構申請諮詢、仲介國外移民基金許可時，先由移民署指定之移民團體簽署查證意見，再由該署審查後許可[38]。

依移民署所發布之「移民業務廣告審閱原則」，爲不予審閱確認案

---

[38] 監察院公報第2712期，98年度不定期查核移民業務機構實施計畫內容與執行成果，頁24。

類，包括四種情形：1.廣告內容不符合入出國及移民法第56條第1項各款規定之移民業務；2.未依移民業務機構及其從業人員輔導管理辦法第26條規定，備齊審閱確認應備文件；3.廣告違反移居國之法令規定者；4.廣告內容涉及面談輕鬆、審核寬鬆、容易通過、投資風險低、○個月即可從申請到核准或刊登移居國尚在修法中之法案等誇大、虛偽不實、具爭議性或誤導消費者之文字。

第5項：廣告物、出版品、廣播、電視、電子訊號、電腦網路或其他媒體業者不得散布、播送或刊登未賦予審閱確認字號或核定字號之移民業務廣告。

依本項規定，移民業務廣告之前，須經審認；不得散布、播送或刊登未賦予審閱確認字號或核定字號之廣告。

第6項：移民業務機構應每年陳報營業狀況，並保存相關資料五年，對於移民署之查核，不得規避、妨礙或拒絕。

移民署為實施不定期查核，每個月隨機抽取受抽查業者，先行通知受抽查之移民業務機構填列檢查表並請準備檢查資料，彙整後送至該署接受書面審查，如有必要，該署將派員實地查訪。經檢查移民業務機構各檢查項目如有需補正事項，該署將函請該移民業務機構於二個月內補正，並於補正後再派員檢查。逾期未補正者，則依入出國及移民法、移民業務機構及其從業人員輔導管理辦法相關規定辦理，並得將其事由公告於該署網站。

移民署對於設置之事業人員人力、公司變更事項、與消費者簽訂移民服務定型化契約及刊登移民廣告等事宜進行書面查核，經審視渠等報送資料；如有重大違常事項，即予實地查訪。並持續進行不定期查核移民業務機構，以健全對移民業務機構之監督管理[39]。

第7項：移民業務機構受託辦理第1項各款業務時，應與委託人簽訂書面契約。

委託辦理移民業務時，雙方應簽訂書面契約，在簽訂契約前，使用

---

[39] 同前註，頁23。

政府公告的移民服務定型化契約範本，以保障移民消費者及移民業者雙方權益並可減少消費糾紛[40]。

　　遇有「法定書面要式」情形時，當事人即應親自簽名。此外，考量「約定書面要式」事實上也存在意思表示歸屬的認定問題，故國內學界亦無例外地認為民法第3條規定，應類推適用於約定要式行為。資訊科技的普及運用，使得透過網路及電子通訊工具所進行的表意方式，已不以「使用文字」為限，在跨入數位時代後，法定書面要式甚或約定書面要式，是否仍必然綁定文字，亦有爭議[41]。

參、綜論

　　本條文為規定移民業者所須具備之資格，另外其申請成立之程序。經核准成立後得辦理之業務。如未經許可，屬於違法行為，將受到處罰。另外其在散布、播送或刊登之前，移民業務機構之各款業務廣告，其內容應經過移民署指定之移民團體審閱確認，並賦予審閱確認字號，始得散布、播送或刊登。

　　如對於國外移民基金諮詢、仲介之廣告，採逐案送移民公會團體審閱確認，再報請移民署核定，始得為之。其如屬於證券交易法所定有價證券之廣告，移民署應會商證券主管機關同意後，始為核定。

　　本條文之規定，在確立辦理移民業務之專業，並杜絕投資移民詐騙。依本條規定，移民業務機構不得收受投資移民基金相關款項；如違法者，則依同法第79條規定處新臺幣3萬元以上15萬元以下罰鍰，並令其限期改善；屆期仍不改善者，勒令歇業。

---

[40] 參見移民署網頁，https://www.immigration.gov.tw/5385/7445/7749/7794/50308/（瀏覽日期：2022.6.7）。

[41] 參郭戎晉，論民法使用文字之必要與書面要式概念於數位環境下之適用問題，國立中正大學法學集刊，70期，2021年1月，頁135。

第57條（移民業務機構申請設立許可之要件）

移民業務機構申請經營移民業務，應具備下列要件：

一、一定金額以上之實收資本額。

二、置有符合規定資格及數額之專任專業人員。

三、在金融機構提存一定金額之保證金。

四、其他經主管機關指定應具備之要件。

依第五十五條第一項但書規定經營移民業務者，不受前項第一款至第三款規定限制。

移民業務機構申請經營之程序、應備文件、實收資本額、負責人資格、專業人員資格、數額、訓練、測驗、輔導管理、保證金數額、廢止許可、註冊登記證之核發、換發、註銷、繳回、申請許可辦理移民基金案之應備文件、移民業務廣告審閱確認及其他應遵行事項之辦法，由主管機關定之。

壹、導言

本條文為規定，移民業務機構申請設立許可，應具備之要件包括：1.一定金額以上之實收資本額；2.置有符合規定資格及數額之專任專業人員；3.在金融機構提存一定金額之保證金等。

有關移民業務機構負責人之資格，主管機關另訂定法規命令，加以明定。列出不得經營入出國及移民法第56條第1項第3款業務之消極資格。考量公平正義及符合社會期待，並避免不肖移民業務機構負責人藉由職務之便危及消費者權益，破壞業界形象，進而嚴重損傷國家利益。

因為移民業務機構所經營之移民業務與跨國性人流移動密切相關，因應人口販運防制法公布施行，配合國家政策方向，避免犯人口販運罪（依人口販運防制法第2條第2款規定，指從事人口販運，而犯本法、刑法、勞動基準法、兒童及少年性交易防制條例或其他相關之罪），而經法院判決有罪之人員擔任移民業務機構負責人。惟經改判無罪確定者，已無理由限制，以期衡平渠等人員私益與移民消費者權益之維

護[42]。

貳、內容解析

　　設立移民業務機構應具備之資格條件，依本條文規定業者應檢附下列文件向內政部移民署申請設立許可：1.設立申請書；2.發起人名冊或公司登記證明文件；3.公司名稱及所營事業登記預查申請表影本；4.資本額證明文件。

　　依「移民業務機構及其從業人員輔導管理辦法」第8條：「公司申請代辦移民業務之經營許可，應檢附下列文件，向移民署為之：一、經營申請書。二、發起人名冊或公司登記證明文件。三、公司名稱及所營事業登記預查申請表影本。四、資本額證明文件。但已有公司登記者，免附。五、專任專業人員至少三人之名冊及其資格證明文件影本。六、定期存款單影本。七、質權設定通知書。八、其他經移民署指定之文件。」本輔導管理辦法，屬法規命令位階，進一步規定申請之細節與流程。

　　有關移民業務機構負責人之消極資格，依「移民業務機構及其從業人員輔導管理辦法」第9條規定：「公司申請代辦移民業務之經營許可，其負責人不得有下列各款情形之一；已取得經營許可者，移民署應令其限期更換負責人，屆期不更換者，廢止其經營許可：一、曾犯人口販運罪，經法院判決有罪。但經改判無罪確定者，不在此限。二、曾犯詐欺、背信、侵占罪經判處有期徒刑一年以上之刑確定，尚未執行、尚未執行完畢，或執行完畢、緩刑期滿或赦免後未逾二年。三、受破產之宣告，尚未復權，或曾任法人宣告破產時之董事、監察人或經理人，其破產終結未滿三年或調協未履行。四、使用票據經拒絕往來尚未期滿（第1項）。公司申請代辦移民業務之經營許可，其聘僱之專任專業人

---

[42] 移民業務機構及其從業人員輔導管理辦法第6條修正條文對照表，立法院第7屆第6會期第13次會議議案關係文書，報1419-1420頁。

員不得有曾犯人口販運罪，經法院判決有罪情形。但經改判無罪確定者，不在此限（第2項）。」爲規定負責人之消極資格，對曾有重大犯罪或無資產能力之人，限制其不得申請經營移民業務，以保障欲申請移民之人的安全。

代辦居留、定居或永久居留或歸化業務，代辦非觀光旅遊之停留簽證業務，與投資移民有關之移民基金諮詢、仲介業務，其他與移民有關之諮詢業務，均屬本法第56條第1項之移民業務[43]。經營之業者，其成立與經營方法等，應遵守本條文相關之規範。

參、綜論

對移民業務機構，屬於特許行業，國家考慮相關之公共利益，規定欲經營者所應具有之條件，以維護公共利益。其負責人資格之限定，考量公平正義及符合社會期待，並避免不肖移民業務機構負責人藉由職務之便危及消費者權益，破壞業界形象，進而嚴重損傷國家利益，有必要加以規範。

移民業務機構所經營之移民業務與跨國性人流移動密切相關，配合國家政策方向，避免犯人口販運罪，須加限制。對經法院判決有罪之人員，擔任移民業務機構負責人，如經改判無罪確定，已無理由限制。

移民業務機構經內政部移民署許可設立後，應依法向公司登記主管機關辦妥公司登記或營業項目變更登記，並向移民署辦妥質權設定；如有逾期未辦理情形，移民署應廢止其設立許可。有關業者之資格與申請程序，本條文及輔導管理辦法均有明定。另事後業者在經營時，亦應受到監督與遵守相關規定。

---

[43]　臺北高等行政法院100年度簡字第182號判決。

> **第58條**（跨國境婚姻媒合）
> 跨國（境）婚姻媒合不得為營業項目。
> 跨國（境）婚姻媒合不得要求或期約報酬。
> 任何人不得於廣告物、出版品、廣播、電視、電子訊號、電腦網路或以其他使
> 公眾得知之方法，散布、播送或刊登跨國（境）婚姻媒合廣告。

壹、導言

　　依本法第3條第12款規定，跨國（境）婚姻媒合係指就居住臺灣地區設有戶籍國民與外國人、臺灣地區無戶籍國民、大陸地區人民、香港或澳門居民間之居間報告結婚機會或介紹婚姻對象之行為。爰受媒合雙方一方必須為居住臺灣地區設有戶籍國民，另一方則須為外國人、臺灣地區無戶籍國民、大陸地區人民或香港或澳門居民，始符合跨國（境）婚姻媒合之定義；至無國籍人則不屬本法跨國（境）婚姻媒合規定對象範圍。

　　我國婚姻媒合原屬營業項目，具商業營利性質，惟將婚姻商品化，有物化女性，甚至衍生人口販運等問題；政府為使其轉型公益化，杜絕將婚姻視為商品之交易行為，爰明定跨國（境）婚姻媒合不得為營業項目，使公司或商號不得經營之。又本條規定並未全面禁止跨國（境）婚姻媒合之工作或業務行為，亦未以此限制從事媒合工作或業務者之資格條件[44]，公司或商號以外之個人亦得從事跨國（境）婚姻媒合，為符公益性質，明定跨國（境）婚姻媒合不得要求或期約報酬。

　　另廣告本質係屬商業行為，跨（國）境婚姻媒合既不得為營業項目，自不得廣告之。為禁止從事跨（國）境婚姻媒合者以廣告手法宣傳相關媒合業務，明定不得於廣告物、出版品、廣播、電視、電子訊號、

---

[44] 參見司法院釋字第802號解釋理由書。

電腦網路或以其他使公眾得知之方法，散布、播送或刊登跨國（境）婚姻媒合廣告，以維護跨國（境）婚姻媒合之公益性。

貳、內容解析

　　民國80年代時，因我國政府推動「南向政策」，使我國人民與東協國家人民互動頻繁，促成跨國（境）婚姻之發展，因應當時婚姻媒合市場之需求，婚姻媒合業也隨之興起，逐漸走向商業化，基於當時之時空背景因素及國民之需求，我國政府亦將婚姻媒合業[45]列爲合法之營業項目，並於92年時由經濟部公告將「婚姻媒合業」列於「公司行號營業項目代碼表」（代碼JZ99130），內容爲「專門從事居間報告結婚機會或介紹婚姻物件而酌收費用之行業」[46]。按公司法第18條第3項規定，公司所營事業應依中央主管機關所定營業項目代碼表登記，因此經濟部前揭公告事項，等同政府同意公司可合法經營婚姻媒合業，卻也容易被誤解成政府認同婚姻是可以作爲買賣之商品。

　　至95年美國防制人口販運報告（Trafficking in Persons 2006）將我國列第二級觀察名單，這是我國於該報告中受評結果最差的一年，美國國務院在當年的報告中稱：「臺灣的外籍配偶主要來自越南和其他東南亞國家，其招募管制不良，結果成爲販運女童和婦女進入臺灣性行業以及強制性勞動的主要管道。」[47]所謂外籍配偶之招募管道不良，應指我國跨國（境）婚姻媒合問題叢生，致跨國（境）婚姻媒合管道成爲性剝削及勞力剝削之人口販運管道；這與當時政府認同婚姻可作爲商業交易之商品，並將其法制化之政策有相當大之關聯性。

　　嗣後政府爲導正婚姻商品化及物化女性等不良社會風氣，避免人

---

[45]　當時政府並未將婚姻媒合業區分爲國內婚姻媒合及跨國（境）婚姻媒合，因此從業者得同時從事國內婚姻媒合及跨國（境）婚姻媒合。

[46]　黃慧娟，黃庭芳，跨國婚姻媒合業之研究，警察行政管理學報，15期，2009年，頁1-16。

[47]　美國在台協會，美國2006年人口販運問題報告，美國國務院，https://www.ait.org.tw/zhtw/2006-trafficking-in-persons-taiwan-tier-2-watch-list-zh/（瀏覽日期：2010.12.1）。

口販運等社會問題持續發生，而影響我國國際形象，行政院婦女權益促進委員會（已於101年改制為性別平等會）於95年會商決議，認為婚姻媒合不應成為一種行業，應朝向非營利、公益性服務機構發展；因此經濟部於95年9月26日公告刪除該部「公司行號營業項目代碼表」中「JZ99130婚姻媒合業」營業項目，另經濟部與內政部於96年2月15日會銜將「婚姻媒合商業」團體業別自「商業團體分業標準」刪除[48]，以落實政府推動跨國（境）婚姻媒合公益化及非營利化之政策，此一改變雖然造成已登記婚姻媒合為營業項目之公司或商號許多不滿及反彈，但是卻能使跨國（境）婚姻正常化，讓外籍配偶來臺之權利也能受到更多保障，係展現我國對於結婚權利以及人格自由發展之尊重[49]，可視為我國人權的一大進步。以下針對本條規定逐項解析：

一、跨國（境）婚姻媒合不得為營業項目

本條第1項並未明定行為主體，然既稱營業項目，即有營業事實，屬營利事業之商業買賣行為，應指依公司法及商業登記法等相關規定所辦理營業之事項[50]，其經營之主體係為公司或商號，因而本條第1項應在於禁止公司或商號將跨國（境）婚姻媒合作為營業項目並經營之。

查本條係本法於96年12月26日修正公布時之新增條文，惟經濟部於95年9月26日已將「婚姻媒合業」營業項目刪除，除非經濟部重新公告恢復「婚姻媒合業」為營業項目，否則公司或商號本無法登記已不復存在之營業項目，因此本條第1項立法時，公司或商號事實上已不得將跨國（境）婚姻媒合登記為營業項目，若此，本條之立法意旨，似旨在政府推動跨國（境）婚姻媒合公益化之宣示性質；另本條既已明定跨國（境）婚姻媒合不得為營業項目，如未來政府規劃恢復「婚姻媒合業」

---

[48] 經濟部及內政部於96年2月15日以經濟部經商字第09602400300號令以及內政部內授中社字第0960702575號令會銜刪除「婚姻媒合商業」團體業別。

[49] 許義寶，入出國法制與人權保障，五南，2009年，頁379。

[50] 公司法第18條第3項規定：「公司所營事業應依中央主管機關所定營業項目代碼表登記。……。」另商業登記法第9條第1項規定：「商業開業前，應將下列各款申請登記：……三、所營業務。……。」

爲營業項目，將亦受本條規範之，須排除跨國（境）婚姻媒合之適用，僅得將國內婚姻媒合恢復爲營業項目。又經濟部雖已將「婚姻媒合業」營業項目刪除，致公司或商號無法登記「婚姻媒合業」爲營業項目，然實際上如仍以公司或商號之名義從事跨國（境）婚姻媒合者，亦受本條第1項之禁止規定，不得爲之。

二、跨國（境）婚姻媒合不得要求或期約報酬

本條第2項雖未明定行爲主體，其在立法體制上係屬本條第1項之補遺規定，所規範之行爲主體應爲本條第1項規定以外之自然人、財團法人及非以營利爲目的之社團法人等非營業主體[51]。本條第2項之行爲主體雖非營業主體，但並非不得爲營利行爲，仍可能以營利爲目的從事跨國（境）婚姻媒合，而違背政府推動公益化政策之目標，因此本條第2項規定不得要求或期約報酬，旨在規範前揭所稱非營業主體仍不得將跨國（境）婚姻媒合視爲營利行爲。

從事跨國（境）婚姻媒合是否爲營利行爲而違背公益，除取決於是否收取報酬以外，按本條第2項規定，另須視是否有要求或期約之主動意思表示，如屬被動收取報酬者，尚不屬於本條第2項禁止之事項；查司法院釋字第802號解釋理由書，本條並非禁止非營業者從事跨國（境）婚姻媒合，而係禁止從事跨國（境）婚姻媒合者主動向受媒合當事人期約或要求報酬，至於受媒合當事人主動對媒合者給付謝禮（或稱紅包禮），則非屬禁止之範圍；爰本法施行細則第32條對本條第2項所稱報酬即解釋爲「向受媒合當事人約定或請求給付之對價」，尚未包含受媒合當事人主動給付之對價。

由全球婚姻媒合的歷史觀之，最早可追朔至上古時期的「媒妁」一職，且至少擁有三千年的歷史及法律地位，雖然婚姻媒合長期被視爲私人領域的行爲，但媒妁一職卻從未消失，所謂的婚姻媒合或婚姻仲介即

---

[51] 參見司法院釋字第802號解釋之楊惠欽大法官協同意見書。

是延續這一功能[52]。媒妁一職亦屬從事婚姻媒合者且收取報酬者，媒人雖是婚姻媒合之營業者，且收取紅包禮爲我國民俗風情，惟媒人如從事跨國（境）婚姻媒合且主動向受媒合當事人約定或請求媒合之報酬，仍有違反本法之虞；至於受媒合當事人主動提供謝禮予媒合者，則不屬本條禁止之行爲。

　　早期我國政府把婚姻媒合業納入商業規範，視婚姻爲交易之商品項目，當時或有國內外之時空背景考量，但隨著時代演進，現今社會乃重視婚姻自由，認爲婚姻係屬人性尊嚴之基本權利，尤其選擇配偶之自由更應該受到憲法第22條之保障[53]，現今社會對於婚姻之價值觀與早期之婚姻觀念已截然不同，婚姻買賣行爲已普遍不能受國人接受。雖然，在我國一般社會觀念中，婚姻不能與金錢劃上等號，然而，我國文化源於華人社會之傳統文化薰陶，對於婚姻大事仍相當重視媒妁之言，即使當事人雙方爲自由戀愛，當論及婚嫁時，在華人的傳統習俗上，亦不免有請媒人提親並給紅包作爲酬禮之習俗，在臺灣社會已是相當普遍之情形，通常並不會被認爲是營利行爲，但媒人如基於主動之意思表示，向受媒合者要求或期約報酬，仍應視爲本條第2項禁止之事項。

三、任何人不得於廣告物、出版品、廣播、電視、電子訊號、電腦網路或以其他使公衆得知之方法，散布、播送或刊登跨國（境）婚姻媒合廣告

　　本條第3項行爲主體則含括任何人，包含本條第1項及第2項之行爲主體，即不論營業主體或非營業主體均不得利用各種媒介散布、播送或刊登跨國（境）婚姻媒合廣告，因廣告係屬商業行爲之一種，其目的在於使閱聽者，獲取商品之資訊，以達到行銷商品之效果[54]，政府既推動跨國（境）婚姻媒合公益化，自不允許居間媒合者將其視爲商品並從事廣告行爲，爰予立法禁止之。

---

[52] 沈倖如、王宏仁，「融入」或「逃離」？越南新娘的在地反抗策略，文化研究月報，29期，2003年，頁33。

[53] 參閱司法院釋字第748號解釋理由書。

[54] 蕭富峰，張佩娟，卓峰志，廣告學，2版，元照，2020年。

本條第3項所列廣告物、出版品、廣播、電視、電子訊號、電腦網路或以其他使公眾得知之方法，係屬廣告之媒介，前六種之立法形式採列舉規定，明確列出廣告媒介之態樣，具有廣告媒介之上位概念意義，惟為避免法律有掛一漏萬之弊，末以「其他使公眾得知之方法」項目作概括規定，以確保任何廣告媒介均能屬本條第3項所禁止之項目，無一例外，旨在全面禁止跨國（境）婚姻媒合之廣告行為。另本條第3項所稱散布、播送、刊登係屬廣告之手段，其各種手段之運用乃須配合廣告媒介之態樣，不同態樣之廣告媒介應搭配不同廣告手段，如散布廣告物（傳單）、播送廣播（媒體）、刊登出版品（報章雜誌）。

參、綜論

一、司法院釋字第802號解釋有關本條第2項爭點之綜論

本條第2項規定是否符合憲法第15條保障人民工作權、第22條契約自由及第7條平等權之意旨，為司法院釋字第802號解釋之爭點，第802號解釋認本條第2項規定與前揭人民工作權、契約自由、平等權尚無違背，其理由略以：對工作權之限制，在憲法上本有寬嚴不同之容許標準，如其限制目的係為追求正當之公共利益，且其限制手段與目的之達成間有合理關聯，即非憲法所不許；另契約自由屬憲法第22條所保障其他自由權利之一種，惟國家為維護正當公益，尚非不得以法律對之為合理之限制；至於憲法保障人民之平等權，並不當然禁止國家為差別待遇，應視該差別待遇之目的是否合憲，及其所採取之分類與規範目的之達成間，是否存有一定程度之關聯性而定。

承上第802號解釋之理由，不論係以婚姻媒合為其業務內容而從事業務行為者（屬工作權限制對象），或是僅偶然從事婚姻媒合而非以之為業者（屬契約自由權限制之對象），本法並未全面禁止跨國（境）婚姻媒合之工作或業務行為，亦未以此限制從事媒合工作或業務者之資格條件，且本條立法意旨在於跨國（境）婚姻媒合之去商業化及減少假

婚姻媒合而行人口販運之不法情事等流弊，所規定之限制手段，與其目的之達成間有合理關聯，尚不違背憲法保障人民工作權及契約自由之意旨。

在平等權部分，依第802號解釋之理由，法規範所採取之分類如未涉及可疑分類，且其差別待遇並不涉及攸關個人人格發展及人性尊嚴之重要基本權利，自得採寬鬆標準予以審查；本條第2項係以媒合是否涉及跨國（境）婚姻為分類，而對跨國（境）婚姻媒合給予相對不利之上述差別待遇，其未涉可疑分類，非屬上開重要基本權利，且立法目的係為追求正當公共利益，且其分類與目的之達成間有合理關聯，與憲法第7條平等權保障無違。

針對第802號解釋本條第2項合憲，部分大法官則提出不同意見書，重點摘述給下：

（一）蔡明誠大法官

本條第2項規定在法律適用上，或憲法違憲審查上，應該扣合立法目的，係在於健全跨國（境）婚姻媒合環境，以保障結婚當事人權益、防杜人口販運及避免物化女性、商品化婚姻等，並考量一般風俗民情，對於非屬以上規範目的管制範圍內之行為，尤其是非營業目的之一次性或偶而之婚姻媒合行為，將之排除於行政罰處罰範圍之外，如此可避免國家公權力恣意介入所衍生之過苛現象。

民法將婚姻居間而約定報酬者，修正為非禁止規定，僅居間人對報酬無請求權[55]，其與本條第2項之法律用語及規範內容，尚有不同，且本條第2項欲達成之行政管制目的，與前述民法規定之規範意旨，容有差異。惟國際交流異於往昔，相關法律規定就跨國（境）婚姻媒合報酬是否仍採禁絕態度，是否真能有效達成預想之規範目的？有如民法第573條修正之理由所述，工商業發達，社會道德標準已轉變，且民間專門居間報告結婚機會或介紹婚姻行業所提供之服務，亦受肯定，基於此

---

55 民法第573條規定：「因婚姻居間而約定報酬者，就其報酬無請求權。」

等理由，因應社會變遷，重新再檢討有關跨國（境）婚姻媒合規範之相關規定之妥當性。

　　如認為跨國（境）婚姻媒合行業或行為，非全然有造成危害社會道德之疑慮，如隨社會變遷，其帶來之社會正負面功能之彼此間已有消長者，則宜從禁絕跨國（境）婚姻媒合報酬之防堵態度，朝向更開放精神，導正跨國（境）婚姻媒合之良性發展，如此將更可符合憲法第7條平等權、第15條工作權與財產權，以及第22條契約自由原則之憲法保障人民基本權之意旨及目的。

（二）黃虹霞大法官

　　婚姻媒合屬契約之一種，除受上述憲法一般契約自由之保障外，另涉及婚姻締結機會之創造，對受媒介方當事人之婚姻選擇自由，亦屬相關，從而亦涉及與人格健全發展與人性尊嚴維護有關，受憲法第22條保障之婚姻自由重要基本權；本條第2項並未禁止跨國（境）婚姻媒合行為，但禁止媒合跨國（境）婚姻者要求或期約報酬，就跨國（境）婚姻媒合之雙方當事人（即婚姻媒合者與受媒合者）而言，均屬對其與他人交易內容即受憲法第15條財產權及第22條所保障之一般契約自由之限制，甚至已涉及受憲法第22條保障之婚姻自由。

　　民法第573條於88年修正時，將原禁止婚姻媒合（居間）約定報酬之規定修正為得為約定暨報酬已給付者不得請求返還，立法者於民法修正當時自已就婚姻媒合契約准予約定報酬是否符合公益乙節為適當考量，並認為未違背公序良俗，合於公益；嗣後以屬行政法之本條第2項規定另為異於民法新規定之處理，即就跨國（境）婚姻媒合部分，於行政法另為不得要求或期約報酬之規定，系本條第2項自應特具重要公益。然依「財團法人及非營利社團法人從事跨國境婚姻媒合許可及管理辦法」第17條規定，財團法人及非營利社團法人應與受媒合當事人簽訂書面契約，明定收費項目、金額及違約之損害賠償等，甚至規定就已載明之費用有請求權等，即准許就跨國（境）婚姻媒合行為要求或期約報酬。是對照觀之，就跨國（境）婚姻媒合行為之行政法規範言，否准

要求或期約報酬乙節，顯然應未特具重要公益，而且違反行為尚非屬特別應予非難者，已至為昭然。

民法第573條規定，婚姻媒合者就約定之報酬無請求權，應已足保護受媒合者；而且婚姻媒合者若以媒合成功為條件要求或期約合理報酬，其所成就者為婚姻，並非人口販運；且許其要求或期約之報酬，僅係就其所提供婚姻媒合服務之正常合理對價，並非如販運人口之不法暴利。即婚姻媒合行為與人口販運行為本質不同，許婚姻媒合者要求或期約報酬不等同於許販運人口及給予不法暴利。從而是否許婚姻媒合者要求或期約報酬與人口販運行為之禁止間，尚難認具合理必要關聯。

（三）黃瑞明大法官

嚴格管制跨國（境）婚姻媒合之立法目的在於防制婚姻商品化、物化女性、人口販運及婚姻移民汙名化等，其規範之對象應是以跨國（境）婚姻媒合為常業並要求或期約報酬者。至於個人基於私人關係，偶然所為之婚姻媒合行為，有助於世間男女以「個人化」之媒合方式找到另一半，應為美事，且不存在上開立法所顧慮之事由。有必要修改本條規定，就個人基於私人關係偶然所為之婚姻媒合，於一定條件下設免罰之除外規定，且讓法官對個案是否涉及營利性有較大之裁量權，避免過苛而殃及無辜。

按男女間言語不通，是跨國（境）婚姻媒合得以「營利」之本質。然而，如此之現象，就臺灣人民與大陸及港、澳地區（以下簡稱大陸地區）人民以及臺灣人民與其他外國（主要為東南亞國家）人民間之婚姻，存有本質之不同。大陸地區與臺灣之間雖有政治隔閡，但是人民語言文化相通，生活習慣差距不遠，人民通婚對雙方當事人之衝擊及負擔，實和臺灣人民與語言不通之外國人間之婚姻有本質上之不同。況大陸地區人民與臺灣人民因家庭關係、工作因素交往密切，具有親友網絡者介紹婚姻機會亦屬自然。臺灣人民與外國人婚姻之媒介，因為語言、文化背景之差異程度顯然不同，婚姻媒合態樣亦有所差異，可能產生之弊端有別，故有必要分別依各該媒合態樣訂定不同之管制內容，且加強

輔導措施，而非一律依相同標準處罰，俾符合平等原則。

（四）詹森林大法官

法規範若限制人民就爲維持生活而反覆從事之行爲獲得合理報酬，即爲牴觸工作權保障之意旨；應視該規定之限制程度，採取寬嚴不同之審查標準，如所限制者越接近工作權保障之核心，則自應越爲嚴格之審查。綜觀本法之規範模式，實已涉及對人民選擇職業自由之主觀條件限制、涉及職業選擇自由之客觀條件限制、以及觸及工作權保障之核心。

本法對人民選擇從事跨國（境）婚姻媒合之職業自由，不僅設有主觀條件及客觀條件之限制；對縱使符合主觀條件及客觀條件者，更禁止其要求或期約報酬。前揭規定，個別而言，對人民職業自由之限制非輕，已非如多數意見所認，得僅予低度審查，遑論該三項限制疊加後，更屬嚴重侵害人民之職業自由，自應採嚴格審查標準。

本條第2項規定已觸及工作權核心之限制，幾近扼殺此行業存在，已難謂符合比例原則之要求，如再觀察本法以疊加之模式，對跨國（境）婚姻媒合業者工作權之多重限制，未斟酌得否採取侵害較小之手段，無異全面禁止跨國（境）婚姻媒合工作，更屬逾越比例原則。

綜整以上大法官之不同意見書，本條之立法目的應在於避免跨國（境）婚姻商業化、物化女性、以及人口販運犯罪等情形發生，並朝公益化發展；然收取報酬不等於商業化、媒介婚姻不等於將其商品化、跨國（境）婚姻媒合之目的性與人口販運本質差異甚大；且民法第573條修法時，已認爲婚姻媒合之報酬合於公益。然本條將跨國（境）婚姻媒合與國內婚姻媒合分割規範，與民法規定有別，係因跨國（境）婚姻受媒合雙方之語言、文化落差太大，易遭爲營利之用，始予差別規範；惟大陸地區人民（尤以居住福建沿海一帶者）與國人之語言、文化差異性並不大，卻仍受本法跨國（境）婚姻媒合之規範，爰第802號解釋雖認本條第2項規定合憲，惟就本法對於跨國（境）婚姻媒合整體性規定而言，確實仍有許多值得探討修正之處。

跨國（境）婚姻之成因，係隨著時代潮流不斷演進，本法於96年

增修跨國（境）婚姻媒合條款時，人口販運防制法尚未立法，爰本法立法者將人口販運問題列為本條立法之考量，尚屬合宜；惟人口販運防制法於98年6月1日施行後，自99年起迄今，我國於美國人口販運報告評比均為第一列名單，且近年來該報告建議我國人口販運防制應著重於遠洋漁工及國內家庭看護工之人權問題，並未再提及跨國（境）婚姻涉及性剝削與勞力剝削等問題。然我國並未隨著人口販運問題核心之轉變，重新檢視跨國（境）婚姻媒合規定之適切性，仍以舊思維因應新時代，似已不合時宜。

倘國內婚姻媒合受民法規範尚屬合於公益，又隨國際及兩岸情勢轉變，跨國（境）假結婚之人口販運問題已不如從前嚴重，加上現代網路通訊發達，跨國（境）資訊流通便利，民眾知識水準及自主意識均較以往大幅提升，不易受騙，是否仍有必要將跨國（境）婚姻媒合與國內婚姻媒合再分割規範，或是一律回歸民法統一規範，此與第802號解釋尚無扞格，值得主管機關深思熟慮。

二、未能防範受媒合者主動發起之買賣婚姻行為

按本條第2項之文義解釋，要求或期約報酬係從事跨國（境）婚姻媒合者主動之行為，如受媒合者於媒合成功後，主動給予媒合者紅包禮，雖然形式上該紅包禮亦屬媒合者履行合法勞務所收取之對價，但並未違反本條第2項不得要求或期約報酬之規定；此立法形式係將違法主體限制在從事跨國（境）婚姻媒合者，而排除受媒合雙方可能違法之情形。惟如受媒合者本身基於買賣婚姻之動機，主動向從事跨國（境）婚姻媒合者表達支付金錢之意願，以求媒合婚姻對象，顯已將婚姻商品化，若甚至表示對象條件越佳者，願意支付之金額越高，則有物化女性之事實，此種媒合行為顯然已違背跨國（境）婚姻之公益目的，理應受本法限制，但由受媒合方主動支付金錢行為卻非屬本條第2項規定之範疇，無從處罰。

婚姻媒合之本質應在使受媒合雙方本於婚姻真諦，能相互扶持、相

忍互愛為基礎而結合，於婚姻關係存續中，同甘苦共患難[56]；如僅基於一方之私慾以價購配偶方式完成婚姻大事，不論是媒合者或是受媒合者所為，均應屬法律所不允許之行為。爰本條第2項除規範媒合者不得主動要求或期約報酬以外，應再考量規範受媒合者亦不得違背公益而以價購配偶之意思要求婚姻媒合，以求跨國（境）婚姻媒合管理機制之周延。

三、跨國（境）婚姻媒合廣告之禁止規定未含括廣告內容

　　本法對於跨國（境）婚姻媒合廣告之管理手段，係針對其通路及方式採部分列舉及部分概括規定予以禁止，明定不得於廣告物、出版品、廣播、電視、電子訊號、電腦網路或以其他使公眾得知之方法散布、播送或刊登廣告；惟廣告是否能達到效果，其「內容」、「通路」、「方式」均相當重要，對廣告之管理手段，本應三者兼顧，然本條僅規範通路及方式，未含括廣告內容，即跨國（境）婚姻媒合廣告涉及哪些資訊始構成違法之要件，本法並未予定義，造成人民容易誤觸法網。

　　查移民署109年度跨國（境）婚姻媒合管理審查小組第2次會議，審理違反本條規定之案件計有38案，其中違反本條第3項刊登廣告案件即高達32件，占84.2%，且大多數違法者為個人行為，違法原因多屬對法令規定不夠理解，爰主管機關亦認為其違法行為情節輕微，受責難程度尚低，對其裁罰多依行政程序法第8條及第18條規定，予以減輕至法定罰則最低額。倘法律規定確實未臻明確，致主管機關對大部分違法案件除裁量最低罰則外，尚須引行政程序法規定再減輕罰則，其處罰是否仍具必要性？又是否容易令人誤解主管機關是為裁罰而裁罰，而未回頭檢視法規是否有修正空間！

　　雖法律明確性之要求，非僅指法律文義具體詳盡之體例而言，立法者於制定法律時，仍得衡酌法律所規範生活事實之複雜性及適用於個

---

[56]　參見臺灣高等法院高雄分院108年度家上字第58號民事判決。

案之妥當性，從立法上適當運用不確定法律概念而為相應之規定[57]；婚
媒之本質本較為抽象，婚姻生活之事實也屬複雜之社會問題，或對跨
國（境）婚姻媒合廣告內容難以法律條文作明確性之文義規範，尚不
違反法律明確性原則，惟主管機關可參考兒童及少年性交易防制條例
（2015年修正為兒童及少年性剝削防制條例）第29條較為明確之立法
模式，該條文規定「連續以廣告物散布足以引誘人為性交易訊息」，所
稱「以廣告物散布」屬對通路之禁止規定，而「足以誘人為性交易訊
息」則屬對內容之禁止規定，易始民眾理解該條文規定不得散布之廣告
內容為何，避免觸法。

　　另政府既未全面禁止個人或法人從事跨國（境）婚姻媒合，又何以
須全面禁止相關廣告行為；如廣告內容符合公益、未物化女性、無涉及
犯罪訊息，應可比照本法對於移民業務機構之廣告審查機制，責由具公
信力之機構負責審查並核予審查合格字號後，始得散布，反之即屬不合
格廣告，再予禁止之；亦不乏為較具彈性之管理機制。

第59條（定期陳報媒合業務狀況）

財團法人及非以營利為目的之社團法人從事跨國（境）婚姻媒合者，應經移民
署許可，並定期陳報媒合業務狀況。

前項法人應保存媒合業務資料五年，對於移民署之檢查，不得規避、妨礙或拒
絕。

第一項許可之申請要件、程序、審核期限、撤銷與廢止許可、業務檢查、督導
管理及其他應遵行事項之辦法，由主管機關定之。

---

[57]　參見司法院釋字第794號解釋理由書。

壹、導言

　　財團法人及非以營利為目的之社團法人均屬具公益性質之法人團體[58]，由其從事跨國（境）婚姻媒合，既非屬營利行為亦符合政府提倡之公益目的，爰本條明定財團法人及非以營利為目的之社團法人從事跨國（境）婚姻媒合採許可制，須經目的事業主管機關移民署審查通過，且為受政府管理，並應定期向移民署陳報媒合業務狀況。至財團法人及非以營利為目的之社團法人以外之自然人從事跨國（境）婚姻媒合，並未在本條規定範疇。

　　財團法人及非以營利為目的之社團法人從事跨國（境）婚姻媒合，除須主動陳報媒合業務狀況外，亦應接受目的事業主管機關之查核，以確保其從事之媒合業務均符合公益性。爰明定財團法人及非以營利為目的之社團法人從事國（境）婚姻媒合之業務資料應至少保存五年，以備移民署檢查之用，且為賦予目的事業主管機關行政調查權，依行政程序法第36條之意旨[59]，明定對於移民署之檢查，應予配合，不得有規避、妨礙或拒絕。

　　為使財團法人及非以營利為目的之社團法人從事跨國（境）婚姻媒合許可事項有所依循，明定其申請要件、程序、審核期限、撤銷與廢止許可、業務檢查、督導管理及其他應遵行事項之辦法，由主管機關定之。內政部已於97年7月24日訂定發布財團法人及非營利社團法人從事跨國境婚姻媒合許可及管理辦法（以下簡稱婚媒管理辦法），自98年8月1日施行，迄今歷經3次修正，最近一次係內政部於112年12月28日修正發布之。

---

[58] 依財團法人法第2條第1項規定：「本法所稱財團法人，指以從事公益為目的，由捐助人捐助一定財產，經主管機關許可，並向法院登記之私法人。」另依人民團體法第39條規定：「社會團體係以推展文化、學術、醫療、衛生、宗教、慈善、體育、聯誼、社會服務或其他以公益為目的，由個人或團體組成之團體。」

[59] 行政程序法第36條規定：「行政機關應依職權調查證據，不受當事人主張之拘束，對當事人有利及不利事項一律注意。」

貳、內容解析

為推動跨國（境）婚姻媒合公益化，政府已於95年9月26日廢止「婚姻媒合」為營業項目，並修法規定原已登記婚姻媒合營業項目之公司或商號自98年8月1日起不得再從事跨國（境）婚姻媒合，以杜絕營利行為。然政府禁止跨國（境）婚姻媒合為營業項目，並非全面禁止從事跨國（境）婚姻媒合業務，且若無具經驗之跨國（境）婚姻媒合業者協助受媒合雙方辦理相關手續，有意願跨國（境）結婚之雙方恐因彼此語言、文化及法令規定不熟悉，增加結婚之困難度，或自行尋覓不合法之婚姻媒合業者協助，而造成權益或金錢上之損失，徒增社會問題。因而政府對於跨國（境）婚姻媒合轉型公益化之重要作為，便是輔導原已登記婚姻媒合營業項目之公司或商號設立財團法人及非以營利為目的之社團法人，以既有之經驗，繼續從事跨國（境）婚姻媒合，改以公益而非以營利之目的為之。

所稱公益，即公共利益，指不特定多數人之利益[60]，按政府推動跨國（境）婚姻媒合公益化之理念，乃希望媒合者從事跨國（境）婚姻媒合時，不以利潤極大化為目的，而係以維護國人利益為出發點，協助國人順利完成跨國婚姻。然而公益並非慈善，從事公益並不等於禁止收費或獲利，財團法人及非以營利為目的之社團法人從事跨國婚媒更不應是無償協助，為了維持該法人基本業務正常運作之需要，透過媒合跨國（境）婚姻收取合理之費用亦屬合理之範圍，並不違背公益之目的。然從事跨國（境）婚姻媒合既可收費，則不免會有不法人士藉此謀取不正當利益，不僅違背公益目的，更破壞政府推動跨國（境）境婚姻媒合公益化政策之美意，因此本條即在課予前揭法人應遵守相關規定之義務，並賦予政府機關管理之權力，以維護公益之本質。以下針對本條規定解析如下：

---

[60] 參見公益勸募條例第2條第1款規定。

一、財團法人及社團法人之許可

財團法人與社團法人之許可設立，與本條所稱從事跨國婚媒應經許可之性質並不相同，前者為設立團體之許可，後者為團體從事業務項目之許可。財團法人之設立許可，依財團法人法規定應向主管機關提出申請，經許可後向法院登記為私法人，其主管機關係按該財團法人成立之目的及業務項目，在中央為目的事業主管機關；在直轄市為直轄市政府；在縣（市）為縣（市）政府。社團法人係屬人民團體，按人民團體法規定分為職業團體、社會團體及政治團體等三種，須由30人以上之發起人向主管機關申請許可設立，其主管機關在中央及省為內政部；在直轄市為直轄市政府；在縣（市）為縣（市）政府。人民團體經許可立案後，得依法向該管地方法院辦理法人登記，始成為社團法人。

依婚媒管理辦法第2條規定，財團法人及非以營利為目的之社團法人於上揭申請設立許可程序中，其捐助章程或章程所載之宗旨或工作項目應具備辦理跨國（境）婚媒服務規定，始得向移民署提出申請從事跨國（境）婚姻媒合之許可，次依同辦法第4條第1項規定，財團法人及非以營利為目的之社團法人應具備申請書、服務計畫[61]、法人登記證明文件、董（理）事、監事名冊等影本[62]等資料；其申請作業流程如圖9-1：

---

[61] 服務計畫內容包含：1.服務項目及流程；2.收入來源及支出預算；3.收費項目及金額；4.服務地點；5.工作人員名冊及薪資；6.預定與受媒合當事人簽訂之書面契約；7.其他與推動跨國（境）婚姻媒合服務有關之內容。

[62] 財團法人並應檢附載明從事跨國（境）婚姻媒合之捐助章程及目的事業主管機關同意其從事跨國（境）婚姻媒合服務之核准函影本；非營利社團法人並應檢附章程，章程所載之宗旨或工作項目有變更者，應一併檢附主管機關同意該變更事項之核備函影本。

應備以下文件：
1. 申請書
2. 服務計畫
3. 法人登記證明文件、董（理）事、監事名冊等影本。財團法人並應檢附載明從事跨國（境）婚姻媒合之捐助章程及目的事業主管機關同意其從事跨國（境）婚姻媒合服務之核准函影本；非營利社團法人並應檢附章程及主管機關同意變更章程之核備函影本。
4. 規費1,000元郵政匯票。

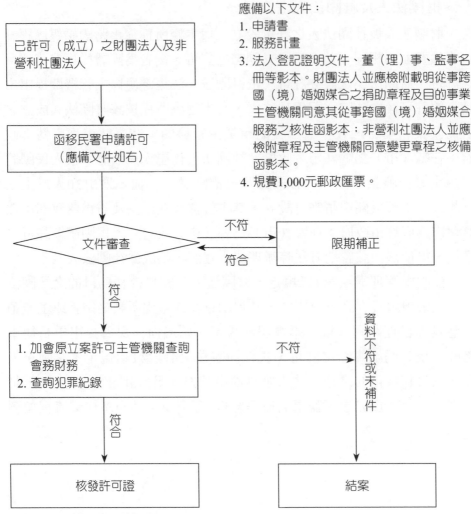

圖9-1　申請從事跨國境婚姻媒合許可作業流程

資料來源：內政部移民署官方網站。

二、定期陳報媒合業務狀況

許可制的框架下，政府對於有意從事跨國（境）婚姻媒合之法人，為能全面走向公益化，已訂定婚媒管理辦法就服務項目、流程、收入來源、支出預算、收費項目、金額等事項規範之，爰婚媒管理辦法規範之相關事項，應均屬媒合業務之範圍，其中尤以確認收入來源及收費項目

爲重要業務狀況，藉以避免空殼團體、地下組織或私人從中牟利；另外，在財團法人及非以營利爲目的之社團法人欲終止服務或有資料變更時，都需要透過申請、檢附相關表單及繳回許可證，有利主管機關掌握婚媒團體的資訊，並可進一步避免許可證遭轉借成爲法律漏洞之情形。再者，以往曾發生人蛇集團利用從事跨國（境）婚媒行人口販運之實，獲取不當之暴利，爲此，主管機關也透過法令管制其中可能存在的不法利益，例如所有的必要費用都須透過團體自行訂定，且全數須經事前報備，不得以任何理由隨案增加，經由主管機關審核，即能對收費過高顯有營利或收費過低可能隱匿不法之團體，加以排除。因此，爲確保財團法人及非以營利爲目的之社團法人均能遵守相關規範執行業務，本條規定前揭法人須定期向移民署陳報媒合業務狀況，以使移民署了解媒合業務之運作情形，除可藉此發現不法或未符合公益性質之跨國（境）婚姻媒合行爲外，也可作爲持續改善推動公益化跨國（境）婚姻媒合之重要參據。

三、保存媒合業務資料及接受檢查

依本法施行細則第33條規定，所稱媒合業務資料，包括職員名冊、各項收費之收據存根、會計帳冊、跨國（境）婚姻媒合狀況表、書面契約及其他經移民署公告，並刊登政府公報之應保存文件。另定期陳報媒合業務狀況，係指由財團法人及非以營利爲目的之社團法人單方面提供業務資料予移民署，屬於書面上之形式查核，較難發現問題所在，爲能有效管理，本條賦予移民署可主動檢查財團法人及非以營利爲目的之社團法人之婚姻媒合業務[63]，此乃行政機關行使公權力之作爲，或稱行政調查，我國行政程序採職權調查主義，行政機關不受當事人主張之拘束，可依職權主動探知眞相，因此，對於移民署之檢查，婚媒團體法人不得規避、妨礙或拒絕，而移民署於實施行政檢查時，對於當事人有

---

[63] 依婚媒管理辦法第13條規定，其業務檢查方式，得視需要以抽查方式爲之；其檢查項目包括服務項目、財務處理、收費項目、收費金額、與受媒合當事人簽訂之書面契約及其他必要事項；檢查時，得會同財團法人及非營利社團法人許可設立之主管機關爲之。

利、不利之事項一律注意[64]。另婚媒團體法人從事婚媒之業務資料,至少則須保存五年,俾供移民署檢查時調閱比對,避免爾後婚媒案件產生違法爭議時,行政機關卻無證據可稽,因此,資料保存之規定同時在保障婚媒團體法人及受媒合者之權益。惟查本條立法理由並未敘明資料保存期限為五年之理由,且我國對於非政府機關之檔案保存,並未如政府機關保存國家檔案或機關檔案訂有檔案法及機關檔案保存年限及銷毀辦法等通則性規定,應屬主管機關基於實務需求通盤考量訂定之。

四、訂定婚媒管理辦法

　　對於財團法人及非以營利為目的之社團法人從事跨國(境)婚姻媒合許可之申請要件、程序、審核期限、撤銷與廢止許可、業務檢查、督導管理及其他應遵行事項,內政部已於97年7月24日訂定婚媒管理辦法,並自同年8月1日施行,其於104年8月21日、108年11月29日及112年12月28日共歷經三次修正,除為因應時代演進及實務需求而修正相關規定外,對於婚媒團體法人之管理作為,亦逐漸朝合理寬鬆方向改變。

參、綜論

　　政府為有效管理財團法人及非以營利為目的之社團法人從事跨國(境)婚姻媒合業務,爰制定本條文課以媒合者應盡之義務,並賦予政府機關管理之權力,惟依本條第1項規定及第3項授權訂定之婚媒管理辦法均僅針對財團法人及非以營利為目的之社團法人管理之,並未對個人為之。按司法院釋字第802號解釋理由書,得從事跨國(境)婚姻媒合者,並不限於財團法人及非以營利為目的之社團法人,尚包含個人(即自然人),且從事跨國(境)婚姻媒合之個人又可區分為「以之為

---

[64] 參閱行政程序法第36條規定:「行政機關應依職權調查證據,不受當事人主張之拘束,對當事人有利及不利事項一律注意。」

業者」及「偶然從事者」，形成個人從事跨國（境）婚姻媒合不受本條及婚媒管理辦法之規範，即不須經移民署許可、亦無須陳報業務狀況及接受移民署檢查。對偶然從事跨國（境）婚姻媒合之個人或無管理之必要，惟對以跨國（境）婚姻媒合為業之個人，是否應納入管理規範，以符公益目的，應可再予考量。

　　查本法第58條對跨國（境）婚姻媒合之禁止模式，公司或商號係受該條第1項規範，不得將跨國（境）婚姻媒合為營業項目；除公司或商號以外之法人或自然人，均應受該條第2項規範，不得要求或期約報酬，其中財團法人及非以營利為目的之社團法人與受媒合者間之契約行為，適用婚媒管理辦法規範，而自然人與受媒合者間之契約行為，則適用民法第153條之規範。依婚媒管理辦法第17條規定，財團法人及非以營利為目的之社團法人與受媒合當事人簽訂之契約，應載明收費項目及金額，換言之，於契約內載明收費項目及金額，並不違反本法第58條第2項規定之不得要求或期約報酬。同理，從事跨國（境）婚姻媒合之個人與受媒合當事人簽訂契約並載明收費項目及金額，應亦無違法之虞，始符合平等原則。如此一來，同為從事跨國（境）婚姻媒合者，財團法人及非以營利為目的之社團法人依法須經許可、陳報媒合業務及按受檢查，而自然人卻不受管理規範，法律對於不同對象為同一行為卻施予強度落差甚大之管理作為，似有違平等原則之虞。

　　按司法院釋字第485號解釋，憲法第7條平等原則並非指絕對、機械之形式上平等，而係保障人民在法律上地位之實質平等，立法機關基於憲法之價值體系及立法目的，自得斟酌規範事物性質之差異而為合理之區別對待。然針對跨國（境）婚姻媒合一事，政府立法管理之目的，應在於推動跨國（境）婚姻媒合公益化，避免媒合者藉以斂財，以及避免物化女性或使婚姻商品化[65]；基於該立法意旨，從事跨國（境）婚姻媒合者，不論係為法人或自然人，均可能發生藉以斂財、物化女性、買賣婚姻、甚至人口販運之違法情形；若政府立法僅針對財團法人及非以

---

[65] 參見司法院釋字第802號解釋理由書。

營利爲目的之社團法人管理，而排除自然人，是否易遭誤解財團法人及非以營利爲目的之社團法人發生前述違法情形之機率較高，因此才受政府嚴管，而自然人則較無違法之虞，如此似已影響兩者於法律地位之實質平等，而違反平等原則。

查本條立法理由並未說明何以僅規定財團法人及非以營利爲目的之社團法人爲管理對象，然參照本條內容解析所述我國婚姻媒合業之歷史脈絡，本條明定財團法人及非以營利爲目的之社團法人之原由，應在於輔導原已登記婚姻媒合營業項目之公司或商號轉型設立公益法人，而從業務承接之觀點，依循對公司或商號既有之管理思維，遂將財團法人及非以營利爲目的之社團法人納入本條之管理規範，而未基於跨國（境）婚姻媒合管理機制之整體性爲出發點思考，造成應管而未管之遺漏情形、形成財團法人及非以營利爲目的之社團法人與自然人間產生法律地位之不平等之虞。

政府或可基於平等原則，重新考量跨國（境）婚姻媒合之整體管理機制，將以跨國（境）婚姻媒合爲業之個人，比照財團法人及非以營利爲目的之社團法人管理方式規範之；亦或可參考蔡明誠大法官所提之意見，不應忽視跨國（境）婚姻媒合業之立法及行政管制措施，以及可能造成之社會影響，在立法政策上仍應有中長期規劃，並適時適度進行規範效益之評估，不應沿襲舊慣，以禁絕管制之保守心態面對此早已存在且含有婚姻媒合正面功能之社會供需現象[66]。爰立法者應可反思政府對於跨國（境）婚姻媒合公益化之整體戰略方向究竟爲何，本條所定跨國（境）婚姻媒合之管理機制是否符合現今之政策目標，或僅是跨國（境）婚姻媒合從商業性質轉型公益性質當下所產生之時代性規範，應均可與時俱進予以檢討，並作通盤考量，重新規劃擬訂跨國（境）婚姻媒合之管理或不予管理之政策目標。

---

66 參見司法院釋字第802號解釋之蔡明誠大法官不同意見書。

> **第60條**（查證及保密義務）
> 從事跨國（境）婚姻媒合者，對於受媒合雙方當事人所提供之個人資料，應善盡查證及保密之義務，並於經雙方當事人書面同意後，完整且對等提供對方。
> 前項所稱書面，應以受媒合當事人居住國之官方語言作成。

壹、導言

　　為使跨國（境）婚姻受媒合之雙方對等獲得另一方之個人資料，同時兼顧其個人資料之正確性及保密性，明定從事跨國（境）婚姻媒合者（以下簡稱媒合者）對於受媒合雙方當事人（以下簡稱受媒合者）提供之個人資料負有查證及保密之義務，在提供一方之個人資料予另一方時，應衡酌受媒合者之意願，並協調雙方可提供資料範圍之一致性，經雙方以書面方式立定同意書後，在雙方願意提供之資料範圍內，完整且對等的將一方資料提供予另一方。另為使雙方當事人確實了解前揭同意提供資料之意涵，該同意書之內容應分別以各該受媒合當事人居住國之官方語言作成，以清楚傳達意思，避免造成誤解。

貳、內容解析

　　按本條規定之「從事跨國（境）婚姻媒合者」，其範圍應包含本法規定可從事者及本法未禁止從事者，另排除本法規定不得從事者。所稱本法規定可從事者，為本法第59條第1項規定之財團法人及非以營利為目的之社團法人，本法規定不得從事者，為本法第58條第1項規定之公司或商號，至於本法律未禁止從事者，即為財團法人及非以營利為目的之社團法人以外之其他法人及自然人。按法人成立之基礎可區分為財團法人及社團法人，其社團法人依其營利之目的，又可區分為營利社團法

人及非營利社團法人，而財團法人及非以營利為目的之社團法人本為本法規定可從事跨國（境）婚姻媒合之對象，排除該二者以外之其他法人僅營利社團法人，其屬公司型態，為本法規定不可從事跨國（境）婚姻媒合之對象，爰除財團法人及非以營利為目的之社團法人以外，並無其他法人可從事跨國（境）婚姻媒合。另本法並無明文禁止自然人從事跨國（境）婚姻媒合，且按司法院釋字第802號解釋理由書所述，本法並未全面禁止跨國（境）婚姻媒合之工作或業務行為，亦未以此限制從事媒合工作或業務者之資格條件，爰在不違反其他法規之情形下，自然人應可從事跨國（境）婚姻媒合，亦屬本條規定之「從事跨國（境）婚姻媒合者」。

　　媒合者如為財團法人及非營利社團法人，依財團法人及非營利社團法人從事跨國境婚姻媒合許可及管理辦法第17條規定，應與受媒合者簽訂書面契約；如為自然人，雖不受前揭管理辦法規範，其與受媒合者對於婚姻媒合一事所為彼此之間之意思表示，亦屬民法第153條規定之契約範疇。依個人資料保護法第19條第1項第2款規定，非公務機關對個人資料之蒐集或處理，應有特定目的，並與當事人有契約或類似契約之關係，且已採取適當之安全措施；因此媒合者與受媒合者既有契約關係，媒合者為執行業務需要，即可依前揭規定蒐集及處理受媒合雙方當事人之個人資料。

　　由於上述個人資料多由雙方當事人自行提供予媒合者，並非全由媒合者透過具公信力之機關（構）取得，因此媒合者對於當事人所提供之資料是否屬實，依法應善盡查證之義務，避免因為資料內容有誤而造成雙方認知差異，致影響媒合者與受媒合者間之三方權益。然因媒合者未具公權力，無從向政府機關或具公信力之民間機構請求調查受媒合者個人資料之真實性，而本條規定媒合者「應善盡查證義務」，屬法律要求媒合人應為之積極義務，指媒合者應在合法且能力可及之範圍內，盡量調查相關資料之真實性，例如發現當事人提供之個人資料有明顯疑慮時，應請當事人再補充提供相關佐證資料，竭盡查證義務。另本條亦規定媒合者對受媒合者所提供之個人資料亦應善盡保密義務，對客戶資料

保密之權利為隱私權之一種，目的在於對客戶之權益保障，避免客戶遭受損害[67]，依個人資料保護法第5條規定，個人資料之蒐集，應尊重當事人之權益，依誠實及信用方法為之，不得逾越特定目的之必要範圍；爰媒合者對於受媒合者之個人資料應善盡保密義務，不得在未經同意之下擅自利用，亦在保障受媒合者之權益。

依個人資料保護法第19條第1項第5款規定，非公務機關對個人資料之蒐集或處理，應有特定目的，並經當事人同意。按本條規定，當事人之同意須以書面為之，其性質屬單方面之書面承諾，另為避免當事人無法理解同意書之內容，亦規定應以當事人居住國之官方語言作成，同意書內容一旦經雙方合意，即發生我國民法上契約之效力，可拘束雙方當事人，爰為保障媒合者及受媒合者之權益，確實有立定同意書之必要性，媒合者始得安心將一方之資料提供給另一方，另媒合者所提供之資料範圍，亦應載明於同意書內，反之，如非屬同意書所載明可提供之資料，即使媒合者係依契約蒐集所得之資料，亦不得將其提供予另一方。

基於公平性原則，本條規定媒合者應完整對等提供資料予受媒合者，其提供之資料可區分為必要性資料及參考性資料，所謂必要性資料係指與婚姻之法律效果具直接關聯性之文件，如單身公證書係為證明受媒合者符合結婚要件之必要文件，當事人不可拒絕提供，是為資料之完整性；而所稱參考性資料，諸如家庭背景、財務狀況、就業情形等，因婚姻屬基本人權，在法律上並不因貧富而定有得否結婚之差別，因此如受媒合者之其中一方不願提供財務狀況予媒合者，則媒合者亦無須將另一方之財務狀況提供給對方，是為資料之對等性。

參、綜論

資訊不對等乃是跨國（境）婚姻所面臨之重要問題之一，尤以東南

---

[67] 參見司法院釋字第293號解釋之陳瑞堂、張承韜、劉鐵錚大法官不同意見書。

亞國家是我國媒合者之主要前往媒合之國家，其媒合模式多由媒合者單方面安排國人前往國外了解結婚對象之生活情形及家庭背景，但未聞媒合者曾安排東南亞國家人民至我國了解結婚對象之生活情形，主要是因為我國國民經濟所得與國內生活環境在國際社會上具有一定之水準，依移民推拉理論，因東南亞國家人民普遍認知中，我國之生活條件應優於原屬國，爰我國對東南亞國家人民具有拉力效應，造成該國人民與我國人媒合婚姻時，容易受到既定印象之影響，而忽略結婚對象現實之生活背景是否符合需求，至結婚後才發現實與理想落差太大，影響在臺之婚姻生活。

110年3月，我國男子總計花費新臺幣65萬元與越南籍女子結婚，然該越南籍配偶來臺後，卻在婚禮前逃跑；無獨有偶在同年同月亦發生另一名我國男子總計花費新臺幣100萬元與越南籍女子結婚，該越南籍配偶卻在我國生活一個月後，不告而別[68]，此二個案情形，多屬雙方婚前之資訊不對等所造成，因此媒合者於從事跨國（境）婚姻媒合時，實應盡查證受媒合者背景之責任，及提供雙方正確之資訊，才能避免此類案件一再發生。

按本條規定媒合者應善盡查證義務，違反者並定有罰則，然所稱「善盡」有盡量完善之義，缺乏強制力，對於已查證之資料，事後發現其為不實者，媒合者只要能舉證已「善盡」查證義務，即可能免受處罰，如此政府對媒合者之管理手段似乎過於寬鬆。媒合者對於查證受媒合者之資料，應有強度上之區隔，如屬必要性資料，查證手段須更為主動積極，以確認資料之真偽；如屬參考性資料，則應善盡查證義務。因此，本條應可再將受媒合者個人資料進一步區分必要性及參考性資料，針對必要性資料之查證課以媒合者更重之義務，使本條規範更為完備。

---

68 黃奕慈，台男悲歌！兩人花大錢娶美嬌娘　越南妻「腳底抹油」被堵到慘遭潑糞，新頭殼新聞網，2021年3月24日，https://newtalk.tw/news/view/2021-03-24/553793（瀏覽日期：2021.4.11）。

> **第61條**（本法修正前設立有婚姻媒合業登記之公司或商號營業期限）
> 中華民國九十五年九月二十六日前合法設立且營業項目有婚姻媒合業登記之公司或商號，自中華民國九十六年十一月三十日修正之條文施行屆滿一年之日起，不得再從事跨國（境）婚姻媒合。

壹、導言

　　為配合政府推動跨國（境）婚姻媒合公益化政策，明定經濟部於95年9月26日廢止「婚姻媒合」為營業項目之前，合法設立之公司或商號已登記婚姻媒合營業項目者，應自本法96年11月30日修正之條文施行屆滿一年之日起，不得再從事跨國（境）婚姻媒合。

　　查本法96年11月30日修正之條文係於96年12月26日總統令修正公布，於97年7月22日行政院令定自97年8月1日施行，爰95年9月26日前合法設立之公司或商號已登記婚姻媒合營業項目者，應自98年8月1日起不得再從事跨國（境）婚姻媒合。

貳、內容解析

　　本條涉及我國跨國（境）婚姻媒合之發展過程，其可溯自1980年代臺灣經濟起飛階段，部分退伍老兵或位處偏鄉之青年因為面臨擇偶困境，而開始有少數東南亞華僑擔任起媒介，媒合印尼、菲律賓、泰國等國家的女性與國人結婚，而這批臺灣最早的婚姻移民多數是當地的華裔貧困婦女[69]。至1990年，臺灣投資東南亞之比重已經逐漸超過對美國之投資，東南亞國家已成為臺灣資本最大外移地區，因而來自東南亞國家

---

[69] 黃慧娟、黃庭芳，跨國婚姻媒合業之探討，中央警察大學行政管理學報，15期，2019年，頁6-7。

之婚姻移民人數明顯提升，其中台商的資本流動間接成為跨國（境）婚姻之觸媒，促成大量來自東南亞國家的女性透過結婚來到臺灣[70]，此時期之跨國（境）婚姻運作形式主要是透過仲介業者以帶團的模式，前往東南亞與當地女性安排相親介紹，可謂是全球化浪潮下新的婚配模式。然而，也因為跨國（境）婚姻的需求及媒合業者增加[71]，跟隨而來的則是物化女性、婚姻買賣的不佳觀感，或是業者誇大不實的資訊造成受媒合雙方誤解與衝突接踵而至[72]，導致不少社會問題發生。

　　而為導正跨國（境）婚姻媒合所引發的嚴重問題，在社會大眾、婦權團體及政府共識集結下，行政院首先在92年將婚姻媒合業全面納入管制[73]，同時也給予婚媒業者合法的法律地位，因此從92年起，婚友社及婚姻仲介業成為正式行業，並開放公司登記，行政院另要求經濟部將婚姻媒合業納入商業法規管理，此時經濟部也配合公告「婚姻媒合業」代碼為「JZ99130」，意指「專門從事居間報告結婚機會或介紹婚姻物件而酌收費用之行業」[74]，正式將婚姻媒合業納入商業法令管理，這是政府首度以法令規定婚姻媒合業是一個合法、正當、可營利的行業，亦產生本條所稱合法設立且營業項目有婚姻媒合業登記之公司或商號。

　　然政府將跨國（境）婚姻媒合列為營業項目之管理方式，非但對於婚媒業者管理成效不佳，立法院、民間團體更認為將婚姻媒合業增列為商業營業項目，有加深婚姻移民商品化及人口買賣之嫌，深化不當聯想的空間，也造成許多民間團體主張婚姻媒合業不得以任何形式廣告

---

[70] 夏曉鵑，資本國際化下的國際婚姻——以臺灣的「外籍新娘」現象為例，臺灣社會研究季刊，39期，2000年，頁48。

[71] 蔡庭榕、簡建章、許義寶，論跨國婚姻仲介之問題與規範，國境警察學報，8期，2007年，頁238。

[72] 內政部移民署，有關跨國境婚媒團體陳情跨國婚媒廣告及仲介猖獗乙案，移民署回應說明，2018年4月30日，移民署官網，https://www.immigration.gov.tw/5385/7229/7238/15711/（瀏覽日期：2020.12.3）。

[73] 行政院在2003年3月5日的消費者保護委員會議紀錄中，針對「婚姻媒合業」明確指示內政部為「婚友社及婚姻仲介業」之中央目的事業主管機關，內政部遂於2004年3月30日函頒「婚姻媒合定型化契約範本」，內容包括收費、退費之標準及方式、活動內容、業者所提供參與媒合者身分及其他相關資訊之確實查證等，從法規上保護了消費者的權利。

[74] 政府於92年增列婚姻媒合業時，並未特別區分國內婚姻媒合或跨國（境）婚姻媒合，按經濟部公向之婚姻媒合業內涵，既未排除跨國（境）婚姻媒合，則應一體適用之。

呈現，引發不少風波，終致政府決定全面廢除婚姻媒合業，經濟部逐於2006年9月26日以經商六字第09500620590號公告廢止「JZ99130婚姻媒合業」之營業項目，此後不論媒介國內或跨國（境）婚姻，都不再允許有新設以從事婚姻媒合商業行為之公司登記成立，但基於信賴保護原則，已登記婚姻媒合業之業者，尚非不得繼續經營。

　　在秉持女性不應成為婚姻媒合商品之理念下，政府開始推動跨國婚媒公益化管理政策，並於96年11月30日修正通過移民法第58條至第61條，由行政院定自97年8月1日施行；除明文規定跨國婚媒不得為營業項目，亦輔導當時已合法設立且營業項目有婚姻媒合業登記之公司或商號轉型為財團法人及非營利社團法人，並制定相關管理機制。對於經濟部於95年9月26日公告廢止婚姻媒合業之前，已經合法設立且營業項目有婚姻媒合業登記之公司或商號，政府亦給予因應修法之緩衝時間，規定自96年11月30日修正通過之移民法實施屆滿一年之日起，不得再從事跨國婚媒。按行政程序法規定，期間以年為計算者，起始日不計算在內，又以最後之年與起算日相當日之前一日為期間之末日[75]；96年11月30日修正之移民法係自97年8月1日施行，爰已經合法設立且營業項目有婚姻媒合業登記之公司或商號應自98年8月1日起不得再從事跨國婚媒。

參、綜論

　　本條規定係政府為推動公益化，基於信賴保護原則，給予經營跨國（境）婚姻媒合公司商號轉型為財團法人及非營利社團法人緩衝期間之過渡條款，目的在於減輕公司商號之損害，符合憲法保障人民之權益[76]；然本條文自96年制定迄今已逾十五年，其保障公司商號轉型權益之立法目的也已達成，主管機關對於目前從事對於跨國（境）婚姻媒合

---

[75]　參考行政程序法第48條規定期間之計算方式。
[76]　參見司法院釋字第525號解釋文。

之法人團體，也已建立良善之管理及輔導機制，對於已轉型之公司商號似無再予特別保護之必要。爰本條文是否仍需保留，或者予以刪除，主管機關可於修法時，對於是類具時代背景之條文，通盤考量處理。

第62條（不得歧視原則）

任何人不得以國籍、種族、膚色、階級、出生地等因素，對居住於臺灣地區之人民為歧視之行為。

因前項歧視致權利受不法侵害者，除其他法律另有規定者外，得依其受侵害情況，向主管機關申訴。

前項申訴之要件、程序及審議小組之組成等事項，由主管機關定之。

壹、導言

本法第62條係於2007年12月26日修正時增訂，於2008年8月1日施行。基於「落實多元文化與族群平等進步觀念，任何公權力的行使都必須保障基本人權，不得以其國籍或原始國籍、種族、族裔身分、膚色，或出生地之優越或低劣為由，有任何差別待遇」[77]，原擬修法增列專章予以保障，惟修法過程中經各黨團協商後，將原專章之條文，僅於第62條中作扼要規範，而細部之申訴要件、程序與組織，則依據本條第3項之授權，另行訂定居住臺灣地區之人民受歧視申訴辦法（以下簡稱歧視申訴辦法）及居住臺灣地區之人民受歧視申訴審議小組設置要點（以下簡稱歧視申訴審議小組設置要點），以為依據；並同時增訂罰則於第81條。

---

[77] 參照立法院第6屆第1會期第7次會議議案關係文書，院總字第1684號委員提案第5999號，頁113。

貳、內容解析

一、禁止歧視

平等權受憲法明文保障，憲法第5條明定：「中華民國各民族一律平等。」憲法第7條規定：「中華民國人民，無分男女、宗教、種族、階級、黨派，在法律上一律平等。」憲法第129條之選舉平等，憲法第159條之受教育機會平等，憲法增修條文第10條第6項強調之兩性地位實質平等以及同條第11項將多元文化明定為基本國策，國家立法、行政、司法，皆應負有積極促進實質平等並維護多元文化之義務。

另外，隨著人權保障國際化之趨勢，除了自1971年1月9日起已對我國生效之消除一切形式種族歧視國際公約外[78]，我國係透過制定各公約施行法之方式，賦予公約中所揭示保障人權之規定，具有國內法律之效力，並要求各級政府機關行使職權，應符合各公約中有關人權保障之規定，避免侵害人權，並應積極促進各項人權之實現，其中包括2009年之公民與政治權利國際公約及經濟社會文化權利國際公約施行法；2011年之消除對婦女一切形式歧視公約施行法；2014年之兒童權利公約施行法及身心障礙者權利公約施行法[79]。不論是從消弭基於種族、膚

---

[78] 消除一切形式種族歧視國際公約於1965年12月21日由聯合國大會通過，並於1969年1月4日生效，由於當時我國仍為中國在聯合國之代表國，其批准書亦隨即交存聯合國。由於其生效日期早於1971年10月25日聯合國大會通過第2758號決議，承認中華人民共和國為「中國在聯合國的唯一合法代表」之前，故目前我國之官方立場認為，「中華民國（臺灣）」應屬該公約之締約國。內政部移民署，審查中華民國(臺灣)政府關於《消除一切形式種族歧視國際公約》執行情形的首次國家報告結論與建議，頁1-2，https://www.immigration.gov.tw/media/104073/icerd%E9%A6%96%E6%AC%A1%E5%9C%8B%E5%AE%B6%E5%A0%B1%E5%91%8A%E5%9C%8B%E9%9A%9B%E5%AF%A9%E6%9F%A5%E7%B5%90%E8%AB%96%E6%80%A7%E6%84%8F%E8%A6%8B%E8%88%87%E5%BB%BA%E8%AD%B02024%E5%B9%B4%E4%B8%AD%E6%96%87%E7%89%88-%E6%9A%AB%E8%AD%AF.pdf（瀏覽日期：2024.7.20）。

[79] 我國目前針對消除一切形式種族歧視國際公約並未制定施行法，但國際審查委員會於2024年4月24日所提出「審查中華民國（臺灣）政府關於《消除一切形式種族歧視國際公約》執行情形的首次國家報告」之結論與建議中，曾指出：「委員會建議政府將《消除一切形式種族歧視國際公約》比照其他聯合國核心人權公約國內法化之方式。因此，政府應儘快訂定並通過具體的實施或施行法，以在臺灣法律中貫徹《消除一切形式種族歧視國際公約》」。內政部移民署，審查中華民國（臺灣）政府關於《消除一切形式種族歧視國際公約》執行情形的首次國家報告結論與建議，頁5，https://www.immigration.gov.tw/media/104073/icerd%E9%A6

色、世系或原屬國或民族本源之任何區別，排斥、限制或優惠[80]；一般
性的法律上一律平等[81]；消除對婦女一切形式歧視，促進性別平等[82]；
確保兒童皆能享有兒童權利公約所示的權利，不受到任何歧視（兒童權
利公約第2條）以及保障身心障礙者平等參與社會、政治、經濟、文化
等之機會[83]，上述各個公約，對於我國在反歧視之要求與實質平等之推
進上，均提供了充足的養分。

　　移民署肩負協助日漸增加新住民之生活適應及輔導照顧工作，如何

%96%E6%AC%A1%E5%9C%8B%E5%AE%B6%E5%A0%B1%E5%91%8A%E5%9C%8B%E9
%9A%9B%E5%AF%A9%E6%9F%A5%E7%B5%90%E8%AB%96%E6%80%A7%E6%84%8F%
E8%A6%8B%E8%88%87%E5%BB%BA%E8%AD%B02024%E5%B9%B4%E4%B8%AD%E6%
96%87%E7%89%88-%E6%9A%AB%E8%AD%AF.pdf（瀏覽日期：2024.7.20）。

80　消除一切形式種族歧視國際公約第1條第1項將「種族歧視」定義爲「基於種族、膚色、世系
　　或原屬國或民族本源之任何區別，排斥、限制或優惠，其目的或效果爲取消或損害政治、經
　　濟、社會、文化或公共生活任何其他方面人權及基本自由在平等地位上之承認、享受或行
　　使。」締約國應譴責種族歧視、種族隔離、種族優越或種族仇恨等主張，並承諾禁止並消除
　　一切形式種族歧視，保證人人有不分種族膚色或原屬國或民族本源在法律上一律平等之權。

81　公民與政治權利國際公約第2條第1項要求公約締約國應「尊重並確保所有境内受其管轄之
　　人，無分種族、膚色、性別、語言、宗教、政見或其他主張民族本源或社會階級、財產、出
　　生或其他身分等等，一律享受本公約所確認之權利」。並明確於第26條中揭示：「人人在法
　　律上一律平等，且應受法律平等保護，無所歧視。在此方面，法律應禁止任何歧視，並保證
　　人人享受平等而有效之保護，以防因種族、膚色、性別、語言、宗教、政見或其他主張、民
　　族本源或社會階級、財產、出生或其他身分而生之歧視。」另，經濟社會與文化權利國際約
　　第7條中則針對工作平等有所規範：「本公約締約國確認人人有權享受公平與良好之工作條
　　件，尤須確保：（一）所有工作者之報酬使其最低限度均能：（1）獲得公允之工資，工作
　　價值相等者享受同等報酬，不得有任何區別，尤須保證婦女之工作條件不得次於男子，且應
　　同工同酬；……（三）人人有平等機會於所就職業升至適當之較高等級，不受年資才能以外
　　其他考慮之限制。」

82　消除對婦女一切形式歧視公約第1條將「對婦女的歧視」，界定爲「基於性別而作的任何區
　　別、排斥或限制，其影響或其目的均足以妨礙或否認婦女不論已婚未婚在男女平等的基礎上
　　認識、享有或行使在政治、經濟、社會、文化、公民或任何其他方面的人權和基本自由」。
　　並於第47屆會議（2010）第28號一般性建議中進一步指出：締約國應確保不對婦女實施直接
　　或間接歧視。對婦女的直接歧視，包括明顯以性或性別差異爲由，實施區別待遇。對婦女的
　　間接歧視，係指法律、政策、方案或做法看似對男性和女性並無偏顧，但實際上造成歧視婦
　　女的效果。因爲明顯中性的措施並未考慮原本存在的不平等狀況。此外，因爲不承認歧視的
　　結構、歷史模式，以及男女之間不平等的權力關係，可能使現有的不平等狀況因間接歧視更
　　爲惡化。

83　身心障礙者權利公約第2條中，針對「基於身心障礙之歧視」，將其定義爲「指基於身心障
　　礙而作出之任何區別、排斥或限制，其目的或效果損害或廢除在與其他人平等基礎上於政
　　治、經濟、社會、文化、公民或任何其他領域，所有人權及基本自由之認可、享有或行使。
　　基於身心障礙之歧視包括所有形式之歧視，包括拒絕提供合理之對待」。

從中消弭歧視、促進平等，即具重要性[84]，而本法第62條第1項：「任何人不得以國籍、種族、膚色、階級、出生地等因素，對居住於臺灣地區之人民為歧視之行為。」之立法，即為致力追求此一目標過程中所留下之痕跡。本法第62條第1項明文禁止任何人對居住於臺灣地區人民之歧視行為，不論是行為人或受歧視之人，均是以「人」為出發點，並未加諸任何資格之限制，此與平等權所具備之人權性質相符。而在歧視之標準上，本條所指出之「國籍、種族、膚色、階級、出生地」等因素，應理解為例示性規定，若屬基於其他因素所為歧視行為，亦不應當然排除，例如學歷、性傾向、政治傾向、職業、興趣等[85]。

　　歧視涵蓋了直接與間接歧視之面向，對於直接歧視與間接歧視在法律層面的實踐，首先得透過形式平等與實質平等的差異來理解：所謂實質平等，係指「相同的事物為相同之對待，不同的事物為不同之對待」，意即「等者等之、不等者不等之」，平等所追求的是實質上的平等、機會平等，而非絕對、機械之形式結果上平等，亦即差別待遇的情況並非當然被禁止，重點應在於差別待遇是否合理，本質上相同之事物應為相同之處理，不得恣意為無正當理由之差別待遇[86]；進而，若法律規定適用之實際結果，將導致對特定群體產生系統性的不公平或者出現比例分布失衡之情況，則屬於間接之歧視[87]。由於我國現行法規對於歧視並無明確之定義與認定標準[88]，加以其型態相當多元，難以事前於抽象法規

---

[84] 例如2024年7月通過之新住民基本法，即係鑑於新住民來臺可能面臨語言、文化及生活適應問題，要求政府應辦理生活適應輔導、醫療生育保健、就業權益保障、提升教育文化、協助子女教養、人身安全保護、健全法令制度及落實觀念宣導等相關措施，並提供多語言服務，致力於新住民之權益保障。

[85] 2024年行政院人權及轉型正義處提出「反歧視法草案」，其中第3條第1項針對「受保護特徵」，即包括種族、身心障礙、性別、年齡、宗教信仰，及其他法律所定禁止歧視之特徵。

[86] 司法院釋字第666號解釋參照。

[87] 司法院釋字第760號及第791號解釋參照。

[88] 關於歧視之意義及要件，請參考黃昭元，論差別影響歧視與差別對待歧視的關係——評美國最高法院Ricci v. DeStefano(2009)判決，中研院法學期刊，11期，2012年，頁5-7、22-23。另，2024年由行政院人權及轉型正義處所提出反歧視法草案中，第2條針對「歧視」加以定義，第1款：「直接歧視：基於受保護特徵對特定人為拒絕、禁止、排除、限制、區別等不利差別待遇」；第2款：「間接歧視：與受保護特徵無關之中立措施或行為，使具受保護特徵者，實際上受有不成比例之不利差別待遇。但該措施或行為有正當理由且必要者，不在此限」，若該法施行，對於歧視之認定，應有正向助益。

中列舉其類型，故本條之適用，仍多有賴主管機關於個案中爲判斷。

二、救濟途徑：申訴

（一）提起申訴之要件及期間

　　凡居住臺灣地區之人民遭受任何人以國籍、種族、膚色、階級、出生地等因素予以歧視，致其權利受不法侵害，均得依本法第62條第2項，向主管機關內政部提起申訴。提起申訴時，申訴人對於其權利受侵害之情形，應於申訴書敘明，包括申訴請求事項、申訴之事實及理由並提供證據，但無法提供證據者，免附（歧視申訴辦法第4條）。申訴之提起，應自知悉受歧視致權利受不法侵害之次日起二個月內爲之，但若侵害發生已逾一年者，不得提起（歧視申訴辦法第3條）。

（二）受理申訴之組織

　　依本法第62條第2項規定，申訴應向主管機關提出，本法第2條明定：「本法之主管機關爲內政部。」故內政部依據本法第62條第3項授權，訂定歧視申訴審議小組設置要點，並據其於內政部下設立居住臺灣地區之人民受歧視申訴審議小組（以下簡稱歧視申訴審議小組），審議依本法第62條第2項規定提起之申訴事件（歧視申訴審議小組設置要點第2點）。歧視申訴審議小組由9至15名委員組成，由內政部次長兼任召集人，其餘委員由各有關機關、單位主管以上人員及社會公正人士中遴聘擔任，其中社會公正人士及任一性別委員均不得少於委員總數三分之一，委員任期二年，期滿得續聘之（歧視申訴審議小組設置要點第3點），並由移民署署長兼任執行秘書，承召集人之命，處理日常事務，所需經費，由移民署有關預算支應（歧視申訴審議小組設置要點第4點及第13點）。

　　歧視申訴審議小組原則上每二個月召開會議一次，由召集人召集並擔任主席，必要時得召集臨時會議（歧視申訴審議小組設置要點第5點），會議不對外公開，出席、列席人員及工作人員對於會議討論情形，均應保密，但決議事項於發文後，則不在此限（歧視申訴審議小

組設置要點第10點）。審議以書面審查為原則，但必要時得通知有關機關派員、申訴人、被申訴人或利害關係人列席會議說明，說明後應即離席（歧視申訴審議小組設置要點第9點）。會議應有委員二分之一以上出席，始得開會，決議事項則應有出席委員過半數之同意；可否同數時，取決於主席（歧視申訴審議小組設置要點第8點）。

為確保歧視申訴審議小組審議之公正性，歧視申訴審議小組設置要點第7點訂有迴避條款，針對有下列情形之一者，委員應自行迴避或經歧視申訴審議小組決議命其迴避：

1. 本人或其配偶、前配偶、四親等內之血親或三親等內之姻親或曾有此關係者為事件之當事人時。
2. 現為或曾為該事件當事人之代理人、輔佐人。
3. 於該事件，曾為證人。
4. 有其他情形足認其審查有偏頗之虞。

（三）申訴之程序

申訴之程序，訂定於依據本法第62條第3項授權訂定之歧視申訴辦法中。依據歧視申訴辦法第3條，申訴之提起採書面要式，故申訴應具申訴書，其應以中文繕寫，如附有外文資料者，應就申訴有關部分備中文譯本。依據歧視申訴辦法第4條，申訴書應載明下列事項，並由申訴人或法定代理人簽名或蓋章：

1. 申訴人（或其代理人）之姓名、出生年月日、身分證明文件字號、住居所、電話。
2. 被申訴人。
3. 申訴請求事項。
4. 申訴之事實及理由。
5. 證據。但無法提供者，免附。
6. 申訴之年、月、日。

移民署收受申訴書後由承辦單位收案、登錄，確認申訴書應載明事項，若申訴書未符合法定要件，其情形可補正者，主管機關應通知

申訴人於文到之次日起20日內補正（歧視申訴辦法第6條）。主管機關於收受申訴書之次日起三個月內須作成申訴決定（歧視申訴辦法第11條），申訴決定應通知申訴人及被申訴人（歧視申訴辦法第12條）。對於申訴不服，不得再行提請申訴（歧視申訴辦法第10條第5款）。

依據歧視申訴辦法第10條，歧視申訴審議小組應作成不受理決定之情形，包括：

1. 申訴書未符合法定要件不能補正或經限期補正未補正。
2. 申訴已逾歧視申訴辦法第3條所定期間。
3. 申訴人無行為能力而未由法定代理人代為申訴，經限期補正未補正。
4. 其他法律另有救濟方式者。
5. 對已決定或已撤回之申訴案件重行提起申訴。

（四）作為備位補充性質之救濟途徑

本條所得適用之範圍涵蓋相當廣，針對得提起申訴者之資格，不論其為本國籍或外國籍，有無設有戶籍，屬短期停留、長期或永久居留、定居，居住之理由或原因；針對申訴之事由，亦未區分歧視之類型及原因，受到歧視對待的場合或環境等，只要屬居住臺灣地區之人民，因歧視致權利受不法侵害，皆得依本條提起申訴。惟考量我國實有相當多之法規，亦就「歧視」或是「不平等待遇」之情況有所規範，並建立相應之救濟管道[89]，故立法者將依據本法第62條第2項所提申訴，定位為備位之補充規定，明定「除其他法律另有規定者外」，方得適用本條提起申訴，亦即當其他法令另有規定時，則應優先適用其他法令，而非適用本法。針對其他法律另訂有救濟方式，而卻依本條提起申訴之情形，歧

---

[89] 例如勞動基準法、性別平等工作法、性別平等教育法、身心障礙者權益保護法、中高齡者及高齡者就業促進法等，均可能作為優先適用之法律。另外，值得關注者為，2024年由行政院人權及轉型正義處所提出反歧視法草案第1條中，規範其與其他法律之關係時，於立法理由第3點中指出：「另因我國現行法中尚有其他多部法律定有禁止歧視規定並對違反者處行政罰，但未明定違反該禁止歧視規定之民事責任，例如……：入出國及移民法第六十二條第一項規定，不得對居住於臺灣地區之人民為歧視之行為等。為使於違反其他法律禁止歧視規定情形，被害人亦能獲得實質之損害填補，本法爰予賦予被害人於該等情形，有得依本法提請民事救濟之權利。至各該法律依其立法目的就所規範之受保護特徵，以及禁止歧視、騷擾之處罰（包括行政罰與刑罰），則依各該法律之規定辦理。」

視申訴審議小組應依歧視申訴辦法第10條第4款規定，作成不受理之決定。

　　以勞動基準法為例，勞動基準法第25條規定，雇主對勞工不得因性別而有差別之待遇，工作相同、效率相同者，給付同等之工資。而勞工發現事業單位違反規定時，得依據勞動基準法第74條第1項，向雇主、主管機關或檢查機構申訴，申訴得以口頭或書面為之（勞動基準法施行細則第46條）。主管機關或檢查機構於接獲申訴後，應為必要之調查，並於60日內將處理情形，以書面通知勞工（勞動基準法第74條第4項）。針對違反勞動基準法第25條者，除處新臺幣2萬元以上100萬元以下罰鍰外（勞動基準法第79條第1項第1款），主管機關應公布其事業單位或事業主之名稱、負責人姓名、處分期日、違反條文及罰鍰金額，並限期令其改善，屆期未改善者，應按次處罰（勞動基準法第80條之1第1項）。

　　現行實務上，勞工在職場遭受雇主或仲介歧視後，多會循勞動部勞動力發展署所建置之「1955勞工諮詢申訴專線」[90]提出申訴。「1955勞工諮詢申訴專線」之前身，為2009年開通之單一專線號碼「1955外籍勞工24小時諮詢保護專線」，其係整合原有「0800外籍勞工申訴專線」及「各地方諮詢服務中心電話」等眾多保護專線，提供外籍勞工單一申訴諮詢窗口；並於2011年2月起，擴增服務語言為印尼、越南、泰國及菲律賓4國語言24小時通譯服務，以及法令簡訊宣導服務。嗣於2016年11月7日配合勞動基準法修正，擴大服務對象包含外籍勞工、雇主及一般社會大眾等，並更名為「1955勞工諮詢申訴專線」，作為全國性24小時單一申訴諮詢窗口，其提供有關法令諮詢、通譯服務、受理申訴、法律扶助諮詢及轉介保護安置及其他相關部門服務。針對受理申訴部分，「1955勞工諮詢申訴專線」於受理申訴後，將透過電子化派案處理機制，將有爭議之申訴案件派至各縣市勞工主管機關，相關申

---

[90] 關於1955勞工諮詢申訴專線之發展及運作，請參考內政部移民署，「外來人士在臺生活諮詢服務熱線」與「1955勞工諮詢申訴專線」整合之可行性研究，內政部移民署自行研究報告，2019年，頁45-50。

訴資料於處理過程均應保密。由於依據勞動基準法第74條第1項所提起申訴，亦得以口頭爲之，加上使用者不論透過手機、市話或公共電話服務，撥打1955專線均毋須負擔任何費用，故其相較於本法第62條第2項及歧視申訴辦法所規範之申訴程序更爲簡便，而成爲申訴不平等待遇時較爲常見之管道[91]。

相較於勞動部之「1955勞工諮詢申訴專線」，移民署實亦建置有類似之「1990外來人士在臺生活諮詢服務熱線」[92]，其始於2014年，係整併當時內政部下既有之「外籍配偶諮詢專線」及「外國人在臺生活諮詢服務熱線」而成，以即將來臺或已在臺居住之外國人士爲服務對象，提供有關外來人士在臺生活需求、生活適應及照顧輔導方面之諮詢服務，包括簽證、停留、居留、工作、教育文化、稅務、健保、交通、職訓及就業服務、醫療衛生、人身安全、子女教養、交通資訊、社會福利、法律資訊、通譯服務、家庭關係及其他生活訊息等事項。撥打「1990外來人士在臺生活諮詢服務熱線」亦免付費，提供國語、英語、日語之24小時、全年無休服務；越南語、印尼語、泰國語、柬埔寨語則限於週一至週五9時至17時。惟歧視申訴辦法第3條第1項明定，依據本法第62條第2項所提起之申訴，應以書面爲之，且應以中文繕具，附有外文資料者，應備中文譯本，故「1990外來人士在臺生活諮詢服務熱線」僅得扮演諮詢及轉介之角色，而無法作爲受理申訴之管道。

三、法律效果

本法第81條係針對違反第62條規定行爲人之處置：一旦經居住臺

---

91 此類申訴，多被歸類在統計表的「管理事項」或「侵害事項」之類別下。勞動統計查詢網，https://statdb.mol.gov.tw/statis/jspProxy.aspx?sys=210&kind=21&type=1&funid=q05062&rdm=R78196（瀏覽日期：2024.7.20）。藍科正、林淑慧，外籍勞工爭議樣態分析：以新北市政府2008年1月至2011年6月處理的外籍勞工爭議案紀錄爲例，勞資關係論叢，15卷1期，2013年，頁30-32。

92 關於1990外來人士在臺生活諮詢服務熱線之發展及運作，請參考內政部移民署，「外來人士在臺生活諮詢服務熱線」與「1955勞工諮詢申訴專線」整合之可行性研究，內政部移民署自行研究報告，2019年，頁41-44。

灣地區之人民受歧視申訴審議小組受理申訴後，認定具有違反本條規定情事時，除其他法律另有規定者外，應立即通知違規行為人限期改善；屆期未改善者，處新臺幣5,000元以上3萬元以下罰鍰。

參、綜論

　　本法第62條第1項明定禁止歧視之原則，在人權國際化、國際人權內國法化之趨勢下，值得肯定。然而，若本條所欲強調者，係「任何人」不得對「居住於臺灣地區之人民」為歧視之行為，而並非僅侷限於「移民」或「外國人」，然卻將其置於本法第九章移民輔導及移民業務管理之規定中，以法律條文之排列與整體體系架構以觀，似乎名實未盡相符[93]。若要強調入出國管理及移民事務之執行，應消弭可能之歧視，或可參考行政程序法第6條：「行政行為，非有正當理由，不得為差別待遇。」之規定，將其置於第一章總則之下，開宗明義宣示之。另，規定於本法中之禁止歧視原則及其救濟，實應對適用於外國人之情形，多予以考量，但觀察歧視申訴辦法中所訂之申訴要件及程序，似乎並未特別斟酌外國人依本條提起申訴時可能面臨之困境，例如書面要式、中文繕具、外文資料需附中文譯本等要求，「平等以待」之結果，恐怕反而加劇不平等之情況，建議或可參考勞動基準法第74條第1項申訴及「1955勞工諮詢申訴專線」之運作模式，適度鬆綁，提供更為簡便容易之途徑。

　　本法第62條第2項之申訴制度，因屬補充性之規定，僅於其他法令未有規定之情況下，方有其適用，然而，當有越來越多的法規，皆就禁止歧視原則有所規範時，將可能使本法第62條第2項所訂申訴制度淪為宣示性質，而無法發揮實質之功能，甚至可能讓申訴人面對眾多目的相同，但卻有各自不同細節要求之救濟途徑，而感到不知所措。且本條並

---

[93]　楊翹楚，移民法規，3版，元照，2024年，頁168-169。

未就「歧視」予以類型化或建立判斷標準，而傾向於個案中，交由歧視申訴審議小組各別審認，其雖非不可行，但仍應注意於實務運作中，歧視之判斷基準應與國際規範接軌，尤其是針對現行已訂有施行法之公約中所明定歧視定義，及其相關解釋或建議中就歧視類型與情境之說明，積極予以參酌引用[94]。長期而言，或可研議制定一部綜合性法律之可行性，以統整目前四散於各法規中之禁止歧視規範，就各類平等面向及各種形式歧視之禁止予以規範，除可避免疊床架屋，亦得透過立法建立明確之歧視認定標準，以資遵循。

---

[94] 兩公約施行法第3條明定：「適用兩公約規定，應參照其立法意旨及兩公約人權事務委員會之解釋。」消除對婦女一切形式歧視公約施行法第3條亦規定：「適用公約規定之法規及行政措施，應參照公約意旨及聯合國消除對婦女歧視委員會對公約之解釋。」而兒童權利國際公約施行法第3條及身心障礙者權利公約施行法第3條中，亦得見類似規定。

第十章

面談及查察

第63條（職權行使）

移民署執行職務人員為辦理入出國查驗，調查受理之申請案件，並查察非法入出國、逾期停留、居留，從事與許可原因不符之活動或工作及強制驅逐出國案件，得行使本章所定之職權。

前項職權行使之對象，包含大陸地區人民、香港或澳門居民。

壹、導言

　　本法乃作用法（行為法）之性質，含括制裁（處罰）、職權（程序）、執行（強制）之法律內涵與性質。移民執法常需考量「違法要件」與「職權要件」，前者乃違法之判準，常為法定之「分則」，但徒法不足以自行，仍須由專業執法人員依法及事實進行涵攝，而從查證身分到進一步違法查證，尚須有「職權要件」當作物理力作為之查證措施。[1]因此，本章即為「職權要件」之授予，且本法分則尚對移民執法人員實施此職權措施時，若執法對象（義務人）不配合時，尚定有罰則[2]，以致於此職權要件，當執法對象不配合時，亦可能成為「違法構

---

[1] 蔡庭榕，移民法暫時留置與查證身分職權之探討，高大法學論叢，17卷1期，2021年，頁89-134。

[2] 本法第85條規定略以：「有下列情形之一者，處新臺幣二千元以上一萬元以下罰鍰：一、經合法檢查，拒絕出示護照、臺灣地區居留證、外僑居留證、外僑永久居留證、入國許可證件或其他身分證明文件。……五、違反第六十六條第二項規定，拒絕到場接受詢問。六、違反

成要件」而受罰。又在執法實務上，通常先適用個別法之分則或罰則之規定，以其違反法律義務之構成要件判斷，其違反法律規定之義務內涵，常以不做該做的事（即作為義務）與做了不該做的事（即不作為義務）與法律效果裁量（裁罰範圍），亦即行政制裁處罰法之範疇。再者，屬大陸法系下的臺灣公權力執法，在行政違規調查與裁處多由行政機關自行為之[3]，但在取締調查與裁處程序上可能由同一機關不同單位辦理，例如取締調查多由負責第一線之外勤執法人員負責，而多數違規案件之裁處則隨個別行政法規定而由另一機關[4]或單位之內勤裁決人員負責辦理。在移民行政法上有組織、作用中之程序、職權、制裁、執行及救濟規定。本法體系上執法之運用考量順序，常以移民機關之任務—業務—勤務—職權—處分（或制裁）—救濟—執行[5]。再者，移民行政機關為達到正確的行政行為，常需有充分的事實與證據，特別是移民行政違規案件之處理，在發現事實與蒐集證據之調查進程與裁處程序中，應遵守正當程序與合理明確之權限分配及一般法律原則，始可圓滿達成維護公益與保障人權之任務。

　　按「本法」之規範方式具有刑事與行政法規範同在[6]，處罰與職權規範兼備[7]，行為規範要件與罰則併列，甚且授權驅逐出國與收容之強制執行規定[8]，甚至不配合執法要求，尚有罰鍰作為後盾。例如，本法

第六十七條第三項規定，規避、妨礙或拒絕查證。七、違反第七十一條第二項規定，規避、妨礙或拒絕查察登記。」

[3] 在海洋法系國家之美國，基本上，裁罰與救濟職權屬於司法，而外勤第一線執法人員僅負責調查、取締及偵查作為，尚不成問題，然大陸法系國家行政機關具有行政違規裁處權，若無明確法規範，將使實務執行產生一定困難，不可不慎。

[4] 「道路交通管理處罰條例」第8條第1項規定：「違反本條例之行為，由下列機關處罰之：一、第十二條至第六十八條及第九十二條第七項、第八項由公路主管機關處罰。二、第六十九條至第八十四條由警察機關處罰。」

[5] 蔡庭榕，論行政罰法在警察法制之地位與執法之影響，中央警察大學法學論集，11期，2006年，頁59。

[6] 違反本法處罰專章中第73條及第74條係處以行政刑罰，而第75條至第87條則處以行政秩序罰。

[7] 本法第十章是「面談及查察」為章名之職權規範，而第十一章則是「罰則」規定。

[8] 本法第一章至第九章多為入出國及移民行為應遵守之規範要件，而有違反該等要件者，於本法第十一章則有相關「罰則」之規定。例如，本法第4條第1項規定：「入出國者，應經內政部移民署查驗；未經查驗者，不得入出國。」又於同法第84條明定：「違反第四項規

第十一章罰則即是。有關移民執法人員之干預性職權規定，進行本法規範之行政調查蒐集違規資料，以作為處分或處置之基礎[9]。現行本法除在第17條及第28條分別明定對於無戶籍人民及外國人之查察[10]時準用警職法第二章[11]外，更為明確的是以第十章「面談與查察」為章名，該章以第63條至第72條明定面談與查察職權措施規範，作為移民執法人員進行違反本法行為取締的職權依據，並隨後有本法第85條拒絕配合查察之罰則規定[12]。此項授權係以行政秩序罰性質之罰鍰，促使受執行查察之人遵守依法執行之公權力措施，為有關警察法規所欠缺的授權[13]，故應對移民執法之遂行具有一定之正面效用。再者，「入出國及移民法施行細則」（以下簡稱「本細則」）僅在第六章附則中有4條訂定相關移民執法人員之相關調查職權[14]。更有進者，本法其他條文中亦有相關「法規命令」之授權規定[15]，亦均對外具有規範效力。

　　移民行政執法勤務之進行，執法活動常需物理力作為配合，在裁量是否採行具體措施之初，特別是執法干預性活動，涉及人民自由或權利

定，入出國未經查驗者，處新臺幣一萬元以上五萬元以下罰鍰。」甚至進一步加上「強制執行」性質之規定，如本法第36條規定：外國人違反第4條第1項規定，未經查驗入國。移民署應強制驅逐出國。

[9] 洪家殷，行政調查行為之救濟，國立中正大學法學集刊，68期，2020年，頁57，氏指出：「行政機關為求作成最終正確之決定，必須蒐集各種資料，以釐清事實俾形成心證。」

[10] 我國國民入出境除特殊身分外，原則上已經不需申請許可，仍應持相關證件接受證管檢查。

[11] 「移民署或其他依法令賦予權責之公務員，得於執行公務時，要求出示前項證件。其相關要件與程序，準用警察職權行使法第二章之規定。」

[12] 本法第85條規定：「有下列情形之一者，處新臺幣二千元以上一萬元以下罰鍰：一、經合法檢查，拒絕出示護照、臺灣地區居留證、外僑居留證、外僑永久居留證、入國許可證件或其他身分證明文件。……五、違反第六十六條第二項規定，拒絕到場接受詢問。六、違反第六十七條第三項規定，規避、妨礙或拒絕查證。七、違反第七十一條第二項規定，規避、妨礙或拒絕查察登記。」

[13] 例如，警察職權行使法及其他相關警察法規多無此以罰鍰方式，以致於無法有效發揮如本法促進受執法者遵守依法行政之相關義務。

[14] 其內容有：「移民署基於調查事實及證據之必要，得以通知書通知關係人陳述意見」（第34條）、「移民署基於調查事實及證據之必要，得要求當事人或第三人提供必要之文書、資料或物品」（第35條）、「移民署得選定適當之人、機關或機構為鑑定」（第36條）及「移民署為瞭解事實真相，得實施勘驗」（第37條）。

[15] 例如，本法第64條第3項規定訂定之「內政部移民署實施暫時留置辦法」、本法第71條第3項規定訂定之「內政部移民署實施查察及查察登記辦法」及本法第72條第5項規定訂定之「內政部移民署戒具武器之種類規格及使用辦法」。

之干預或剝奪，應先有正當性、合理性之基礎，最常見者為法律規定之內涵要件。因此，警察執法係以事件發生或現場事實狀況為判斷，例如，人之行為、物之狀況，或現場之其他事實現象等，均可以作為形成是否造成危害之心證基準，將抽象或不確定之法律概念，甚且，概括之法律規定，透過解釋將之涵攝之。因此，執法首應判斷其是否具有法律規範要件義務之違反，其係為執法一種判斷過程。若在判斷過程中，對於事件之事實或其事實關係之心證確信程度已經符合法律規定，都可裁量決定採取進一步之職權作為。例如警職法第6條規定之要件，則可進而決定是否採行同法第7條之查證身分之職權措施。此決定是否採行，或依法有多種職權作為可供採行，而選擇如何作為，則屬於裁量程序。

貳、內容解析

本條係2007年11月30日針對本法較大幅度修正[16]時所新增。其立法理由與目的係因辦理入出國查驗、調查依本法受理之申請案件，並查察逾期停、居留、從事與許可原因不符之活動或工作、強制驅逐出國、非法入出國案件為日後移民署之工作重點。基於民主法治國家之「依法行政」原則，上述入出國及移民執法工作，常須進行檢查取締之強制措施或相關物理力之職權措施，為利於各項業、勤務之執行，爰增訂本章所定之相關面談與查察之職權，以資適用，並為日後執法之依據。再者，「大陸地區人民」及「港澳居民」進入臺灣地區等事宜，係臺灣地區與大陸地區人民關係條例、香港澳門關係條例及相關許可辦法，而本法適用上原本尚不及於大陸地區人民及港澳居民；惟有關為辦理入出國查驗，調查受理之申請案件，並查察非法入出國、逾期停留、居留，從事與許可原因不符之活動或工作及強制驅逐出國等職權行使事項，於大陸

---

[16] 2007年11月30日立法院修法三讀通過，由原有十章計70條調整為十二章97條。並於同年12月26日總統華總一義字第09600174091號令修正公布；施行日期由行政院於2008年7月22日行政院院臺治字第0970029826號令定自2008年8月1日施行。

地區人民及港澳居民亦有爲相同管制措施之必要性，爰增訂第2項，職權行使之對象範圍，包含大陸地區人民、香港或澳門居民。茲就本條文內容重點分析如下：

一、本條規定之重要內涵

本條立法目的旨在賦予職權行使之授權，共分二項，茲分別析論如下：

（一）本章所定之職權適用範圍

本條第1項明定：「移民署執行職務人員爲辦理入出國查驗，調查受理之申請案件，並查察非法入出國、逾期停留、居留，從事與許可原因不符之活動或工作及強制驅逐出國案件，得行使本章所定之職權。」本條項旨在明確規範移民執法人員得以明確地依法於執法時，行使本章所定干預性職權措施之範圍，包括四大部分：1.辦理入出國查驗；2.調查受理之申請案件；3.查察非法入出國、逾期停留、居留，從事與許可原因不符之活動工作；4.強制驅逐出國案件等。

（二）本章職權行使對象及於大陸地區人民與香港或澳門居民之準用

第2項明定：「前項職權行使之對象，包含大陸地區人民、香港或澳門居民。」本項旨在確定有關本章職權於移民執法時適用對象之範圍，不僅對外國人，亦包括特殊身分之大陸地區人民、香港或澳門居民，因上述相關二法並未有如此職權之規定，此係類似於法律之「準用」性質，可達到立法經濟之效果。

二、本章所定之職權種類與主客體

本條明定得行使本章（「面談與查察」專章）所定之職權之範圍，包括本條第2項明定：「前項職權行使之對象，包含大陸地區人民、香港或澳門居民。」因此，本章規定之各種查察、面談、或相關查察資料之登記等職權均有其適用。再者，「本細則」之通知、提供調查之資料、鑑定或勘驗均亦屬相關「職權行使」之性質。例如本細則第34條

規定：「移民署基於調查事實及證據之必要，得以通知書通知關係人陳述意見。」第35條規定：「移民署基於調查事實及證據之必要，得要求當事人或第三人提供必要之文書、資料或物品。」第36條規定：「移民署得選定適當之人、機關或機構為鑑定。」第37條規定：「移民署為瞭解事實真相，得實施勘驗。」有關本法及本細則相關職權之特別法規定外，若有不足時，尚可適用「行政程序法」與「行政罰法」之行政調查或處分程序等相關規定。[17]

　　茲分本章之職權種類、得行使職權之主體及業務範圍三部分說明如下：

（一）本章之職權種類

　　本章章名明定為「面談及查察」，而且第1項最後一句「得行使本章所定之職權」，由本章各條內容可歸納出其中有關實施「面談」規定僅有第65條之授權，其他均為「查察」職權之規定，例如，暫時留置（第64條）、接受詢問（第66條）、查證身分之要件與措施（第67條至第68條）、將受查證身分之人帶往勤務處所（第69條）、因婚姻或收養關係申請相關移民目的之查察（第70條）、逾三個月停留、居留或永久居留之查察登記（第71條）、戒具武器之使用與責任（第72條）。

（二）得行使職權之主體

　　本條第1項首揭「移民署執行職務人員為辦理入出國查驗……之職權」係指依本法規定得行使相關職權之本署編制內執法人員。此所稱「移民署執行職務人員」應係指由移民署組織法所規定之編制內人員，並基於設官分職，各有所司，依據相關組織管理規定（例如處務規程之業務與職掌劃分）之執法人員，特別是移民署國境事務大隊與地方直轄市、縣（市）專勤隊執法人員常需使用具有強制力之職權措施是。

17　蔡庭榕，移民法暫時留置與查證身分職權之探討，高大法學論叢，17卷1期，2021年，頁89-134。

（三）相關業勤務範圍

　　本條第1項明定業勤務範圍有：1.辦理入出國查驗，調查受理之申請案件；2.查察非法入出國、逾期停留、居留；3.查察從事與許可原因不符之活動或工作；4.強制驅逐出國案件。

（四）本章行使之對象

　　除外國人、無國籍人或無戶籍國民外，有關面談與查察職權之適用，尚及於大陸地區人民、香港或澳門居民，爲本條第2項所明定。

三、移民執法查察需遵守一般法律原則與相關規定

　　移民執法人員採行干預人民自由權利之措施，應符合「法律保留」原則及「明確性」原則，而且須合比例的授權基礎。只要執法人員的行爲，會妨礙到人民自由與權利的行使，或是予以限制或剝奪時，不論是事實上或法律上行爲，且不論是否具有強制性，均係屬於自由或相關權利的干預，應有憲法第23條之適用[18]。移民執法人員對人、對物、對處所、及對其他之干預性職權措施之執法授權，必須符合「明確性」之法制原則，配合執法之面談與查察，應對各項執法人員職權措施之一般要件或特別要件予以詳細明確規定之，以避免違反司法院釋字第535號意旨所指明須有執法查察之干預性措施所需之職權要件、程序與救濟的法律明確授權[19]。

　　移民執法之職權規範係爲達成移民行政規範任務之重要基礎，屬於行政調查之性質[20]。另「警職法」第6條至第18條亦規定有「查證身分

---

[18] 憲法第23條規定：「以上各條列舉之自由權利，除爲防止妨礙他人自由、避免緊急危難、維持社會秩序或增進公共利益所必要者外，不得以法律限制之。」因此，本條揭櫫了政府公權力要介入干預人民之自由或權利，立法者應在符合「四大公益原則」及「比例原則」前提下，制定明確性之法律規定，以符合「法律保留」原則，乃民主與法治社會，憲法保障人權之衡平機制。

[19] 司法院釋字第535號解釋文首段：「臨檢實施之手段：檢查、路檢、取締或盤查等不問其名稱爲何，均屬對人或物之查驗、干預，影響人民行動自由、財產權及隱私權等甚鉅，應恪遵法治國家警察執勤之原則。實施臨檢之要件、程序及對違法臨檢行爲之救濟，均應有法律之明確規範，方符憲法保障人民自由權利之意旨。」

[20] 許義寶，移民行政調查職權之研究，涉外執法與政策學報，7期，2017年，頁85-111。

及蒐集資料」之規範，亦為本法第17條及第28條所規定為移民執法時得以準用。其次，本法第十章之「面談與查察」亦有移民官執法之職權規定。再者，基於移民執法之取締調查與裁處程序，首先適用本法自行規定之查察職權，再進一步適用其他普通行政法規補充之。按本法係移民行政違規取締調查職權授予之特別法規定，作為移民執法人員進行干預行政調查之主要法律依據。按本法第63條規定移民執法人員得依據本法之面談與查察專章進行面談與查察，以及其對象除外國人、無戶籍國民、有戶籍國民、無國籍人外，並兼及大陸地區人民、香港或澳門居民。並且，移民署執行職務人員得行使該專章所定之職權辦理入出國查驗，調查受理之申請案件，並查察非法入出國、逾期停留、居留，從事與許可原因不符之活動或工作及強制驅逐出國案件。本條立法理由乃為利於各項業、勤務之執行，爰訂定該職權專章所定之相關職權。

另一方面，因大陸地區人民及港澳居民進入臺灣地區等事宜，係兩岸關係條例、香港澳門關係條例及相關許可辦法，而本法適用上尚不及於大陸地區人民及港澳居民；惟有關為辦理入出國查驗，調查受理之申請案件，並查察非法入出國、逾期停留、居留，從事與許可原因不符之活動或工作及強制驅逐出國等職權行使事項，於大陸地區人民及港澳居民亦有為相同管制措施之必要性，爰增訂職權行使之對象範圍，包含大陸地區人民、香港或澳門居民[21]。因此，移民署對於執法取締調查權力之依據主要係本法第十章「面談與查察」各條文內涵要件之職權授予，其中主要職權可類分二部分，主要與「查察」職權相關，含括第63條至第64條及第66條至第72條，而「面談」職權係基於國家任務在於維護國家安全與利益，對於非本國人之入出國境管理與移民執法常有面談

---

21 本條規定在司法實務上有如臺灣臺中地方法院100年度訴字第761號刑事判決（裁判日期：2011年5月13日），判決書指明其對於大陸地區人民來臺之適用。按臺灣地區與大陸地區人民關係條例第10條之1明定，大陸地區人民申請進入臺灣地區團聚、居留或定居者，應接受面談、按捺指紋並建檔管理之；未接受面談、按捺指紋者，不予許可其團聚、居留或定居之申請。又按本條之上述規定，是移民署專勤隊之職責係國境內面談之執行、外來人口訪查與查察之執行、國境內違法之調查、國境監護、臨時收容、移送、強制出境、驅逐出國，為依法令關於特定事項，得行司法警察之職權者，依刑事訴訟法第231條第1項第3款之規定，為司法警察人員，其所製作之筆錄為警詢筆錄。

之必要[22]，以蒐集資料來作成正確處分。本法在此面談與查察專章中，有關面談之授權僅在第65條規定[23]，其他本章各條次內容均屬於查察職權之規定。按本法第十章（第63條至第72條）除第65條之「面談」規定外，其他條文均爲「查察」職權之授予，含括職權類型有：暫時留置（第64條）、通知詢問（第66條）、進入營業或公共處所之授權與查證身分之要件（第67條）與措施（第68條）、帶往勤務處所（第69條）、住（居）所查察（第70條）、查察登記（第71條）、配帶戒具或武器（第72條）及入出國之查驗及紀錄（第4條及第91條）等各項移民執法所需之法定職權。本文旨在將上述法定「查察」職權中之「暫時留置」（第64條）與「查證身分」（第67條至第69條）之規定，進行相關法規範與實務問題之探討。

再者，我國移民執法準用警職法之第二章規定，「警職法」第6條至第18條規定，以「查證身分」及「蒐集治安資料」爲重心。其主要適用於執法人員外勤調查之職權授予。其主要內容有：1.查證身分之措施、要件與程序：「警職法」第6條至第8條規定有關「查證身分」措施。可區分爲「治安攔檢」及「交通攔檢」。有關對人之查證身分，依據該法第6條規定「查證身分之要件」合致後，始得以進行第7條「查證身分之措施」。若有特別要件要求，仍須該當其條件，始得進行其職權作爲。至於對於交通工具之攔查則需依據警職法第8條之規定爲之；2.蒐集資料之措施、要件與程序：「警職法」第9條至第15條規定有關治安「蒐集資料」措施，其可列分爲：(1)蒐集集會遊行資料（第9條）；(2)設置監視器蒐集治安資料（第10條）；(3)跟監蒐集資料（第11條）；(4)遴選第三人協助蒐集資料（第12條至第13條）；(5)通知到

22　蔡庭榕，移民面談制度（第十二章），陳明傳、王智盛主編，移民理論與移民行政，五南，2018年，頁423-452。

23　本條明定移民署受理外國人申請在臺灣地區申請停留、居留或永久居留案件時，得於受理申請當時或擇期與申請人面談。必要時，得委由有關機關（構）辦理。另一方面，亦授權對臺灣地區無戶籍國民、大陸地區人民、香港或澳門居民申請在臺灣地區停留、居留或定居時，亦同。以上接受面談之申請人未滿14歲者，應與其法定代理人同時面談。至於移民執法人員進行上述所定面談之實施方式、作業程序、應備文件及其他應遵行事項之辦法，由主管機關訂定「內政部移民署實施面談辦法」，以資適用。

場蒐集資料（第14條）；(6)治安顧慮人口查訪（第15條）；3.資料之傳遞、利用與處理（第16條至第18條）。警職法第6條至第18條則多係以執法人員外勤之查證身分或蒐集資料所需之職權規範為內容。而本法之面談與查察，即屬於移民官在依法調查及蒐集資料之外勤取締適用為主。

參、綜論

　　本條立法目的旨在賦予移民執法人員職權行使之概括範圍規定，尚非得據本條項內容實施干預性職權作為，因本條項尚欠缺司法院釋字第535號解釋文所指稱之職權構成要件、程序與相關救濟規定，此條項僅係統合地述明職權行使對象及其活動範圍，以資適用。至於各具體的干預性質之個別執法職權則分別於後列之第64條至第72條中分別規範，詳見後述逐條解析之內容。

　　在行政違規調查取締之執法上常有組織、作用中之程序、職權、制裁、執行及救濟規定。相關執法體系上之運用考量順序，常以警察之任務—業務—勤務—職權—處分（或制裁）—救濟—執行。而從「行政法規」之個別法加以細分其性質，可類歸為組織法、作用法之制裁處罰、職權程序，及執行強制之規範，甚至有具有特別救濟規定者。由於行政執法上，一般較不重視行政違規之調查與裁處之情形，以致長期以來，並無一完整統合之行政調查程序與裁處制度。洎至時序進入21世紀，行政程序法與行政罰法陸續施行後，使行政違規調查與裁處已有法律規範。然有關行政違規行為之取締（行政調查職權）與裁處程序，是否已如司法之正當法律程序，尚有待努力建立其法律架構。再者，行政機關為達到正確的行政行為，常需有充分的事實與證據，特別是行政違規案件之處理，在發現事實與蒐集證據之調查進程與裁處程序中，應遵守正當程序及合理明確之權限分配，始可圓滿達成維護公益與保障人權之任務。

　　尤其入出國及移民執法任務常需業務分配，再藉由執法勤務貫徹執行，以達成法定任務。而執法勤務之進行主要係經由執法人員「判斷」與「裁量」之運用，前者乃違法事實判斷，藉由其五官六覺涵攝法律於事件之中，主要需做「取締調查」，執法時需先後分別考量「違法要件」與「職權要件」，而由執法員警製作初訊筆錄，依法移送相關單位或機關裁罰；而後者乃法律效果之決定，係由前述受依法移送之相關單位或機關進行「裁處調查」之複訊程序後，認事用法依法審查裁定法效果，亦即處以罰則。

　　一般行政執法採「職權調查主義」舉凡與行政行為之決定有關，而有調查之必要與可能者，均應調查之[24]，行政機關負有「概括的調查義務」。現行法中並未對「行政調查」加以定義，亦無專法，有稱之為「行政檢查」或「行政蒐集資料」。在移民執法調查上優先適用本法之規定，亦可依法準用警察職權行使法第二章之規定，若仍有不足可再依序適用屬普通法性質之行政罰法及行程法[25]。按移民行政違規之取締與裁處必須考慮其「構成要件該當」、「有責性」及「違法性」，其取締違規首需透過調查進行相關資料蒐集，特別是執法相對人之身分查證加上違規資料之蒐證，才能有行政制裁處分之作成。按本法於1999年5月21日初次立法公布施行，當時本法有十章凡70條文，並不含有屬於移民執法「職權」規定。然在2007年12月26日大幅修正公布本法，從而增加至十二章97條文，並於2008年8月1日正式施行，其中增加了現行法第十章「面談與查察」之職權行使專章，而亦規定對無戶籍國民與外國人之移民執法得準用警職法第二章之規定。因此，有關移民執法暫時留置與查證身分之職權，乃有了法定授予之規定，亦符合了法律保留原

則。而且依據移民署之組織架構與業務職掌分配可知[26]，暫時留置職權乃適用於國境事務大隊之入出國境之查驗時，而查證身分職權則主要是由北、中、南區事務大隊適用於進入國境後之違反本法第67條所定各款情形之一者之情形爲多，因其規定係得「進入相關之營業處所、交通工具或公共場所」爲適用之場域範圍可證。

綜上，再按本法之罰則規定中，違反第75條至第87條係處以行政秩序罰，而違反第73條至第74條之處罰屬行政刑罰之性質，依據本法第89條授予之有條件司法警察權[27]，除了前述多數行政秩序罰而由移民署依法處分外，移民署取締違反本法第74條之刑事罰案件亦近乎2,000件之多[28]，故可知移民執法人員兼有移民行政違規調查與刑事司法警察的角色[29]。由於許多有關行政調查或裁處程序之規定，並未明確釐清在行政違規案件中之「取締調查」與「裁處調查」之進程，甚至在調查與裁處權責上亦未明確規定，以致實務適用上，亦可能發生適用問題[30]。例如，移民執法人員依據相關法令規定，於執法現場基於自行調查、民眾舉報、行爲人自首或其他方式而知有違反本法規之行爲者，得開啓調查程序。論者指出：「有關行政機關從事調查事實或證據之程序及階段，行政程序法並未有明確之規定，仍係依據行政程序法第36條之職權調查主義，由其裁量定之。在從事證據調查時，行政機關並不需要作

---

[26] 內政部移民署組織架構與業務職掌，中華民國內政部移民署全球資訊網，https://www.immigration.gov.tw/5382/5385/5388/7166/（瀏覽日期：2020.12.2）。

[27] 按本法第89條規定：「移民署所屬辦理入出國及移民業務之薦任職或相當薦任職以上人員，於執行非法入出國及移民犯罪調查職務時，分別視同刑事訴訟法第二百二十九條、第二百三十條之司法警察官。其委任職或相當委任職人員，視同刑事訴訟法第二百三十一條之司法警察。」由上規定可知，移民署之移民執法人員並非具有一般司法警察權，而是依法限於「於執行非法入出國及移民犯罪調查職務時」之條件下，始具有司法警察權，應予辨明。

[28] 於司法院法學資料檢索系統鍵入「入出國及移民法第74條」，顯示查詢結果迄至2021年3月底即有1,983件之多。例如，2021年03月17日臺灣新北地方法院110年度簡字第1003號刑事判決DO VAN DUY（越南籍）未經許可入國，處有期徒刑二月。

[29] 本法性質上，除了其罰則專章之第73條及第74條屬於「行政刑罰」之外，其他罰則條款均爲「行政秩序罰」，加上其行爲規範內涵及相關面談與查察之職權及強制執行等規定，可知其具有「作用法」之性質。又基於移民執法人員雙重任務之宿命，不論是犯行追緝之刑事司法作用，或違規取締之行政作爲，均有賴完備移民執法體系之建立與運用。

[30] 劉嘉發，論警察行政罰法對交通執法之影響，行政罰法對警察工作之影響學術研討會論文集，中央警察大學行政系主辦，2005年12月9日，頁105-117。

成特別的『證據裁決』，亦可向其他機關請求提供職務上之協助，此時可適用行政程序法第19條規定。因此，行政機關得藉由職務協助，取得其他機關之確認、調查結果或證據方法，以有利於事實之澄清。」[31]因此，移民執法人員依據與入出國及移民等相關規範之違規調查時，常是由移民執法人員擔任違法調查，而移由主管機關（勞動主管機關）裁處，以致衍生出先「違法取締調查」後，再移由負責之主管機關辦理「違法處分」決定之執法作為。

　　再者，涉及相關查察職權之適用，如入出國時之證照查驗、進入相關之營業處所、交通工具或公共場所、查證身分、暫時留置及資料紀錄等相關職權措施。移民執法人員於取締調查與裁處相關職權規定，除了從本法所規定之各項職權外，尚可運用警職法、行程法、行政罰法或其他關涉到之個別法規所授予之職權程序規定。我國對於國境與移民調查管理職權於「本法」明定專章，並得準用「警察職權行使法」，得以作為「暫時留置」與「查證身分」等職權之依據，若有不足，尚可適用「行政程序法」與「行政罰法」之行政調查或處分程序等相關規定。

　　移民執法查察職權相關問題經上述檢討論析，不論是在法規範層面，抑或是移民執法或司法實務層面，均有許多值得探討之問題存在。本法對於移民執法所需之相關查察職權措施之法律規範許多參採警職法之規定而來，其另以本法第十章特別明定「面談與查察」之相關職權，顯比警察執法措施來得明確且授權較廣，並有罰則做後盾，以資強化相對人遵守之義務與責任。然本法既然規定針對無戶籍國民及外國人得分別準用警職法第17條及第28條，卻又自行於本法以專章明定「查證身分」之措施、要件與程序，而且授權寬嚴程度與範圍又不完全一致，是否有此必要，實有待斟酌。再者，有關「辦案時間」、「暫時留置」及為查證身分而將相對人「帶往勤務處所」三者之關係與其異同及如何適用，均有再探討空間。至於其他相關於「查證身分」與「暫時留置」所衍生之相關問題，分別於本釋義書如第64條與第67條之析論。

---

31 洪家殷，論行政調查之證據及調查方法——以行政程序法相關規定為中心，東海大學法學研究，35期，2011年，頁17。

第64條（暫時留置）

移民署執行職務人員於入出國查驗時，有事實足認當事人有下列情形之一者，得暫時將其留置於勤務處所，進行調查：

一、所持護照或其他入出國（境）證件顯係無效、不法取得、偽造、變造、冒用或持冒用身分申請。

二、拒絕接受查驗或嚴重妨礙查驗秩序。

三、有第七十三條或第七十四條所定行為之虞。

四、符合本法所定得禁止入出國（境）之情形。

五、因案經司法或軍法機關通知留置。

六、其他依法得暫時留置。

依前項規定對當事人實施之暫時留置，應於目的達成或已無必要時，立即停止。實施暫時留置時間，對國民不得逾二小時，對外國人、大陸地區人民、香港或澳門居民不得逾六小時。

第一項所定暫時留置之實施程序及其他應遵行事項之辦法，由主管機關定之。

壹、導言

本條共區分三項，旨在明確授權移民執法人員在國境線上查驗時，基於國境管理安全與秩序之任務與行政目的，乃有授權移民行政調查人員在一般查驗程序外，另於必要時（合乎比例原則考量）依法暫時留置執法對象（法定義務人）於勤務處所進一步調查清楚後，依法辦理之。

按國境線上之查驗工作，係以國家安全為主要考量；惟若於實務上未賦予第一線執行查驗工作人員，於發現可疑之情事時，具有「暫時留置」之權限，恐影響查驗品質及損害國家主權。爰定明辦理查驗工作之人員，於本條文第1項各款所定之特定要件，如：1.所持護照或其他入出國證件顯係無效、不法取得、偽造、變造、冒用或持冒用身分申請；2.拒絕接受查驗或嚴重妨礙查驗秩序；3.有第73條或第74條所定行為之虞；4.符合本法所定得禁止入出國之情形；5.因案經司法或軍法機關通

知留置；6.其他依法得暫時留置。得暫時將當事人其留置於勤務處所，以進行調查。

再者，爲保障人身自由，避免不當（法）侵害人權，另於本條文第2項規定所實施之暫時留置，應於目的達成或已無必要時，立即停止；另依實務運作而言，若需留置國民進行調查，因其相關資料之取得及查證較外國人、大陸地區人民、香港或澳門居民容易，故對國民實施暫時留置之時間，亦應較對外國人等實施留置之時間爲短，爰參照警察職權行使法第7條第2項規定，對國民實施留置不得逾2小時，對外國人、大陸地區人民、香港或澳門居民實施暫時留置不得逾6小時，以兼顧實務運作及人權保障。再者，進一步於本條文第3項規定暫時留置之實施程序與其他應遵行事項之辦法，由主管機關（內政部）明定「內政部入出國及移民署實施暫時留置辦法」，以資適用。

本條於2023年6月28日總統華總一義字第11200054171號令修正公布，並於2023年12月6日行政院院臺法字第1121043343號令發布，定自2024年3月1日施行。本條第1項第1款修正爲「一、所持護照或其他入出國（境）證件顯係無效、不法取得、僞造、變造、冒用或持冒用身分申請。」其修正目的旨在考量：「目前國境查驗實務上，人蛇集團及不法分子除持無效、僞造或變造之護照或其他入出國（境）證件外，亦常有以不法取得、冒用或持冒用身分申請之證照等方式非法入出國（境）者，爲強化國境安全之維護，爰參酌修正條文第六條第一項第八款及第十八條第一項第二款、第三款等規定，修正第一項第一款規定，定明移民署執行職務人員於入出國（境）查驗時，亦得對不法取得、冒用或持冒用身分申請之護照或其他入出國（境）證件者，暫時將其留置於勤務處所，進行調查，以有效查緝相關不法行爲；並修正第一項序文、第一款及第四款之『入出國』爲『入出國（境）』，以明確涵蓋大陸地區人民、香港或澳門居民入出臺灣地區之情形。因此，本條修正增訂移民署執行職務人員於入出國（境）查驗時，有事實足認當事人所持護照或其他入出國（境）證件顯係不法取得、冒用或持冒用身分申請者，得暫時將其留置於勤務處所進行調查。」

貳、內容解析

一、移民執法「暫時留置」之規範與法理

（一）本法關於暫時留置之規定

本法第64條規定「暫時留置」之職權，其主要內涵可分析如下：

1. 暫時留置之意義

於取締現場無法於辦案過程中查明之情形，而有繼續查證之必要者，依法得暫時將其留置於勤務處所，進行調查之限制其自由之執法行為。本條旨在授權移民執法人員於入出國境線上查驗時，發現有本條法定事由，得予以暫時留置進行調查，且不分受查驗人之國籍，均有其適用。

2. 暫時留置之目的

暫時留置係因移民署執行職務人員於入出國查驗時，無法立即於入出國境之現場查明之事項者，而有本法第64條第1項所列情形之一者，加以進一步暫時將其留置於勤務處所進行調查，以釐清事實。

3. 暫時留置之要件

第1項規定：「移民署執行職務人員於入出國查驗時，有事實足認當事人有下列情形之一者，得暫時將其留置於勤務處所，進行調查：一、所持護照或其他入出國證件顯係無效、不法取得、偽造、變造、冒用或持冒用身分申請。二、拒絕接受查驗或嚴重妨礙查驗秩序。三、有第七十三條或第七十四條所定行為之虞。四、符合本法所定得禁止入出國之情形。五、因案經司法或軍法機關通知留置。六、其他依法得暫時留置。」

4. 暫時留置之時地

依前項規定對當事人實施之暫時留置，應於目的達成或已無必要時，立即停止。實施暫時留置時間，對國民不得逾2小時，對外國人、大陸地區人民、香港或澳門居民不得逾6小時。而留置地點：本法明定

得暫時將其留置於勤務處所。

5. 其他事項

(1)執法主體：出國及移民署執行職務人員；(2)執法客體之範圍：僅限於在入出國查驗時，有事實足認當事人有本法第64條所規定情形之一者；(3)留置處所：得暫時將其留置於勤務處所；(4)授權訂定「法規命令」：基於上述本法第63條第3項規定授權乃由內政部訂頒「暫時留置之實施程序及其他應遵行事項之辦法」，由主管機關定之。因此，**「內政部入出國及移民署實施暫時留置辦法」**（以下簡稱「留置辦法」）據以執行之；(5)符合比例原則：依規定對當事人實施之暫時留置，應於目的達成或已無必要時，立即停止。

再者，依據本條第3項授權訂定之「留置辦法」規定，有關上述移民執法人員實施留置時，應注意事項如下：

1. 告知事由與法律依據

留置辦法第3條規定，移民署實施暫時留置時，除有不宜告知者外，應先告知被暫時留置人實施暫時留置之事由及法令依據。

2. 留存紀錄以備查考與證明

留置辦法第4條規定，移民署實施暫時留置之勤務處所，應備置暫時留置工作紀錄簿，並應告知被暫時留置人前項紀錄內容，並請其簽名。被暫時留置人拒絕簽名時，應載明原因，以備後續查考及證明。被暫時留置人得請求發給第1項紀錄內容影本；移民署除有正當理由外，不得拒絕。

3. 被留置人相關事項之注意

應注意被暫時留置人之情狀與其身體及名譽，以及其傷病醫護處理等，依留置辦法第5條及第6條處理。

4. 對於刑事嫌疑人為被暫時留置人時，得使用戒具或武器加以強制

依留置辦法第7條規定，對本法第72條第2項或第3項各款情形之一者，移民署執行職務人員得依法使用戒具或武器，尤其是手銬或腳鐐等

戒具。

5. 留置係爲辦案需求

依據留置辦法第8條規定，移民署對被暫時留置人，應儘速詢問及進行調查後，依第9條至第13條規定辦理。無暫時留置之必要者，應即放行。又同辦法第9條規定，移民署調查後，應將其移送司法機關，或爲其他必要之處置。以及同辦法第10條之規定有：「當事人依本法第六十四條第一項第二款規定被暫時留置者，經入出國及移民署調查後，除發現違反其他法令，依其他法令規定處理外，應依本法第四條第一項規定禁止入出國，或爲其他必要之處置（第1項）。當事人嚴重妨礙查驗秩序之行爲經制止後，已無妨礙查驗秩序者，入出國及移民署應停止暫時留置，並將妨礙查驗秩序之情形紀錄於暫時留置工作紀錄簿（第2項）。」以及依據同辦法第11條至第13條之規定，移民署調查後，應即通知相關機關或依相關法令規定處理。因此，可知依本法所爲之留置目的，乃係辦案所需，性質上屬於「辦案時間」的延續。

（二）本法有關暫時留置之法理

對於依據本法第64條之規定，而由移民署國境事務大隊之查驗人員因對於入境之外國人基於有進一步查驗之需要，而由法定授權加以暫時留置，以進一步釐清身分來決定是否許可入國之處分，則此暫時留置措施係屬於管制性作爲，且該當事人尚非刑事被告或嫌疑人，亦不屬於移民行政違規當事人，故此並非裁罰性之處分，亦即並不屬於處罰之性質，應無憲法第8條之適用。又依據行政程序法第3條之事項除外規定，該條第3項第2款明定「外國人出、入境、難民認定及國籍變更之行爲」不適用本法之程序規定。[32]

按本法第64條於2007年初次明定時之立法理由有：「1.按國境線上之查驗工作，係以國家安全爲主要考量；惟現行實務上並未賦予第一線

---

[32] 蔡庭榕，移民法暫時留置與查證身分職權之探討，高大法學論叢，17卷1期，2021年，頁89-134。

執行查驗工作人員，於發現可疑之情事時，具有『暫時留置』之權限，恐影響查驗品質及損害國家主權。爰定明辦理查驗工作之人員，於修正條文第1項各款所定之特定要件下，得暫時留置當事人，以進行調查。2.為保障人身自由，避免不當侵害人權，另於修正條文第2項規定所實施之暫時留置，應於目的達成或已無必要時，立即停止；另依實務運作而言，若需留置國民進行調查，因其相關資料之取得及查證較外國人、大陸地區人民、香港或澳門居民容易，故對國民實施暫時留置之時間，亦應較對外國人等實施留置之時間為短，爰參照警察職權行使法第7條第2項規定，對國民實施留置不得逾2小時，對外國人、大陸地區人民、香港或澳門居民實施暫時留置不得逾6小時，以兼顧實務運作及人權保障。」因此可知當時修法增訂本條係授權國境線上第一線移民執法人員在正常執法或查驗辦案時，認有更加可疑與複雜情事而有必要進一步調查時，授予執法者得「暫時留置」相對人於「勤務處所」之權限，並明定其得以「暫時留置」之時限，於規範法理上應有其必要性，亦符合法律保留與明確性原則。

　　依據留置辦法第2條規定，移民執法人員於「入出國查驗」時，有事實足認當事人有本法第64條第1項6款情形之一者，得將其暫時留置於勤務處所，進行調查，可知「暫時留置」之適用時機係在國境線上之入出國查驗時，而非入境後一般停留或居留而依法實施查驗時適用。而且，暫時留置應於「勤務處所」為之，並非執法現場，亦即並非入出境線上，一方面避免影響國境線上之例行工作，亦可進一步適用相關設備輔助，並因明定規範機制，得使共知共識，以確保人權。再者，此機制係為續行調查之目的而設之機制，是有其必要性。按我國憲法第8條之意旨與精神，對人身自由限制仍應合乎該條之「正當法律程序」，其重點含括：1.理由告知之通知義務；2.時間限制；3.法官介入。然我國現行法令對非刑事被告者，大都欠缺「法官介入」之正當程序。例如，本法第69條及警職法第7條之規定依法「將受查證人帶往勤務處所時，非遇抗拒不得使用強制力，且其時間自攔停起，不得逾三小時，並應即通

知其指定之親友或律師。」[33]查留置辦法第3條即明定：「入出國及移民署實施暫時留置時，除有不宜告知者外，應先告知被暫時留置人實施暫時留置之事由及法令依據。」此適用與準用二法之留置或帶往勤務處所之規定，均尚有踐履告知與通知義務，並責向特定上級機關報告，惟並未引進法官介入之做法。

参、綜論

按現行我國法律規定，有依法對人或物留置[34]之規定，有於民法[35]、刑事法[36]或行政法[37]規範之者，得對人予以「暫時留置」者，其法律性質亦有多種[38]，且時間長短不一；有無法官保留需要，亦不一而足。執法措施稱之為「留置」者，例如，過去檢肅流氓條例（已廢止）之「留置」[39]得一個月，延長一次，另行政執行法之留置僅有24小時，卻仍應有法官保留。社會秩序維護法之留置則因可能違反二公約而予以

---

33 李震山，檢肅流氓條例與留置處分——「不具刑事被告身分者」之人身自由保障，台灣法學雜誌，52期，2003年，頁185-187。李震山，警察行政法論——自由與秩序之折衝，修訂5版，元照，2020年，頁268。

34 例如，319槍擊事件真相調查特別委員會條例第8條之1第1項規定：「本會調查人員必要時得臨時封存有關證件資料，或攜去、留置其全部或一部。」公務人員保障法第56條第1項規定：「保訓會必要時，得依職權或依復審人之申請，命文書或其他物件之持有人提出該物件，並得留置之。」

35 例如，民法第109條規定：「代理權消滅或撤回時，代理人須將授權書交還於授權者，不得留置。」土地法第118條規定：「出租人對於承租人耕作上必需之農具牲畜肥料及農產物，不得行使民法第四百四十五條規定之留置權。」

36 刑事訴訟法第203條之3第1項規定：「鑑定留置之預定期間，法院得於審判中依職權或偵查中依檢察官之聲請裁定縮短或延長之。但延長之期間不得逾二月。」鑑定留置之決定，必須要有鑑定留置票，鑑定留置票須由法官簽名，立法上採取法官保留原則的設計，鑑定留置期間視為羈押之日數，並得依照刑法第46條折抵刑期。

37 例如，行政執行法第17條第7項規定：「義務人經通知或自行到場，經行政執行官訊問後，認有前項各款情形之一，而有聲請管收必要者，行政執行處得將義務人暫予留置；其訊問及暫予留置時間合計不得逾二十四小時。」

38 例如，刑事訴訟法第203條之1及第203條之2有關「鑑定留置」之規定。亦參考：林鈺雄，論鑑定留置制度，月旦法學雜誌，113期，2004年，頁51-65。

39 李震山，檢肅流氓條例與留置處分——「不具刑事被告身分者」之人身自由保障，台灣法學雜誌，52期，2003年，頁179-187。黃朝義，留置裁定要件之相關問題——評大法官會議解釋第523號解釋等，月旦法學雜誌，78期，2001年，頁184-194。

廢止。另一方面，本法第64條規定之暫時留置則以本國人與非本國人區分得留置2小時或6小時，從法規範與執行實務上，仍有值得研析之處，茲列述如下：

一、暫時留置規範與執法適用上宜實質平等

按本法第64條暫時留置措施係以「入出國查驗」時，有其明定的六種情形之一，其中先列舉五種具體情形，最後則以「其他依法得暫時留置」的概括規定，有此六種情形之一者，始得將其暫時留置於勤務處所，目的在於繼續進行調查。則此處之暫時留置措施，與同法第17條及第28條分別規範臺灣地區無戶籍國民或外國人之規定不同，應予辨明。前者係於「入國查驗」時適用，而暫時留置時限因本國與非本國人而分別為2小時與6小時；而後者係指「入國停留、居留或永久居留」，應隨身攜帶護照、外僑居留證或外僑永久居留證等身分證件外，移民人員執行公務時，得準用警察職權行使法第二章之規定，要求出示前述證件，必要時，亦得準用警職法第7條第2項規定將之「帶往勤務處所」查證身分，時限不得逾3小時。再者，為何須區分外國人留置6小時，而本國人留置2小時？二者之性質均屬有繼續調查必要之舉措，是否有區分不同規定之必要？實有進一步斟酌之必要。又且，此與一般之辦案時間之差異何在及如何區分，仍非明確，尚有探討空間。雖立法理由僅簡單地以「若需留置國民進行調查，因其相關資料之取得及查證較外國人、大陸地區人民、香港或澳門居民容易」而作為區分不同時限之事由。雖然，國際法上對待外國人有採平等互惠原則，並要求外國人入出國境依法查驗並錄存捺印指紋及照相等資料蒐集，乃是基於國家主權國家而有立法許可，以及非我國籍而無法與本國人受相同之待遇[40]上而有差別對待，以管理配合管理需求。再者，科技進步運用以執法的現代，對非本國人入出境所取得的個人生物特徵又比國人更寬鬆授權規定，故是否有區分時限必要，乃值得斟酌。另一方面，在美國相關執法

---

[40] 許義寶，入出國法制與人權保障，修訂3版，五南，2019年，頁293。

之時限上，較常禁止「非必要之遲延」（Unnecessary Delay）作為執法之留置時限。然而，依據本法第64條第2項之規定：「依前項規定對當事人實施之暫時留置，應於目的達成或已無必要時，立即停止。實施暫時留置時間，對國民不得逾二小時，對外國人、大陸地區人民、香港或澳門居民不得逾六小時。」本條係於前段規定「暫時留置，應於目的達成或已無必要時，立即停止」，再進一步明定暫行留置本國人或非本國人之調查時限分別為2小時及6小時，係明定不得逾越之界限，此在原則與例外上已有人權保障明確規範，然是否在實務上合宜適用，則有待實務運作上之分析確定。至於暫時留置是否需踐行憲法第8條第2項所定程序包括告知義務、留置時限及提審等作為加以考量。首先，針對告知義務，本法第64條及其授權訂定之「內政部入出國及移民署實施暫時留置辦法」均未明定應告知其指定之親友，僅有對於本人之告知，似有不足。

二、得將行政與刑事之調查職權方法、要件與程序統一規定與適用

按本法第64條之暫時留置之要件有6款規定，其中第1款之「所持護照或其他入出國證件顯係無效、不法取得、偽造、變造、冒用或持冒用身分申請」、第3款之「有第七十三條或第七十四條所定行為之虞」以及第5款「因案經司法或軍法機關通知留置」均屬於刑事犯罪追緝性質，以「暫時留置」之行政拘束措施作為授權基礎，是否合宜，亦有疑義。再者，第5款如何配合司法或軍法通知進一步作為，亦未明確規定，亦待斟酌。

三、有需要「法官保留」及「提審」之適用

此暫時留置拘束人身自由之規定，雖僅有2小時或6小時，但仍屬於人身自由之限制，是否應有「法官保留」及「提審」之適用，或如本法第69條或警職法第7條之程序規定，值得研議。然參考德國基本法第104條第2項規定：「自由之剝奪許可性及其繼續僅得由法官裁判之。

任何非基於法官之命令之自由之剝奪應立即由法官裁判之。警察不得基於其自己之權力完整拘禁任何人超過逮捕之次日結束之時。」因此，外國人局或警察依法逮捕外國人後，若無法官之決定，僅得將該外國人暫時留置至干預之次日結束，否則應將被逮捕者釋放。最後，是否在規定時限下是否有適用提審之必要，若能藉由現今之科技發展配合資訊傳輸精確快速之環境下，藉由中立、公正第三者之法官介入，使關係人能獲得合法之聽審，以確保其權益，應值得肯定。

四、屬於留置性質之規範內涵、用語、要件與相關程序均有統一規範之必要

例如，僅此「留置」一詞，即有對人與對物、有行政與刑事之用法。有關本法第64條之「留置」與第69條之帶往勤務處所的規定，均屬於執法調查之勤務措施，性質上屬於物理力作為，影響當事人之自由與權利甚鉅，例如，執行留置需遵守相關法律規定與一般法律原則（如比例原則），並兼顧受留置人之人性尊嚴及人身安全。若能有一部「行政調查法」作為調查之規範依據，尤其在屬於大陸法系的我國，對相關執法人員在規範與實務之涵攝上應有其重要性與必要性。

五、有需要設置「留置室」及明確規範相關授權留置後之措施

因本法第64條僅有規定「得暫時將其留置於勤務處所，進行調查」，雖據了解現行實務上係有「留置室」之設置，然並無相關規範，則其是何所指及如何執行，並無法規命令或行政規則加以進一步說明其作業性或細節性內涵為何。

第65條（實施面談）
移民署受理下列申請案件時，得於受理申請當時或擇期與申請人面談。必要時，得委由有關機關（構）辦理：
一、外國人在臺灣地區申請停留、居留或永久居留。
二、臺灣地區無戶籍國民、大陸地區人民、香港或澳門居民申請在臺灣地區停

留、居留或定居。

前項接受面談之申請人未滿十四歲者，應與其法定代理人同時面談。

第一項面談於經查驗許可入國（境）後進行者，申請人得委任律師在場。但其在場有危害國家安全之虞，或其行為不當足以影響現場秩序或程序進行者，移民署得限制或禁止之。

第一項及前項所定面談之實施方式、作業程序、應備文件、許可律師在場及其限制或禁止及其他應遵行事項之辦法，由主管機關定之。

壹、導言

　　對於外國人之面談，則依據「外國護照簽證條例施行細則」第5條第3項規定：「外交部及駐外館處得要求申請人面談、提供旅行計畫、親屬關係證明、健康檢查合格證明、無犯罪紀錄證明、財力證明、來我國目的證明、在我國之關係人或保證人資料及其他審核所需之證明文件。」再者，依據現行「內政部入出國及移民署實施面談辦法」規定之內容可知，面談旨在調查與確證申請案件之真實性。

　　另一方面，基於恐怖活動、間諜蒐情，或其他犯罪行為等跨國性作為日益猖獗，故基於國家防衛權，應可由法律規定相關查察之公權力作為，面談應屬於有效作為方法之一。再者，基於憲法增修條文第11條之規定：「自由地區與大陸地區間人民權利義務關係及其他事務之處理，得以法律為特別之規定。」因此，大陸地區人民（以下簡稱「陸民」）入臺之規範主要係以兩岸條例為基礎，而陸民之定義，依據該條例第2條第4款指「在大陸地區設有戶籍之人民」。本條之適用範圍，除外國人外，亦適用於陸民。雖然廣義而言，大陸地區人民並未完全排除為「中華民國人民」，法制上並未將之視為「外國人」，然亦非與臺灣地區有戶籍國民（以下簡稱「國民」）同等對待，並因而訂定有「大陸地區人民申請進入臺灣地區面談管理辦法」。基於司法院釋字第

497號解釋亦容許特別立法及授權訂定命令規範之[41]。故基於現行我國法制，似將陸民視爲「準外國人」之地位，亦有以「特別外國人」[42]稱之，對於陸民入臺必須符合各種法定條件，依法申請入境許可，並經各項檢查手續始得進入臺灣地區。更且，中國對臺仍非友善，基於國家安全與社會利益考量，國家防衛權機制與法理，亦有實施公權力管制之必要。然而，並非所有陸民入臺均需經過面談通過，目前僅有對陸民與國民結婚之大陸配偶入臺進行面談作業，至於探親、探病、奔喪或其他原因之陸民入臺，僅有申請許可與查驗措施[43]，並無面談之舉。而大陸或外籍配偶經許可入境後，其是否爲眞實婚姻之目的而營共同生活，抑或僅以結婚作爲入境目的之手段，以達到其他目的，基於公共安全與社會利益，政府仍有繼續調查清楚之必要[44]。因此，應有法律授權入境後，應可由公權力機關依法前往訪查並面談調查其是否與入境許可目的相符合，以維護公益及私利。

我國憲法第23條規定：「以上各條列舉之自由權利，除爲防止妨礙他人自由、避免緊急危難、維持社會秩序，或增進公共利益所必要者外，不得以法律限制之。」基於執法公權力原理，係以公序與公益維護

---

[41] 司法院釋字第497號解釋文及理由書明指：「内政部依該條例第十條『大陸地區人民非經主管機關許可，不得進入臺灣地區』（第一項）、『經許可進入臺灣地區之大陸地區人民，不得從事與許可目的不符之活動或工作』（第二項）、『前二項許可辦法，由有關主管機關擬訂，報請行政院核定後發布之』（第三項），第十七條第一項『陸地區人民有左列情形之一者，得申請在臺灣地區居留：一、臺灣地區人民之配偶，結婚已滿二年或已生產子女者。二、其他基於政治、經濟、社會、教育、科技或文化之考量，經主管機關認爲確有必要者』，同條第七項（現行條文爲第八項）『前條及第一項申請定居或居留之許可辦法，由内政部會同有關機關擬訂，報請行政院核定後發布之』，及同條例第十八條第一項第二款，進入臺灣地區之大陸地區人民，經許可入境，已逾停留期限者，治安機關得逕行強制出境等規定，於八十二年二月八日以内政部台（八二）内警字第八二七三四六六號令發布『陸地區人民進入臺灣地區許可辦法』、台（八二）内警字第八二七三四五九號令發布『大陸地區人民在臺灣地區定居或居留許可辦法』，明文規定大陸地區人民進入臺灣地區之資格要件、許可程序、定居或停留期限及逾期停留之處分等規定，符合該條例之立法意旨，尚未逾越母法之授權範圍，爲維持社會秩序或增進公共利益所必要，與上揭憲法增修條文無違，於憲法第二十三條之規定亦無牴觸。」

[42] 李震山，移民制度與外國人人權問題座談會，議題討論紀錄，台灣法學雜誌，48期，2003年7月，頁78。

[43] 「大陸地區人民進入臺灣地區許可辦法」第3條、第5條、第6條之規定。

[44] 蔡培源，臺灣地區與大陸地區人民關係條例第十條之一「面談」規定之剖析及其實施現況之研究——併提出修法建議，中國文化大學法律學研究所碩士論文，2005年6月23日，頁8。

為主，遵守公共目的之原則，非有法律規定，原則上「民事不干預」與尊重「私生活自由」。因此，面談並非旨在干預其婚姻關係或調查是否履行婚姻約定，而是在執行是否與許可入境目的相符合之調查，作為其得否依法入境、停留、居留或永久居留，甚至入籍成為國民之必要調查。故面談屬於本法規範中作為事實調查之方法之一，作為蒐集證據資料之手段，以期正確作成處分，避免造成危害或人權侵擾。再者，縱然經面談或其他相關調查後，最後作成不予許可入境或居留之處分，其婚姻關係亦不因而終止，此乃公法與私法上之分殊處理。若有處分錯誤或其他不合法或不合理之權益侵害，則可經由法律途徑，提起相關救濟，以符合憲法保障人權之意旨。

　　本條於2023年6月28日總統華總一義字第11200054171號令修正公布，並於2023年12月6日行政院院臺法字第1121043343號令發布，定自2024年1月1日施行。本條修正內容增訂第3項：「第一項面談於經查驗許可入國（境）後進行者，申請人得委任律師在場。但其在場有危害國家安全之虞，或其行為不當足以影響現場秩序或程序進行者，移民署得限制或禁止之。」並修正第4項內容為：「第一項及前項所定面談之實施方式、作業程序、應備文件、許可律師在場及其限制或禁止及其他應遵行事項之辦法，由主管機關定之。」此修正目的分別為：「（一）面談許可與否涉及國家主權之行使，除顧及國家安全外，接受面談之申請人程序參與權亦應予保障。（二）各國國境安全管理之目的，在於預先阻絕不法於境外，且依國際慣例，外來人口未經許可入國（境）前，因與我國連結度較低，其程序保障權益與經查驗許可入國（境）後不同，因此，接受面談之申請人尚未實際入國（境）者，基於國家主權之行使，不宜賦予委任律師在場之權利；僅限經查驗許可入國（境）後接受面談之申請人，得委任律師在場，以保障其權益，惟其在場有危害國家安全之虞情事，或其行為不當足以影響現場秩序或程序進行者，移民署得限制或禁止之，爰增訂第三項規定，現行第三項遞移為第四項。（三）許可律師在場及其限制或禁止等細節性或技術性事項，則於授權辦法予以明定，爰修正第四項規定。」

貳、內容解析

本條立法目的係針對實施面談之授權，共分三項，茲分別析論如下：

一、需經面談之申請案件

本條第1項規定：「移民署受理下列申請案件時，得於受理申請當時或擇期與申請人面談。必要時，得委由有關機關（構）辦理：一、外國人在臺灣地區申請停留、居留或永久居留。二、臺灣地區無戶籍國民、大陸地區人民、香港或澳門居民申請在臺灣地區停留、居留或定居。」從此項內容觀之，此乃基於國家安全與國境及移民管理需求，對於非本國人進入我國境時之業、勤務調查，以了解其入境之合法性。

二、未滿14歲者之同時面談

本條第2項規定：「前項接受面談之申請人未滿十四歲者，應與其法定代理人同時面談。」有鑑於未滿14歲之受面談兒少，尚非責任能力人，不易了解相關移民事務，故本條項直接明定其「應與其法定代理人同時面談」，可由其法定代理人協助處理之。

三、訂定「法規命令」

本條第3項規定：「第一項所定面談之實施方式、作業程序、應備文件及其他應遵行事項之辦法，由主管機關定之。」因此，主管機關之內政部乃據此授權訂定「內政部入出國及移民署實施面談辦法」。再者2023年12月28日內政部台內移字第11209133961號令修正發布名稱「內政部移民署實施面談辦法」及全文16條；並自2024年1月1日施行該辦法係依據入出國及移民法第65條第4項規定訂定，屬於「法規命令」之性質，其主要內容如下：

（一）面談範圍

按大陸地區人民申請進入臺灣地區團聚、居留或定居之面談，應依

臺灣地區與大陸地區人民關係條例及其相關規定辦理，並非依本法及此授權之法規命令辦理（第2條）。

（二）依申請人所在地區分受理機關

內政部移民署得於受理申請當時與申請人面談，或以書面通知申請人依下列規定辦理：1.申請人在海外地區者：至我駐外使領館、代表處、辦事處或其他外交部授權機構接受面談；2.申請人在大陸地區者：至兩岸人民關係條例第4條第1項所定之機構或依第2項規定受委託之民間團體在大陸地區分支機構接受面談；3.申請人在香港或澳門者：至行政院於香港或澳門所設立或指定之機構或委託之民間團體接受面談；4.申請人在臺灣地區者：至入出國及移民署指定處所接受面談（第3條）。

（三）入境時面談

移民署得對臺灣地區無戶籍國民、大陸地區人民、香港或澳門居民先予核發入國（境）許可；俟其入境時，至入出國及移民署設於機場、港口之指定處所接受面談（第4條）。

（四）面談應備文件

申請人接受面談時，應備下列文件：1.面談通知書。但受理申請當時面談者，免附；2.身分證明文件；3.其他佐證資料（第5條）。

（五）得委任律師之相關規定

1. 委任律師之方式，第6條規定：「面談於經查驗許可入國（境）後進行者，移民署應告知申請人得委任律師（第1項）。委任律師，不得逾三人（第2項）。受委任之律師（以下簡稱受任律師）應於最初到場時，向移民署提出委任書；未及於最初到場提出者，應於實施面談結束之翌日起十五日內補正；逾期未補正者，其表示之意見及內容不予採納（第3項）。委任書應記載下列事項：一、申請人姓名、聯絡電話及地址。二、律師姓名、聯絡電話及地址。三、委任事由。四、

委任年、月、日（第4項）。受任律師到場時，移民署得查證其身分（第5項）。申請人於實施面談前撤回委任者，經以書面通知移民署後，始對移民署發生效力（第6項）。」

2. 受任律師之行為規範，第7條規定：「受任律師於申請人接受面談時，得在場陪同、筆記詢問要點及適時表示法律意見（第1項）。申請人陳述內容經移民署認有重大遺漏者，得經申請人同意，由受任律師代為補充（第2項）。受任律師不得有下列行為：一、錄影、錄音或直播。二、拍攝面談紀錄（第3項）。」再者第8條規定：「受任律師有足以影響現場秩序或程序進行之行為，經制止不聽，移民署得限制其行為或發言（第1項）。又受任律師有下列行為之一者，移民署得禁止其在場：一、有事實足認其在場有危害國家安全或妨害國家機密之虞。二、故為矇蔽欺罔、偽造變造證據、教唆陳述不實或為其他刻意阻礙真實發現之行為。三、違反前條第三項或前項規定，情節重大（第2項）。」

3. 未委任律師或受任律師不在場之規範，第9條郭定：「申請人未委任律師，於實施面談時為委任律師之意思表示者，移民署應改期面談，並以一次為限（第1項）。申請人委任律師在場，面談進行中受任律師不在場或委任關係終止或解除，申請人得請求改期面談，並以一次為限（第2項）。」

（六）通譯之應用

　　第10條：「申請人為聽覺、聲音或語言障礙或不通曉中華民國語言者，移民署於面談時，應用通譯，並得以文字、手語或其他適當方式詢問，亦得許其以上開方式陳述。」

（七）面談人員編組

　　1. 實施面談人員由入出國及移民署指定人員擔任，以2人1組為原則，其中1人應為委任4職等以上人員。但指定薦任6職等以上人員者，得以1人為之；2. 實施面談人員發現有涉及犯罪嫌疑情事時，應依刑事

訴訟法規定辦理（第11條）。

（八）面談應注意事項

實施面談人員不得施以強暴、脅迫、利誘、詐欺、疲勞詢問或其他不正當之方法。實施面談應於日間為之。但經受面談者同意者，得於夜間為之，並於二十二時停止實施。於機場、港口等候或接受面談逾二十二時者，由移民署安排住宿處所供其等候翌日接受面談，相關食宿費用由等候或接受面談者自行負擔。（第12條）

（九）面談紀錄

1.實施面談時，應由面談人員當場製作面談紀錄，並全程錄音；必要時，得全程錄影；2.面談紀錄應記載下列事項：(1)受面談者姓名、國籍、出生年月日、身分證明文件字號、國外住址及來臺住（居）所；(2)對於受面談者之詢問及其陳述；(3)面談之年月日及處所；3.面談紀錄應當場由面談人員或通譯人員朗讀，或交受面談者閱覽後，由受面談者親自簽名；4.面談紀錄、錄音及錄影資料，由移民署負責彙整，併同申請資料、文書驗證證明文件及其他相關文件，製作專卷建檔保存及管理。於國（境）外面談製作之面談紀錄，應製作2份，1份由面談機關（構）保存，另1份併同錄音、錄影資料，附於申請書核轉入出國及移民署（第9條）。

（十）二度面談

移民署對申請人接受面談之說詞認有瑕疵，有再查證之必要者，應通知二度面談；臺灣地區無戶籍國民、大陸地區人民、香港或澳門居民依第4條規定接受面談後，入出國及移民署認案件複雜，無法為即時之認定者，得同意其經查驗後先行入境，並以書面通知其於一個月內，至指定處所接受二度面談（第14條）。

（十一）面談後依法作成處分

申請人接受面談後，其申請案許可及不予許可之處分，依相關法令規定辦理（第15條）。

參、綜論

一、面談之法理

　　國家任務在於維護國家主權完整，維持公共秩序，保護社會安全，促進人民福利。基於入出國及移民執法目的，乃於本條授權對非本國人之入境申請停留、居留、永久（長期）居留或定居之目的，得予以面談，以蒐集資料調查事實，作為處分之依據。再者，考量人權保障，執行法律時，仍宜以「無罪推定」原則之精神，並落實程序保障機制，以期勿枉勿縱。然而，外籍或大陸配偶入臺之面談，對於受面談之配偶雙方之基本權利影響非常大，雖非國民之入境許可乃國家主權之展現，但仍應以人權尊重乃是普世價值為原則，其規範與執行允宜具有合理正當性，在實質正當的公益規範之法制模式下達到人權保障之內涵，是民主法治國之基本原則。故對於外籍與大陸配偶入臺面談之法令規定與執行，仍應遵守第23條之公益需求，並考量比例原則下，以明確法律規範或授權之命令執行，以達到人權保障與社會秩序維護之衡平。

（一）法律明確規範干預性作為

　　世界人權宣言第12條規定：「任何人的私生活、家庭、住宅和通信不得任意干涉，他的榮譽和名譽不得加以攻擊。人人有權享受法律保護，以免受這種干涉或攻擊。」因此，非本國籍人士之權利亦應受到法律明確保護，以避免不法侵害。我國現行法律，外籍配偶之面談未有明確規定，僅有外國護照簽證條例施行細則第5條第3項：「外交部及駐外館處得要求申請人面談、提供旅行計畫、親屬關係證明、健康檢查合格證明、無犯罪紀錄證明、財力證明、來我國目的證明、在我國之關係人或保證人資料及其他審核所需之證明文件。」另一方面，大陸配偶之面談規定，有臺灣地區與大陸地區人民關係條例第10條之1：「大陸地區人民申請進入臺灣地區團聚、居留或定居者，應接受面談、按捺指紋並建檔管理之；未接受面談、按捺指紋者，不予許可其團聚、居留或定居之申請。其管理辦法，由主管機關定之。」因而，訂有「大陸地區人

民申請進入臺灣地區面談管理辦法。」然而，本條乃是針對移民執法之廣泛性調查非本國人入境之面談，其範圍應可吸納並含括上述之婚姻面談，況且本條之對象及於所有非本國人，故特於規範入出國之本法加以明確授權，據以執行具有干預措施之面談，來達成移民管理之目的。

（二）正當法律程序

為求行政處分之正確無誤，必須有正確之資料作為判斷與裁量之基礎，因此，用以發現真實之行政調查方法之一的面談，乃有其必要。「面談」乃蒐集資料作為要件判斷與結果裁量之基礎，在許多領域均有實施面談之情形，例如求職招募面談、績效考核面談、離職解僱面談等。因此，功能與性質上，移民面談與其他面談一樣，應屬於資料蒐集過程中之一種方法，用於公權力機關之面談，屬於行政調查之性質，為行政行為之一種，應遵守行政程序規範及一般法律原則，始能達到保障人民權利。因此，面談應遵守之正當程序可略列如下：

1. 面談應事先告知

面談為行政調查方法之一，旨在蒐集正確之事實資料，為我國行政程序法第39條之調查事實與證據之手段之一。其進行方法與程序應遵守法律及一般法律原則，特別是行政上正當程序，含括受面談人事先被告知，得一自由意志陳述意見、提供有利自己之資料、免於自證其罪、受公平對待，以及處分事由與救濟程序之告知等正當程序。

2. 面談時間與等候時間應合理

面談時間，隨著個案性質之不同，面談之時間長短不一定，若無可疑，應不必然要面談。然而，我國兩岸關係條例規定，對於婚姻移民之大陸配偶採「應」面談之方式為之。面談等候時間應儘可能縮短，避免民眾無謂浪費時間，目前各國做法多以網路連結，進行預約，並取得代號，可查詢預約狀況、面談時間、面談後之處理進度等，極為人性化。

3. 面談地點

面談地點可區分為入境前、中、後三階段，在入境前之面談，亦即

境外面談，外籍配偶由外交部於當地國為之。至於大陸配偶基於兩岸政治僵局未解，以致無法在大陸或港澳進行面談。至於入境時在國境線上之面談，若仍有懷疑其婚姻之真實性，乃先發給一個月之入境許可，要求其於一個月內應再至境管局進行二度面談。故入境後，可由境管局進行二度面談。再者，經初步面談後，若未發現問題，則許可其入境，依法規定進行團聚、居留，惟於此期間內，主管機關仍得派員前往查訪面談，以查證其婚姻之真實性。因此，為兼顧人權，此次修法乃新增第2項規範內容：「第一項面談於經查驗許可入國（境）後進行者，申請人得委任律師在場。但其在場有危害國家安全之虞，或其行為不當足以影響現場秩序或程序進行者，移民署得限制或禁止之。」

4. 面談程序

　　面談為行政程序之一，應有其正當程序，有關時間、流程、面談目的、問題等均應有與行政目的具有正當合理之連結，符合明確性、比例原則、平等原則等。例如，為求明確與避免事後爭議，乃由法律規定，對於面談過程加以錄音、錄影。

5. 面談內容

　　面談機關備有基本題組，另配合個案得有隨機變換題型，以求在不侵擾當事人隱私權與尊嚴之餘，能發揮面談應有之行政調查功能，達成國家公權力目的與保障人民權利之衡平效果。

二、面談之法律性質

　　「面談」為行政調查方法之一，與按捺指紋並建檔管理措施同為管理大陸地區人民申請進入臺灣地區團聚、居留或定居者之有效方法。然而，面談與按捺指紋不同，前者之目的在於作為許可或撤銷處分之主要基礎，而後者旨在符合許可入境後之管理需要。由於目前我國在國際上之政治處境與兩岸不明確與不穩定之關係，以致在執行入出境管理機制之入境人民身分確認與發現真實上，產生一些困難。例如，1.無法或困難在境外面談確認；2.外籍或大陸配偶真實身分資料確認常有困難；

3.僅憑線上或辦公室面談，很難作成正確處分等。

　　面談為行政程序中之行政調查性質，雖屬於公權力之強制作為，除具有公權力之發現事實和證據之方法，在保障人民權利上，亦符合正當法律程序所必須之程序，亦即相對地可以使得當事人當面說清楚講明白，並可據以提出有利證據，如文件或其他有力之證據，以彰顯事實。因此，面談並非僅為公權力之單方思考，亦在於人民權利之保障上有其合理性，另則必須具有正當行政程序，如預為告知、公平處理及相關救濟程序之教示等，均有其必要。

第66條（通知與詢問）

移民署為調查當事人違反本法之事實及證據，得以書面通知相關之人至指定處所接受詢問。通知書應記載詢問目的、時間、地點、負責詢問之人員姓名、得否委託他人到場及不到場所生之效果。

依前項規定受通知之人，無正當理由不得拒絕到場。

第一項所定詢問，準用依前條第三項所定辦法之規定。

壹、導言

　　移民執法人員為完成其法定任務，在依法行政原則的拘束下，其相關調查蒐集資料作為，自得運用一切闡明事實及可獲致與案情了解有關之資料，以求勿枉勿縱。因基於案件調查所需，有關事件之形成、經過及事實狀況，有時當事人甚至第三人，常比移民執法機關更為知悉或掌握正確的資料。本條乃依法律授權課予其協力以助發現真實之義務或負擔，甚至，明定若無正當理由而拒絕依通知到場接受詢問，將依法受罰，應屬法治國家所許。

　　本條文第1項規定移民署執行職務人員通知相關之人至指定處所接受詢問之發動要件及程序。因此，此條項主要之職權措施為「通知」與

「詢問」，亦即授權移民執法人員得於必要時，核發通知書，使相關之人至指定處所接受詢問，其目的在於與執法目的相關之案情了解。再者，爲落實前項職權之執行，及強化受通知人之到場義務，爰明定本條第2項，規定受通知人無正當理由不得拒絕到場。若受通知人不予配合，將有本法第85條規定，處以罰鍰，故此爲具有強制規範性之通知。又進一步規定有關詢問之實施方式、作業程序、應備文件及其他應遵行事項，準用本法第65條第3項所定「內政部入出國及移民署實施面談辦法」之規定，爰於本條文第3項定明。

貳、內容解析

　　本條係立法授權移民執法人員爲調查事實與證據之需要，得通知相關之人至指定處所接受詢問，相關應注意事項共分爲三項，茲分別析論如下：

一、明定移民署執行職務人員核發通知相關之人接受詢問調查之授權

　　本條第1項規定：「移民署爲調查當事人違反本法之事實及證據，得以書面通知相關之人至指定處所接受詢問。通知書應記載詢問目的、時間、地點、負責詢問之人員姓名、得否委託他人到場及不到場所生之效果。」因此，上述通知書一般會至少含有所規定六項內容之定型化格式，以資使用。本項規定所涉及之職權有二：一爲通知；另一爲詢問。再者，本條第2項伴隨著規定受通知的相關之人應有義務至指定處所接受詢問，若無正當理由拒絕到場，則有罰則。

二、明定受通知到場接受詢問調查之意義

　　本條第2項規定：「依前項規定受通知之人，無正當理由不得拒絕到場。」爲落實前項職權之執行，及強化受通知人之到場義務，爰明定本條第2項，規定受通知人無正當理由不得拒絕到場。本條項之通知係

屬於「強制性」規範,若受通知之人,無正當理由拒絕到場,將依本法第85條第1項第5款規定:「有下列情形之一者,處新臺幣二千元以上一萬元以下罰鍰:五、違反第六十六條第二項規定,拒絕到場接受詢問。」處以罰則,若拒不繳納,亦將適用行政執行法第二章「公法上金錢給付義務之執行」,予以強制催繳。因此,依據上述規定,此書面通知因有罰則配合,即具有「行政處分」之性質。[45]

三、明定通知詢問調查應遵循事項

本條第3項規定:「第一項所定詢問,準用依前條第三項所定辦法之規定。」因此,本項又進一步規定有關詢問之實施方式、作業程序、應備文件及其他應遵行事項,準用本法第65條第3項所定「內政部入出國及移民署實施面談辦法」之規定,爰於本條文第3項定明。

參、綜論

按本條項旨在通知與案件事實釐清有關之人到場,目的既然是在要求其提供資料,從資訊隱私的保護,及個人對於自己的資訊得以自我掌控,不容任意侵犯的角度來看,通知某人到場,要求其提供資料或執行鑑識措施,已干預到個人資訊自決權,自需要有一合乎規範明確性要求之法律依據。更何況「警察職權行使法」第14條之通知到場之規定[46],尚屬「任意性」作為亦以法律明定之,而本條項係屬有罰則為後盾之「強制性」通知,更須有法律授權,以資適用。再者,「行政程序法」第39條:「行政機關基於調查事實及證據之必要,得以書面通知相關

---

[45] 參考司法院釋字第423號解釋文意旨,轉引自李建良,道路交通違規舉發通知單之法律性質、生效與效力——行政處分概念、生效、效力與行政訴訟之關聯課題,興大法學,19期,2016年5月,頁5。

[46] 警察職權行使法第14條規定:「警察對於下列各款之人,得以口頭或書面敘明事由,通知其到場:一、有事實足認其能提供警察完成防止具體危害任務之必要資料者。二、有事實足認為防止具體危害,而有對其執行非侵入性鑑識措施之必要者(第1項)。依前項通知到場者,應即時調查或執行鑑識措施(第2項)。」

之人陳述意見。通知書中應記載詢問目的、時間、地點、得否委託他人
到場及不到場所生之效果。」

　　所謂通知，係要求某人於特定時間至移民執法機關所設之相關單位
報到[47]，亦即條文中所謂的「到場」之意。至於通知某人到場，其目的
旨在調查當事人違反本法之事實及證據，抑或是以通知方式要求提供資
料之要件。因此，本條之通知職權之行使，須有事實足認被通知之當事
人違反本法之事實及證據，而通知到案能使之提供有關資料。移民執法
人員為完成其法定任務，在依法行政原則的拘束下，自得運用一切闡明
事實所必要以及可獲致的事實材料，以作為認定處理之依據。惟有關事
件之事實，其形成、經過及事實狀況，若有當事人，甚至第三人，比執
法人員機關更為知悉或掌握正確的資料者，為經濟及效率考量，以法律
課予人民協力義務或負擔，以完成執法任務，應為法治國家所允許，更
何況被通知之人乃涉嫌違反本法之人，以了解其違法事實及蒐集相關證
據。因此，本條第1項前段明定：「移民署為調查當事人違反本法之事
實及證據，得以書面通知相關之人至指定處所接受詢問。」

　　另一方面，本條有關通知到場以接受案件之調查詢問，在程序要件
上，則應有要式規定之通知書，如本條第1項後段規定：「通知書應記
載詢問目的、時間、地點、負責詢問之人員姓名、得否委託他人到場及
不到場所生之效果。」在實務執行上，究應採用何種方式以為通知，移
民執法人員即得依其合義務性之裁量，決定適當的通知方式。惟口頭通
知可能使受通知人處於「資訊不對稱」之不利地位，例如無從知悉或
準備因應，極易造成程序上的突襲，故論者認為如能增訂有急迫情形
外，不得以口頭通知人民之規定，以減少正當法律程序之疑慮，值得贊
同。[48]故本條並不採用口頭通知之方式。

　　因此，通知係移民執法人員所為之有相對人之意思表示，故必須為
相對人所了解，或使其居於可了解之狀態，始能對其發生效力。書面通

47 李震山譯，德國警察與秩序法原理，2版，登文書局，1995年，頁136。
48 林明鏘，警察職權法基本問題之研究，台灣法學雜誌，56期，2004年3月，頁121-122。

知係一種非對話之意思表示，故若要使相對人能了解或居於可了解之狀態，通常係以交付或寄送方式，使其可領受該書面時，始完成通知之程序。此之交付或寄送，行政程序法則以送達名之。由於本條並未明文交付或寄送之要件與程序，「行政程序法」有關送達之規定，於此即應有其適用[49]。至於書面通知之格式或應記載之事項爲何，本條已有明定，實務機關亦應已有定型化之通知書，可資適用。例如，法務部爲供各行政機關適用「行政程序法」第39條通知相關之人到場陳述意見，亦有函頒陳述意見通知書標準格式一種[50]，移民執法機關亦可依實務需要參考使用。除此之外，本條第1項後段除規定，通知書應記載詢問目的、時間、地點、負責詢問之人員姓名外，更需載明「得否委託他人到場」及受通知之人若「不到場所生之效果」。通知既有其一定之要件，對於何人方屬適當的應受通知之人，必須依法定要件做出正確之判斷。故將告以通知事由列屬「應爲規定」，除了表示移民執法人員不能任意決定應受通知人之外[51]，亦可從法治國家依法行政、法定聽審、保障基本權利及尊重人性尊嚴之憲政原則，找到其法規範上之依據。[52]至於事由告知之內容，原則上固不得爲空洞或標語式的，僅以「爲查明案情」之方式行之。但移民執法機關有時爲保全證據或發現眞實之追訴目的，亦應保有一定的「資訊優勢」，否則受通知者，即有可能因此一告知程序，而脫免法律上應負之責任。是以，告知事由之內容應爲如何之記載，以避免空洞，以致受通知人難以評估準備，並宜避免過於詳實的告知，以致喪失移民機關應有的資訊優勢或相關保密需求，實務機關自應審愼斟酌因應。

　　本條第2項規定：「依前項規定受通知之人，無正當理由不得拒絕到場。」若無理由拒絕到場接受詢問，則有本法第85條第5款規定：「有下列情形之一者，處新臺幣二千元以上一萬元以下罰鍰：……違

49　「行政程序法」第67條至第91條之規定。
50　法務部法律決字第000135號函。
51　李震山譯，德國警察與秩序法原理，2版，登文書局，1995年，頁138。
52　洪家殷，論行政處分之理由說明（上），政大法學評論，52期，1994年，頁94-99。

反第六十六條第二項規定，拒絕到場接受詢問。」再者，本條第3項規定：「第一項所定詢問，準用依前條第三項所定辦法之規定。」所謂詢問，係指執法人員得以問話，從被詢問者獲知事實上或個人有關之資訊。[53]通常詢問有所謂的當場詢問及通知到場詢問兩種情形。按行政機關為調查事實或證據，常須與當事人或其他利害關係人進行直接溝通協談，藉以確定系爭事件之事實與證據，並作成行政行為或裁罰性之不利益處分。從而，「行政程序法」第39條即明文授權一般行政機關，得以書面通知相關人到場陳述意見。[54]

第67條（實施查證身分）

移民署執行職務人員於執行查察職務時，得進入相關之營業處所、交通工具或公共場所，並得對下列各款之人查證其身分：

一、有事實足認其係逾期停留、居留或得強制出國。

二、有相當理由足認有第七十三條或第七十四條所定行為，或有該行為之虞。

三、有事實足認從事與許可原因不符之活動或工作。

四、有相當理由足認係非法入出國。

五、有相當理由足認使他人非法入出國。

依前項規定進入營業處所實施查證，應於其營業時間內為之。

第一項所定營業處所之負責人或管理人，對於依前項規定實施之查證，無正當理由，不得規避、妨礙或拒絕。

第一項所定營業處所之範圍，由主管機關定之，並刊登政府公報。

壹、導言

　　政府行政機關依據法律均明定有其任務，常依各該機關之法定任務為界限，再藉由其組織法之職掌而分配其業務機關或單位，並規劃各

53　李震山譯，德國警察與秩序法原理，2版，登文書局，1995年，頁102。
54　林明鏘，警察職權法基本問題之研究，台灣法學雜誌，56期，2004年，頁120-121。

項業務之執行，而經由勤務執法人員依法執行時，常需施予相關職權措施來達成任務，此些職權措施多藉由勤務執行之中「物理力作爲」來加以完成，且常源起於「查證身分」，甚至有必要「暫時留置」來完成蒐集執法所需之資料。因此，入出國及移民執法（Immigration Enforcement）[55]有關「查證身分」於本法第十章查察相關條款中之授權規定，其有明定授權執行上述之公權力職權措施。按移民執法人員在執法係經由「判斷」與「裁量」，且需有「違法要件」與「職權要件」之合致，始得加以進行取締調查，若第一線執法人員認有違法嫌疑，而違反罰則之要件規定者，再進一步移送由裁處機關或單位進行「裁處調查」，其中對於確認相對人之身分應是執法的基礎作爲之一。

然而，「查證身分」僅係移民執法勤務之職權上集合名詞或目的作爲，未達成「查證身分」之目的，尚需採取多種干預性之執法措施。例如，本條所規定之「進入」相關處所，以及下一條所明定之「攔停」、「詢問」、「令出示證件」、「檢查身體或物件」等職權措施，抑或是本法第69條授權之「帶往勤務處所」查證身分等措施，均是依據本條規定所授權之一般要件爲之，應予辨明。

---

[55] 本文所稱「移民執法」係指政府依法編制人員執行移民法規定之任務而言。例如，參照「警察消防海巡移民空勤人員及協勤民力安全基金設置管理條例」第1條規定：「爲保障警察、消防、海巡、移民、空勤人員及協勤民力就醫就養權利及激勵士氣，並建立管理及運作機制，特制定本條例，……。」以及同條例第3條第1項規定：「四、依內政部移民署組織法規執行入出國（境）管理、移民事務及防制人口販運任務之人員。」由此條例名稱及內涵顯示「移民」與「警察」、「消防」及「海巡」同被歸爲政府執法體系執法類型之一種。再者，參考美國「移民與海關執法局」（The U.S. Immigration and Customs Enforcement, ICE）亦於其官網中（https://www.dhs.gov/topic/immigration-enforcement-overview）強調移民執法任務，例如Immigration enforcement is the largest single area of responsibility for ICE. While certain responsibilities and close cooperation with U.S. Customs and Border Protection, U.S. Citizenship and Immigration Services, and others require significant ICE assets near the border, the majority of immigration enforcement work for ICE takes place in the country's interior.因此，本文乃以「移民執法」名之。

貳、內容解析

一、查證身分之要件

本項第1項規定：「移民署執行職務人員於執行查察職務時，得進入相關之營業處所、交通工具或公共場所，並得對下列各款之人查證其身分：一、有事實足認其係逾期停留、居留或得強制出國。二、有相當理由足認有第七十三條或第七十四條所定行為，或有該行為之虞。三、有事實足認從事與許可原因不符之活動或工作。四、有相當理由足認係非法入出國。五、有相當理由足認使他人非法入出國。」由上述查證身分之有關規定內涵，主要得以區分為「職權構成要件」與「違法構成要件」，前者係「手段」（方法），後者係「目的」，但移民執法不能「為達目的，不擇手段」，故應以法律明確規定查證身分之各項職權措施之要件，此為司法院釋字第535號解釋之意旨[56]，應予以遵循。因而立法針對移民執法查證身分之上述二者加以明定其要件，以作為執法之依據。前者之職權構成要件如以上述第1款規定「有事實足認其係逾期停留、居留或得強制出國」為例，則「有事實足認」係職權構成要件，而應以「逾期停留、居留或得強制出國」之行為或情狀之「違法構成要件」為執法之判準。因此，上述5款規定中，屬於「職權構成要件有「有事實足認」或「有相當理由足認」；而屬於「違法構成要件」分別為「逾期停留、居留或得強制出國」、「第七十三條或第七十四條所定行為，或有該行為之虞」、「從事與許可原因不符之活動或工作」、「非法入出國」或「使他人非法入出國」等情形，此些違法情形皆分別於本法前述之相關行為規範中有各該條款給予明定其內涵。而且，在執法實務上，應先以「違法構成要件」作為判準，藉由執法人員之五官六覺將「人的行為」、「物的狀況」等事實現象，或是以「整體情

---

[56] 司法院釋字第535號解釋文首段略以：「臨檢實施之手段：檢查、路檢、取締或盤查等不問其名稱為何，均屬對人或物之查驗、干預，影響人民行動自由、財產權及隱私權等甚鉅，應恪遵法治國家警察執勤之原則。實施臨檢之要件、程序及對違法臨檢行為之救濟，均應有法律之明確規範，方符憲法保障人民自由權利之意旨。」

況」（Totality of Circumstances）法則考量，來涵攝上述之法律規定之「違法構成要件」，再運用上述之職權要件符合考量，而得由執法人員裁量選擇採取下二條所規定之各項職權措施，來進行調查及處置。再者，本條規定授權顯較「警察職權行使法」寬鬆，例如，警職法之「職權構成要件」係以「合理懷疑」（Reasonable Suspicion），而本條皆以「相當理由」（Probable Cause）爲違法判斷與否或嫌疑之心證程度，顯然要求較高。按一般法制規範適用上，「相當理由」之心證確定程度顯高於「合理懷疑」。此之移民執法人員「得進入相關之營業處所，係爲警職法所未規定之授權，但有關住宅仍受有搜索令狀保留，不得無其他法令之規定，而依本法進入家宅查察。再者，對於得加以進入上述法定之相關場所執行查察，並得加以對其人查證身分之要件係爲達成移民執法目的而規定，上列五種要件，亦顯較警職法之要件寬鬆，其主要理由應是外國人本無權永留，若涉有非法行爲，當即可依法加以調查。惟此雖稱「查證身分」，然實際上依據上列五種要件係爲調查違法行爲之目的，而予以法定授權。

二、進入營業處所查證之時限

本項第2項規定：「依前項規定進入營業處所實施查證，應於其營業時間內爲之。」此所稱之「營業時間」應係指「實際營業時間」爲界限。

三、不得規避查證

本條第3項規定：「第一項所定營業處所之負責人或管理人，對於依前項規定實施之查證，無正當理由，不得規避、妨礙或拒絕。」若有違反本項之查證，將被處以行政秩序罰。亦即：本法第85條第1項第6款規定：「有下列情形之一者，處新臺幣二千元以上一萬元以下罰鍰：……六、違反第六十七條第三項規定，規避、妨礙或拒絕查證。」本規定係具有罰則之強制規範遠比警察職權行使法之查證身分措施具有較強之效力。

四、營業處所之範圍

本條第4項規定：「第一項所定營業處所之範圍，由主管機關（內政部）定之，並刊登政府公報。」因此，內政部於民國97年5月26日訂定公布施行「內政部移民署執行查察營業處所範圍表」，又於民國107年1月26日台內移字第10709413072號令修正如下表10-1。

表10-1 內政部移民署執行查察營業處所範圍表
（內政部民國107年01月26日台內移字第10709413072號令修正）

營業處所類別	營業處所範圍
一、爆竹煙火業	指製造、販賣、儲存爆竹煙火類物品之營業處所。
二、危險物品及高壓氣體業	指製造、運輸、販賣、儲存、分裝危險物品及高壓氣體之營業處所。
三、委託寄售、舊貨及資源回收業	指接受不特定人委託寄售物品、收售舊貨物及資源回收之營業處所。
四、車輛修配、保管及美容業	指汽機車修理、裝配、保管或美容之營業處所。
五、觀光旅館、旅館、民宿及休閒農場業	指對旅客提供住宿、休息及相關服務之營業處所。如旅館（不包括國際觀光旅館）、旅社、客棧、（汽車）賓館、民宿、休閒農場等（私人居住之空間，應受住宅相同之保障）。
六、理容業	指將場所加以區隔或包廂式經營為人理容之營業處所。如理髮店（廳）、觀光理髮、美容院、視聽理容等。
七、浴室業	指設有冷、熱水池、洗滌、蒸烤等設備，供不特定人沐浴之營業處所。如浴室、浴池、澡堂、三溫暖等。
八、酒家業	指備有服務生陪侍，供應酒、菜或其他飲食物之營業處所。
九、酒吧業	指對不特定人提供酒類、飲料之營業處所。
十、特種咖啡茶室業	指備有服務生陪侍，供應飲料之營業處所。
十一、舞廳業	指備有舞伴，供不特定人跳舞之營業處所。
十二、舞場業	指不備舞伴，供不特定人跳舞之營業處所。
十三、按摩業	指以輕擦、揉捏、指壓、扣打、震顫、曲手、運動及其他特殊手技為他人緩解疲勞之營業處所（不包括理療按摩）。

（接下頁）

營業處所類別	營業處所範圍
十四、性交易場所	指依直轄市、縣（市）政府制定之自治條例，從事性交易之營業處所。
十五、歌廳及戲劇院業	指經由廣播、電視、電影播映以外之音樂、戲劇、舞蹈、雜藝等演技，公開供人作現場視聽觀賞之營業處所。如戲劇院、歌廳等。
十六、視聽歌唱業	指提供伴唱視聽設備，供人唱歌之營業處所。如KTV等。
十七、錄影帶（節目帶）播映場業	指以營利為目的，提供隔間或視聽室，備置視聽機具，播映錄影節目，供不特定人觀賞之營業處所。如MTV等。
十八、電子遊戲場業	指設置電子遊戲機供不特定人益智娛樂之營業處所。
十九、餐飲業	指對不特定人供應酒、菜或其他飲食物之營業處所。如餐廳、飲食店等。
二十、醫療業	指以營利為目的，提供醫療服務之醫療機構。如醫院、診所等。
二十一、長期照顧及安養業	指以營利為目的，提供照顧或安養服務之營業處所。如長期照顧及安養機構等。
二十二、畜牧場、屠宰場或養殖漁業	指飼養家畜、家禽達中央主管機關指定之飼養規模、屠宰動物或從事繁殖或養殖水產動植物之營業處所。如觀光牧場、家禽市場附設之屠宰場、陸上漁塭、海上箱網養殖區。
二十三、工廠業	指僱用工人從事製造、加工、修理、解體等作業之營業處所。如電子工廠。
二十四、食品雜貨、飲料及日常用品批發或零售業	指批發或零售食品雜貨、飲料及日常用品之營業處所。如東南亞食品雜貨店。
附記	本表所列各營業處所，不論登記與否，依其所營業務性質，凡符合各該營業種類及範圍者均屬之。

參、綜論

　　按我國移民執法含括行政違規與刑事犯罪調查，如本法第73條至第74條係刑事犯罪規範，而同法第75條至第87條則為行政秩序罰之性

質。故移民署執法人員除移民行政調查外，依據本法第89條規定移民執法人員於執行移民有關之犯罪調查時，亦具有司法警察官或司法警察身分，而得以行使相關職權。另一方面，移民行政執法應據予規劃業務與執行勤務，來完成移民執法之相關任務，必然有經常需使用物理力作為之職權作為，例如本法所規定之「暫時留置」與「查證身分」措施屬之，其執行應遵守法律及一般法律原則。按現行本法已經將上述二種職權措施分別於本法第64條及第67條至第69條明定。再者，如同司法院大法官釋字第535號解釋文意旨，不可任意或隨機執法，應遵守比例原則，不得逾越必要程度。因此，本條乃探討上述有關「查證身分」職權措施之規範要件與程序及法理，以提供移民執法規範與實務上之參考。

　　移民執法之職權行使應基於「事出有因、師出有名」之法定正當合理之「因」與「名」，並以整體考量法則進行判斷，以形諸判斷與事實涵攝，並進一步裁量是否採取攔停與檢查等查證身分措施。按符合本法第67條之查證身分之職權要件，得實施第68條所定之移民執法措施及第69條規定於必要時尚得將之帶往勤務處所3小時以進一步查證，然必須遵守法定各相關規定。另一方面，當移民執法人員對於本法之相關法律規範均有深入了解後，仍應持續在教育與訓練上強化其正確執法之能力，特別是其取締與裁處調查或必要之刑事調查程序的了解與能力的培養。再者，若能制定一部「行政調查法」，則一般共通性執法的職權措施之要件與程序，將可比較有明確之依據，而於必要時再進一步以本法之專法來規定達成任務之相關特別職權要件需求，特別是釐清本法所規定之「查證身分」如何在行政違規或刑事犯罪調查上界分與有效適用，以達成相關人權保障與職權行使之有效衡平。

第68條（查證身分之必要措施）
移民署執行職務人員依前條規定查證身分，得採行下列必要措施：
一、攔停人、車、船或其他交通工具。
二、詢問姓名、出生年月日、國籍、入出國資料、住（居）所、在臺灣地區停

留或居留期限及相關身分證件編號。

三、令出示身分證明文件。

四、以電子設備進行個人生物特徵識別資料之辨識。

五、有事實足認受查證人攜帶足以傷害執行職務人員或受查證人生命、身體之
物者，得檢查其身體及攜帶之物；必要時，並得將所攜帶之物扣留之。

壹、導言

移民署執行職務人員於執行查察職務時，得依前條規定，於公共場所或進入相關之營業處所、交通工具時，對符合其職權構成要件之規定，得實施本條明定之查證身分之職權措施。因此本條與前條係相互配合之職權「措施」與「要件」，本條明定得實施之「職權措施」，應有前一條之「職權要件」的規範內涵合致，始得為之。前條係授權移民署執行職務人員於執行查察職務時，得「進入」相關之營業處所、交通工具或公共場所，除授予「進入」之職權外，並得對下列各款之人「查證其身分」，而查證身分之各項措施即本條所規定得採行之「攔停」、「詢問」、「令出示身分證明文件」、「檢查其身體及攜帶之物」或「扣留攜帶之物」等相關必要措施。因此，前條授權得「進入」亦屬查察職權之一種，其目的在依法查證身分，然真正目的係在調查前條所定之違法行為。又因查證身分之目的，必須藉由多種職權措施加以完成，故於本條明定移民署執行職務人員依前條規定查證身分，得採行上列本條規定之各項必要措施。而查證身分措施之執行，於本法第69條規定，應於現場為之，但基於經受查證人同意，或於現場為之有第69條所規定情形之一者，得將其帶往勤務處所查證身分，此所謂「帶往勤務處所」亦是查察職權類型之一，甚至此措施已經有限制或剝奪人身自由，故有其最長3小時之限制，以減低基本人權之侵擾。

本條於2023年6月28日總統華總一義字第11200054171號令修正公

布，並於2023年12月6日行政院院臺法字第1121043343號令發布，定自
2024年3月1日施行。本條修正內容於第1項增定第4款：「四、以電子
設備進行個人生物特徵識別資料之辨識。」其修正目的係為「增訂移民
署執行職務人員於執勤時，得使用電子設備對受查證者進行個人生物特
徵識別資料之辨識。

貳、內容解析

　　本條係參考司法院釋字第535號解釋及警察職權行使法第6條、第7
條規定查證身分之必要措施，旨在規定移民執法人員依前條實施查證身
分時，得採行之措施。其中第1款所稱「攔停」，係指將行進中之人、
車、船或其他交通工具加以攔阻，使其停止行進，或使非行進中之人，
停止其動作而言；第2款所稱「詢問」，係指以口頭問明受查證人身分
等相關資料；第3款所稱「令其出示身分證明文件」，係指要求受查證
人出示足資證明身分之文件，以供查證；第4款則規定執行職務人員於
特定要件下，得檢查受查證人身體及攜帶之物，於必要時，並得「扣
留」受查證人所攜帶物品，以維護受查證人及執行人員之安全。茲就查
證身分之各項措施及其法理說明如下：

一、查證身分之措施

　　本法第67條規定，移民署執行職務人員於執行查察職務時，得進
入相關之營業處所、交通工具或公共場所，並得對下列各款之人查證其
身分，其依本條得以實施之職權措施如下：

（一）攔停

　　攔停人、車、船或其他交通工具。

（二）詢問

　　詢問姓名、出生年月日、國籍、入出國資料、住（居）所、在臺灣

地區停留或居留期限及相關身分證件編號。本條詢問對象主要係非本國人，故配合增訂「臺灣地區停留或居留期限及相關身分證件編號」規範之。

（三）出示證件

令出示身分證明文件。因攔檢對象多非本國人，故證件多非國民身分證。

（四）檢查

有事實足認受查證人攜帶足以傷害執行職務人員或受查證人生命、身體之物者，得檢查其身體及攜帶之物；必要時，並得將所攜帶之物扣留之。本條後段「必要時，並得將所攜帶之物扣留之」規定，爲警職法第7條所無，然此之必要時，應指「軍器、凶器或其他危險物」，以及其他得爲證據或應依法沒入之物。本條規定係主要參考警職法第7條之規定而成，然不同的是本條將「帶往勤務處所」查證身分之職權另於下一條（第69條）規定。再者，此次修法特別在本條之查證身分職權上增加「四、以電子設備進行個人生物特徵識別資料之辨識。」針對移民執法人員所面對之執法對象多爲非本國人，故與警察實施查證身分之對象顯有差異，故以本款授與本法定職權，在實務執法之適用上確有其必要，應值得肯定。

二、移民執法「查證身分」之規範與法理

（一）本法關於查證身分之規定

外國人有隨身攜帶其身分證明文件及出示之義務。按本法第28條第1項規定：「十四歲以上之外國人，入國停留、居留或永久居留，應隨身攜帶護照、外僑居留證或外僑永久居留證。」又同條第2項又規定：「移民署或其他依法令賦予權責之公務員，得於執行公務時，要求出示前項證件。其相關要件與程序，準用警察職權行使法第二章之規定。」因此，移民執法人員依法進行「查證身分」之要件與措施進一步分別規定於第67條及第68條。其構成要件，可析論如下：

1. 查證身分之意義

移民執法係依據法定要件進行相關查察勤務時，首重身分之確認，避免打擊錯誤，而致違法執法。按警察職權行使法第7條第1項第2款規定查證身分得「詢問姓名、出生年月日、出生地、國籍、住居所及身分證統一編號等」內容資料，而本條因應查察對象係多為非本國人而增訂「臺灣地區停留或居留期限及相關身分證件編號」，以正確達到依法執行之目的所進行之職權作為。

2. 查證身分之要件

依據本法第67條規定可剖析移民執法人員得於執法現場進行查證身分之相關要件及其他重要內涵有：(1)須於依法執行查察職務時；(2)得「進入」相關之營業處所、交通工具或公共場所，此明示授權進入營業場所，顯然比較「警職法」第6條之「警察於公共場所或合法進入之場所，得對於下列各款之人查證其身分」之「合法進入之場所」要來得寬鬆，主要理由可能是下述得查察均以「相當理由」始得「進入」。又進入之處所不含括「住宅」或與其相同性質者[57]；(3)得進行查證身分之相對人的要件，共明定授權有五種情形：①法定逾期或得強制情形：有事實足認其係逾期停留、居留或得強制出國；②屬於刑事犯罪之虞：有相當理由足認有第73條或第74條所定行為，或有該行為之虞；③確認是否與簽證許可目的相符合：有事實足認從事與許可原因不符之活動或工作；④確認是否偷渡：有相當理由足認係非法入出國；⑤有相當理由足認使他人非法入出國。再者，依前述規定「進入營業處所」實施查證，應於其營業時間內為之，營業處所屬公眾得出入之場所，必須在營業時間內始的進入查證，避免任意干擾；(4)營業處所之負責人或管理人有配合查證之義務：前述之營業處所之負責人或管理人，對於依前述規定實施之查證，無正當理由，不得規避、妨礙或拒絕。第1項所定營

---

[57] 司法院大法官釋字第535號解釋文指出：「臨檢之規定，並無授權警察人員得不顧時間、地點及對象任意臨檢、取締或隨機檢查、盤查之立法本意。除法律另有規定外，警察人員執行場所之臨檢勤務，應限於已發生危害或依客觀、合理判斷易生危害之處所、交通工具或公共場所為之，其中處所為私人居住之空間者，並應受住宅相同之保障。」

業處所之範圍，由主管機關定之，並刊登政府公報。

3. 查證身分之措施

此仿警職法第6條及第7條之查證身分要件與措施配合規定，而有依本法第67條的要件，而於同法第68條授權得進行查證身分之必要措施如下：(1)攔停人、車、船或其他交通工具；(2)詢問姓名、出生年月日、國籍、入出國資料、住（居）所、在臺灣地區停留或居留期限及相關身分證件編號；(3)令出示身分證明文件；(4)有事實足認受查證人攜帶足以傷害執行職務人員或受查證人生命、身體之物者，得檢查其身體及攜帶之物；必要時，並得將所攜帶之物扣留之。以上四種執法措施係於執法「現場」所得以執行者，而需注意者是「詢問」範圍僅止於身分查證所需，尚不含括可疑犯行之查證。另外得「檢查」身體或所攜之物，此係僅得為衣服外部之拍觸（Frisk），係屬於安全保護性檢查，而非違法之取證型檢查，應予辨明。再者，依據同法第69條之規定，以上之查證身分應於執法現場若仍進行為原則，但有該條所定情形之一者，即授權得將其帶往勤務處所查證。

（二）本法有關查證身分之法理

司法院大法官釋字第535號解釋文略以：「有關臨檢之規定，並無授權警察人員得不顧時間、地點及對象任意臨檢、取締或隨機檢查、盤查之立法本意。除法律另有規定外，警察人員執行場所之臨檢勤務，應限於已發生危害或依客觀、合理判斷易生危害之處所、交通工具或公共場所為之，其中處所為私人居住之空間者，並應受住宅相同之保障；對人實施之臨檢則須以有相當理由足認其行為已構成或即將發生危害者為限，且均應遵守比例原則，不得逾越必要程度。」而且，於上述該號解釋文亦明確指出執法之「臨檢」措施「臨檢實施之手段：檢查、路檢、取締或盤查等不問其名稱為何，均屬對人或物之查驗、干預，影響人民行動自由、財產權及隱私權等甚鉅，應恪遵法治國家警察執勤之原則。實施臨檢之要件、程序及對違法臨檢行為之救濟，均應有法律之明確規範，方符憲法保障人民自由權利之意旨」。因此，縱然是對非本國人實

施查證身分之措施，亦應符合上述意旨，而需遵守「實質」與「程序」的「正當法律程序」，亦即前者是法律保留與明確性原則之遵行；而後者係應符合比例原則、出示證件表明身分與告知事由等程序原則，甚至受查驗之外國人語言不通的話，亦應有通譯之設，以遵行程序上之正當法律程序。論者指出「從主權出發所為之差別待遇，僅是反映人權保障之現實而已，尚屬正當或合憲法」，並進一步引德國基本法區分「每個人的基本權利及德國人之基本權利」二種，並進一步歸納出憲法人權保障之規範三層次：1.作為人即應享有之權利，如生命、身體與自由權；2.有強烈國家主權亦是關聯性者，應屬於本國人之基本權利，如入境、參政或政治活動權利是；3.中間型態之權利，多屬於受益權，如我國憲法第15條保障之工作、財產及生存權之享有，需視各國開發程度而定[58]。因此，本法於2007年修法時即新增第十章，除第64條授權暫時留置外，並於該章之第67條至第69條明定查證身分之措施與要件及相關程序，然此二項職權均與自由之限制或剝奪有所關聯，於法理上有其以法律明確授權之必要性，亦符合法律保留與明確性原則，並遵循正當法律程序。

然而，從「合理懷疑」到「相當理由」係形成不等之心證程度[59]，此區分要件判斷程度，在美國警察執法與司法界已形成相當共識。「合理懷疑」與「相當理由」在隱私權侵犯程度、搜索（或檢查）方式與強制力之行使、犯罪（或危害）嚴重性、事實證據之確定性、急迫性等有不同程度的考量。執法人員對於事實情況產生「合理懷疑」，常基於自己之觀察、民眾舉報、其他單位之提供訊息，或行為人自首等情形，而得以為初步之偵查或調查，常因合理懷疑有危害情事，而加以攔停、詢問、拍搜（參考 *Terry v. Ohio* (1968)一案），而發現有更具體之違法犯

---

[58] 李震山，人性尊嚴與人權保障，增訂5版，元照，2020年，頁416-418。

[59] Rolando V. del Carmen (2007), CRIMINAL PROCEDURE LAW AND PRACTICEW, 90-91 (7th ed.), "A level of proof is the degree of certainty required by the law for an act to be legal. as a level of proof, reasonable suspicion ranks below probable cause but above suspicion in its degree of certainty."亦參考：蔡庭榕，論警察臨檢之發動門檻——「合理懷疑」與「相當理由」，警察法學，1期，2003年，頁33-48。

罪之情事，乃轉而具有「相當理由」得以逮捕、搜索、扣押之。「合理懷疑」與「相當理由」只是程度之差異，在本質上並無不同。然而，從本法有關查證身分係以「相當理由」為職權要件，亦與警職法之「合理懷疑」有差異，其要求幾乎與刑事犯行追緝之無令狀逮捕與搜索相同之心證程度，是否合宜，實有探討空間。

　　在司法實務上，常藉由本法及其授權訂定之相關法規命令或行政規則，作為移民執法之基礎。例如，國境事務大隊證照查驗之法令依據為「入出國查驗及資料蒐集利用辦法」，其係依據本法第4條第3項規定授權而訂定。且移民署執法人員於入出國查驗時，有事實足認當事人所持護照或其他入出國證件顯係無效、偽造或變造等情形，即得依法暫時將其留置於勤務處所進行調查；若進一步有「相當理由」認其係非法入出國者，則移民署執行職務人員於執行查察職務時，尚得「進入」相關之營業處所、交通工具或公共場所，並得「查證其身分」；若外國人持用偽造之護照者，移民署得禁止其入國，本法第64條第1項第1款、第67條第1項第4款及第18條第1項第2款分別定有明文。再依「入出國查驗及資料蒐集利用辦法」第10條第1款規定，外國人入國，應備有效護照或旅行證件，申請免簽證入國者，其護照所餘效期須為六個月以上，經移民署查驗相符，且無本法第18條第1項、第2項禁止入國情形者，於其護照或旅行證件內加蓋入國查驗章戳後，始可許可入國。復依本法第89條規定，移民署所屬辦理入出國及移民業務之薦任職或相當薦任職以上人員，於執行非法入出國及移民犯罪調查職務時，分別視同刑事訴訟法第229條、第230條之司法警察官。其委任職或相當委任職人員，視同刑事訴訟法第231條之司法警察。準此，可見移民署查驗人員對於外國人入出境時之證照查驗，有權審查外國人所持用之護照真偽、查證其身分以查察有無冒名情事，並得拒絕其入境（包括暫時留置處理或逮捕送辦等）。因此，移民署查驗人員對於外國人持用護照入出境之證照查驗具有實質審查權限，且審查事項，除所持用之護照是否真偽外，尚包含查證身分之有無冒名情事。再者，相當職等之查驗人員，並視同司法警察官或司法警察具有犯罪調查職務，自得為相當方式之調

查，並非僅只於一經外國人提出護照要求入出境而從形式上觀察無誤即須准許入出境並鍵入電腦檔案之形式上審查而已[60]。

移民執法人員依法實施查證身分措施，旨在達成法定任務以維護公益，亦需保障基本人權，故在執法實務上之法律涵攝有充分了解與實踐。移民執法係「判斷」與「裁量」的連結過程。經由移民執法人員之五官六覺的判斷事實是否違反法律規定之義務（構成要件該當否），再據以進行「決定裁量」（ob或if；即是否採取執法作為）與「選擇裁量」（wie或how；即採取何種執法措施）。從「判斷」事實上是否已發生危害或犯罪、即將發生危害或犯罪，到「決定」是否採取執法作為及採取何種執法措施（含採取正當措施及適當處分），乃是一連串之判斷與裁量過程。而移民執法任務常兼有行政危害防止及移民相關之刑事犯罪偵查之雙重特性[61]；移民執法人員之任務在於達到保障人權與維護入出國與移民秩序行政之雙重目的，而維護移民行政安全與秩序任務又可分為犯行追緝之刑事作為及危害防止之行政措施。再者，移民執法任務之達成除須賴移民行政業務之縝密規劃，更重要的是有效的移民執法勤務作為，亦常難以避免有使用干預性職權作為之需要。然而，移民執法規範之構成要件（執法判準）常有「不確定法律概念」或「概括條款」，加上違規與犯罪事實亦常非客觀確定之情況。是以，移民行政執法過程中，常須將抽象法律條文內容涵攝於個案事實上，遵守法律及一般法律原則。不論是事實判斷上之正當合理性（Justification）考量，以使強制力得合宜地適用於執法客體，抑或經證據（Evidence）蒐集後之法律效果裁量，均無不植基於「比例原則」之適用。然而，「比例原則並非一範圍廣泛之『裁量權』，而是執法者『法益衡量』應遵循

---

[60] 臺灣新北地方法院109年度簡字第3500號刑事判決。經查臺灣高等法院102年度上訴字第342號、101年度上訴字第2157號刑事判決同此見解。

[61] 參考本法第89條之規定：「移民署所屬辦理入出國及移民業務之薦任職或相當薦任職以上人員，於執行非法入出國及移民犯罪調查職務時，分別視同刑事訴訟法第二百二十九條、第二百三十條之司法警察官。其委任職或相當委任職人員，視同刑事訴訟法第二百三十一條之司法警察。」可知本法之執法人員係具有相關於對移民刑事犯罪偵查之司法警察官或司法警察身分與職權。

之『義務』，而行政裁量權之行使又必須『合義務性』，比例原則因而產生拘束，如行政裁量權中之選擇裁量，若違反比例原則，則屬裁量濫權，其裁量行為自屬違法」[62]。因此，移民執法仍應遵守行政程序法第4條：「行政行為應受法律及一般法律原則之拘束。」以在維護公益與保障私權有效衡平。

參、綜論

按現行本法關於查證身分之規定，除在該法第17條及第28條明定執法時得準用警職法第二章有關「查證身分與蒐集資料」之規定外，更進一步在本法第67條至第69條明定移民執法查證身分之職權措施、要件及程序的規定。其規定方式係仿效警職法第6條至第7條規定，本法先於第67條明定得查證身分之職權要件，次則於第68條規定得據以查證身分之措施，唯一與警職法規定不同的是本法將「帶往勤務處所」之措施與要件另以一條文明確規定於第69條。本法對於查證身分之授權可謂比較警察職權行使規範來得寬鬆但明確[63]，然仍有相關問題值得進一步研議，茲分別說明如下：

一、移民執法得依規定進入營業場所

依本法第67條第1項規定「移民署執行職務人員於執行查察職務時，得進入相關之營業處所、交通工具或公共場所，並得對下列各款之人查證其身分」之內涵，可知法定授權有「進入」相關之營業處所、交通工具或公共場所及對該向所定各款之人為「查證身分」等二項重要職權措施。尤其前項之「進入營業處所」係警職法所未獲得授權者，警職法第6條僅規定需「警察於公共場所或合法進入之場所，得對於下列各

---

[62] 李震山，行政法導論，修訂11版，三民，2019年，頁291-292。

[63] 此之「寬鬆但明確」係指本法第67條至第69條規定之查證身分要件與措施比較「警察職權行使法」第6條至第7條來得寬鬆但明確。例如，此之本法授權得依其各款明定之要件（相較警職法明確）進入相關營業場所（警職法並未有此授權）等是。

款之人查證其身分」，所稱「合法進入之場所」需另有其他法律授權進入」。然此進入營業場所係屬於概括授權，並無得進入之「要件」與「程序」之規定，是否符合司法院大法官釋字第535號規定之意旨，仍值得商榷。

二、移民調查上應區分「辦案時間」、「暫時留置」或「帶往勤務處所」之時機、要件、程序及相關注意事項

本法第69條之帶往勤務處所3小時是否亦屬於「暫時留置」之性質，二者似均屬於一般辦案時間之延續。因此，如何於移民調查上區分「辦案時間」、「暫時留置」或「帶往勤務處所」之時機、要件、程序及相關注意事項，似均有研究明確規定之必要，或是如前述制定「行政調查法」作為行政執法調查之統合性準據。

三、移民執法人員應了解查證身分之職權授予含括行政違規調查與刑事犯罪調查要件

本法第67條至第69條有關「查證身分」之規定，似已經含括行政違規或犯罪調查，因從相關規定內涵要件可知，相關規定已經不只是查證身分之目的而已，已經進而有行政違規與刑事調查目的之執法作為，是否合宜，應有探討必要。例如，對於本法第67條第1項第2款規定「有相當理由足認有第七十三條或第七十四條所定行為，或有該行為之虞」，以及同條項第4款及第5款均屬於刑事犯罪之情形，於此授權查證身分，就屬於「行政調查」或「刑事調查」之執法行為，恐難以區分，是否得宜，亦值得深究。因本條規定，除查證身分之授權外（雖逾期停留或居留從查證身分即可得知，因外國人有攜帶護照之義務），並未授權得進一步得據以查察有違規或犯罪嫌疑或犯罪之虞者。因本法第68條規定得為之查證身分之詢問措施規定「詢問姓名、出生年月日、國籍、入出國資料、住（居）所、在臺灣地區停留或居留期限及相關身分證件編號」，猶如警職法第7條第1項第2款之規定，並無授權進一步查證相關違規或犯罪嫌疑或之虞的情形，值得移民執法人員注意。

四、本法有關查證身分宜採「合理懷疑」之職權要件

本法有關查證身分係以「相當理由」爲職權要件，其心證程度顯然高於警職法之「合理懷疑」是否合宜？而該法或大法官釋字第535號解釋意旨可知，相關執法心證程度之要求，尚無須達到刑訴法之無令狀搜索、扣押、拘提或逮捕之「相當理由」的心證程度，而是執法人原對違法要件有「合理懷疑」或「有事實足認」有犯罪危害嫌疑或犯罪或危害之虞爲要件即可。因此，移民執法人員之查證身分要件，須達「相當理由」之程度，顯與警職法之規定有差異，其要求幾乎與刑事犯行追緝之無令狀逮捕與搜索相同之心證程度，是否合宜，實有探討空間。

五、本法宜如警職法明定有對不服查證身分措施而得提起相關救濟之規定

警職法第28條明定有對上述職權行使措施不服時，得依法提起異議，若仍繼續執行，則可依法要求開給臨檢紀錄書，若因該職權行使而致權利受有損害，尚可依法提起訴願及行政訴訟。由此可知，上述調查之法律性質應爲「行政處分」，故明定對之不服者，尚可依法提起訴願。然而，本法並未有如上列警職法所定之救濟規定，雖是對非本國人之執法調查，在此救濟權利上應予相當之保障才是。

六、對非本國人身分查證亦應注意其隱私權保障

對所蒐集之指紋、照相及其他因查證身分而取得或使用之個人資料，應依法給予適當保護。

七、對非本國人依法查證身分應無緘默權之適用

緘默權主要用以保障被告或犯罪嫌疑人，禁止其被強迫爲不利益自己之供述，又稱不自證己罪之權利，乃是被告訴訟防禦權之一種[64]。英美法上所謂緘默權（Privilege Against Self-Incrimination）任何人均

---

[64] 邱珮菁，警察盤查權限之比較研究，中央警察大學警察政策研究所碩士論文，2015年，頁71。

不應被強迫控告自己之法諺。不自證己罪在我國刑事訴訟法第95條第2款[65]、第156條第4項[66]、第158條之2第2項[67]等均有規定，然在行政法上基於公益目的而規定人民有協力義務來提供資料及配合調查，故在行政程序法或其他相關行政法規，均未如刑訴法明定得依法保持緘默或不自證己罪[68]。又論者認行政調查因對人民自由權益影響相對較小，且為公益目的，原則上應無緘默權之保障[69]。再者，我國屬於大陸法系不似海洋法系國家僅有普通法院體系，而許多案件係由行政機關調查與裁處，與屬於刑事犯罪案件似應有所區別。再者，依我國警職法之規定，亦無在攔檢盤查時必須告知緘默權之規定，只有行政調查轉換至刑事犯罪調查時，而將執法調查之相對人視為犯罪嫌疑人時，始負有緘默權的告知義務[70]。因此，本法第67條至第69條明定查證身分之措施、要件與程序，若拒絕配合執法時，尚有同法第85條之罰鍰規定，由此可認為此執法調查應無緘默權之適用。然而，因上述授權得查證身分之要件有數款係屬於刑事犯罪調查之情形[71]，如何區隔行政與刑事執法之界限，應有釐清必要。

---

[65] 刑事訴訟法第95條第1項：「訊問被告應先告知下列事項：一、犯罪嫌疑及所犯所有罪名。罪名經告知後，認為應變更者，應再告知。二、得保持緘默，無須違背自己之意思而為陳述。三、得選任辯護人。如為低收入戶、中低收入戶、原住民或其他依法令得請求法律扶助者，得請求之。四、得請求調查有利之證據。」

[66] 刑事訴訟法第156條第4項：「被告未經自白，又無證據，不得僅因其拒絕陳述或保持緘默，而推斷其罪行。」

[67] 刑事訴訟法第158條之2第2項：「檢察事務官、司法警察官或司法警察詢問受拘提、逮捕之被告或犯罪嫌疑人時，違反第九十五條第一項第二款、第三款或第二項之規定者，準用前項規定。」

[68] 廖秀雄，論行政調查——以營造業之重大職業災害調查為中心，世新大學法律學研究所碩士論文，2014年，頁77-78。

[69] 洪家殷，行政調查與刑事偵查之界限，東吳法律學報，25卷1期，2013年，頁41。

[70] 邱珮菁，警察盤查權限之比較研究，中央警察大學警察政策研究所碩士論文，2015年，頁80。

[71] 例如，本法第67條第1項第2款及同法第69條第1項第6款之「有相當理由足認有第七十三條或第七十四條所定行為者」，查同法第73條、第74條係規範行政刑罰條款，其調查程序應適用刑訴法之規定。

八、在移民執法實務上對於非本國人之「查證身分」，應可建置及使用類似警察現行使用之M-POLICING之科技辨識身分載具

結合現有之攜帶型之查驗外國人指紋之隨身機具，作爲立即查驗身分時用來比對身分，因非本國人入出我國國境依本法及相關規定，可於查驗時依據「入出國查驗及資料蒐集利用辦法」或「個人生物特徵識別資料蒐集管理及運用辦法」辦理錄存，以供日後執法時查驗比對之。

九、從本法授予移民執法職權尚可配合其他相關法令執行調查

除本法所明定之面談與查察職權外，尚可準用警職法第二章之查證身分與蒐集資料之規定，若有不足尚有普通行政法之行政程序法與行政罰法及行政執行法等可資適用，若係刑事犯罪調查則可轉而適用刑事訴訟法。而且本法明定外國人有依法攜帶證件與接受查察之義務與責任，而本國人則無。又本法有第4條明定入境查驗及受登記資料之規定，而入境時即加以蒐集人臉照片及指紋資料，故對於外國人之身分查證應較我國人民來得容易查證。外國人入境即已經有按捺指紋及人臉辨識照片等蒐集與儲存，以供日後外國人身分查證之必要。特別是在非常時期所需快速查驗與辨識功能時，即可發揮應有之查證身分的比對辨識功效。例如，新冠狀病毒檢疫之查察時，即可有效利用人臉照相功能辨識或以指紋機具來查察身分。另一方面，又如就業服務法第62條規定：「主管機關、入出國管理機關、警察機關、海岸巡防機關或其他司法警察機關得指派人員攜帶證明文件，至外國人工作之場所或可疑有外國人違法工作之場所，實施檢查（第1項）。對前項之檢查，雇主、雇主代理人、外國人及其他有關人員不得規避、妨礙或拒絕（第2項）。」甚至同法第67條更明定違反前述第2項規定者，處新臺幣6萬元以上30萬元以下罰鍰。此項授權甚至比起本法之授權更加寬鬆，在實務上仍應遵守一般法律原則與正當程序規定。

> **第69條**（將受查證人帶往勤務處所之情形）
>
> 移民署執行職務人員依第六十七條規定實施查證，應於現場為之。但經受查證人同意，或於現場為之有下列情形之一者，得將其帶往勤務處所：
> 一、無從確定身分。
> 二、對受查證人將有不利影響。
> 三、妨礙交通、安寧。
> 四、所持護照或其他入出國證件顯係無效、偽造或變造。
> 五、拒絕接受查驗。
> 六、有第七十三條或第七十四條所定之行為。
> 七、符合本法所定得禁止入出國之情形。
> 八、因案經司法或軍法機關通知留置。
> 依前項規定將受查證人帶往勤務處所時，非遇抗拒不得使用強制力，且其時間自攔停起，不得逾三小時，並應即通知其指定之親友或律師。

壹、導言

　　人身自由是重要基本人權之一，憲法第8條對人民身體自由設定制度性保障機制，是為憲法保留原則，且論者指出：「從憲法第23條的限制條款而言，揭示基本權利的可限制性，但須符合法律保留與比例原則，但憲法第8條的限制是憲法第23條概括限制的特別規定，應優先適用，憲法保留後仍需法律保留，並受比例原則限制，具雙重門檻的意義。」[72]人身自由是各種自由中之基本自由[73]，若無人身自由，則其他一切自由權利將成空談[74]。基於執法以維護社會安全與秩序之規制特性，常有實施干預人身自由之職權措施可能，論者指出為彰顯人身自由

---

[72] 李震山，非刑事案件關係人之人身自由保障，人性尊嚴與人權保障，增訂5版，元照，2020年，頁209。

[73] 黃俊杰，人身自由與檢警權限之檢討，軍法專刊，41卷11期，1995年，頁30-43。

[74] 林明鏘，人身自由與羈押權，憲政時代，21卷2期，1995年，頁4。

易受公權力侵害的風險及其預防與管控機制，特設有憲法保留機制。[75]
因此，移民執法勤務作爲常有行使干預性職權措施之可能，特別是人身
自由之拘束，使之嚴格遵循憲政原則之「實質正當」的「法定程序」，
極爲重要。現任大法官湯德宗更指出，此爲我國大法官闡釋「法定程
序」即爲「正當程序」，且兼含「實質正當」與「程序正當」要件[76]。
再者，公法學者林明鏘教授指出：「憲法上正當法律程序原則，有認爲
源自於憲法第8條對人身自由之程序保障，亦有認爲係從基本權之程序
保障功能衍生出的『程序基本權』。但無論源於何處，其均屬憲法上之
要求，而屬人民之基本權利。」[77]

　　再者，司法院釋字第535號解釋，認警察之臨檢要件與程序及其救
濟應明確法定外，並於解釋文指出：「臨檢應於現場實施，非經受臨檢
人同意或無從確定其身分或現場爲之對該受臨檢人將有不利影響或妨礙
交通、安寧者，不得要求其同行至警察局、所進行盤查。其因發現違法
事實，應依法定程序處理者外，身分一經查明，即應任其離去，不得稽
延。」雖該號解釋以警察臨檢爲解釋標的，但移民執法人員亦屬「廣義
警察人員」[78]，亦應遵守憲法保留原則，因其亦有攔檢查察取締之必要
措施，應有異曲同工規範性質之制度設計，以有效保障人權。呼應前
揭釋字第535號解釋，警職法第7條第2項規定：「依前項[79]第二款（詢

---

[75] 李震山，非刑事案件關係人之人身自由保障，人性尊嚴與人權保障，增訂5版，元照，2020年，頁209。

[76] 湯德宗，論憲法上的正當程序保障，憲政時代，25卷4期，2000年，頁7。Board of Regents v. Roth (2005), Scope of Procedural Due Process Protection-Property Interests in Police Enforcement, 119 Harv. L. Rev. 208.

[77] 林明鏘，行政法講義，修訂5版1刷，新學林，2019年，頁394。

[78] 司法院釋字第588號解釋理由書指出：「『警察』係指以維持社會秩序或增進公共利益爲目的，而具強制（干預、取締）手段特質之國家行政作用或國家行政主體，概念上原屬多義之用語，有廣、狹即實質、形式兩義之分。其採廣義、即實質之意義者，乃就其『功能』予以觀察，凡具有上述『警察』意義之作用、即行使此一意義之權限者，均屬之；其取狹義、即形式之意義者，則就組織上予以著眼，而將之限於警察組織之形式－警察法，於此法律所明文規定之機關及人員始足當之，其僅具警察之作用或負警察之任務者，不與焉。」

[79] 警職法第7條第1項：「警察依前條規定，爲查證人民身分，得採取下列之必要措施：一、攔停人、車、船及其他交通工具。二、詢問姓名、出生年月日、出生地、國籍、住居所及身分證統一編號等。三、令出示身分證明文件。四、若有明顯事實足認其有攜帶足以自殺、自傷或傷害他人生命或身體之物者，得檢查其身體及所攜帶之物。」

問）、第三款（令出示身分證明文件）之方法顯然無法查證身分時，警察得將該人民帶往勤務處所查證；帶往時非遇抗拒不得使用強制力，且其時間自攔停起，不得逾三小時，並應即向該管警察勤務指揮中心報告及通知其指定之親友或律師。」其中「警察得將該人民帶往勤務處所查證」（以下簡稱「同行」[80]）之規定，非遇有抗拒不得使用強制力，且最多可能拘束其自由達3小時，曾引起論者憂慮其可能有違憲之虞，而認為仍應引進法官介入之做法[81]。然而，論者亦指出：「人身自由侵害之程度有輕重，若以時間長短為例，有可能不逾1小時，亦有可能為24小時，若一律等法官裁定之結果，除影響行政效能，甚至人民也往往因輕微案件，因而受到更長時間之『留難』，反噬人身自由。」[82]

同行之目的在於查證身分，亦附帶有蒐集資料以釋疑之意涵，因身分資料與危害或犯罪發生之可能懷疑，或可有正當合理連結，以之作為執法人員判斷與最後決定作成之基礎。因此，查證身分是達成執法任務之勤務作為所必要，同行是查證身分的程序之一，為各國法制所明定[83]。故「同行」乃執法職權之必要措施，應依據法定要件與程序為之，並應審慎考量比例原則之適用。

按現行本法關於查證身分之規定，除在該法第17條及第28條明定執法時得準用警職法第二章有關「查證身分與蒐集資料」之規定外，更進一步在本法第67條至第69條明定移民執法查證身分之職權措施、要

---

[80] 將警職法第7條第2項「警察得將該人民帶往勤務處所查證」用語，簡稱「同行」，係著眼於大法官釋字第535號解釋文所用之語，其意涵應可一致，且具精簡明確特性。再者，參考日本「警察官職務執行法」第2條即使用「同行」二字代表警察「將人民帶往警察處所查證」之措施，應值參考。

[81] 李震山，非刑事案件關係人之人身自由保障，人性尊嚴與人權保障，增訂5版，元照，2020年，頁236。亦參考：李震山，檢肅流氓條例與留置處分——「不具刑事被告身分者」之人身自由保障，台灣法學雜誌，52期，2003年，頁187。林明鏘，警察職權行使法評析，台灣法學雜誌，56期，2004年，頁113。王兆鵬、李震山（分別之發言內容紀錄），「從釋字第535號解釋談警察臨檢的法制與實務」研討會，台灣法學雜誌社主辦，台灣法學雜誌，33期，2002年，頁108-111。

[82] 李震山，非刑事案件關係人之人身自由保障，人性尊嚴與人權保障，增訂5版，元照，2020年，頁235。

[83] 各國多有類似同行之規定，如日本警察官職務執行法第2條、德國聯邦與各邦統一警察法標準草案第9條、美國統一逮捕法。

件及程序的規定。其規定方式係仿效警職法第6條至第7條規定，先於第67條明定得查證身分之職權要件，次則於第68條規定得據以查證身分之措施，唯一與警職法規定不同的是本法將「帶往勤務處所」之措施與要件另以一條文明確規定於第69條。本法對於查證身分之授權可謂比較警察職權行使規範來得寬鬆但明確。而且，從本條要件觀之，帶往勤務處所之目的，不僅是查證身分，亦含括違法構成要件的查證，以及保護受查證人之安全考量。

貳、內容解析

本條旨在將受查證人帶往勤務處所之情形加以明定，共分二項，茲分別析論如下：

一、現場查證為原則

本條第1項本文規定：「移民署執行職務人員依第放六十七條規定實施查證，應於現場為之。」基於人權保障與執法效率，若非必要且符合法定要件，應以現場查證為原則。

二、帶往勤務處所為例外

本條第1項但書規定：但經受查證人同意，或於現場為之有下列情形之一者，得將其帶往勤務處所：

（一）無從確定身分

此前提假設係以帶往勤務處所設備及資料可能較為齊全，對身分確證應較有幫助，若明知帶往勤務處並無法得到此目的，則不應採此帶往措施，以符合「比例原則」之「適當性原則」，亦即公權力行政採行之執法措施應有助於執法目的之達成，始得為之。

（二）對受查證人將有不利影響

例如，若在現場查證將造成受查證人之安全或其他權益之影響，宜

由執法人員個案判斷與依比例裁量之,然並非所有不利於受查證人之不利影響,即不能爲之。

(三)妨礙交通、安寧

應由移民執法人員依現場狀況判斷,若爲避免妨礙交通、安寧,則此授權得由執法人員將受查證人帶往勤務處所查證。

(四)所持護照或其他入出國證件顯係無效、僞造或變造

按本款之規定已屬於違法構成要件之查證,然亦兼有查證身分之目的,因若當事人所持之身分證件係無效或僞、變造,則寓含隱匿身分及該當違法要件,除查證身分外,亦應將之繩之於法。

(五)拒絕接受查驗

本款規定顯屬現場無法查證身分,恐亦屬違反本法第66條之查詢及第67條之查證身分要件,而有本法第85條罰則之適用。

(六)有第73條或第74條所定之行為

按本法第73條或第74條係規定違反所規範之行爲者,將受到刑事處罰,故此款亦屬犯罪調查而帶往勤務處所,其實此已屬逮捕之刑事強制處分措施,其程序已經必須適用「刑事訴訟法」之相關程序,而非於此規定授權。

(七)符合本法所定得禁止入出國之情形

按「違反本法未經許可入國或受禁止出國處分而出國者」已屬違反本法第74條之刑事罰則,相關規範法理已如前一款所述,亦即應採刑事訴訟程序爲之,而非規定於本法或本條。

(八)因案經司法或軍法機關通知留置

本款規定係在於使被留置人能依法定之其他機關依法執法程序而予以配合執行有效之「保全」程序,其合法合理性應先符合其個別案件之法規範,本款旨在實施留置保全程序之身分識別,避免有執行對象錯誤

之情形。

以上情形，除第1款以落實查證身分之目的外，第2款係考量受查證人之安全，第3款至第7款則是違法構成要件之查證，最後第8款係屬「保全」目的之「留置」，故而授權同行以查證其正確身分，避免留置錯誤。

三、帶往勤務處所查證應注意事項

本條第2項規定：「依前項規定將受查證人帶往勤務處所時，非遇抗拒不得使用強制力，且其時間自攔停起，不得逾三小時，並應即通知其指定之親友或律師。」因此，移民執法人員將受查察人帶往勤務處所查證應注意下列事項：

（一）非遇抗拒不得使用強制力

此之要求同行作為，並非刑事「逮捕」，係屬於為查證身分目的而進一步要求同行至勤務處所之不利益處分，原則上係以要求「自願同行」為原則，若有拒絕配合之到場、查證或登記之情形，亦有罰則處罰。因此，本項款乃規定受查證人有配合查證義務，否則將得強制要求同行至勤務處所查證。按「舉輕以明重」，前述之不配合查證，已有罰則；此之抗拒亦應有處罰之規定才是。

（二）帶往勤務處所之時間

自攔停起，不得逾3小時。本款乃參考自警職法第7條之規定，考量一般同行至勤務處所查證身分所需平均時間，予以明定授權不得逾3小時，然仍應以帶往勤務處所立即查證為原則，非有查證之必要時，即須讓受查證人離去。

（三）帶往勤務處所之通知義務

移民執法人員將受查察人帶往勤務處所查證應即通知其指定之親友或律師。本款旨在保障受查證人之知悉權與正當程序權或法律專業人員之諮詢協助權等，以使非本國人在居於陌生環境，能獲得適度之人權保障。

本條帶往勤務處所之「同行」，係指經執法人員要求與之前往執法勤務機構或其他適當處所，以實施依法查證身分措施。則本條規定得將受查證身分之人帶往勤務處所之情形，與本法第64條規定國境線上之「暫時留置」顯不相同，前者係於境內之查驗，時限爲3小時；而後者係在國境線上，其時限則區分對非本國人得暫時留置6小時，而對本國人則爲2小時，得進一步實施查驗。再者，警職法與本法均有規定，並在司法院釋字第535號解釋文稱之爲「同行」。茲分別就執法要求「同行」之必要性、對同行之規範、同行之合憲性，以及同行應注意事項分別加以說明。

一、賦予警察行使同行職權之必要性

移民行政之危害防止及刑事偵查犯罪任務達成，常須實施動態性之執法勤務，始克竟其功。[84]除了有具體犯罪事證而得以依法進行刑事偵查程序外，絕大多數之情形係在執行尚無具體違法事證之行政危害防止或犯罪預防措施。然爲達成上述任務，依法得實施干預性措施，如符合警職法第6條得實施查證身分之要件，同法第7條授權得進行攔停、詢問、令出示證件、檢查身體或其所攜帶之物件、要求同行至警察勤務處所等職權措施。然而，同行之目的在於查證身分，亦附帶有蒐集資料以釋疑之意涵，因身分資料與危害或犯罪發生之可能懷疑，或可有正當合理連結，以之作爲執法判斷與最後決定作成之基礎。因此，查證身分是達成移民執法任務之勤務作爲所必要，同行是查證身分的程序之一。故「同行」乃警察職權之必要措施，應依據法定要件與程序爲之，並應審愼考量比例原則之適用。特別是行政「危害」依其程度，除了已經發生實害外，尚可分爲二部分，一爲抽象性危害（又稱「潛在性危害」）；

---

[84] 李震山，警察行政法論——自由與秩序之折衝，修訂5版1刷，2020年，頁39。氏指出：「近年來，爲了抗制組織犯罪及恐怖主義活動，德國立法者已將『犯罪預防抗制』以及『危害防止之預備』領域納爲警察任務。」又稱：「我國警察職權行使法亦賦予警察蒐集資料職權（第9條至第18條），在傳統警察二大任務之外，另闢危害發生前之預防領域，雖隱合時代潮流，但對其界限也常引起爭論。」

另一為具體危害[85]。因此，究應在何種危害程度下，以干預性職權措施進行查證身分，而在何種情形下，得要求同行至勤務處所查證身分，均有釐清必要，因其影響人身自由程度有極大差異。除了案件已經違犯行政法上之實害，必須依據各相關法律規定，進行調查作為或實行強制手段之外，其餘二種程度較輕之潛在或具體之可能危害，為防止或排除危害之必要，亦可能有干預性職權措施介入調查之必要，其係以其干預性職權措施之實施，係以防止具體危害為原則，必要時亦可及於防止潛在危害而施行之。

司法院釋字第535號打破了過去「有組織法即有行為法」之迷思。由於過去經常有組織法規定機關業務職掌，並賦予任務，但卻沒有行為法（或稱作用法）來授予職權，而機關即以組織法、任務法或勤務法規作為干預性執法作為之基礎，通常其職權措施之要件、程序或救濟常付之闕如或不明確。警職法制定施行後，並未援用「臨檢」一詞，而是將之化整為零成為查證身分各種措施。因此，移民執法任務之達成，有賴良好規劃之業務與機動迅速有效之勤務，而執法勤務之施行，除屬單純事實行為或服務性措施外，常須干預相對人之自由權利之職權作為，若沒有合於憲政秩序之明確可行的職權法規範，欲使執法有效維護治安與保障人權，將有困難。故司法院釋字第535號解釋後，制定警職法改進了過去有關「臨檢」沒有要件、程序與救濟規定之缺失，而將執法干預性措施具體化、類型化，並且各有其得以實施之要件與程序規定，若有不服，尚可依法提出現場或事後救濟，值得肯定。其中，本條與警職法第7條第2項係在各種干預性措施之後，在法定程序規範下，賦予警察有要求「同行」之權力，寓有「最後手段性」之意涵，警察更應嚴謹適用，以衡平公權力行使與人權保障之意旨。

---

[85] 「具體危害」指「在具體案件中之行為或狀況，依一般生活經驗客觀判斷，預料短期間內極可能形成傷害的一種狀況，案件發生有不可延遲性、可能性及傷害性」；「抽象危害」係「危害可能產生之前期階段，抽象危害中之事件，是依一般或特別生活經驗所歸類，而該事件係於具體危害中發生，有稱之屬『一般存在之危害』」。參見：李震山等，警察職務執行法草案之研究，內政部警政署委託研究案，1999年，頁52-53。

二、同行之授權基礎

移民執法任務之犯罪偵查有強制處分之逮捕拘禁嫌疑人24小時之規定，以作爲偵辦案件之需要；另一方面，在行政調查作爲上，亦有逕行通知、強制到場、留置、同行等法律授權之職權作爲。在行政調查上，或可依據其違犯行政義務之程度，而區分爲三部分。第一，從具有實害之行政犯，如已經有具體事證之行政法義務違犯，如違反交通法規或本法之規定者，則可依據各該法律之規定，進行其取締程序，必要時，亦可依法強制之，以進行其法定調查程序。除以上第一種犯罪偵查或調查行政實害之查證身分以致拘束其人身自由外，其餘二部分則如本法第67條與警職法第6條第1項之查證身分要件，而可區分爲：以防止具體危害或潛在危害爲基礎，來行使警察職權措施，如攔停、詢問、令其出示證件、檢查其身體或所攜帶之物件等，若執法上有必要，亦得據以進行本法第68條及警職法第7條第2項規定：「依前項第二款（詢問）、第三款（令出示身分證明文件）之方法顯然無法查證身分時，另依本條規定，執法人員得將該人民帶往勤務處所查證；帶往時非遇抗拒不得使用強制力，且其時間自攔停起，不得逾三小時，並應即向該管勤務指揮中心報告及通知其指定之親友或律師。」第二，爲防止具體危害之情形，而施行查證身分之職權措施，如警職法第6條第1項第1款至第3款之要件[86]爲防止具體危害之情形。第三，爲防止潛在危害之情形，而進行查證身分措施，如警職法第6條第1項第4款至第6款之要件[87]爲防止潛在危害之情形。其必須符合上述警職法第6條所定之要件，始得

---

[86] 警職法第6條第1項第1款至第3款：「一、合理懷疑其有犯罪之嫌疑或有犯罪之虞者。二、有事實足認其對已發生之犯罪或即將發生之犯罪知情者。三、有事實足認爲防止其本人或他人生命、身體之具體危害，有查證其身分之必要者。」此些要件屬於個別員警依據個案事實狀進行涵攝執法之判斷與裁量的職權要件，若違法要件該當，依法應予取締，自應依法執法。參考：蔡庭榕，警察職權行使法與案例研究（第二章），許福生主編，劉嘉發等合著，警察法學與案例研究，初版1刷，五南，2020年，頁65。

[87] 警職法第6條第1項第4款至第6款：「四、滯留於有事實足認有陰謀、預備、著手實施重大犯罪或有人犯藏匿之處所者。五、滯留於應有停（居）留許可之處所，而無停（居）留許可者。六、行經指定公共場所、路段及管制站者。」此些要件係無需由執法員警判斷，僅依法或機關主管長官之指定，即得對之攔檢盤查。特別是上述第6款更是全面進行集體攔檢之授權依據。參考：同前註。

進行第7條之查證身分措施，而查證身分必須符合第7條第2項之同行規定，則得將之帶往勤務處所查證身分。同行之法律性質與要件、程序及救濟於後敘述。

（一）「同行」之法律性質

1. 任意同行或強制同行

本條及警職法第7條第2項：「依前項第二款、第三款之方法顯然無法查證身分時，警察得將該人民帶往勤務處所查證；帶往時非遇抗拒不得使用強制力，……。」所稱「帶往時非遇抗拒不得使用強制力」一語，反面解釋，若帶往時遇抗拒則得使用強制力。因此，該規定應是「強制同行」之性質，為必須注意遵守「比例原則」。此與日本警察官職務執行法第2條所規定之「任意同行」有別，然日本雖為任意同行，然在判例或學說上，認為執法人員要求任意同行時，不能解為不可行使任何有形的實力，因以身體動作要求同行，乃屬當然，但仍有一定之界限[88]。

2. 「事實行為」或「行政處分」

「同行」其法律性質為何？論者有認為「警察機關運用物理的強制力，以實現行政處分之行為，或逕行執行法令之行為」係「強制措施」之「事實行為」[89]。移民執法人員將人民帶往勤務處所查證身分之「同行」，係逕行執行本條與警職法第7條第2項之行為，應與強制措施之「事實行為」符合。另一方面，亦有論者從行程法第92條及訴願法第3條規定衍生所構成行政處分之四大要件[90]，而認為攔檢行為屬於「行政處分」性質，「同行」屬於攔檢職權措施之一，亦符合上述「行政處分」之四大要件，亦應屬於「行政處分」之性質。然不論「同行」屬於「行政處分」或「強制措施」之「事實行為」，兩者畢竟均為「公權力措施」之暫時拘束人身自由，最多達3小時之受限。然在我國行政程序

88　鄭善印，日本警察偵查犯罪職權法制之探討，刑事法雜誌，45卷6期，2001年，頁35。
89　吳庚，行政法之理論與實用，增訂13版，自印，2015年，頁450-451。
90　林明鏘，警察臨檢與國家責任，台灣法學雜誌，48期，2003年，頁110。

法第92條及訴願法第3條加入「其他公權力措施」之後，對於因此「同行」之公權力措施所造成之不服，亦得據以提出行政爭訟，警職法第29條更予以明文規定其救濟方式。

（二）「同行」之要件、程序與救濟

1.「同行」之要件

　　本條與警職法第7條第2項規定，以「依前項第二款（詢問）、第三款（令出示身分證明文件）之方法顯然無法查證身分時，得將該人民帶往勤務處所查證」。其適用必須遵守以下之要件：

(1)最後手段性

　　應窮盡各種現場可能查證之方法，如該法規定必須先經詢問及令出示身分證明文件之方法，此處所舉之二種方法應僅為例示，仍應窮盡在現場所有其他可能適用之方法，如以無線電話或得作為查證工具之其他科技儀器時，而且仍有顯然無法查證身分時，始得要求同行；否則，即不得將之帶往勤務處所。

(2)遵守比例原則

　　是否強制同行？除同行要件符合外，應先考量比例原則，亦即應優先考量將人民帶往勤務處所是否可能達到查證其身分目的之「適當性」原則；再者，「同行」之方法，以徵得其同意為原則，若真遇有抗拒，而確有同行查證之必要，亦需要考量其最小侵害原則（或稱「必要性」原則），例如，是否使用強制力及使用何種強制力方式為必要，另外亦必須顧及當事人之名聲維護等。

(3)踐行法定程序

　　必須在基於本法第67條與警職法第6條之查證身分要件，而有必要時，始得實施本法第68條及警職法第7條第1項之查證身分措施，在行使現場查證措施之後，若有需要同行之要件符合，而有必要時，始得要其同行，並遵守法定程序，以使要求同行之實施符合憲法第8條第1項之規定。

2. 「同行」之程序

依據本條與警職法第7條第2項規定內容，警察要求受查證人同行至勤務處所，程序應注意：(1)首先必須有經攔停、詢問、令其出示證件，在符合法定要件下，尤其是基於安全考量，尚有對受檢人身體外部或其所攜帶物件進行拍搜之可能。若因而顯然無法查證身分，得要求其同行至警所；(2)注意同行時間之限制：移民執法人員將人民帶往勤務處所查證身分，其時間自攔停起，不得逾3小時；若有其他違法行為，得依其違犯法規處理之，否則，應即釋放；(3)比例原則考量：將受查證身分人帶往勤務處所時，非遇抗拒不得使用強制力；(4)履行通報及通知義務：使受檢人同行至勤務處所，已經屬於憲法第8條第1項所定自由之拘束，性質類似於逮捕拘禁，為保障人權，本條與警職法第7條均規定應即向該管勤務指揮中心報告，主要目的在使長官能快速知悉，而本條例未規定應向勤務指揮中心通知，因移民機關並無此設置。雖然憲法第8條第2項：「人民因犯罪嫌疑被逮捕拘禁時，其逮捕拘禁機關應將逮捕拘禁原因，以書面告知本人及其本人指定之親友，並至遲於二十四小時內移送該管法院審問。本人或他人亦得聲請該管法院，於二十四小時內向逮捕之機關提審。」依警職法所規定而「同行」之人，雖尚非上述因犯罪嫌疑被逮捕拘禁者，亦非刑事被告，然為保障人權，或遵循行程法之程序保障規定，亦應有告知理由及通知本人或家屬之必要。因此，本條與警職法第7條乃有此立即通知其指定之親友或律師之機制設計。

憲法第8條規定，由警察機關依法定程序，始得「逮捕拘禁」，在此有關「同行」雖非憲法規定用語，然其對於人身自由之拘束，與「逮捕拘禁」性質相近，僅其時限為3小時，相對於憲法第8條所規定之24小時之限度，雖有不同，但限制人民自由則無殊異。情形或理由相類似於美國*Terry v. Ohio*一案，法院認定不同程度之實質理由，實施不同程度之搜索扣押。不論徹底搜索（Search）或僅身體外部拍搜，皆為憲法上之搜索；不論是逮捕（Arrest）或攔停（Stop），皆為憲法上對人之扣押，接受憲法第四增補條款之規範。所不同的是「拍搜與攔停」對人

民之侵犯較「搜索與逮捕」爲低，故所須之發動門檻，亦相對較低，前者只須「合理懷疑」，而後者須達「相當理由」之心證確信已有犯罪發生或即將發生之情形，始得發動上述職權措施[91]。故本條與警職法第7條之「同行」規定亦爲我國憲法上之「逮捕拘禁」，爲拘束人身自由之公權力措施，應受憲法第8條之規範。因此，警職法第7條第2項規定之程序，如應即向該管警察勤務指揮中心報告，以及本條亦規定應通知其指定之親友或律師，亦爲正當程序之一，爲人權保障措施，極有必要。

3.「同行」之救濟

「同行」不論其是屬於「行政處分」或強制措施「事實行爲」之公權力作爲，依據我國現行法律規定，是可以提起法律救濟[92]。警職法第29條規定：「義務人或利害關係人對警察依本法行使職權之方法、應遵守之程序或其他侵害利益之情事，得於警察行使職權時，當場陳述理由，表示異議（第1項）。前項異議，警察認爲有理由者，應立即停止或更正執行行爲；認爲無理由者，得繼續執行，經義務人或利害關係人請求時，應將異議之理由製作紀錄交付之（第2項）。義務人或利害關係人因警察行使職權有違法或不當情事，致損害其權益者，得依法提起訴願及行政訴訟（第3項）。」再者，若有國家賠償或損失補償之情事，亦可分別依據警職法第30條及第31條規定辦理。司法院釋字第535解釋及警職法之救濟方式，同行係查證措施之一，不服時可據予提出救濟。特別是在「行政程序法」第92條及「訴願法」第3條中均將「其他公權力措施」列爲「行政處分」之內涵，故人民對於公權力措施所造成之違法或不當侵害，自得據以提起行政爭訟，是爲司法院釋字第535號所特別強調[93]。然而，本法並未規定相關「救濟」方式，本法並未明定

---

[91] 王兆鵬，警察盤查之權限，路檢、盤查與人權，翰蘆，2001年，頁107。

[92] 吳庚氏指出：「若法律對事實行爲之救濟途徑另有規定者，當然從其規定，譬如警職法第29條。」參見：吳庚，行政法之理論與實用，增訂13版，自印，2015年，頁460。

[93] 司法院釋字第535號解釋理由書最後一段指出：「對違法、逾越權力或濫用權力之臨檢行爲，應於現行法律救濟機制內，提供訴訟救濟（包括賠償損害）之途徑；在法律未爲完備之設計前，應許受臨檢人、利害關係人對執行臨檢之命令、方法、應遵守之程序或其他侵害利益情事，於臨檢程序終結前，向執行人員提出異議，認異議有理由者，在場執行人員中職位

相關「救濟」方式，本法理應如準用警職法第二章一樣，亦準用其第四章有關救濟之規定。又可按警職法第29條對於救濟途徑規定，除於該法第1項規定，允許義務人或利害關係人對警察依警職法行使同行職權之方法、應遵守之程序或其他侵害利益之情事，得於警察行使職權時，當場陳述理由，表示異議。若對異議之決定不服，尚可請求警察將異議之理由製作紀錄交付之。該法第2項進一步規定，義務人或利害關係人因警察行使職權有違法或不當情事，致損害其權益者，得依法提起訴願及行政訴訟。另一方面，有關本法未有特別救濟程序之規定，一可容許其依一般救濟方式，採取「訴願」、「行政訴訟」方式為之。

參、綜論

本法第69條之帶往勤務處所3小時與第64條暫時留置措施是否均屬於「留置」之性質，二者似均屬於一般辦案時間之延續。因此，如何於移民調查上區分「辦案時間」、「暫時留置」或「帶往勤務處所」之時機、要件、程序及相關注意事項，似均有研究明確規定之必要，或是如前述制定「行政調查法」作為行政執法調查之統合性準據。

一、按本法第64條暫時留置措施係以「入出國查驗」時，有其明定的六種情形之一，其中先列舉五種具體情形，最後則以「其他依法得暫時留置」的概括規定，有此六種情形之一者，始得將其暫時留置於勤務處所，目的在於繼續進行調查。則此處之暫時留置措施，與同法第17條及第28條分別規範臺灣地區無戶籍國民或外國人之規定不同，應予辨明。前者係於「入國查驗」時適用，而暫時留置時限分別因本國與非本國人而分別為2小時與6小時；而後者係指「入國停留、居留或永久居留」，應隨身攜帶護照、外僑居留證或外僑永久居留證等身分證件外，移民人員執行公務時，得準用警職法第二章之規定，要求出示

最高者應即為停止臨檢之決定，認其無理由者，得續行臨檢，經受臨檢人請求時，並應給予載明臨檢過程之書面。上開書面具有行政處分之性質，異議人得依法提起行政爭訟。」

前述證件，必要時，亦得準用警職法第7條第2項規定將之「帶往勤務處所」查證身分，時限不得逾3小時。再者，為何須區分外國人留置6小時，而本國人留置2小時？二者之性質均屬有繼續調查必要之舉措，是否有區分不同規定之必要，實有進一步斟酌之必要。又且，此與一般之辦案時間之差異何在及如何區分？仍非明確，仍有探討空間。雖立法理由僅簡單地以「若需留置國民進行調查，因其相關資料之取得及查證較外國人、大陸地區人民、香港或澳門居民容易」而作為區分不同時限之事由。雖然，國際法上對待外國人有採平等互惠原則，並要求外國人入出國境依法查驗並錄存捺印指紋及照相等資料蒐集，乃是基於國家主權國家而有立法許可，以及非我國籍而無法與本國人受相同之待遇[94]上而有差別對待，以管理配合管理需求。再者，科技進步運用以執法的現代，對非本國人入出境所取得的個人生物特徵又比國人更寬鬆授權規定，故是否有區分時限必要，乃值得斟酌。

　　二、另一方面，在美國相關執法之時限上，較常禁止「非必要之遲延」作為執法之留置時限。然而，依據我國本法第64條第2項之規定：「依前項規定對當事人實施之暫時留置，應於目的達成或已無必要時，立即停止。實施暫時留置時間，對國民不得逾二小時，對外國人、大陸地區人民、香港或澳門居民不得逾六小時。」該條係於前段規定「暫時留置，應於目的達成或已無必要時，立即停止」，再進一步明定暫行留置本國人或非本國人之調查時限分別為2小時及6小時，係明定不得逾越之界限，此在原則與例外上已有人權保障明確規範，然是否在實務上合宜適用，則有待實務運作上之分析確定。至於暫時留置是否需踐行憲法第8條第2項所定程序包括告知義務、留置時限及提審等作為加以考量？首先，針對告知義務，本法第64條及其授權訂定之「內政部入出國及移民署實施暫時留置辦法」均未明定應告知其指定之親友，僅有對於本人之告知，似有不足。而本條則於第2項明定有將受查證人帶往勤務處所，應立即通知其指定之親友或律師。此規範差異應係考量國境線

---

[94] 許義寶，入出國法制與人權保障，3版，五南，2019年，頁293。

上與境內之不同需求及急迫性所致。

三、是否得將行政與刑事之調查職權方法、要件與程序統一規定與適用，仍值得探討：按本法第64條之暫時留置及本條之帶往勤務處所查證身分之規定，其中均有以「所持護照或其他入出國證件顯係無效、偽造或變造」、「有第七十三條或第七十四條所定行為之虞」，以及「因案經司法或軍法機關通知留置」等情形，其均屬於刑事犯罪追緝性質，以「帶往勤務處所」或「暫時留置」之行政拘束措施作為授權基礎，是否合宜，亦有疑義。再者，有關如何配合司法或軍法通知進一步作為，亦均未明確規定，亦待斟酌。

四、有無需要「法官保留」及「提審」之適用：此暫時留置或帶往勤務處所而拘束人身自由之規定，雖僅有2小時至6小時不等，但仍屬於人身自由之限制，是否應有「法官保留」及「提審」之適用，值得研議。

五、屬於拘束人身自由規範性質之內涵、用語、要件與相關程序均有統一規範之必要。例如，有關本法第64條之「留置」與本條之帶往勤務處所的規定，均屬於執法調查之勤務措施，性質上屬於物理力作為，影響當事人之自由與權利甚鉅，執行留置或帶往勤務處所查證身分措施，均需遵守相關法律規定與一般法律原則（如比例原則），並兼顧其人性尊嚴及人身安全。因此，若能有一部「行政調查法」作為調查之規範依據，尤其在屬於大陸法系的我國，對相關執法人員在規範與實務之涵攝上應有其重要性與必要性。

移民執法人員不論是依法從事防止危害之行政權作用或犯行追緝之司法權作用，均難以避免可能暫時拘束人身自由，特別是在警職法及本法之規定，對於其授權執法人員在一定要件下，得將人民帶往勤務處所查證身分，其在公益上固有其必要。然在另一方面，亦因而可能對人民之身體自由造成限制或剝奪。雖在我國憲法無明文規定此暫時拘束人身自由之「同行」，茲認「逮捕」、「拘禁」、「審問」、「處罰」已有憲法第8條明文規範，而過去已經由大法官在第384號、第392號、第523號等各次解釋，予以明白說明無論名稱為何，只要對於人身自由有

限制或剝奪，均受憲法第8條之規範。我國警職法或本法之同行規定，對於將人民帶往勤務處所查證身分之暫時性拘束其行動自由，自攔停時起，以3小時爲限，係爲公益之治安目的所需，而依法定程序行使之公權力，對於人身自由之暫時拘束，當應受到憲法第8條及第23條之規範，而符合「實質正當之法定程序」。再者，二法之同行規定最多3小時之同行時限，若要「法官介入」有事實上之困難，故該法設計之人權保障機制，於要求同行時，應立即通報該管通報勤務指揮中心，亦寓有「長官保留」之意旨，亦即長官若認爲同行有所不妥，可命令其停止實施。另同行應嚴格遵守最後手段性原則，亦即窮盡一切其他方法，例如，無線電通訊、電腦系統或其他可行方法，仍無法達成查證目的時，而仍有必要查證時，始得要求同行。

> **第70條**（查察）
> 移民署受理申請在臺灣地區停留、居留、永久居留或定居之案件，於必要時，得派員至申請人在臺灣地區之住（居）所，進行查察。
> 前項所定查察，應於執行前告知受查察人。受查察人無正當理由，不得規避、妨礙或拒絕。
> 前項所定查察，不得於夜間行之。但有下列情形之一者，不在此限：
> 一、經該受查察人、住（居）所之住居人或可為其代表之人承諾。
> 二、日間已開始查察者，經受查察人同意，得繼續至夜間。

壹、導言

按移民進入一國之國境及入境後均需遵守該國法律之規定，而各國基於移民入出境及入境後之停、居留、永久居留或定居等，均定有其管理相關法規範。因此，本法第4條明定：「入出國者，應經內政部移民署查驗；未經查驗者，不得入出國。」此係基於國家安全與社會安定，

而明定於國境線上之查驗。再者，非本國人進入他國後，該國常有針對其合乎簽證目的之查驗，故本法第63條第1項規定：「移民署執行職務人員爲辦理入出國查驗，調查受理之申請案件，並查察非法入出國、逾期停留、居留，從事與許可原因不符之活動或工作及強制驅逐出國案件，得行使本章所定之職權。」

　　按本法第11條規定：「臺灣地區無戶籍國民申請在臺灣地區居留或定居，有下列情形之一者，移民署得不予許可：十二、無正當理由規避、妨礙或拒絕接受第七十條之查察（第1項）。……第一項第十二款規定，於大陸地區人民、香港或澳門居民申請在臺灣地區居留或定居時，準用之（第6項）。」再按本條第1項規定：「移民署受理因婚姻或收養關係，而申請在臺灣地區停留、居留、永久居留或定居之案件，於必要時，得派員至申請人在臺灣地區之住（居）所，進行查察。」因此，移民署執法人員亦得依本條派員至臺灣人民與大陸地區人民有此因婚姻或收養關係，而申請在臺灣地區停留、居留、永久居留或定居之案件者之居住地點進行查察其眞實狀況爲何，更得依本法第71條[95]予以查察登記，若無正當理由規避、妨礙或拒絕接受本條之查察登記，則有同法第85條[96]之罰鍰處分。更且，甚至可進一步依據本法第91條第1項規定：「外國人、臺灣地區無戶籍國民、大陸地區人民、香港及澳門居民於入出國（境）接受證照查驗或申請居留、永久居留時，移民署得運用生物特徵辨識科技，蒐集個人識別資料後錄存。」

　　本條於2023年6月28日總統華總一義字第11200054171號令修正公布，並於2023年12月6日行政院院臺法字第1121043343號令發布，定自2024年3月1日施行。本條修正第1項，刪除其中之「因婚姻或收養關係，而」之字詞，其修正目的係爲「修正移民署人員查察外來人口之事

95　本法第71條第1項規定：「移民署對在我國停留期間逾三個月、居留或永久居留之臺灣地區無戶籍國民、外國人、大陸地區人民、香港及澳門居民應進行查察登記。」又同法第2項規定：「臺灣地區無戶籍國民、外國人、大陸地區人民、香港及澳門居民對前項所定查察登記，不得規避、妨礙或拒絕。」

96　本法第85條第1項第7款規定：「有下列情形之一者，處新臺幣二千元以上一萬元以下罰鍰：七、違反第七十一條第二項規定，規避、妨礙或拒絕查察登記。」

由，非僅限於受理因婚姻或收養關係而申請之相關案件。」

貳、內容解析

　　本條之立法目的旨在明確授予移民執法人員受理申請在臺灣地區停留、居留、永久居留或定居之案件，於必要時，得派員至申請人在臺灣地區之住（居）所，進行查察。相關內容共分三項，茲分別析論如下：

一、派員至申請人在臺灣地區之住（居）所，進行查察

　　本條第1項明文授權移民署執法人員對受理因婚姻或收養關係，而申請在臺灣地區停留、居留、永久居留或定居之案件，於必要時，得派員至申請人在臺灣地區之住（居）所，進行查察。基於行政程序法第4條規定：「行政行為應受法律及一般法律原則之拘束。」因此，有關移民執法人員進行查察之前，仍應遵守一般法律原則，踐行正當行政程序。因此，本條第2項前段明定：「前項所定查察，應於執行前告知受查察人。」觀乎本項內容中之「調查受理之申請案件」，則進一步於本條第1項規定：「移民署受理因婚姻或收養關係，而申請在臺灣地區停留、居留、永久居留或定居之案件，於必要時，得派員至申請人在臺灣地區之住（居）所，進行查察。」亦即基於移民行政之任務需求，而有規劃與辦理業務之必要程序，特別是確證其申請案件是否屬實，以及是否符合相關法令規定等目的，而必須由移民執法人員以勤務進行查證，乃有干預、限制或剝奪人民自由權利之職權措施之明確要件與程序之法規授權。因此，鑑於辦理相關非本國人與本國人在臺之「婚姻或收養關係」，渠等進而申請在臺灣地區停留、居留、永久居留或定居之案件，於必要時，得派員至申請人在臺灣地區之住（居）所，進行查察。例如，美國工民權及移民局亦有授權移民官親臨申請人之家庭住居所查察，以了解相關事件之真實性，以資依法辦理。

二、受查察人有協力義務

本條第2項後段明定：「受查察人無正當理由，不得規避、妨礙或拒絕。」基於依法行政之法律保留原則，既有法律明確授權移民執法人員得以實施前項所定查察，受查察人無正當理由，不得規避、妨礙或拒絕。相對於違反本法第84條規定：「違反第四條第一項規定，入出國未經查驗者，處新臺幣一萬元以上五萬元以下罰鍰。」甚至，得依法將之驅逐出國[97]。此乃因入出國未經查驗，已屬「偷渡」之情形，嚴重侵犯國境安全管理，亦可能影響國家安全法益。但此條項之受查察人無正當理由，規避、妨礙或拒絕因申請婚姻或收養等身分關係之確證，並無處罰規定，應是鑑於此部分之查察目的，並不在查察違法，乃是因求證婚姻或收養關係是否為真實，以利業務辦理而已，故無罰則。然本條第2項之「應於執行前告知受查察人」，係以「應」之羈束規定，但參考外國立法例及實務上之查察實情之需求，應有「不需於執行前告知查察人」之例外規定。

三、查察時間之原則與例外

本條第3項規定：「前項所定查察，不得於夜間行之。但有下列情形之一者，不在此限：一、經該受查察人、住（居）所之住居人或可為其代表之人承諾。二、日間已開始查察者，經受查察人同意，得繼續至夜間。」基於「同意者，不違法」之法諺，既然得到受查察人之承諾或同意於夜間進行查察，則將不至於造成自由或權利之爭議。至於本項第2款內容，既仍明定有「經受查察人同意」，則與第1款無異，實無重複規定之必要。否則，該款得授權並定為「日間已開始查察者，得繼續至夜間」。

---

97 本法第36條第1項第1款規定：「外國人有下列情形之一者，移民署應強制驅逐出國：一、違反第四條第一項規定，未經查驗入國。」

參、綜論

從本法授予移民執法職權尚可配合其他相關法令執行合目的之調查，除本法所明定之面談與其他相關之查察職權外，尚可準用警職法第二章之查證身分與蒐集資料之規定，若有不足尚有普通行政法之「行政程序法」與「行政罰法」及「行政執行法」等明定之查察相關職權可資適用，若係刑事犯罪調查則可轉而適用「刑事訴訟法」。除前述之一般性執法調查外，本條旨在授權移民執法人員針對受理因「婚姻」或「收養」關係，而申請在臺灣地區停留、居留、永久居留或定居之案件，於必要時，得至申請人在臺灣地區之住（居）所，進行查察。並且進一步明定，關於查察及其資料登記之法律授權。

再者，本法對於移民執法所需之相關查察職權措施之法律規範許多參採警職法之規定而來，其另以本法第十章特別明定「面談與查察」之相關職權，顯比警察執法措施來得明確且授權較廣，並有罰則做後盾，以資強化相對人遵守之義務與責任。然本法既然規定針對無戶籍國民及外國人得分別準用警職法第17條及第28條，卻又自行於本法以專章明定「查證身分」之措施、要件與程序，而且授權寬嚴程度與範圍又不完全一致，是否有此必要，實有待斟酌。

第71條（查察登記）
移民署對在我國停留期間逾三個月、居留或永久居留之臺灣地區無戶籍國民、外國人、大陸地區人民、香港及澳門居民應進行查察登記。
臺灣地區無戶籍國民、外國人、大陸地區人民、香港及澳門居民對前項所定查察登記，不得規避、妨礙或拒絕。
依第一項及前條第一項規定進行查察之程序、登記事項、處理方式及其他應遵行事項之辦法，由主管機關定之。

壹、導言

　　有鑑於過去舊法之原條文僅得對外國人爲查察登記，似未周延，爰予修正明定，將臺灣地區無戶籍國民、大陸地區人民、香港及澳門居民納入查察範圍，以及明定處分之主體。又爲執行本文第1項之查察登記規定，爰增訂修正條文第2項規定，其違反者，依本法第85條規定予以處罰。再者，於第3項授權法規命令性質之「內政部入出國及移民署實施查察及查察登記辦法」，以明定進行查察之程序、登記事項、處理方式及其他應遵行事項。

　　按本法第11條規定：「臺灣地區無戶籍國民申請在臺灣地區居留或定居，有下列情形之一者，移民署得不予許可：十二、無正當理由規避、妨礙或拒絕接受第七十條之查察（第1項）。……第一項第十二款規定，於大陸地區人民、香港或澳門居民申請在臺灣地區居留或定居時，準用之（第6項）。」再按本法第70條第1項規定：「移民署受理因婚姻或收養關係，而申請在臺灣地區停留、居留、永久居留或定居之案件，於必要時，得派員至申請人在臺灣地區之住（居）所，進行查察。」因此，移民署執法人員亦得依上述第70條派員至臺灣人民與大陸地區人民有此因婚姻或收養關係，而申請在臺灣地區停留、居留、永久居留或定居之案件者之居住地點進行查察其眞實狀況爲何，更得依本條予以查察登記，若無正當理由規避、妨礙或拒絕接受本條之查察登記，則有同法第85條之罰鍰處分。更且，甚至可進一步依據本法第91條第1項規定：「外國人、臺灣地區無戶籍國民、大陸地區人民、香港及澳門居民於入出國（境）接受證照查驗或申請居留、永久居留時，移民署得運用生物特徵辨識科技，蒐集個人識別資料後錄存。」

貳、內容解析

　　本條旨在授權移民執法之查察登記，共分三項，茲分別析論如下：

一、應進行查察登記之對象

本條第1項明定：「移民署對在我國停留期間逾三個月、居留或永久居留之臺灣地區無戶籍國民、外國人、大陸地區人民、香港及澳門居民應進行查察登記。」除內政部係本法之主管機關外，有關移民執法任務有關之移民管理業務規劃與勤務執行，均依法由移民署辦理。首先，對於非本國籍之人民進入我國，除應依法進行許可與否之審核外，就超過三個月以上，仍在我國境內者，基於國土安全維護及其入境之合目的性管理，乃立法明定針對在我國停留期間逾三個月、居留或永久居留之臺灣地區無戶籍國民、外國人、大陸地區人民、香港及澳門居民應進行查察登記。由於國際人流繁忙，尤其觀光或短期商務入境旅客眾多，本項僅就逾三個月之停留之上述規定之人，加以查察登記；所定「三個月」屬政策考量，亦為立法裁量。又本項規定「應查察登記」係「羈束行政」，並無裁量空間。然登記之對象應包括所有「非本國人」在內，例如，無國籍人亦有必要加以納入查察登記，使本項之立法目的性更加周延。

二、規避、妨礙或拒絕查察登記之規範

本條第2項規定：「臺灣地區無戶籍國民、外國人、大陸地區人民、香港及澳門居民對前項所定查察登記，不得規避、妨礙或拒絕。」又本法第85條第1項第7款明定：「有下列情形之一者，處新臺幣二千元以上一萬元以下罰鍰：……七、違反第七十一條第二項規定，規避、妨礙或拒絕查察登記。」因此，對於不遵守上述「行政調查」之規範者，移民署即得依法調查屬實後，處以上述之「行政秩序罰」。

三、授權「法規命令」為作業依據

本條第3項規定：「依第一項及前條第一項規定進行查察之程序、登記事項、處理方式及其他應遵行事項之辦法，由主管機關定之。」因此，內政部乃據以訂定「內政部入出國及移民署實施查察及查察登記辦法」，以為細部執法之依據。另一方面，本法第4條第1項規定：「入

出國者，應經內政部移民署（以下簡稱移民署）查驗；未經查驗者，不得入出國。」同條第2項規定：「移民署於查驗時，得以電腦或其他科技設備，蒐集及利用入出國者之入出國紀錄。」此之「查驗」應係指本條第1項「入出國之查驗」，而非本條項確證婚姻或收養關係之查驗，合以敘明。

參、綜論

　　行政違規調查常需基於主動之職權進行或被動之民眾舉報或當事人自首等相關情報爲基礎[98]，經過合理判斷與合義務性裁量，認有違反行政法上規定義務（作爲或不作爲義務）之要件該當之虞，而有已經發生危害或依據客觀合理判斷易生危害之情形時[99]，得以依法展開取締調查程序[100]。至於有關案件是否具有違法性與有責性，是否應有現場之第一線執法人員或由行政機關內之裁處人員認定，在行政法上尚無明確規定，是否依據個案加以判斷與裁量之，亦有待進一步研究出結果。至於違規取締調查之啓動原因，一般而言有：1.執法人員主動發現：執法人員於勤務執行中發現有違反行政規定之告發；2.民眾舉報：違反事實經由民眾向執法機關或人員舉發；3.行爲人自首；4.其他情形知有行政違規行爲之嫌疑者。至於行政違規調查，原則上採「職權調查主義」，並非如民事訴訟採當事人主義。行政程序法第36條規定：「行政機關應

---

[98] 社會秩序維護法第39條規定：「警察機關因警察人員發現、民眾舉報、行爲人自首或其他情形知有違反本法行爲之嫌疑者，應即開始調查。」

[99] 司法院大法官釋字第535號解釋文指出警察人員得以啓動臨檢之要件之一。至於是否對人之臨檢需要達到「相當理由」，則有不同之看法，然多數意見認爲「行政違規」之「臨檢」應有別於「刑事犯罪」之「搜索」，尚無須達到刑事訴訟法所規定之「相當理由」之心證程度。

[100] 有關違反社維法案件之取締調查規範，可參考「違反社會秩序維護法案件處理規範」第二章「執行取締」（編號：02001-02008）之規定，惟該規範屬於「行政規則」之性質。至於交通違規之舉發程序，尚可區分爲「攔停舉發」及「逕行舉發」，分別有不同之舉發程序，舉發程序中常需行使警察職權。完成舉發後，尚有移送處理程序。在負有裁處權之公路主管機關或警察機關則分別有其裁處程序之適用。可參考：林家賢，司法對交通秩序罰審查問題之研究——以普通法院交通法庭審查爲中心，初版1刷，新學林，2007年，頁104-174。

依職權調查證據，不受當事人主張之拘束，對當事人有利及不利事項一律注意。」又同法第37條分別定有明文：「當事人於行政程序中，除得自行提出證據外，亦得向行政機關申請調查事實及證據。但行政機關認為無調查之必要者，得不為調查，並於第四十三條之理由中敘明之。」

　　然而，上述所稱「行政機關」就何所指？係外勤調查單位或內勤之裁處單位？兩單位之間究應如何有效配合，始能在行政之「效率經濟」與人民之「權利保障」上取得最佳衡平[101]。我國行政制裁規定多僅歸由行政機關管轄，然行政機關常有外勤調查人員與內勤裁處人員之分，且其尚區分不同單位負責之。雖其均以「行政機關」之名義對外，但是在行政違規調查與裁處程序上，仍有區分其取締調查與裁處調查程序之必要，否則兩者若無法配合或配合不當，亦將嚴重影響人民基本權利甚鉅，宜謹慎將之。

　　我國行政罰法第33條至第44條之第八章「裁處程序」規定，除第42條至第44條屬「裁處調查」所需之適用規範外，其餘部分均係「取締調查」之規定，其主要進程規定分別有：出示證件及告知事由（第33條）、即時制止違規、身分查證、證據保全、製作紀錄（第34條）、得為證據或沒入物之扣留（第36條至第40條）、異議處理（第35條、第41條）、陳述意見（第42條）、聽證（第43條）、作成裁處書及送達（第44條）。反之，在行政程序法第一章「總則」有多數行政程序規定（除「法例」外，各節依序從「管轄」到「送達」）外，在其第二章中亦另規定行政處分相關程序。特別是該法第36條至第43條之「調查事實及證據」之規範內容，反倒是以辦理「裁處」業務之調查所需之職權規定，其主要進程規定分別有：職權調查及有利不利兼顧（第36條）、當事人申請調查證據（第37條）、製作書面記錄（第38條）、通知陳述意見（第39條）、要求當事人或第三人提供調查必

---

[101] 洪文玲，行政罰裁處程序之研究——以警察法領域為例，義薄雲天．誠貫金石—論權利保護之理論與實踐—曾華松大法官古稀祝壽論文集，2006年，頁69以下。

要之文書、資料或物品（第40條）、鑑定（第41條）、勘驗（第42條）、作成處分之考量原則及告知處分與其理由（第43條）。至於警職法第二章第6條至第18條則多係以外勤執法之查證身分或蒐集資料所需之職權規範爲內容。而本法之面談與查察，即屬於移民官在依法調查及蒐集資料之外勤取締適用爲主。

　　綜上，我國縱有行政程序法及行政罰法等新法企圖建置完備之行政調查與制裁體系與執法程序作爲，然迄今仍未臻完備。海洋法系之美國行政違規案件之調查與裁處，係分別由執法人員負責調查與移送程序，並由法院負責其裁處與救濟之裁判。屬大陸法系之我國在調查與裁處權限均由行政機關辦理，則有檢視其進程中之取締與裁處調查法制與實務現況，並進一步研究其所衍生之相關問題。因此，有必要從行政違規的調查啓動、區分取締調查與裁處調查、裁處程序等進行探討其進程與權限分配。因此，行政違規之取締與裁處調查，應建立如刑事司法體系般（警察偵查－檢察官起訴－法官審判－監獄矯治）之分階段的行政違規調查與裁處體系。而且，取締調查與裁處調查之規範與實施程序應明確區分及密切配合，並進一步實施以下各點，以強化行政調查與裁處制度，使人民權利得以確保。

　　一、宜制定通則性之「行政調查法」，以專法規定取締調查之各項進程與職權措施，使取締違規調查與裁處階段調查程序之進程與權限分配，均有明確規範，以資遵循。至少在未有制定明確專法之前，政府宜先整合現行規定，明確其適用順序。並進一步闡明違規取締調查與裁處調查，以及查察登記之授權，區分應有之進程與權責，避免混淆適用，以達執法效率及保障人權之目的。

　　二、應釐清警察對行政違規之「取締調查」與「裁處調查」及其「調查登記」資料之程序及其裁量權限歸屬：行政罰法規定授權擴大裁量範圍，如行政罰法行政罰法第19條引進刑法「微罪不舉」法理，而適用行政裁量之「便宜原則」。然而，有問題是此便宜原則係取締調查或裁處調查時適用？由於舉發與裁罰之間，有時尚有調查程序，有時則無。因此，執法者應予辨明逕行舉發、舉發後裁罰、舉發後調查再裁罰

等各種不同之情形。然值得注意的是此規定究係第一線調查人員之權限，抑或裁處人員之權限？於行政違規案件之處理，若第1項調查取締人員並無裁處權者，則仍須進行調查取締，由裁處人員裁量是否得免予處罰。反之，若調查取締人員兼有裁處權者，則得適用之。

　　三、加強行政違規案件調查與裁處程序之教育訓練與實務案例解說，使行政違規調查與裁處亦能符合正當程序。甚至將「行政違規調查與裁處實務」列入移民執法人員考試科目，使強化專業執法，確保人民權利。由於行政違規調查與裁處之法制涉及取締調查與裁處程序，牽涉個別行政法之解釋與適用，本法規亦不例外，影響層面與人民權益必然極為廣泛，若無充分之法律教育或訓練，恐無法達成維護公益與保護人權之衡平要求。

第72條（戒具武器之使用及致人傷亡之賠償）
移民署執行查察逾期停留、居留、非法入出國、收容或遣送職務之人員，得配帶戒具或武器。
前項所定人員執行職務時，遇有下列情形之一者，得使用戒具：
一、有抗拒之行為。
二、攻擊執行人員或他人，毀損執行人員或他人物品，或有攻擊、毀損行為之虞。
三、逃亡或有逃亡之虞。
四、自殺、自傷或有自殺、自傷之虞。
第一項所定人員執行職務時，遇有下列情形之一者，得使用武器：
一、執行職務人員之生命、身體、自由、裝備遭受危害或脅迫，或有事實足認為有受危害之虞。
二、人民之生命、身體、自由、財產遭受危害或脅迫，或有事實足認為有受危害之虞。
三、所防衛之土地、建築物、工作物、車、船遭受危害。
四、持有兇器且有滋事之虞者，經告誡拋棄，仍不聽從時。
五、對逾期停留、居留、非法入出國或違反其他法律之人員或其所使用之運輸工具，依法執行搜索、扣押或逮捕，其抗不遵照或脫逃。他人助其為該行

為者，亦同。

六、有前項第一款至第三款之情形，非使用武器不足以強制或制止。

第一項所定人員使用戒具或武器致人受傷、死亡或財產損失者，其補償及賠償，準用警械使用條例第十一條規定，由移民署支付；其係出於故意者，該署得對之求償。

第一項所定戒具及武器之種類、規格、注意事項及其他應遵行事項之辦法，由主管機關定之。

第一項所定戒具及武器，非經警察機關許可，不得定製、售賣或持有；違反者，準用警械使用條例第十四條規定處理。

壹、導言

　　本條立法目的旨在授權移民執法人員於執行勤務實施取締干預性作為時，為有效達成法定任務，以及避免因受執法客體之攻擊受傷之風險，基於執法安全保障需求，乃於本條特別授予移民執法人員得配帶並使用戒具或武器之條件，以及其使用後之相關責任及其應注意事項，甚至授權得訂定相關法規命令以明其細節性規範，以資移民執法時遵行。

　　不論係本法有關戒具、武器或是警械之使用，乃負有干預職權之秩序維護者於執法勤務時，為排除危害或取締逮捕時所使用之最強大之武力，稍有不慎即可能侵害人民權利，係屬一種最後之手段，除非是具有急迫且必要，才可使用，並應確實遵守比例原則。[102]

貳、內容解析

　　本條共分六項，茲分別列述如下：

---

[102] 林明鏘，警察勤務與警械使用——行政裁量權之限制，台灣法學雜誌，8期，2000年，頁117-120。轉引自：梁添盛，警察法專題研究（一），中央警察大學出版社，1997年，頁41。

一、得配帶戒具或武器

移民署執法人員執行查察逾期停留、居留、非法入出國等工作具有危險性，且有實施強制力令人為一定行為或不作為之必要，故有配帶及使用武器及戒具之需求，為保障職務執行人員及其相對人之人身安全，並確保工作目的之達成，爰規定本條文第1項內容：「移民署執行查察逾期停留、居留、非法入出國、收容或遣送職務之人員，得配帶戒具或武器。」此項規範明確化了得佩帶維護安全之物品可區分種類為「戒具」與「武器」，且明定得配帶之勤務類型或範圍。因此，係明定哪些執法人員得配給及攜帶戒具或武器，並非所有移民署所屬人員均得配帶，此規定性質上係屬對移民署內部之教示性，並無外部效力。因此，移民署上述執法人員對其所佩帶非致命性之戒具或致命性之武器之使用，尚須依據本條第2項、第3項之規定為之。

二、得使用戒具之情形

移民署人員執行職務時，依法使用戒具，將對人民之身體、自由、財產，產生重大之限制及侵害，故使用戒具之時機、要件應於法律中明定，始符法律保留原則。本條第2項規定得使用戒具有四種情形：1.有抗拒之行為；2.攻擊執行人員或他人，毀損執行人員或他人物品，或有攻擊、毀損行為之虞；3.逃亡或有逃亡之虞；4.自殺、自傷或有自殺、自傷之虞。

三、得使用武器之情形

移民署人員執行職務時，依法使用武器，將對人民之生命、身體、自由、財產，產生重大之限制及侵害，故使用武器之時機、要件應於法律中明定，始符法律保留原則；又依照司法院釋字第535號解釋，有關職權發動之要件應有法律明確規範之意旨，爰參酌現行「警械使用條例」及「海岸巡防機關器械使用條例」之立法例，增訂本條第3項，分別規定使用武器之時機及要件，得使用武器有六種情形：1.執行職務人員之生命、身體、自由、裝備遭受危害或脅迫，或有事實足認為有受危

害之虞；2.人民之生命、身體、自由、財產遭受危害或脅迫，或有事實足認爲有受危害之虞；3.所防衛之土地、建築物、工作物、車、船遭受危害；4.持有兇器且有滋事之虞者，經告誡拋棄，仍不聽從時；5.對逾期停留、居留、非法入出國或違反其他法律之人員或其所使用之運輸工具，依法執行搜索、扣押或逮捕，其抗不遵照或脫逃。他人助其爲該行爲者，亦同；6.有前項第1款至第3款之情形，非使用武器不足以強制或制止。

四、使用戒具或武器之法律責任

執行職務人員使用武器及戒具，往往造成他人包括生命、身體、自由或財產等權益之損失或損害，爲保障受損失或損害者之權益，爰於本條第4項規定：「第一項所定人員使用戒具或武器致人受傷、死亡或財產損失者，其補償及賠償，準用警械使用條例第十一條規定，由移民署支付；其係出於故意者，該署得對之求償。」

五、授權訂定戒具與武器之法規命令

查移民署人員執行職務時，除有配帶武器之需求外，亦有應執勤之性質而配帶警棍、手銬、捕繩或其他經核定器械之需要。爲明確使用器械之種類，並配合行政程序法有關法律授權以法規命令限制人民之權利或課人民以義務或規定其他重要事項者，其授權之目的、內容及範圍應具體明確，保留日後實務適用之彈性，並配合科技發展之趨勢，爰明定本條第5項規定：「第一項所定戒具及武器之種類、規格、注意事項及其他應遵行事項之辦法，由主管機關定之。」因此，內政部乃就移民執法所使用武器、戒具之種類及規格在內等應遵行事項，以**「內政部入出國及移民署戒具武器之種類規格及使用辦法」**[103]規定之。該辦法共計9條，屬於內政部所發布之法規命令，其主要內容列述如下：1.戒具與武器之定義：所稱戒具，指手銬、腳鐐、聯鎖、捕繩及防暴網；所稱武

---

[103] 依本法第72條第5項訂定「內政部入出國及移民署戒具武器之種類規格及使用辦法」，屬於「法規命令」之性質，修正日期：2008年8月1日。

器，指棍、刀、槍、瓦斯武器及電氣武器，有關戒具及武器之種類及規格，如下表10-2；2.表明移民執法人員身分：使用戒具或武器應著制服，或出示足資識別身分之證件；3.遵守比例原則：(1)入出國及移民署人員應合理使用戒具或武器，不得逾越必要程度；(2)入出國及移民署人員使用戒具或武器之原因已消滅者，應立即停止使用；(3)入出國及移民署人員使用戒具或武器，應注意他人生命、身體、財產之安全；(4)入出國及移民署人員使用戒具或武器，除情況急迫外，應注意勿傷及致命之部位；4.使用後之報告：入出國及移民署人員於使用防暴網或武器後，應將經過情形，即時報告該管長官。但使用警棍指揮者，不在此限。

六、定製、售賣或持有戒具或武器之規定

為防範不法分子私自定製、售賣或持有第1項所定武器及戒具，爰增訂本條第6項：「第一項所定戒具及武器，非經警察機關許可，不得定製、售賣或持有；違反者，準用警械使用條例第十四條規定處理。」按警械使用條例第14條之規定為：「警械非經內政部或其授權之警察機關許可，不得定製、售賣或持有，違者由警察機關沒入。但法律另有規定者，從其規定。」因此，若有違反者，即得據此規定予以「沒入」之。

參、綜論

移民執法準用「警察職權行使法」之職權規範。警職法性質上主要屬於執法人員職權作為授權之「行政作用法」，亦屬「行為法」之性質，屬於執法人員干預性勤務作為之要件、程序，並進而教示性的規定了救濟規範（如當場異議、訴願、訴訟、國家賠償或損失補償）。職權法規體系由執法人員依法所擔負的「行政危害防止」與「刑事犯罪偵查」之雙重任務所形成，依據我國警察法第2條（任務）與第9條（職

表10-2　戒具及武器之種類及規格

種類		規格
戒具	手銬	
	腳鐐	
	聯鎖	
	捕繩	
	防暴網	
武器	棍	木質警棍
		橡膠警棍
		鋼（鐵）質伸縮警棍
		手電筒式警棍
	刀	各式刀
	槍	手槍
		衝鋒槍
		步槍
		機槍
	瓦斯武器	瓦斯噴霧器（罐）
		瓦斯槍（彈）
		瓦斯棍（棒）
		瓦斯電器棍（棒）
		瓦斯噴射筒
		瓦斯手榴彈
		煙幕彈（罐）
		震撼（閃光）彈
	電氣武器	電氣棍（棒）（電擊器）
		擊昏槍
		擊昏彈包
		拋射式電擊器

權）規定，執法人員任務有行政危害防止（含犯罪預防）與刑事犯罪偵查作用，乃形成執法人員具有行政與刑事雙重任務。基於上述任務之不同在法規體系亦殊其適用。「警察法」或「入出國及移民署組織法」屬於「組織法」之性質；「作用法」則可區分為「制裁、程序及執行法」之類型，除個別立法已經有其規定外，有共通性質或規定不足者，可由屬於集中式立法之普通法補充其適用。依據移民執法相關法規範條文之性質區分，規定有違反法定義務之構成要件及其法律效果，而屬於「制裁法」性質者，如本法之「罰則」；屬於「職權或程序法」性質者有如本法之「面談與查察」專章之規定或得以準用之「警察職權行使法」；屬於「執行法」性質者為「行政執行法」。在移民法制中，相關法規兼有分散式立法之個別法與集中式立法之普通法性質之適用，另爭訟法則有可適用普通法性質之訴願法與行政訴訟法。

　　按論者研究分析總結最高法院與各高等法院之警槍使用相關判決，歸納出下列結論：1.警察傷亡事件多以敵情觀念不彰或攻堅不當有關；2.殺警致死事件被告多被判死刑；3.用槍時機仍以是否為防衛警察或他人生命、身體，而有「急迫需要」為基本原則；4.用槍時若僅擊中對方手腳，較易被認為符合警械使用條例；5.警械使用條例之用槍，最後都必須服膺在第6條之「用槍時機與比例原則」之下；6.急迫需要原則與合理必要原則，可作為縱橫二軸來分析用槍責任；7.使用警械造成之傷亡是否過失所致，尚有爭論空間。[104]另一論者亦分析法院對警械使用案件之相關判決書心得指出：「防衛生命型各判決，法院均肯定警察用槍之正當性。……簡言之，警察基於防衛自己或他人生命或身體重大安全之立即危害始得對人用槍。……除防衛生命之外，法院對警察為拘捕依法應逮捕、拘禁之拒捕或脫逃人用槍之正當性仍持保留態度。換言之，法院雖未禁止用槍，惟認為用槍結果必須符合用槍時預定之必要損害程度始能免責。倘超出此程度而生「加重」結果，例如致人於死（包含射

---

[104] 鄭善印，警械使用條例與警察用槍之研究——以警光雜誌、司法實務及日本法制為素材，警學叢刊，41卷5期，2011年，頁1-29。

中腿部失血過多致死）或本欲射擊四肢卻誤擊身體（法院認屬「致命部位」）或誤擊路人致生傷害結果等均非適法。」[105]以上相關研究心得，從司法實務判決分析歸納其重點及研析，而提出相關執法使用武器之法律適用，頗值得移民執法人員之參考。

---

[105] 黃朝義，警察用槍規範與審查機制──兼論其他警械使用，警大法學論集，29期，2015年，頁30-31。

罰　則

第72條之1（違反第7條之1、第21條之1規定之罰則）

違反第七條之一第一款、第二款、第二十一條之一第一項或第二項準用第一項第二款規定者，處一年以上七年以下有期徒刑，得併科新臺幣一百萬元以下罰金。

意圖營利而犯前項之罪者，處三年以上十年以下有期徒刑，得併科新臺幣五百萬元以下罰金。

前二項之首謀者，處五年以上有期徒刑，得併科新臺幣一千萬元以下罰金。

前三項之未遂犯罰之。

壹、導言

　　本法於112年6月28日修正前，對於使國民或外國人非法入出國之行為人，並無專屬之罰則，以往類此案件之行為人在司法判決上，多以共同犯入出國及移民法未經許可入國罪論處[1]，量刑較輕，也可易科罰金，其處罰程度難以達到嚇阻之效果；另臺灣地區與大陸地區人民關係條例第79條及香港澳門關係條例第47條等規定，分別對於使大陸地區人民及香港或澳門居民非法入境者定有罰則，惟對於使受禁止處分出境之大陸地區人民及香港或澳門居民出境者，則無處罰規定；就整體入出國（境）管理之立法機制上而言，仍有待補強之處。

---

[1]　參閱113年7月15日臺灣屏東地方法院113年度簡字第1043號刑事判決。

　　本法於112年6月28日修正新增第7條之1及第22條之1，其立法目的主要在於加重打擊人蛇犯罪集團力道，以及強化我國入出國管理手段，以維護政府公權力及威信，也可補強前述立法機制不足之處，爰明定本條罰則，其處罰刑期及罰金額度，均與臺灣地區與大陸地區人民關係條例第79條規定使大陸地區人民非法進入臺灣地區者之罰則一致；另外，本條規定針對意圖營利者、首謀者均有加重處罰，對未遂犯亦處罰之。

貳、內容解析

一、處罰對象

　　本法第7條之1及第21條之1均係參酌臺灣地區與大陸地區人民關係條例第15條第1款有關不得使大陸地區人民非法進入臺灣地區之規定新增，爰本條罰則亦參酌臺灣地區與大陸地區人民關係條例第79條違反同法第15條規定之罰則新增。本條規定處罰之對象並不是針對非法入出國者本身，而是使其為之者；按本法第7條之1及第21條之1之規定，非法入出國之行為人可區分為國民、臺灣地區無戶籍國民、外國人、大陸地區人民、香港澳門居民等，然而本條處罰之對象為使人非法入出國者，其並無國籍或地區之分別。

　　112年8月蘇拉颱風來襲的前一晚，一名我國籍船主在屏東枋寮外海駕駛橡皮艇，載運19名未經許可之越南籍人士偷渡入境而遭查獲，該名我國籍船主顯已違反本法第21條之1第1項第1款使外國人非法入國之規定，當屬本條處罰之對象；然本法雖已於112年6月28日修正發布，惟本法第21條之1及本條文之施行日期係為113年3月1日，爰針對前揭個案，法院乃依修正前之入出國及移民法規定，處罰該我國籍船主有期徒刑6個月，可易科罰金，緩刑2年，並應於判決確定日起6個月

內，向公庫支付10萬元[2]；至非法入國之越南籍人士仍依違反本法未經許可入國之相關規定論處。

二、違法行為之態樣

違反本條規定者，依使違法之對象區分，可分為國民、臺灣地區無戶籍國民、外國人，以及大陸地區人民、香港或澳門居民準用之規定；依違法之動機可區分為有無意圖營利之行為；依參與之程度則可區分為是否為首謀者。茲將本條規定之違法行為態樣及處罰內容整理表列如下：

表11-1　本法第72條之1違法行為態樣表

違反法條	使違法之對象	使違法之行為	使違法者罰則（未遂犯罰之）		
入出國及移民法第7條之1	國民	使受禁止出國處分者出國	處一年以上七年以下有期徒刑，得併科新臺幣一百萬元以下罰金	意圖營利：處三年以上十年以下有期徒刑，得併科新臺幣五百萬元以下罰金	首謀：處五年以上有期徒刑，得併科新臺幣一千萬元以下罰金
	臺灣地區無戶籍國民	使其非法入國			
入出國及移民法第21條之1	外國人	使其非法入國			
		使受禁止出國處分者出國			
	大陸地區人民、香港或澳門居民	（準用）使受禁止出國處分者出國			

參、綜論

本條罰則不論在刑期或是罰金額度，均為本法所有罰則當中處罰最重之規定，顯見政府希望以重罰手段，嚴懲不法人蛇集團，藉以達到嚇

2　參閱臺灣屏東地方法院113年度簡字第1043號刑事判決。

阻使人偷渡犯罪之效果；此種立法觀念乃基於古典犯罪學派理論，如該學派具代表性學者邊沁（Jeremy Bentharm）即主張懲罰的目的在於預防犯罪，犯罪的危害愈大，懲罰就要愈嚴厲，要與所犯之罪成比例，使想要違法的人不去違法[3]；從國境管理的角度來看，未經許可入出國之違法行為，對於整體入出國管理機制的危害性確實相當大，而從源頭管理及犯罪預防的觀點，對於使人違法入出國之犯罪者，也確實有嚴懲重罰之必要性。

依本條立法意旨，對於使人非法入出國者，係屬嚴重擾亂國境管理秩序，當以重罰，然而卻因使違法之對象不同，致使違法行為之處罰亦有差異；不論使外國人、大陸地區人民、香港或澳門居民非法入國（境）或違法出國（境）者，均定有處罰之規定[4]，然對於國民僅處罰使其違法出國者，又對於臺灣地區無戶籍國民僅處罰使其非法入國者，如此，國民如非法入國或臺灣地區無戶籍國民如違法出國，則無處罰之規定。

然就國民非法入國是否應予處罰部分，我國憲法保障人民遷徙自由，包括入出國權利，人民為國家構成要素之一，從而國家不得將國民排斥於國家疆域之外[5]；因而，即使我國國民未經正當程序返國，亦不得視其為非法入國，又本法第5條規定，居住臺灣地區設有戶籍國民入出國，不須申請許可，爰國民自無非法入國之行為。

另外，使臺灣地區無戶籍國民違法出國者，是否應予處罰部分，查本法第7條定有臺灣地區無戶籍民國禁止入國之規定，但本法卻未定有臺灣地區無戶籍國民禁止出國之規定，致臺灣地區無戶籍國民並無受禁止出國處分之法源依據，就法律面而言自不存在使其違法出國之情形；相較本法第6條明定國民禁止出國之規定、本法第21條明定外國人禁止出國之規定，臺灣地區無戶籍國民卻無禁止出國之相關規定，究因時代

---

3 許福生（2016），犯罪學與犯罪預防，台北：元照，頁65。
4 使大陸地區人民非法進入臺灣地區者，係依臺灣地區與大陸地區人民關係條例第79條處罰；使香港或澳門居民非法進入臺灣地區者，係依香港澳門關係條例第47條處罰。
5 參閱司法院釋字第558號解釋文。

背景因素使然，或是在整體管理機制上尚有再予調整之空間，有待政府相關部門再行研議。

第73條（幫助偷渡之處罰）
在機場、港口以交換、交付證件或其他非法方法，利用航空器、船舶或其他運輸工具運送非運送契約應載之人至我國或他國者，處五年以下有期徒刑，得併科新臺幣二百萬元以下罰金。
前項之未遂犯，罰之。

壹、導言

本罪之立法理由係鑑於人蛇（偷渡）集團利用過境或出境乘客在我國機場、港口候機船時間，以交換（付）登機（船）證或偽、變造護照、簽證方式，協助無有效證件之偷渡犯偷渡至他國或我國，因其交換、交付證件之行為地在我國領域內，影響我國國際形象甚鉅，乃立法予以遏止，避免我國機場、港口成為國際偷渡犯之轉運站。[6]

貳、內容解析

本罪所保護之法益為國家法益，即入出國秩序及國境安全。在表象上是以詐術之方法，使運輸業者運送非屬其運送契約所應運送之人，而其本質則是一種偷渡的幫助行為。以下分就其客觀不法構成要件和主觀不法構成要件論述之。

6　立法院公報第88卷第19期，頁197。

一、客觀不法構成要件

（一）行為主體

本罪為一般犯，其行為主體並無限制，故任何人均能成為本罪之行為主體。

（二）犯罪行為

本罪之犯罪行為是在機場或港口以交換、交付證件或其他非法方法，利用航空器、船舶或其他運輸工具運送非運送契約應載之人至我國或他國。

本法為入出國及移民法，本罪是規定於本法之有關入出國犯罪行為的規範，故所謂機場、港口，在解釋上理應限於國際機場、口岸，即限於國際航線之場站、口岸，國內線之機場、港口則不屬之。本法第3條第2款之解釋性規定即謂：「機場、港口：指經行政院核定之入出國機場、港口。」所謂交換，指雙方互換證件。交付，指一方將證件交給他方。其他非法方法，係指其他與交換、交付相類似之非法方法。所謂航空器，指所有用以載人之飛行機器，包括飛機、直升機、飛船等。其他運輸工具，指航空器、船舶以外之其他運輸工具而言。所謂運送，係指將人從甲地載運到乙地而言。非運送契約應載之人，係指非航空、船舶業者或其他運輸業者與顧客依運送契約所約定應運送之人。例如以甲的名義向航空公司購買機票，並以甲的名義劃位取得登機證，但實際上是由乙持甲的登機證或轉機卡，頂替甲搭乘該航段，乙即所謂之非運送契約應載之人。此人通常為偷渡者或貼位者（即為了協助偷渡而頂替乘坐某航段之機位者）。

行為人必須在客觀上有於機場或港口交換、交付證件或其他類似之行為，並進而使運輸業者在不知情之情形下，將非運送契約應載之人運送至我國或他國，始有可能成立本罪。

本罪之犯罪行為是偷渡的幫助行為之一，通常不是一個人獨立完成，而且常伴隨有其他犯罪行為的產生，而屬於集團性的犯罪。亦即通常由多數人各自分擔不同的犯罪行為而共同完成協助偷渡者偷渡。例如

有人負責收購護照；有人出賣護照；有人偽照護照上之出境查驗章或變造照護上之照片；有人偽造登機證；有人行使偽造或變造的證件；有人居間聯絡、指揮；有人貼位頂替搭乘飛機，彼此相互掩護、協助。凡此都是為了協助偷渡者可以成功偷渡，以賺取酬金。由於本罪之犯罪行為多為人蛇集團慣用之手法，而多屬集團性、常業性之犯罪，其不法之程度相較於偷渡行為本身，有過之而無不及，故將此種偷渡之幫助行為予以正犯化，並科以較重之刑。

　　例如行為人甲係兩岸聯合之偷渡集團成員，其為了協助大陸之偷渡者丙偷渡到洛杉磯，由甲攜帶乙的護照（人頭護照）前往桃園機場劃位，取得飛往洛杉磯之登機證後，在乙的護照蓋上偽造出境查驗章（乙在境管單位無出國查驗紀錄），另一方面，甲再持自己之護照依正常程序購買飛往香港的機票劃位查驗通關，甲通關後，即將乙之護照（人頭護照）和前往洛杉磯之登機證交付另外從大陸搭機前來桃園機場與甲會合的丙，由丙持乙的護照和登機證頂替乙搭乘飛往洛杉磯之航班飛機到洛杉磯，以利其偷渡到美國洛杉磯，甲則搭飛往香港之班機到香港之後，搭乘次日班機返回桃園機場。

　　在此案例中，行為人甲在機場以交付證件（即乙之護照、偽造的登機證）之方法，利用航空器運送非運送契約應載之人丙（運送契約應載之人為乙）至他國（即美國），而構成本罪。此行為係用以協助偷渡者丙偷渡到美國洛杉磯。

（三）犯罪結果

　　行為人透過其以交換、交付證件或其他非法方法，使不知情的航空、船舶業者或其他運輸業者使用其航空器、船舶或其他運輸工具運送非屬其運送契約所應載之人（即偷渡者）的行為，必須已經將該非屬其運送契約所應載之人（偷渡者或貼位者）運送至我國或他國，始能成立既遂罪。否則，如未將非屬其運送契約所應載之人（偷渡者或貼位者）運送至我國或他國，例如於出發地之飛機起飛前即被查獲，則至多只能成立本條第2項之未遂罪。

二、主觀不法構成要件

本罪為故意犯,行為人必須對於其在機場或港口以交換、交付證件或其他非法方法,使不知情的航空、船舶業者或其他運輸業者使用其航空器、船舶或其他運輸工具運送非屬其運送契約所應載之人至我國或他國有所認識,而仍決意以該等方法來利用業者之航空器、船舶或其他運輸工具運送非屬其運送契約所應載之人至我國或他國的心理狀態,始具備本罪之故意,而可能成立本罪。行為人對於上述行為如並不知情,僅因疏未注意而該當客觀不法構成要件,縱屬過失之行為,因本罪不罰過失行為,故亦不成立本罪。

參、綜論

一、本罪應排除非幫助偷渡之交換或交付證件行為

從本罪之立法理由來看,本罪行為是偷渡之幫助行為。本罪所保護的法益是由本國出境之旅客的可信賴性及本國入出國管理之正確性。其客觀不法構成要件是「交換、交付證件或其他類似行為,使運輸業者誤載乘客」。然而,單從此客觀不法構成要件來觀察,實在看不出這樣的行為有何應科處刑罰之不法內涵,甚至也看不出本罪與偷渡行為間有何關聯性。

依本條之規定,本罪行為人只要在機場或港口有交換或交付證件之行為即屬著手本罪之犯罪行為,而有成立本條第2項未遂犯之可能。若如此,此種在機場、港口交換或交付證件之行為必須限定為為了使人偷渡而為之行為,始不致於過度擴張刑罰的範圍。否則,此種在機場、港口交換或交付證件之行為究竟是為了幫助偷渡者偷渡而為,還是只是臨時因某種狀況,例如上廁所、照顧小孩等,將證件交付同行之人,將無法區分,而誤將無辜之人入罪。基此,本罪在立法上,應以主觀上有使人偷渡之不法意圖來限縮刑罰之範圍,以區分幫助偷渡之交換或交付證件,與非出於幫助偷渡之交換或交付證件行為。亦即須出於使人偷渡之

不法目的而交換或交付證件，始足以成立本罪，非出於幫助偷渡之交換或交付證件，則不足以成立本罪，始為合理。故未來修法時，本罪宜增加「意圖使人偷渡」之主觀構成要件要素。

二、本罪應區分偶發性與營利性

其次，本罪主要是為了處罰人蛇集團，透過交換或交付證件之方式，使沒有合法證件之人在我國機場轉機至其他各地，或在他國機場轉機至我國。由於本罪之法定刑並未區分人蛇集團之行為和一般人之行為，均處以五年以下有期徒刑，得併科新臺幣200萬元以下罰金。然而，本罪作為偷渡者之幫助犯，其法定刑竟比本法第74條偷渡之正犯的法定刑三年以下有期徒刑、拘役或科或併科新臺幣9萬元以下罰金還要來得重。這對於偶爾犯之之一般行為人而言，雖然亦有處罰之必要，但顯然過於嚴苛，且與本罪之立法原意有相當之差距。故建議本罪之法定刑應調整至輕於第74條之法定刑，另增訂本罪之用以營利之人蛇集團的加重犯。即增訂「意圖營利」而犯前開之罪者，處以較重之法定刑。因其多屬集團性、常業性，其不法內涵，相較於偷渡行為本身，有過之而無不及，故可考慮比第74條之刑更重之刑。如此，始合於正犯與共犯區別之法理，且符合本罪之立法目的與原意。

第74條（未經許可入出國（偷渡）之處罰）

違反本法未經許可入國或受禁止出國（境）處分而出國（境）者，處五年以下有期徒刑、拘役或科或併科新臺幣五十萬元以下罰金。違反臺灣地區與大陸地區人民關係條例第十條第一項或香港澳門關係條例第十一條第一項規定，未經許可進入臺灣地區者，亦同。

受禁止出國（境）處分而有下列情形之一者，處三年以下有期徒刑、拘役或科或併科新臺幣九萬元以下罰金：

一、持用偽造或變造之非我國護照或旅行證件，並接受出國（境）證照查驗。

二、冒用或持冒用身分申請之非我國護照或旅行證件，並接受出國（境）證照查驗。

> 冒用或持冒用身分申請之非我國護照或旅行證件，並接受出國（境）證照查驗者，處一年以下有期徒刑、拘役或科或併科新臺幣九千元以下罰金。

壹、導言

　　本罪之立法理由，是基於國家門戶之管制，對於未經許可入國或受禁止出國處分而出國者，若未科處刑罰，而只以行政罰處罰，易形成國家門戶洞開。外國立法例亦不乏以刑罰處罰此類行為之例，例如日本、韓國均是如此。日本出入國管理及難民認定法第70條對於未經許可入國者處三年以下有期徒刑、監禁、科或併科300萬元以下罰金。同法第71條對於違法出國或企圖出國者處一年以下有期徒刑、監禁、科或併科30萬元以下罰金。本罪即參酌此等立法例規定之。

　　本罪適用之範圍，不以外國人為限，本國國民違反本法第6條第1項規定不予許可或禁止其出國而出國者及違反本法第7條規定不予許可或禁止其入國之僑居國外之國民，亦適用之。

貳、內容解析

　　本條規定，違反本法未經許可入國或受禁止出國（境）處分而出國（境）者，處五年以下有期徒刑、拘役或科或併科新臺幣50萬元以下罰金。違反臺灣地區與大陸地區人民關係條例第10條第1項或香港澳門關係條例第11條第1項規定，未經許可進入臺灣地區者，亦同。此外，受禁止出國（境）處分之人雖尚未出國，但屬於未遂階段之冒用證件或持偽造、變造或冒用身分申請之證件等，接受出國（境）證照查驗，亦有禁止之必要，乃有第2項之規定。對於未受禁止出國（境）處分之人，如有冒用證件或持冒用身分申請之證件，接受出國（境）證照查

驗，第3項亦有禁止規定。以下分別說明之。

一、違法入國或出國

（一）客觀不法構成要件

1. 行為主體

本條之罪為特別犯。只有受禁止出國處分之人，始能成為本罪後段受禁止出國處分出國罪之行為主體。此外，只有入國必須經許可之人，包括外國人、在臺灣地區無戶籍之國民、居住臺灣地區設有戶籍國民而涉及國家安全之人員等，始能成為本罪前段未經許可入國罪之行為主體。居住臺灣地區設有戶籍國民，因入出國不須申請許可，故除了涉及國家安全之人員，須先經其服務機關核准始得出國，而得成為本罪之行為主體之外，不能成為本罪前段未經許可入國罪之行為主體。

2. 犯罪行為

須違反本法未經許可入國或受禁止出國（境）處分而出國（境）。故本罪有二種情形：其一，違反本法未經許可而入國；其二，違反本法受禁止出國處分而出國。

(1)違反本法未經許可而入國

依本法第5條第1項規定：「居住臺灣地區設有戶籍國民入出國，不須申請許可。但涉及國家安全之人員，應先經其服務機關核准，始得出國。」在臺灣地區設有戶籍國民入出國，原則上不須申請許可，得自由出入國，只有涉及國家安全之人員出國，須先經其服務機關核准。但依本法第4條規定，入出國者，應經內政部移民署（以下簡稱移民署）查驗；未經查驗者，不得入出國。亦即在臺灣地區設有戶籍國民雖得自由入出國，不須申請許可，但於入出國時仍須經查驗，始得入出國。

依本法第5條第2項規定：「臺灣地區無戶籍國民入國，應向移民署申請許可。」依此規定，臺灣地區無戶籍國民不得如在臺灣地區設有戶籍國民一樣自由出入國，必須向移民署申請許可，始得入國，未經許可而入國者，則可能構成本罪。

依外國護照簽證條例第4條規定：「本條例所稱簽證，指外交部或駐外使領館、代表處、辦事處、其他外交部授權機構（以下簡稱駐外館處）核發外國護照以憑前來我國之許可。」第6條第1項規定：「持外國護照者，應持憑有效之簽證來我國。但外交部對特定國家國民，或因特殊需要，得給予免簽證待遇或准予抵我國時申請簽證。」換言之，除我國有給予免簽證待遇或准予抵我國時申請簽證之外，外國人前來我國，必須事先取得我國外交部或駐外使領館、代表處、辦事處、其他外交部授權機構核發之簽證許可前來我國，始得入國，違反本法未經許可而入國者，則可能構成本罪。

所謂入國，係指進入本國領域而言，非指在國際機場、港口之入境證照查驗通關出管制區。否則，國際機場、港口之管制區將被視為非本國領域。又所謂入國，只須進入本國領域即可，其係經由何種途徑入國，是否經過機場、港口，是否經查驗通關，均在所不問。

所謂未經許可，係指應申請許可入國而未經申請許可者而言，還是也包括雖已經申請許可入國或不需申請許可即可入國，但違反第4條第1項：「入出國者，應經內政部移民署查驗；未經查驗者，不得入出國。」之規定，未經查驗許可入國，在解釋上，應僅限於前者，而不包括已經申請入國許可而未經查驗許可入國，或不須申請入國許可而未經查驗許可入國者。畢竟，對於已經許可入國或不須許可即可入國之人，未經查驗通關程序即自行入國，只是違反行政管制上之義務，其不法之程度尚不至於須以刑罰加以非難。此從本法第84條規定：「違反第四條第一項規定，入出國未經查驗者，處新臺幣一萬元以上五萬元以下罰鍰。」亦可得知。

此外，違反臺灣地區與大陸地區人民關係條例第10條第1項或香港澳門關係條例第11條第1項規定，未經許可進入臺灣地區者，依本條後段之規定，亦適用本條前段之規定。

(2)違反本法受禁止出國（境）處分而出國（境）

世界人權宣言規定「所有的人都有離開自己的國家或任何其他國家，以及返回自己國家的權利」（第13條第2項）。公民與政治權利國

際公約也設有相同的規定，即「所有的人都可以自由離開任何國家（包括其本國）」（第12條第2項）。我國於民國98年公布施行兩公約施行法後，兩公約在我國即具有內國法的效力，而可確認有出國自由的存在。也就是不但所有的本國人都有出國的自由，且所有的外國人在我國也都可以享有出國的自由。

　　儘管如此，對於出國之自由也並非不得限制，如果為了維護國家安全及社會秩序，在符合憲法第23條之比例原則下，仍得以法律限制之。

　　例如本法第6條第1項規定：「國民有下列情形之一者，移民署應禁止其出國：一、經判處有期徒刑以上之刑確定，尚未執行或執行未畢。但經宣告六月以下有期徒刑或緩刑者，不在此限。二、通緝中。三、因案經司法或軍法機關限制出國。四、有事實足認有妨害國家安全或社會安定之重大嫌疑。五、涉及內亂罪、外患罪重大嫌疑。六、涉及重大經濟犯罪或重大刑事案件嫌疑。七、役男或尚未完成兵役義務者。但依法令得准其出國者，不在此限。八、護照、航員證、船員服務手冊或入國許可證件係不法取得、偽造、變造或冒用。九、護照、航員證、船員服務手冊或入國許可證件未依第四條規定查驗。十、依其他法律限制或禁止出國。」第21條規定：「外國人有下列情形之一者，移民署應禁止其出國：一、經司法機關通知限制出國。二、經財稅機關通知限制出國（第1項）。外國人因其他案件在依法查證中，經有關機關請求限制出國者，移民署得禁止其出國（第2項）。」有關大陸地區人民、香港或澳門居民，依第21條第4項之規定準用上開有關外國人之禁止出國規定。

　　行為人如受上述禁止出國之處分而出國，即構成本罪。依此規定，行為人必須符合上述第6條或第21條各款禁止出國規定之條件，並經移民署依法為禁止出國（境）之處分而仍出國（境），始足以構成本罪。僅係符合上述第6條或第21條各款禁止出國規定之條件，未受到禁止出國（境）之處分而出國（境），尚不構成本罪。換言之，移民署依上開規定作成禁止出國之處分，是成立本罪的前提條件。如移民署未作成禁

止出國（境）之處分，即無由成立本罪。此外，禁止出國（境）之處分必須為合法之處分，如禁止出國（境）之處分係屬違法，則縱有出國（境）之行為，仍不足以構成本罪。

所謂出國（境），係指出本國領域或中華民國政府實際管轄之區域而言，非指在國際機場、港口之出境證照查驗通關後進入管制區。儘管通過證照查驗櫃檯而進入管制區，在行政管制上已屬離境之人，但其事實上並未離開國境，仍非本條所稱之出國（境）[7]。否則，國際機場、港口之管制區將被視為非本國領域，若如此，則在管制區內之工作人員每進出一次管制區，均須依規定辦理出入國查驗手續一次，顯非合理。又所謂出國（境），只需出本國領域或中華民國政府實際管轄之區域即可，其係經由何種途徑出國，是否經過機場、港口，是否經查驗通關，均在所不問。

（二）主觀不法構成要件

本罪為故意犯，行為人必須對於其須經我國許可其入國始得入國有所認識，且知悉其並未取得我國之入國許可，而仍決意違反本法之規定進入本國領域，始具備違反本法未經許可入國之故意。此外，行為人必須對於其已經受禁止出國之處分有所認識，而仍決意違反本法之規定出本國領域，始具備違反本法受禁止出國處分而出國之故意。

二、禁止出國而冒用證件或持偽造、變造、冒用身分申請之證件接受出國（境）證照查驗

本條第2項規定：「受禁止出國（境）處分而有下列情形之一者，處三年以下有期徒刑、拘役或科或併科新臺幣九萬元以下罰金：一、持用偽造或變造之非我國護照或旅行證件，並接受出國（境）證照查

---

[7] 臺灣桃園地方法院101年易字第84號刑事判決：「被告在桃園國際機場一期航廈休息室準備搭機出境，自該休息室下樓梯後，沿著B1R登機門之通風口爬至機坪，再由桃園航勤公司辦公大樓後方爬出圍籬後逃逸，被告於當時已通過查驗櫃檯尚未登機。……然上開行為，既尚未登機離境，自始至終均係在我國國境之內所為，既無離開我國國境之行為，自無從有進入我國國境之行為，與入出國及移民法第74條之構成要件尚屬有間，尚難以入出國及移民法第74條之罪刑相繩。」

驗。二、冒用或持冒用身分申請之非我國護照或旅行證件，並接受出國
（境）證照查驗。」所謂「旅行證件」，係指護照以外，由他國（地
區）核發供持證人於國際旅行使用之身分證明文件（例如印度核發予無
國籍人之「身分證明書」）。所謂「冒用」係指假冒他人名義而行使之
意，冒用之客體內容僅記載他人身分資訊；「冒用身分申請」則係指假
冒他人名義申領之意，其客體內容可能同時含有行為人與他人之身分資
訊（例如照片為行為人，資料為他人），行為人於冒用身分申請非我國
護照或旅行證件後，尚須持該護照或旅行證件接受證照查驗，始為本項
所欲規範之行為。

　　對於持偽造、變造證件接受出國（境）證照查驗者，如受禁止出國
（境）處分，並符合本項第1款規定，可依本項第1款之規定處罰；如
未受禁止出國（境）處分，可依刑法第216條與第212條行使偽造變造
特種文書罪處罰。如冒用或持冒用身分申請之證件，因所行使者非偽造
或變造之文書，而無刑法第216條行使偽造變造文書罪之適用。故本項
第2款乃針對冒用或持冒用身分申請之非我國護照或旅行證件接受出國
（境）證照查驗之行為，予以處罰。

　　受禁止出國（境）處分者如持用經偽造或變造之非我國護照或旅行
證件，並接受出國（境）證照查驗，於其將護照或旅行證件交付查驗人
員審查時，客觀上對於我國禁止出國（境）保全程序有效性與入出境資
料正確性已構成危險，主觀上欲規避禁止出國（境）保全程序潛逃之意
思已顯露於外，倘未加以處罰，恐無法達成一般預防之目的。

　　就入出境資料正確性受侵害程度而言，持用經偽造或變造之非我國
護照或旅行證件並接受出國（境）證照查驗之行為，與持用經偽造或變
造之「我國護照」接受證照查驗之行為並無二致；惟前者係論以刑法第
216條與第212條行使偽造、變造特種文書罪，處一年以下有期徒刑、
拘役或9,000元以下罰金；後者依護照條例第29條之特別規定係處一年
以上七年以下有期徒刑，刑度有明顯差距。

　　為遏止受禁止出國（境）處分者利用本項所述不法手段潛逃，於
112年修正本法時，增訂本條第2項第1款規定，針對持用偽造或變造之

非我國護照或旅行證件，並接受出國（境）證照查驗之行為，將其刑度定為三年以下有期徒刑、拘役或科或併科新臺幣9萬元以下罰金，藉以區別行為人單純行使偽造或變造特種文書，與持用該特種文書接受出國（境）證照查驗此二種行為之不法程度，同時調和刑法與護照條例之刑度差距。

此外，就入出境資料正確性而言，冒用或持冒用身分申請之非我國護照或旅行證件接受出國（境）證照查驗之行為所造成之侵害程度，與持用經偽造或變造之我國護照或非我國護照接受證照查驗之行為並無二致，為遏止受禁止出國（境）處分者利用本款所述之不法手段潛逃，而於112年修正本法時，增訂本條第2項第2款規定。至於本條第2項第2款限定「非我國護照或旅行證件」，係因冒用或持冒用身分申請之「我國護照」，於護照條例第31條已有處罰規定，故於本項規定予以排除。

三、冒用證件或持偽造、變造、冒用身分申請之證件接受出國（境）證照查驗

行為人雖未受禁止出國（境）處分，然若有冒用或持冒用身分申請之非我國護照或旅行證件，進而接受出國（境）證照查驗程序之行為，仍將對於入出境資料正確性構成危險；惟因其並不具備受禁止出國（境）處分之身分，並無規避司法保全程序之意思，刑度上應與受禁止出國（境）處分者加以區別。

又因行為人如係持偽造或變造之非我國護照或旅行證件接受出國證照查驗程序，得依刑法第216條與第212條行使偽造變造特種文書罪論處，本條第3項乃參酌上述刑法規定之刑度，規定「冒用或持冒用身分申請之非我國護照或旅行證件，並接受出國（境）證照查驗者，處一年以下有期徒刑、拘役或科或併科新臺幣九千元以下罰金」。

第74條之1（逾期停居留及使外國人等從事與目的不符活動之處罰）

違反第七條之一第三款或第二十九條第二項規定者，處新臺幣二十萬元以上一百萬元以下罰鍰，並得按次處罰。

臺灣地區無戶籍國民或外國人，逾期停留或居留者，處新臺幣一萬元以上五萬元以下罰鍰。

意圖使逾期停留或居留之臺灣地區無戶籍國民或外國人從事不法活動而容留、藏匿或隱避之者，處新臺幣六萬元以上三十萬元以下罰鍰，並得按次處罰。

依前三項規定應處罰鍰之行為，有特殊事由經主管機關核定者，得減輕或免除處罰。

壹、導言

本條係於民國112年修正本法時所增訂之條文，其中第1項是配合增訂本法第7條之1第3款及第29條第2項所禁止之行為，而於本條明定其罰則。

第2項是將第85條第4款有關無戶籍國民或外國人逾期停留或居留之處罰，修正移列本條第2項。

第3項是鑑於容留、藏匿或隱避逾期停留或居留之無戶籍國民或外國人，提供渠等保護傘，使之躲藏於我國，係無戶籍國民、外國人逾期停留或居留人數逐年攀升之主要原因，衡量此等行為之可非難程度，而增訂本條第3項，並明定其罰則。

另，為有效降低逾期停（居）留外來人口滯留我國人數，鼓勵此類對象自行到案或檢舉非法雇主、非法仲介或容留、藏匿、隱避等幕後幫助者，以達外來人口安全管理及強化社會治安之目的。倘此類對象自行到案或檢舉非法雇主、非法仲介或容留、藏匿、隱避等幕後幫助者等情形，其應處罰鍰之行為宜有得減輕或免除處罰之彈性規定，乃於本條增訂第4項及第5項規定。

貳、內容解析

本條第1項規定，違反第7條之1第3款（任何人不得使臺灣地區無戶籍國民於我國從事與許可停留、居留原因不符之活動）或第29條第2項（任何人不得使外國人從事與許可停留、居留原因不符之活動）規定者，處新臺幣20萬元以上100萬元以下罰鍰，並得按次處罰。外國人從事與許可停留、居留原因不符之活動，依第36條第2項之規定，得強制驅逐出國或限令出國。對於使外國人或無戶籍國民從事與許可停留、居留原因不符之活動的人，則得依本項規定處以罰鍰，並得按次處罰。

外國人或臺灣地區無戶籍國民，逾期停留或居留者，依本條第2項規定，處新臺幣1萬元以上5萬元以下罰鍰。

第3項規定：「意圖使逾期停留或居留之臺灣地區無戶籍國民或外國人從事不法活動而容留、藏匿或隱避之者，處新臺幣六萬元以上三十萬元以下罰鍰，並得按次處罰。」此規定係指行為人在客觀上須有容留、藏匿或隱避無戶籍國民或外國人之行為，而在主觀上須有使逾期停留或居留之臺灣地區無戶籍國民或外國人從事不法活動之意圖，始可依本項規定處以罰鍰，並得按次處罰。此等行為應予處罰之理由，是因為其妨害我國公共秩序及入出國管理之正確性，並衍生社會治安隱憂之問題。

第4項規定：「依前三項規定應處罰鍰之行為，有特殊事由經主管機關核定者，得減輕或免除處罰。」亦即，使外國人或無戶籍國民從事與許可停留、居留原因不符之活動；意圖使逾期停留或居留之臺灣地區無戶籍國民或外國人從事不法活動而容留、藏匿或隱避該外國人或無戶籍國民；或外國人、無戶籍國民逾期停留或居留等行為，如有特殊事由經主管機關核定者，得減輕或免除處罰。此等特殊事由之認定及減免標準，由主管機關定之。（第5項）

參、綜論

外國人逾期停留或居留人數逐年攀升，迄今已高達數萬人之多，顯然已成為外來人口管理之一大問題。日本出入國管理及難民認定法第70條規定，對於逾期停留或居留之外來人口，處三年以下有期徒刑、拘役或科或併科300萬日圓（約折合新臺幣72萬元）以下罰金。韓國出入國管理法第94條規定，外國人逾期滯留該國者，處三年以下有期徒刑或2,000萬韓圓（約折合新臺幣46萬元）以下罰金。相較上揭日本及韓國立法例，本條第2項規定臺灣地區無戶籍國民或外國人，逾期停留或居留者，僅處新臺幣1萬元以上5萬元下罰鍰。是否足以有效遏止外國人、無戶籍國民逾期停留或居留之狀況，仍有待觀察。

第75條（移民業者違反登記規定之處罰）
未依第五十五條規定領取註冊登記證，或經註銷註冊登記證而經營第五十六條第一項各款移民業務者，處新臺幣二十萬元以上一百萬元以下罰鍰，並得按次處罰。

壹、導言

經營移民業務者，依法須經申請許可，如未申請即行營業，即違反法律所課予之義務，本條並訂有罰則。此為國家對人民工作自由權之限制，其須與公共利益間之維護，取得平衡。

有關國家對人民工作自由權之限制，依司法院釋字第514號解釋理由書指出：「人民營業之自由為憲法第十五條工作權及財產權應予保障之一項內涵。基於憲法上工作權之保障，人民得自由選擇從事一定之營業為其職業，而有開業、停業與否及從事營業之時間、地點、對象及方式之自由；基於憲法上財產權之保障，人民並有營業活動之自由，例

如對其商品之生產、交易或處分均得自由為之。許可營業之條件、營業須遵守之義務及違反義務應受之制裁，均涉及人民工作權及財產權之限制，依憲法第二十三條規定，必須以法律定之，且其內容更須符合該條規定之要件。若營業自由之限制在性質上，得由法律授權以命令補充規定者，授權之目的、內容及範圍，應具體明確，始得據以發布命令。」

貳、內容解析

一、限制營業自由[8]

營業自由權雖然同受職業選擇自由權範疇之保護，但應予特別說明，營業自由權與財產權同出於一源，蓋人生在世為謀生計，不出於財產即出於勞動，而財產權之內容不外乎所有與經營兩大項目，營業自由權則是實現財產權內容之方法。由於營業自由權並非社會權，因此並無社會權之保障，即國家為保護「社會持分」而有一定履行義務。不過近來在理論界亦認為營業自由權也不再是消極性權利，只以國家不加侵害為已足，而是國家應透過立法，保證對營業自由權「有效保障」。

（一）性質

屬於自由權。

（二）功能

是一種防禦性的權利。

（三）保護對象

營業自由權之行使並不只限於自然人暨本國人，蓋營業之執行往往

---

[8] 相關文獻，請參考蔡宗珍，營業自由之保障及其限制——最高行政法院2005年11月22日庭長法官聯席會議決議評釋，臺大法學論叢，35卷3期，2006年5月，頁277-321。李建良，經濟管制的平等思維——兼評大法官有關職業暨營業自由之憲法解釋，政大法學評論，102期，2008年4月，頁71-157。吳明孝，發展觀光條例第53條之合憲性研究——簡評臺北高等行政法院96年度簡字第85號判決，法治與公共治理學報，1期，2013年12月，頁1-18。

必需依賴「法人化」之形式行使結社權始克完成，因此營業自由權保護對象及於法人。又由於國際化之關係，跨國公司或多國籍公司所在多是，因此營業自由權亦擴及外國法人。

因此營業自由權之主體可分為自然人與法人，自然人方面最主要者為自由業者。

（四）內容

1. 進入行業自由。
2. 執業自由。
3. 結束營業自由。

（五）限制：營業自由權之限制來自三方面

1. 營業自由權只能在市場經濟秩序中行使，必須受國家經濟政策之統治，國家基於經濟政策上之考量，得依立法裁量權決定是否予以保障。
2. 公共利益上的考量。
3. 由於營業之執行尚涉及職業自治團體，故職業自治團體對營業自由權亦可依法律或命令之授權加以限制，例如律師法第15條授權全國律師公會聯合會訂立律師倫理規範[9]。

二、未申請經營移民業務設立許可，辦理婚姻移民手續

本法第56條第1項規定：「移民業務機構得經營下列各款移民業務：一、代辦居留、定居、永久居留或歸化業務。二、代辦非觀光旅遊之停留簽證業務。三、與投資移民有關之移民基金業務，並以保護移民者權益所必須者為限。四、其他與移民有關之諮詢業務。」

本件上訴人未申請經營移民業務設立許可，並領取註冊登記證，而於民國106年6月至107年3月間，辦理國人與印尼籍配偶之婚姻移民手續，協助該名印尼籍配偶申請來臺取得合法居留，並在Facebook社群網站刊登多篇國人於印尼結婚成功相片及內政部移民署解除管制公文，

---

9 司法院釋字第514號解釋，大法官黃越欽不同意見書。

違反本法第55條第1項規定，依同法第75條及入出國及移民法與臺灣地區與大陸地區人民關係條例及香港澳門關係條例罰鍰案件裁罰基準等規定，對上訴人裁處罰鍰新臺幣20萬元。

上訴人不服指出：臉書截圖眞偽無法證實，移民署大隊通知上訴人108年6月6日製作筆錄，未告知任何訊息，使上訴人無法答辯，原處分爲無效處分，爲法所不容，原判決認事用法違誤等語。法院審查認爲上訴人之上訴理由，係就原審取捨證據、認定事實之職權行使，指摘其爲不當，而非具體說明原判決有何不適用法規或適用法規不當之情形，難認對原判決之如何違背法令已有具體之指摘，應認其上訴爲不合法[10]。

三、未經許可刊載專辦跨國結婚之依親廣告

另有一原告刊載專辦越南結婚依親各項文件廣告，並載有聯絡電話，廣告用語明確，其招攬代辦非觀光旅遊之停留簽證之移民業務，而原告亦於移民署臺東縣專勤隊調查時自承該廣告係其刊登，刊登廣告係爲專門代辦越南結婚依親手續，每件收費美金500元，符合本法第56條第1項第2款規定之移民業務，足認定原告違規事實明確，按法定最低額20萬元處罰[11]。

原告主張：其刊登廣告經告知違法時即行停止刊登，刊登期間未有人委託，無檢舉人檢舉，無與任何人簽得合約，無幫忙辦理之任何文件，也無收取任何費用；且其曾至被告及外交部領事事務局之網站查詢各項申請說明，顯示該項業務實屬外交部駐外大使館或經濟文化辦事處，並無任何一向說明需在國內向移民署申請業務，因此原告主觀上並未觸犯入出國及移民法第56條第1項規定等情。

刊登廣告即屬於營業行爲，蓋以廣告刊登之目的即在招攬業務，且原告若無營業之準備，自不可能刊登廣告招攬生意，且廣告之效益即在於隨時有相對人可能與原告簽約辦理移民業務。本案違反移民業務，其

---

10 臺北高等行政法院110年度簡上字第8號裁定。
11 另請參考陳正根，行政罰法之責任主義，中央警察大學學報，43期，2006年7月，頁167-190。

主管機關係移民署，而與簽證之主管機關無涉，自不得混同誤認。原告既以廣告刊登之方式在招攬移民業務，其主觀上已有經營移民業務之認知，原告此部分之主張，亦無從為其有利之證明[12]。

四、在臉書刊登赴美「學飛」廣告

張男在個人臉書刊登赴美「學飛」廣告，可以「有條件的申請綠卡」，遭內政部認定違反入出國及移民法中「經營移民業務者，以公司組織為限」規定，裁罰20萬元。判決指出張男在臉書刊登「綠卡＋學飛夢想方案」、「位於美國亞特蘭大的The Flight School，提供同學可以在學飛的過程，有條件的申請綠卡。讓你在畢業後，完全不用擔心就業的問題，一路走在為你設計好的道路上，直到主要航空的機長一職。張男在個人臉書刊登廣告，要有意報名的民眾私訊聯絡，並由張男確定民眾是否符合條件，再告知說明會地點，加上說明會地點由張男負責提供，足可認定張男已違反本法「經營移民業務者，以公司組織為限」規定，內政部依法裁罰無誤[13]。

有關違反本法第55條第1項、第2項之裁罰基準：1.第一次違規者，處新臺幣20萬元罰鍰；2.第二次違規者，處新臺幣40萬元罰鍰；3.第三次違規者，處新臺幣60萬元罰鍰；4.第四次違規者，處新臺幣80萬元罰鍰；5.第五次以上違規者，處新臺幣100萬元罰鍰；6.經裁處後，仍繼續違規營業者，得按次處罰[14]。

五、按次處罰

主管機關對於有無違反行政法上義務，應逐一依職權調查事實及證據，以作為裁罰之基礎，而非不逐次查驗，即「按日」予以處罰。是有關「按日連續處罰」之規定，法制上建議修正為「按次處罰」[15]。

---

[12] 臺北高等行政法院100年度簡字第182號判決。

[13] 個人刊登移民廣告挨罰20萬元——提告抗罰敗訴，自由時報，2022年2月18日。

[14] 入出國及移民法與臺灣地區與大陸地區人民關係條例及香港澳門關係條例罰鍰案件裁罰基準。

[15] 法務部104年法制字第10402521270號函。法務部102年1月23日法律字第10100258120號函。

参、綜論

　　本條文爲規範經營移民業務者，須經申請許可，如未申請許可而爲營業，已違反法律所課予義務，本條文並訂有罰則。

　　有關國家對人民工作自由權之限制，基於憲法上工作權之保障，原則人民得自由選擇從事一定之營業爲其職業，而有開業、停業與否及從事營業之時間、地點、對象及方式之自由；基於憲法上財產權之保障，人民並有營業活動之自由。例外國家對人民營業之限制，須有重大公共利益考量之必要，且須以法律明文規定，始可爲之。

第76條（違法婚姻媒合之罰則）
有下列情形之一者，處新臺幣二十萬元以上一百萬元以下罰鍰，並得按次處罰：
一、公司或商號從事跨國（境）婚姻媒合。
二、從事跨國（境）婚姻媒合而要求或期約報酬。

壹、導言

　　明定公司或商號從事跨國（境）婚姻媒合及任何人從事跨國（境）婚姻媒合而要求或期約報酬之罰則，並得按次處罰，其罰鍰額度依入出國及移民法與臺灣地區與大陸地區人民關係條例及香港澳門關係條例罰鍰案件裁罰基準規定爲之。

　　所稱按次處罰，乃依行爲人違規之次數分別處罰之；按行政罰法第25條規定：「數行爲違反同一或不同行政法上義務之規定者，分別處罰之。」意即，對於違反本條規定之行爲人，如經裁罰後，再次違反者，屬另一違反行政法上義務之行爲，則應分別處罰之。

　　本條之裁罰規定原爲「按次連續處罰」，嗣本法於112年6月28日

修正後，始改為「按次處罰」。依最高行政法院98年11月份第二次庭長法官聯席會議決議，對「按次連續處罰」之見解，係指對於違規事實一直存在之行為，已對公益或公共秩序造成影響，主管機關得藉裁處罰鍰之次數，作為認定其違規行為之次數，即每裁處罰鍰一次，即認定有一次違反行政法上義務之行為發生而有一次違規行為，除法律有特別規定處罰間隔及期間，或違規事實改變而非持續存在之情形者外，則前次處罰後之持續違規行為，即為下次處罰之違規事實，始符所謂「按次連續處罰」之本旨。

然違反本條文規定者，無論是公司行號從事跨國（境）婚姻媒合，或從事跨國（境）婚姻媒合而要求期約報酬者，經處罰後，該違規行為即已結束，並不會持續存在而影響公益，應無可連續處罰之違規事實，再犯者，按次處罰之。

貳、內容解析

本條規定之罰鍰金額為新臺幣20萬元以上100萬元以下，裁處金額之多寡係以違規次數作為裁罰基準，第一次違規者，處新臺幣20萬元罰鍰；第二次違規者，處新臺幣40萬元罰鍰；第三次違規者，處新臺幣60萬元罰鍰；第四次違規者，處新臺幣80萬元罰鍰；第五次以上違規者，處新臺幣100萬元罰鍰；經裁處後，仍繼續違規營業者，得按次處罰。各款處罰規定解析如下：

一、公司或商號從事跨國（境）婚姻媒合

依本法第58條第1項規定：「跨國（境）婚姻媒合不得為營業項目。」既言營業項目，則其自係存有營業，而本款明文以公司或商號即一般通稱或認知之營業主體作為規範主體，可知本款之處罰，係針對違反本法第58條第1項而為，當得認移民法第58條第1項所規範之主體為

公司及商號[16]。公司或商號雖受規範不得將跨國（境）婚姻媒合列爲營業項目，仍可能在未列營業項目之情況下從事跨國（境）婚姻媒合，則按本條規定處罰該公司或商號。

二、從事跨國（境）婚姻媒合而要求或期約報酬

本法第58條第2項規定：「跨國（境）婚姻媒合不得要求或期約報酬。」如從事跨國（境）婚姻媒合者向受媒合雙方要求或期約報酬，即構成違法要件，按本款處罰。然本法第58條第2項具有同條第1項補遺規定之意旨，因此所規範之主體係本法第58條第1項所規範主體以外之人，包含自然人、財團法人及非以營利爲目的之社團法人等非營業主體，又本款之處罰係針對本法第58條第2項所爲[17]，因此本款之處罰對象應不包含前款規定之公司或商號；又本款處罰之行爲係針對主動要求或與受媒合者約定婚姻媒合之報酬，並非全面禁止從事跨國（境）婚姻媒合，如受媒合者於媒合成功後主動致贈金錢或財產上利益予媒合者，並非屬要求或期約報酬[18]，不適用本款之處罰規定。

參、綜論

本條第2款是否符合憲法第15條保障人民財產權之意旨爲司法院釋字第802號解釋爭點之一；按該解釋文認爲本條第2款規定與憲法第15條保障人民財產權之意旨尚無違背，其理由爲本條第2款規定已授予主管機關得依違規情節之輕重而予處罰之裁量權，符合憲法責罰相當原則，且尚有行政罰法第8條及第18條等有關減輕處罰規定之適用，而得以避免個案處罰顯然過苛而有情輕法重之情形。

針對802號解釋對於本條第2款是否合憲部分，部分大法官提出不

16　參見司法院釋字第802號解釋之楊惠欽大法官協同意見書。

17　同前註。

18　參見司法院釋字第802號解釋理由書。

同意見摘述給下：

一、蔡明誠大法官：認為本條第1款及第2款區分是否具商業目的行為，然本條第2款非屬商業目的行為，對獲取報酬不高或媒合次數甚少者，是否處相同罰鍰，不無商榷之餘地；再者，雖謂有80萬元處罰之衡量空間，然本條第2款所謂從事跨國（境）婚姻媒合者之範圍甚為廣泛，如不予以適度限縮，恐有過苛之疑慮，而與責罰相當原則不符；又行政罰法雖有減輕之規定，於實務上，恐仍難免發生情輕法重之情形。

二、黃虹霞大法官：認為本款裁罰下限金額為20萬元，而經查一般婚姻媒合者（含跨國（境）之婚姻媒合者）之平均實得金錢報酬極有限，所為平均裁罰金額仍超過實得報酬之5倍，確屬顯然過苛，亦不具妥當性，其處罰已逾越必要之程度，自亦不符憲法第23條比例原則，與憲法第15條保障人民財產權之意旨亦有違背。

三、黃瑞明大法官：認為對於初次違反、非以從事跨國（境）婚姻媒合為常業，且約定媒合報酬與裁罰金額相較，不符比例原則時，實無處罰之必要；若僅為預防跨國（境）婚姻媒合商業化或防制迴避管制而對所有要求或期約報酬之媒合行為一律加以處罰，即屬有罪推定而過度處罰；故有必要修改本款規定，就個人基於私人關係偶然所為之婚姻媒合，於一定條件下設免罰之除外規定，且讓法官對個案是否涉及營利性有較大之裁量權，俾免過苛而殃及無辜。

對於本條第2款是否憲法保障人民財產權，第802號解釋雖認無違背，惟仍有多位大法官持不同意見，認為處罰過苛，違反比例原則，應有修正之空間。筆者亦認同上揭大法官不同意見書之觀點，綜整提出以下修法建議：

一、處罰對象應予限縮

政府推動跨國（境）婚姻媒合公益化，旨在避免跨國（境）婚姻成為交易之商品，被有心人士甚至人蛇集團利用媒合之名，行人口販運之實，違背婚姻的本質意義。因此本條第1款明定公司或商號從事跨國

（境）婚姻媒合之罰則，即在避免商業化行為；而本條第2款應在處罰利用媒合手段，謀取不當利益或所媒合之婚姻屬通謀虛偽結婚者，至於個人非基於營業目的，偶爾從事跨國（境）婚姻媒合，而收取合理之服務費，應無處罰之必要，得排除本條第2款之適用。另從事跨國（境）婚姻媒合者，如涉及詐欺、人口販運之違法行為，自應按刑法或人口販運防制法等規定之相關刑責論處，與本條第2款之規定無涉。

二、罰鍰金額應符合比例原則

本條規定罰鍰金額為新臺幣20萬元以上100萬元以下，若處罰對象為公司、商號或常業組織犯罪者，其在於避免商業化及打擊犯罪，尚屬合理；惟若處罰對象為前揭對象以外之一般民眾，則罰則似有過重之虞。按第802號解釋釋憲申請書記載，申請釋憲之從事跨國（境）婚姻媒合案件中，所獲取之報酬及裁罰比例分別為：1.收取報酬新臺幣1萬8,000元，裁罰新臺幣20萬元；2.收取報酬新臺幣3萬6,000元，裁罰新臺幣20萬元；3.收取報酬新臺幣2,000元，裁罰新臺幣7萬元（已依行政程序法規定減輕之）[19]；末案雖已予裁量至最低罰鍰，但罰鍰仍為報酬之35倍，顯失衡平。

本條之處罰對象及其違法態樣相當繁複，未經區隔處罰對象及違法程度，僅規範一致性之罰鍰，似有行政怠惰之虞。雖第802號解釋未認違憲，卻有多位大法官提不同意見，主管機關本於權責應仍可參酌多方意見，作為修法之考量，以維護人民之權益。

第77條（違反第4條第1項及第5條規定之處罰）
有下列情形之一者，處新臺幣十萬元以上五十萬元以下罰鍰：
一、違反第四條第一項規定，入出國未經查驗。
二、違反第五條第一項但書規定，未經核准而出國。

---

[19] 參見司法院釋字第802號解釋之黃虹霞大法官不同意見書。

壹、導言

　　本條首先係針對違反本法第4條第1項之人，即入出國未經查驗者，所訂處罰之規定，本法於112年6月修正公布本條，係為有效嚇阻不法，提高原第84條入出國未經查驗者所處罰鍰數額，另為遵循法律案罰則之制定原則，罰則規定應按罰鍰金額由重至輕之條序排列，爰將原第84條移列至第1款。又依據本法第5條規定，居住臺灣地區設有戶籍國民入出國，不須申請許可。在此係保障人民居住與遷徙等行動自由，然而本法第5條但書規定，國家安全之人員，應先經其服務機關之核准，才可出國。故在本條規定，倘若國家安全人員未依第5條規定，向服務機關報請核准，而擅自出國，予以處新臺幣10萬元以上50萬元以下罰鍰罰鍰。在此規定所牽涉在於國家安全人員出國之規範以及行政罰鍰之比例原則以及裁量等問題，應一併探討。

貳、內容解析

一、違規行為之態樣：違反入出國查驗之義務

　　綜觀本法所定入出國（境）查驗之程序，應得概分為依據本法第4條所採行之一般文件查驗，以及依據本法第91條或自動通關系統作業要點之規定，運用生物特徵辨識科技所為之特殊查驗。內政部為使違反本法、臺灣地區與大陸地區人民關係條例第87條、第87條之1、第89條、第91條及香港澳門關係條例第47條之1案件之裁罰，符合比例原則及平等原則，並提升公信力，遂訂定「入出國及移民法與臺灣地區與大陸地區人民關係條例及香港澳門關係條例罰鍰案件裁罰基準」，其中針對違反本法第4條第1項之違規情形，共明列三種行為態樣，包括：

　　（一）臺灣地區有戶籍國民入國或未受禁止出國處分出國，未經證照查驗者。

　　（二）臺灣地區無戶籍國民、大陸地區人民或香港或澳門居民，持

有效入出國許可證件入國或未受禁止出國處分出國，未經證照查驗者。

（三）外國人持有效入出國許可證件入國或未受禁止出國處分出國，未經證照查驗者。

以上三種類型之共同之處在於其並未遭禁止出國，亦持有所需有效許可證件，然有迴避證照查驗程序之行為，故予以處罰[20]。

惟針對後二類之情形，由於本法第91條第1項明定：「外國人、臺灣地區無戶籍國民、大陸地區人民、香港及澳門居民於入出國（境）接受證照查驗或申請居留、永久居留時，移民署得運用生物特徵辨識科技，蒐集個人識別資料後錄存。」而移民署依據同條第4項所訂定之個人生物特徵識別資料蒐集管理及運用辦法，其中第3條亦規定：「外國人、臺灣地區無戶籍國民、大陸地區人民、香港及澳門居民於入國（境）時，除有本法第九十一條第二項各款情形之一者外，應於入國（境）查驗時接受移民署錄存及辨識其個人生物特徵識別資料；已接受個人生物特徵識別資料錄存者，於每次入出國（境）查驗時，仍應接受個人生物特徵識別資料之辨識。」亦即其於入出國查驗程序中，將錄存及／或識別其個人生物特徵識別資料，以確認身分。觀諸2015年2月4日本法第91條第1項之修正理由：「至外國人出國（境）時，拒絕接受個人生物特徵識別資料辨識之外來人士，得依原條文第六十四條第一項第二款規定，予以暫時留置，並於確認身分後，再行查驗出國（境）。」可知，錄存與辨識個人生物特徵識別資料之目的在於確認身分，由於本法並未限制有戶籍國民以外之人必須以特定之形式完成身分之確認，故若得以其他方式達到確認身分之目的，並完成查驗程序，應即得許其入出國（境）。因此，拒絕於查驗程序中以生物特徵辨識科技辨識身分，即不應當然地被視為違反入出國查驗之義務，而須依本法處罰。

自動查驗通關系統亦係運用生物特徵辨識科技確認入出國境者之身分，惟因自動查驗通關系統係當事人基於自主意願加入，其於入出國

---

[20] 本法112年6月修正前第84條修正理由二、參照。

（境）查驗時，原即得自由選擇以一般通關或自動通關之方式入出國（境），惟若其既未循自動通關入出國（境），亦未走一般證照查驗通道入出國（境）時，則當然將構成「違反入出國查驗之義務」，予以裁罰，自不待言。

二、法律效果與裁量基準

本條規定雖未給予主管機關決定是否裁罰之裁量空間，但於罰鍰額度部分，允許移民署據其專業就個案之情況，於10萬元以上50萬元以下之範圍內，斟酌選擇適當之罰鍰金額，以符責罰相當原則。內政部所訂頒之「入出國及移民法與臺灣地區與大陸地區人民關係條例及香港澳門關係條例罰鍰案件裁罰基準」中，針對違反本法第4條第1項之違規情形，依其違規次數區分為：第一次違規者，處新臺幣10萬元罰鍰；第二次違規者，處新臺幣20萬元罰鍰；第三次以上違規者，則處新臺幣30萬元罰鍰；第四次以上違規者，則處新臺幣40萬元罰鍰；第五次以上違規者，則最高罰鍰處新臺幣50萬元罰鍰。另外，針對未滿14歲者，不罰；14歲以上未滿18歲者，裁罰金額則減半計算[21]。

三、國安人員出國之核准

前述本法第5條釋義，從學理判定國家安全之人員，仍有其困難，故本條授權相關機關訂定經授權之法規命令規範，此相關機關為國家安全局、內政部、國防部、法務部、海洋委員會。依據內政部訂定「內政部及所屬機關涉及國家安全人員申請出國辦法」，其第3條規定：「本辦法所定本部及所屬機關涉及國家安全人員，為涉及國家安全或重大利益公務人員特殊查核辦法第二條第一項附表表列職務一覽表內所列本部及所屬一級機關人員。」然而重點仍在國家安全之人員，縱使可依授權命令規範，其出國乃為人民行動自由之基本人權，其確實仍應考量有關國家安全人員之定義以及出國之核准要件與程序，以法律定之，以保障

---

[21] 行政罰法第9條第1項及第2項明定：「未滿十四歲人之行為，不予處罰。十四歲以上未滿十八歲人之行為，得減輕處罰。」其與前述規範之意旨相符。

人民居住遷徙等行動自由之基本權。

四、行政罰鍰

本條規定，國安人員若未經核准擅自出國，則由主管機關處新臺幣10萬元以上50萬元以下罰鍰。針對本條罰則之性質，係為純粹典型之行政罰，適用行政罰法。在實務上，重要者為可能適用行政罰法第11條，有關依法令之行為不罰，在此倘若國安人員係依據上級命令出國，而未經核准，應由上級長官負責。

本條罰鍰10萬至50萬，裁罰之裁量空間大，應依據比例原則等法理裁處，在此更應注意適用行政罰法第18條第1項規定：「裁處罰鍰，應審酌違反行政法上義務行為應受責難程度、所生影響及因違反行政法上義務所得之利益，並得考量受處罰者之資力。」以達成所謂合義務行裁量之行政目的。

參、綜論

內政部就本法罰鍰案件所訂頒之「入出國及移民法與臺灣地區大陸地區人民關係條例及香港澳門關係條例罰鍰案件裁罰基準」，針對違反第4條第1項規定者，僅以違規次數作為定罰鍰金額之標準，且在違規次數相同之個案中，皆給予定額裁罰，是否符合「裁處罰鍰，應審酌違反行政法上義務行為應受責難程度、所生影響及因違反行政法上義務所得之利益，並得考量受處罰者之資力」[22]，以及「已預留視違規情節輕重而予處罰之範圍，對於個案處罰顯然過苛之情形，並有適當調整機制」[23]之要求？實務上應如何確保行政機關依據個案具體情況為最適之裁量，於個案中呈現違規行為與罰鍰額度間之關聯，應仍有強化之空間。

---

[22] 請參考行政罰法第18條第1項。
[23] 司法院釋字第802號解釋理由書第13段參照。

　　值得觀察的是，國家安全之人員，縱使可依授權命令規範，其出國乃爲人民行動自由之基本人權，故出國之核准要件與程序，仍應以法律定之爲愼重，以保障人民居住遷徙等行動自由之基本權。而倘若國家安全人員違反出國報准之規定，所受10萬元以上50萬元以下之罰鍰，應適用行政罰法第18條規定，實施合義務性之正確裁量，並考量比例原則予以適當裁處。

第78條（違反第58條、第59條規定之罰則）

有下列情形之一者，處新臺幣十萬元以上五十萬元以下罰鍰，並得按次處罰：

一、違反第五十八條第三項規定，委託、受託或自行散布、播送或刊登跨國（境）婚姻媒合廣告。

二、違反第五十九條第一項規定，未經許可或許可經撤銷、廢止而從事跨國（境）婚姻媒合。

壹、導言

　　明定散布、播送或刊登跨國（境）婚姻媒合廣告，以及未經許可或許可經撤銷、廢止而從事跨國（境）婚姻媒合之罰則，並得按次處罰[24]。其罰鍰數額度依入出國及移民法與臺灣地區與大陸地區人民關係條例及香港澳門關係條例罰鍰案件裁罰基準規定爲之。

　　另內政部移民署爲客觀審認及裁罰違反有關跨國（境）婚姻媒合事項，設置跨國（境）婚姻媒合管理審查小組，其任務在於：1.違法從事跨國（境）婚姻媒合行爲之認定；2.在臺灣地區違法委託、受託或自行散布、播送或刊登跨國（境）婚姻媒合廣告之認定；3.經本署許可從事跨國（境）婚姻媒合之法人團體違法情形之認定；4.違法跨國（境）婚

---

[24] 有關按次連續處罰之說明，請參見本法第76條導言。

姻媒合裁罰案件，依行政罰法得減輕裁罰之認定。爰違反本條之情形，均應經審查小組審認確定。

貳、內容解析

一、違反第58條第3項規定，委託、受託或自行散布、播送或刊登跨國（境）婚姻媒合廣告

本法第58條第3項規定：「任何人不得於廣告物、出版品、廣播、電視、電子訊號、電腦網路或以其他使公眾得知之方法，散布、播送或刊登跨國（境）婚姻媒合廣告。」爰包含自然人及法人之任何人，如違法散布、播送或刊登跨國（境）婚姻媒合廣告者，均依本條按次連續處罰，裁罰基準如下：

（一）以傳單、電子訊號、廣告看版、其他廣告物刊登，促銷推廣活動或以其他使公眾得知之方法：

1.第一次違規者，處新臺幣10萬元罰鍰。

2.第二次違規者，處新臺幣20萬元罰鍰。

3.第三次違規者，處新臺幣30萬元罰鍰。

4.第四次違規者，處新臺幣40萬元罰鍰。

5.第五次以上違規者，處新臺幣50萬元罰鍰。

（二）於報紙、雜誌刊登者；委託者部分，以委託刊登則數為基準，一則即為一行為，處一次罰鍰；受委託者部分，依每日（期）為標準，不論當日（期）所刊登則數多寡，均為一行為，處一次罰鍰；惟於裁罰範圍內增處罰鍰金額，基準如下：

1.第一次違規者：10則以下，處新臺幣10萬元罰鍰；11則以上、30則以下，處新臺幣15萬元罰鍰；31則以上，處新臺幣20萬元罰鍰。

2.第二次違規者：10則以下，處新臺幣20萬元罰鍰；11則以上、30則以下，處新臺幣25萬元罰鍰；31則以上，處新臺幣30萬元罰鍰。

3.第三次違規者：10則以下，處新臺幣30萬元罰鍰；11則以上、

30則以下，處新臺幣35萬元罰鍰；31則以上，處新臺幣40萬元罰鍰。

　　4.第四次違規者：10則以下，處新臺幣40萬元罰鍰；11則以上、30則以下，處新臺幣45萬元罰鍰；31則以上，處新臺幣50萬元罰鍰。

　　5.第五次以上違規者：不論則數一律處新臺幣50萬元罰鍰。

　　（三）於廣播頻道、有線電視、無線電視、衛星電視頻道及播映（送）者，以節目廣告之實際播出數為標準，每播映（送）一次即為一行為，處委託者及受託者一次罰鍰：

　　1.第一次違規者，處新臺幣10萬元罰鍰。

　　2.第二次違規者，處新臺幣20萬元罰鍰。

　　3.第三次違規者，處新臺幣30萬元罰鍰。

　　4.第四次違規者，處新臺幣40萬元罰鍰。

　　5.第五次以上違規者，處新臺幣50萬元罰鍰。

　　（四）於電腦網路刊登者，以網址數為認定標準，並以一行為論處，其於處分書合法送達後仍繼續刊登者，則視為另一行為，得再予處罰：

　　1.第一次違規者，處新臺幣10萬元罰鍰。

　　2.第二次違規者，處新臺幣20萬元罰鍰。

　　3.第三次違規者，處新臺幣30萬元罰鍰。

　　4.第四次違規者，處新臺幣40萬元罰鍰。

　　5.第五次以上違規者，處新臺幣50萬元罰鍰。

　　（五）經裁處後，仍繼續違規者，得按次處罰。

　　至於在裁罰構成要件部分，在認定上，應以廣告內容是否確有從事婚姻媒合之動機，而非以廣告標題作為判斷；另民眾於社群軟體公開為自己徵婚而貼文者，或是於通訊軟體以私訊對話，或是僅於社群網站貼文中留言「可介紹外籍或大陸女子」等文字，無媒合對象等相關資訊，均難認其為廣告之行為，自不應予以裁罰。

二、違反第59條第1項規定，未經許可或許可經撤銷、廢止而從事跨國（境）婚姻媒合

本法第59條第1項規定：「財團法人及非以營利爲目的之社團法人從事跨國（境）婚姻媒合者，應經移民署許可，並定期陳報媒合業務狀況。」爰未經許可或許可經撤銷、廢止而從事跨國（境）婚姻媒合之法人，依本條按次處罰，裁罰基準如下：

（一）第一次違規者，處新臺幣10萬元罰鍰。

（二）第二次違規者，處新臺幣30萬元罰鍰。

（三）第三次以上違規者，處新臺幣50萬元罰鍰。

（四）經裁處後，仍繼續違規者，得按次處罰。

參、綜論

本法第59條第1項規定財團法人及非以營利爲目的之社團法人得向移民署申請許可從事跨國（境）婚姻媒合，對於未經許可者予以裁罰；然本法並未規定自然人不得從事跨國（境）婚姻媒合，亦未規定自然人從事跨國（境）婚姻媒合應經許可，爰只要不違反本法第58條第2項「不要求或期約報酬」之規定，自然人非本於營業之意圖，無須經許可亦得從事跨國（境）婚姻媒合[25]；因此，自然人並不屬於本條規定處罰之對象。

第79條（違反第55條、第56條規定之處罰）

代辦移民業務之公司有下列情形之一者，處新臺幣三萬元以上十五萬元以下罰鍰，並令其限期改善；屆期未改善者，勒令歇業：

一、未依第五十五條第三項規定，向移民署申請換發註冊登記證。

二、違反第五十六條第二項規定，國外移民基金未逐案經移民署許可。

---

25 參見司法院釋字第802號解釋之楊惠欽大法官協同意見書。

三、違反第五十六條第三項規定，收受投資移民基金相關款項。

四、違反第五十六條第四項規定，散布、播送或刊登未經審閱確認或核定之移民業務廣告。

五、違反第五十六條第六項規定，未每年陳報移民業務相關統計、陳報不實、未依規定保存相關資料或規避、妨礙、拒絕查核。

六、違反第五十六條第七項規定，未與委託人簽訂書面契約。

依第五十五條第一項但書規定經營移民業務者，有前項各款情形之一，處新臺幣三萬元以上十五萬元以下罰鍰，並令其限期改善；屆期未改善者，註銷註冊登記證及公告之。

廣告物、出版品、廣播、電視、電子訊號、電腦網路或其他媒體業者違反第五十六條第五項規定者，處新臺幣三萬元以上十五萬元以下罰鍰，並令其停止散布、播送或刊登；未停止散布、播送或刊登者，處新臺幣六萬元以上三十萬元以下罰鍰，並得按次處罰。

壹、導言

　　本條文為規定移民業務機構違反相關禁止規定，予以處新臺幣3萬元以上15萬元以下罰鍰，並令其限期改善；屆期仍不改善者，勒令歇業。勒令歇業後，如再有營業，即構成未經許可而經營移民業務之行為，依法亦屬另一種違法之行為。本條文第1項之處罰原因類型，共列出六種態樣。包括，未向移民署申請換發註冊登記證。受理諮詢、仲介移民基金，未逐案經移民署許可等行為。

　　本條第1項第2款規定：「違反第五十六條第二項規定，國外移民基金未逐案經移民署許可。」所稱移民基金，依入出國及移民法施行細則第30條：「本法第五十六條、第五十七條及第七十九條所稱移民基金，指移居國針對以投資方式而取得該國之居留資格者所定之投資計畫、方案或基金。」

　　何謂經限期改善，屆期未改善？以就業服務法第72條第3款所定「經限期改善，屆期未改善」而言，係指雇主指派所聘僱之外國人從事

許可以外之工作，或雇主未經許可，指派所聘僱從事本法第46條第1項第8款至第10款規定工作之外國人變更工作場所者，經當地直轄市或縣（市）主管機關處以罰鍰，並限期改善屆期未改善，復為查獲仍指派所聘僱之同一外國人或其他外國人，而違反本法第57條第3款或第4款之同一條款規定者而言[26]。

有關連續舉發及隨同多次處罰[27]，依司法院釋字第604號解釋理由書指出：「立法者固得以法律規定行政機關執法人員得以連續舉發及隨同多次處罰之遏阻作用以達成行政管制之目的，但仍須符合憲法第二十三條之比例原則及法律授權明確性原則。申言之，以連續舉發之方式，對違規事實繼續之違規行為，藉舉發其違規事實之次數，評價及計算其法律上之違規次數，並予以多次處罰，藉多次處罰之遏阻作用，以防制違規事實繼續發生，此種手段有助於目的之達成，對維護交通秩序、確保交通安全之目的而言，在客觀條件之限制下，更有其必要性及實效性。惟每次舉發既然各別構成一次違規行為，則連續舉發之間隔期間是否過密，以致多次處罰是否過當，仍須審酌是否符合憲法上之比例原則，且鑑於交通違規之動態與特性，進行舉發並不以違規行為人在場者為限，則立法者欲藉連續舉發以警惕及遏阻違規行為人任由違規事實繼續存在者，自得授權主管機關考量道路交通安全等相關因素，將連續舉發之條件及前後舉發之間隔及期間以命令為明確之規範。」

貳、內容解析

一、移民業務機構違規行為數

移民業務機構違規行為數之認定，須符合行政罰法理論。

違反行政法上義務之行為是否為「一行為」，應依個案具體判斷，

---

[26] 行政院勞工委員會勞職外字第0950505885號令。
[27] 另請參考王服清、戴鈞宏，論我國行政法規中「連續處罰」之性質，科技法學論叢，5期，2010年4月，頁51-98。

就個案具體情節，斟酌法條文義、立法意旨、制裁意義、期待可能與社會通念等因素決定之。易言之，並非以「自然意義的行為」為出發點，須從行政法作為行為規範特性切入，行政法既為行為規範，則行政法上之行為係以行為人之外部行為為規範對象，其內部意思為何則非唯一判斷標準，行為人縱係基於「單一決意」所為，構成違反相同法益之「多次行為」，於行政法上仍得評價為「數行為」[28]。

　　「一行為違反數個行政法上義務規定而應處罰鍰者，依法定罰鍰額最高之規定裁處。但裁處之額度，不得低於各該規定之罰鍰最低額。」「數行為違反同一或不同行政法上義務之規定者，分別處罰之。」行政罰法第24條第1項及第25條分別定有明文。準此，行為人違法之行為如評價為一行為（包括「自然一行為」與「法律上一行為」），縱違反數個行政法上義務規定，亦僅能依同法第24條規定裁罰；如認係數行為則應依同法第25條規定分別處罰；至違法之行為究應評價為「一行為」抑或「數行為」乃個案判斷之問題，並非僅就法規與法規間之關聯或抽象事實予以抽象判斷，必須就具體個案之事實情節依據行為人主觀犯意、構成要件之實現、受侵害法益及所侵害之法律效果，斟酌被違反行政法上義務條文之文義、立法意旨、制裁之意義、期待可能性與社會通念等因素綜合判斷決定之[29]。

　　所謂「法律上一行為」，即從違反行政法上義務之法律觀點，可認為係一行為。換言之，多數自然行為基於法律上原因而結合成為一行為，例如，在某一密切的時間、空間關聯內，以同一方式重複實施違反行政法上義務構成要件行為，而因其特殊之相互依存關係，可視為一行為[30]。

二、限期改善，屆期仍不改善

　　改正或改善通知之前置程序，如依勞動檢查法第22條第2項規定：

---

[28]　高雄高等行政法院107年度訴字第472號判決。
[29]　法務部法律字第10100258120號、法制字第10402521270號函。
[30]　林錫堯，行政罰法，2版，2012年11月，頁82-85。轉引自法務部法制字第10402521270號函。

「勞動檢查員於實施檢查後應作成紀錄，告知事業單位違反法規事項及
提供雇主、勞工遵守勞動法令之意見。」第25條第1項規定：「勞動檢
查員對於事業單位之檢查結果，應報由所屬勞動檢查機構依法處理；其
有違反勞動法令規定事項者，勞動檢查機構並應於十日內以書面通知事
業單位立即改正或限期改善……。」核其內容，係就實施勞動檢查之後
續行政措施所為具體規範，以貫徹勞動法令之執行，避免雇主繼續違反
行政法上義務，危害勞工之權益。

　　依勞動檢查法所為之改正或改善通知，並非主管機關依勞基法相關
規定作成裁罰處分之前置程序，而與勞基法第79條第1項第1款及第80
條之1第1項規定無涉。又觀諸勞基法前揭規定內容，並未以對行為人
先行告知違法事項、限期命改善為其處罰法定正當行政程序，亦未規定
須作成告知違法事項、限期命改善之先行措施後，始得予以裁罰。再按
行政機關於裁罰前，應給予當事人陳述意見機會，無非在確保行政處分
內容之正確，倘事證已明，自無課予行政機關為該程序之義務，參照行
政程序法第103條第5款規定即明。原告違法事實已經明確，因此被告
依法得不給予陳述意見之機會，尚無原告所主張之未給予陳述意見之程
序瑕疵。何況，被告於作成原處分時，固未給予原告陳述意見之機會，
惟於訴願階段，原告已於其所提出之訴願書充分陳述意見，亦即此未給
予陳述意見之瑕疵，已因此而補正[31]。

三、相關變更陳報移民署許可

　　依「移民業務機構及其從業人員輔導管理辦法」第17條規定：
「移民業務機構有下列情事之一者，應檢附變更註冊登記證申請書及下
列文件陳報入出國及移民署申請變更許可：一、公司名稱變更：公司章
程、股東同意書或股東會議事錄、經濟部公司名稱及所營事業登記預查
申請表影本。二、負責人或一定金額以上實收資本額變更：公司章程、
董事會議事錄、股東同意書或股東會議事錄。三、公司地址變更：董事

---

[31]　高雄高等行政法院107年度訴字第472號判決。

會議事錄或股東同意書（第1項）。移民業務機構增列或刪除經營本法第五十六條第一項第三款業務者，應檢附變更註冊登記證申請書、公司章程及股東同意書或股東會議事錄等文件，向入出國及移民署申請許可；無前項各款變更事項者，應於許可後三十日內，檢附換發註冊登記證申請書向入出國及移民署申請換發註冊登記證（第2項）。第一項移民業務機構變更註冊登記證事項，經入出國及移民署變更許可，應於依法辦妥公司變更登記後三十日內，檢附換發註冊登記證申請書及公司登記證明文件向入出國及移民署申請換發註冊登記證（第3項）。前項移民業務機構經許可變更營業項目者，逾期申請換發註冊登記證，入出國及移民署應廢止其變更許可。但有正當理由者，得申請延長三十日，並以一次為限（第4項）。前二條外國移民業務機構分公司及外國法事務律師事務所之名稱、負責人或地址變更，準用第一項及第三項規定（第5項）。」

　　有關公司合併後之權利義務規範，依公司法第75條規定「因合併而消滅之公司，其權利義務，應由合併後存續或另立之公司承受」。存續公司擬於合併時一併更名使用消滅公司之名稱，法無明文禁止，尚屬可行。惟應依公司法第18條、公司名稱及業務預查審核準則之規定，申請公司名稱變更預查。審查確認該公司名稱並未與其他尚未清算完結之公司同名後，將於預查表上附加條件（加註「此件預查表應於○○公司（統一編號：○○）合併消滅後始生效力」字樣），准予使用。至公司登記部分，合併存續公司之合併、更名變更登記，與消滅公司之合併解散登記應同時核准登記[32]。

四、辦理每一移民基金案，應申請許可

　　依移民業務機構輔導管理辦法第25條：「經營本法第五十六條第一項第三款規定之業務者，其辦理每一移民基金案，應檢附下列文件，向移民署申請許可：一、移民基金發行公司或移民基金管理公司之設立

---

[32] 經濟部93年11月23日經商字第09302337070號函。

證明影本、移居國政府公告或核准之文件影本。二、雙方合作契約或授權證明文件影本。三、移民基金之最新公開說明書。四、填載申請許可辦理移民基金應記載項目之資料表。五、移民基金發行公司或移民基金管理公司之全體董事及管理者就下列事項檢具切結書或相關證明文件：（一）未曾有破產紀錄。（二）未曾受司法機關判處一年以上有期徒刑確定之紀錄。六、移民基金之法律意見書：其內容應包括移民基金得由移民申請人申辦移居該國之規定、移民基金符合該國海外銷售證券管理法令之規定。七、移民基金之會計師意見書：其內容應包括移民基金經營標的之風險評估、移民基金管理公司之營運能力及風險之評估等。八、移民基金在移居國信託機構之信託合約及銷售備忘錄。九、移民基金之原文合約及中文譯本：其內容應包括移民申請有無附加條件、無法取消附加條件之處理方式、移民申請人取消條件之風險、移民基金管理公司對於移民申請人領回還款金額前之特別承諾事項、移民申請人匯入款項之信託帳號、移民申請人對於移民基金應注意事項、移民申請人放棄申請或無法取得移民許可之還款及退費方式、移民糾紛之處理方式等（第1項）。移民基金為移居國政府所發行、經營或管理者，應檢附前項第一款、第四款及第九款文件，向移民署申請許可（第2項）。移民業務機構經許可之每一移民基金案，得授權其他得經營移民基金業務之移民業務機構代理。但應於授權前將被授權代理之移民業務機構名稱及第一項第二款之證明文件影本向移民署申請許可後，始得為之（第3項）。」

五、罰鍰案件裁罰基準

內政部為使違反本法、臺灣地區與大陸地區人民關係條例第87條、第87條之1、第89條、第91條及香港澳門關係條例第47條之1案件之裁罰，符合比例原則及平等原則，提升公信力，特訂定入出國及移民法與臺灣地區與大陸地區人民關係條例及香港澳門關係條例罰鍰案件裁罰基準。

即違反本條文第2項，廣告物、出版品、廣播、電視、電子訊號、

電腦網路或其他媒體之業者，散布、播送或刊登未賦予審閱確認字號或核定字號之移民業務廣告。第一次違規者，處新臺幣3萬元罰鍰，並令其停止，未停止者處新臺幣六萬元罰鍰，並得按次處罰至停止為止。第二次違規者，處新臺幣6萬元罰鍰，並令其停止，未停止者處新臺幣12萬元罰鍰，並得按次處罰至停止為止。第三次違規者，處新臺幣10萬元罰鍰並令其停止，未停止者處新臺幣20萬元罰鍰，並得按次處罰至停止為止。第四次以上違規者，處新臺幣15萬元罰鍰，並令其停止，未停止者，處新臺幣30萬元罰鍰，並得按次處罰至停止為止[33]。

　　本條文第2項後段規定，未停止散布、播送或刊登者，處新臺幣6萬元以上30萬元以下罰鍰，並得按次連續處罰。依法務部函釋，指出罰則條文所定之「按日連續處罰」或「按次連續處罰」，請依現行法制體例修正為「按次處罰」[34]。

六、其他

　　有關不實移民業務廣告案件之處理，依公平交易委員會與內政部處理不實移民業務廣告案件之協調結論：1.移民業務不實廣告案件，無論是否曾經依法審閱確認，由內政部依入出國及移民法相關法令處理；2.涉及移民業務不實廣告之檢舉案件，先由內政部依法處理，如有非屬入出國及移民法相關法令規範者，由公平交易委員會依公平交易法處理[35]。

參、綜論

　　本條文規定移民業務機構違反相關條款之處罰，其情形有未依第55條第3項規定，向移民署申請換發註冊登記證。違反第56條第2項規

---

[33] 入出國及移民法與臺灣地區與大陸地區人民關係條例及香港澳門關係條例罰鍰案件裁罰基準。

[34] 法務部法制字第10502500130號函。

[35] 93.4.7.公參字第0930002656號函

定，諮詢、仲介移民基金，未逐案經移民署許可。違反第56條第3項規定，收受投資移民基金相關款項。違反第56條第4項規定，散布、播送或刊登未經審閱確認或核定之移民業務廣告等。

以行政罰的方式，對移民業務機構之營業行為，加以規範以防止違規，保障相對人之權益。此種方式，在行政法規上甚為常見。其目的在督促業者主動遵守相關之公法上義務，確保營業品質。

第80條（罰則）
有下列情形之一者，處新臺幣三萬元以上十五萬元以下罰鍰，並得按次處罰：
一、未依第五十九條第一項規定，陳報業務狀況。
二、未依第五十九條第二項規定，保存媒合業務資料或規避、妨礙或拒絕檢查。
三、違反第六十條第一項前段規定，對於受媒合雙方當事人所提供之個人資料，未善盡查證或保密義務。
四、違反第六十條第一項後段規定，未經受媒合當事人之書面同意，而提供個人資料或故意隱匿應提供之個人資料。

壹、導言

明定從事跨國（境）婚姻媒合業者未依規陳報業務狀況、保存媒合資料、規避、妨礙或拒絕檢查、未善盡查證或保密義務、未經同意提供資料或故意隱匿資料之罰則，並得按次處罰。其罰鍰數額度依入出國及移民法與臺灣地區與大陸地區人民關係條例及香港澳門關係條例罰鍰案件裁罰基準規定為之。

貳、內容解析

本條規定之罰鍰金額為新臺幣3萬元以上15萬元以下，裁處金額之多寡係以違規次數作為裁罰基準，第一次違規者，處新臺幣3萬元罰鍰；第二次違規者，處新臺幣10萬元罰鍰；第三次以上違規者，處新臺幣15萬元罰鍰；經裁處後，仍繼續違規者，得按次處罰。各款處罰規定解析如下：

一、未依第59條第1項規定，陳報業務狀況

依本法第59條第1項規定，經移民署許可從事跨國（境）婚姻媒合之財團法人及非以營利為目的之社團法人，應定期陳報媒合業務狀況[36]，如逾期未將規定之業務狀況資料陳報主管機關者，應予裁罰，其處罰對象為從事跨國（境）婚姻媒合之法人。

二、未依第59條第2項規定，保存媒合業務資料或規避、妨礙或拒絕檢查

依本法第59條第2項規定：「前項法人應保存媒合業務資料五年，對於移民署之檢查，不得規避、妨礙或拒絕。」爰媒合資料保存未達五年或自始未予保存者，或不配合移民署檢查相關媒合資料而以各種手段刻意規避、妨礙或拒絕者，應予處罰，其處罰對象為從事跨國（境）婚姻媒合之法人。

三、違反第60條第1項前段規定，對於受媒合雙方當事人所提供之個人資料，未善盡查證或保密義務

依本法第60條第1項前段規定，從事跨國（境）婚姻媒合者，對於受媒合雙方當事人所提供之個人資料，應善盡查證及保密之義務。爰從業者在能力範圍內可予查證而未查證，或該予保密而未保密者，應予處

---

36 財團法人及非營利社團法人從事跨國境婚姻媒合許可及管理辦法第12條規定：「財團法人及非營利社團法人從事跨國（境）婚姻媒合，應於每年一月三十一日前，將前一年婚姻媒合業務狀況，報請移民署備查。」

罰，其處罰對象爲從事跨國（境）婚姻媒合之自然人及法人。

四、違反第60條第1項後段規定，未經受媒合當事人之書面同意，而提供個人資料或故意隱匿應提供之個人資料

依本法第60條第1項後段規定，從事跨國（境）婚姻媒合者，對於受媒合雙方當事人所提供之個人資料，應經雙方當事人書面同意後，完整且對等提供對方。其違法構成要件在於提供資料前是否已經同意，以及所提供之資料是否完整對等；爰未經同意提供資料，或故意隱匿應提供之個人資料致使受媒合當事人雙方所獲得之資料不對等或不完整者，應予處罰，其處罰對象爲從事跨國（境）婚姻媒合之自然人及法人。

參、綜論

本條裁處之規定原爲「按次連續處罰」，嗣本法於112年6月28日修正後，改爲「按次處罰」；依最高行政法院86年度判字第1477號判決有關「按次連續處罰」之判決意旨：「……所稱『次』，係指違法行爲而言；而『按次』係指經被告依…處分後之每一次違法行爲，是事業如經被告依……處分後，仍繼續從事經被告命其停止或改正之行爲，於前開處分後之每一次違法行爲均屬每一『次』獨立之違法行爲，自可按次連續處以罰鍰。」爰「按次連續處罰」之用意，應在於停止或改正處分相對人之違法行爲；如依少年事件處理法第84條第5項規定，少年之法定代理人拒不接受親職教育輔導或時數不足者，裁處罰鍰，經再通知仍不接受者，得按次連續處罰，至其接受爲止，目的即在於改正違法行爲；又如依公益勸募條例第24條第1項第2款規定，對於未經許可之勸募活動，經制止仍不遵從者，裁處罰鍰，經再制止仍不遵從者，得按次連續處罰，目的即在於停止違法行爲。惟如該違法行爲事實上已無從停止或改正者，卻按次連續處罰之，是否已涉及人民財產權之危害？

本書於111年9月初版時，作者即對本條規定「按次連續處罰」提

出修正建議，本條第2款規定未依本法第58條第2項規定保存媒合業務資料者，屬違法行為，以原規定得按次連續處罰；惟所謂未依規定保存資料，應可分為未將資料保存至規定年限（五年）即予銷毀，或是自始即未保存資料，然已銷毀或自始即不存在之資料應無法再回復原狀，該如何修正或停止其違法行為或狀態？舉例，移民署於109年檢查從業者最近五年之媒合業務資料，發現107年度之資料已被銷毀，未依規定保存五年，爰依法處罰；次年（即110年）移民署再檢查同一從業者最近五年之媒合業務資料，已銷毀之107年度資料事實上已不復存在，然未依規定保存資料之違規狀態仍然持續，並已無從停止或改正，究竟是否該按次連續處罰？112年6月28日本法修正後，已將按次連續處罰修正為按次處罰，符合本書原提見解及實務作為。

第81條（違反第62條規定之處罰）

主管機關受理第六十二條之申訴，認定具有違反該條規定情事時，除其他法律另有規定者外，應立即通知違規行為人限期改善；屆期未改善者，處新臺幣五千元以上三萬元以下罰鍰。

壹、導言

本法第81條之規定係於2007年12月26日修正時所新增之條文，並於2008年8月1日施行，針對違反本法第62條第1項規定之行為人所定處罰規定。

貳、內容解析

一、主管機關認定具有違反本法第62條規定情事

本法第81條係針對違反本法第62條第1項之處罰規定。一旦任何人以國籍、種族、膚色、階級、出生地等因素，對居住於臺灣地區之人民為歧視之行為，經內政部下設之歧視申訴審議小組受理申訴，並審議認定確有違反情事時，即依據本條予以處罰。因此，裁罰對象亦可能包括行政機關或政府組織（請參考第62條貳、一、）。

二、除其他法律另有規定

「除其他法律另有規定」此一文句，得同時見於本法第62條第2項及第81條中，應皆為立法者欲強調該二條條文均屬備位之補充性規定，當其他法律另有規定時，自應優先於本法而適用[37]。惟本條之適用，係以經本法第62條第2項之申訴程序為前提，故若在提起申訴之過程中，發現其他法律另有規定，則該案件應即改依其他法律所訂程序處理，包括後續之處罰，歧視申訴審議小組應即作成不受理之決定（歧視申訴辦法第10條第4款），申訴程序即告終結，而不會有作成「認定具有違反入出國及移民法第62條規定情事」實體決定的可能，自亦無適用本條處罰之餘地，因此，本條中「除其他法律另有規定」之文句，似即無特別強調之必要，建議可予以刪除。

三、針對未於期限內改善者處以罰鍰

內政部為使違反本法、臺灣地區與大陸地區人民關係條例第87條、第87條之1、第89條、第91條及香港澳門關係條例第47條之1案件之裁罰，符合比例原則及平等原則，提升公信力，訂定「入出國及移民法與臺灣地區與大陸地區人民關係條例及香港澳門關係條例罰鍰案件裁罰基準」[38]，其中，針對違反本法第62條，以國籍、種族、膚色、階

---

[37] 請參考第62條貳、二、（四）之說明。

[38] 其應屬依據行政程序法第159條第2項第2款所稱「為協助下級機關或屬官統一解釋法令、認

級、出生地等因素，對居住於臺灣地區之人民爲歧視之行爲，經通知違規行爲人限期改善，屆期未改善者，依據本法第81條後段，處新臺幣5,000元以上3萬元以下罰鍰，並依據本法與臺灣地區與大陸地區人民關係條例及香港澳門關係條例罰鍰案件裁罰基準，以違規次數，區分罰鍰之金額：

1. 第一次違規者，處新臺幣5,000元罰鍰。
2. 第二次違規者，處新臺幣1萬元罰鍰。
3. 第三次以上違規者，處新臺幣3萬元罰鍰。

參、綜論

本法第81條針對歧視行爲致生他人權利受不法侵害之裁罰，係以申訴認定確實有違反之情事，作爲裁罰的前提，此恐導致有違反情事，但受歧視者若未提起申訴時，主管機關即無法就違反本法第62條第1項之行爲，依據本條加以處罰。另，本條中「除其他法律另有規定」，若係以申訴認定具有違反本法第62條第2項情事作爲其前提，應即無特別強調之必要，建議可予刪除。

司法院釋字第802號解釋指出：「對人民違反行政法上義務之行爲處以罰鍰，涉及對人民財產權之限制，其處罰固應視違規情節之輕重程度爲之，俾符合憲法責罰相當原則，惟立法者針對違反行政法上義務行爲給予處罰，如已預留視違規情節輕重而予處罰之範圍，對於個案處罰顯然過苛之情形，並有適當調整機制者，應認係屬立法形成自由範疇，本院原則上應予尊重。」[39]裁量基準之訂頒，固有助於防免下級機關於相同事件恣意爲不同裁罰，而產生不公平之結果[40]，但若將個案裁量一

定事實及行使裁量權，而訂頒之解釋性規定及裁量基準」，亦即應依據行政程序法第160條第2項「應由其首長簽署，並登載於政府公報發布」之行政規則。

[39] 司法院釋字第802號解釋理由書第13段參照。

[40] 司法院釋字第511號解釋針對道交裁罰標準等之定額裁罰規定是否爲限之疑義，指出：「至上開細則第四十一條第二項規定，行爲人逾指定應到案日期後到案，另同細則第四十四條第

般化，而未預留視個案違規情節輕重而予處罰之範圍，甚至推導向與裁量收縮至零類似之效果，恐亦不無疑慮[41]。前述內政部就本法罰鍰案件所訂頒之裁罰基準，僅以違規次數作爲定罰鍰金額之標準，而未將個案中違規行爲所生影響、因違反行政法上義務所得之利益，以及考量受處罰者之資力等不同面向納入考量，再爲細緻化區分[42]；另外，在違規次數相同之個案中，皆給予定額裁罰，其能否呈現違規行爲與罰鍰額度間之關聯，自非無疑。若因此引起爭議，於救濟程序中，有權機關實應積極審查，以確保行政機關確實已依據個案具體情況爲最適目的之考量，以實現「個案正義」[43]。

第82條（違反第47條第2項規定之處罰）
違反第四十七條第二項規定，以航空器、船舶或其他運輸工具搭載未具入國許可證件之乘客者，每搭載一人，處新臺幣二萬元以上十萬元以下罰鍰。
幫助他人爲前項之違反行爲者，亦同。

一項規定，違反道路交通管理事件行爲人未依規定自動繳納罰鍰，或未依規定到案聽候裁決者，處罰機關即一律依標準表規定之金額處以罰鍰，此屬法律授權主管機關就裁罰事宜所訂定之裁量基準，其罰鍰之額度並未逾越法律明定得裁罰之上限，且寓有避免各行政機關於相同事件恣意爲不同裁罰之功能，亦非法所不許。」

[41] 蘇大法官俊雄於司法院釋字第511號解釋所提部分不同意見書中指出：「這種裁量行使的一般性規則，仍然是依抽象之『典型案件』爲適用對象，而無法及於所有的現實樣態；也因此，爲符合授權法律規定之應依個案決定的裁量要求，這種裁量基準不應被理解爲得作爲『唯一』或『絕對』的判斷依據，而必須留給實際決定機關在面對『非典型』案件時，得有衡量原先裁量基準未納入考量但與立法目的及個案正義實現有關的情事。亦即，立法所授權者仍爲個案中的衡量，而非如同空白構成要件規定一般，授權行政機關爲裁量法規的訂定。由此，沒有斟酌餘地的裁量基準就是違反了法律的規定，也是剝奪了實際決定機關（往往是下級機關）的裁量權限。」

[42] 行政罰法第18條第1項：「裁處罰鍰，應審酌違反行政法上義務行爲應受責難程度、所生影響及因違反行政法上義務所得之利益，並得考量受處罰者之資力。」

[43] 李震山，行政法導論，修訂11版，三民，2019年，頁286-287。

壹、導言

　　入出國運輸業者與旅客間，為私法上之運送契約關係，另經由運送旅客亦產生旅客之入出我國國境。運送業者對於旅客相關證件之要件，在本法第47條已有明定，要求業者須檢查確認旅客是否持有合法之入國證件，以共同維護國境人流之正確性。入國證件有一定之格式，此亦為業者在運送上不可分割之一部分，在法律上課予業者有此種義務，法理上稱為協力義務，明定一定之協助範圍，如有違反亦處以一定之罰款。

　　我國無戶籍之海外僑胞，即使持有中華民國有效護照，其入境我國時依現行條文規定，仍須向移民署申請入國許可。然相較現有外籍人士免簽證規定，有部分國家得以免簽證方式入國停留30日，但無戶籍海外僑胞入國之規定卻較部分外籍人士更為嚴格，故基於公平與保障我國國民權益之考量，應放寬持有我國護照之無戶籍國民入國相關規定。[44]

　　居住臺灣地區設有戶籍國民入國，並無須申請許可；至無戶籍之海外僑胞，即使持有我國有效護照，依現行第2項規定，其返國仍須向移民署申請入國許可。然依外籍人士免簽證規定，美國、加拿大、日本等40餘國國民，得以免簽證方式入國停留90日，則海外僑胞之入國規定相較於部分外籍人士為嚴，基於衡平性之考量，爰增列如下規定：臺灣地區無戶籍國民入國，應向移民署申請許可。但持有我國有效護照者，移民署得准予免申請入國許可或於入國時申請入國許可。第2項但書免申請入國許可或於入國時申請入國許可之適用對象、核准條件及其他應遵行事項之辦法，由主管機關會商相關機關定之[45]。

---

[44] 立法院第8屆第6會期第8次會議議案關係文書，2014年10月29日，頁260。

[45] 入出國及移民法部分條文修正草案總說明，https://ws.moi.gov.tw/001/Upload/OldFile/Act_file/.pdf（瀏覽日期：2022.6.26）。

貳、內容解析

一、禁止運輸業者搭載未具入國許可證件之乘客

本條規定禁止運輸業者搭載未具入國許可證件之乘客，其認定依據主要爲本法第18條之規定。

有立法委員提案主張應禁止暴行者入境，如美國亦有類似之立法例——「禁止暴行者入境美國法案」（Anti-Atrocity Alien Deportation Act），授權司法部追蹤那些犯有戰爭罪、酷刑、群體滅絕罪、迫害宗教信仰，以及侵犯人權的外國人，限制其入境或將其驅除出境。這個法案，應予驅逐出境及不准入境的範圍已經擴大，包括曾經酷刑折磨他人者、犯下殘害人群罪（又稱「群體滅絕罪」或「種族滅絕罪」），以及迫害宗教信仰者。該法案擴大了司法部的權力，以追蹤曾在母國犯下戰爭罪行及侵犯人權罪行的外國人，不准此種人入境，或將其從美國驅逐。法案還擴大了禁止入境和驅逐出境的理由，包括：1.在國外參與實施酷刑和殺人的外國人；2.撤銷對「群體滅絕」和「特別嚴重侵犯宗教信仰自由」作爲依據的限制[46]。

二、已獲准核發入台證，旅行社未即時於登機前送交旅客

航空器、船舶或其他運輸工具，其機、船長或運輸業者，對入出國及移民署相關人員依據本法及相關法令執行職務時，應予協助。前項機、船長或運輸業者，不得以其航空器、船舶或其他運輸工具搭載未具入國許可證件之乘客。但爲外交部同意抵達我國時申請簽證或免簽證適用國家國民，不在此限，爲本法第47條所明定。

內政部爲解決觀光旺季期間，大陸地區觀光旅客已獲准核發入台證，旅行社未克即時於登機前送交旅客持用之問題，於98年4月裁罰基準會議決議，同意由旅行業者得代爲領取入台證，並事先將之送交抵達地運輸業者確認後，於大陸地區觀光旅客抵達時交付之，同時發許可登

---

[46]　立法院第8屆第6會期第8次會議議案關係文書，2014年10月29日，頁261。

機電報通知啓程地運輸業者搭載，即同意視爲合法搭載，且該措施係屬例外性之權宜措施。

裁罰基準[47]會議決議係將本法第47條第2項所規定運輸業者，於啓航時不得以航空器等運輸工具搭載未具入台證乘客之檢查義務，權宜變更由抵達地之運輸業者代爲確認，於確認無誤後發許可登機電報通知啓航地運輸業者搭載，以便利旅行業者如本件之上訴人，得於辦理接待陸客來臺觀光時，縱未能妥適規劃相關作業時程以提前於啓航前將入台證交付陸客，仍得以上開權宜措施辦理[48]。

三、以虛僞勞動契約、薪資、在職證明、邀請函等資料入國

如以虛僞之勞動契約、薪資、在職證明、邀請函等資料取得簽證而入境我國，此入境程序即不具實質合法性，評價上應認屬未經許可而入境我國。

本件被告所爲，係犯本法第74條前段之未經許可入境我國罪。被告與上開越南仲介業者就前揭犯行，有犯意聯絡及行爲分擔，應爲共同正犯。被告DOAN VAN QUAN爲來臺工作，竟以不法方式取得入國許可證件，非法入境臺灣，對我國入出境管理之正確性產生莫大之危害，並造成我國潛在社會治安問題，其行爲自屬可議[49]。

外國人持用不法取得、僞造、變造之護照或簽證者，或申請來我國之目的作虛僞之陳述或隱瞞重要事實者，得禁止其入國，入出國及移民法第18條第1項第2款、第5款定有明文。被告二人爲來臺工作，竟以不法方式取得入國許可證件，非法入境臺灣，對我國入出境管理之正確性產生莫大之危害，並造成我國潛在社會治安問題[50]。

---

[47] 另請參考蔡進良，行政罰裁罰標準之規制、適用與司法審查，月旦法學，141期，2007年2月，頁62-79。

[48] 上開系爭裁罰基準會議決議，係屬上訴人得委由被上訴人代轉入台證之法律上依據，並非當然即爲兩造之契約內容，兩造間就入台證之代轉，究竟成立如何之契約關係，仍須視兩造就此所爲意思表示合致之內容而定。臺灣桃園地方法院100年度簡上字第151號民事判決。

[49] 臺灣桃園地方法院107年度桃簡字第2403號刑事判決。

[50] 臺灣桃園地方法院104年度簡字第180號刑事判決。

四、無證照入國，可能造成未能強制其出國結果

　　本法第16條第4項：「中華民國一百零五年六月二十九日以前入國之印度或尼泊爾地區無國籍人民，未能強制其出國，且經蒙藏事務主管機關組成審查會認定其身分者，移民署應許可其居留。」所稱「未能強制其出國」，其立法理由明揭：「係指當事人於本法施行前，持偽造、變造、冒用之護照或其他入國許可證件來臺，因其『身分不明』而於執行遣送時，遭有關國家拒絕渠等入境或航空運輸業者拒絕搭載等情事，致未能強制渠等出國之謂。」

　　本法第16條第4項申請居留者，其條件資格已有所限定，縱於105年6月29日以前入國，並經蒙藏事務主管機關認定有藏族身分，惟如非屬印度或尼泊爾地區之「無國籍人民」，亦即，因其無有持偽造、變造、冒用之護照或其他入國許可證件來臺，而有身分不明致於執行遣送時，發生有關國家會拒絕其入境或航空運輸業者拒絕搭載之情事，換言之，具他國國籍者，既無國籍身分不明致無其國家可歸之情形，即不符合本法第16條第4項之「未能強制其出國」要件，依法不應予以居留許可。

　　如為印度或尼泊爾地區無國籍人民，於獲他國核發合法之旅行文件，或他國予以保護之情形，於執行遣送時，不致遭有關國家拒絕入境或航空運輸業者拒絕搭載，即非未能強制出國，仍不合致此條項之要件。總言之，應符合：1.中華民國105年6月29日以前入國；2.為印度或尼泊爾地區無國籍人民；3.有未能強制出國情形；4.經蒙藏事務主管機關審認其有藏族身分等四項要件者，依法始應許可其居留[51]。

五、無戶籍國民欲入出臺灣地區需依法申請入出國許可證件

　　臺灣地區無戶籍國民欲入出臺灣地區需依法申請入出國許可證件並經主管機關許可後，方可為之。本件原告所搭載之蘇淑君雖持有有效之中華民國護照，惟渠係屬在臺無戶籍國民（護照號碼為X字母開頭，護照基資頁亦無身分證字號），護照內頁並無臨人字入出國許可證貼附其

---

[51] 臺北高等行政法院109年度訴字第87號判決。

上，是以被告依前揭相關規定就原告之違法行為裁處2萬元罰鍰，於法並無不合。

原告聲稱：無戶籍國民入出國之相關規定係本國內部法規，並不合國際護照規範云云。查護照條例施行細則第9條第1項明文規定：「首次申請普通護照，在國內辦理者，應備齊護照用照片二張及下列文件：一、在臺灣地區設有戶籍國民（下稱有戶籍國民）二、在臺灣地區無戶籍國民（下稱無戶籍國民）……三、在國內取得國籍尚未設籍定居者……四、經許可喪失我國國籍，尚未取得他國國籍者……。」可知我國護照之取得分為有戶籍國民身分及無戶籍國民身分等種類，非如原告所稱我國普通護照之種類僅有一類。

世界其他國家如英國，其對於海外僑民雖發給英國護照，但其海外僑民欲入出英國時，仍需依相關規定辦理，非僅持英國護照即可自由入出國。是以原告之主張顯係卸責之詞。原告另主張無法辨識我國護照何種需要入國許可。只能檢查是否具有中華民國護照、護照是否有效等，該規定有違正當性及公平性。

我國因國情特殊，雖然具有我國國籍者皆為我國國民，惟其下仍分為在臺有戶籍國民、在臺無戶籍國民、雙重國籍身分等不同類別，需分別適用不同之相關規定，此情形早已行之有年，其他航空公司皆能全力配合遵守並確實執行，獨原告不知及無法遵守執行，此顯然違背論理法則[52]。

參、綜論

運輸業者在經營運送旅客業務時，須遵守國家法令，此為協力義務之一種，因業者因此獲利，而可能造成非法入國的風險，因此，業者有必要依法查察確認旅客是否持有合法入國之證件。

---

[52] 臺北高等行政法院92年度簡字第126號判決。

　　我國因國情特殊，我國國民仍分為在臺有戶籍國民、在臺無戶籍國民、雙重國籍身分等不同類別，需分別適用不同之相關規定。或大陸地區人民之入境我國，須取得入境許可證，才屬合法之證件[53]。

　　如業者之從業人員疏於檢查，造成載送無合法證件之外來人口入國，即違反本條文之規定，應受到罰責。其處罰之規定，為對業者之處罰。本法屬於特別罰，依行政罰法之規定，為法人之違規行為[54]。

第83條（違反第47條第1項及第48條至第50條規定之處罰）
機、船長或運輸業者，無正當理由違反第四十七條第一項、第四十八條第一項、第四十九條或第五十條規定之一者，每件處新臺幣二萬元以上十萬元以下罰鍰。

壹、導言

　　本條文為配合第47條至第50條之規定，對於業者如違反協力義務，主管機關依法予以裁罰。有關協力義務之限度，亦應合理及符合比例原則，以不致造成運輸者過重之負擔。業者在執行業務之際，對於移民署之執行應予以協助。此之協助範圍，應限於與業者之業務有關的部分，如航空器之相關設施、旅客個人資料之提供等。或旅客無合法證件而入國，須安排遣返等。

　　運輸業者之相關義務，如第47條第1項規定：「航空器、船舶或其他運輸工具，其機、船長或運輸業者，對移民署相關人員依據本法及相關法令執行職務時，應予協助。」第48條規定：「航空器、船舶或

---

[53] 臺北高等行政法院92年度簡字第126號判決。
[54] 行政罰法第7條第2項規定：法人、設有代表人或管理人之非法人團體、中央或地方機關或其他組織違反行政法上義務者，其代表人、管理人、其他有代表權之人或實際行為之職員、受僱人或從業人員之故意、過失，推定為該等組織之故意、過失。

其他運輸工具入出機場、港口前，其機、船長或運輸業者，應於起飛
（航）前向移民署通報預定入出國時間及機、船員、乘客之名冊或其
他有關事項。乘客之名冊，必要時，應區分為入、出國及過境。」第
50條第1項規定：「航空器、船舶或其他運輸工具搭載之乘客、機、船
員，有下列情形之一者，機、船長或運輸業者，應負責安排當日或最近
班次運輸工具，將機、船員、乘客遣送出國：一、第七條或第十八條第
一項各款規定，禁止入國。二、依第十九條第一項規定，臨時入國。
三、依第二十條第一項規定，過夜住宿。四、第四十七條第二項規定，
未具入國許可證件。」

貳、內容解析

本條文規定，業者無正當理由違反第47條第1項及第48條至第51條
之義務，依法應受到處罰。除有正當理由之外，違反之業者應受處罰。
行政程序法第6條規定：「行政行為，非有正當理由，不得為差別待
遇。」揭櫫平等原則對於行政作為之要求，乃誡命行政機關對於事物本
質相同之事件應作相同處理，此「禁止差別待遇原則」遂形成行政自我
拘束。即行政機關作成行政行為，對於相同或具同一性之事件，應受其
先前合法之行政慣例之拘束，如無正當理由，即應為相同之處理，以保
障人民之信賴，並維持法安定性[55]。

有關人民入出國境，「本法之主管機關為內政部。」「入出國者，
應經查驗，未經查驗者，不得入出國。」「航空器、船舶或其他運輸工
具，其機、船長或運輸業者，對主管機關依據本法及相關法令執行職務
時，應予協助。前項機、船長或運輸業者，不得以其航空器、船舶或其
他運輸工具搭載未具許可入國證件之乘客。但為我國同意辦理落地簽證
或免簽證國家人民不在此限。」「違反第三十八條第二項規定，以航空

---

[55] 最高行政法院109年度上字第405號判決。

器、船舶或其他運輸工具搭載未具許可入國證件之乘客者，每件處新臺幣二萬元以上十萬元以下罰鍰……。」爲本法第2條第1項、第4條第1項、第38條及第57條第1項所明定[56]。

如爲經營船舶運送業者，依法不得以船舶搭載未具許可入國證件乘客，應爲業者所明知，自應注意善盡查證之責，確認搭載之乘客合法具有許可入國證件。如徒以證件查驗工作由旅行社等他人辦理爲由，疏於查證，致搭載未具許可入國證件之大陸地區人民來臺，縱非故意，難謂無過失，自不能免責[57]。

本條文爲秩序罰之規定，爲擔保相關行政義務被遵守，在本條文規定罰則，促使業者依本法之相關義務履行。而本條規定之處罰，亦須符合比例原則，以免違反憲法第23條之立法比例原則。另法律課予業者須負義務，亦應適當、不能過重；該義務須符合業者之能力，且稍加注意，即能完成者而言。

本條爲規定機、船長或運輸業者，無正當理由違反第四十七條第一項等之罰則。無正當理由之意涵爲何？如何認定？以下爲相關法院判決，供參考：

大陸地區人民是否有居留定居許可辦法第27條第1項第3款所定「有事實足認其無正當理由未與依親對象共同居住，或有關婚姻眞實性之說詞、證據不符」之情形，核屬事實認定問題。證據之取捨與當事人所希冀者不同，致其事實之認定亦異於該當事人之主張者，不得謂爲原判決有違背法令之情形。又證據之證明力如何或如何調查事實，事實審法院有認定判斷之權，苟已斟酌全辯論意旨及調查證據之結果，而未違背論理法則、經驗法則或證據法則，自不得遽指爲違法[58]。

顯有履行義務之可能故不履行，係參酌義務之內容、債務人之資力、生活狀況及其他情形，可認債務人事實上顯有履行債務之可能，無正當理由故意不履行。因此，義務人如於公法上金錢給付義務成立後，

56　臺北高等行政法院96年度簡字第776號判決。
57　臺北高等行政法院96年度簡字第776號判決。
58　最高行政法院112年度上字第46號判決。

顯有履行義務之可能，故不履行，或就應供強制執行之財產有隱匿或處分之情事，致行政執行機關難以查明其流向，無法對物執行，義務人如又拒絕提供擔保或履行，則除先採取限制出境以督促其履行外，已無其他適當之執行手段可採，自應認有限制出境之必要，以維國家稅收之公平[59]。

行政訴訟法第163條、第165條第1項規定，當事人有提出文書之義務；當事人如無正當理由不從提出文書之命者，行政法院得審酌情形認他造關於該文書之主張或依該文書應證之事實為真實。據此，行政機關於行政訴訟中，應負有提出與訴訟有關文書之義務，行政機關雖得以保密或其他維護國家利益之理由拒絕，但拒絕理由成立與否應由行政法院判斷之，無正當理由不從提出文書之命者，行政法院得審酌情形認他造關於該文書之主張或依該文書應證之事實為真實[60]。

無正當理由，攜帶類似真槍之玩具槍，而有危害安全之虞者，處3日以下拘留或1萬8,000元以下罰鍰，社會秩序維護法第65條第3款定有明文。「無正當理由」當指行為人若所持目的與該器械於通常上所使用之目的不同，而依當時客觀環境及一般社會通念，該持有行為因已逾該器械原通常使用之目的及範疇，致使該器械在客觀上因本具殺傷力之故，易造成社會秩序不安及存在不穩定危險之狀態，故依本條之立法意旨，當不以行為人是否已持之要脅他人生命、身體而產生實質危險為斷[61]。

參、綜論

入出國及移民行政，涉及國人及外國人等之出入我國國境，為人流之管理事務。經營旅客之運輸業者，為一特許行業，有其專門性、技

---

[59] 最高行政法院111年度上字第899號判決。
[60] 最高行政法院111年度上字第395號判決。
[61] 臺灣臺北地方法院113年度秩抗字第11號刑事裁定。

術性、公益性等。在履行業務之際，除私人運送契約之完成，在這過程中，亦應遵守國家法令。另在移民法中，課予業者積極協助執行機關之義務，業者亦應遵守。業者如無正當理由，違反相關之作為或不作為義務，即本法第47條第1項、第48條第1項、第49條或第50條規定之一者。此規定，有助於確保入出國境人流管理業務執行上之順遂。

第84條（刪除）

第85條（罰則）

有下列情形之一者，處新臺幣二千元以上一萬元以下罰鍰：

一、經合法檢查，拒絕出示護照、臺灣地區居留證、外僑居留證、外僑永久居留證、入國許可證件或其他身分證明文件。

二、未依第二十二條第二項或第二十六條規定之期限，申請外僑居留證。

三、未依第九條第七項或第三十一條第六項規定，辦理變更登記。

四、違反第六十六條第二項規定，拒絕到場接受詢問。

五、違反第六十七條第三項規定，規避、妨礙或拒絕查證。

六、違反第七十一條第二項規定，規避、妨礙或拒絕查察登記。

壹、導言

為統籌入出國管理作為，本法規定臺灣地區無戶籍及外國人入國後之身分查核、證件申辦、居留地址或服務處所變更登記、居（停）留期間、行政調查及查察登記等管理事項，對違反相關管理規定者明定罰則，處2,000元以上1萬元以下罰鍰，並針對裁罰項目及罰鍰額度訂定入出國及移民法與臺灣地區與大陸地區人民關係條例及香港澳門關係條例罰鍰案件裁罰基準，俾符合比例原則及平等原則，提升公信力。

貳、內容解析

一、經合法檢查，拒絕出示護照、臺灣地區居留證、外僑居留證、外僑永久居留證、入國許可證件或其他身分證明文件

依本法第67條第1項規定，移民署執行職務人員於執行查察職務時，得進入相關之營業處所、交通工具或公共場所，並得對規定對象查證其身分。受查對象對於前揭合法檢查，拒絕出示護照、臺灣地區居留證、外僑居留證、外僑永久居留證、入國許可證件或其他身分證明文件者，依本條裁罰，裁罰基準如下：

（一）第一次違規者，處新臺幣2,000元罰鍰。

（二）第二次違規者，處新臺幣5,000罰鍰。

（三）第三次以上違規者，處新臺幣1萬元罰鍰。

（四）未滿14歲者不罰；14歲以上未滿18歲者減半。

二、未依第22條第2項或第26條規定之期限，申請外僑居留證

依本法第22條第2項規定，外國人持有效居留簽證經移民署查驗許可入國後取得居留許可後，依規定應於15日期限內申請外僑居留證；另依本法第26條規定：1.喪失我國國籍，尚未取得外國國籍者；2.喪失原國籍，尚未取得我國國籍者；3.在我國出生之外國人；4.入國後改辦居留簽證者，應於前揭事實發生翌日起30日內，申請外僑居留證；其未依前揭規定期限申請外僑居留證者，依本條裁罰，裁罰基準如下：

（一）逾期10日以下者，處新臺幣2,000元罰鍰。

（二）逾期11日以上，30日以下者，處新臺幣4,000元罰鍰。

（三）逾期31日以上，60日以下者，處新臺幣6,000元罰鍰。

（四）逾期61日以上，90日以下者，處新臺幣8,000元罰鍰。

（五）逾期91日以上者，處新臺幣1萬元罰鍰。

（六）未滿14歲者不罰；14歲以上未滿18歲者減半。

三、未依第9條第7項或第31條第6項規定，辦理變更登記

本法第9條第7項規定，臺灣地區無戶籍國民於居留期間，變更居留地址或服務處所時，應向移民署申請辦理變更登記。本法第31條第6項規定，外國人於居留期間，變更居留地址或服務處所時，應於事實發生之翌日起算30日內，向移民署申請辦理變更登記；其未依前揭規定辦理變更登記者，依本條裁罰，裁罰基準如下：

（一）第一次違規者，處新臺幣2,000元罰鍰。

（二）第二次違規者，處新臺幣5,000罰鍰。

（三）第三次以上違規者，處新臺幣1萬元罰鍰。

（四）未滿14歲者不罰；14歲以上未滿18歲者減半。

四、違反第66條第2項規定，拒絕到場接受詢問

本法第66條第2項規定，移民署為調查當事人違反移民法之事實及證據，經合法通知後，受通知之人無正當理由不得拒絕到場；其拒絕到場者，依本條裁罰，裁罰基準如下：

（一）第一次違規者，處新臺幣2,000元罰鍰。

（二）第二次違規者，處新臺幣5,000罰鍰。

（三）第三次以上違規者，處新臺幣1萬元罰鍰。

（四）未滿14歲者不罰；14歲以上未滿18歲者減半。

五、違反第67條第3項規定，規避、妨礙或拒絕查證

本法第67條第3項規定，移民署執行職務人員進入相關之營業處所，依法執行查證身分時，營業處所之負責人或管理人無正當理由不得規避、妨礙或拒絕；其規避、妨礙或拒絕者，依本條裁罰，裁罰基準如下：

（一）第一次違規者，處新臺幣2,000元罰鍰。

（二）第二次違規者，處新臺幣5,000罰鍰。

（三）第三次以上違規者，處新臺幣1萬元罰鍰。

六、違反第71條第2項規定，規避、妨礙或拒絕查察登記

本法第71條第2項規定，臺灣地區無戶籍國民、外國人、大陸地區人民、香港及澳門居民對於移民署依規定執行之查察登記，不得規避、妨礙或拒絕；其規避、妨礙或拒絕者，依本條裁罰，裁罰基準如下：

（一）第一次違規者，處新臺幣2,000元罰鍰。

（二）第二次違規者，處新臺幣5,000罰鍰。

（三）第三次以上違規者，處新臺幣1萬元罰鍰。

參、綜論

本條規定罰鍰裁量級距為新臺幣2,000元至1萬元，視其違法行為態樣區分為依期間或次數作為裁量基準，除本條第6款及第7款未區分受處分人之年齡外，條第1款至第5款均規定未滿14歲者不罰，14歲以上未滿18歲者減半；其年齡之規定與我國刑法第18條規定行為能力之年齡區分一致。

查本條第6款之處罰對象，為違反本法第67條第3項營業處所之負責人或管理人，其能為成年且具行為能力之人，爰罰鍰裁量時可排除18歲以下之人違法之情形，尚無疑慮；另本條第7款之處罰對象，為違反本法第71條第2項規避、妨礙或拒絕移民署對在我國停留期間逾三個月、居留或永久居留之臺灣地區無戶籍國民、外國人、大陸地區人民、香港及澳門居民進行之查察登記；依裁罰基準規定，並未排除14歲以下、14歲至18歲間對象之適用，似缺乏與本條第1款至第5款規定之衡平性，本條第1款至第5款既已就年齡行為能力區分14歲以下不罰、14歲以上未滿18歲者減半，又何以第7款之裁罰基準未作年齡行為能力之區別，應可考量作一致性之裁量規範，避免造成處罰失衡之結果。

> **第86條**（罰則）
> 代辦移民業務之公司散布、播送或刊登經審閱確認之移民業務廣告，而未載明註冊登記證字號及移民廣告審閱確認字號或核定字號者，移民署應予警告並限期改善；屆期未改善者，勒令歇業。
> 依第五十五條第一項但書規定經營移民業務者，違反前項規定，移民署應予警告，並限期改善；屆期未改善者，註銷註冊登記證及公告之。

壹、導言

　　明定移民署對代辦移民業務之公司散布、播送或刊登之廣告，其未載明註冊登記證字號及移民廣告審閱確認字號或核定字號者，予以警告及勒令歇業處分之規定，以符合司法院釋字第402號解釋：「對人民違反行政法上義務之行為予以裁罰性之行政處分，涉及人民權利之限制，其處分之構成要件與法律效果，應由法律定之……。」之意旨。

　　依本法第55條第1項但書規定，律師或外國法事務律師向移民署申請領取註冊登記證後，亦可經營移民業務，雖非屬公司形態，惟若違反本條第1項規定者，仍應予以警告，並限期改善。

貳、內容解析

　　本條規定採警告、限期改善及勒令歇業等處分，按行政罰法第2條規定，「警告」屬警告性處分，為裁罰性之不利處分，目的在於發揮嚇阻之作用，使處分相對人對違法行為產生警惕；而「限期改善」本質上為單純之負擔處分，在性質上屬主管機關為防止危害繼續或擴大，命處分相對人除去違法狀態，課予處分相對人一定之作為義務[62]，兩者均屬

---

[62]　參見臺北高等行政法院107年度訴字第1217號判決。

輕微處分[63]；如處分相對人屆期仍未除去違法狀態，則命其勒令歇業。

　　依本法第56條第4項規定，移民業務機構為經營移民業務所作之廣告，內容應經移民署指定之移民團體審閱確認，並賦予審閱確認字號，始得散布、播送或刊登；次依本法第3條第11款對移民業務機構之定義，係指依本法許可代辦移民業務之公司及律師事務所，爰不論是代辦移民業務之公司或是律師事務所依法經營移民業務時，均應受本條之規範。移民署對移民業務廣告管理作為，一方面在於審查廣告內容是否合宜，避免消費者產生誤解或受騙，另一方面廣告內容如載明政府核認之字號，亦可增加其公信力，因此查獲未載明相關核認字號之移民業務廣告，給予負責散布、播送或刊登廣告之代辦移民業務之公司或是律師事務所警告並限期改善，除在於保障消費者之權益外，對該移民業務廣告成果亦有提升之效；如屆期未改善，對於代辦移民業務之公司將處分勒令歇業，而對經營移民業務之律師將註銷其註冊登記證並公告之，藉以維護絕大多數合法經營者之權益。

參、綜論

　　本法第79條第1項第4款明定代辦移民業務之公司，違反第56條第4項規定，散布、播送或刊登「未經審閱確認或核定」之移民業務廣告，處新臺幣3萬元以上15萬元以下罰鍰，並令其限期改善，屆期未改善者，勒令歇業；同條第2項則明定依第55條第1項但書規定經營移民者（即律師或外國法事務律師）違反者，除處同額罰鍰，並令其限期改善外，屆期未改善者，註銷註冊登記證及公告之。前揭規定與本條規定散布、播送或刊登「經審閱確認」之移民業務廣告，而「未載明」註冊登記證字號及移民廣告審閱確認字號或核定字號者，兩者間之違法情節實有程度上之區別，本條文之行為主體係已依規定完成廣告之審閱確認，

63　司法院，司法院研討「適用簡易程序之告誡等或其他相類輕微處分概念」，司法周刊，1653期，2003年7月11日。

主觀上應無違法廣告之故意，然於散布、播送或刊登該廣告時，未將審認確認字號或核定字號載明於廣告上，使閱覽廣告者無法判別該廣告內容是否已經審閱，致該廣告喪失法律保障之可信度；即使如此，該廣告本身仍屬已審認確認之內容，應不致於使閱覽者因接收該廣告資訊後而造成相關權益上之損失。

因此，散布、播送或刊登「經審閱確認」之移民業務廣告，而「未載明」註冊登記證字號及移民廣告審閱確認字號或核定字號，其行為似不致於嚴重影響人民權益或公益，若經限期改善而未改善之結果，與散布、播送或刊登「未經審閱確認或核定」之移民業務廣告之結果相同，均處勒令歇業，似無法區別差異性，不符比例原則，行政處分恐有失衡之虞。

第87條（罰則）

代辦移民業務之公司有下列情形之一者，應廢止其許可，註銷註冊登記證及公告之，並通知公司登記主管機關廢止其公司登記或部分登記事項：

一、受託代辦移民業務時，協助當事人填寫、繳交不實證件，經司法機關有罪判決確定。

二、受託代辦移民業務，詐騙當事人，經司法機關有罪判決確定。

三、註冊登記證借與他人營業使用。

四、經勒令歇業。

五、因情事變更致不符第五十七條第一項各款所定經營許可要件，經通知限期補正，屆期未補正。

依第五十五條第一項但書規定經營移民業務者，有下列情形之一，應註銷註冊登記證及公告之：

一、違反前項第一款至第三款規定之一。

二、因情事變更致不符第五十七條第一項第四款所定經營移民業務要件，經通知限期補正，屆期未補正。

依第五十五條第一項但書規定經營移民業務者，第七十五條、第七十九條第二項、第八十六條第二項或前項規定之處分對象，除法人律師或法律事務所為法人外，於獨資、合署或合夥之律師或法律事務所，為其主持律師或負責營運管理之律師。

壹、導言

　　本條明定政府應廢止代辦移民業務之公司經營移民業務許可之情形，以及113年6月28日增修依本法第55條第1項但書經營移民業務者，應註銷註冊登記證之情形。本條於88年制定之初（時為條號為第50條），對於違反本條規定之移民業務機構係採「撤銷處分」，查96年當時本法修正之理由，認為本條規定之性質應為廢止處分，爰將原條文「撤銷」文字修正為「廢止」，而政府對於違反本條規定之移民業務機構採取廢止許可之手段，目的乃在於保護申辦移民業務當事人之權益，並使公眾知悉移民業務機構之違法情形，避免因資訊未公開造成不知情之當事人仍持續委託已遭廢止許可代辦移民業務之公司辦理相關業務，致權益受損；因此對於違反本條各款之代辦移民業務之公司，除廢止許可及註銷註冊登記外，亦應公告周知，並應由移民署通知公司登記主管機關廢止其公司登記或部分登記事項，確保違法之移民業務機構終止承接業務。

　　另依本法第55條第1項但書規定經營移民業務之律師或外國法事務律師，因其律師事務所非屬公司行號，不適用有關廢止公司登記及通知公司登記主管機關等相關規定，因此律師如有違反本條第1項第1款至第3款規定，或因情事變更，未能符合主管機關指定應具備經營移民業務之要件且經通知限期補正，屆期未補正者，政府基於管理立場之一致性，亦應註銷其註冊登記證及公告之。

貳、內容解析

　　依本條規定，廢止代辦移民業務之公司許可之要件計有5款，前3款屬主動（積極）性違法事由，後2款屬被動（消極）性違法事由；另律師或外國法事務律師於經營移民業務時，如有違反前3款之一情形者，應註銷註冊登記證及公告之，其各款違規內容分述如下：

一、受託代辦移民業務時，協助當事人填寫、繳交不實證件，經司法機關判決有罪確定

代辦移民業務之公司或依本法第55條第1項但書規定經營移民業務者，受託代辦本法第56條第1項規定之移民業務（如居留、定居、永久居留或歸化業務），須向該業務主管機關遞件申請時，除須填寫申請書表、提供申請人之身分證明文件，並應視申請事由備妥相關證明文件（如申請來臺依親居留則須備妥親屬關係證明文件），以供業務主管機關作為審核之憑據。如代辦移民業務之公司或依本法第55條第1項但書規定經營移民業務者明知填寫內容為不實之事項，卻協助當事人填寫於申請書表內，恐涉嫌違反我國刑法第214條使公務員登載不實罪；又如繳交之應備文件係屬偽、變造之不實證件，亦涉嫌違反刑法第210條偽、變造私文書罪。一旦前涉嫌犯罪之行為經司法機關判決有罪確定，即應依本條規定處分之。

二、受託代辦移民業務，詐騙當事人，經司法機關有罪判決確定

本款條文原未明定詐騙當事人之行為須經司法機關判決有罪確定，致實務上對於詐騙行為之認定無統一之定論，除違反刑法第339條詐欺罪以外，代辦移民業務之公司或依本法第55條第1項但書規定經營移民業務者如隱瞞當事人行使契約規定以外之行為致損害當事人權益之情形，而未達違反刑法之程度，是否亦可屬本款規定之詐騙行為，又該如何認定？其法律明確性尚有不足之處。

本法於112年6月28日修正後，本款增修「經司法機關有罪判決確定」文字，加強法律明確性，明定本款所稱之詐騙行為，應屬違反刑法第339條詐欺罪，並經司法機關有罪判決確定；如案件尚在偵查、起訴階段，或經判決無罪者，尚不屬違反本款規定之情形。

三、註冊登記證借與他人營業使用

依本法第55條第1項規定，公司經營移民業務者，應先向移民署申請設立許可，並依法辦理公司登記後，再向移民署領取註冊登記證，始

得營業；另律師或外國法事務律師經營移民業務者，亦應向移民署申請領取註冊登記證。爰凡經營移民業務者，均須由移民署依其申請，經審核通過後，核發註冊登記證，證上載明「公司名稱」、「負責人姓名」、「登記日期」及「業務範圍」等資訊，具有專屬性質，僅限該申請登記之公司組織或律師使用，如借予他人作為營業使用，出借者則有違反本條規定之情形；而借用者如藉此招攬客戶有實質經營移民業務者，除有觸犯本法第75條規定，未領取註冊登記證而經營移民業務，可處行政罰鍰外，恐另將涉及刑法詐欺罪嫌。

四、經勒令歇業

查經濟部86年2月3日經商字第86201149號函對於勒令歇業之解釋為「以公權力強制公司或行號終止全部或部分營業之意」，另依公司法第17條之1規定：「公司之經營有違反法令受勒令歇業處分確定者，應由處分機關通知中央主管機關，廢止其公司登記或部分登記事項。」查本法第79條規定代辦移民業務之公司有違反該條各款情形，屆期仍不改善者，勒令歇業，另本法第86條規定代辦移民業務之公司散布、播送或刊登未載明註冊登記證字號及移民廣告審閱確認字號或核定字號之廣告，屆期仍不改善者，勒令歇業。代辦移民業務之公司經勒令歇業後，即須終止相關營業事項，並依本條廢止其許可並通知主管機關廢止其公司登記或部分登記事項，以符公司法之規定。

五、因情事變更致不符第57條第1項各款所定經營許可要件，經通知限期補正，屆期未補正

本款係於本法96年修正時增訂，其當時之修法理由，按本法第57條規定，移民業務機構申請經營移民業務，應具備以下要件：

一、一定金額以上之實收資本額。

二、置有符合規定資格及數額之專任專業人員。

三、在金融機構提存一定金額之保證金。

四、其他經主管機關指定應具備之要件。

如實收資本額、專業人員及保證金等，倘其於取得設立許可及註冊登記證後，發生不符以上要件情況，如專業人員離職、保證金被執行等，經主管機關通知於一定期間內補正，屆期未補正者，即屬違反本款規定，應廢止許可及註銷註冊登記證。

本條第3項係為明定行政處分之對象，行政處分之相對人應為自然人、法人或公司商號，又處分對象如為法人或公司商號時，處分書內容除記載法人名稱或公司商號名稱外，應再記載其代表人，以確認處分之合法性。惟按律師法第48條規定，律師事務所之型態分為四種，其中除法人法律事務所外，其他獨資、合署或合夥型態之律師事務所並未具法人格；因此為了明確處分對象，定明律師事務所之律師（含僱用、合夥等）違反本法第75條（未領取註冊登記證而經營移民業務）、第79條第2項（違反第79條第1項各款規定）、第86條第2項（違反第86條第1項規定）或本條第2項規定者，其處分對象，除法人律師或法律事務所為法人外，於獨資、合署或合夥之律師或法律事務所之情形，為其主持律師或負責營運管理之律師。

參、綜論

本法第79條及第86條，已對代辦移民業務之公司或經營移民業務之律師違反本法第55條及第56條規定之各款情形者，定有相關罰則。至本條規定乃在前述罰則以外，補強政府對於移民業務機構之管理規範，針對違法（規）情節較為嚴重之代辦移民業務之公司或經營移民業務之律師，給予廢止許可及註銷登記證之處分，如此除可維持移民業務市場秩序，對於申辦移民業務之當事人權益也較有保障。

本法於112年6月修正前，本條文並未對於經營移民業務之律師加以規範，本次修法後，對於經營移民業務之律師違反本條第1項第1款至第3款規定及本條第2項第2款規定者，則處分註銷註冊登記證及公告之；其與代辦移民業務之公司違規條款不同之處，在於公司如「經勒令

歇業」者，亦應廢止其許可，註銷註冊登記證，而律師則無此規定。依經濟部函釋，所稱勒令歇業者，係依公司法及商業登記法相關規定所為之行政處分，屬行政處罰之一種，指以公權力強制公司或行號終止全部或一部之營業。因律師事務所並不屬公司型態，自不受勒令歇業處分之規範。

然依律師法第9條規定，法務部對律師有撤銷、廢止其律師證書及命其停止執行職務之權，因此，如基於對代辦移民業務之公司及經營移民業務之律師管理之一致性，公司經依法勒令歇業者，應依本條規定註銷註冊登記冊，則律師經依法撤銷、廢止律師證書或停止執行職務者，似亦應依本條規定註銷註冊登記冊，才能符合政府對於移民業務機構管理之目的性。

第十二章
附 則

第88條（共同審核）

第九條第一項第八款、第十一條第一項第一款、第十八條第一項第十三款、第十五款、第十六款第四項、第二十四條第一項第一款、第二款及第二十五條第三項之情形，主管機關應聘請社會公正人士及邀集相關機關共同審核，經審核通過者，移民署應同意或許可其入國、出國、居留、變更居留原因、永久居留或定居。但第九條第一項第八款之臺灣地區無戶籍國民，有國籍法第九條第四項第一款或第二款規定情形之一者，免經共同審核。

壹、導言

　　本條係本法於96年修正時之新增條文，其立法理由為「為保障無戶籍國民與外國人、無國籍人之入國、出國及申請居留、永久居留或定居之權利，避免行政機關之濫權裁量，爰增訂本條，……內政部應聘請社會公正人士及邀集相關機關共同進行審核」，爰內政部於97年7月31日訂定發布「入出國及移民案件審查會設置要點」，最近一次於112年12月22日修正，依該要點規定，內政部應設入出國及移民案件審查會，置委員15至19人，由內政部次長兼任召集人，移民署署長兼任執行秘書，其中社會公正人士及任一性別委員，均不得少於委員總數三分之一。前揭審查會負責審核本條規定之臺灣地區無戶籍國民居留及定居申請案件、外國人禁止入國案件、居留或變更居留原因及永久居留申請

案件，如移民署於清理本法第18條第1項第13款（有危害我國利益、公共安全或公共秩序之虞）、第15款（有從事恐怖活動之虞）、第16款（有嚴重侵害國際公認人權之行為）及第4項（大陸地區人民、香港或澳門居民準用第1項第16款）所定禁止入國案件，認宜廢止管制者，亦得提會審查。

貳、內容解析

依本條規定主管機關應聘請社會公正人士及邀集相關機關共同審核之案件，以下茲以人別區分臚列如下：

一、臺灣地區無戶籍國民

（一）對國家、社會有特殊貢獻，或為臺灣地區所需之高級專業人才申請在臺灣地區居留（第9條第1項第8款）。

（二）有事實足認有妨害國家安全或社會安定之重大嫌疑，不予許可申請在臺灣地區居留或定居（第11條第1項第1款）。

二、外國人

（一）有危害我國利益、公共安全或公共秩序之虞，禁止入國（第18條第1項第13款）。

（二）有從事恐怖活動之虞，禁止入國（第18條第1項第15款）。

（三）有嚴重侵害國際公認人權之行為（第18條第1項第16款）。

（四）有危害我國利益、公共安全、公共秩序之虞，不予許可申請居留或變更居留原因（第24條第1項第1款）。

（五）有從事恐怖活動之虞，不予許可申請居留或變更居留原因（第24條第1項第2款）。

（六）1.對我國有特殊貢獻；2.為我國所需之高級專業人才；3.在文化、藝術、科技、體育、產業等各專業領域，參加國際公認之比賽、

競技、評鑑得有首獎者，申請永久居留（第25條第3項）。

三、大陸地區人民，香港澳門居民

準用本法第18條第1項第16款禁止入國之規定，有嚴重侵害國際公認人權之行為，禁止入國。

本條但書規定，臺灣地區無戶籍國民對國家、社會有特殊貢獻，或為臺灣地區所需之高級專業人才者，有國籍法第9條第4項第1款或第2款規定情形之一者，免經共同審核。按國籍法第9條第4項乃係外國人申請歸化，免提出喪失原有國籍證明之規定，即歸化我國國籍之外國人仍可具有原屬國籍。而外國人依國籍法第9條第4項第1款規定之高級專業人才或同條項第2款規定之有殊勳於我國者，申請歸化國籍時，業已依國籍法相關規定通過共同審查相關資格條件，始得取得歸化，並成為臺灣地區無戶籍國民，其再以臺灣地區無戶籍國民申請在臺居留時，為簡政便民，實毋庸重複審認其資格，爰本條但書規定前揭對象免經共同審查。惟若臺灣地區無戶籍國民雖對國家、社會有特殊貢獻，或為臺灣地區所需之高級專業人才者，卻未有國籍法第9條第4項第1款或第2款規定情形之一者，其申請在臺居留，仍應依本條規定共同審查。

行政機關所為之行政處分除符合行政程序法第97條規定情形得不記明理由[1]外，按同法第96條第1項第2款規定，行政處分應記載主旨、事實、理由及其法令依據，旨在強化行政處分之明確性，以保障人民權益，不受行政機關濫權裁量。因本法及其施行細則，並未對於「特殊貢獻」、「高級專業人才」等概括規定，以及「國家安全」、「社會安定」、「恐怖活動」、「嚴重侵害國際公認人權」等不確定概念予以定義或解釋，卻以此等抽象概念作為行政處分之構成要件。按司法院釋字第432號解釋：「法律雖以抽象概念表示，不論其為不確定概念或概括

---

[1] 行政處分得不記明理由有以下六種情形：1.未限制人民之權益者；2.處分相對人或利害關係人無待處分機關之說明已知悉或可知悉作成處分之理由者；3.大量作成之同種類行政處分或以自動機器作成之行政處分依其狀況無須說明理由者；4.一般處分經公告或刊登政府公報或新聞紙者；5.有關專門知識、技能或資格所為之考試、檢定或鑑定等程序；6.依法律規定無須記明理由者。

條款,均須無違明確性之要求。」爰入出國及移民案件審查會之設置用意,即以專家學者共同審查之結果,作為處分事實及理由之憑據,以求符合法律明確性原則。

參、綜論

本條之立法意旨雖在保障臺灣地區無戶籍國民與外國人之入國、出國及申請居留、永久居留或定居及大陸地區人民及香港澳門居民入境之權利,並以公正人士及相關機關共同審查之結果作為處分之依據,惟並無授權訂定審查基準,如何對「特殊貢獻」、「國家安全」、「嚴重侵害國際公認人權」等抽象概念進行審查,恐僅能憑審查委員之主觀意識或召集人之決定為之,因此訂定審查基準應有其必要性。

「特殊貢獻」、「高級專業人才」等概括規定要形成操作性定義之可行性較高,也較容易訂定相關審查基準,然而「國家安全」、「社會安定」、「恐怖活動」、「嚴重侵害國際公認人權」等不確定概念涉及層面較廣,以恐怖主義為例,在國際間之定義就超過一百種以上,且尚無單一普遍可被接受之定義[2],更惶論為其訂定審查基準,實有操作上之困難。應可將歷次審查會之決議結果類型化或形成案例,據以作為訂定審查基準之參考,始能達到保障人權之實效。

第89條(移民署人員於調查入出國移民犯罪時具司法警察身分)

移民署所屬辦理入出國及移民業務之薦任職或相當薦任職以上人員,於執行非法入出國及移民犯罪調查職務時,分別視同刑事訴訟法第二百二十九條、第二百三十條之司法警察官。其委任職或相當委任職人員,視同刑事訴訟法第二百三十一條之司法警察。

2　黃文志,恐怖主義與組織犯罪匯合之探討,國境管理與國土安全,五南,2020年,頁169。

壹、導言

　　移民署辦理入出國及移民事務，除靜態之事務外，尚包括：1.入出國之檢查及限制入出國之偵防處理；2.持用偽造、變造入出國證件之調查、處理；3.非法入出國之調查、詢問等涉及刑事司法調查之事項。為使移民署能有效管理入出國境業務，乃於本條規定賦予相關主管業務單位之人員，於執行非法入出國及移民犯罪調查職務時，具有司法警察官和司法警察之身分，得行使刑事程序法有關司法警察官和司法警察之權能，以因應其遂行職務時必須具有之執法能力。

貳、內容解析

　　本條賦予移民署所屬辦理入出國及移民業務之薦任職或相當薦任職以上人員，於執行非法入出國及移民犯罪調查職務時，具有司法警察官之身分，分別視同刑事訴訟法第229條、第230條之司法警察官。其委任職或相當委任職人員，視同刑事訴訟法第231條之司法警察。

　　刑事訴訟法第229條第1項規定：「下列各員，於其管轄區域內為司法警察官，有協助檢察官偵查犯罪之職權：一、警政署署長、警察局局長或警察總隊總隊長。二、憲兵隊長官。三、依法令關於特定事項，得行相當於前二款司法警察官之職權者。」第230條第1項規定：「下列各員為司法警察官，應受檢察官之指揮，偵查犯罪：一、警察官長。二、憲兵隊官長、士官。三、依法令關於特定事項，得行司法警察官之職權者。」第231條規定：「下列各員為司法警察，應受檢察官及司法警察官之命令，偵查犯罪：一、警察。二、憲兵。三、依法令關於特定事項，得行司法警察之職權者。」故移民署所屬辦理入出國及移民業務之薦任職或相當薦任職以上人員，於執行非法入出國及移民犯罪調查職務時，得依上開規定，行使司法警察官之職權。委任職或相當委任職人員，於執行非法入出國及移民犯罪調查職務時，得依上開規定，行使司

法警察之職權。

所謂行使司法警察官或司法警察之職權,包括調查非法入出國及移民之犯罪事件,及因調查此等犯罪事件之證據蒐集、強制處分之執行等。例如詢問犯罪嫌疑人或證人及通知其到場、執行搜索、扣押、拘提、逮捕等。

參、綜論

關於移民署人員在執行職務時,發現違反入出國及移民法之行為人有犯罪之情形時,在立法上至少可以有兩種處理之方式,其一是直接向檢察官告發,將案件移由檢察官偵辦;其二是賦予移民署人員司法警察官和司法警察之身分,就該可疑為犯罪之案件,依刑事訴訟法之規定,行使司法警察官或司法警察之職權,調查該可疑之犯罪案件後,再移送檢察官偵查起訴。

若採行前者,移民署人員在執行職務時,如有相當理由足以認為違反入出國及移民法之行為人有犯罪之情形時,因其無司法警察官或司法警察之身分,對於可疑為犯罪之案件不得依刑事訴訟法之規定,行使司法警察官或司法警察之職權,而須向檢察官告發,並將案件移由檢察官偵辦。此種立法例,為使移民署人員能即時有效的調查及處理違反入出國及移民法之案件,通常仍需於入出國及移民法律中明確授權移民署人員於調查及處理違反入出國及移民法之案件時得採取必要之強制措施或依聲請法院許可之令狀採取必要之強制措施,日本出入國管理及難民認定法即採此立法例。

採行後者,除了於入出國及移民法律中授權移民署人員於調查及處理違反入出國及移民法之案件時得採取必要之強制措施之外,同時賦予其司法警察官和司法警察之身分,得就可疑為犯罪之案件,依刑事訴訟法之規定,調查該可疑之犯罪案件後,再移送檢察官偵查起訴。依本條之規定,係採後者之立法例。

第90條（移民法人員執行職務之表明身分）
移民署人員於執行職務時，應著制服或出示證件表明身分；其服制及其他應遵行事項之辦法，由主管機關定之。

壹、導言

　　移民署人員在執行職務時，難免會有限制或剝奪相對人權利之可能，基於民主法治國正當程序之遵守，對於屬干預性質而違反當事人意願之公權力作為，有必要於執行職務時，身著制服或出示證件表明身分，以取信於相對人，並防止假冒者冒充移民署之人員行使職權。

　　入出國及移民事務包括下列事項：1.入出國之檢查及限制入出國之偵防處理；2.關於持用偽造、變造入出國證件之調查、處理；3.非法入國或入國後從事與許可目的不符活動、工作、逾期停留、居留等情事之調查、詢問、收容及遣返；4.對於入國停留、居留者身分證件之檢查、核對、驗證。此等事項多具有干預人民權利之性質。因此，於本條立法明定移民署人員於執行職務時，應身著制服或出示證件以表明身分。

貳、內容解析

　　移民署人員於執行職務時，涉及行使公權力之行為，為使人民確信其職務行為之適法性，移民署人員於行使職權時，須使人民能確知其身分。如於執行職務時，既未著制服，亦未能出示證件，顯難澄清人民之疑慮。為確保人民免受假冒者之欺騙，本條規定：「移民署人員於執行職務時，應著制服或出示證件表明身分；其服制及其他應遵行事項之辦法，由主管機關定之。」

　　關於移民署人員之服制，依內政部移民署人員服制辦法第3條規

定：「移民署制服分爲常服、便服及勤務工作服。」同辦法第8條並制定「內政部移民署制服之制式說明」，將常服、便服及勤務工作服等之式樣及配件詳爲規定。

所謂執行職務，係指對外執行職務，行使職權而言，處理內部之行政事務非此所謂之執行職務。換言之，移民署人員於對外執行職務，行使職權時，應依本條規定著制服或出示證件表明身分。處理內部之行政事務則未必一定要穿著制服或出示證件表明身分，因其與公權力之行使無涉。此由內政部移民署人員服制辦法第2條：「移民署署長、副署長、主任秘書與北區事務大隊、中區事務大隊、南區事務大隊、國境事務大隊及其他經移民署指定之人員，應依本辦法穿著制服。」第5條：「便服穿著時機如下：一、受理入出國及移民申請案件。二、執行入出國查驗、值班及線上相關勤務。……。」第6條：「勤務工作服穿著時機如下：一、執行違反入出國及移民相關規定之舉發、逮捕、戒護、移送、強制出境及驅逐出國等勤務。二、執行值班及收容管理職務。三、國境港口登輪執行入出國查驗職務。四、其他經移民署規定有穿著之必要。」等規定，亦可窺知。

又此所謂之表明身分，係執行職務者主動表明身分，以確證其身分之眞實性，避免有冒充行使職權之情形，並取信於人民。雖然刑法第158條、第159條對於冒充公務員而行使其職權及公然冒用公務員服飾、徽章或官銜者，均處以刑罰，但仍不無有假冒者。爲使人民確信執行職務者之身分眞實性，移民署人員於執行職務時，在程序上首先應以穿著制服或出示證件方式表明身分，若移民署人員雖身著制服，而人民對其穿著制服有疑慮，仍得要求其出示身分證明文件。以除卻是否假冒之疑慮。

參、綜論

德國聯邦與各邦統一警察法標準草案第36條規定：「著制服執行

公務之警察人員，應於其制服上配帶得以辨識身分之標誌。經關係人要求警察人員應出示證件；但依狀況，出示證件將使任務不可能或相當困難完成者，不在此限（第1項）。警察人員於勤務之外，未著制服而對個人執行職務行爲，應未經請求主動出示服務證及服務標記；但依狀況，其將使任務之達成不可能或相當困難時，不在此限。一俟情況許可，經要求警察應即補示證件（第2項）。」不但對於著制服與未著制服行使職權時，均分別明確規定應遵守之程序。亦有例外規定，即依狀況，其將使任務之達成不可能或相當困難時，不在此限；一俟情況許可，經要求應即補示證件。

　　本條未作例外規定，於遇有屬於隱匿性而需在不被當事人察覺之情形下始能完成之事項，恐有窒礙之處。雖然內政部移民署人員服制辦法第7條第1項規定應穿著制服之時機，得因任務需要，不穿著制服或穿著勤務背心、加著勤務外套。但因表明身分所涉及者，係對外行使職權之正當法律程序事項，得不表明身分（不穿著制服）之情形，仍以法律規定而非以行政命令規定爲宜。

第91條（個人生物特徵識別資料蒐集錄存）

外國人、臺灣地區無戶籍國民、大陸地區人民、香港及澳門居民於入出國（境）接受證照查驗或申請居留、永久居留時，移民署得運用生物特徵辨識科技，蒐集個人識別資料後錄存。

前項規定，有下列情形之一者，不適用之：

一、未滿十四歲。

二、依第二十七條第一項規定免申請外僑居留證。

三、其他經移民署專案同意。

未依第一項規定接受生物特徵辨識者，移民署得不予許可其入國（境）、居留或永久居留。

有關個人生物特徵識別資料蒐集之對象、內容、方式、管理、運用及其他應遵行事項之辦法，由主管機關定之。

壹、導言

本法第91條之規定係於2007年12月26日修正時所新增之條文，並於2008年8月1日施行；2015年2月第七次修法時，「爲明確規範外來人口於出國（境）時，入出國及移民署亦得運用個人生物特徵識別科技進行資料比對，防止因案列管者，以易容或冒用他人護照等不法方式闖關出國（境）之情形」[3]，微幅修正原第1項相關文字，形成現行條文之樣貌：於第1項規定移民署得運用生物特徵辨識科技，蒐集並錄存個人識別資料之對象；第2項則明定三種排除適用之情形；第3項則針對未依本條第1項規定接受生物特徵辨識者之法律效果，予以規範；並透過第4項授權由主管機關訂定個人生物特徵識別資料蒐集之對象、內容、方式、管理、運用及其他應遵行事項之辦法。

時至2015年1月2日，配合行政組織改造，依據2014年12月26日行政院院臺規字第1030158355號公告，本法第91條第1項、第2項第3款及第3項所列屬「內政部入出國及移民署」之權責事項，改由「內政部移民署」管轄，並於2021年12月21日修法時，將條文中「內政部入出國及移民署」之用語，一併改爲「內政部移民署」，並簡稱移民署。

貳、內容解析

一、不容忽視之基本權利干預

本法第91條第1項將其規範對象限於外國人、臺灣地區無戶籍國民、大陸地區人民及香港及澳門居民，即僅排除居住臺灣地區設有戶籍國民（以下簡稱有戶籍國民）[4]之適用。此一規範模式，於人權保障之

3　本法第91條第1項於2015年2月4日修正時修正理由一、參照。
4　依據本法第3條第4款，居住臺灣地區設有戶籍國民係「指在臺灣地區設有戶籍，現在或原在臺灣地區居住之國民，且未依臺灣地區與大陸地區人民關係條例喪失臺灣地區人民身分」。

面向，可能須先釐清以下疑慮：首先，將入出國（境）者，以「具有戶籍之國民」為標準，區分是否「蒐集、錄存其生物特徵識別資料，並將其用於身分辨識」，應已形成差別待遇；其次，大規模並強制蒐集生物特徵識別資料，亦將對受憲法第22條保障之資訊隱私權造成侵害；最後，由於未依規定接受生物特徵辨識者，移民署得不予許可其入國（境）、居留或永久居留，亦將對於其受憲法第10條保障之居住、遷徙自由，包括入出國（境）之權利，帶來限制。

（一）僅錄存特定人之生物特徵識別資料

憲法第7條所規定之平等，拘束國家各種作用及行為，除了課予公權力不得任意侵害之義務，進一步更應致力於追求人民在法律地位上之實質平等。法規範得依各個事物本質之不同，而給予合理、必要的差別待遇，惟國家採行任何差別待遇或相同處理之手段，基本上都有鎖定特定的目的，因而，認清該措施所採行之手段、欲追求之目的以及其間的關聯性，應是判別是否有違平等之重要步驟[5]。

司法院釋字第802號解釋理由書第9段指出：「憲法第七條保障人民之平等權，並不當然禁止國家為差別待遇。法規範所為差別待遇，是否符合平等保障之要求，應視該差別待遇之目的是否合憲，及其所採取之分類與規範目的之達成間，是否存有一定程度之關聯性而定。法規範所採取之分類如未涉及可疑分類，且其差別待遇並不涉及攸關個人人格發展及人性尊嚴之重要基本權利，本院自得採寬鬆標準予以審查（本院釋字第七六八號及第七九四號解釋參照）。如其立法目的係為追求正當公共利益，且其分類與目的之達成間有合理關聯，即與憲法第七條平等權保障無違。」

關於僅有針對「有戶籍國民以外之人」，強制採用錄存個人生物特徵識別資料，用以辨識其身分之方式，可能係考量「……本國人一旦前往外國，便脫離其主要的生活環境和人際關係，外國政府除了護照以

---

5 李寧修，論道路交通管理處罰條例吊銷單純拒絕酒測駕駛人各級車類駕照之合憲性——試析司法院大法官釋字第699號解釋，東海法學研究，40期，2013年，頁17-18。

外，實際上少有方法確認外國人的身分，因此不得不更加依賴護照所載之種種資訊。而且辨識不同國家國民的照片，通常比辨識本國人民的照片難度更高」[6]，故與有戶籍國民採取差別對待，應非屬恣意，且其手段（錄存、辨識個人生物特徵識別資料）與目的（於入出境查驗程序或申請居留、永久居留之審核程序中，確認其身分）間應可認具備密切關聯，故與憲法第7條應尚屬無違。

（二）強制錄存個人生物特徵識別資料

　　針對國家大規模並強制蒐集生物特徵識別資料之行為，司法院釋字第603號解釋曾明確指出，基於指紋此種生物特徵之敏感性，國家若係「以強制之方法大規模蒐集國民之指紋資料，則其資訊蒐集應屬與重大公益之目的之達成，具備密切關聯之侵害較小手段，並以法律明確規定之，以符合憲法第二十二條、第二十三條之意旨」[7]；另，就國家將強制蒐集之個人資料進一步儲存、處理，建立成資料庫，甚至對外傳輸，作原始蒐集目的外之利用而言，「因已完全脫離個別資訊主體控制範圍，是如何確保該業已逸脫個人控制範圍之個人健保資料，不受濫用或不當洩漏，而導致資訊隱私權之侵害繼續擴大，國家亦有義務以法律積極建置適當之組織與程序性防護機制，以符法律保留原則之意旨（本庭111年憲判字第1號判決參照）」[8]。然而，而此一標準，是否會因國家係蒐集「有戶籍國民以外之人」之指紋資料，而有所轉變？雖「國境管制較諸於國民的一般身分辨識有更高的需要、更明確且狹隘的適用範圍及更多的自主決定空間，因此也較具有正當性」[9]，惟考量憲法第22條所保障之資訊隱私權，應屬任何人皆得主張，藉以維護其人性尊嚴與個人主體性及人格發展之完整，實不宜區別對待，故針對有戶籍國民以外

6　司法院釋字第603號解釋林大法官子儀所提協同意見書，其同時指出：「是為確保國境安全，試圖藉由護照加註生物資訊的方式減輕對外國人的入出境管制負擔，是比較具有正當性的。」

7　司法院釋字第603號解釋理由書第11段參照。

8　憲法法庭111年憲判字第13號判決理由第65段參照。

9　司法院釋字第603號解釋林大法官子儀所提協同意見書參照。

之人，強制蒐集、處理及利用其個人生物特徵識別資料之行為，仍應謹守司法院釋字第603號解釋所揭示之限制，以法律明確訂定其目的及要件，並應符合比例原則；若有建置資料庫，則「應以法律明定其蒐集之目的，其蒐集應與重大公益目的之達成，具有密切之必要性與關聯性，並應明文禁止法定目的外之使用。主管機關尤應配合當代科技發展，運用足以確保資訊正確及安全之方式為之，並對所蒐集之指紋檔案採取組織上與程序上必要之防護措施，……」[10]，而「前述組織上與程序上必要之防護措施中，個資保護之獨立監督機制為重要之關鍵制度。此一獨立監督機制之目的，在於確保個資蒐用者對於個資之蒐用，均符合相關法令之規定，以增強個資蒐用之合法性與可信度」[11]。

（三）以錄存指紋、臉部影像作為入出國（境）、居留及永久居留之前提

　　居住、遷徙自由所保障之主體應涵蓋本國人及外國人，本法第91條第3項明定：「未依第一項規定接受生物特徵辨識者，移民署得不予許可其入國（境）、居留或永久居留。」對於「不合作」之「有戶籍國民以外之人」，除直接加諸「不予許可其入國（境）、居留或永久居留」之不利益法律效果外，間接就其行使居住、遷徙自由，包括入出國（境）之權利，恐亦帶來抑制之效果。惟對於拒絕接受個人生物特徵識別資料辨識者，恐不宜一律皆作成不予許可入國（境）、居留或永久居留之處分，而應允許主管機關得視個案情形享有一定之裁量空間，例如本法第64條第1項第2款即規定，移民署針對「拒絕接受查驗」者，仍得透過暫時留置，就其身分再行調查，若得以其他方式達到確認身分之目的，於確認身分後，應即得許其入國[12]；且觀諸本法中針對入國、居留或永久居留之不予許可，皆另訂有相關要件，故「未接受生物特徵辨識」恐不宜作為不予許可之單一理由。一旦主管機關因此作成不予許可

---

[10] 司法院釋字第603號解釋第2段參照。
[11] 憲法法庭111年憲判字第13號判決判決理由第61段參照。
[12] 2015年2月4日入出國及移民法第91條第1項修正之理由一、即指出：「至外國人出國（境）時，拒絕接受個人生物特徵識別資料辨識之外來人士，得依原條文第六十四條第一項第二款規定，予以暫時留置，並於確認身分後，再行查驗出國（境）。」

入國（境）、居留或永久居留之處分，當事人若對該處分不服，應許其提起救濟，自不待言。

另外，本法第91條第3項所稱「未接受生物特徵辨識者」，應不包括接受辨識後，仍無法辨識或確認身分之情形，此一情況若發生於辦理入出國查驗時，則亦應循前述程序，予以暫時留置，再行調查、確認其身分，並於確認身分後，應即得許其入、出國（境）；若其係於審核居留或永久居留申請之程序中，發生原錄存之個人生物特徵識別資料無法辨識或有錯誤時，則應依據個人生物特徵識別資料蒐集管理及運用辦法第4條第2項之規定[13]，以書面通知其再次接受個人生物特徵識別資料錄存及辨識，不宜即據此作成不利之處分。

二、要件

本法第91條係規範外國人、臺灣地區無戶籍國民、大陸地區人民、香港及澳門居民入出國（境）查驗或申請居留、永久居留之程序，相較於同法第4條所定查驗程序，其最大差異應在於明文規定藉由蒐集、錄存個人生物特徵識別資料，作為後續於入出國（境）以及提出居留、永久居留申請時，確認身分使用，以確保國境安全。

由於涉及個人生物特徵之蒐集、處理及利用，法務部針對移民署擬就個人生物特徵識別資料之蒐集、管理及運用為系統建置之初，即建議「本草案之目的除強化國境入出境管控，以保障國家安全，復有建立民眾信任，消除侵害人權之疑慮，建請考量在適當章節增列『合法性說明』，以釐清民眾疑慮，故應就生物辨識應用對象之不同，分別敘明蒐集個人資料之特定目的及法律依據」[14]。內政部依據本法第91條第4項之授權，就有關個人生物特徵識別資料蒐集之對象、內容、方式、管理、運用及其他應遵行之事項，訂定個人生物特徵識別資料蒐集管理及

---

13 個人生物特徵識別資料蒐集管理及運用辦法第4條第2項：「入出國及移民署於審核前項申請時，發現原錄存之個人生物特徵識別資料無法辨識或有錯誤時，應書面通知其再次接受個人生物特徵識別資料錄存及辨識。」

14 法務部法律字第1000015826號書函參照。

運用辦法，以資遵循。

（一）適用對象

　　針對特定身分之人，包括外國人、臺灣地區無戶籍國民、大陸地區人民[15]、香港及澳門居民，於入出國（境）接受證照查驗或申請居留、永久居留時，移民署依據本法第91條第1項，得運用生物特徵辨識科技，蒐集其個人識別資料後錄存。對於符合前述條件之查驗對象，其原則上即有提供個人生物特徵識別資料錄存並接受以生物特徵辨識科技比對，以辨識其身分之義務[16]，未接受生物特徵辨識者，主管機關得不予許可其入國（境）、居留或永久居留。但本法第91條第2項明文排除三種情形之適用，包括未滿14歲者、依同法第27條第1項規定免申請外僑居留證者或其他經移民署專案同意者，其無須接受移民署錄存及辨識其個人生物特徵識別資料，則其入出國（境）或申請居留、永久居留時，即回歸以相關身分證明文件確認其身分。

　　另外，針對本法第91條第1項明定之特定對象，由於其生物特徵辨識資料已經移民署蒐集並錄存，若其亦符合自動查驗通關系統作業要點第2點所定申請資格，包括：具居留或永久居留身分之外國人；具外交官員或國際機構官員身分之外國人；具入國許可證件或居留身分之臺灣地區無戶籍國民；具依親居留或長期居留身分之大陸地區人民；具居留身分之香港或澳門居民；取得外籍商務人士使用快速查驗通關證明，且經移民署公告許可申請之外來旅客；依據我國與他國締結之有效條約、

15　針對大陸地區人民，臺灣地區與大陸地區人民關係條例第10條之1規定，大陸地區人民申請進入臺灣地區團聚、居留或定居者，應接受面談、按捺指紋並建檔管理之；未接受面談、按捺指紋者，不予許可其團聚、居留或定居之申請。大陸地區人民按捺指紋及建檔管理辦法並進一步要求，「按捺指紋應查明受捺人身分後，建立受捺人姓名、性別、出生年月日、住址、身分證明文件號碼、相片及指紋等基本資料，並註記按捺單位、按捺時間及按捺人員」；按捺單位應利用資訊科技設施或其他方式，將指紋資料建檔儲存，並透過網路連線，將檔案傳輸至入出國及移民署指紋資料庫集中管理；入出國及移民署將指紋檔案備份，送內政部警政署刑事警察局利用。許義寶，入出國法制與人權保障，五南，2012年，頁248-249。

16　個人生物特徵識別資料蒐集管理及運用辦法第3條、第4條。入出國查驗及資料蒐集利用辦法第21條參照。

協定或基於互惠原則、符合我國利益之考量而開放申請之外國人，且年滿12歲，身高140公分以上者，亦得同時申請使用自動查驗通關系統查驗通關（關於自動查驗通關系統內容，請參考第4條之說明）。另外，若是依據我國與他國締結之有效條約、協定或基於互惠原則、符合我國利益之考量而開放申請之外國人，則不受年齡及身高之限制，皆得申請[17]。

（二）蒐集之目的與資料類型

「國家就其正當取得之個人資料，亦應確保其合於目的之正當使用及維護資訊安全，故國家蒐集資訊之目的，尤須明確以法律制定之」[18]，因此，蒐集與處理資料應基於特定目的為之，且該目的應具體、明確、正當，並須於事前確認，而個人資料之後續利用，亦僅得於此事前所設定之原始目的範圍內為之，且目的與運用之手段間，應具備正當合理之關聯。惟觀察本法第91條或個人生物特徵識別資料蒐集管理及運用辦法之規定，無法確切得知其蒐集之特定目的，若結合本法第1條所揭示「統籌入出國管理，確保國家安全、保障人權；規範移民事務，落實移民輔導」之立法目的，則如同依據本法第4條第2項蒐集入出國者之入出國紀錄一般，似亦將導向以「入出國管理」為特定目的之結果。然而，若進一步觀察本法第91條第1項之適用，似限於「入出國（境）接受證照查驗或申請居留、永久居留時」，且考量蒐集個人生物特徵識別資料，即係欲透過比對，辨識出特定自然人，故應得將其蒐集之特定目的限縮於「入出境之查驗、居留或永久居留之審核時，為辨識特定自然人之身分」，故移民署應即於達成此目的之必要範圍內蒐集、處理特定人之個人生物特徵識別資料，並藉此劃定後續利用之範圍，以合於目的拘束原則之要求[19]。

---

[17] 就年齡限制部分，由於本法第91條第2項排除14歲以下之人之適用，皆應得合於自動查驗通關系統作業要點第2點所定12歲以上之資格。

[18] 司法院釋字第603號解釋理由書參照。

[19] 李寧修，警察存取預防性資料之職權與個人資料保護：以監視器之運作模式為例，臺大法學論叢，48卷2期，2019年，頁420。

　　惟於個人生物特徵識別資料蒐集管理及運用辦法第9條中，仍允許於特定要件下，為目的外利用，例如公務機關得以書面敘明理由、所需資料類別及使用目的，依據個人資料保護法或其他法令規定，向移民署請求利用個人生物特徵識別資料，經移民署審核後提供，但情形急迫時，得許其先以電信傳真方式提出申請，事後再行補送正本（第1項）；或移民署亦得基於國際間條約、協定或互惠原則，得進行個人生物特徵識別資料之國際傳遞及利用（第2項）。然而，對於開啟個人生物特徵識別資料目的外利用之可能性，在科技日新月異的時代，實應謹慎以對，假想若以臉部特徵資料串連其他資料庫，且不僅限於身分識別之目的，甚至進一步運用人工智慧進行分析，或是結合私人所持有的資料，包括搜尋引擎、社群網站、通訊軟體或是行動支付等，針對特定人進行資料剖析（Profiling），藉以建立行為模式特徵之分析與預測，其對於「個人生活私密領域免於他人侵擾及個人資料之自主控制」權利之保障，勢必將帶來嚴峻的考驗。

　　移民署得運用電腦或其他科技設備，強制擷取「具個人專屬性而足以辨識個別身分之指紋及臉部特徵資料識別資料」[20]後錄存，其係以本法第91條第1項與內政部依據入出國及移民法第91條第4項授權所訂定之個人生物特徵識別資料蒐集管理及運用辦法為其依據，其蒐集之個人生物特徵識別資料包括指紋及臉部特徵資料：指紋部分，應以左、右手食指接受按捺；左、右手食指有殘缺或傷病者，依拇指、中指、環指、小指之順序接受按捺，並由錄存人員註明手指名稱，但無手指，且經錄存人員註明者，不在此限。臉部特徵資料則應以臉部正面脫帽平視接受臉部影像擷取，有影響影像擷取之物品，應予去除（個人生物特徵識別資料蒐集管理及運用辦法第6條）。

　　已接受個人生物特徵識別資料錄存者，於每次入出國（境）查驗時，仍應接受個人生物特徵識別資料之辨識；於申請居留或永久居留

---

[20] 個人生物特徵識別資料蒐集管理及運用辦法第2條第1款所定義之「個人生物特徵識別資料」。

時，除有本法第91條第2項例外排除之情形，或已接受個人生物特徵識別資料錄存及辨識者外，仍須爲錄存及辨識，以確保資料處於最新狀態及正確性。若發現原錄存之個人生物特徵識別資料無法辨識或有錯誤時，依據個人生物特徵識別資料蒐集管理及運用辦法第4條第2項之規定，移民署應書面通知再次接受個人生物特徵識別資料錄存及辨識。

（三）安全維護措施之採行

個人生物特徵識別資料乃屬性質敏感之個人資料，移民署蒐集後，對於檔案之安全維護，即有強化之必要性。法務部針對移民署爲執行本法第4條及第91條規定，擬就個人生物特徵識別資料之蒐集、管理及運用爲系統建置之初，即建議增加存取紀錄及資料稽核等內部控制稽核措施之程序，以強化個人資料安全之維護[21]。個人生物特徵識別資料蒐集管理及運用辦法第7條明定，移民署應指定專責人員爲之，並予以妥善保存，不得任意刪除、毀棄（第1項）。個人生物特徵識別資料檔案之傳輸、儲存及查詢過程，亦應遵守資訊安全相關規範（第2項）。而針對因職務或業務持有個人生物特徵識別資料者，除法令另有規定外，應予保密，若有違反，則依據個人資料保護法或其他相關法令規定處理（個人生物特徵識別資料蒐集管理及運用辦法第10條）[22]。

個人生物特徵識別資料檔案若係爲於入出國查驗程序或申請居留、永久居留審核程序中辨識身分而蒐集、處理及利用，當目的已消失，即應避免無限期之永久保存，就此，個人生物特徵識別資料蒐集管理及運用辦法第8條即規定，個人生物特徵識別資料檔案之保存期限，係自最後一次入國（境）之日起算二十年，但經移民署報請上級機關同意延長者，不在此限；若其身分轉換爲居住臺灣地區設有戶籍國民，則應自轉換後六個月內刪除之[23]。

21　法務部法律字第1000015826號書函參照。
22　關於個人資料保護法所定安全維護措施，請參考第4條中貳、二、（二）2.安全維護措施中之說明。
23　此相較於入出國查驗及資料蒐集利用辦法第20條中，針對個人入出國資料一律永久保存之規定，應值得肯定。

　　移民署應將其所錄存之個人生物特徵識別資料，建立外國人、臺灣地區無戶籍國民、大陸地區人民、香港及澳門居民個人生物特徵識別資料檔案，檔案內容除個人生物特徵識別資料外，同時納入姓名、性別、出生年月日、照片、護（證）照號碼等個人資料，並於檔案中註記錄存單位、錄存日期及錄存人員姓名（個人生物特徵識別資料蒐集管理及運用辦法第5條第2項）。此種對移民署紀錄之要求，應有助於當事人知悉其個人資料之利用狀況，且對於當事人主張個人資料保護法第3條所定之權利，應亦有正向助益。

參、綜論

　　我國目前僅針對外國人、臺灣地區無戶籍國民、大陸地區人民、香港及澳門居民於入出國（境）接受證照查驗時，由移民署運用生物特徵辨識科技，強制蒐集個人識別資料後錄存，並訂定個人生物特徵識別資料蒐集管理及運用辦法，規範個人生物特徵識別資料蒐集之對象、內容、方式、管理、運用及其他應遵行事項。針對個人資料之保存，應訂定期限，當已達成目的或其對於目的達成不再有所助益時，即課予持有機關將其刪除或銷毀之義務，其係考量一旦欠缺刪除或銷毀之壓力，加以現今儲存技術便捷且成本低廉，恐會導向「永久保存」以備「不時之需」的結果，故個人資料法制中，普遍定有保存期限，以防免不合比例地利用個人資料之情形[24]。針對個人生物特徵資料檔案，個人生物特徵識別資料蒐集管理及運用辦法第8條第1項所定其保存期限為自最後一次入國（境）之日起算二十年，但自其身分轉換為居住臺灣地區設有戶籍國民後六個月內刪除之，雖值得肯定，但保存二十年是否必要，仍應隨時滾動式檢討。

24　例如警察職權行使法第10條第2項針對依據同條第1項以攝影、科技工具或裝設監視器所蒐集之資料，要求「除因調查犯罪嫌疑或其他違法行為，有保存之必要者外，至遲應於資料製作完成時起一年內銷毀之」。

　　隨著人民對其個人資料保護之意識逐漸升高，要求移民署刪除其所屬入出國資料之情形，應不難想見[25]。「憲法第22條個人資訊隱私權保障當事人原則上應有事後控制權，且當事人就獲其同意或符合特定要件而允許未獲當事人同意而經蒐集、處理及利用之個資，仍具事後控制權，不因其曾表示同意或因符合強制蒐用要件，當事人即喪失請求刪除、停止利用或限制利用個資之權利」[26]，因此，移民署就其蒐集並錄存之個人生物特徵資料，仍應建立適當之事後控制權行使機制，供當事人就其個人資料主張其權利。現行法制中，包括本法以及本法授權訂定之個人生物特徵識別資料蒐集管理及運用辦法，針對請求停止利用及例外不許停止利用之主體、事由、程序、效果等事項，均欠缺明確規範，此於憲法法庭111年憲判字第13號判決作成後，實有積極因應之必要。

　　司法院釋字第603號解釋針對國家基於特定重大公益之目的而有大規模蒐集、錄存人民指紋、並有建立資料庫儲存之必要者，明文揭示其所應遵循之界限。首先，個人資料保護法第5條所揭示之「目的拘束原則」，應是檢視國家蒐集、處理及利用個人資料行為之首要依據，透過生物特徵辨識科技存取資料之行為，自應確立其目的，並於達成目的之必要範圍內進行蒐集，並藉此劃定後續處理及利用之範圍，若要通過憲法比例原則之檢驗，國家預先存取資料之目的，應與公益密切相關，且伴隨著對於基本權利侵害強度之增高，其目的正當性之要求亦應隨之提升，並應儘量避免以抽象且概括的維護國家安全、增進公共利益或防止重大危害等作為目的；其次，該目的應於事前以個別法律明確規定，並應明文禁止法定目的外之使用，我國目前係以本法以及依其所授權訂定之個人生物特徵識別資料蒐集管理及運用辦法與自動查驗通關系統作業要點為基礎，是否屬適當之法律保留層級？值得思考。最後，觀諸個人生物特徵識別資料蒐集管理及運用辦法第9條針對公務機關請求利用

25　例如於臺北高等行政法院106年度訴字第865號判決中，即得見人民請求入出國及移民署刪除其在外國人管制檔查詢系統中關於禁止出國、撤銷禁止出國、逾期停留之紀錄，及對外和哪些機關分享紀錄。

26　憲法法庭111年憲判字第13號判決理由第69段參照。

個人生物特徵識別資料者，係依個人資料保護法或其他法令規定行之，而自動查驗通關系統作業要點第9點針對移民署於蒐集、處理及利用申請人臉部影像或指紋等個人資料時，應遵守個人資料保護法之規定，惟考量我國個人資料保護法僅提供一基礎之法制框架，若欲蒐集、處理或利用生物特徵資料，仍應有專法或於現行法律中以專章規範為當，若確實有進行目的外利用之必要，例如欲結合其他資料庫或技術為鑑別，或是針對特定人進行系統化之資料剖析時，應可借鑑憲法法庭111年憲判字第1號判決之意旨，置入法官或檢察官保留之機制[27]；同時，應建立個人資料保護之獨立監督機制，確保個人資料之蒐集、處理或利用之合法性，尤其針對目的外利用之情形，藉此避免其濫用或不當洩漏，並提升國家利用個人資料之可信度[28]；而事後之司法審查，則應可藉由強化審查密度與範圍，針對包括採行手段是否合於比例、是否合於目的拘束原則、與執行職務之合理必要關聯等，就其合法性與適當性進行實質監督，以調和在預防性措施中因尊重「專業判斷」而衍生行政專擅之可能性[29]。

第92條（舉發違法之獎勵）

舉發違反本法規定之事實，經查證屬實者，得由移民署對舉發人獎勵之；其獎勵範圍、程序、金額、核給方式及其他應遵行事項之辦法，由主管機關定之。

---

[27] 憲法法庭111年憲判字第1號判決中，針對依據道路交通管理處罰條例對肇事駕駛人強制抽血檢測酒精濃度之規定，認其已與刑事訴訟程序中之強制取證措施無異，對於被取證者之人身自由與身體權構成重大限制，更侵犯其資訊隱私權，因此，其實施即應具備必要之正當法律程序，例如依據情況是否急迫，設計事前經法官或檢察官之審查或同意程序，或事後陳報該管檢察官或法院之監督查核程序等。憲法法庭111年憲判字第1號判決理由第27段至第30段參照。

[28] 憲法法庭111年憲判字第13號判決理由第61段參照。

[29] 李寧修，警察存取預防性資料之職權與個人資料保護：以監視器之運作模式為例，臺大法學論叢，48卷2期，2019年，頁38。

壹、導言

本條明定對於舉發違反本法規定事實經查證屬實，得獎勵該舉發人，其於88年制定時之條文（時為第66條）內容為：「舉發違反本法規定之事實，經查證屬實者，得對舉發人獎勵之；其獎勵辦法，由主管機關定之。」其立法理由為：「目前查處人民逾期停、居留及違反簽證目的活動者，均依賴編制人力，在執行上實屬力有未逮。為建立人人預防犯罪，落實國境管理，有賴全民舉發犯罪之事實，因此有必要仿效先進國家建立獎勵舉發制度，除可達成管理目的外，更可避免浪費龐大之編制人力。」嗣本法於96年全文修正，並配合行政程序法有關法律授權以法規命令限制人民之權利或課人民以義務或規定其他重要事項者，其授權之目的、內容及範圍應具體明確，爰修正本條文字。

內政部於89年5月24日以（89）台內移字第8981383號令訂定發布舉發違反入出國及移民法事件獎勵辦法（以下簡稱獎勵辦法），並歷經二次修正，最近一次係內政部於109年6月23日修正，主要係因近年滯臺逾期停留或居留外來人口居高不下，為鼓勵民眾踴躍舉發逾期停留或居留外來人口，俾以杜絕不法，維護國家安全，並配合實務需要，爰予修正部分條文，以提高舉發之誘因。

貳、內容解析

所稱違反本法之事實行為，可從本法第73條至第87條規定之罰則論斷[30]，包含入出國（境）管理事項、入國後之居（停）留管理事項、移民業務機構管理事項、跨國（境）婚姻媒合管理事項等，應均屬本條規定可為舉發之違法事實，獎勵辦法第3條將可舉發之違反本法規定事項列舉如下，並訂定舉發獎金金額（如表12-1）：

---

[30] 本法明定罰則之事項，即屬違反本法之事實行為。

表12-1　違反本法舉發項目及獎金數額一覽表

舉發項目	獎金數額 （新臺幣／每案）
一、舉發第3條第1款	2,000元
二、舉發第3條第2款	2,000元
三、舉發第3條第3款	2,000元
四、舉發第3條第4款	2,000元
五、舉發第3條第5款	2,000元
六、舉發第3條第6款	2,000元
七、舉發第3條第7款	2,000元
八、舉發第3條第8款	查獲1至3人：2,000元
	查獲4至6人：5,000元
	查獲7至9人：1萬元
	查獲10人以上：2萬元
九、舉發第3條第9款	查獲1至3人：2萬元
	查獲4至6人：4萬元
	查獲7至9人：6萬元
	查獲10人以上：10萬元
十、舉發第3條第10款	2,000元
十一、舉發第3條第11款	3,000元
十二、舉發第3條第12款	1,000元
十三、舉發第3條各款之案件，經移民署審認屬重大或特殊案件	提高為2倍

資料來源：全國法規資料庫，https://law.moj.gov.tw/LawClass/LawAll.aspx?pcode=D0080138（瀏覽日期：2022.6.5）。

一、違反本法第4條第1項規定，未經查驗入出國。

二、國民有本法第6條第1項第4款或第8款規定，應禁止出國之情形。

三、臺灣地區無戶籍國民（以下簡稱無戶籍國民）有本法第11條第1項第1款、第2款或第4款至第7款規定，得不予許可之情形。

　　四、無戶籍國民有本法第15條第1項規定，得逕行強制出國之情形。

　　五、外國人有本法第18條第1項第2款、第3款、第5款至第9款或第13款至第15款規定，得禁止入國之情形。

　　六、外國人有本法第32條第1款或第2款規定，應註銷其外僑居留證之情形。

　　七、外國人有本法第33條第1款或第2款規定，應註銷其外僑永久居留證之情形。

　　八、外國人有本法第36條第2項第6款規定，在臺逾期停留或居留之情形。

　　九、本法第73條所定，在機場、港口以交換、交付證件或其他非法方法，利用航空器、船舶或其他運輸工具運送非運送契約應載之人至我國或他國或其未遂犯。

　　十、外國人有本法第74條規定，違反本法未經許可入國或受禁止出國處分而出國之情形。

　　十一、公司或商號有本法第76條第1款規定，從事跨國（境）婚姻媒合之情形，或從事跨國（境）婚姻媒合之人，有本法第76條第2款規定，要求或期約報酬之情形。

　　十二、違反本法第58條第3項規定，委託、受託或自行散布、播送或刊登跨國（境）婚姻媒合廣告。

參、綜論

　　查本條於88年制定時之立法理由及最近一次109年修法時之總說明，均特別提及我國逾期居（停）留外來人口之問題，並期透過民眾舉發以減少不法情形；就其說明之內容，應可認為主管機關期待民眾舉發之重點乃在於逾期居（停）留外來人口案件，但從另一面觀察，自88年至109年已經過二十一年期間，逾期居（停）留外來人口及其衍生從

事非法工作或活動之問題似未改善，反而有更加嚴峻之**趨勢**，因此才須修法提高民眾舉發之意願，也顯示獎勵民眾舉發違反本法案件，似乎並無法達到阻絕不法事件發生之效果。

　　獎（鼓）勵民眾舉發違法（規）事件，乃為政府運用民力協助維護社會秩序之手段，然並非所有民眾舉發違法（規）之作為均對社會有益，其中以舉發交通違規事件衍生最多爭端，造成不少民怨，立法院也為此作議題研析，提出相關之修法建議[31]。因此，本條應可再思考針對舉發違反本法規定事實提供獎勵金是否仍具必要性？有無達到立法效果？亦或可再檢討如何修正相關規定或獎勵方式，始能發揮本條之實效。

第93條（法規之準用）
本法關於外國人之規定，於國民取得外國國籍而持外國護照入國者及無國籍人民，準用之。

壹、導言

　　本條明定國民取得外國國籍而持外國護照入國者，準用本法關於外國人之規定，其在我國停居留期間均以外國人方式管理之；另無國籍人依本法之權利義務，與外國人相同，爰明定本法關於外國人之規定，於無國籍人民亦準用之。

---

[31] 彭文暉，民眾檢舉舉發交通違規事件之爭議問題探討（編號：R01049），立法院議題研析，2010年，https://www.ly.gov.tw/Pages/Detail.aspx?nodeid=6590&pid=197995（瀏覽日期：2022.6.5）。

貳、內容解析

本條所稱之國民，按本法第3條第1款規定，包含居住臺灣地區設有戶籍國民（以下簡稱有戶籍國民）及臺灣地區無戶籍國民（以下簡稱無戶籍國民）。查國籍法第11條第1項規定：「中華民國國民有下列各款情形之一者，經內政部許可，喪失中華民國國籍：……。三、依中華民國法律有行為能力，自願取得外國國籍。但受輔助宣告者，應得其輔助人之同意。」除此之外，並無明文規定我國國民不得具多重國籍，亦無強制同時具外國國籍之國民放棄我國國籍之強制性規定。因此同時具外國國籍之國民，自外國入國時，可自行選擇持用我國護照或外國護照入國，如持我國護照入國，即屬國民身分，如持外國護照入國，則屬外國人身分，並依選擇入國身分之不同，在我國停居留期間之適用法令及其所負擔之權利義務也不相同。

依據聯合國1954年9月28日通過「關於無國籍人地位的公約」（Convention relating to the Status of Stateless Persons）第1條規定對於無國籍人之定義，係指「任何國家根據該國的法律不認為屬於該國國民的人」；無國籍人民之成因相當複雜，一般多屬因戰爭而產生之難民，如本法第16條所稱泰國、緬甸、印度或尼泊爾地居無國籍人民均屬之。因我國至今尚未通過難民法，亦未針對無國籍人民定有專法規範，然政府不能無視無國籍人民在我國境內應具有之基本人權，爰將無國籍人民視為外國人，準用本法關於外國人之規定。

參、綜論

按公民與政治權利國際公約（以下簡稱公政公約）第12條第4款規定：「人人進入其本國之權，不得無理褫奪。」另依司法院釋字第558號解釋：「於臺灣地區設有住所而有戶籍之國民得隨時返回本國，無待許可……。」可見國民返國本屬人民之基本權益，政府不宜無故剝奪，

惟因我國國情特殊，本法將國民區分為有戶籍國民及無戶籍國民，兩者之入出國權益並不相同，依本法第5條規定，有戶籍國民入出國，不須申請許可，而無戶籍國民入國則須提出申請。

本條未依有戶籍及無戶籍國民身分區別，而一律將持用外國護照入國之我國國民準用本法關於外國人之管理規定，然有戶籍國民如持用外國護照入境，其本質上乃屬我國國民，僅以持用護照之區隔將其視為外國人管理，可能衍生本法第18條規定禁止入國之情形，實質上仍形成國家拒絕本國人民入國之事實，是否與上揭公政公約第12條第4項規定及司法院釋字第558號解釋意旨有所扞格，尚有討論空間。如能將本條規定之國民再細分為有戶籍國民及無戶籍國民，分別依其屬性予以規範，似較能保障有戶籍國民入出國之權益。

第94條（協調聯繫作業機制之建立）
移民署與海岸巡防、警察、調查及其他相關機關應密切協調聯繫，並會同各該機關建立協調聯繫作業機制。

壹、導言

本條係本法於96年修正時之新增條文，其立法理由為：「為使移民署與其他相關機關在執行業務時，能互相保持密切之協調、聯繫，爰參照海岸巡防法第十一條規定，予以增訂。」查海岸巡防法係授權海巡機關與國防、警察、海關等相關機關訂定聯繫辦法[32]，而本法乃規範移

---

[32] 查海岸巡防法於108年6月21日修正公布，修正前第11條規定：「巡防機關與國防、警察、海關及其他相關機關應密切協調、聯繫；關於協助執行事項，並應通知有關主管機關會同處理。前項協調聯繫辦法，由巡防機關會同有關機關定之。」修正後，該條文已遞移至第12條，條文內容修正為：「海巡機關與國防、警察、海關及其他相關機關應密切協調、聯繫；關於協助執行事項，並應通知有關主管機關會同處理（第1項）。前項協調、聯繫辦法，由海洋委員會會同有關機關定之（第2項）。」

民署與海巡、警察、調查等相關機關建立聯繫作業機制，通常訂定相關作業要點據以執行，兩者法規之立意均在於建立與其他機關之協調聯繫管道，使同質性之不同機關在執行職責工作時，能增加合作機會，減少磨擦與衝突。

在授權命令部分，89年1月26日制定公布之海岸巡防法第11條規定：「巡防機關與國防、警察、海關及其他相關機關應密切協調、聯繫……。」爰海巡署與內政部於89年9月20日會銜訂定海岸巡防機關與警察及消防機關協調聯繫辦法，嗣移民署於96年1月2日成立後，並於本條文新增後，海巡署與內政部於96年12月31日會銜修正前揭辦法，將海岸巡防機關與警察及消防機關協調聯繫辦法名稱修正為海岸巡防機關與警察移民及消防機關協調聯繫辦法；至移民署與警察、調查及其他機關間之協調聯繫機制，似無相關法令規定，應屬各機關間之行政作業事項。

貳、內容解析

本條以例示規定移民署應予密切協調聯繫之機關係為海岸巡防、警察、調查等機關，再以概括規定「其他相關機關」，就文義解讀，所稱「其他相關機關」仍應與前揭例示機關屬性相關為原則，而非與移民署業務屬性相關之機關[33]，繼而移民署與海岸巡防、警察、調查等機關之共同屬性，則可從「人員」與「機關」之性質分兩方面論述。

從「人員」面向論之，依入出國及移民法第89條、海岸巡防法第11條、法務部調查局組織法第14條等規定，移民署、海巡署、調查局所屬之前揭法定人員，本於職權偵查案件時，視同刑事訴訟法規定之司法警察（官）；依調度司法警察條例第2條至第4條規定，警察機關人

---

[33] 按本法相關規定，移民署係職掌外國人來臺後之停、居留管理事宜，就業務面而言，應與外交部領事事務局之外國人申請入國業務有密切關係，惟本條卻未將領務局列為應建立協調聯繫機制之機關，可見本條文並非基於移民署之業務需求規定。

員及憲兵為司法警察（官）；爰移民、海巡、警察、調查機關所屬人員符合前揭法令規定者，均具「司法警察（官）」身分。從「機關」面向論之，依國家情報工作法第3條第2項規定：「海洋委員會海巡署、國防部政治作戰局、國防部憲兵指揮部、國防部參謀本部資通電軍指揮部、內政部警政署、內政部移民署及法務部調查局等機關（構），於其主管之有關國家情報事項範圍內，視同情報機關。」爰海巡署、警政署、移民署、調查局等機關均視同「情報機關」。因此本條所例示之各機關間工作屬性甚為接近，在偵查犯罪或情報蒐集過程中，經常有合作辦案或情資交流之必要性，機關間之協調聯繫機制更不可或缺，爰以本條授權移民署會同各該機關建立協調聯繫作業機制，以維護機關間之良好互動性。

參、綜論

　　本條文除例示海岸巡防、警察、調查等機關以外，另以「其他相關機關」作概括規定，應在於避免實務運作上產生不足所定之規範，然機關屬性為情報單位且所屬人員為司法警察（官）之「其他相關機關」實然不多，如國防部憲兵指揮部則屬之。既然同屬性之其他相關機關寥寥可數，且實務上各機關間聯繫機制之建立具其重要性，本條文應可考量以列舉規定立法，將移民署實質應與其建立協調聯繫機制之機關逐一明示，避免採「其他相關機關」之概括規定，雖其立意在於防止該規定有掛一漏萬之虞，但亦可能造成非例示之機關與移民署因對法律認知之差異，而不願建立彼此間協調聯繫機制之反效果。

　　另海巡署與內政部雖於96年12月31日已會銜修正海岸巡防機關與警察移民及消防機關協調聯繫辦法，將移民署增列為海巡機關之協調聯繫對象，惟查海岸巡防法第12條規定，仍將移民機關歸屬「其他相關機關」，可參考上揭修法建議修正之。另本條文亦可參考海岸巡防法第12條之規定，將「……會同各該機關建立協調聯繫作業機制」修正為

「……會同各該機關訂定協調、聯繫辦法」，將各機關間之聯繫作業機制以命令發布之，讓各機關執行人員更有所依循，對各機關間之協調聯繫工作應也有強化作用。

第95條（免收規費之證件）

依本法規定核發之證件，或工作許可、居留簽證、外僑居留證及重入國許可四證合一之有效證件，或其他已含有外僑居留證功能之證件，由移民署收取規費。但下列證件免收規費：

一、核發臺灣地區無戶籍國民，黏貼於我國護照之入國許可。

二、臨時停留許可證件。

三、僑務委員或僑務榮譽職人員因公返國申請之單次入國許可證件。

四、臺灣地區無戶籍國民每年自九月一日起至十月十日止，申請返國參加慶典之單次入國許可證件。

五、臺灣地區無戶籍國民對國家、社會有特殊貢獻，申請之臺灣地區居留證或定居證。

六、外國人重入國許可。

七、依第二十五條第三項規定許可之外僑永久居留證。

八、基於條約協定或經外交部認定有互惠原則之特定國家人民申請之外僑居留證或外僑永久居留證。

壹、導言

查88年5月21日制定公布之入出國及移民法第68條規定：「依本法規定核發之證照，得收取規費，其標準由主管機關定之。」並未於本法明定免收規費事項。本條所定之免收規費事項，原係定於內政部依據前揭條文授權，於89年1月15日訂定之入出國及移民許可證件規費收費標準（以下簡稱收費標準），第7條規定：「下列入出國及移民許可證件免收費：一、發給臺灣地區無戶籍國民，黏貼於我國護照之入出國許

可。二、臨時停留許可證件。三、僑務委員、僑務顧問或僑務諮詢委員因公返國申請之單次入出國許可證件。四、臺灣地區無戶籍國民每年自九月一日起至十月三十一日止，申請返國參加慶典之單次入出國許可證件。五、重入國許可。六、外國人入國後停留延期。」；第8條規定：「主管機關基於互惠原則，對特定國家人民，得予免收第三條規定（指外僑居留證及外僑永久居留證）之規費。」當時之收費標準並未規定本條第7款所定對象申請外僑永久居留證免收規費。

　　至96年12月26日修正公布之入出國及移民法第95條規定始增列8款免收規費事項，按其修法理由，係為配合規費法第7條序文應徵收行政規費及第12條第7款規定，其他法律規定得免徵、減徵或停徵者，得免徵應徵收之規費，爰修正本條序文及增訂但書規定，將上揭收費標準第7條及第8條免收規費之情形，提升至本法加以規範；又為表彰對我國社會有特殊貢獻或我國所需之高級專業人才之優惠待遇，爰於本條第7款中定明免收外僑永久居留證規費。

　　至112年6月28日本法修正後，為配合政府延攬外籍人才政策及外國專業人才延攬及僱用法之施行，移民署已建置外國專業人才申辦窗口平臺，整合跨機關審查流程，提供可同時申辦工作許可、居留簽證、外僑居留證及重入國許可等許可證之便利申請方式，惟工作許可屬勞動部權責，居留簽證屬外交部權責，各主管機關逕依權責審查申請案，其規費則由移民署負責收取，爰修正本條序文明定由移民署收取規費；另增修但書第5款臺灣地區無戶籍國民對國家、社會有特殊貢獻，申請之臺灣地區居留證或定居證免收規費之規定，以及刪除原但書第6款外國人入國後停留延期許可免收規費之規定。

貳、內容解析

一、核發臺灣地區無戶籍國民，黏貼於我國護照之入國許可

　　依臺灣地區無戶籍國民申請入國居留定居許可辦法第4條規定，臺

灣地區無戶籍國民之入國許可證件分為臨人字號入國許可、單次入國許可證、多次入國許可證、臨時入國許可證及臨時入國停留許可證等五類。本款所稱黏貼於我國護照之入國許可，即指臨人字號入國許可，依前揭許可辦法第5條第1款規定，臨人字入國許可可分為六個月、一年、三年及與護照相同者四種，其有效期間自核發之翌日起算，均不得逾護照效期。前揭五類入國許可當中，僅臨人字入出國許可之名稱未冠「證」字，因其與移民署一般核發之紙本或卡式證件樣式不同，性質較像貼紙式之簽證，通常須將其黏貼於我國護照內頁之加簽頁面使用，爰免收規費。

二、臨時停留許可證件

依本法核發之臨時停留許可證件，指符合本法第19條第1項各款規定之外國人，得由機、船長、運輸業者、執行救護任務機關或施救之機、船長向移民署申請臨時入國；次依外國人臨時入國許可辦法第7條規定，外國人申請臨時入國經許可者，發給臨時停留許可證。

另依臺灣地區無戶籍國民停留居留及定居許可辦法第9條第2項規定，無戶籍國民以船員身分隨船入國臨時停留或過境上船事由申請者，應由其所屬輪船公司或船務代理業出具保證書，向移民署申請核發臨時入國停留許可證，持憑入國，亦應屬本款規定臨時停留許可證件之類別，免收規費。

三、僑務委員或僑務榮譽職人員因公返國申請之單次入國許可證件

本法及其施行細則並未針對僑務委員或僑務榮譽職人員明定相關入國規範。依僑務委員會僑務委員遴聘要點第2點規定，僑務委員會得就海外各地具有中華民國國籍及符合特定條件之僑民，遴聘為僑務委員；另依僑務委員會榮譽職人員遴聘要點第2點規定，僑務榮譽職人員係指僑務諮詢委員、僑務顧問及僑務促進委員，另依同要點第3點至第5點規定，僑務榮譽職人員係由僑務委員會就具特定條件之海外各地人士遴

聘。按前揭要點規定，僑務委員及僑務榮譽職人員屬臺灣地區無戶籍國民或海外人士，其因公返國申請之單次入國許可證件免收規費，亦屬對渠等人士之禮遇做法。

四、臺灣地區無戶籍國民每年自9月1日起至10月10日止，申請返國參加慶典之單次入國許可證件

每年10月10日為我國國慶日，屬國家重大慶典節日，主辦單位為持續凝聚僑胞對政府之向心力，每逢國慶典禮均會廣邀海外僑民返國同慶。爰為鼓勵僑民返國，每年自9月1日起至10月10日止，如以參加慶典為由申請返國之僑民（其身分即為臺灣地區無戶籍國民），其單次入國許可證件予以免收規費。

五、臺灣地區無戶籍國民對國家、社會有特殊貢獻，申請之臺灣地區居留證或定居證

本款係本法於112年6月28日修正新增，其係為感謝對國家、社會有特殊貢獻之無戶籍國民（含依國籍法第6條規定經許可歸化者），渠等依本法第9條第1項第8款規定申請居留或依第10條第1項第1款但書規定申請定居時，給予較優惠之待遇，免收規費。

六、外國人重入國許可

依本法第34條規定：「外國人在我國居留期間內，有出國後再入國之必要者，應於出國前向移民署申請重入國許可。但已獲得永久居留許可者，得憑外僑永久居留證再入國，不須申請重入國許可。」查外國人取得居留許可於申請外僑居留證時，移民署已依規定收取規費，並核予一定之居留期間，爰在合法之居留期間內申請重入國許可，仍在原居留許可之處分範圍內，亦受憲法第10條遷徙自由之保障，不應另再額外收取規費。

七、依第25條第3項規定許可之外僑永久居留證

本法第25條第3項規定外國人對我國有特殊貢獻、為我國所需之高

級專業人才、或在文化、藝術、科技、體育、產業等各專業領域，參加國際公認之比賽、競技、評鑑得有首獎者，無須具備同條第1項之要件，即可向移民署申請永久居留，係屬我國為吸引外籍優秀人才留臺措施之一環，有助於國內各專業領域層次之提升，爰所核發之證件免收規費，可視為國家政策推動之誘因及手段。

八、基於條約協定或經外交部認定有互惠原則之特定國家人民申請之外僑居留證或外僑永久居留證

我國憲法第141條揭櫫我國之外交，應本獨立自主之精神，平等互惠之原則，敦睦邦交，尊重條約及聯合國憲章，以保護僑民權益，促進國際合作，提倡國際正義，確保世界和平；而對於本條所定特定國家人民申請外僑居留證或外僑永久居留證免收規費，乃本於憲法外交原則下之行政作為，有利與國際友邦間之交流。

參、綜論

本法於112年6月28日修正後，增修本條第5款臺灣地區無戶籍國民對國家、社會有特殊貢獻，申請之臺灣地區居留證或定居證免收規費之規定；刪除原條文第6款外國人入國後停留延期許可免收規費之規定；其第5款規定已於前內容解析中說明，至刪除原條文第6款，乃係基於衡平性考量，依入出國及移民許可證件規費收費標準第2條第4項規定，無戶籍國民入國後，停留期間三個月屆滿，申請延長其入國許可證之停留期間，收費新臺幣300元，爰將外國人入國後停留延期許可免收規費之規定刪除。

雖然對於本條免收規費之本條各款之規定，自88年收費標準訂定以來，至112年始刪除原文第6款規定，另於96年增修第7款規定及112年增修第5款規定，修正之幅度並不大，然各款規定是否依然合宜，應可再通盤考量。本條所定免收規費之意義並非在於費用本身之多寡，而

在於簡政便民的需求或是國家所賦予特別待遇所帶給之尊榮感,然而在時代背景變遷之下,我國現今之社會意識型態及人民觀感與早年已大不相同,如我國憲法增修條文於94年6月10日修正公布,其第4條第1項第3款規定立法院立法委員自第7屆起,全國不分區及僑居國外國民共34人,相較修法前僑居國外國民8人為立法委員之規定,現僑民擔任立法委員已無保障名額,雖憲法增修條文仍保有僑居國外國民擔任立法委員之規定,但立法院自第7屆起之立法委員當選名單,已無僑居國外國民,僑民政策似有明顯轉變,如此本條第3款及第4款所定對象,是否尚有免收規費之必要性?又為爭取國際間之優秀人才及提升國家經濟競爭力,對於外籍高端人才或高階商務人士申請來臺居留時,是否可予免收規費等,建議主管機關應配合整體國家政策及社經脈動,重新思考及修正本條但書規定事項。

第96條（施行細則）
本法施行細則,由主管機關定之。

壹、導言

施行細則之立意,在於規定法律中之必要性或細節性事項施行程序,其內容不得牴觸或逾越母法。本條明定本法施行細則,由本法主管機關內政部定之。

貳、內容解析

本法施行細則係內政部於88年10月30日以台內移字第8878641號令訂定發布,其中歷經九次修正,最近一次係內政部於105年3月18日以

台內移字第1050961236號令修正發布,並自同日施行。

第97條（施行日）
本法施行日期,由行政院定之。

壹、導言

明定本法之施行日期,由行政院定之。

貳、內容解析

一、依中央法規標準法第12條規定:「法規應規定施行日期,或授權以命令規定施行日期。」同法第14條規定:「法規特定有施行日期,或以命令特定施行日期者,自該特定日起發生效力。」

二、查本法係總統於88年5月21日以(88)華總一義字第8800119740號令制定公布,由行政院於88年5月28日以(88)台內字第20932號函定於88年5月21日施行,即係自公布日施行,並於該日發生效力。嗣本法歷經十次修正,最近一次係總統於111年1月12日以華總一義字第11100001051號令修正公布,由行政院於111年1月28日以院臺法字第1110002552號令發布定自同日施行,並自同日發生效力。

三、另本法前於110年1月27日修正第9條至第11條、第23條、第25條條文時,其修法理由係因民法將成年年齡自20歲下修至18歲,配合修正相關文字,爰前揭條文之施行日期係配合110年1月13日修正民法之施行日,特定於112年1月1日施行,並自同日發生效力。

附錄
外國人停留居留及永久居留辦法

第1條

本辦法依入出國及移民法（以下簡稱本法）第三十五條規定訂定之。

第2條

外國人持停留簽證或以免簽證方式經查驗許可入國者，停留期間自入國之翌日起算，並應於停留期限屆滿前出國。

第3條

外國人依本法第三十一條第一項規定申請延期停留者，應於停留期限屆滿前十五日內，檢具下列文件及照片一張，向內政部移民署（以下簡稱移民署）申請：

一、申請書。

二、護照。

三、停留簽證。

四、其他相關證明文件。

依前項規定申請延期停留者，每次延期均不得逾原簽證許可停留之期間，其合計停留期間，並不得逾六個月。但有下列情形之一，並提出證明者，移民署得酌予再延長其停留期間：

一、懷胎七個月以上或生產、流產後二個月未滿。

二、罹患疾病住院或懷胎，搭機、船出國有生命危險之虞。

三、配偶、直系血親、三親等內之旁系血親或二親等內之姻親，在臺灣地區患重病或受重傷住院需人照顧，或死亡需辦理喪葬事宜。

四、遭遇天災或其他不可避免之事變。

五、人身自由依法受拘束。

依前項第一款或第二款規定之延長停留期間，每次不得逾二個月；第三款規定之延長停留期間，自事由發生之日起不得逾二個月；第四款規定之延長停留期間，不得逾一個月；第五款規定之延長停留期間，依事實需要核給。

第4條

外國人以免簽證方式或抵我國時申請簽證，並經查驗許可入國，有外國護照簽證條例施行細則第四條各款情形之一，無法於停留期限屆滿前出國者，應向外交部領事事務局或其所屬分支機構申請停留簽證。

第5條

外國人持居留簽證經查驗許可入國後，應檢具下列文件及照片一張，向移民署申請居留，經許可者，核發外僑居留證：

一、申請書。

二、護照及居留簽證。

三、其他相關證明文件。

依本法第二十六條第一款至第三款規定申請居留者，免附前項第二款文件。

外國人於大陸地區出生，依第一項、第六條第一項或第十五條第一項規定申請居留或永久居留者，應另檢具其未在大陸地區設有戶籍及領用大陸地區護照之相關證明文件。

第6條

外國人依本法第二十三條規定申請居留者，應檢具下列文件及照片一張，向移民署申請，經許可者，核發外僑居留證：

一、申請書。

二、護照及停留簽證。但以免簽證方式經查驗許可入國者，免附停留簽證。

三、其他相關證明文件。

依前項規定申請居留，有本法第二十三條第一項第一款、第九款或第十款情形之一者，得自停留期限屆滿前三十日辦理；有本法第二十三條第一項第二款至第八款、第二項、第三項或第四項各款情形之一者，得自停留期限屆滿前十五日辦理。

依前項規定申請之外僑居留證，其有效期間自核發之翌日起算。

無國籍人民準用第一項規定申請居留者，移民署應會商相關機關審查。

第7條

外國人依本法第二十三條之一第一項規定申請變更居留原因者，應自事實發生之日起算三十日內，檢具下列文件及照片一張，向移民署申請，並重新核定居留期間：

一、申請書。

二、護照及外僑居留證。

三、其他相關證明文件。

外國人申請變更之居留原因非屬本法第二十三條之一第一項各款情形之一者，應自事實發生之日起算十五日內，向外交部領事事務局或其所屬分支機構重新申請居留簽證後，檢具前項各款文件、居留簽證及照片一張，向移民署申請居留。

第8條

本法中華民國八十八年五月二十一日施行前已入國之泰國、緬甸或印尼地區無國籍人民未能強制驅逐其出國者，向移民署申請居留，應檢具下列文件及照片一張，經許可者，核發外僑居留證：

一、申請書。

二、健康檢查合格證明。

三、起訴書或不起訴處分書。

四、出生地證明。

五、入國日期證明。

六、其他相關證明文件。

前項無國籍人民在臺灣地區出生之子女，得隨同申請居留。

依本條規定申請之外僑居留證，其有效期間自核發之翌日起算。

第9條

外國人依本法第三十一條第一項規定申請延期居留者，應於居留期限屆滿前三個月內，檢具下列文件及照片一張，向移民署申請：

一、申請書。

二、護照及外僑居留證。

三、其他相關證明文件。

外國人經許可在臺灣地區居留，年齡在十八歲以上，其父或母為現在在臺灣地區設有戶籍或經許可居留之我國國民、經許可居留或永久居留之外國人，或經許可居留之香港或澳門居民，且有下列情形之一者，得申請延期居留：

一、曾在我國合法累計居留十年，每年居住二百七十日以上。

二、未滿十四歲入國，每年居住二百七十日以上。

三、在我國出生，曾在我國合法累計居留十年，每年居住一百八十三日以上。

前項外國人應於居留期限屆滿前三個月內，檢具下列文件及照片一張，向移民署申請：

一、申請書。

二、護照及外僑居留證。

三、親屬關係證明。

四、其他相關證明文件。

第二項之外國人於本辦法中華民國一百十年七月九日修正發布，一百十二年一月一日施行前未滿十六歲入國者，得適用修正施行前之規定，不受該項第二款有關未滿十四歲入國之限制。

第10條

外國人來臺投資，或依就業服務法第四十六條第一項第一款至第七款、第四十八條第一項第一款、第三款應聘來臺，或從事外國專業人才延攬及僱用法第四條第四款第三目至第五目、第八條至第十條之專業工作，或經外交部專案許可居留，於居留期限屆滿前，本人、其原經許可居留之配偶、未滿十八歲子女及年滿十八歲因身心障礙無法自理生活

之子女,得向移民署申請延期居留。

依前項規定申請延期居留經許可者,其外僑居留證之有效期間自原居留期限屆滿之翌日起延期六個月;延期屆滿前,有必要者,得再申請延期居留一次,總延期居留期間最長為一年。

第11條

來臺就學之外國人畢業後,於居留期限屆滿前,本人、其原經許可居留之配偶、未滿十八歲子女及年滿十八歲因身心障礙無法自理生活之子女,得向移民署申請延期居留。

依前項規定申請延期居留經許可者,其外僑居留證之有效期間自原居留期限屆滿之翌日起延期一年;延期屆滿前,有必要者,得再申請延期居留一次,總延期居留期間最長為二年。

第12條

下列外國人之外僑居留證,其有效期間最長不得逾一年:

一、在大專校院附設之華語文中心學習語文或在短期補習班研習華語之人員。

二、經教育或其他有關主管機關核准,在我國研習、受訓之人員。

三、外籍傳教及弘法人士。

四、與現在在臺灣地區居住且設有戶籍國民結婚,初次申請依親居留者。

五、其他有居留需要之人員。

第九條第二項外國人申請延期居留經許可核發之外僑居留證,其有效期間自原居留期限屆滿之翌日起延期三年,必要時,得再申請延期居留一次,期間不得逾三年。

第13條

外國人以依親為居留原因取得之外僑居留證,以其所依親屬之居留期限為居留期限,其所依親屬為我國國民者,外僑居留證有效期間最長不得逾三年。

第14條

外國人居留期限屆滿,或居留原因消失,經廢止居留許可,有第三條第二項但書各款情形之一者,得提出相關證明文件,向移民署申請延長出國期限。

前項所定出國期限,準用第三條第三項規定。

第15條

外國人申請永久居留,應檢具下列文件及照片一張,向移民署申請,經許可者,核發外僑永久居留證:

一、申請書。

二、護照。

三、外僑居留證。

四、健康檢查合格證明。

五、足以自立之財產或特殊技能證明。

六、最近五年內之本國及我國警察刑事紀錄證明。

七、其他相關證明文件。

依本法第二十五條第三項及第四項規定申請永久居留者，應另檢附經中央目的事業主管機關或經認可機構核發之證明文件；其與依本法第二十五條第五項規定隨同申請者，免附前項第三款、第五款及第六款文件。

外國人申請永久居留，於最近五年期間，每次出國在三個月以內者，得免附第一項第四款文件及第六款之本國警察刑事紀錄證明。

第一項第四款所定健康檢查合格證明之檢查項目，依中央衛生主管機關訂定之健康檢查證明應檢查項目表辦理。

外國人經依本法第三十三條第四款規定註銷外僑永久居留證，仍具有居留資格者，得於註銷之日起算三十日內申請居留。

第16條

外國人申請在我國投資移民，有下列情形之一者，移民署得准予永久居留：

一、投資金額新臺幣一千五百萬元以上之營利事業，並創造五人以上之本國人就業機會滿三年。

二、投資中央政府公債面額新臺幣三千萬元以上滿三年。

第17條

外國人申請居留、變更居留原因、延期居留或永久居留，有本法第二十四條第一項各款情形之一者，移民署得不予許可；已許可者，得撤銷或廢止其許可，並註銷其外僑居留證或外僑永久居留證。

以依親為居留原因經許可居留，其依親對象出國（境）已逾二年，經移民署通知之日起算逾二個月仍未入國（境）者，得廢止其許可，並註銷其外僑居留證。

第18條

十四歲以上之外國人在我國境內應依本法第二十八條第一項規定，隨身攜帶護照、外僑居留證或外僑永久居留證。

無前項證件者，應攜帶經主管機關認定之其他身分證明文件。

第19條

居住臺灣地區設有戶籍國民持外國護照入國，申請延期停留、居留或延期居留者，應先至戶政事務所辦理戶籍遷出登記，移民署始得受理其申請。

尚未履行兵役義務之接近役齡男子或役齡男子，有下列情形之一者，移民署不受理其前項申請：

一、未持有役政用華僑身分證明書或僑居身分加簽之我國護照。

二、僑民役男居住臺灣地區屆滿一年。

三、依法應接受徵兵處理，並經限制出境。

第20條

外國人於居留期間內，有出國後再入國之必要者，應依本法第三十四條規定，於出國前向移民署申請核發重入國許可。申請核發外僑居留證之同時，亦得申請核發重入國許可。

前項重入國許可爲多次使用，其有效期間不得逾外僑居留證之有效期間。

外僑居留證經註銷者，其重入國許可視同註銷。

經許可永久居留之外國人得持憑外僑永久居留證及有效護照重入國。

第21條

外國人停留或居留原因消失，經目的事業主管機關或相關機關查獲或知悉者，應通報移民署。

第22條

外國人在我國境內死亡，由其關係人或其本國駐臺使領館或授權機構於十五日內，向移民署辦理登記或由移民署查明後逕爲登記。

法院、醫療機構、檢察機關、軍事檢察機關作成外國人之死亡資料後，應以網路分別傳輸司法院、衛生福利部、法務部、國防部，其接獲通報後，應再以網路傳輸內政部，並由移民署辦理登記。

前項外國人之死亡資料及其傳輸期限，準用死亡資料通報辦法第二條及第四條規定。

移民署依第一項或第二項規定辦理登記後，應即將登記事項通知其遺產稅中央政府所在地之主管稅捐稽徵機關。

第23條

外國人因原發照國家或其他國家拒絕接納其入國、罹患重大疾病或其他特殊原因而無法執行強制驅逐出國者，得在限定其住居所或附加其他條件後，核發臨時外僑登記證。

第24條

本辦法施行日期，由內政部定之。

參考文獻

中文

刁仁國，外國人入出境管理法論，中央警察大學，2001年3月。

刁仁國，英國運送業者責任法制之研究，警學叢刊，29卷4期，1999年1月。

刁仁國，從憲法遷徙自由觀點評「入出國及移民法草案」，中央警察大學學報，35期，1999年9月。

刁仁國，論外國人入出國的權利，中央警察大學學報，37期，2000年。

內政部移民署，「外來人士在臺生活諮詢服務熱線」與「1955勞工諮詢申訴專線」整合之可行性研究，內政部移民署自行研究報告，2019年。

王乃彥，論刑事程序之限制出境，警大法學論集，24期，2013年。

王兆鵬，警察盤查之權限，路檢、盤查與人權，翰蘆，2001年。

王常和，驅逐日來台反核災民？移民署：依比例原則認定，https://newtalk.tw/news/view/2011-05-01/14014（瀏覽日期：2022.8.7）。

王智盛，從香港「反送中」看台灣的難民與庇護法制，台灣法學雜誌，376期，2019年9月。

王寬弘、柯雨瑞，「美國1996年移民及國籍法」收容、遣返及司法審查制度之介紹，警學叢刊，30卷5期，2000年。

王曉丹，法律的壓制性與創造性—人權與人口販運法制的被害者主體，政大法學評論，137期，2014年。

王曉丹，法律繼受與法律多重製圖—人口販運法制的案例，中研院法學期刊，15期，2014年。

王寶明，外國人人身自由保障之研究—以強制收容爲中心，東海大學法律學研究所碩士論文，2015年。

司法院，司法院研討「適用簡易程序之告誡等或其他相類輕微處分概念」，司法周刊，1653期，2003年7月11日。

成之約，人力仲介公司與外籍勞工管理—兼論人力仲介公司的管理與輔導，就業與訓練，17卷2期，1999年3月。

江世雄，難民定義與認定問題：以「迫害」要素爲中心，執法新知論衡，18卷1期，2022年6月，中央警察大學。

牟芮君，入出國及移民法有關刑期折抵規定修正之研討—兼論替代收容制度，司法新聲，128期，2018年。

何招凡，我國協助緝捕遣返國際罪犯之機制與實踐，中央警察大學國土安全與國境管理學報，26期，2016年11月。

吳旭洲，漫談弱勢人權之法律維護，律師雜誌，321期，2006年。

吳巡龍，限制出境新制，月旦法學教室，204期，2019年。

吳志光，行政程序中當事人之協力義務，月旦法學教室，6期，2003年4月。

吳庚，行政法之理論與實用，增訂13版，自印，2015年。

吳庚、盛子龍，行政法之理論與實用，增訂16版，三民，2020年，頁37-39。

吳明孝，發展觀光條例第53條之合憲性研究—簡評臺北高等行政法院96年度簡字第85號
　　判決，法治與公共治理學報，1期，2013年12月。

吳信華，憲法釋論，2版，2015年。

吳學燕，國內外移民政策與輔導之探討，中央警察大學國境警察學報，3期，2004年12
　　月。

吳學燕，移民政策與法規，修訂2版，志光，2021年。

呂冠輝，外籍漁船船員僱傭契約的管轄與準據法研究——本國法與歐盟法之比較，臺灣
　　海洋法學報，27期，2019年12月。

李汝婷，論行政程序法第36條職權調查證據於商標爭議案件中之適用，智慧財產權月
　　刊，189期，2014年9月。

李怡俐，評析川普旅遊禁令（Travel Ban）與相關司法判決，東吳公法論叢，12卷，
　　2019年。

李明竣，公民與政治權利公約第十二條及第十三條—居住遷徙自由和外國人之驅逐問
　　題，https://www.moj.gov.tw/dl-17934-c9cd814e7bf946f899fc406f1316d367.html（瀏
　　覽日期：2020.12.1）。

李明學，自動查驗通關系統合憲性之研究，東吳大學法學院法律學系碩士在職專班科技
　　法律組碩士論文，2014年。

李建良，外國人權利保障的理念與實務，台灣法學雜誌，48期，2003年。

李建良，經濟管制的平等思維—兼評大法官有關職業暨營業自由之憲法解釋，政大法學
　　評論，102期，2008年4月。

李建良，道路交通違規舉發通知單之法律性質、生效與效力—行政處分概念、生效、效
　　力與行政訴訟之關聯課題，興大法學，19期，2016年5月。

李惠宗，行政法要義，8版，元照，2020年。

李惠宗，個人資料保護法上的帝王條款：目的拘束原則，法令月刊，64卷1期，2013
　　年。

李開遠，美國「移民及國籍法」有關國籍取得、放棄及雙重國籍法律問題之研究——兼
　　評前立委李慶安被控雙重國籍擔任公職案，銘傳大學法學論叢，15期。

李寧修，入出國查驗程序之初探：以生物特徵辨識科技之運用為中心，2020年國際移民
　　法制學術研討會會議論文集，高雄大學法學院，2020年12月24日。

李寧修，個人資料合理利用模式之探析：以健康資料之學術研究為例，臺大法學論叢，49卷1期，2020年3月。

李寧修，國家蒐集集會遊行資料的憲法界限：德國聯邦憲法法院「巴伐利亞邦集遊法部分暫停適用」裁定之反思，東吳法律學報，27卷3期，2016年。

李寧修，基於防疫目的之預防性個人資料運用：以實聯制為例，公法研究，創刊號，2022年。

李寧修，預防性通信資料存取之憲法界限－以歐盟儲備性資料存取指令（2006/24/EG）之發展為借鏡，興大法學，17期，2015年。

李寧修，論道路交通管理處罰條例吊銷單純拒絕酒測駕駛人各級車類駕照之合憲性－試析司法院大法官釋字第699號解釋，東海法學研究，40期，2013年。

李寧修，警察存取預防性資料之職權與個人資料保護：以監視器之運作模式為例，臺大法學論叢，48卷2期，2019年。

李震山，「正當法律程序」被當真嗎？，月旦法學教室，34期，2005年8月。

李震山，以法律課予私人完成行政任務之法理思考，月旦法學雜誌，63期，2000年8月。

李震山，外國人出境義務之履行與執行——德國「外國人法」中相關規定之評釋，警學叢刊，29卷4期，1999年。

李震山，多元、寬容與人權保障－以憲法未列舉權之保障為中心，2版，元照，2007年。

李震山，收容聲請事件程序，翁岳生主編，行政訴訟法逐條釋義，五南，2020年。

李震山，行政法導論，修訂12版，三民，2022年。

李震山，非刑事案件關係人之人身自由保障，人性尊嚴與人權保障，增訂5版，元照，2020年。

李震山，國際人權規範國內法化的意義－以「禁止酷刑公約」為例，人性尊嚴與人權保障，增訂5版，元照，2020年。

李震山，從保障人權觀點論「認真善待新移民」，民主法治的經驗與見證－江義雄教授七秩晉五華誕祝壽論文集，新學林，2019年。

李震山，從憲法保障基本權利之觀點論大陸地區人民之收容與遣返——以臺灣地區與大陸地區人民關係條例第18條為中心，警察法學，5期，2006年10月。

李震山，移民制度與外國人人權問題座談會，議題討論紀錄，台灣法學雜誌，48期，2003年7月。

李震山，德國抗制恐怖主義法制與基本權利保障，月旦法學雜誌，131期，2006年。

李震山，論入出境管理之概念與範疇，警專學報，1卷8期，1995年6月。

李震山，論外國人之憲法權利，人性尊嚴與人權保障，增訂5版，元照，2020年。

李震山，論行政罰法「具裁罰性之不利處分」及「特別法優先適用原則」，法學叢刊，
　　207期，2007年。

李震山，論移民制度與外國人基本權利，台灣法學雜誌，48期，2003年。

李震山，論德國關於難民之入出境管理法制─以處理請求政治庇護者及戰爭難民為例，
　　警學叢刊，30卷1期，1999年。

李震山，論憲改與基本權利保障，新世紀臺灣憲政研討會論文集，行政院研考會與臺大
　　法律學院共同舉辦，2004年10月31日，頁26。並載於中正法學集刊，18期，2005年
　　5月。

李震山，檢肅流氓條例與留置處分─「不具刑事被告身分者」之人身自由保障，台灣法
　　學雜誌，52期，2003年。

李震山，警察行政法論─自由與秩序之折衝，5版，元照，2020年。

李震山、黃清德、李錫棟、李寧修、陳正根、許義寶，集會遊行法逐條釋義，五南，
　　2020年。

李震山等，警察職務執行法草案之研究，內政部警政署委託研究案，1999年。

李震山譯，德國警察與秩序法原理，2版，登文書局，1995年。

李錫棟，外國人之入出國自由，高大法學論叢，17卷2期，2022年3月。

李錫棟，外國人之居留自由，中央警察大學法學論集，41期，2021年10月。

沈倖如、王宏仁，「融入」或「逃離」？越南新娘的在地反抗策略，文化研究月報，29
　　期，2003年。

周珈宇，從國際難民法觀點分析我國難民法草案有關難民地位之規定（以英文發表），
　　警學叢刊，48卷5期，2018年3月。

林明鏘，人身自由與羈押權，憲政時代，21卷2期，1995年。

林明鏘，行政法講義，修訂6版，新學林，2021年。

林明鏘，警察勤務與警械使用─行政裁量權之限制，台灣法學雜誌，8期，2000年。

林明鏘，警察臨檢與國家責任，台灣法學雜誌，48期，2003年。

林明鏘，警察職權法基本問題之研究，台灣法學雜誌，56期，2004年。

林欣宜等，外籍勞工結核病診斷及遣返作業之回顧─以中部地區為例，疫情報導，29卷
　　8期，2013年。

林俊宏，律師執業新領域──移民業務的新開展，月旦律評，21期，2023年12月。

林昱梅，傳染病疫情期間蒐集個人資料以利追蹤接觸者相關法律問題探討─從德國
　　COVID-19疫情期間兩則判決談起，台灣法律人，30期，2023年。

林家賢，司法對交通秩序罰審查問題之研究─以普通法院交通法庭審查為中心，初版1
　　刷，新學林，2007年。

林超駿，非刑事預防性拘禁之法官保留─兼評釋字第690號解釋，月旦法學雜誌，207

期，2012年。

林超駿、陳長文，論待遣送外國人合憲收容要件—預防性拘禁觀點，政大法學評論，125期，2012年。

林詩梅，法律評析—釋字第五五八號，大法官，給個說法(2)！新學林，2009年。

林錫堯，行政法要義，4版，元照，2006年。

邱珮菁，警察盤查權限之比較研究，中央警察大學警察政策研究所碩士論文，2015年。

邵一鳴，九十年代內地來港定居人士問題研究，亞洲研究，34期，2000年。

姚其聖，行政執行法拘提管收與限制出境之研究，翰盧，2007年。

姜蘭虹、趙建雄、徐榮崇，當代華人的海外移民，國立臺灣大學理學院地理學系地理學報，24期，1998年7月。

柯雨瑞，入出國管理法制之研究，警大法學論集，8期，2003年。

柯雨瑞、吳佳霖、黃翠紋，試ина外國人與大陸地區人民收容、驅逐出國及強制出境之司法救濟機制之困境與對策，國土安全與國境管理學報，29期，2018年。

柯格鐘，稅捐稽徵協力義務、推計課稅與協力義務違反的制裁——以納稅者權利保護法第14條規定討論與條文修正建議爲中心，臺北大學法學論叢，110期，2019年6月。

洪文玲，行政罰裁處程序之研究—以警察法領域爲例，收於「義薄雲天誠貫金石—論權利保護之理論與實踐」：曾華松大法官古稀祝壽論文集。

洪家殷，行政調查行爲之救濟，國立中正大學法學集刊，68期，2020年。

洪家殷，行政調查與刑事偵查之界限，東吳法律學報，25卷1期，2013年。

洪家殷，論行政處分之理由說明（上），政大法學論壇，52期，1994年。

洪家殷，論行政調查之證據及調查方法—以行政程序法相關規定爲中心，東海大學法學研究，35期，2011年。

胡博硯，從憲法面相探究刑事程序中限制出境的爭議—兼評刑事訴訟法修正草案，法學叢刊，253期，2019年。

范秀羽，從「我們的憲法」、「我們」到「我們的釋憲者」：形塑非國民之憲法上權利主體，臺大法學論叢，48卷1期，2019年3月。

夏誠華，當前僑務政策之分析，玄奘人文學報，1期，2003年7月。

夏曉鵑，資本國際化下的國際婚姻—以臺灣的「外籍新娘」現象爲例，臺灣社會研究季刊，39期，2000年。

孫哲，新人權論，初版，五南，1995年。

翁岳生，論不確定法律概念與行政裁量之關係，行政法與現代法治國家，三民，2015年。

翁燕菁，國門前的難民—不遣返原則與難民法，月旦法學雜誌，250期，2016年。

張志偉，非自由地區的非典型難民—大陸及港澳地區人民適用爭議，台灣法學雜誌，

376期，2019年9月。

張明偉，限制出境之規範與探討，台灣法學雜誌，334期，2017年。

張淳美，外籍人士收容制度－以大陸人士收容爲中心，展望與探索，法務部調查局，14卷3期，2016年。

張順祥，移民署：兩公約國內法化外國人參與合法集會受保障，https://www.rti.org.tw/news/view/ id/2036193（瀏覽日期：2022.7.13）。

張瑋心，論移民法禁止期約報酬之跨國婚姻，軍法專刊，62卷4期，2016年。

張維容，涉外陳抗事件之適法性研究－以2015年韓國Hydis關廠工人來臺抗爭爲例，警學叢刊，48卷5期，2018年。

張增樑，從大法官會議釋字第三一三號解釋談民用航空運輸業者之處罰，警學叢刊，29卷4期，1999年1月。

梁添盛，警察法專題研究（一），中央警察大學出版社，1997年。

許仁碩，後釋字445號時代：臺灣反集遊惡法運動的司法法律動員，基礎法學與人權研究通訊，8期，2012年。

許文義，德國警察資料處理職權之探討，中央警察大學學報，35期，1999年。

許恒達，評兩岸人犯遣返法制，萬國法律，198期，2014年。

許義寶，入出國法制與人權保障，修訂4版，五南，2023年11月。

許義寶，日本永久居留權之取得及其衍生問題之研究，警大法學論集，17期，2009年。

許義寶，外國人入出國與居留之研究－以我國法制爲探討中心，中正大學法律學研究所96學年度博士論文，2007年。

許義寶，外國人作爲基本權利主體相關問題之研究，國土安全與國境管理學報，19期，2013年5月。

許義寶，外國人居留權之研究，法令月刊，55卷5期，2004年。

許義寶，香港居民來台居留與難民法草案，台灣法學雜誌，376期，2019年9月。

許義寶，移民行政調查職權之研究，涉外執法與政策學報，7期，2017年。

許義寶，移民法制與人權保障，中央警察大學，2017年。

許義寶，移民法規論，初版1刷，新學林，2021年。

許義寶，論人民之入出國及其規範，警學叢刊，188期，2010年。

許義寶，論入出國境之查驗及檢查機關——警察與海岸巡防機關間任務關係探討，中央警察大學國境警察學報，2期，2003年10月。

許義寶，論日本對非法外國人之收容與遣返，警學叢刊，30卷5期，2000年3月。

許義寶，論外國人之權益保護與行政救濟－以入出國與居留爲中心，國土安全與國境管理學報，16期，2011年。

許義寶，論無戶籍國民入出國之管理法制－以入出國及移民法第八條爲例，法學叢刊，

48卷3期。

許義寶，論禁止入國之規範—以反恐事由為例，中央警察大學國境警察學報，13期，2010年6月。

許義寶，論驅逐出國處分之停止執行，警學叢刊，35卷6期，2005年。

許福生主編，劉嘉發等合著，警察法學與案例研究，初版1刷，五南，2020年。

郭戎晉，論民法使用文字之必要與書面要式概念於數位環境下之適用問題，國立中正大學法學集刊，70期，2021年1月。

陳文琪，兩岸刑事司法互助有關人員遣返的法制架構，月旦法學雜誌，209期，2012年。

陳正根，行政罰法之責任主義，中央警察大學學報，43期，2006年7月。

陳正根，德國行政法院入境難民申請庇護問題判例，中央警察大學國境警察學報，3期，2004年12月。

陳正根，警察與秩序法研究（一），五南，2010年。

陳正根，警察與秩序法研究（三），五南，2018年。

陳玉潔，《港版國安法》：香港法治的破洞、人權的缺口，台灣人權學刊，5卷4期，2020年12月。

陳明傳，反恐與國境安全管理，中央警察大學國境警察學報，3期，2004年。

陳明傳，恐怖主義之類型與反恐之策略，恐怖主義與國家安全學術研討暨實務座談會論文集，2004年。

陳長文、林超駿，論人民返國入境權利之應然及其與平等權、國籍等問題之關係—以釋字第五五八號解釋為中心，政大法學評論，92期，2006年8月。

陳敏，行政法總論，10版，元照，2019年。

陳陽升，無效之行政處分與提審裁定—台灣台北地方法院111年度行提字第2號及第3號裁定評析，台灣法律人，14期，2022年。

陳愛娥，行政程序制度中之當事人協力義務，考銓季刊，44期，2005年10月。

陳慈陽，憲法學，2版，元照，2005年。

陳鏡華、陳育晏，外國人收容之法律研究，警大法學論集，20期，2011年。

單鴻昇，社會救助程序中當事人之協力義務——以資料提出及家庭訪視為中心，臺北大學法學論叢，104期，2017年12月。

彭文暉，民眾檢舉舉發交通違規事件之爭議問題探討（編號：R01049），立法院議題研析，2010年，https://www.ly.gov.tw/Pages/Detail.aspx?nodeid=6590&pid=197995（瀏覽日期：2022.6.5）。

曾建元，臺灣因應大陸難民問題之回顧與現況，法治國家的原理與實踐—陳新民教授六秩晉五壽辰文集（下冊），新學林，2020年。

湯德宗，對話憲法・憲法對話，3版，元照，2015年。

湯德宗，論憲法上的正當程序保障，憲政時代，25卷4期，2000年。

程明修，德國難民法制之研究―兼論統一前西德對東德難民之收容，教育、掄才與法治，董保城教授七秩誕辰祝壽論文集，元照，2022年。

程明修，韓國難民法制研究，法治國家的原理與實踐，陳新民教授六秩晉五壽辰文集（下冊），新學林，2020年。

黃士洲，欠稅限制出境與限制住居的法律要件與救濟（下），月旦法學教室，2009年。

黃文雄，人民回國的人權―進一步，退兩步，大法官，給個說法(2)！，新學林，2009年。

黃居正，孟德爾案：外國人的法律地位，台灣法學雜誌，262期，2014年。

黃怡禎，從全球治理觀點論跨國企業境外人權侵害管制模式，中原財經法學，48期，2022年6月。

黃俊杰，人身自由與檢警權限之檢討，軍法專刊，41卷11期，1995年。

黃俊杰，行政程序法，2版，元照，2010年。

黃昭元，從釋字第618號解釋探討原國籍分類的司法審查標準，現代憲法的理論與觀點，李鴻禧教授七秩華誕祝壽論文集，元照，2007年。

黃昭元，無指紋則無身分證？：換發國民身分證與強制全民捺指紋的憲法爭議分析，國際刑法學會臺灣分會（編），民主、人權、正義：蘇俊雄教授七秩華誕祝壽論文集，元照，2005年。

黃昭元，論差別影響歧視與差別對待歧視的關係―評美國最高法院Ricci v. DeStefano(2009)判決，中研院法學期刊，11期，2012年。

黃朝義，刑事程序限制出境（海）之規範與實際問題，月旦法學雜誌，215期，2013年3月。

黃朝義，留置裁定要件之相關問題―評大法官會議解釋第523號解釋等，月旦法學雜誌，78期，2001年。

黃朝義，警察用槍規範與審查機制―兼論其他警械使用，警大法學論集，29期，2015年。

黃慧娟，黃庭芳，跨國婚姻媒合業之研究，警察行政管理學報，15期，2009年。

楊坤樵，我們都是外國人―以德國「收容外國人」法院程序為鏡，司法改革雜誌，100期，2014年，https://digital.jrf.org.tw/articles/2644（瀏覽日期：2022.3.16）

楊雅雯，跨越國境的勞動平權？―論勞動權利之平等保護面對「暫時性跨國移工制度」之侷限，中研院法學期刊，28期，2021年3月。

楊翹楚，全球化下我國移民人權之探討―以「入出國及移民法」規定為例，警學叢刊，41卷2期，2010年。

楊翹楚，移民――雙重國籍之探討，警學叢刊，45卷5期，2015年3-4月。

楊翹楚，移民法規，3版，元照，2024年

楊翹楚，臺灣地區無戶籍國民問題之探討，警學叢刊，43卷5期，2013年。

溫哲彥，應用2D與3D影像辨識技術輔助犯罪偵察與鑑識之研究，前瞻科技與管理，4卷1期，2014年。

詹凱傑，論現行入出國及移民法第三十八條之外國人收容制度，警學叢刊，44卷3期，2013年。

廖元豪，「外人」的人身自由與正當程序—析論大法官釋字第七〇八與七一〇號解釋，月旦法學，228期，2014年。

廖元豪，「海納百川」或「非我族類」的國家圖像？—檢討民國九十二年的「次等國民」憲法實務，法治與現代行政法學—法治斌教授紀念論文集，元照，2004年。

廖元豪，不夠司法，又太過司法—移民收容程序之檢討，收於依法行政考核與風險治理／行政效能與組織變革／管制與行政法上之舉發，元照，2012年。

廖元豪，正當程序的化外之民？—驅逐出境與收容，月旦法學教室，29期，2005年。

廖元豪，試用期的臺灣人？—承認次等公民的釋字第618號解釋，全國律師，2007年5月。

廖秀雄，論行政調查—以營造業之重大職業災害調查為中心，世新大學法律學研究所碩士論文，2014年。

廖怡貞，限制欠稅人出境制度合憲性之檢討，月旦法學雜誌，72期，2001年。蔡庭榕，限制出境之研究—以租稅欠稅限制出境為例，中央警察大學國境警察學報，1期，2002年。

廖福特，企業人權責任，李建良主編，研之得法—中央研究院法律學研究所成立十週年文集，2021年。

監察院「新住民融入臺灣社會所衍生之相關權益探討」通案性案件調查研究報告，107年8月。

監察院公報，第2588期，我國移民政策與制度總體檢案調查報告（五）。

劉嘉發，論警察行政罰法對交通執法之影響，收於行政罰法對警察工作之影響學術研討會論文集，中央警察大學行政系主辦，2005年12月。

劉靜怡，歐洲人權法院近年主要集會遊行相關判決評析，台灣法學雜誌，204期，2012年。

蔡良文，人事行政學—論現行考銓制度，7版，五南，2018年。

蔡孟彥，租稅事件中有關個人資料提供之爭議——以最高行政法院108年判字第282號行政判決為中心，全國律師，10月。

蔡宗珍，人性尊嚴之保障作為憲法基本原則，月旦法學雜誌，45期，1999年。

蔡宗珍，營業自由之保障及其限制—最高行政法院2005年11月22日庭長法官聯席會議決

議評釋，臺大法學論叢，35卷3期，2006年5月。

蔡茂寅等，行政程序法實用，4版，新學林，2013年。

蔡庭榕，防制跨國人口販運之研究，警察法學，6期，2007年。

蔡庭榕，限制出境之研究—以租稅欠稅限制出境為例，中央警察大學國境警察學報，1期，2002年。

蔡庭榕，移民法暫時留置與查證身分職權之探討，高大法學論叢，17卷1期，2021年。

蔡庭榕，移民面談制度（第十二章），收於陳明傳、王智盛主編，移民理論與移民行政，五南，2018年。

蔡庭榕，移民執法查證身分與暫時留置職權之探討：2020年國際移民法制學術研討會會議論文集，高雄大學法學院，2020年12月24日。

蔡庭榕，論國境檢查，警察法學，2期，92年12月。

蔡庭榕，論警察臨檢之發動門檻—「合理懷疑」與「相當理由」，警察法學，1期，2003年。

蔡庭榕，驅逐出國與強制出境處分及其案例之研究，中央警察大學水上警察學報，9期，中央警察大學水上警察學系，2021年。

蔡庭榕、刁仁國，論外國人人權—以一般外國人之入出境管理為中心，憲政時代，25卷1期，1999年。

蔡庭榕、李立宏，我國外國人永久居留制度之研究—與美、日比較，國境警察學報，4期，2005年。

蔡庭榕、簡建章、許義寶，論跨國婚姻仲介之問題與規範，國境警察學報，8期，2007年。

蔡庭榕等合著，警察職權行使法逐條釋論，3版，五南，2020年。

蔡培源，臺灣地區與大陸地區人民關係條例第十條之一「面談」規定之剖析及其實施現況之研究—併提出修法建議，中國文化大學法律學研究所碩士論文，2005年6月。

蔡進良，行政罰裁罰標準之規制、適用與司法審查，月旦法學，141期，2007年2月。

蔡震榮，外籍配偶歸化申請在臺定居要件之爭議—評1070530015內政部訴願決定，月旦法學教室，194期，2018年12月。

蔡震榮，由限令出國處分論訴願之停止執行，法令月刊，58卷5期，2007年。

蔡震榮，自外籍配偶家庭基本權之保障論驅逐出國處分—評臺北高等行政法院95年度訴字第2581號判決，法令月刊，60卷8期，2009年8月。

蔡震榮，行政執行法，5版，元照，2013年。

蔡震榮，國境管制與人權保障，月旦法學，204期，2012年5月。

鄧宇哲，內政部入出國及移民署之成立沿革、組織與功能之探討，中央警察大學國境警察學報，7期，2007年6月。

鄭立民，美國對非法外國人之收容遣返及司法審查入出境管理法制，警學叢刊，31卷1期，2000年。

鄭善印，日本警察偵查犯罪職權法制之探討，刑事法雜誌，45卷6期，2001年。

鄭善印，警械使用條例與警察用槍之研究—以警光雜誌、司法實務及日本法制爲素材，警學叢刊，41卷5期，2011年。

蕭文生，陳述意見之機會，月旦法學教室，46期，2006年。

蕭文生，論當事人協力義務──以行政執行制度爲例，政大法學評論，95期。

蕭明欽，外國人收容與驅逐出國之人權保障—我國與美國法制之比較，國立中正大學法學集刊，77期，2022年。

蕭富峰、張佩娟、卓峰志，廣告學，2版，元照，2020年。

謝立功、邱丞爗，我國移民政策之檢討，國境警察學報，4期，2005年12月。

謝志鴻，論刑事訴訟程序限制出境之合理性與公正性，警大法學論集，24期，2013年。

簡建章，非法大陸地區人民收容及強制出境之法律分析—「臺灣地區與大陸地區人民關係條例」第18條以論，國境警察學報，4期，2005年。

藍科正、林淑慧，外籍勞工爭議樣態分析：以新北市政府2008年1月至2011年6月處理的外籍勞工爭議案紀錄爲例，勞資關係論叢，15卷1期，2013年。

蘆部信喜著、李鴻禧譯，憲法，月旦，1997年。

蘇永欽，從體系功能的角度看大法官的規範違憲審查—走向適切回應社會變遷的司法積極主義，司法違憲審查與憲法，元照，2021年3月。

蘇祥延，避免賠了夫人又折兵—投資加拿大移民基金十二個關鍵，管理雜誌，

蘇慧婕，正當平台程序作爲網路中介者的免責條件：德國網路執行法的合憲性評析，臺大法學論叢，49期4卷，2020年12月。

日文

小高剛，出入国管理における法務大臣の裁量権の問題点，ジュリスト，483号，1971年。

中村睦男，外国人の基本的人権，憲法30講，青林書院，1992年2月。

中村睦男等編著，教材憲法判例，3版，北海道大学圖書刊行會，1990年。

戶波江二，外国人の人権，法学セミなー，46号，1993年。

日比野勤，憲法判例50年—外国人の人権（3），法学教室，218号，1998年。

木村俊夫，基本的人権總論憲法Ⅱ基本的人権，法律文化社，2001年。

甲斐素直，外国人の再入国の自由，憲法演習ゼミナール読本（上），信山社，2008年。

佐藤幸治編著，憲法Ⅱ基本的人権，成文堂，1992年3月。

尾吹善人，解説—憲法基本判例，有斐閣，1986年12月。

初宿正典，憲法2基本権，2版，成文堂，2001年。

松本祥志，外国人の人権，中村義孝等編，憲法と人権，晃洋書房，1996年。

近藤敦，自国に入国する権利と在留権：比例原則に反して退去強制されない権利，名
　　城法学，64巻4号，2015年。

近藤敦，外国人の人権と市民權，明石書店，2003年。

後藤光男，外国人の人權，憲法の爭點，3版，有斐閣，1999年。

後藤光男，永住市民の人権—地球市民としての責任，初版，成文堂，2016年。

根森健，指紋押捺拒否外国人の再入国の自由—森川キャサリーン事件，時岡弘編，人
　　権の憲法判例，成文堂，1987年。

高宅茂，入管法概説，初版，有斐閣，2020年。

斎藤靖夫，外国人の政治活動の自由，憲法判例百選Ⅰ，2版，1987年12月。

荻野芳夫，外国人の出入国の自由，法律時報，41巻4号，1969年。

藤井俊夫，憲法と国際社会，成文堂，2000年。

德文

Becker, Franz, Grundzüge des öffentlichen Rechts, 6. Auflage, 1995.

Dienelt, Klaus, Ausländerrecht, 33. Auflage, 2018.

Dietel/Gintzel/Kniesel, Versammlungsgesetz, 16. Auflage, 2010.

Erbguth, Wilfried, Allgemeines Verwaltungrecht, 3. Auflage, 2009.

Götz, Volkmar, Allgemeines Polizei- und Ordnungsrecht, 15. Auflage, 2013.

Jarass/Pieroth, Grundgesetz für die Bundesrepublik Deutschland (GG), 6. Auflage, 2002.

Kanein/Renner, Ausländerrecht, 5. Auflage, 1992.

Katz, Alfred, Staatsrecht, 20. Auflage, 2012.

Kenntner, Markus, Öffentliches Recht Baden-Württemberg, 2013.

Luhmann, Niklas, Grundrechte als Institution, 1965.

Maurer/Waldhoff, Allemeines Verwaltungsrecht, 19. Auflage, 2017.

Pieroth/Schlink/Kniesel, Polizei- und Ordnungsrecht, 2. Auflage, 2004.

Ruder/Schmitt, Polizeirecht Baden-Württemberg, 6. Auflage, 2005.

Schmidt, Rolf, Polizei- und Ordnungsrecht, 15. Auflage, 2014.

Tettinger/Erbguth/Mann, Besonderes Verwaltungsrecht, 10. Auflage, 2009.

Thiel, Markus, Polizei-und Ordnungsrecht, 2013.

von Münch, Ingo, Grundgesetz—Kommentar, Band I, 3. Auflage, 1985.

Zeitler, Stefan, Allgemeines und Besonderes Polizeirecht für Baden-Württemberg, 2008.

Zeitler/Trurnit, Polizeirecht für Baden-Württemberg, 3. Auflage, 2014.

國家圖書館出版品預行編目(CIP)資料

入出國及移民法逐條釋義／李震山，蔡庭榕，
李錫棟，許義寶，陳正根，李寧修，蔡政杰
著.--二版.--臺北市：五南圖書出版股份有
限公司, 2024.09
面；　公分
ISBN 978-626-393-714-7（平裝）

1.CST: 入出境管理　2.CST: 法規
3.CST: 移民法
573.29023　　　　　　　　　113012662

1RD1
入出國及移民法逐條釋義

作　　者 ― 李震山、許義寶（232.7）、李寧修、陳正根
　　　　　　李錫棟、蔡庭榕、蔡政杰

企劃主編 ― 劉靜芬

責任編輯 ― 林佳瑩

封面設計 ― 封怡彤

出 版 者 ― 五南圖書出版股份有限公司

發 行 人 ― 楊榮川

總 經 理 ― 楊士清

總 編 輯 ― 楊秀麗

地　　址：106台北市大安區和平東路二段339號4樓

電　　話：(02)2705-5066

網　　址：https://www.wunan.com.tw

電子郵件：wunan@wunan.com.tw

劃撥帳號：01068953

戶　　名：五南圖書出版股份有限公司

法律顧問　林勝安律師

出版日期　2022 年 9 月初版一刷
　　　　　2024 年 9 月二版一刷

定　　價　新臺幣780元

※版權所有‧欲利用本書內容，必須徵求本公司同意※

五 南
WU-NAN

全新官方臉書

五南讀書趣

WUNAN
Books
since1966

Facebook 按讚

1 秒變文青

五南讀書趣 Wunan Books

★ 專業實用有趣
★ 搶先書籍開箱
★ 獨家優惠好康

不定期舉辦抽獎
贈書活動喔！！！

經典永恆・名著常在

五十週年的獻禮——經典名著文庫

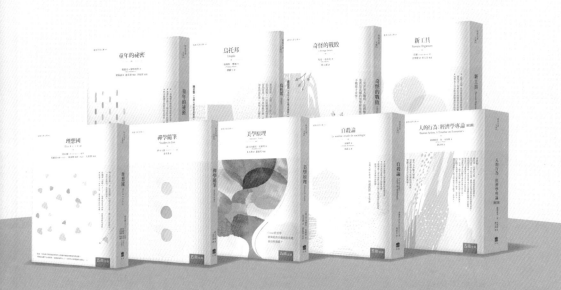

五南，五十年了，半個世紀，人生旅程的一大半，走過來了。
思索著，邁向百年的未來歷程，能為知識界、文化學術界作些什麼？
在速食文化的生態下，有什麼值得讓人雋永品味的？

歷代經典・當今名著，經過時間的洗禮，千錘百鍊，流傳至今，光芒耀人；
不僅使我們能領悟前人的智慧，同時也增深加廣我們思考的深度與視野。
我們決心投入巨資，有計畫的系統梳選，成立「經典名著文庫」，
希望收入古今中外思想性的、充滿睿智與獨見的經典、名著。
這是一項理想性的、永續性的巨大出版工程。
不在意讀者的眾寡，只考慮它的學術價值，力求完整展現先哲思想的軌跡；
為知識界開啟一片智慧之窗，營造一座百花綻放的世界文明公園，
任君遨遊、取菁吸蜜、嘉惠學子！